CHARLES T. TART

TRANSPERSONALE PSYCHOLOGIE

CHARLES T. TART

Transpersonale Psychologie

WALTER-VERLAG
OLTEN UND FREIBURG IM BREISGAU

Der Titel der Originalausgabe lautet
»Transpersonal Psychologies«
Erschienen bei Harper & Row, Publishers, Inc., New York
© 1975 by Harper & Row, Publishers, Inc.

Die Übersetzung besorgten
Gisela Uellenberg und Gisela Hesse

Satz und Druck: Freiburger Graphische Betriebe,
Freiburg im Breisgau

Alle Rechte der deutschen Ausgabe vorbehalten
© Walter-Verlag AG, Olten 1978
Einband: Graphische Betriebe des Walter-Verlags
Printed in Switzerland

ISBN 3-530-87050-1

Den vielen, die ernsthaft Fragen gestellt und nach Antworten über den Menschen und den spirituellen Bereich suchen.

INHALTSVERZEICHNIS

CHARLES T. TART
Einführung 11

CHARLES T. TART
1. Wissenschaft, Bewußtseinszustände und spirituelle Erfahrungen: Die Notwendigkeit bewußtseinszustands-orientierter Wissenschaften 21

CHARLES T. TART
2. Einige Postulate der orthodoxen Psychologie in der westlichen Welt 99

CHARLES T. TART
3. Das physikalische Universum, das spirituelle Universum und das Paranormale 179

CLAIRE NYERS OWENS
4. Zen-Buddhismus 227

DANIEL GOLEMAN
5. Buddhas Lehre von der Meditation und den Bewußtseinszuständen 293

HARIDAS CHAUDHURI
6. Yoga-Psychologie 330

KATHLEEN RIORDAN
7. Gurdjeff 395

ROBERT E. ORNSTEIN
8. Sufismus heute 454

WILLIAM MCNAMARA
9. Die mystische Tradition des Christentums und die
Psychologie 487

WILLIAM G. GRAY
10. Modelle westlicher Magie
Eine Darstellung aus psychologischer Sicht 541

11. Bibliographie 597

»*Transpersonale Psychologie* ist der Name für eine im Bereich der Psychologie neu auftauchende ›Kraft‹; die Gruppe von Psychologen wie von Akademikerinnen und Akademikern aus anderen Wissensgebieten, aus denen dieser Begriff stammt, ist an jenen übergreifenden menschlichen Fähigkeiten und Möglichkeiten interessiert, die sich weder in die positivistische bzw. behavioristische Theorie (›erste Kraft‹) noch in die klassische psychoanalytische Theorie (›zweite Kraft‹), noch in die humanistische Psychologie (›dritte Kraft‹) systematisch einordnen lassen. Die sich neu entwikkelnde ›transpersonale Psychologie‹ (›vierte Kraft‹) befaßt sich ganz speziell mit dem empirischen wissenschaftlichen Studium – natürlich auch im Hinblick auf die sich daraus ergebenden verantwortlichen Maßnahmen – hinsichtlich der sich entfaltenden individuellen und der spezifisch menschlichen Meta-Bedürfnisse, der Grundwerte, des All-Bewußtseins, der Gipfelerlebnisse, der B-Werte, der Ekstase, des mystischen Erfahrungsbereichs, des Numinosen, des Seins, der Selbstverwirklichung, des Essentiellen, der Seligkeit, des Wunders, des letztgültigen Sinns, der Transzendierung des eigenen Ichs, des spirituellen Bereichs, des Einsseins, der kosmischen Bewußtheit, der individuellen und artspezifischen Synergie, der intensivsten zwischenmenschlichen Begegnung, der Heiligung des Alltagslebens, der transzendentalen Phänomene, des für den Kosmos charakteristischen spielerischen Humors, der aufs höchste gesteigerten sinnlichen Wahrnehmung, der Reaktions- und der Ausdrucksfähigkeit sowie der wechselseitig aufeinander bezogenen Vorstellungen, Erfahrungen und Aktivitäten. Diese Definition kann von einzelnen oder Gruppen jeweils verschieden interpretiert werden, ganz gleich, ob man ihren Inhalt als seinem Wesen nach naturalistisch, theistisch oder supranaturalistisch auffaßt oder ihn irgendeiner anderen sinnvollen Klassifizierung zuordnen möchte.«

Anthony Sutich im ersten Heft der Zeitschrift
Journal of Transpersonal Psychology
Frühjahr 1969

CHARLES T. TART

EINFÜHRUNG

In der Einleitung zu seinem 1973 erschienenen Buch »The Nature of Human Consciousness: A Book of Readings« (Seite XI) schreibt Robert Ornstein:

»Die Psychologie ist in erster Linie Wissenschaft vom Bewußtsein. Die Forscher, die sich mit ihr beschäftigen, befassen sich mit dem Bewußtsein unmittelbar, wann immer das möglich ist, und sie tun es, wenn erforderlich, auch indirekt, und zwar mit Hilfe des Studiums der Physiologie und der Verhaltensforschung. Wir Psychologen kehren jetzt wieder zu den vier essentiellen Fragen unserer Wissenschaftsdisziplin zurück: Wie funktioniert der geistig-seelische Bereich? Welches sind die wichtigsten Dimensionen des menschlichen Bewußtseins? Ist das Bewußtsein individueller oder kosmischer Natur? Welche Möglichkeiten bestehen für eine Erweiterung des menschlichen Bewußtseinsbereichs? Diese Fragen sind im Rahmen der akademischen Wissenschaft noch keineswegs erschöpfend behandelt worden, denn sie wurden von der in den letzten sechzig Jahren vorherrschenden Lehrmeinung unterdrückt.
Aber heute ist eine kulturelle und wissenschaftliche Evolution – wenn nicht gar eine Revolution – in Gang gekommen. Die Akademiker wurden als Repräsentanten ihrer jeweiligen Kulturkreise zum Spiegel des allgemeinen Interesses an ›veränderten Zuständen‹ des Bewußtseins, an der Meditation, an der Wirkung von Drogen sowie an neuen und alten Religionen. Dieses Buch möchte ein wenig dazu beitragen, der Psychologie eine verlorengegangene Perspektive zurückzugewinnen. Professoren und Studenten lassen sich bei ihren Studien häufig vom eigentlichen Problem ablenken, und das führt dann dazu, daß sie sich ausschließlich mit einem *Neben*aspekt *einer* möglichen Methode der Annäherung an psychologische Probleme befassen. Das zentrale Thema, der Gesamtzusammenhang und der ursprüngliche Impetus zum Studium des Bewußtseins – das alles gerät dabei leicht in Vergessenheit. Es ist deshalb notwendig, die eigentlichen Grundlagen der Psychologie immer wieder neu zu bestimmen und die gegenwärtige Forschung mit den Verfahrensweisen anderer Bewußtseinsforscher wie beispielsweise William James, C. G. Jung, aber auch mit den ›esoterischen‹ Psychologien aus anderen Kulturen wie beispielsweise dem Sufismus, dem Yoga und dem Buddhismus in Verbindung zu bringen.«

Die dringende Empfehlung, zum besseren Verständnis der geistig-seelischen Bereiche auch andere Psychologien heranzuziehen, ent-

springt keineswegs einem rein akademischen Interesse: Unsere Kultur befindet sich mitten in einer schweren Krise, die möglicherweise zu nuklearer Vernichtung, weit um sich greifenden Hungersnöten und dem teilweisen, wenn nicht gar totalen Zusammenbruch der Zivilisation führen könnte. Wir pflegen die wirtschaftlichen Verhältnisse, die Politik, die ökologischen Zustände, die hohe Verbrechensrate und ähnliche Faktoren dafür verantwortlich zu machen. In Wirklichkeit sind wir jedoch selber die Schuldigen. Der Durchschnittsmensch, ein Mensch, der sich selbst nicht kennt, der Neurotiker, der Psychotiker – sie alle projizieren ihre eignen Unzulänglichkeiten und seelischen Konflikte nach außen; sie finden die Schuldfaktoren draußen in der Welt und wenden sich gegen sie. In Wirklichkeit sind jedoch Faktoren wie wirtschaftliche Verhältnisse, Politik, ökologische Mißstände und hohe Verbrechensrate nur Manifestationen unserer eigenen Verhaltensweise, unserer Fehleinschätzungen und unserer Deformiertheit. Die Psychologie ist deshalb nicht nur ein interessantes akademisches Studienfach, sie ist der elementare Schlüssel zu unserem Selbstverständnis und – hoffentlich – unserer Selbstrettung.
Als Wissenschaftszweig ist die Psychologie der westlichen Welt noch nicht sehr alt. Was man auf diesem Gebiet bisher erreicht hat, geschah fast ausnahmslos in den letzten Jahrzehnten. Es stellte sich heraus, daß man beim Studium der menschlichen Natur, ihres geistig-seelischen Bereichs, auf eine ungeheure Fülle von Problemen stößt. Es gab großartige Fortschritte, aber im Vergleich zu dem, was wir alles über den Menschen wissen müßten, steckt die Psychologie als Wissenschaft noch in den Kinderschuhen. Wir kennen uns in ihr nicht gut genug aus, um situationsgerechte Lösungen für die Probleme der Welt von heute zu finden. Wenn es uns jedoch nicht bald gelingt, eine diesen Problemen angemessene Psychologie zu entwickeln, werden wir niemals in der Lage sein, eine wirklich »heile« Welt aufzubauen.
Einer der Gründe für das langsame Anwachsen und die Unzulänglichkeit unserer psychologischen Kenntnisse ist der, daß die Psychologie an den jeweiligen Kulturkreis gebunden ist; sie hängt eng zusammen mit der Vielzahl der – sie häufig auch einengenden – stillschweigenden Voraussetzungen dessen, was man nach allgemeiner Übereinstimmung in der westlichen Welt des 20. Jahrhunderts unter ›Wirklichkeit‹ versteht. Vor allem berücksichtigt unsere Psychologie nicht in ausreichendem Maße menschliche Erfahrungen in dem Bereich, den wir als den ›spirituellen‹[1] bezeichnen, das heißt in jenem

umfassenden Bereich der latenten Kraft im Menschen, die ihm den Zugang zu einem letzten Sinn des Lebens, zu höheren Wesenheiten, zu Gott, zur Liebe und damit zur Empfindung von Mitleid und Erbarmen ermöglicht. Der aufgeklärte Rationalismus und der Physikalismus, durch welche die Entwicklung der Naturwissenschaften so erfolgreich vorangetrieben wurde, haben sich im Bereich der Psychologie als nicht sehr wirksam erwiesen, und zwar aus Gründen, die in Kapitel I erörtert werden.
Trotz der Tatsache, daß unsere zeitgenössische wissenschaftliche Psychologie sich mit diesen wesentlichen Aspekten des menschlichen Erfahrungsbereichs nur in sehr unzulänglicher Form befaßt hat, bin ich durchaus davon überzeugt, daß man die naturwissenschaftliche Methode als eine Methode der Differenzierung und der Verfeinerung aller Erkenntnis auch auf jene menschlichen Erfahrungen anwenden kann, die wir als transpersonal bzw. als spirituell bezeichnen wollen, und daß das sowohl für die exakte Wissenschaft als auch für die spirituellen Traditionen eine Bereicherung bedeuten wird. Es geht uns also besonders darum, eine wissenschaftlich fundierte transpersonale Psychologie (bzw. Psychologien) zu schaffen, d.h. der westlichen Welt unter Berücksichtigung ihrer Vorstellung von Wissenschaft ein Verständnis des spirituellen Bereichs zu ermöglichen.
Eine solche transpersonale Psychologie läßt sich nur auf weite Sicht hin planen. Glücklicherweise fehlt es jedoch nicht völlig an Konzepten und Vorstellungen, von denen wir ausgehen können; wir verfügen über ein sehr reiches Erbe an spirituellen Traditionen und Disziplinen. Zwar sind sie den meisten Menschen in der westlichen Welt bisher unbekannt, aber die traditionellen transpersonalen Psychologien, die ich in diesem Band als spirituelle Psychologien bezeichnen werde, haben sich bereits seit vielen Jahrhunderten mit den lebenswichtigen menschlichen Problemen auseinandergesetzt. Wenn wir uns ihrer als Inspirationsquelle bedienen – wobei wir sie weder kritiklos akzeptieren noch einfach gedankenlos ablehnen wollen –, dann besitzen wir eine gute Ausgangsposition für die Entwicklung von eigenen, auf unsere Verhältnisse bezogenen transpersonalen Psychologien.
Dieses Buch stellt also den Versuch dar, die Kluft zwischen der ›orthodoxen‹ Psychologie der westlichen Welt und einer Reihe von transpersonalen Psychologien zu überbrücken – Psychologien, bei denen es sich um integrale Bestandteile verschiedener spiritueller Disziplinen handelt.

Was ist ›Psychologie‹? Es handelt sich bei ihr um eine in wechselseitiger Beziehung zueinander stehende Reihe von (*per se* nicht beweisbaren) Postulaten hinsichtlich der Welt und der menschlichen Natur, um Theorien über die Bedeutung der in diesem Zusammenhang gemachten Beobachtungen und um Techniken, durch die man mehr in Erfahrung bringen kann. Mit der ›wissenschaftlichen‹ Psychologie, d. h. mit unserer orthodoxen Psychologie westlicher Prägung, sind wir wohlvertraut. Wir glauben, daß sie auf ›wissenschaftlichen Fakten‹ basiert. Aber es gibt, wie in Kapitel 1 noch dargelegt werden wird, keine simplen Fakten, die sozusagen herumliegen und nur darauf warten, entdeckt und verwertet zu werden. Unsere stillschweigend gemachten Voraussetzungen beeinflussen nämlich die Art und Weise, in der wir mit Fakten, deren Bedeutung wir zu erkennen glauben, umgehen und sie in bestimmte Kategorien einordnen. In unserer orthodoxen wissenschaftlichen Psychologie gehen wir also von Voraussetzungen aus, die uns häufig selbstverständlich erscheinen und die doch so wenig auf bewußter Wahrnehmung beruhen, daß wir nicht einmal wissen, daß wir sie überhaupt haben.

Als Bewohner der westlichen Hemisphäre schenken wir kaum der Tatsache Beachtung, daß es auch noch eine ganze Reihe andersartiger Psychologiesysteme gibt. So hat beispielsweise der Zen-Buddhismus eine eigene Psychologie, und das gleiche gilt auch für das Yoga-System, für das Christentum und für den Sufismus. Diese Psychologien enthalten einen Bestand an brauchbarem Wissen, den man bis zu einem gewissen Grad auch unabhängig von den religiösen Glaubenssystemen erfassen kann, mit denen man sie in der Regel in Verbindung bringt; ebenso läßt sich natürlich auch die orthodoxe westliche Psychologie bis zu einem gewissen Grad außerhalb ihres Zusammenhangs mit der westlichen Kultur des 20. Jahrhunderts betrachten.

Die orthodoxe westliche Psychologie hat sich nur in recht unzulänglicher Form mit der spirituellen Seite der Natur des Menschen befaßt; sie hat deren Existenz entweder überhaupt geleugnet oder sie mit dem Etikett ›pathologisch‹ versehen. Dabei ist die Agonie unserer Zeit doch zum großen Teil die Folge eines spirituellen Vakuums. Unsere Kultur und unsere Psychologie haben die spirituelle Natur des Menschen verdrängt, aber sie haben für den Versuch einer derartigen Unterdrückung einen ungeheuren Preis bezahlen müssen. Wenn wir zu uns selbst, d. h. zu den spirituellen Aspekten unseres Seins finden wollen, dann ist es für uns unerläßlich, uns mit denjenigen Psychologien zu befassen, die sich mit diesen Aspekten auseinandergesetzt haben. Natürlich kann die Lösung dieses Problems nicht einfach heißen, daß die »spirituelle Psychologie« die richtige ist und unsere Psychologie ganz einfach falsch oder daß wir uns zu einem anderen Glaubenssystem bekehren lassen. Wir befinden uns im 20. Jahrhundert und sind Mitglieder der westlichen Welt, und da bilden nun einmal die Wissenschaft im allgemeinen und die wissenschaftliche Psychologie im besonderen wichtige Bestandteile unseres kulturellen Erbes. Einigen mag es vielleicht gelingen, sich von diesem Kulturgut zu lösen und eine bestimmte transpersonale Psychologie als grundlegendes Bezugssystem zu akzeptieren. Bei den meisten von uns sollte jedoch das, was wir über die spirituelle Seite unseres Ichs kennenlernen, sich zumindest zu einer Koexistenz mit unserer angestammten westlichen Wissenschaft und Kultur bringen lassen – und wenn möglich, sogar zu einer vollen Integration. Ich halte es daher für unsere Aufgabe, die Kluft zwischen den spirituellen Aspekten und unseren westlichen wissenschaftlichen Methoden zu überbrücken.

Im ersten Kapitel dieses Buches bemühe ich mich um eine solche Überbrückung, indem ich mich zunächst mit dem Wesen von Wissenschaft befasse; ich möchte nachweisen, daß wir das wirksame Rüstzeug der naturwissenschaftlichen Methodik unnötigerweise mit einer *Philosophie* des Physikalismus vermengt haben, die unsere Wissenschaft davon abhält, sich in angemessener Form mit spirituellen Erfahrungen und veränderten Bewußtseinszuständen auseinanderzusetzen. Wenn wir uns wieder darauf beschränken, die wesentlichen Elemente naturwissenschaftlicher Methodik zu praktizieren, dann könnte es uns gelingen, auf beste wissenschaftliche Weise am Bewußtseinszustand orientierte Wissenschaften zu entwickeln. Diejenigen menschlichen Erfahrungen, mit denen sich die der spirituellen Seite zugewandten Psychologien befassen, sind ihrem Wesen nach wissenschaftlicher Erforschung durchaus nicht unzugänglich. Ja, es lassen sich die weiter unten erörterten spirituellen Psychologien als aus bestimmten Bewußtseinszuständen entwickelte Wissenschaftsformen betrachten. Wenn sie auch nicht gerade das sind, was wir Westler unter Wissenschaft im strengen naturwissenschaftlichen Sinne des Wortes verstehen, so könnten wir aus ihnen doch sehr viel lernen.

Im zweiten Kapitel versuche ich deutlich zu machen, wie viele still-

schweigende Postulate der orthodoxen westlichen Psychologie zugrunde liegen, und aus dieser Bestandsaufnahme eine Perspektive zu gewinnen, die es möglich macht, den spirituellen Psychologien den ihnen angemessenen Platz einzuräumen. Viele jener Postulate blockieren jedes Fortschreiten zu einem besseren Verstehen der transpersonalen Aspekte. Ich hoffe, daß dieses Kapitel sich nicht in einer rein akademischen Aufzählung von Postulaten erschöpft, sondern mehr bewirkt: Solange unsere stillschweigenden Postulate uns selbstverständlich sind, stellen wir sie nicht in Frage, und wir haben daher keine Möglichkeit, uns ihrem beherrschenden Einfluß zu entziehen. Wenn wir uns diese Konsequenz aber klarmachten, wären wir imstande, unsere Postulate in Frage zu stellen, und es wäre uns dann auch möglich, uns den spirituellen Psychologien unvoreingenommen zu öffnen. Wir werden uns dabei vielleicht nur schwer von der Vorstellung lösen können, daß die Beschäftigung mit spirituellen Psychologien und uns fremden Aspekten *subjektiver* Erfahrungen zwar interessant ist, unsere orthodoxe westliche Psychologie jedoch auf einer streng wissenschaftlichen Grundlage basiere und sich mit der *realen* Wirklichkeit befasse. Im dritten Kapitel behandele ich deshalb kurz die Ergebnisse der modernen Parapsychologie, um darzulegen, daß die von den meisten westlichen Psychologen und auch allgemein in unserer Welt vertretene physikalistische Weltanschauung ziemlich engstirnig ist; auch streng wissenschaftliche Untersuchungen haben gezeigt, daß gewisse Phänomene, wie beispielsweise die Telepathie, tatsächlich existieren, und solche paranormalen Befunde deuten darauf hin, daß in den spirituellen Psychologien von Dingen die Rede ist, die durchaus ebenso ›real‹ sein können wie die physikalische Welt, und daß es sich bei ihnen nicht ›bloß‹ um rein subjektive Erfahrungen handelt.
Den wichtigsten Teil dieses Buches bilden jedoch die weiteren sechs Kapitel, in denen Experten verschiedener spiritueller Disziplinen ihre jeweilige Disziplin als psychologisches System darstellen.
In den traditionellen spirituellen Psychologien wird die Bedeutung betont, die der unmittelbaren Erfahrung mit der jeweiligen Materie für den Erkenntnisgewinn zukommt. Diese Voraussetzung behielt ich im Auge, als ich meine Mitarbeiter bat, über das jeweils von ihnen vertretene besondere spirituelle Psychologiesystem zu schreiben, und ich habe daher Bearbeiter bevorzugt, die nicht nur über eine ausgezeichnete akademische Kenntnis ihrer spirituellen Disziplinen verfügen, sondern deren speziellen Weg auch persönlich praktizieren. Die-

ses Vorgehen hat sich, wie die Kapitel 4–9 bezeugen, ausgezeichnet bewährt. Jeder Mitarbeiter an diesem Buch hat eine für ihn ganz ungewohnte Aufgabe übernommen: Er sollte seine spirituelle Disziplin nicht in traditioneller Form präsentieren, sondern als ein psychologisches System. Das erwies sich als äußerst schwierig, denn es machte eine meisterhafte ›Übertragung‹ der traditionellen Konzeptionen in die psychologische Fachsprache erforderlich, also in eine Sprache, mit der der gebildete Mensch der westlichen Welt vertraut ist und die er begreift. Diese Sprache hat natürlich ihre Grenzen, und auf viele der wertvollsten Erfahrungen kann sie kaum mehr als Hinweise geben. Aber meine Mitarbeiter haben in dieser Beziehung hervorragende Arbeit geleistet. Viele von ihnen schrieben mir nachher sogar, eine derartige Übertragung sei eine zwar recht schwierige, aber auch durchaus lohnende Aufgabe gewesen, denn sie habe für sie selbst eine Bereicherung des Verständnisses ihrer jeweiligen Disziplin bedeutet.
Ich habe jedem einzelnen Mitarbeiter[2] ein Schema für die Anlage seines Artikels gegeben; danach sollte er sowohl die Themenkreise behandeln, an denen man im Westen traditionsgemäß am meisten interessiert ist, als auch diejenigen, die für die betreffende spirituelle Tradition von zentraler Bedeutung sind. Dieses Schema sollte nur eine Hilfe und keine Zwangsjacke sein; daher ist es von den einzelnen Mitarbeitern auch in unterschiedlichem Ausmaß modifiziert worden. Im großen ganzen befaßt sich jedoch jedes einzelne Kapitel überwiegend mit Themenkreisen, die man in der westlichen Psychologie traditionell für wichtig hält. Diese Themen sind: eine kurze Geschichte des jeweiligen spirituellen ›Pfads‹ und ein Ausblick auf die gegenwärtigen Praktiken; die philosophischen Grundlagen und die fundamentalen Vorstellungen von der Natur des Universums, vom Wesen des Menschen, von Ort und Funktion des Menschen in diesem Universum, von seiner Beziehung zu höheren und niederen Wesenheiten und von der allem zugrunde liegenden Natur des menschlichen Bewußtseins. Behandelt werden weiterhin die den Erkenntnisweg bestimmenden Lehren über die Persönlichkeit, über Emotionen und Motivationen, über das Gedächtnis und über die Lernprozesse, über die Beziehungen zwischen Leib und Seele, über Psychopathologie und über Wahrnehmung, über die sozialen Wechselbeziehungen und Erkenntnisprozesse, über potentielle neue Fähigkeiten, über veränderte Bewußtseinszustände und über den Tod; und schließlich ein Überblick über das Spezifische des jeweiligen spirituellen Wegs, über seine Methoden,

über die Art des Fortlebens der Tradition sowie über die Gefahren jedes einzelnen Wegs.

Ich habe zunächst versucht, diese Kapitel in eine sinnvolle Reihenfolge zu bringen, habe aber schließlich den Gedanken an eine ›logische‹ Abfolge aufgegeben und mich dazu entschlossen, sie so zu arrangieren, daß sie, von Kalifornien ausgehend, ungefähr dem Lauf der Sonne rings um den Erdball bis zu ihrer Rückkehr zu ihrem Ausgangspunkt folgen. Nach meinen in Kalifornien geschriebenen Artikeln begeben wir uns also über den Stillen Ozean nach Japan, lernen dort den Zen-Buddhismus kennen; dann geht es weiter nach Westen, wo wir uns mit Buddhas Lehren über höhere Bewußtseinszustände und Meditation vertraut machen, danach nach Indien zum Studium des Yoga, dann zum Sufismus im Mittleren Osten und von dort nach Europa und Amerika, wo wir uns mit der mystischen Tradition des Christentums und den magischen Überlieferungen des Westens befassen; damit endet dann unser Trip rund um den Erdball.

Diese Zusammenstellung von sechs spirituellen Psychologiesystemen ist keineswegs vollständig; aus Raumgründen mußte auf so wichtige Beispiele wie etwa den Taoismus, die Alchemie, die kabbalistische Tradition, den Tibet-Buddhismus usw. verzichtet werden. Ich hoffe das, was hier ausgelassen wurde, in einem Folgeband nachtragen zu können.

Ich baue darauf, daß der Einfluß der traditionellen spirituellen Psychologien uns dazu anspornen wird, unsere eigene Psychologie in Frage zu stellen, unsere Konzeption dessen, was Psychologie ist, zu erweitern und schließlich eigene wissenschaftlich fundierte transpersonale Psychologiesysteme zu entwickeln.

---

[1] Ich spreche lieber vom „Spirituellen" als vom „Religiösen", denn nach meinem Gefühl schließt der erstgenannte Begriff die Erfahrungen mit ein, die die Menschen mit dem Sinn des Lebens, mit Gott, mit ihrer Art zu leben usw. machen; dagegen sind in den Begriff »religiös« allzu nachdrücklich auch die ungeheuren Sozialstrukturen mit eingegangen, die so viel mehr umfassen als das unmittelbare spirituelle Erlebnis, und die der unmittelbaren Erfahrung oft feindselig entgegenstehen oder sie zumindest stark einengen. Wenn ich das Wort »religiös« höre, verbinden sich für mich damit Assoziationen wie Priester, Dogmen, Doktrinen, Kirchen, Institutionen, politische Machenschaften und Gesellschaftsstrukturen. Ich werde daher stets den Begriff »spirituell« dem Begriff »religiös« vorziehen; wir haben es in diesem Buch im allgemeinen nicht mit der sozialen Dimension und der Institutionalisierung von spirituellen Erfahrungen zu tun. In den wenigen Fällen, in denen ich das Wort »religiös«

verwende, meine ich dann tatsächlich die mehr institutionalisierte Version des spirituellen Bereichs.

[2] Die einzige Ausnahme bildet in dieser Hinsicht Daniel Golemans Kapitel, in dem von den Lehren Buddhas über »höhere Bewußtseinszustände« die Rede ist (siehe Kapitel 5); es wurde bereits in der Zeitschrift *Journal of Transpersonal Psychology* veröffentlicht, und zwar zu der gleichen Zeit, in der dieses Buch entstanden ist. Es schien mir jedoch für das in diesem Buch abgehandelte Thema so relevant zu sein, daß ich sehr froh darüber bin, es hier aufnehmen zu dürfen; es könnte in der Tat ebensogut ausdrücklich für dieses Buch verfaßt worden sein.

CHARLES T. TART

1. WISSENSCHAFT, BEWUSSTSEINSZUSTÄNDE
UND SPIRITUELLE ERFAHRUNGEN:
DIE NOTWENDIGKEIT BEWUSSTSEINSZUSTANDS-
ORIENTIERTER WISSENSCHAFTEN

In den letzten Jahrhunderten haben wir in der westlichen Welt einen ständigen Kampf zwischen den Naturwissenschaften und der orthodoxen Religion erlebt, wobei die Anhänger der herkömmlichen Religionen die Gottlosigkeit der Wissenschaft beklagten; sie fühlten sich bedroht, weil die von dieser gemachten Entdeckung den traditionellen religiösen Dogmen widersprachen. Auf der anderen Seite hatten viele Wissenschaftler das Gefühl, die Religion sei die Hauptquelle und Stütze für das Fortleben abergläubischen Gedankenguts, das den Fortschritt des Menschen hemmte. Natürlich gab es auch auf beiden Seiten zahlreiche bedeutende Ausnahmen: religiöse Männer, die den Wert der Wissenschaft erkannten, und Wissenschaftler, die einen starken religiösen Glauben besaßen; aber im großen ganzen kam es doch zu einer bemerkenswerten Polarisierung dieser beiden Wege zum Verständnis des Universums.

Noch bis vor einer Generation sah es ganz so aus, als würden die Naturwissenschaften und ihre technischen ›Wunderwerke‹ in den gebildeten Schichten der Bevölkerung klar die Oberhand behalten. Zwar heuchelte man nach außen hin Ergebenheit gegenüber dem Judentum und dem Christentum, setzte aber in seinem Glauben an ein besseres Leben in zunehmendem Maße auf die Wissenschaften und deren Folgeerscheinungen, und sehr viele Gebildete besaßen strenggenommen überhaupt keinen religiösen Glauben mehr. Im Rückblick können wir erkennen, daß die Wissenschaft von vielen als eine Art Religionsersatz benutzt wurde (und auch immer noch wird), d.h. als Quelle der Hoffnung und des Glaubens an den menschlichen Fortschritt. Heute ergibt sich allerdings ein ganz anderes Bild. T. Blackburn hat in einem Artikel in der Zeitschrift *Science* (1971) festgestellt, daß ein Großteil unserer talentiertesten jungen Leute sich von Naturwissenschaft und Technologie abgestoßen fühlt. Ich selbst glaube die gleiche Ablehnung von Wissenschaft und Wissenschaftskultur bei vielen unserer fähigsten Studenten feststellen zu können – und die gesamte Gegenkultur ist eine logische Folge dieses Zustands. Wenn ein so nützliches Rüstzeug wie die Wissenschaft von einem großen Prozentsatz der intelligentesten jungen Menschen verworfen wird, dann befinden wir uns in einer schwerwiegenden Kulturkrise.

Die Gründe für diese Ablehnung der Wissenschaft sind – wie bei jeder größeren gesellschaftlichen Umschichtung – recht verschiedenartig und komplex, aber eine wesentliche Ursache der Entfremdung, die ich hier erörtern will, ist das bei jungen Leuten weitverbreitete Erlebnis von veränderten Bewußtseinszuständen sowie die spirituelle Erfahrung, die man häufig in derartigen Zuständen macht; hinzu kommt die Tatsache, daß die orthodoxe Wissenschaft die aus veränderten Bewußtseinszuständen gewonnenen Erkenntnisse und Erfahrungen nahezu völlig verwirft; Blackburn selbst fordert uns zwar auf, die Gültigkeit einer mehr sinnlich-intuitiven Betrachtungsweise der Natur anzuerkennen, liefert zugleich jedoch selber ein Beispiel für die Ablehnung solcher aus veränderten Bewußtseinszuständen gewonnenen Erfahrungen, wenn er sagt: »Vielleicht kann die Wissenschaft in dieser Hinsicht von den Methoden der orientalischen Religionen – *im Unterschied zu deren Inhalt* (Kursive von mir) – noch viel lernen.«

Eine vor mehreren Jahren in einer Zeitschrift vorgenommene Meinungsumfrage (Newsweek, 25. 1. 1971, S. 59) ergab, daß ungefähr die Hälfte aller amerikanischen College-Studenten sich gelegentlich an Marihuana versucht hatte und daß viele von ihnen diesen »Stoff« mit ziemlicher Regelmäßigkeit zu sich nahmen; sie erlebten dabei eine ganz spezifische Art von veränderten Bewußtseinszuständen. Sie taten das selbst auf die Gefahr hin, daß sie, falls man sie dabei erwischte, zu einer mehrjährigen Gefängnisstrafe verurteilt wurden und dadurch ihre Karriere hätten ruinieren können. Warum dies? Die herkömmlichen wissenschaftlichen Untersuchungen über den Marihuana-Rausch – die sogenannten »Fakten« der orthodoxen Wissenschaft – ergaben als Hauptwirkungen von Marihuana: eine leichte Beschleunigung des Herzrhythmus, eine Rötung der Augen, ein Nachlassen des Gedächtnisses bei stärkeren Rauschzuständen und geringfügige Leistungsminderungen bei komplexen psychomotorischen Tests.

Würden Sie dafür das Risiko eingehen, ins Gefängnis wandern zu

müssen?! Ein intelligenter Marihuana-Raucher, dem im Vortrag eines Arztes oder eines Naturwissenschaftlers diese Auswirkungen des Marihuana-Rauschs als die wesentlichen wissenschaftlich gesicherten »Fakten« präsentiert werden, kann nur ungläubig den Kopf schütteln und sich in seiner antiwissenschaftlichen Haltung bestärkt fühlen, denn für ihn ist klar, daß diese Wissenschaftler überhaupt nicht begriffen haben, was in einem Marihuana-Rausch vor sich geht. Ich habe eine umfassende Untersuchung über die im Marihuana-Rausch gemachten Erfahrungen durchgeführt (Tart, 1971b), in der detailliert alles festgehalten wird, was Menschen in derartigen veränderten Bewußtseinszuständen erleben, aber die orthodoxe Wissenschaft lehnt alle erlebten Erfahrungen kategorisch als »subjektiv« oder als »pathologisch« ab, und sie hält sie einer eingehenden Untersuchung nicht für würdig. Die meisten Wissenschaftler bezeichnen heute etwas als »subjektiv«, was sie für unsolide, unwissenschaftlich und unwesentlich halten. Aber gerade um derartiger Erlebnisse willen suchen die Menschen den Marihuana-Rausch, und nicht wegen der rein physiologischen Auswirkungen und der sich häufenden Irrtümer bei komplexen Leistungsprüfungen. Die orthodoxe Wissenschaft läßt also gerade die wichtigsten menschlichen Erfahrungen außer Betracht, oder sie hält sie einer eingehenden Erforschung nicht für würdig.
Ein hoher Prozentsatz von intelligenten jungen Leuten experimentiert mit veränderten Bewußtseinszuständen an sich selbst und findet heraus, daß die Erfahrungen, die sie dabei machen, von sehr großer Bedeutung für den Entwurf einer Lebensphilosophie und eines eigenen Lebensstils sind. Der Konflikt zwischen diesen Erlebnissen und der sich aus den veränderten Bewußtseinszuständen ergebenden Weltanschauung einerseits und den Einstellungen und intellektuell-emotionalen Systemen, die sich aus unseren gewöhnlichen Bewußtseinszuständen herauskristallisiert haben, andererseits ist eine wesentliche Ursache für die zunehmende Entfremdung vieler Menschen von der herkömmlichen Wissenschaft.
Um bei unserem Beispiel des Marihuana-Rauschs zu bleiben: Für erfahrene Marihuana-Raucher ist es relativ einfach, sich wieder offener und kindhafter zu fühlen und mit Staunen und Verwunderung auf das Universum zu blicken, die sexuelle Liebe nicht nur als körperliche, sondern auch als seelische Vereinigung zu empfinden, eine immaterielle Energie den Körper durchpulsen zu spüren, sich im Einklang

mit der Welt zu befinden und das Gefühl zu haben, daß die Zeit stillsteht. Nicht so weit verbreitet, aber doch auch relativ häufig ist die Erfahrung, mit anderen Menschen über räumliche Entfernungen hinweg eine geistige Verbindung herstellen zu können (Telepathie), sowie das Gefühl, sich in unmittelbarem Kontakt zu einer höheren Macht bzw. zu Gott zu befinden. Erfahrungen dieser Art bleiben natürlich nicht auf diejenigen veränderten Bewußtseinszustände beschränkt, die durch Drogen herbeigeführt werden, sondern sie können sich auch in meditativen Zuständen und anderen Arten von veränderten Bewußtseinszuständen manifestieren.

Aber mit all solchen Erlebnissen, mit Ekstase, anderen »Dimensionen«, mystischer Vereinigung, Entrückung, Schönheit, Transzendenz von Raum und Zeit, sowie mit transpersonaler Erkenntnis setzt sich die herkömmliche Wissenschaft nicht in angemessener Form auseinander. Entweder befaßt man sich überhaupt nicht mit ihnen, oder man wirft sie sozusagen in die Abfalleimer der Wissenschaft mit den Etiketten »subjektive« bzw. »pathologische« Erlebnisse. Erlebnisse dieser Art werden jedoch keineswegs verschwinden, auch wenn wir mit immer härteren Maßnahmen gegen psychedelische Drogen vorgehen (eine ganz offensichtlich unlösbare Aufgabe, d. h. offensichtlich für nahezu alle, nur nicht für die staatlichen Behörden), denn eine Vielzahl von Menschen praktiziert jetzt verschiedene drogenunabhängige Methoden zur Herbeiführung veränderter Bewußtseinszustände, wie beispielsweise Meditation und Yoga.

Erlebnisse im Bereich der veränderten Bewußtseinszustände vermitteln also intensive spirituelle Erfahrungen, mit denen man sich unbedingt befassen müßte. Umgekehrt muß man die Sehnsucht nach religiösen Erlebnissen, die noch verstärkt wird durch den Zusammenbruch des traditionellen Wertsystems in unserem Kulturkreis, dafür verantwortlich machen, daß Menschen mit Hilfe verschiedenster Mittel veränderte Bewußtseinszustände zu erreichen suchen.

Jetzt müssen wir uns noch eingehender mit folgender Frage befassen: Wird der traditionelle Konflikt zwischen Wissenschaft und Religion wie bisher weiterhin zu einer Polarisierung führen: auf der einen Seite Menschen mit traditioneller technologischer Wissenschaftsauffassung, auf der anderen solche, die von einer irrationalen Gläubigkeit und von abergläubischen Vorstellungen geprägt sind? Oder lassen sich die traditionellen Konflikte zwischen Wissenschaft und Religion so weit reduzieren, daß sich diese beiden Bereiche menschlichen Strebens und Bemühens wechselseitig durchdringen und einander bereichern können? Ich halte letzteres durchaus für möglich, und ich habe vorgeschlagen, daß wir das mit Hilfe von Wissenschaftsformen tun, die an bestimmten Bewußtseinszuständen orientiert sind (Tart, 1972). Im vorliegenden Kapitel werde ich einiges über das Wesen der veränderten Bewußtseinszustände aussagen, den Kernpunkt der naturwissenschaftlichen Methodik diskutieren, ferner zeigen, daß sich im Prinzip an veränderten Bewußtseinszuständen orientierte Wissenschaften entwickeln ließe, und danach werde ich erörtern, ob und wie die in diesem Buch dargestellten spirituellen Psychologien solche Arten von Wissenschaften – oder zumindest deren Anfänge – darstellen könnten.

Wir wollen hier festhalten, daß im Brennpunkt unserer Untersuchungen zwar die veränderten Bewußtseinszustände und die mit ihnen zusammenhängenden Erlebnisse und Erfahrungen stehen, daß jedoch viele dieser Veränderten-Bewußtseinszustände-Erlebnisse nicht zwangsläufig spiritueller Natur sein müssen und daß spirituelle Erlebnisse ihrerseits nicht nur im Zusammenhang mit den veränderten Bewußtseinszuständen vorkommen. Da aber trotzdem so viele unserer religiösen Erlebnisse im Zusammenhang mit veränderten Bewußtseinszuständen vorkommen oder doch zumindest durch sie ermöglicht werden, ist es durchaus angemessen, daß wir die veränderten Bewußtseinszustände in den Brennpunkt unserer Erörterungen stellen, wenn wir die Grundlagen für die wissenschaftliche Erfassung von spirituellen Erlebnissen schaffen wollen.

Bewußtseinszustände

Die Begriffe »Bewußtseinszustand« und »veränderter Bewußtseinszustand« werden heutzutage in unserem Kulturbereich immer häufiger verwendet. Die allgemeine Vorstellung von dem, was hinter diesen Begriffen steht, ist die Anerkennung der Existenz eines Bewußtseins*zustands,* d.h. einer bestimmten Struktur, eines Organisationsstils, der sich auf den gesamten geistig-seelischen Funktionsbereich des Menschen zu einem ganz bestimmten Zeitpunkt bezieht. Hier besteht eine gewisse Analogie zu der Vorstellung vom Übergang aus einem geographisch-physikalischen Staat in einen anderen (etwa von New

Jersey nach Kalifornien), wo aber die Gesamtorganisation als solche in wesentlichen Punkten ganz unterschiedlich ist. Es gibt verschiedenartige Gesetze, die das Verhalten der Menschen regeln sollen, es gibt unterschiedliche Lebensstile usw. Wenn das erlebte ›Empfinden‹ eines Bewußtseinszustands sich radikal von dem eines anderen unterscheidet, dann kann man von einem »veränderten« Bewußtseinszustand sprechen.

Wenn neu gewonnene Begriffe in den allgemeinen Sprachgebrauch hinüberwechseln, zeigen sie unglücklicherweise häufig die Tendenz, so allgemein und so unpräzise verwendet zu werden, daß sie viel von ihrem deskriptiven Wert einbüßen. So benutzen beispielsweise viele Menschen jetzt den Begriff Bewußtseinszustand, um damit einfach auszudrücken, worüber sie sich zu einem bestimmten Zeitpunkt Gedanken machen, und den Begriff veränderter Bewußtseinszustand, um damit auszudrücken, daß das, worüber sie sich gerade in diesem bestimmten Augenblick Gedanken machen, sich von dem unterscheidet, was sie einige Augenblicke früher beschäftigt hat. Wollte ich die beiden Begriffe auf diese Weise benutzen, so müßte ich sagen, daß ich mich in diesem Augenblick, da ich das Manuskript niederschreibe, sozusagen in einem ›Bücherschrank-Bewußtsein‹ befinde, weil ich gerade auf einen Bücherschrank schaue, und wenn ich im nächsten Augenblick meinen Blick auf meine Uhr richte, befinde ich mich in einem ›Uhr-Bewußtsein‹, und wenn ich dann weiter meinen Blick zum Fenster hinschweifen lasse, in einem ›Fenster-Bewußtsein‹. Ich will daher die von mir gewählte Terminologie noch weiter spezifizieren, und zwar in unmittelbarem Zusammenhang mit meiner eigenen Theorie von der Natur der Bewußtseinszustände (Tart, 1970; 1973b; 1974a u. 1975); diese Terminologie will ich dann im weiteren Verlauf der drei von mir verfaßten Kapitel auch konsequent verwenden.

Ein *diskreter Bewußtseinszustand** ist als eine spezifische Funktionsstruktur zu definieren, die in Einzelheiten eine Reihe von Abwandlungen zuläßt, dennoch aber die alles übergreifende Struktur bleibt. So erkennen wir beispielsweise eine Vielzahl von Objekten als Automobile, obschon diese sich nach Größe, Form, Farbe und anderen

---

* Anm. d. Übersetzers: Da im folgenden ausschließlich von diskreten, gewöhnlichen oder diskreten veränderten Bewußtseinszuständen die Rede ist, verzichten wir im Unterschied zur englischen Ausgabe darauf, diese Zustände jeweils als diskret (d. h. unterscheidbar, spezifisch) zu bezeichnen.

Vergleichspunkten durchaus voneinander unterscheiden. Ein *diskreter veränderter Bewußtseinszustand* bedeutet – im Unterschied zum diskreten Bewußtseinszustand, der unserem gewöhnlichen Wachzustand entspricht – eine radikale Veränderung des übergreifenden Bewußtseinszustandes, so daß jemand, der Erfahrungen mit dem diskreten veränderten Bewußtseinszustand hat (oder ihn beobachtet) sagen kann, daß jetzt andere Gesetze gelten und daß jetzt eine neue übergreifende Struktur seine Erfahrung überlagert. Das bedeutet: Im Rahmen eines Bewußtseinszustandes können spezielle Bestandteile dieses Modells – vor allem psychische Funktionen – schneller oder langsamer ablaufen, in geringerem oder stärkerem Maße wirksam werden, oder aber es kann sich eine Veränderung im Zusammenhang mit den inhaltlichen Aspekten ergeben, aber das übergreifende Gesamtmodell bleibt doch im Endeffekt das gleiche. Um noch einmal auf das oben angeführte Beispiel zurückzukommen: Als ich in meinem Zimmer umherblickte, veränderte sich zwar der jeweilige Inhalt des von mir Wahrgenommenen – Bücherschrank, Uhr, Fenster –, aber ich befand mich die ganze Zeit über in meinem ganz gewöhnlichen, alltäglichen Bewußtseinszustand. Ich hatte, während ich auf die drei obengenannten Gegenstände schaute, stets im Prinzip das gleiche Gefühl, und mein geistig-seelischer Bereich funktionierte auch weiterhin nach einem ganz bestimmten Regelsystem für die Beweisführung, für die Verarbeitung von Informationen usw.

Dagegen ließe sich ein veränderter Bewußtseinszustand mit einer Art Traumzustand vergleichen oder mit dem durch eine Droge verursachten Rauschzustand, oder aber als mögliche Folgeerscheinung meditativer Methoden. Ich könnte beispielsweise einen Traum gehabt haben, in dem ich auf den Bücherschrank, dann auf die Uhr und schließlich auf das Fenster schaute. Der spezifische Inhalt und die Abfolge könnten durchaus die gleichen gewesen sein wie bei meinem gewöhnlichen Bewußtseinszustand, aber beim Aufwachen würde ich in einem solchen Falle deutlich erkennen, daß meine übergreifende geistig-seelische Gesamtfunktion sich stark von der gewöhnlich-alltäglichen unterschieden hatte. Es handelt sich also bei den veränderten Bewußtseinszuständen um Bewußtseinszustände, die dem, der das erlebt, ein von seinem gewöhnlichen, im Wachzustand wirksamen Bewußtseinszustand klar unterscheidbares Gefühl vermitteln: es handelt sich hier also um *radikale* Veränderungen, nicht nur um geringfügige Inhaltsverschiebungen oder um geringfügige quantitative

Funktionsänderungen. Erinnern wir uns daran, daß ein Bewußtseinszustand ein übergreifendes Funktionsmodell ist: zu den »radikalen« Veränderungen in den einzelnen Bestandteilen, aus denen dieses Modell besteht, können größere quantitative Veränderungen im Bereich der psychologisch-physiologischen Funktionen gehören, wie beispielsweise Gedächtnis, Argumentationsvermögen, Identitätsgefühl und Motorik sowie das zeitweilige Aussetzen einiger Funktionen und das Wirksamwerden neuer Funktionen, die im gewöhnlichen Bewußtseinszustand nicht verfügbar gewesen waren.

Nahezu alle normalen Menschen erleben außer ihrem gewöhnlichen Wachzustand noch zwei veränderte Bewußtseinszustände: den Traumzustand und die Übergangsphasen zwischen Wachzustand und Schlaf (den »hypnagogischen« und den »hypnopompischen« Zustand). Viele Menschen erleben noch einen weiteren veränderten Bewußtseinszustand, den Alkoholrausch, sowie die neuesten Errungenschaften unserer Kultur – veränderte Bewußtseinszustände, die durch Marihuana oder durch noch stärkere psychedelische Drogen herbeigeführt werden. Wieder andere Menschen erleben auch mit Hilfe meditativer Methoden ausgelöste veränderte Bewußtseinszustände, sogenannte Zustände des Besessenseins sowie der Hypnose bzw. der Selbsthypnose.

Anhand einer einfachen Analogie zur Funktion von Computern läßt sich das Wesen von Bewußtseinszuständen und veränderten Bewußtseinszuständen gut verdeutlichen. Stellen wir uns einen einfachen Computer vor, der darauf programmiert werden kann, mit den ihm eingespeicherten Zahlen eine Funktion zu erfüllen. Ein Programm könnte etwa darin bestehen, der Reihe nach alle in ihn eingespeicherten Zahlen zu addieren. In diesem Fall würde es sich um eine Art Bewußtseinszustand handeln. Der Computer könnte aber auch so adjustiert werden, daß er diese Addition in rascherem oder langsamerem Tempo vornimmt, oder so, daß er die Addition mit unterschiedlichen Graden der Präzision vornimmt. Das würde dann jenen quantitativen Varianten entsprechen, wie wir sie bei jedem Bewußtseinszustand antreffen, beispielsweise, daß wir uns in unserem gewöhnlichen Bewußtseinszustand fröhlicher bzw. trauriger oder aber schläfriger bzw. wacher fühlen. Im Prinzip besteht das Computerprogramm jedoch aus einer bloßen Addition, d. h., trotz der in ihm vorkommenden quantitativen Varianten behält es im Prinzip doch ein übergreifendes Gesamtmodell bei.

Nehmen wir nun an, wir programmieren den Computer so um, daß er jede ihm neu eingespeicherte Zahl mit dem Ergebnis der Multiplikationen aller bisher eingespeicherten Zahlen multipliziert. Wir haben es hier mit einem neuen Grundmodell zu tun, mit einem neuen Bewußtseinszustand, d. h. in bezug auf das vorhergehende Programm sogar mit einem veränderten Bewußtseinszustand. Auch in diesem Fall können wir den Computer so adjustieren, daß er diesen Vorgang rascher oder langsamer bzw. mehr oder minder exakt vollzieht, aber die Art von Operationen, die er jetzt auf eingespeicherte Stimuli hin durchführt, sowie die Art, wie er Informationen verarbeitet – das alles ist jetzt ganz anders. Das ist das Wesen der Bewußtseinszustände: sie sind wie verschiedene Programme in einem Computer. Natürlich sind Geist und Gehirn des Menschen sehr viel komplexer als dieses hier zitierte einfache Beispiel. Zwei oder auch mehrere von ihnen können durchaus einige gemeinsame Züge tragen: so könnte man beispielsweise in der Lage sein, eine Zahlenreihe zu addieren, während man träumt, aber man könnte das auch im gewöhnlichen Wachzustand des Bewußtseins oder im Marihuana-Rausch. Doch die übergreifenden Gesamtmodelle der geistigen Funktionen dieser Bewußtseinszustände sind im einzelnen recht unterschiedlich.

Wenn wir die Methoden der spirituellen Psychologien aus dieser Perspektive betrachten, erkennen wir, daß von den vielen Dingen, die sie bewirken, zwei im Vordergrund stehen: a) sie verändern bestimmte Aspekte und Inhalte unserer geistigen und körperlichen Funktionen im Rahmen unserer gewöhnlichen, im Wachzustand wirksamen Bewußtseinszustände, und sie verändern b) auch vorübergehend unseren gewöhnlichen Bewußtseinszustand, so daß wir einen oder mehrere veränderte Bewußtseinszustände erleben können. Der erste Prozeß besteht in einer »Reinigung« unseres gewohnten Bewußtseinszustandes; das geschieht beispielsweise durch die Eliminierung gewisser neurotischer Strukturen oder aber durch die »Befreiung« von falschen Vorstellungen. Der letztgenannte Prozeß würde dazu führen, daß wir beispielsweise einen bestimmten meditativen Zustand erreichen, in dem wir dann Erlebnisse ganz anderer Art haben könnten.

Wichtig ist die Erkenntnis, daß es sich beim Bewußtseinszustand um eine aktive Auseinandersetzung mit der Wirklichkeit handelt, wobei Informationen sowohl über die Außenwelt eingeholt werden können als auch über den eigenen Körper und die eigenen Erfahrungen. Unsere dem gesunden Menschenverstand entsprechende Vorstellung vom Bewußtsein besteht darin, daß wir irgendwie die Dinge so wahrnehmen, wie sie tatsächlich sind, und daß wir mit ihnen in unseren Schlußfolgerungen, Empfindungen, Einschätzungen, Handlungen usw. offensichtlich ganz vernünftig umgehen. Die moderne psychologische Forschung hat aufgezeigt, daß diese Vorstellung völlig falsch ist. Bei jedem Bewußtseinszustand handelt es sich um eine ganz *willkürliche* Art der Verarbeitung von Informationen[1], der selektiven Bedeutungszumessung im Rahmen verschiedener Wertsysteme und der sich daraus zwangsläufig ergebenden Erlebnisse und Taten. Es gibt also keinen »normalen«, biologisch vorgegebenen Bewußtseinszustand, den man sozusagen als den natürlichen, optimalen Geisteszustand bezeichnen könnte, obwohl es vermutlich eine gewisse, biologisch bedingte Einschränkung der Möglichkeiten gibt. Bei unserem gewöhnlichen Bewußtseinszustand handelt es sich vielmehr um eine im Einklang mit biologischen und kulturellen Gegebenheiten aufgebaute Konstruktion zu dem Zweck, sich mit unserer physischen, intrapersonalen und interpersonalen Umwelt auseinanderzusetzen. Bei einem veränderten Bewußtseinszustand werden natürlich die Informationen aus der physischen, intrapersonalen und interpersonalen Umwelt auf radikal unterschiedliche Weise verarbeitet, aber auch der spezifische veränderte Bewußtseinszustand kann ebenso willkürlich vorgehen wie unser gewöhnlicher Bewußtseinszustand. Meiner Meinung nach wird durch diese teilweise Willkürlichkeit nur noch das allgemeine (stillschweigende) Postulat betont, daß unser gewöhnlicher Bewußtseinszustand, der sogenannte normale Bewußtseinszustand, doch der optimale Zustand ist und daß es sich bei allen spezifischen veränderten Bewußtseinszuständen nur um geringer wertige Versionen handelt. Einige von ihnen sind bei der Auseinandersetzung mit bestimmten Situationen nicht so flexibel und nützlich wie unser gewöhnlicher Bewußtseinszustand, aber einige andere veränderte Bewußtseinszustände können sich trotzdem in vieler Hinsicht als nützlich erweisen. Man könnte in der Tat sagen, einer der Hauptansprüche, die von den spirituellen Psychologien vertreten werden, besteht darin, daß ihrer Ansicht nach bestimmte veränderte Bewußtseinszustände sich als weit nützlicher und »zuverlässiger« für das Verständnis gewisser menschlicher Probleme erweisen – wie beispielsweise das Verhältnis des Menschen zu den übrigen Lebensbereichen –, als das bei unseren gewöhnlichen

Bewußtseinszuständen der Fall ist. Mit dieser Frage der Bewertung von bestimmten Eigenschaften der Bewußtseinszustände werden wir uns zu einem späteren Zeitpunkt befassen.

Bewußtseinszustände und Paradigmen

Thomas Kuhn, ein Repräsentant der Wissenschaftsgeschichte, hat (1962) die Idee vertreten, das Funktionieren der Naturwissenschaft werde durch Paradigmen gesteuert. Da diese Konzeption von den Paradigmen in vieler Hinsicht meiner Konzeption von den Bewußtseinszuständen ähnlich ist, und da sozusagen jede spirituelle Psychologie ein Paradigma für die Auseinandersetzung mit der Wirklichkeit ist, scheint es mir nützlich, sich näher mit dieser Idee zu befassen.
Bei einem Paradigma handelt es sich um eine bedeutende geistige Leistung, die jeder normalen Wissenschaft zugrunde liegt und die der Arbeit einer Reihe von ausdauernden Anhängern als Anziehungspunkt und Leitmotiv ihrer wissenschaftlichen Tätigkeit dient. Es handelt sich im Grunde um eine Art »Super-Theorie«, d. h. um eine Theorie oder Definition des Begriffs »Wirklichkeit«, die so umfassend ist, daß sie die meisten – wenn nicht gar alle – bekannten wichtigen Phänomene in einem bestimmten Fachbereich abdeckt. Ein Beispiel für ein solches Paradigma, das auch heute noch das Leitmotiv für den gesamten Fachbereich Astronomie ist, ist die kopernikanische bzw. heliozentrische Astronomie, d. h. die Idee, daß die Planeten die Sonne umkreisen. Als diese Idee damals eingeführt wurde, schien sie alle Fakten aus dem Bereich der Astronomie in weit zwingenderer Form in ein bestimmtes System zu bringen, als das bei der voraufgegangenen Theorie der Fall gewesen war, nach der die Planeten sich um die Erde drehten (ptolemäische bzw. geozentrische Astronomie). Während jedoch ein derartiges Paradigma die meisten oder gar alle wichtigen Phänomene in seinem Bereich in einem übergreifenden Sinne zu erklären scheint, läßt es doch noch verschiedene Einzelfragen offen: Es gibt wichtige Detailprobleme innerhalb dieses Bezugssystems und verschiedene Lücken im Gesamtbild, die noch geklärt bzw. ausgefüllt werden müssen; für die Wissenschaftler bleibt also noch viel Kleinarbeit zu tun.
Im Prinzip ist eine gewöhnliche wissenschaftliche Theorie stets weite-

ren Überprüfungen unterworfen. Ein Paradigma dagegen ist nach seiner Etablierung so erfolgreich, daß es einen *psychologischen* Wandel durchsetzt, den wissenschaftliche Theorien anscheinend nicht auszulösen vermögen. Ein Paradigma wird zu einem stillschweigend akzeptierten Bezugssystem, an das sich die meisten damit befaßten Wissenschaftler halten; es wird die Grundlage für die »natürliche Betrachtungsweise aller Dinge« und der damit zusammenhängenden Aktionen; es handelt sich hier um die offensichtlich ganz »vernünftige« Art, die Probleme in diesem Bereich anzugehen. Ist das Paradigma erst einmal zur »offensichtlich vernünftigen« Denkungsart erklärt worden, verschwenden seine Anhänger keine weitere Zeit damit, es weiteren Überprüfungen auszusetzen; und wenn es als »stillschweigend anerkannt« gilt, übt es eine nachdrückliche Steuerungskraft auf seine Anhänger aus. Man denkt nicht im Traume daran, gegen etwas zu rebellieren, das sich wie die ganz natürliche Ordnung des Universums ausnimmt; man nimmt nicht einmal wahr, daß man sich von seinen eigenen Konzeptionen steuern läßt.

Nehmen wir ein Beispiel: Als Sie auf dem Gymnasium Physik lernten, hat Ihnen da irgend jemand die *Theorie* des Schwerkraftgesetzes erklärt? Natürlich nicht! Man hat Sie einfach das Gravitations*gesetz* gelehrt! In Wirklichkeit handelt es sich hier jedoch um die *Theorie* des Schwerkraftgesetzes, aber es hat sich seit langem so glänzend bewährt, daß es als vollgültig akzeptiert wird und daß man es nicht als die Theorie, sondern als das Gesetz von der Schwerkraft bezeichnet. Was geschieht nun, wenn plötzlich jemand behauptet, er habe eine Anti-Schwerkraft-Maschine erfunden? Man betrachtet ihn automatisch als einen ›Spinner‹, denn jeder Mensch weiß doch genau, daß nach dem Gravitationsgesetz eine solche Erfindung überhaupt nicht möglich ist. Es könnte sich als zweckmäßig erweisen, Erfinder von Anti-Schwerkraft-Maschinen als »Spinner« abzutun. Mit Sicherheit muß die Idee, dem Gravitationsgesetz zu trotzen, Menschen unsinnig erscheinen, die im Rahmen des allgemein akzeptierten Paradigmas arbeiten, und die Wissenschaftler können so eine Menge Zeit sparen, die sie sonst für fehlgeschlagene Versuche verwenden würden. Die Paradigmen dienen nun einmal dazu, die Aufmerksamkeit auf Bereiche zu konzentrieren, bei deren Erforschung man positive Resultate erwarten kann. Trotzdem muß man feststellen, daß auch ein Paradigma eine Art Sackgasse darstellt. Da man aufgrund seiner Definition gewisse Probleme und Bestrebungen als unmöglich oder sinnlos ansieht, un-

tersucht man sie nie genauer, und man stößt daher auch niemals auf Informationen, die sich mit dem betreffenden Paradigma nicht vereinbaren lassen. Die Revolutionen der Wissenschaft, die Kuhn in so bewundernswerter Weise erörtert, die großen Durchbrüche zu ganz neuen Auffassungen vom Universum, erfolgen gerade dann, wenn man sich kontinuierlich auf die scheinbar sinnlosen Fakten bzw. Informationen konzentriert und wenn man nachweist, daß es in der Tat gewisse Diskrepanzen innerhalb des Paradigmas gibt, sobald man es über gewisse Grenzräume hinaus ausdehnt, und daß es durchaus auch eine alternative Betrachtungsweise des Universums gibt, d. h.: ein neues Paradigma. Die großen Erneuerer im Bereich der Wissenschaft hat man in der Tat häufig eine ganze Weile als »Spinner« bezeichnet; und während derjenigen Perioden, die von Kuhn als »Paradigmen-Konflikt« bezeichnet werden, d. h. Perioden, in denen ein neues Paradigma gegen ein altes ankämpft und sich langsam durchsetzt, herrscht viel Antagonismus und nur eine recht spärliche Kommunikation zwischen den streitenden Parteien. Nach Kuhns Meinung besteht die einzige Möglichkeit für ein neues Paradigma, im Bereich der Wissenschaft, in der akademischen Welt allgemein akzeptiert zu werden, häufig nur darin, daß die nicht zu entmutigenden Anhänger des alten Paradigmas langsam aussterben und neue, jüngere Wissenschaftler in deren Positionen nachrücken.
Das läßt natürlich nicht gerade auf die »kühle und sachliche Rationalität« schließen, mit der die Wissenschaft doch eigentlich arbeiten sollte; aber das tut sie eben nicht. Rationalität ist zwar ihr angestrebtes Ziel, aber sie wird eben von Menschen praktiziert, und die haben neben einem geringen Maß an Rationalität auch noch einige ganz andere Eigenschaften.
Ein Paradigma und ein diskreter Bewußtseinszustand sind einander sehr ähnlich. Beide bestehen aus einer Reihe komplexer, wechselseitig miteinander verbundenen Regeln und Theorien, die eine Person befähigen, sich mit Erlebnissen und Erfahrungen innerhalb einer bestimmten Umwelt auseinanderzusetzen und sie zu interpretieren. In beiden Fällen gelten diese Regeln als stillschweigende Postulate: Der Wissenschaftler denkt gar nicht mehr daran, daß sein Paradigma nur eine Theorie und damit der Notwendigkeit weiterer Überprüfungen unterworfen ist; die Person, die einen diskreten Bewußtseinszustand erlebt, denkt nicht daran, daß es sich dabei um eine willkürliche Art und Weise der Bewußtheitsorganisation handelt; sie

nimmt an, es handle sich dabei einfach um die natürliche Art, die Dinge wahrzunehmen. Dadurch, daß man die Vorläufigkeit und die Willkürlichkeit eines Paradigmas bzw. eines spezifischen Bewußtseinszustandes nicht erkennt, gerät man in die Gefahr, sich von ihnen nahezu total leiten zu lassen.

Kuhns Paradigma-Begriff läßt sich auf weit mehr als nur die auf die formalen Wissenschaftstheorien anwenden, die der Forschungstätigkeit der Wissenschaftler zugrunde liegen. Wir alle besitzen Paradigmen für bzw. Weltanschauungen über verschiedene Wirklichkeitsbereiche. Wir besitzen persönliche wie auch kulturelle Paradigmen in bezug auf die Wirtschaft, die Politik, die Religion, die Sexualität, die Aggression usw. Bei fast allen von ihnen handelt es sich um stillschweigend inbegriffene Glaubenssysteme, d. h. Regelkodizes für die Interpretation von gewissen Dingen, das Denken über gewisse Dinge sowie das Handeln aufgrund gewisser Dinge, und zwar in der Form, daß wir gar nicht mehr wissen, welche Regeln überhaupt unsere Reaktionen steuern. Bei einem Bewußtseinszustand handelt es sich um die Gesamtstruktur unseres geistig-seelischen Bereichs, die ähnlich wie ein Paradigma funktioniert, obwohl sie ganz spezifische Subparadigmen haben kann, die ihrerseits für inhaltlich ganz spezifische Einzelbereiche zuständig sind. Wenn man das Programm in einem Computer ändert, wenn man seinen eigenen Bewußtseinszustand von einem Bewußtseinszustand in einen veränderten Bewußtseinszustand umwandelt und wenn man die Welt aufgrund zweier verschiedener Paradigmen betrachtet – dann sind das alles durchaus vergleichbare Aktionen. Sie vermitteln uns ein ganz unterschiedliches Verständnis von den Dingen um uns.

Paradigmen-Konflikt zwischen "straight" (bürgerlich-etabliert) und "hip" (alternativ mit Drogenerfahrung)

Der Mensch pflegt zu Dingen, die ihm Freude machen, nach und nach eine Gefühlsbeziehung zu entwickeln, und auch ein Wissenschaftler, der im Rahmen eines bestimmten Paradigmas bedeutende Fortschritte erzielt, fühlt sich ihm allmählich emotional verbunden. Auch Menschen, deren Lebensbedürfnisse im Rahmen einer ganz bestimmten kulturellen Umwelt Befriedigung finden (auch hier handelt es sich

ja um eine Art Paradigma), fühlen sich jener allmählich fest verbunden. Menschen, die mit einem ganz bestimmten Bewußtseinszustand gut vorwärtskommen, hängen an diesem nicht minder fest. Wenn nun Informationen, die im Rahmen eines stillschweigend vorausgesetzten Paradigmas – sei es aus dem Bereich der Wissenschaft, der Kultur oder der Bewußtseinszustände – sinnlos erscheinen müssen, einem Menschen zur Kenntnis gebracht werden, dann besteht das Ergebnis in der Regel *nicht* darin, daß er sich an eine Überprüfung seines Paradigmas heranwagt, sondern darin, daß er die betreffende neue Information entweder ganz verwirft oder sie doch zumindest fehlinterpretiert. Diese Ablehnung erscheint den zahlreichen Anhängern des gleichen Paradigmas als durchaus »vernünftig«, und man verfügt daher über eine starke gesellschaftliche Unterstützung für seine Position. Menschen, die sich einem anderen Paradigma verpflichtet fühlen, muß natürlich eben diese Position als »widervernünftig« erscheinen. Man braucht ja nur an Freunde zu denken, die eine andere politische Anschauung vertreten als man selbst: sie erscheinen einem in vieler Hinsicht als durchaus »vernünftig«, aber gerade im politischen Bereich hält man sie für völlig unvernünftig; doch man erkennt dann auch, daß sie ihrerseits genauso über einen selbst denken.
Bei dem Konflikt, der heute zwischen denjenigen besteht, die gewisse veränderte Bewußtseinszustände erlebt haben (zu ihnen können junge Wissenschaftler ebenso gehören wie junge Menschen ganz allgemein), und denjenigen, die das nicht haben, handelt es sich also vorwiegend um eine Art Paradigmen-Konflikt. Ein Beispiel: Ein Mensch hat in einem veränderten Bewußtseinszustand ein mystisches Erlebnis, und er erzählt dann später anderen Menschen, das Grundprinzip des Universums sei die Liebe, und wir alle wären so tief von ihm durchdrungen, als seien wir Wassertropfen in einem Ozean. Ein orthodoxer Psychiater, der sich einem ganz anderen Paradigma verpflichtet fühlt, das an seinen gewöhnlichen, im Wachzustand herrschenden Bewußtseinszustand gebunden ist, hört diese Aussage, und er stellt als »ganz offensichtlich« fest, daß die betreffende Person einen vorübergehenden Anfall von »infantiler Regression« erlebt habe, so daß sie nicht mehr zwischen »wirklich« und »nicht wirklich« zu unterscheiden vermochte. Ein weiteres Beispiel: In einem Experiment nimmt eine Versuchsperson LSD und berichtet dann dem Experimentator: »Sie und ich, wir sind ein einheitliches

Ganzes; es gibt gar keine getrennten Individuen!« Der Experimentator stellt dann fest, seine Versuchsperson habe eine Identitätsdiffusion und verzerrte Denkprozesse erkennen lassen. Derjenige, der das mystische Erlebnis hatte, und die Versuchsperson berichten genau das, was ihnen als wahr erscheint; der Versuchsleiter stellt ebenfalls das fest, was seiner Ansicht nach »Tatsache« ist. Das Paradigma des Psychiaters bzw. des Experimentators, das auf ihrer wissenschaftlichen Ausbildung ebenso basiert wie auf ihrer Kulturzugehörigkeit und auf ihrem gewöhnlichen Bewußtseinszustand deutet darauf hin, daß eine wortwörtliche Interpretation der Aussagen des Mystikers bzw. der Versuchsperson keinen Sinn ergibt, d. h., daß sie mit der Wirklichkeit nicht übereinstimmen können; sie müssen daher als Ausdruck einer geistig-seelischen Abnormität auf seiten der betreffenden Versuchsperson gewertet werden. Der Mystiker bzw. die Versuchsperson, deren Paradigmen in einem bestimmten Augenblick dadurch radikal verändert waren, daß sie sich in einem veränderten Bewußtseinszustand befanden, berichten, was ihnen selbst als wahr und real erscheinen muß, und sie haben von dem Experimentator zwangsläufig den Eindruck, er sei geistig-seelisch nicht ganz normal, denn er schien ja unfähig, das zu begreifen, was sie selbst ganz deutlich als real empfunden hatten.

Kuhn hat gezeigt, daß Paradigmen-Konflikte charakteristischerweise von erbitterten, emotional begründeten Feindseligkeiten und von einer totalen Ablehnung des jeweiligen Opponenten begleitet waren. Im Anschluß an eine kühle, wissenschaftlich fundierte Debatte über die »Fakten« entwickelt sich ein beträchtlicher emotional begründeter Antagonismus.

Gegenwärtig erleben wir den gleichen Prozeß in der Auseinandersetzung der orthodoxen Sozial- und Medizinwissenschaften mit denjenigen, die nach spirituellen Erlebnissen suchen und sie auch haben: Der orthodoxe Psychologe oder Psychiater, der selber keine »psychotomimetischen« (bewußtseinserweiternden) Drogen nimmt und sich auch nicht »regressiven« Meditationsprozessen unterziehen würde, führt seine wissenschaftlichen Forschungen durch, um zu beweisen, daß diejenigen Menschen, die bestimmte Drogen einnehmen oder die »mystische Erlebnisse« haben, im Grunde nur Eskapisten sind. Diese Menschen ihrerseits betrachten den wissenschaftlich orientierten Forscher wiederum als engstirnig, repressiv und in Vorurteilen befangen. Wenn es sich um einen Studenten handelt, kann er

in einem solchen Fall eigentlich nur sein Studium abbrechen oder auf die Beteiligung an irgendeinem Dialog verzichten. Bei der Kommunikation zwischen diesen beiden Parteien handelt es sich weniger um einen nützlichen Gedankenaustausch als um mehr oder minder offene gegenseitige Beschimpfungen.
Müssen Menschen, die veränderte Bewußtseinszustände erleben, wirklich auch weiterhin die Wissenschaftler als Leute betrachten, die sich auf unwichtige Nebensächlichkeiten konzentrieren, und müssen die Wissenschaftler Menschen, die veränderte Bewußtseinszustände erleben, diese auch weiterhin als verwirrt oder geisteskrank bezeichnen?[2] Oder könnte sich die Wissenschaft in angemessenerer Form mit dem befassen, was gewisse Menschen in spezifischen veränderten Bewußtseinszuständen erleben? Wir wollen uns nun mit der Natur des Wissens und mit dem Wesenskern der wissenschaftlichen Methodik beschäftigen, um zu zeigen, daß das wirklich möglich ist.

Die Natur des Wissens

Die Wissenschaft (engl. *science* nach dem Lateinischen *scire* = wissen) befaßt sich mit dem Wissen bzw. mit bestimmten Kenntnissen. Darüber, was ›Wissen‹ eigentlich bedeutet, haben sich die Philosophen schon seit undenklichen Zeiten gestritten, aber für die hier folgende Auseinandersetzung definiere ich ›Wissen‹ als ein unmittelbar gegebenes, empirisches Empfinden einer Kongruenz zwischen zwei verschiedenen Erlebnis- bzw. Erfahrungsarten, d.h. ein Empfinden der Übereinstimmung. Die eine Reihe von Erfahrungen kann man als Wahrnehmung betrachten, als Wahrnehmung der Außenwelt, anderer Menschen oder des eigenen Ichs. Bei der anderen Erfahrungsreihe kann es sich um eine Theorie handeln, ein Lehrgebäude, ein System des Begreifens, eine Erinnerung oder um eine Glaubensvorstellung. Das Empfinden einer Kongruenz ist etwas, das sich in einem Erlebnis unmittelbar mitteilt, obwohl man mehrere weitere rein formale Kriterien für eine Übereinstimmung vorgeschlagen hat.
Ein Beispiel: Während ich schreibe, nehme ich in meinem äußersten Augenwinkel eine bestimmte Bewegung wahr, ich drehe mich um und

schaue hin, und ich sehe, daß es sich um ein kleines haariges Tier mit vier Beinen, einem Schwanz und hochgestellten Ohren handelt. In einem Teil meines geistigen Bereichs stellt sich der Begriff »Katze« ein, und ich habe das Gefühl, daß ich genau weiß, was ich wahrgenommen habe. Man hat das Gefühl, daß die unmittelbare sensorische Wahrnehmung mit den innerlich vorhandenen Kriterien übereinstimmt; daher »weiß« ich etwas.

Alles Wissen ist Erfahrungswissen! Wir neigen zu der Annahme, das, was ich über die physikalische Welt weiß, sei ein Wissen von irgendwie anderer Art; das ist jedoch nicht der Fall. Was ich über das Gravitationsgesetz weiß, ist etwas, das ich selbst wahrnehme, und ich habe keine Gewißheit darüber, ob es unabhängig von mir besteht, obschon ich dazu neige, diese Annahme vorauszusetzen. Mein ganzes Wissen über die physikalische Welt läßt sich auf folgende Zusammenfassung reduzieren: Setzt man gewisse Erfahrungsfolgen voraus, die ich (aufgrund meiner Annahme) einer Außenwelt zuschreibe, die mein sensorisches System aktivieren, dann kann es für mich möglich sein, dies mit rein innerlich gemachten Erfahrungen (Erinnerungen, Vorauswissen) zu vergleichen und mit einem hohen Wahrscheinlichkeitsgrad andere Arten von Erscheinungen vorherzusagen, die ich wiederum der Außenwelt zuschreibe. Weil meine Fähigkeit, das vorauszusagen, was ich meinen Erfahrungen mit der Außenwelt zuschreibe, groß ist (so weiß ich beispielsweise, daß ich mir jedesmal, wenn ich gegen eine geschlossene Tür stoße, die Nase eindellen werde), bin ich mittlerweile – wie alle anderen Menschen auch – zu der Überzeugung gekommen, daß die physikalische Welt unabhängig von den Erfahrungen existiert, die ich mit ihr gemacht habe, aber diese Überzeugung sagt nur etwas über meine Erlebnisweise aus, nicht aber zwangsläufig auch etwas Letztgültiges über die Natur der Wirklichkeit.

Als organisierte soziale Anstrengung hat die Wissenschaft unglaublichen Erfolg gehabt, und zwar, wenn sie sich mit denjenigen Erfahrungsarten befaßt hat, die wir der physikalischen Wirklichkeit zuschreiben, und man hat sie, historisch gesehen, mit der Philosophie des Materialismus in Verbindung gebracht, d.h. mit dem Glauben, daß die physikalische Wirklichkeit unabhängig davon existiert, ob wir sie wahrnehmen oder nicht, und daß es sich bei ihr um die letztgültige Wirklichkeit handelt.

Die Philosophie des Materialismus besagt also, daß eine gute Erklärung diejenige ist, die die Dinge mit den Begriffen der rein physischen

Materie sowie ihrer Eigenschaften und Interaktionen beschreibt. Ein Beispiel: Wenn ich etwa sagen kann: »Ihr Zorn in einer bestimmten Situation ist auf einen rein chemischen Vorgang zurückzuführen, nämlich darauf, daß ein Adrenalinstoß in Ihren Blutstrom fließt«, dann gilt das nach den Begriffen des Materialismus als gute Erklärung, die weit tiefer reicht als mein Versuch, mit Ihnen über Ihre psychischen Reaktionen auf irgendwelche Vorgänge zu sprechen.
Unglücklicherweise (für diejenigen, die die materialistische Philosophie akzeptieren) gibt es bei der überwiegenden Mehrzahl der wichtigen veränderten Bewußtseinszustände und der spirituellen Phänomene keine irgendwie bekannten physischen Manifestationen – es handelt sich bei ihnen um rein innerliche Erfahrungen und Erlebnisse. Die materialistische Philosophie betrachtet sie daher als Randphänomene, die einer wissenschaftlichen Untersuchung nicht wert sind, es sei denn, sie lassen sich physikalisch erklären. Doch die Wissenschaft hatte keinen nennenswerten Erfolg bei ihren Versuchen, diese Phänomene auf eine rein physikalische Basis zurückzuführen; die Folge davon ist, daß man sie nun nicht studiert, sondern ignoriert. Aber insofern die Wissenschaft sich mit Wissen befaßt, kann sie sich von der Philosophie des Materialismus lösen und sich auch mit dem Erlebnis-Wissen auseinandersetzen.

Das Wesen der wissenschaftlichen Methodik

Die Menschen haben schon seit langem erkannt, daß sie sich – trotz ihrer festen Überzeugung, daß sie dies oder jenes wüßten – durchaus irren können. In der Tat irren wir uns recht häufig. Was sich auf den ersten Blick wie eine Übereinstimmung zwischen unseren Ideen und unseren Erfahrungen ausnimmt, stellt sich später oft als Irrtum heraus – oder aber, wenn man das Ganze aus einer umfassenderen Perspektive betrachtet, als eine rein zufällige Übereinstimmung. Wir haben zur Kenntnis genommen, daß unsere Beweisführung häufig fehlerhaft ist, daß unsere Beobachtungen oft unvollständig oder verfälscht sind, und daß sowohl emotionale als auch unbewußte Faktoren unsere Beweisführung ebenso wie unsere Beobachtungen erheblich trüben und verzerren können. Auch wenn man sich auf sogenannte »Autoritäten« verläßt oder auf die Vernunft, oder auf intellektuelle

Brillanz, dann sind das keine sicheren Kriterien dafür, daß man tatsächlich zu einem wahren Wissen gelangt, zu einem Wissen, das stets Konzeptionen hervorbringt, die mit den Erfahrungen übereinstimmen. Die Entwicklung der wissenschaftlichen Methodik kann man als die entschlossene Anstrengung werten, den Prozeß der Aneignung und der Verfeinerung von Wissen so zu systematisieren, daß man die verschiedenen Fallstricke, die uns bei der Beweisführung und bei der Beobachtung bedrohen, auf ein Minimum reduziert und auf weite Sicht hin eine stetige, wenn auch etwas ungleichmäßige Bewegung in Richtung auf die Wahrheit hin in Gang setzt.

Die wissenschaftliche Methodik läßt sich auf vier Grundprinzipien reduzieren: (1) gute Beobachtung; (2) die Öffentlichkeit der Beobachtung; (3) die Notwendigkeit zur Aufstellung logischer Theorien und (4) die Überprüfung jeder einzelnen Theorie im Hinblick auf vorausgesagte und beobachtbare Konsequenzen. In einem gewissen Sinne kann man das als Bereich des »gesunden Menschenverstands« betrachten. Der Wissenschaftler ist ein Mensch, der sich dieser Regeln stärker bewußt ist und sich stärker an sie gebunden fühlt als ein gewöhnlicher Sterblicher. Die wiederholte Anwendung dieser Methode und die sich daraus ergebende Folge von »Fakten« stellen den Prozeß eines wissenschaftlichen Forschungsunternehmens dar. Wir wollen nun diese Regeln mehr im Detail erörtern und dabei sehen, wie man durch Eliminierung unnötiger Hinzufügungen aus dem Bereich der materialistischen Philosophie die Möglichkeit schafft, diese Regeln auch auf spirituelle Phänomene und auf spezifische Bewußtseinszustands-Phänomene anzuwenden, um auf diese Weise Wissenschaftsformen zu entwickeln, die bewußtseinszustands-orientiert sind.

Die Beobachtung

Ein Wissenschaftler ist dazu verpflichtet, so gut wie möglich die für sein Fachgebiet relevanten Phänomene zu betrachten, ständig nach besseren Möglichkeiten zu einer derartigen Beobachtung Ausschau zu halten und danach zu trachten, diese Beobachtungen immer systematischer und präziser vorzunehmen. Auf die Frage: »Welche Beobachtungsergebnisse hat die Wissenschaft der westlichen Welt hinsichtlich der spirituellen und der spezifischen Bewußtseinszustands-

Phänomene erzielt?« kann man nur antworten: »Sehr schemenhafte und ungenaue!« Warum ist das so?

Eines der Hauptprobleme besteht darin, daß die mit der Naturwissenschaft zusammenhängende materialistische Philosophie ein Paradigma aufstellte, das die Wissenschaft davon abgehalten hat, Phänomene zu beobachten, die man als nebensächlich, subjektiv, unzuverlässig und unwissenschaftlich zu bezeichnen pflegt. Wenn die Wissenschaftler den Begriff »mystisch« verwenden, dann in der Regel in einem herabsetzenden Sinn. Der erste Schritt zur Überbrückung der Kluft zwischen der Wissenschaft und dem spirituellen Bereich besteht also darin, daß wir folgendes erkennen müssen: da alles Wissen im Prinzip empirisch ist, sind die Beobachtung von Erfahrungen und die Verfeinerung dieser Art von Beobachtungen durchaus legitim, und sie bilden die Grundlage auch aller psychologischen Wissenschaftszweige, die wir in diesem Bereich aufbauen wollen; wir können Informationen nicht einfach deswegen ignorieren, weil sie nicht rein physikalischer Natur sind.

Der orthodoxe Wissenschaftler begeht einen Fehler, wenn er aufgrund seiner Bindungen an philosophische Paradigmen die Informationen über spirituelle Erlebnisse und über veränderte Bewußtseinszustände von vornherein außer acht läßt, aber manch einer, der glaubt, in dieser Kontroverse den spirituellen Standpunkt einzunehmen, begeht leider den gleichen Irrtum, wenn er sagt: »Wer etwas erlebt, der weiß etwas!« Das ist zweifellos richtig: Die einzige Möglichkeit, über ein Erlebnis wirklich Bescheid zu wissen, besteht darin, es selber erlebt zu haben, aber es gibt dabei verschiedene Abstufungen des Wissens. Wer etwas erlebt, ohne wirklich darauf zu achten, was in ihm vor sich geht, weiß darüber nur wenig, und derjenige, der mit starken heimlichen Vorurteilen an ein solches Erlebnis herangeht, kann leicht seine Wahrnehmungen so verzerren, daß sie seine (vorgefaßten) Erwartungen erfüllen. Es besteht also ein starkes Bedürfnis nach Differenzierung der Beobachtungen, die gemacht werden.

Im allgemeinen haben die Naturwissenschaften einen sehr viel größeren Erfolg als die psychologischen Wissenschaften, denn für sie sind die Informationen weit leichter durch Beobachtungen zu beschaffen. Wenn man Untersuchungen über das Schwerkraftgesetz anstellen will, dann kann man nach Belieben Gegenstände aus verschiedenen Höhen herunterfallen lassen, seine Messungen nach Belieben vornehmen und das Experiment beliebig oft wiederholen. Dagegen verschwinden psychologische Phänomene, wenn man nicht in der richtigen Stimmung dafür ist, oder sie bekommen eine ganz andere Färbung, wenn man sich gerade mit einem Freund gestritten hat usw. Eine traditionelle Vorstellung aus dem Bereich der Naturwissenschaften, die in ihrem Erfolgsbemühen von der Psychologie unverändert übernommen wurde, war die des »unvoreingenommenen (objektiven) Beobachters«, dessen Beobachtertätigkeit keinerlei Einfluß auf die von ihm beobachteten Phänomene hatte. Auf diese Weise konnte er die reinen, unverfälschten Phänomene studieren. Die moderne Physik ist allerdings zu der Überzeugung gelangt, daß diese Idee auf allen subatomaren Ebenen (und möglicherweise auf allen Ebenen überhaupt) zu völlig falschen Schlüssen führt (siehe Heisenbergs *Unschärferelation*). Die Psychologie hat ziemlich lange gebraucht, um diesen Tatbestand anzuerkennen. Er rückt jetzt aber in den Brennpunkt des allgemeinen Interesses, und zwar im Hinblick auf die Voreingenommenheit des Experimentators (Rosenthal, 1966) und auf die Art der Fragestellung (Orne, 1962); bei diesen Experimenten hat sich gezeigt, daß die Erwartungen eines psychologischen Experimentators die Aussagen der Versuchsperson in bestimmter Weise beeinträchtigen, und zwar meist so, daß die Hypothesen des Experimentators unzutreffenderweise bestätigt werden. Ein Gegenstand, der nach dem Gravitationsgesetz herabfällt, fällt stets in der gleichen Art und Weise – ohne Rücksicht auf die jeweilige Stimmungslage des Experimentators (zumindest ist das immer noch die feste Überzeugung der meisten Naturwissenschaftler), aber die Versuchsperson bei einem psychologischen Experiment wird in der Tat von der psychischen Verfassung des jeweiligen Versuchsleiters beeinflußt. Das gleiche gilt für den Fall, daß der Experimentator versucht, sich selbst zu beobachten: Unsere Selbstbeobachtungen können unser eigenes Ich in mehrfacher Hinsicht ändern. Wir müssen also anerkennen, daß jede Beobachtertätigkeit den beobachteten Gegenstand bzw. die beobachtete Person verändern kann, und wir müssen versuchen, diesen Umstand zu berücksichtigen – mit Ausnahme derjenigen Fälle, in denen wir definitiv das Gegenteil nachweisen können.

Wir müssen ebenfalls anerkennen, daß jeder Beobachter seine Eigentümlichkeiten besitzt, die die von ihm gemachten Beobachtungen überlagern. Wie wir bereits früher im Hinblick auf einen Bewußtseinszustand festgestellt haben, handelt es sich dabei nicht bloß um eine passive Beobachtung dessen, was da ist, sondern um ein aktives

Erfassen der Umwelt. Wenn Sie und ich die gleichen Phänomene beobachten, dann können wir dabei durchaus zu ganz verschiedenartigen Feststellungen kommen, denn Sie haben beispielsweise unwillkürlich nur bestimmte Aspekte beobachtet, andere dagegen außer acht gelassen, und Sie haben dabei Ihre persönlichen Eigentümlichkeiten mit denen der beobachteten Phänomene vermengt, und ich habe das gleiche getan. Wenn wir beide hartnäckig an unserem »Mythos« von der Objektivität festhalten oder wenn ich – ebenso wie Sie – fest daran glaube, daß ich objektiv bin, dann ergeben sich gewisse Probleme. Wenn Sie mir nicht zustimmen, für Sie selbst aber (wie übrigens für die meisten von uns) das Gefühl, objektiv zu sein, sehr wichtig ist, dann muß ich annehmen, Sie befinden sich im Irrtum, und Sie müssen das gleiche von mir glauben. Wir müssen anerkennen, daß die jeweiligen persönlichen Eigentümlichkeiten des Beobachters nicht nur das Phänomen selbst in gewissem Sinne verändern können, sondern daß sie mit Sicherheit auch die Art und Weise verändern, in der der Beobachter dieses Phänomen wahrnimmt. Wir können nun versuchen, Verständnis für die Eigentümlichkeiten des jeweiligen Beobachters aufzubringen, sie zum besseren Verständnis der eigenen Beobachtungen zu berücksichtigen und auf diese Weise ein umfassenderes und exakteres Bild von den beobachteten Phänomenen zu erhalten.

Was die uns heute verfügbaren Informationen über spirituelle Phänomene und Bewußtseinszustände betrifft, so müssen wir leider feststellen, daß man bisher praktisch keiner einzigen der oben erhobenen Forderungen gerecht geworden ist. In der Regel kommen die Berichte von Leuten, die für diese Art von Beobachtungen nicht einmal hinlänglich ausgebildet wurden und sich häufig auch nicht der Verpflichtung zu einer möglichst exakten Beobachtung bewußt sind, sondern die sich nur an eine bestimmte Theorie bzw. an ein bestimmtes Glaubenssystem gebunden fühlen, dessen Gültigkeit sie unbedingt beweisen wollen. Wir wissen in der Regel nichts über die persönlichen Eigentümlichkeiten der jeweiligen Beobachter. Im Prinzip bilden gute Beobachtungen die Grundlage für jedes wissenschaftliche Verständnis spiritueller Phänomene und spezifische Bewußtseinszustands-Phänomene; in Wirklichkeit ist allerdings unsere heutige Informationsbasis recht dürftig – man könnte sagen, eine Mischung von wenigen wirklich guten Beobachtungen und sehr vielen ziemlich kümmerlichen Daten.

Freie Kommunikation:
die Öffentlichkeit der Beobachtung

Bei jeder wissenschaftlichen Tätigkeit müssen die Beobachtungen in dem Sinn öffentlich sein, daß sie von einem entsprechend geschulten Beobachter wiederholt werden können. Das bedeutet, daß der ursprüngliche Beobachter seine Beobachtungen ausführlich und vollständig anderen Menschen, die an diesen Phänomenen interessiert sind, mitteilt, damit sie den Versuch unternehmen können, sie zu wiederholen. Der ursprüngliche Beobachter muß versuchen, die für seine Beobachtungen maßgeblichen Voraussetzungen mit ausreichender Deutlichkeit und im Detail zu schildern, damit ein anderer Beobachter sich auf die Suche nach ähnlichen Voraussetzungen zu begeben oder diese selbst zu schaffen vermag – und damit er in der Lage ist, eine Beobachtung zu machen, die mit der ursprünglich geschilderten im Prinzip identisch ist. Wenn der andere Beobachter ähnliche Voraussetzungen antrifft oder sich schafft, dabei aber nicht die ursprünglich geschilderte Erfahrung – also die ursprüngliche Beobachtung macht –, dann bedeutet das, daß der ursprüngliche Beobachter die Voraussetzungen seiner Beobachtungen nicht korrekt geschildert hat und/oder daß er sich bestimmter wesentlicher Aspekte dieser Voraussetzungen nicht bewußt geworden ist und sie infolgedessen inkorrekt oder unvollständig geschildert hat.
So kann beispielsweise jemand berichten, es gebe ein Phänomen, das er als »Nordlicht« bezeichnet, ein Spiel von Farben und Licht, das er am Himmel beobachtet hat. Er muß zusätzlich darauf hinweisen, daß es Nacht sein muß, wenn man dieses Phänomen beobachten will, daß man nach Norden schauen und daß man sich, um es wahrnehmen zu können, an einem hoch im Norden gelegenen Breitengrad aufhalten muß. Nun ist auch jeder andere Mensch in der Lage, die Voraussetzungen für die Beobachtung eines derartigen Phänomens zu schaffen: er richtet es so ein, daß er sich auf der Höhe eines nördlich gelegenen Breitengrades befindet und auf den nördlichen Teil des Nachthimmels blicken kann; dann ist auch er in der Lage, das sogenannte Nordlicht zu sehen. Wenn unser zweiter Beobachter es nicht wahrnimmt, obwohl die entsprechenden Voraussetzungen dafür gegeben sind, dann kann das bedeuten, daß der ursprüngliche Beobachter beispielsweise vergessen hat, hinzuzufügen, daß das Nordlicht sich

zu bestimmten Jahreszeiten mit größerer Wahrscheinlichkeit beobachten läßt als in anderen.

Unser zweiter Beobachter befindet sich zwar an der richtigen Beobachtungsstelle, aber zu einem falschen Zeitpunkt; die Voraussetzungen, die für die Beobachtung derartiger Phänomene unerläßlich sind, waren ihm also nur unvollständig geschildert worden.

Wenn ein zweiter Beobachter unter den genau erfüllten Voraussetzungen die gleichen Beobachtungen und Erfahrungen macht wie der erste, dann sprechen wir von einer auf Übereinstimmung beruhenden Gültigkeitserklärung. Aufgrund solcher Übereinstimmungen gewinnen wir einen weit höheren Grad von Sicherheit, daß die mitgeteilten Beobachtungen exakt beschrieben wurden und daß es sich bei ihnen möglicherweise nicht nur um das Produkt eines etwas verzerrten Wahrnehmungsvermögens des betreffenden Beobachters handelt.

Zur methodischen Regel der auf übereinstimmenden Erfahrungen beruhenden Gültigkeitserklärungen gibt es in der Naturwissenschaft noch folgenden Zusatz: Da einzig und allein physikalische Gegebenheiten letztlich »real« sind, und da innere oder persönlich erlebte Vorgänge ihrer Natur nach unzuverlässig und unwirklich sind, muß man sie eben auf physiologische oder Verhaltensdaten zurückführen, um ihre Zuverlässigkeit zu gewährleisten. Läßt sich das nicht machen, werden sie im allgemeinen ignoriert. Das hat sich historisch so ergeben, denn es ist stets schwieriger gewesen, für persönliche Erfahrungen eine sie bestätigende Gültigkeitserklärung zu erhalten: So kann ich beispielsweise in ein Konzert gehen und sagen, ein bestimmtes in diesem Konzert aufgeführtes Musikstück habe mir außerordentlich gut gefallen; Sie aber könnten auch hingegangen sein und sich das gleiche Stück angehört haben und trotzdem erklären, Ihnen habe es nicht im geringsten gefallen.

Historisch gesehen ist es immer einfacher gewesen, mit rein physikalischen Gegebenheiten zu arbeiten. Man kann alle erforderlichen Voraussetzungen genauer beschreiben, und mit Hilfe eines entsprechend geschulten Beobachters läßt sich eine Wiederholung weit besser bewerkstelligen. Um noch einmal auf die beim Anhören eines bestimmten Musikstücks empfundene Freude zurückzukommen: es war vielleicht falsch von mir, das Gefühl der Freude ausschließlich auf das Anhören dieses bestimmten Musikstücks zurückzuführen. Es wäre außerdem erforderlich gewesen, auf die bei mir gegebenen Voraussetzungen einzugehen, zum Beispiel zu erwähnen, in welcher Stimmung ich mich gerade befand, als ich in dieses Konzert ging, sowie etwas über meine persönliche Lebensgeschichte zu sagen, die in gewisser Weise erst die Möglichkeit dazu geschaffen hat, daß ich Erlebnisse dieser Art überhaupt haben kann. Wenn ich nicht in der Lage bin, diese Voraussetzungen als notwendig anzuerkennen, oder wenn ich sie in meinem Bericht nicht erwähne, dann ist es unwahrscheinlich, daß ein anderer Mensch fähig sein wird, meiner Erfahrung eine zustimmende Gültigkeitserklärung zu geben. Die Tatsache, daß persönlich erlebte Phänomene unter komplexeren Voraussetzungen in Erscheinung treten als naturwissenschaftliche, und daß sie daher schon von Natur aus schwerer in angemessener Form zu schildern sind, bedeutet allerdings nicht, daß man sie zugunsten einer Konzentration auf die leichter darzustellenden naturwissenschaftlichen Phänomene einfach ignorieren sollte.

Es gibt – in der gesamten psychologischen Literatur verstreut – verschiedene Beispiele, die darauf hindeuten, daß es durchaus brauchbare Gültigkeitserklärungen für persönlich erlebte Phänomene geben kann, allerdings sind sie bisher doch zu vereinzelt, als daß sie die strenge Wissenschaft nachhaltig beeindrucken würden. Ein Beispiel: Erma Kvetensky und ich haben 1973 (Tart und Kvetensky, 1972) eine Fragebogenaktion bei erfahrenen Marihuana-Rauchern durchgeführt, in der wir sie baten, im Hinblick auf acht Phänomene, die man im allgemeinen mit den veränderten Bewußtseinszuständen beim Marihuana-Rausch in Verbindung bringt, aus ihrer eigenen Erfahrung heraus anzugeben, welche Mindest-Rauschstufe erforderlich sei, um die jeweiligen Phänomene zu erleben. »Rauschstufe« ist als ein rein experimentelles Maß zu verstehen und hat, das muß unterstrichen werden, absolut nichts mit der Menge der dazu benötigten Drogen zu tun. Wir verglichen dann die auf diese Weise erzielten Ergebnisse mit denjenigen aus einer früheren Umfrage bei erfahrenen Drogenbenutzern (Tart, 1971b), um zu überprüfen, wie zuverlässig diese inneren Beobachtungen waren. Die Gegenüberstellung der Ergebnisse war äußerst aufschlußreich und nützlich; es zeigte sich, daß bei zwei Erfahrungswerten ein erstaunlich hoher Grad von Übereinstimmung besteht. Die Gesamtkorrelation zwischen beiden betrug $-.95$, eine außergewöhnlich hohe Korrelation für den Bereich der psychologischen Forschung[3]. Dieser Befund ist vor allem deswegen so verblüffend, weil wir hier nicht mit entsprechend ausgebil-

deten Beobachtern gearbeitet haben, sondern in der Mehrzahl der Fälle mit gewöhnlichen College-Absolventen.
Als ein Unternehmen, an dem zahlreiche Menschen beteiligt sind, baut die Wissenschaft ihre Grundlagen auf übereinstimmend für gültig erklärten Beobachtungen auf; das bildet die Informations- bzw. die »Fakten-«Basis der Wissenschaft. Solange es nicht gelingt, zwischen verschiedenen Beobachtern einen ausreichenden Übereinstimmungsgrad zu erzielen, ist es nicht möglich, einen bestimmten Wissenschaftszweig aufzubauen. Nach den Begriffen wissenschaftlicher Erkenntnis beginnen wir im Fall der veränderten Bewußtseinszustände mit einer recht unzulänglichen Informationsbasis. Nur sehr wenige Beobachter haben darauf geachtet, welch logischer Zusammenhang sich zwischen den Berichten verschiedener individueller Beobachter ergeben hat; wir haben daher in diesem Fall als Informationsbasis bestenfalls einen allgemeinen Eindruck, daß bestimmte Arten von Phänomenen verschiedenen veränderten Bewußtseinszuständen gemeinsam sind. Wir wissen aber nahezu nichts Genaues über das Wesen dieser Phänomene und über die ganz speziellen erfahrungsmäßigen Voraussetzungen, die erforderlich sind, um diese Phänomene hervorzubringen.
Der Nachdruck, mit dem man die Öffentlichkeit jeder wissenschaftlichen Beobachtung fordern muß, hat allerdings zu Mißverständnissen geführt, die das oben angeführte Beispiel unglücklicherweise auch noch verstärkt: daß nämlich *jeder* beliebige intelligente Mensch die Beobachtungen eines Wissenschaftlers nachvollziehen kann. Das mag in den Anfangsphasen verschiedener Wissenschaftszweige tatsächlich der Fall gewesen sein, stimmt aber mit Sicherheit schon seit längerer Zeit nicht mehr. Es ist völlig ausgeschlossen, daß ich in das Labor eines heutigen Physikers oder Biologen gehen und dort die von ihm gemachten Beobachtungen bestätigen kann: Ich weiß ja nicht einmal, was viele der von ihm angewandten Begriffe überhaupt für eine Bedeutung haben, ich weiß nicht, wie man seine Apparaturen benutzt, und ich würde vermutlich nur alles total durcheinanderbringen.
Angesichts der ungeheuren Komplexität der spirituellen Phänomene und der veränderten Bewußtseinszustände und auch angesichts ihrer Bedeutung erscheint die Behebung des Mangels an entsprechend ausgebildeten Beobachtern, die durch wiederholte Erfahrungen eine Informationsbasis für zukünftige diesbezügliche Wissenschaftssparten schaffen könnten, außerordentlich dringend. Das

wird natürlich nicht leicht zu erreichen sein. Man braucht heute bereits einen Zeitraum von vier bis zehn Jahren intensiven Studiums, um einen Wissenschaftler in irgendeinem der herkömmlichen Wissenschaftszweige heranzubilden; wir sollten daher nicht überrascht sein, wenn die Ausbildung eines Wissenschaftlers in den zukünftigen Wissenschaftssparten im Bereich der veränderten Bewußtseinszustände mindestens ebensolange, wenn nicht gar noch länger dauert. Wir können heute nicht exakt sagen, welches die angemessene Ausbildung für die von mir vorgeschlagenen Wissenschaftsformen ist, die an den spezifischen Bewußtseinszuständen orientiert sind. Es wird Kontroversen geben und Versuche nach dem Prinzip von Versuch und Irrtum, bevor sich schließlich verschiedene Arten von zweckdienlichen Arbeitsmodellen abzuzeichnen beginnen und bevor man es mit Hilfe einiger dieser Modelle zuwege bringen kann, Beobachter heranzubilden, die gut zusammenarbeiten und neue Wissenschaftsformen aufbauen können, während andere Modelle das nicht leisten. Natürlich wird es auch viele Menschen geben, die eine solche Ausbildung auf sich nehmen, aber nicht die Fähigkeit besitzen, sie auch durchzuhalten: Wir müssen daher erkennen, daß nur wenige die erforderlichen Qualitäten besitzen, eine derartige Ausbildung erfolgreich abzuschließen. Ebenso wie es Menschen gibt, die nicht die erforderlichen Eigenschaften besitzen, um Physiker oder Mathematiker werden zu können, kann es anderen zweifellos auch an jenen Fähigkeiten fehlen, die sie in die Lage versetzen würden, wissenschaftliche Forschungen beispielsweise im Bereich der meditativen Zustände zu betreiben.

Die Forderung nach Öffentlichkeit der wissenschaftlichen Beobachtung bezieht sich also stets auf eine begrenzte, speziell dafür ausgebildete Anzahl von Wissenschaftlern, die auf ihrem Spezialgebiet arbeiten. Nur durch eine grundlegende Übereinstimmung dieser Spezialisten hinsichtlich der von ihnen gemachten Beobachtungen läßt sich eine Informationsbasis entwickeln, die die Grundlage für eine wissenschaftliche Disziplin bildet. Daß Laien die von diesen Wissenschaftlern gemachten Beobachtungen nicht nachvollziehen können (es sei denn, sie unterwürfen sich der strengen Ausbildung für den betreffenden Wissenschaftszweig), ist für die Beurteilung des Gültigkeitsanspruchs dieser Wissenschaft ohne Bedeutung. Es ist sehr wichtig, auf diesen Tatbestand hinzuweisen, denn ich habe erlebt, wie Wissenschaftler sich nach der Lektüre von Beschreibungen spiritueller Phä-

nomene oder veränderter Bewußtseinszustände etwa zehn Minuten lang bemühten, auf eines dieser Phänomene zu stoßen; wenn sie dabei keinen Erfolg hatten, meldeten sie sich gleich zu Wort und proklamierten lauthals, an dem Ganzen sei überhaupt nichts dran. Diese laienhafte Ansicht über ein sehr komplexes Forschungsgebiet ist im Grunde irrelevant. Der Psychologie sind im allgemeinen viele Probleme dadurch entstanden, daß nahezu jeder Mensch von der stillschweigenden Annahme ausgeht, er sei auf diesem Gebiet ein Experte.
Ein weiteres Problem bei der Suche nach auf Zustimmung beruhenden Gültigkeitserklärungen, die die Informationsbasis für die Wissenschaft von den spirituellen und den veränderten Bewußtseinszustands-Phänomenen bilden sollen, ist das der Kommunikation in besonderen Bewußtseinszuständen. Hier handelt es sich um eine durch meine Theorie von den veränderten Bewußtseinszuständen vorweggenommene Konzeption (Tart, 1975), die jedoch noch nicht empirisch untersucht worden ist. Setzt man voraus, daß es sich bei einem veränderten Bewußtseinszustand um eine das Ganze umfassende qualitative und quantitative Verlagerung in der komplexen Funktion und Struktur des Bewußtseins handelt, so daß es zu einer neuen ›Logik‹, zu neuen Wahrnehmungsformen und zu einer Paradigma-Verschiebung kommt, dann ist es durchaus wahrscheinlich, daß die Kommunikation zwischen zwei Beobachtern im gleichen veränderten Bewußtseinszustand sich nach einem anderen Modell vollzieht, als das normalerweise bei den beiden gleichen Leuten der Fall gewesen wäre, wenn sie sich in ihrem gewöhnlichen Bewußtseinszustand befunden hätten. Eine derartige Verlagerung kann sowohl zu einer Verbesserung als auch zu einer Verschlechterung der Kommunikation führen; das hängt jeweils von dem speziellen Thema ab, über das die beiden Kontrahenten im Rahmen ihres gemeinsamen veränderten Bewußtseinszustandes in eine Kommunikation eintreten wollten.
Selbst wenn sich zwischen ihnen eine relativ flüssige Kommunikation im Rahmen eines speziellen veränderten Bewußtseinszustandes entwickelt hat, könnte es durchaus sein, daß ein ›außenstehender‹ Beobachter, also ein Beobachter, der sich in einem anderen Bewußtseinszustand befindet, nicht in der Lage ist, diese Kommunikation zwischen den beiden oben angeführten Kontrahenten zu begreifen. Er könnte sogar das Gefühl haben, ihre Kommunikation habe sich »verschlechtert«. Hier besteht – bei fast allen von uns – ein stillschweigendes Postulat, das besagt, wenn ich etwas, wor-

über sich andere Menschen unterhalten, nicht verstehen kann, dann reden sie höchstwahrscheinlich Unsinn!

Praktisch ergibt sich bei allen Untersuchungen über Kommunikationen zwischen Versuchspersonen im Rahmen von veränderten Bewußtseinszuständen eine »Verschlechterung«, wenn sie von orthodoxen Versuchsleitern bewertet worden sind. Diese Versuchsleiter haben bei ihren Untersuchungen offenbar vergessen, die Möglichkeit einer auf besondere Bewußtseinszustände ausgerichteten Kommunikation in Betracht zu ziehen. Wenn ich zwei Menschen zuhöre, die sich in irgendeinem veränderten Bewußtseinszustand unterhalten, und zwar in englischer Sprache, und sie beginnen dann plötzlich einige französische Wörter in ihr Gespräch einzuflechten, dann werde ich als ein Außenstehender (d. h. als einer, der nicht Französisch spricht) nahezu zwangsläufig zu dem Schluß kommen, daß es hier zu einer erheblichen »Verschlechterung« in der gegenseitigen Kommunikation gekommen ist, d. h. »zu einer infantilen Regression auf sinnlose Laute«. Den beiden Beobachtern selbst oder aber auch einem anderen Beobachter, der selbst ebenfalls Französisch spricht, kann es aber durchaus so vorkommen, daß sich die Kommunikation nunmehr flüssiger gestaltet, und zwar weil mit Hilfe der französischen Sprache gewisse Konzeptionen besser zum Ausdruck zu bringen sind, als das im Englischen der Fall ist. Die Angemessenheit einer Kommunikation zwischen zwei Menschen im Bereich des gleichen veränderten Bewußtseinszustandes sowie die Exaktheit der Kommunikation innerhalb von zwei verschiedenen Bewußtseinszuständen muß rein empirisch bestimmt werden. Einige Kriterien dafür werden an anderer Stelle erörtert, und zwar im Zusammenhang einer vollständigen Darlegung meiner Theorie vom Wesen der Bewußtseinszustände (Tart, 1975).

Die auf Zustimmung beruhende Gültigkeitserklärung, die die Informationsbasis für jede Wissenschaft bildet, setzt also Beobachter bzw. Wissenschaftler voraus, die sich in den bestimmten veränderten Bewußtseinszustand versetzen können und die gelernt haben, darin voll miteinander in Kommunikation zu treten.

Für jemanden, der nicht imstande ist, den betreffenden spezifischen veränderten Bewußtseinszustand zu erreichen, kann es unmöglich sein, überhaupt jemals das Wesen dieser Phänomene zu begreifen[4]. Der Gedanke der in besonderen Bewußtseinszuständen eintretenden Kommunikation und ihre Unbegreifbarkeit für außenstehende Beobachter läßt sich am besten an einer sufistischen Lehrgeschichte demonstrieren; sie handelt von einem Sufi-Mystiker und dem Mulla Nasrudin, einer Person, die Schurke, Idiot und Weiser zugleich ist. Beide sind in der Lage, ihre Funktion in verschiedenen veränderten Bewußtseinszuständen zu erfüllen, und als Folge davon haben sie ihren gewöhnlichen Bewußtseinszustand stark verändert.

Ein Sufi-Mystiker hielt Nasrudin auf der Straße an. Um zu überprüfen, ob der Mulla empfänglich für inneres Wissen sei, machte er ein Zeichen und zeigte dabei auf den Himmel.
Der Sufi wollte damit sagen: »Es gibt nur eine einzige Wahrheit, in der alle anderen eingeschlossen sind!«
Nasrudins Begleiter, ein einfacher Mann, dachte: »Der Sufi ist wahnsinnig. Ich bin gespannt, welche Vorsichtsmaßnahmen Nasrudin ergreifen wird!«
Nasrudin warf einen Blick in seinen Rucksack und nahm daraus ein aufgerolltes Tau. Das übergab er dann seinem Begleiter.
»Ausgezeichnet«, dachte der Begleiter, »wir werden diesen Mann fesseln, falls er gewalttätig werden sollte.«
Der Sufi erkannte jedoch, daß Nasrudin sagen wollte: »Die gewöhnliche Menschheit versucht die Wahrheit mit Hilfe von Methoden zu finden, die dafür ebenso ungeeignet sind wie der Versuch, den Himmel mit Hilfe eines Seils zu erklimmen« (Shah, I., 1966).

Das Theoretisieren

Wie die meisten Menschen, so geben sich auch die Wissenschaftler nicht einfach damit zufrieden, bloß zu beobachten und Informationen zu sammeln. Sie wollen wissen, was diese Beobachtungen *bedeuten*, auf welche Begriffe das Beobachtete gebracht werden kann, welches die Ursprünge, Zielrichtungen, Mechanismen und Konsequenzen der beobachteten Vorgänge sind. Wenn wir beispielsweise sehen, wie zwei Leute sich streiten, geben wir uns selten damit zufrieden, bloß festzustellen, *daß* sie sich streiten, sondern wir wollen unbedingt wissen, *warum* sie sich streiten und welcher Sinn hinter unserer Beobachtung steckt. Wir fangen also an zu theoretisieren, wir suchen nach bestimmten Begriffen, die in unserem Gedächtnis gespeichert sind, und wir möchten gern diejenige Begriffsfolge herausfinden, die uns eine »Erklärung« für die eben gemachte Beobachtung geben kann – und/oder wir modifizieren unsere bisherigen Begriffe und versuchen eine neue Konzeption zu erstellen, mit deren Hilfe sich die eben gemachten Beobachtungen erklären lassen.

Die dritte methodologische Regel der Wissenschaft, die wir nennen, ist die, daß das Theoretisieren aufgrund von Beobachtungen den Gesetzen der Logik folgen muß: Die gedankliche Verbindung zwischen den gemachten Beobachtungen und den zu ihrer Erklärung entworfenen Konzeptionen muß so beschaffen sein, daß jeder, der die in der betreffenden Kultur bzw. Wissenschaft allgemein akzeptierte Logik kennt – sie kann sowohl dem linguistischen als auch dem mathematischen oder irgendeinem anderen Bereich entstammen –, durchaus erkennen kann, daß die einzelnen Gedankengänge korrekt durchgeführt worden sind. Das ist in etwa so, wie wenn wir beispielsweise, bevor wir eine Voraussage über wirtschaftliche Möglichkeiten akzeptieren, unbedingt wissen wollen, daß die dieser Voraussage zugrunde liegenden arithmetischen Kalkulationen auch tatsächlich korrekt durchgeführt worden sind.
Im Idealfall beobachtet der Wissenschaftler also eine bestimmte Gruppe von Phänomenen, die ihn interessiert, und dann bringt er diese auf einen neuen Begriff, der alle gemachten Beobachtungen miteinander verbindet und sie in vereinfachender Weise erklärt. Dabei kann der Fall eintreten, daß einige Fakten sich rein logisch, nach Meinung des Forschers, nicht in den Rahmen der Gesamttheorie einfügen lassen. Die Theorie soll vielleicht nicht einmal ›allumfassend‹ sein, aber in bezug auf diejenigen Fakten, für die sie eindeutig relevant ist, sollte sie doch alle bisher gemachten Beobachtungen erklären. Wenn diese Theorie dann einem anderen Wissenschaftler mitgeteilt wird, dann sollte dieser in der Lage sein, zuzugeben, daß die Regeln der hier in Frage kommenden Logik bei der Entwicklung dieser Theorie befolgt wurden und daß sie *logische Gültigkeit* beanspruchen kann, auch wenn er selbst aus anderen Gründen diese Theorie nicht gern als »wahr« akzeptieren möchte, so beispielsweise, weil er persönlich glaubt, daß es eine andere Theorie gibt, die den gleichen Sachverhalt auf elegantere Weise bewältigt.
Die Forderung, Theoriegebäude logisch und in unmittelbarer Übereinstimmung mit den beobachteten Fakten zu errichten, ist jedoch nicht so einfach zu erfüllen, wie das auf den ersten Blick scheint. Es ist ein in unserem Kulturbereich weitverbreitetes und stillschweigend vorausgesetztes Postulat, daß es nur eine einzige »wahre Logik« gibt und daß alle intelligenten Menschen genau wissen, was damit gemeint ist. Jede Logik (und es gibt mehr als nur eine einzige) besteht aus einem Bündel von Postulaten und aus einem Regelkodex, mit de-

ren Hilfe sich die auf diesen Postulaten basierenden Informationen manipulieren lassen. Die Postulate sind – weitgehendst, wenn nicht gar völlig – willkürlich gesetzt. Wechselt man zu anderen Postulaten und anderen Regeln bei der Arbeit mit diesen Postulaten über, dann kommt man zu einer ganz anderen Logik.

Ein Beispiel für die Verschiedenartigkeit von Logiken, das den meisten Lesern vertraut ist, sind die drei unterschiedlichen Geometrien, die in vielen Geometriekursen auf der Oberschule gelehrt werden. Die von uns am häufigsten benutzte Geometrie, die euklidische, postuliert, daß Parallelen stets den gleichen Abstand voneinander halten ohne Rücksicht darauf, wie weit sie sich erstrecken – selbst bis ins Unendliche hinein. Zwei andere Geometrien haben dagegen andere Postulate. Eines von ihnen lautet, daß Parallelen, die sich bis ins Unendliche erstrecken, eine Tendenz zeigen, zu konvergieren und einander schließlich zu treffen. Eine dritte Geometrie postuliert, daß Parallelen, wenn sie sich bis ins Unendliche hinein erstrecken, die Tendenz zeigen, sich immer weiter voneinander zu entfernen, und daß sie schließlich unendlich weit voneinander entfernt sind. Jedes dieser drei Postulate besitzt vollkommene Gültigkeit, denn es handelt sich bei ihnen um rein gedankliche Konstruktionen, und es besteht keine Möglichkeit, festzustellen, ob eine von ihnen *per se* einen höheren Gültigkeitsgrad besitzt als die anderen beiden. Für unsere irdischen Verhältnisse, in denen wir uns mit relativ kleinen materiellen Objekten befassen, die nicht die geringste Möglichkeit haben, sich bis ins Unendliche auszudehnen, ist die euklidische Geometrie die geeignetste; sie stimmt auch mit den anderen sensorischen Daten überein, die uns über diese Objekte bekannt sind – wenn sie auch nicht ganz mit dem, was wir mit unseren Augen sehen, in Einklang zu bringen sind, denn uns scheinen beispielsweise Eisenbahnschienen, die parallel verlaufen, einander mit zunehmender Entfernung immer näherzurücken und in der Ferne ganz zusammenzulaufen. Aber das besagt nur etwas über die Nützlichkeit der Anwendung dieses Postulats auf einen ganz bestimmten Fall, nicht aber über die Gültigkeit des Postulats an sich.

Ein Postulat wird *vorausgesetzt*. Man kann sich darüber unterhalten, ob die aus gewissen Postulaten hervorgehenden Folgerungen sich im Hinblick auf diesen oder jenen anderen Sachverhalt als mehr oder minder nützlich erweisen, aber es gibt keine Möglichkeit, ein Postulat zu »bestätigen« oder es zu »widerlegen«.

Eine Theorie, mit deren Hilfe sich arbeiten läßt, verstärkt unsere

Neigung, sie stillschweigend zu akzeptieren; wenn das erst einmal geschehen ist, dann übt sie eine gewaltige steuernde Kraft auf uns aus. Ich stelle beispielsweise fest, daß ich die beiden anderen Geometrien tatsächlich für Unsinn halte; denn jeder Mensch weiß doch, daß Parallelen schon ihrer Definition nach stets parallel zu verlaufen haben! Wenn ich mir die Mühe mache, logisch darüber nachzudenken, dann lasse ich mich durch dieses Postulat nicht beirren, aber gefühlsmäßig glaube ich tatsächlich an die euklidische Geometrie, und ich neige daher automatisch dazu, die beiden anderen (und meine visuelle Erfahrung mit den Eisenbahnschienen) als nicht ernst zu nehmen abzutun.
Auch bei einem Paradigma und bei einem Bewußtseinszustand handelt es sich um Logiken, um eine Reihe von miteinander verknüpften Postulaten und Regeln zur Verarbeitung von Informationen, die uns dazu neigen lassen, sie stillschweigend zu akzeptieren. Es ist in der Tat so: Je besser ein Paradigma bei der Erklärung gewisser Dinge funktioniert oder je besser ein Bewußtseinszustand geeignet ist, uns dazu zu verhelfen, daß wir uns in der Wirklichkeit, mit der wir es hier zu tun haben, wohl fühlen, desto rascher werden sie stillschweigend akzeptiert, und um so mehr hat man das Gefühl, es handle sich hier um die Wahrheit bzw. um die »natürliche« Ordnung der Dinge. Nehmen wir an, Sie verfügen im Lauf der Zeit über eine ungeheure Anzahl von Beobachtungen über die Positionen von Planeten und Sternen, und Sie möchten nun wissen, wie diese Planeten und Sterne sich bewegen. Gehen Sie von dem Paradigma aus, das in unserem Kulturkreis über die längste Zeitperiode hin Gültigkeit besaß, nämlich von dem der ptolemäischen bzw. geozentrischen Astronomie, demzufolge die Erde stillsteht und alle Himmelskörper sich um sie herumbewegen, dann kommen Sie mit Hilfe der verfügbaren Informationen zu einem »Sinn«, indem Sie sich so plastisch wie möglich vorzustellen versuchen, daß sich die Himmelskörper in sehr komplexer Form rings um die Erde bewegen: nicht in einfachen Kreisen, denn es gibt gewisse Diskrepanzen zwischen den Beobachtungen und dem, was man, wenn man eine kreisförmige Umlaufbahn annimmt, voraussagen müßte; sie bewegen sich danach vermutlich in sogenannten Epizyklen (Nebenkreisen), d.h. in Kreisen innerhalb der Kreislaufbahn. Das ist die »offensichtlich vernünftige« Erklärung der seinerzeit verfügbaren Informationen.
Heutzutage wirkt eine solche Vorstellung von planetarischen Umlaufbahnen nur noch töricht, denn wir »wissen«, daß die Sonne sich im

Zentrum des Sonnensystems befindet und daß die Erde, zusammen mit anderen Planeten innerhalb dieses Sonnensystems, sich um die Sonne bewegt. Schließlich haben wir das in der Schule gelernt! Daher stellt eine andere Vorstellung wie die mit den elliptischen Umlaufbahnen der Planeten um die Sonne die »offensichtlich vernünftige« und befriedigende Deutung der uns zur Verfügung stehenden Informationen dar.

Zur Übung seines Geistes mag man die Willkürlichkeit des geozentrischen und des heliozentrischen Paradigmas für die Astronomie erkennen; man kann sehen, daß sich die verfügbaren Informationen in beiden Fällen verwenden oder verwerfen lassen. Im Verlauf der Geschichte der Wissenschaft wurde jedoch schließlich das geozentrische astronomische Paradigma verworfen, weil es unglaublich mühsam wurde, Beobachtungen und Theorie in Einklang zu bringen: die Astronomen mußten die Epizyklen mit immer neuen Epizyklen überlagern. Als dann das heliozentrische Sonnensystem allgemein akzeptiert wurde, bot es eine wesentlich einfachere und elegantere Möglichkeit, die Beobachtungen mit den Konzeptionen in Einklang zu bringen. Aber das heliozentrische Paradigma hat sich noch weit tiefer in uns eingegraben: Wir halten uns das geozentrische Weltbild vor Augen und wissen sofort, daß es falsch ist! Diese automatische Entscheidung für das heliozentrische Paradigma, das grenzt schon eher an ein emotionales als an ein intellektuell begründetes Akzeptieren[5].

Der Unterschied zwischen dem geozentrischen und dem heliozentrischen Paradigma besteht in einer Verlagerung eines ganz bestimmten intellektuellen Inhalts innerhalb eines einzigen Bewußtseinszustandes – unseres gewöhnlichen Bewußtseinszustandes. Gehen wir einmal davon aus, daß wir die gleichen Phänomene von zwei verschiedenen Bewußtseinszuständen aus betrachten: Wir können dabei etwas Ähnliches feststellen wie bei der Betrachtung von Informationen aus der Sicht zweier verschiedener Paradigmen, nur sind es Beobachtungen von noch größerer Komplexität, denn auch die Logik kann in einem veränderten Bewußtseinszustand von anderer Art sein. Es ist dann so, als blieben zwei Parallelen in dem einen Bewußtseinszustand stets in gleichem Abstand zueinander, in einem anderen Bewußtseinszustand scheinen sie offensichtlich zu konvergieren. In dem einen Bewußtseinszustand werden aufgrund seiner inhärenten Beschaffenheit automatisch gewisse Postulate vorausgesetzt, wäh-

rend in einem anderen Bewußtseinszustand ganz andere Postulate erhoben werden. In den uns bekannten veränderten Bewußtseinszuständen gibt es natürlich auch Inhalte, die sich mit denen eines gewöhnlichen Bewußtseinszustands decken. So ist beispielsweise zwei plus zwei gleich vier, und zwar sowohl in einem hypnotischen Zustand als auch im gewöhnlichen Wachzustand (obschon sich dieses Ergebnis im hypnotischen Zustand ziemlich leicht auch in ein anderes Ergebnis verwandeln läßt).
Nehmen wir nun einmal folgendes an: Ein Wissenschaftler tritt in den Bewußtseinszustand 2 ein, macht in diesem Zustand mehrere Beobachtungen, und er stellt, während er sich noch in diesem Bewußtseinszustand 2 befindet, theoretische Überlegungen über die mögliche Bedeutung dieser Beobachtungen an. Um die Möglichkeit von Irrtümern in seinen theoretischen Überlegungen zu vermeiden, etwa ein Nichtbefolgen der dem Bewußtseinszustand 2 inhärenten Logik, möchte er gern, daß ein anderer Wissenschaftler seine Arbeit überprüft. Er sucht sich also einen zweiten Wissenschaftler, der in diesen Bewußtseinszustand 2 eintreten, darin flüssig mit ihm kommunizieren und dann ein Urteil darüber abgeben kann, ob der erste Wissenschaftler die für den Bewußtseinszustand 2 maßgebliche Logik auch korrekt angewandt hat – d. h., ob er sozusagen die Spielregeln für den Bewußtseinszustand 2 tatsächlich befolgt hat. Auf diese Weise erhalten wir eine Bestätigung für die Korrektheit der theoretischen Überlegungen, die typisch sind für den Bewußtseinszustand 2.
Nehmen wir einmal an, der Wissenschaftler, der diese Theorie aufgestellt hat, stellt jetzt seinen Bewußtseinszustand so um, daß er sich nunmehr wieder in seinem Bewußtseinszustand 1 befindet (bei dem es sich um unseren gewöhnlichen Bewußtseinszustand, aber auch um irgendeinen anderen Bewußtseinszustand handeln kann), und er versucht nun, seine Beobachtungen und Theorien einem anderen Wissenschaftler mitzuteilen, der sich ebenfalls in seinem spezifischen Bewußtseinszustand 1 befindet. Er kann dabei die Erfahrung machen, daß er nicht in der Lage ist, sich genau an seine eigenen Beobachtungen und Theorien zu erinnern, bzw. daß er sie weder ganz zu begreifen noch jemand anderem mitzuteilen vermag, und zwar deshalb nicht, weil Gedächtnis und Kommunikation mit einem bestimmten Bewußtseinszustand zusammenhängende Phänomene sind. Daher enden seine Versuche, sich mit diesem anderen Wissenschaftler zu

verständigen, mit einem Mißerfolg. Oder nehmen wir beispielsweise an, der erste Wissenschaftler befände sich noch in seinem Bewußtseinszustand 2 und er unternähme den Versuch, seine Theorie einem dritten Wissenschaftler darzulegen, der sich in seinem Bewußtseinszustand 1 befindet. Zwar versteht der Wissenschaftler jetzt, was er sagt, aber der dritte Wissenschaftler in seinem Bewußtseinszustand 1 könnte möglicherweise infolge der sich ergebenden Kommunikationsprobleme nicht begreifen, was der erste Wissenschaftler ausführt. Der dritte Wissenschaftler ist daher nicht in der Lage, eine Aussage über die inhärente *Gültigkeit* der theoretischen Ausführungen des ersten Wissenschaftlers zu machen. Er könnte etwas über deren Mitteilbarkeit (Kommunikabilität) sagen, oder er könnte sagen, daß die Ausführungen des ersten Wissenschaftlers überhaupt keinen Sinn ergäben, oder aber, daß sie im Bewußtseinszustand 1 einen gewissen Sinn ergäben, aber um eine Aussage über die wesensmäßige Gültigkeit der vorgebrachten Theorie machen zu können, müßte der dritte Wissenschaftler ebenfalls in der Lage sein, in den Bewußtseinszustand 2 einzutreten und darin flüssig mit ihm zu kommunizieren. Wissenschaftler, die in den gleichen Bewußtseinszustand eintreten können und die dort geltenden Kommunikationsregeln erlernen, können also ein Urteil über die in sich stimmige »logische« Gültigkeit der Theorien von anderen Wissenschaftlern abgeben, aber ein »Außenseiter«, d. h. ein Mensch, der nicht imstande ist, in diesen Bewußtseinszustand einzutreten und in ihm auch zu arbeiten, kann keine Aussage über die inhärente Gültigkeit der betreffenden Theorie machen.

Wir wollen nunmehr diese Schlußfolgerungen auch auf die spirituellen Phänomene anwenden. Wenn ich beispielsweise in einer buddhistischen Schrift etwas über das Wesen des Bewußtseins lese, so kann es durchaus sein, daß ich das Ganze gar nicht begreife. Setzt man jedoch voraus, daß diese Ausführungen aus einem veränderten Bewußtseinszustand entwickelt worden sind (wie Goleman in Kapitel 5 argumentiert), dann wäre es töricht, zu behaupten, sie seien *per se* falsch. Ich kann strenggenommen nur behaupten, daß ich selbst diese Ausführungen nicht verstehe. Nur wenn es mir gelingt, in jenen veränderten Bewußtseinszustand einzutreten, in dem sich der Autor dieser Ausführungen befand, kann ich hoffen, irgendeine Aussage über ihre in sich stimmige, d. h. über die einen speziellen Bewußtseinszustand voraussetzende Gültigkeit zu machen. Ich muß hier nochmals betonen, daß diese Idee eines innerhalb bestimmter Bewußtseinszustände gültigen Theoretisierens und der ebenfalls bestimmten Bewußtseinszuständen entsprechenden Logiken im Gegensatz zu unserem sogenannten »gesunden Menschenverstand« steht, d.h., genauer gesagt, zum Postulat unseres gewöhnlichen Bewußtseinszustands, daß es nur eine einzige Art von wirklicher Logik gibt und daß ich diese (ebenso wie Sie, lieber Leser) meisterhaft beherrsche. Sollten Sie sich über diesen Abschnitt aufregen, dann wäre es ratsam, ihn noch einmal durchzulesen und den Versuch zu unternehmen, zu erkennen, welcherlei Postulate dieser Erregung zugrunde liegen.

Die Überprüfbarkeit

Angesichts der Tatsache, daß das Gefühl »ich weiß« oder »das ist offensichtlich wahr« unter Umständen nur eine geringe Beziehung zur Wirklichkeit hat, obschon es die Person, die es empfindet, durchaus befriedigt, bedarf der Wissenschaftler noch einer vierten methodologischen Regel; sie lautet: Eine Theorie muß die beobachteten Fakten nicht nur konsequent einordnen können und von logischer Struktur sein, sie muß auch Vorhersagen über weitere Fakten erlauben, die unter neuen Voraussetzungen beobachtet werden könnten. Das bedeutet, eine wissenschaftliche Theorie muß überprüfbare Konsequenzen haben, die über das hinausgehen, was man bisher festgestellt hat, und diese Konsequenzen müssen von Fall zu Fall überprüft werden. Stellen sich die vorhergesagten Beobachtungen nicht ein, dann muß die betreffende Theorie entweder verworfen oder aber zumindest modifiziert werden – ohne Rücksicht darauf, wie ›elegant‹, ›rational‹ und zufriedenstellend sie sonst auch sein mag.
Eines der Hauptmerkmale des menschlichen Geistes scheint die Fähigkeit zu sein, aus Reizen, die auf das Bewußtsein einwirken, gewisse Modelle bzw. Strukturen zu schaffen. Diese Fähigkeit sichert in vieler Hinsicht das Überleben. Mit Hilfe bestimmter Wahrnehmungsprozesse verwandelten unsere Vorfahren hinter Büschen aufblitzende Fetzen von Schatten, Licht und Farbe in die »Struktur« eines Tigers, und sie verharrten sofort regungslos oder schlichen sich heimlich von dannen. Nicht immer war tatsächlich ein Tiger da, aber es

hätte durchaus der Fall sein können, und das Davonschleichen war ein dieser Situation gut angepaßtes Verhalten.
Das Problem besteht darin, daß dieser strukturbildende Mechanismus so vorzüglich arbeitet, daß er häufig in unserer Vorstellung Strukturen und Modelle schafft, wo in der Außenwelt (bzw. in der Innenwelt) gar keine existieren. So kann man sich beispielsweise einen Vorgang ausdenken, der in zufälliger Reihenfolge beliebige Zahlen, darunter die Zahl 80119797907168851212564954889O hervorbringt. Es gibt einen mathematischen Lehrsatz, der besagt, daß man daraus eine Formel, einen mathematischen Ablauf ableiten kann, der gerade diese Zahlenfolge ergibt; damit wird impliziert, daß diese Zahlen überhaupt nicht zufällig zusammengestellt wurden, sondern eine komplexe mathematische Struktur darstellen. Der Haken an dieser Sache ist allerdings, daß man mit Hilfe dieses mathematischen Ablaufs (es sei denn durch Zufall) nicht voraussagen kann, welche Zahl in dieser Folge die nächste sein wird. Ebenso steht es auch mit unserem geistig-seelischen Apparat: Wir können wunderbare Strukturen, Modelle, Theorien und Konzeptionen ersinnen, aber damit erhalten wir keine Garantie dafür, was sich als nächstes ereignen wird. Eine der Hauptstärken der Wissenschaft besteht gerade in ihrem Beharren darauf, daß jede Theorie überprüfbare Konsequenzen haben muß und daß sie sich dazu verpflichtet fühlt, diese Konsequenzen immer aufs neue zu überprüfen.
Daß »Wissenschaft« für uns mehr und mehr »Naturwissenschaft« bedeutet, hat uns auf den Gedanken gebracht, die Überprüfung einer bestimmten Theorie bestehe darin, daß man sich mit ihren physikalischen Konsequenzen auseinandersetzt, d. h. mit Dingen, die man mit Hilfe von Instrumenten messen kann. Wir sagen beispielsweise aufgrund theoretischer Überlegungen voraus, daß zwei Chemikalien eine starke Reaktion zeigen und Hitze erzeugen werden, und dann mischen wir diese beiden Chemikalien miteinander und installieren ein Thermometer, um festzustellen, ob tatsächlich Hitze entsteht. Aber entsprechend unserer schon dargelegten theoretischen Position, daß alles Wissen im Prinzip nur auf einer Erfahrung beruht, die wir in unserem geistig-seelischen Bereich machen, brauchen wir gar nicht das Gefühl zu haben, daß durch ein physikalisches Ergebnis die Gültigkeit einer Theorie zuverlässiger bestätigt werde als durch eine rein innere Erfahrung. Natürlich lassen sich physikalische Dinge im allgemeinen leichter verifizieren, aber das ändert nichts daran, daß

es nötig ist, die Überprüfbarkeit unserer Theorien über spirituelle Phänomene und veränderte Bewußtseinszustände sicherzustellen.
Ich möchte an einem hypothetischen Beispiel zu zeigen versuchen, wie das getan werden kann: In einem bestimmten veränderten Bewußtseinszustand berichten zahlreiche Beobachter, sie seien in der Lage, gewisse Arten von Kribbeln, Schwingungen oder Wärmeempfindungen wahrzunehmen, die sich leicht überallhin im Körper fortpflanzen können und denen sie die allgemein akzeptierte Bezeichnung »psychische Energie« geben. Nehmen wir an, sie berichten weiter, daß sie, wenn sie in diesem veränderten Bewußtseinszustand krank gewesen seien, und zwar so, daß ein Teil des Körpers von dieser Krankheit stärker betroffen war als ein anderer, das Gefühl hatten, sie empfänden in dem kranken Teil eine geringere psychische Energie als im übrigen Körper. Nun könnte ein Beobachter bzw. Versuchsleiter die Theorie aufstellen, diese hypothetische psychische Energie sei ein wichtiges Element der allgemeinen, gesunden Funktionsweise des Körpers, und sie sei eine grundlegende Voraussetzung für physische Gesundheit. Hier handelt es sich um eine recht einfache Theorie, die mit den gemachten Beobachtungen übereinstimmt, daß nämlich ein Absinken der psychischen Energie mit physischen Schäden zusammenhängt und daß sich hier möglicherweise ein dem Ganzen zugrunde liegender Mechanismus andeutet.
Dann wäre es aber nur noch ein Schritt zu folgender Überlegung: Wenn man diese Energie in einem veränderten Bewußtseinszustand bewußt unter Kontrolle bringen (d.h. sie aufgrund seiner Erfahrung willentlich hin- und herbewegen) kann, und wenn man dann ganz bewußt in einem bestimmten Teil des Körpers (eine Spezifizierung, die die Voraussetzung für eine Beobachtung schafft) einen Mangel an dieser Energie herbeiführte, dann müßte eigentlich dieser Körperteil physisch erkranken. Oder nehmen wir den umgekehrten Fall: Wenn ein bestimmter Teil des Körpers physisch krank ist und man »nähme« nun ganz bewußt die psychische Energie aus dem übrigen Körper (d. h. man wüßte aus Erfahrung, wie man das macht) und bewegte sie in den kranken Körperteil hinein, dann müßte eigentlich dieser Körperteil geheilt werden. In beiden Fällen handelt es sich durchaus um überprüfbare Voraussagen. Wenn man die erforderlichen Voraussetzungen dafür schaffen würde und die Beobachtungen würden ergeben, daß die vorausgesagten Wirkungen tatsächlich eintreffen, dann wäre das Ganze eine gute Theorie.

Dies ist natürlich nur ein sehr einfaches Beispiel, und es könnte dazu Alternativtheorien geben, mit deren Hilfe sich die gleichen Phänomene erklären lassen. Aber im Prinzip handelt es sich hier um das, was man als wissenschaftliches Verfahren bezeichnet. Die Forderung nach der Überprüfbarkeit ist auch die Grundlage für eine zu treffende Auswahl zwischen Alternativtheorien, die alle die ursprünglich bekannten Fakten gleichermaßen gut erklären: Welche von ihnen beweist am besten ihre Gültigkeit, wenn man ihren Bereich ausdehnt und die sich daraus ergebenden Voraussagen überprüft?

Abbildung 1 faßt in Form eines Diagramms das Wesen der wissenschaftlichen Methodik zusammen. Setzen wir einen bestimmten Wirkungssektor voraus, dem unser Interesse gilt (es kann sich dabei um Biologie oder Physik handeln, oder auch um den meditativen Zustand 10, um Träume usw.), dann machen wir auf diesem Feld bestimmte Beobachtungen, und wir fühlen uns verpflichtet, diese ständig zu differenzieren und zu erweitern. Wir stellen auch theoretische Erwägungen darüber an, was unsere Beobachtungen bedeuten, wobei wir uns ebenfalls verpflichtet fühlen, logisch vorzugehen und unser Theoretisieren ständig zu verfeinern. Wir machen dann weitere Voraussagen, die auf unseren theoretischen Überlegungen basieren, und wir verpflichten uns, dabei so exakt wie möglich vorzugehen; dann wenden wir diese Voraussagen wieder auf den uns interessierenden Wirklichkeitssektor an und beobachten, ob sie zutreffen oder nicht.

Der bisher dargelegte Prozeß, der durch die Pfeile im äußeren Kreis von Abbildung 1 wiedergegeben wird, kann sich ganz im geistig-seelischen Bereich eines einzigen Menschen vollziehen. Die offene und umfassende Kommunikation mit anderen Wissenschaftlern, die durch den mittleren Kreis in Abbildung 1 dargestellt wird, bringt jedoch eine Kraft ins Spiel, mit deren Hilfe sich viele Irrtümer vermeiden und auf weite Sicht hin Leistungen erbringen lassen, die weit über das hinausgehen, wozu ein einzelner Mensch imstande ist. Unsere Beobachtungen werden also anderen mitgeteilt, die sie entweder als gültig anerkennen oder auch nicht, die sie auch erweitern können und die uns einen zusätzlichen Anreiz zur Verfeinerung der von uns gemachten Beobachtungen geben. Auch unsere Theorien werden anderen mitgeteilt, die uns bestätigen oder nicht bestätigen, daß wir die angemessenen logischen Prozesse fehlerlos durchgeführt haben, und die uns dazu anregen, unsere Theorien zu differenzieren. Wir teilen solche Voraussagen wiederum anderen mit, die ihrerseits feststellen, ob wir auch die für den jeweiligen Zusammenhang spezifische Logik berücksichtigt haben, und die uns zu weiteren Voraussagen anregen, vielleicht auch selbst neue machen und auf diese Weise den Voraussagungsprozeß weiter differenzieren. Dieses übergreifende Gesamtmodell der Zusammenarbeit mit anderen Wissenschaftlern der gleichen Fachrichtung auf dem uns interessierenden Wirklichkeitssektor ist das Muster einer wissenschaftlichen Methode. Es handelt sich hier nicht um ein einmaliges Verfahren, sondern um eines, das sich immer von neuem wiederholt und das zu einem immer stärkeren Maß von Übereinstimmung zwischen unseren Konzeptionen und unseren Beobachtungen (bzw. Erfahrungen) im Bereich der Wirklichkeit führt; früher hätte man das als einen stetigen und kontinuierlichen Annäherungsprozeß an die Wahrheit bezeichnet. Der besondere Bewußtseinszustand, in dem sich dieser ganze Prozeß vollzieht, ist das, was das Spezifikum dieses Prozesses ausmacht.

Die emotionale Anteilnahme und die Wissenschaft

Eine der unter Wissenschaftlern wie unter Laien weitverbreitete Klischeevorstellung vom Wissenschaftler ist folgende: Der Wissenschaftler ist ein sehr kühler Charakter, er zeigt keine emotionale Anteilnahme an dem, was er studiert, und daher ist er »objektiv«. Wie läßt sich diese Vorstellung, daß die Gefühle des Wissenschaftlers an dem, was er tut, nicht beteiligt sein dürfen, in Einklang bringen mit den intensiven emotionalen Erlebnissen bzw. Erfahrungen, die in verschiedenen veränderten Bewußtseinszuständen stattfinden?
Der erste Schritt zu einer Übereinstimmung besteht in der Erkenntnis, daß dieses Klischee in mehrfacher Hinsicht falsch ist. Der Wissenschaftler, der schließlich auch ein Mensch ist, unterliegt bei dem, was er tut, auch Gemütsbewegungen; er freut sich und ist zufrieden, wenn die Ergebnisse seine eigenen Theorien zu bestätigen scheinen, und er ist verärgert oder deprimiert, wenn das Resultat gegen seine Lieblingstheorien spricht. In Wirklichkeit ist es manchmal gerade der starke Wunsch, seine Theorie zu beweisen, der auch die Antriebskraft mobilisiert, die ihn zu einem intensiv arbeitenden Forscher macht. Eine sehr beträchtliche Gefühlsbeteiligung kommt also sogar bei Wissenschaftlern vor, die sich in einem gewöhnlichen Bewußtseinszustand befinden.

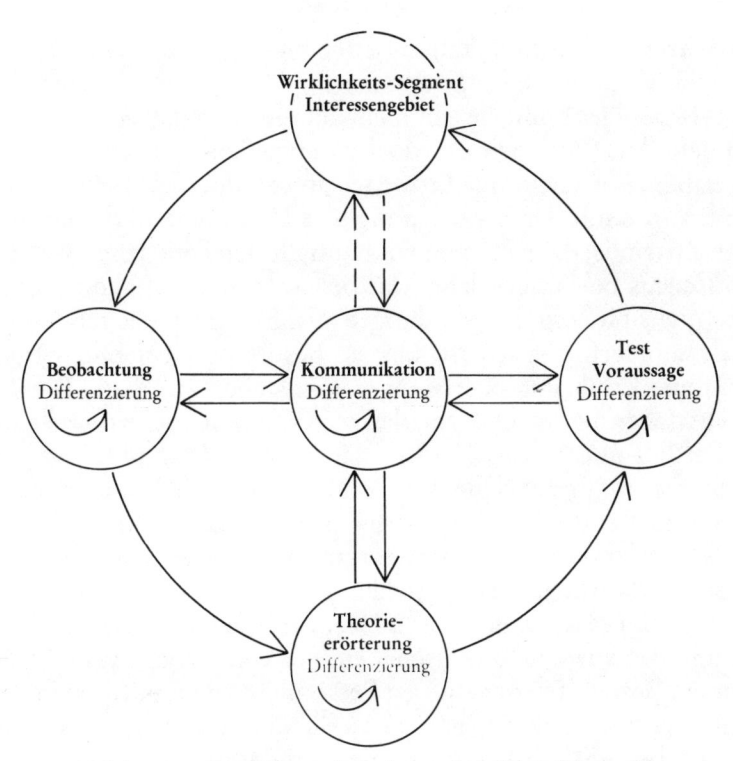

Abbildung 1   Das Wesen der wissenschaftlichen Methodik

Emotionale Anteilnahme an seinem wissenschaftlichen Gegenstand schließt nicht aus, daß der Wissenschaftler zur Beobachtung, zur offenen Kommunikation, zur Erstellung logischer Theorien und zur Überprüfung der aus seiner Theorie zu ziehenden Konsequenzen verpflichtet ist. Wenn er von seinen Kollegen als Wissenschaftler anerkannt werden will, muß er die Ergebnisse seiner Forschungen veröffentlichen und seine Experimente so durchführen, daß sie dem – oben erörterten – Wesen der wissenschaftlichen Methodik entsprechen.
Zwar mag er hocherfreut und mit seinem Ergebnis sehr zufrieden gewesen sein, aber wenn er einen wissenschaftlichen Bericht verfaßt, dann läßt er seine Gefühle unerwähnt und teilt einfach mit, auf welchem Wege er zu seinen Beobachtungen kam, welcher Art sie sind, zu welchen theoretischen Erwägungen sie ihn veranlaßten und auf welche Weise er seine Theorie überprüft hat.

Diese Art von Kommunikation ist den meisten Sparten der Naturwissenschaft vollkommen angemessen: der Apparat, mit dem man irgend etwas Beliebiges mißt, spricht nicht auf die Gemütslage an, in der man sich befindet. Wenn wir es jedoch mit psychologischen Prozessen zu tun haben, vor allem mit Prozessen in verändertem Bewußtseinszustand, sowie mit der Beobachtung und Manipulation des eigenen inneren Zustands, dann müssen wir häufig feststellen, daß sich das nicht emotionslos bewältigen läßt. Das bedeutet, daß eine bestimmte Art und Intensität von Empfindungen als Energiequelle und/oder als Katalysator erforderlich ist, um ein bestimmtes Erlebnis bzw. eine bestimmte Erfahrung überhaupt erst entstehen zu lassen. Die Taktik besteht daher hier nicht darin, daß man so tut, als sei eine Beteiligung des Gefühls überflüssig, sondern darin, deutlich und klar zu spezifizieren, warum und welche Art Gefühle erforderlich sind, damit man bestimmte Beobachtungen überhaupt erst machen kann.

Man könnte natürlich mit Recht argumentieren, es sei unter Umständen sehr gefährlich, den Menschen gefühlsmäßig an seine Arbeit zu binden, denn es ist keineswegs einfach, solche Gefühle nach Belieben ein- und dann wieder auszuschalten. Sie können auf weite Sicht hin zu einem Bestandteil der eigenen Persönlichkeitsstruktur werden und die Ergebnisse der eigenen Arbeit erheblich verzerren. Wie können wir nun bewußtseinszustands-orientierte Wissenschaftsformen entwickeln, die die Beteiligung des Gefühls einschließen, wenn Gefühle unsere Forscher so stark irritieren können?

Zwar erkenne ich die Gefahren einer blinden unkontrollierten Emotionalität durchaus an, aber ich glaube, die Antwort muß hier lauten: Wir haben zwar selbst nicht hinreichend Übung darin, die in unserem Kulturkreis herrschenden Emotionen zu begreifen und unter Kontrolle zu bringen, aber das bedeutet keineswegs, daß wir stets die Sklaven unserer Gefühle sein müssen. Wir brauchen uns nicht die Naturwissenschaften zum Vorbild zu nehmen, denen zufolge Gefühle nicht Bestandteil einer Wissenschaftsdisziplin sein können, und wir brauchten auch gar nicht alle Gefühle völlig zu unterdrücken, denn dadurch würden wir gerade viele Phänomene zerstören, die wir eigentlich studieren wollten. Statt dessen sollten wir die Bedeutung von Gefühlen durchaus anerkennen und fortfahren, mannigfaltige psychotherapeutische und individuelle Entwicklungstechniken zu entwickeln, die einem Menschen sowohl vollen Zugang zu seiner Gefühlswelt verschaffen als auch seiner Individualität eine stabilere

Grundlage geben, auf der er sich mit seinen Emotionen auseinandersetzen kann, ohne sich dabei allzusehr in sie zu verstricken. Ich glaube in der Tat an Gurdjieffs Idee (Ouspensky, 1949), daß unser emotionales System eine Art eigenes Gehirn darstellt, das möglicherweise ebenso intelligent und wichtig ist wie unser denkendes Gehirn, daß aber das Versagen unserer Kultur, der es nicht gelungen ist, unsere drei »Gehirne« (Gurdjieff betrachtet auch den Körper als ein Gehirn) gleichermaßen zu entwickeln, zu erziehen und zu integrieren, dazu geführt hat, daß wir von mißverstandenen und gefürchteten Emotionen beherrscht werden, statt daß wir selbst sie beherrschen.

Bewußtseinszustands-orientierte Wissenschaften

Wenn wir an eine bestimmte Sparte der Wissenschaft denken, dann machen wir uns in der Regel folgendes Bild: Einig in ihrem Interesse an einem bestimmten Themenkreis, verbringt eine Anzahl von ausgewählten, talentierten und gründlich ausgebildeten Menschen beträchtliche Zeit damit, detaillierte Beobachtungen und Untersuchungen über den Themenkreis des speziellen Interessengebiets anzustellen. Sie können dabei (müssen es aber nicht) Speziallabors, Spezialinstrumente oder Spezialmethoden verwenden, die es ihnen ermöglichen, immer differenziertere und weiter reichende Beobachtungen zu machen. Sie reden miteinander in einem technischen Vokabular, das häufig eine eigene Fachsprache darstellt, und sie haben dabei das Gefühl, daß gerade auf diese Weise die wichtigen Fakten und Begriffe ihres Spezialgebiets exakt vermittelt werden können. Mit Hilfe dieser Fachsprache bestätigen und erweitern sie ihr wechselseitiges Wissen über die Grundgegebenheiten ihres Fachgebiets. Sie stellen Theorien darüber auf und konstruieren theoretische Systeme zur Erklärung dieser Gegebenheiten. Dann bestätigen, verwerfen oder verfeinern sie diese Theorien mit Hilfe weiterer Beobachtungen. Diese eigens dafür ausgebildeten Leute übernehmen für einen langen Zeitraum die Verpflichtung, ihre Beobachtungen ebenso wie ihre Theorien ständig zu erweitern und zu differenzieren. Ihre Tätigkeit ist für Laien oder für Wissenschaftler aus anderen Wissenschaftszweigen häufig unverständlich.
Diese allgemeine Beschreibung eines Wissenschaftsbereichs gilt glei-

chermaßen für eine Vielzahl verschiedener Wissenschaften oder für Forschungsgebiete, die sich zu Wissenschaftsbereichen entwickeln könnten; dabei kann es sich um Bereiche wie beispielsweise Biologie, Physik, Psychologie, Genetik, Chemie handeln, aber auch um experimentelle Mystik oder durch Drogen herbeigeführte Bewußtseinszustände. Die Forschungstätigkeit mag dabei im einzelnen völlig verschieden aussehen, aber man würde ohne weiteres erkennen, daß die grundlegende wissenschaftliche Methodik, so wie sie graphisch in Abbildung 1 dargestellt ist, für alle Gültigkeit besitzt.

Wie ich vorgeschlagen habe, als ich zum erstenmal über dieses Thema schrieb (Tart 1972), sollten wir damit beginnen, verschiedene bewußtseinszustands-orientierte Wissenschaften zu schaffen, also Wissenschaften, die bestimmten veränderten Bewußtseinszuständen entsprechen. Könnte man derartige Wissenschaftsformen entwickeln, dann besäßen wir Gruppen von hochbegabten, gut ausgebildeten und engagierten Repräsentanten dieser Wissenschaft, die in der Lage wären, bestimmte veränderte Bewußtseinszustände zu erreichen, und die sich auch darüber verständigen könnten, daß sie sich im gleichen Bewußtseinszustand befinden. In einem besonderen veränderten Bewußtseinszustand könnten solche Wissenschaftler auch den Wunsch haben, andere Interessengebiete zu erforschen, wie beispielsweise die in den betreffenden veränderten Bewußtseinszuständen erlebten inneren Phänomene, die noch nicht erforscht worden sind, ferner die Wechselwirkung zwischen dem betreffenden veränderten Bewußtseinszustand und der gewöhnlichen physikalischen Realität, die Interaktion zwischen Menschen in dem betreffenden veränderten Bewußtseinszustand mit anderen Bewußtseinszuständen usw. Man hätte sich das etwa so vorzustellen, daß eine Gruppe von Forschern irgendeinen Weg fände, sich in einen Bewußtseinszustand namens »Kalifornien« zu begeben, zur allseitigen Zufriedenheit feststellte, daß sie sich allesamt in »Kalifornien« befänden, und dann damit begännen, jeder auf eigene Faust Kalifornien zu erforschen sowie einander ihre Beobachtungen und ihre Theorien über deren Bedeutung mitzuteilen, wobei sie die Hoffnung hätten, schließlich einmal »Kalifornien« richtig »erklären« zu können.

Wer wie zahlreiche Menschen das Gefühl hat, daß die Wissenschaften diesem ganz speziellen Interessengebiet feindlich gegenüberstehen, würde sagen, daß die Wissenschaft niemals in der Lage ist, die spirituellen Phänomene zu begreifen oder irgend etwas zu un-

serer Kenntnis von ihnen beizutragen, genausowenig wie ein so komplexes Phänomen wie Kalifornien vom menschlichen Geist erfaßt werden könnte. Wichtig ist, daß wir das zumindest versuchen und dabei herausfinden müssen, wieviel Erfolg wir dabei haben, und daß wir den Versuch nicht schon von vornherein aufgeben dürfen.
Die Tatsache jedoch, daß der Wissenschaftler in der Lage sein sollte, sachverständig und kompetent in einem besonderen Bewußtseinszustand zu funktionieren, für den er eine bewußtseinszustandsorientierte Wissenschaft zu entwickeln sucht, bedeutet nicht, daß er bei der experimentellen Arbeit stets nur Beobachter oder Versuchsperson sein müßte. Wenn er des öfteren Beobachter, Versuchsperson und Experimentator zugleich sein könnte, könnte er bei der experimentellen Arbeit mit Versuchspersonen, die sich in dem bestimmten Bewußtseinszustand befinden, Informationen sammeln, und/oder er könnte sich zu dem Zeitpunkt, zu dem er diese Daten sammelt, selbst in dem betreffenden Bewußtseinszustand befinden, und/oder er könnte sich in diesem Bewußtseinszustand befinden, um Daten zu analysieren und theoretische Überlegungen über sie anzustellen.
Als der Vorschlag, bewußtseinszustands-orientierte Wissenschaften zu schaffen, erstmals vorgebracht wurde, baten einige Leser um Beispiele für solche Wissenschaftsformen. Abgesehen davon, daß es dafür keine Beispiele gibt, weil wir bisher noch keine derartigen Wissenschaften entwickelt haben (wir werden uns später noch mit der Frage befassen, ob es sich bei den in diesem Buch vorgestellten spirituellen Psychologien möglicherweise um solche handelt), vermöchte kein für die Leser dieses Kapitels (die sich nach meiner Meinung alle in ihrem gewöhnlichen Bewußtseinszustand befinden) verständliches Beispiel die Einzigartigkeit einer bewußtseinszustands-orientierten Wissenschaft deutlich zu machen. Wenn ein solches Beispiel verständlich sein sollte, dann müßte es aus einem Problembereich stammen, dem man sowohl von unserem gewöhnlichen Bewußtseinszustand als auch vom veränderten Bewußtseinszustand aus beikommen könnte; dabei würde man allzuleicht das ganze Problem im Lichte der von unserem gewöhnlichen Bewußtsein akzeptierten wissenschaftlichen Verfahren sehen und dabei leicht den springenden Punkt verfehlen, aus dem sich die Notwendigkeit ergibt, bewußtseinszustands-orientierte Wissenschaften zu entwickeln[6], wobei natürlich in gewissem Sinn auch die gewöhnliche Wissenschaft eine

bewußtseinszustands-orientierte Wissenschaft ist, nämlich spezifisch für unseren gewöhnlichen Bewußtseinszustand.

Bewußtseinszustands-orientierte Technologien

Es ist wichtig, daß wir die vorgeschlagenen bewußtseinszustands-orientierten Wissenschaften von dem unterscheiden, was man als bewußtseinszustands-orientierte Technologien bezeichnen könnte. Bei einer Technologie handelt es sich um einen Grundstock von Kenntnissen darüber, wie man bestimmte Dinge zustande bringt; dazu gehört oft ein gehöriges Maß an Neuerungen, mit deren Hilfe man einmal gesteckte Ziele wirksamer erreicht. Es gibt Zeiten, in denen die exakte Grenzlinie zwischen einer Wissenschaft und der mit ihr verbundenen Technologie unklar ist, vor allem deswegen, weil der Fortschritt einer Wissenschaft häufig von dem Fortschritt der mit ihr zusammenhängenden Technologie abhängt, aber im allgemeinen kann man darauf verweisen, daß das Wichtigste an einer Wissenschaft das *Begreifen* ist und die kontinuierliche Suche nach immer besserem Verstehen der Zusammenhänge; dagegen besteht der Hauptzweck einer Technologie darin, einmal gesteckte Ziele auch tatsächlich zu *verwirklichen,* wobei dann neue Erkenntnisse nur von sekundärer Bedeutung sind oder überhaupt keine Rolle spielen. So können beispielsweise Gruppen technischer Experten lernen, benötigte Medikamente oder Munition effizienter herzustellen oder aber mit Hilfe psychologischer Methoden die Lesefähigkeit behinderter Kinder zu steigern oder durch verbesserte Werbemethoden mehr und mehr (nutzlose) Produkte zu verkaufen. In all diesen Fällen halten die Männer der Technik das, was sie tun, für gut und nützlich, und sie sind darum bemüht, es möglichst gut zu tun. Sie kümmern sich nicht besonders um Kenntnis der Auswirkungen von Kugeln oder Medikamenten bzw. von verbesserten Werbemethoden oder verbesserter Lesefähigkeit auf die gesamte Gesellschaft oder um die Folgen ihres Tuns für die Gesamtnatur des Menschen, und sie versuchen auch nicht zu verstehen, warum diese Dinge so funktionieren, wie sie es tun.
Die Unterscheidung zwischen Wissenschaft und Technologie wird in unserer Gesellschaft noch dadurch erschwert, daß viele Wissenschaftler im Prinzip eigentlich Techniker sind, die ein erlerntes Handwerk

ausüben und in Wirklichkeit gar nicht an neuen Erkenntnissen interessiert sind, während nur relativ wenige Wissenschaftler die Wissensbegierde und das Engagement aufbringen, die für die Suche nach der Wahrheit erforderlich und ein Charakteristikum der Wissenschaft sind.

Vom Standpunkt der westlichen Wissenschaft aus gesehen, gibt es bei uns bewußtseinszustands-orientierte Wissenschaften (es sei denn, einige der spirituellen Psychologien ließen sich als solche verstehen); aber es gibt, deutlich erkennbar und in der Welt verstreut, auf bestimmte Bewußtseinszustände bezogene Technologien, obschon unsere wissenschaftliche Kenntnis von ihnen recht dürftig ist. Das heißt, es gibt wissenschaftliche Erkenntnisse darüber, wie man bestimmte veränderte Bewußtseinszustände induziert und dann die im Rahmen dieser spezifischen veränderten Bewußtseinszustände gemachten Erfahrungen steuert, um Ergebnisse zu erzielen, die im Hinblick auf bestimmte Ziele als nützlich angesehen werden. Als Beispiel dafür läßt sich in der westlichen Welt die Hypnotherapie anführen. Es gibt kunstvolle Methoden zur Auflösung eines hypnotischen Zustands bei für krank erklärten Menschen, bei denen man dann den spezifischen veränderten Bewußtseinszustand der Hypnose manipuliert, um verschiedene Arten von medizinischen Prozessen und psychiatrisch-therapeutischen Prozessen auf ein Höchstmaß zu steigern. Die Hypnotherapie ist ein Beispiel für eine mit einer Wissenschaft gekoppelte Technologie, die für bestimmte Bewußtseinszustände entwickelt wurde, denn man stützte sich dabei zunächst vernünftigerweise auf eine Normal-Bewußtseinszustands-Wissenschaft von der Hypnose, und es sind umfassende Forschungen auf diesem Gebiet im Gange, um das bisherige Wissen zu erweitern. Es gibt jedoch noch keine für bewußtseinszustands-orientierte Wissenschaft der Hypnose.

Hier nun zwei Beispiele von auf einen bestimmten Bewußtseinszustand ausgerichteten Technologien, die mit keiner irgendwie gearteten Wissenschaft gekoppelt zu sein scheinen. Einer derartigen Technologie begegnet man z. B. bei den Zusammenkünften vieler Erweckungsbewegungen. Setzt man als deren Überzeugung voraus, ihr Ziel, die Bekehrung von Menschen zum Christentum, sei eine gute Sache, dann vermag ein guter Erweckungsprediger bei vielen Menschen, die zu einem solchen Treffen kommen, mit großem Geschick ein aufs äußerste gesteigertes Gefühl von Schuld und Sühne zu erzeugen. Das Auslösen von Emotionen ist ein ausgezeichnetes Mittel zur Entstabilisierung des gewöhnlichen Bewußtseinszustandes; er gerät leicht ins Wanken, und an seine Stelle tritt ein veränderter Bewußtseinszustand[7]. Die Berufung auf die christliche Tradition sorgt in Verbindung mit den in Erweckungspredigten vorgetragenen spezifischen Hypothesen dann dafür, daß der Inhalt jedes dabei ausgelösten spezifischen veränderten Bewußtseinszustandes in eine speziell christliche Form gebracht wird, und das Ganze führt nun zu sehr eindrucksvollen emotionalen Erlebnissen in der einen oder anderen Art von spezifischen veränderten Bewußtseinszuständen. Diese emotionalen spezifischen veränderten Bewußtseinszustands-Erlebnisse haben häufig eine so durchschlagende Wirkung, daß es zu einer Konversion kommt, die dann eine Zeitlang, wenn nicht gar lebenslang anhält; gemessen am Standard des gewöhnlichen Bewußtseinszustands, mag manchem etwas, was er in einem veränderten Bewußtseinszustand erlebt, tatsächlich wie ein Wunder erscheinen.

Ich will mit diesem Beispiel nicht gegen die Christen polemisieren, die überzeugt sind, daß die Bekehrung zum Christentum etwas sehr Gutes ist; sie können vielleicht gar nicht erkennen, was an derartigen Methoden tatsächlich »falsch« ist. Ich möchte nicht über Recht oder Unrecht urteilen, sondern nur darauf hinweisen, auf welche Weise man sich in solchen Fällen der Technik des Auslösens und Steuerns eines spezifischen veränderten Bewußtseinszustands zur Erreichung eines bereits von allen akzeptierten Ziels bedient: Das Ziel selbst wird nicht in Frage gestellt, und auch der spezifische veränderte Bewußtseinszustand bzw. die darin vorkommenden spirituellen Erlebnisse werden nicht zur Erweiterung eines bereits vorhandenen Wissens benutzt, sondern nur dazu, die Mittel, die zur Erreichung des gesetzten Ziels führen, auf ein Höchstmaß zu steigern.

Ein zweites Beispiel – angeblich historisch, vielleicht jedoch mythologischer Natur – liefert eine häufig zu hörende Erklärung des Wortes »assassin« (frz. Mörder), soll sich entweder von »Haschisch«, dem aus der Marihuana-Pflanze gewonnenen Rauschmittel, ableiten lassen, oder aber von »Hussein«, dem Namen eines Scheichs aus dem Mittleren Osten, von dem berichtet wird, er habe sich folgender Technik zur Herbeiführung eines bestimmten Bewußtseinszustands bedient: In seiner Rolle als religiöser Führer des Islams warb er Anhänger, die er als Meuchelmörder gegen seine Feinde einsetzen wollte, dadurch, daß er ihnen versprach, die unbedingte Loyalität werde ihnen nach ihrem Tode den Zugang zum himmlischen Königreich garantieren. Zum »Beweis« dieser Behauptung lud er den potentiellen Anhänger zu einem Bankett ein, bei dem diesem mit Rauschmitteln, angeblich mit Haschisch, sicherlich jedoch auch noch mit einigen anderen Drogen durchsetzte Gerichte serviert wurden, die ihn in Schlaf sinken ließen. Bei seinem Erwachen fand sich der potentielle Anhänger in einem im Schloß des Scheichs verborgenen wunderschönen Garten wieder. Der Gast war nunmehr stark berauscht, und das Haschisch hatte ihn in einen veränderten Bewußtseinszustand versetzt. Da er sich, umgeben von schönen Frauen, in dem herrlichen Garten befand, alle seine Wahrnehmungen überdies noch psychedelisch erhöht waren, und da man ihm jetzt sagte, er befinde sich im Himmel, entstand in ihm der Eindruck, daß das tatsächlich der Fall war. Nach einer gewissen Zeit wurde er erneut durch Drogen in Schlaf versetzt, und später brachte man ihn dann in seine gewohnte Umgebung zurück. Beim Aufwachen erinnerte er sich daran, daß er im Himmel gewesen war, genau so, wie ihm das sein religiöser Führer versprochen hatte; er wurde nun zu dessen völlig ergebenem Anhänger und war bereit, selbst sein Leben für ihn zu riskieren, denn er *wußte* ja jetzt, daß ihm der Himmel garantiert war[8].

Mag diese Geschichte nun historisch sein oder nicht, sie ist jedenfalls ein äußerst aufschlußreiches Beispiel für die Anwendungsmöglichkeiten einer auf bestimmte Bewußtseinszustände ausgerichteten Technologie, und sie zeigt, daß die »offensichtliche« Wahrheit eines veränderten Bewußtseinszustandes durchaus trügerisch sein kann.

Die Manipulation von Menschen mit Hilfe von veränderten Bewußtseinszuständen gelingt nur, wenn die Betreffenden sich über ihre wirkliche Situation im unklaren sind. Ich hoffe sehr, daß die zunehmende Vertrautheit mit veränderten Bewußtseinszuständen und die Entwicklung von Wissenschaften für bestimmte Bewußtseinszustände dazu führen, daß die Menschen in Zukunft für derartige Manipulationen weniger anfällig sein werden.

Die Beziehung zwischen Wissenschaften, die am Bewußtseinszustand orientiert sind

Ich habe bereits erwähnt, daß – nach einer älteren Terminologie – die wiederholte Anwendung der wissenschaftlichen Methodik uns letzt-

lich der Wahrheit stetig näher bringt, aber ich benutze diese Formulierung nur sehr ungern. Zwar handelt es sich hier um eine durchaus ehrenwerte Vorstellung, aber sie bestärkt die Menschen nur in einer allgemeinen Fehleinschätzung der Wissenschaft, und dieser Fehleinschätzung unterliegen auch viele Wissenschaftler selbst. Es ist die Idee, daß wir in unserem gewöhnlichen Bewußtseinszustand in der Lage sind, alle Vorgänge im Universum zu begreifen, und daß der Fortschritt der Wissenschaft, trotz gelegentlicher Irrtümer, so etwas darstellt wie einen stetigen Vormarsch, dessen letztes Ziel ist, alles auf einfache, elegante, begreifbare Theorien zu reduzieren, mit deren Hilfe sich praktisch alles erklären läßt. Man griff häufig zur Metapher, der »letztgültigen mathematischen Formel«, auf die sich alles zurückführen und die sich auf alle Phänomene anwenden läßt. Der denkende Mensch von heute zieht daraus ganz selbstverständlich den Schluß, daß alle Phänomene, die sich mit diesem wundervoll geradlinigen Marsch in Richtung auf die Wahrheit nicht in Einklang bringen lassen, als unwichtig abgetan oder aber als Aberglaube und Nonsens bekämpft werden. Zwar ist es durchaus möglich, daß es irgendeinen Bewußtseinszustand gibt, in dem sich *alles* beobachten und auch begreifen läßt, aber unsere bisher gemachten Beobachtungen erlauben das jedenfalls nicht. Gewisse Phänomene, vor allem die von uns als spirituell bezeichneten, scheinen für unseren gewöhnlichen Bewußtseinszustand durchaus unbegreiflich, obschon sie uns in bestimmten veränderten Bewußtseinszuständen weit begreiflicher vorkommen. Wenn es wirklich irgendeinen Bewußtseinszustand gibt, in dem sich alles begreifen läßt, dann handelt es sich vielleicht um einen letztmöglichen Zustand des Erleuchtetseins, keineswegs jedoch um unseren gewöhnlichen Bewußtseinszustand. Wir wollen nun die Beziehung zwischen den spezifischen Wissenschaftsformen, die sich für unterschiedliche veränderte Bewußtseinszustände entwickeln lassen, näher betrachten und sehen, was wir dabei über die Möglichkeiten erfahren, letztlich alles zu begreifen.
Jede an einem bestimmten Bewußtseinszustand orientierte Wissenschaft besteht aus zwei Teilen – aus einem System von Beobachtungen und aus einem System von Theorien über die gemachten Beobachtungen. Beobachtungen sind etwas, was relativ unmittelbar in Erfahrung gebracht werden kann, bei den Theorien handelt es sich um Schlußfolgerungen und Erklärungen von nichtbeobachtbaren Faktoren, die die Voraussetzungen für die gemachten Beobachtungen sind. Daß mein

Auto fährt, ist für mich beispielsweise eine beobachtbare Tatsache. Die chemische Theorie, derzufolge ein Auto sich durch die Verbrennung eines Gas-Luft-Gemischs fortbewegt, kann von mir nicht direkt beobachtet werden, es handelt sich hier eben um eine Theorie.

Bewußtseins-zustandsorientiert 1

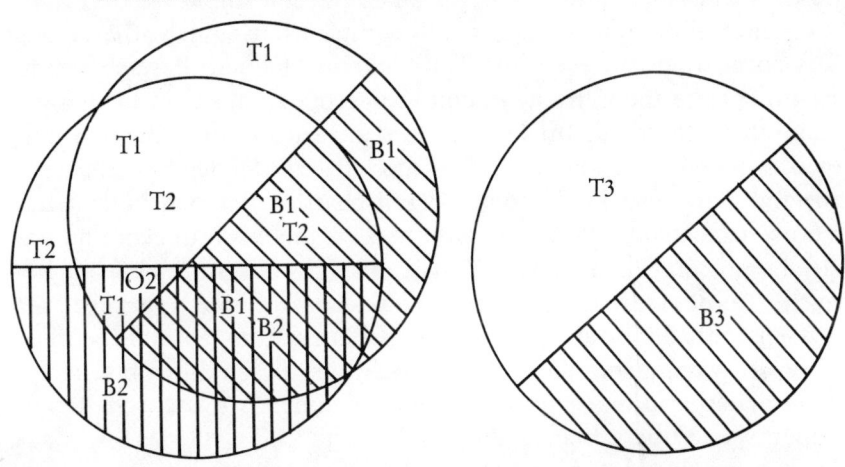

Bewußtseins-zustandsorientiert 2   Bewußtseins-zustandsorientiert 3

Abbildung 2
Abbildung 2 Mögliche Beziehungen zwischen drei sich mit bestimmten Bewußtseinszuständen befaßten Wissenschaften.

Berücksichtigt man zwei unterschiedliche Bewußtseinszustände, dann kann durchaus etwas, was in dem einen reine Theorie ist, in einem anderen eine Beobachtung sein, und umgekehrt. So handelt es sich beispielsweise bei der Synästhesie (d.h. dem Sehen von lebhaften Farben beim Hören von Tönen, ohne entsprechende visuelle Anreize) in meinem gewöhnlichen Bewußtseinszustand um eine rein theoretische Vorstellung: Ich habe etwas nicht erlebt, und ich kann nur aufgrund von Berichten anderer Menschen darüber spekulieren, um was es sich dabei handelt. Stünde ich allerdings unter dem Einfluß einer Droge, wie beispielsweise LSD oder Marihuana (Tart, 1971), dann könnte ich eine solche Synästhesie tatsächlich erleben: Was also in dem einen veränderten Bewußtseinszustand reine Theorie bleibt, ließe sich in einem zweiten unmittelbar beobachten [9].

Abbildung 2 (vgl. S. 73) veranschaulicht einige mögliche Beziehungen zwischen drei der sich mit bestimmten Bewußtseinszuständen befassenden Wissenschaften; bei zweien von ihnen zeigt sich, daß ihre Inhalte sich weitgehend decken, während die der dritten sich mit den beiden anderen überhaupt nicht überschneiden. Der mit B_1B_2 bezeichnete Bereich läßt eine direkte Beobachtung bzw. eine unmittelbare Erfahrung in zwei der mit bestimmten Bewußtseinszuständen arbeitenden Wissenschaften zu. Der mit T_1T_2 gekennzeichnete Bereich veranschaulicht die theoretischen Schlußfolgerungen aus dem beiden gemeinsamen Material. Im Gegensatz dazu sind in dem Bereich B_1T_2 theoretische Erwägungen des Wissenschaftlers, der den Bewußtseinszustand 2 untersucht, für den Wissenschaftler, der sich in dem Bewußtseinszustand 1 befindet, *unmittelbare* Beobachtungen, und das gleiche gilt umgekehrt auch für den mit T_1B_2 gekennzeichneten Bereich. In der auf spezifische Bewußtseinszustände spezialisierten Wissenschaft 3 gibt es eine Reihe von Beobachtungen und theoretischen Erwägungen, die ausschließlich für diesen Bewußtseinszustand gelten und die sich mit den beiden anderen Wissenschaften in keiner Weise überschneiden.

Auch wenn das Material aus einem Forschungsbereich sich teilweise deckt, können wir nicht sagen, daß die Arbeit der an einem bestimmten Bewußtseinszustand orientierten Wissenschaft die Arbeit einer zweiten an einem anderen Bewußtseinszustand orientierten Wissenschaft entweder bestätigt oder widerlegt, obwohl unser stillschweigend akzeptiertes Postulat, daß alles mit den Begriffen unseres gewöhnlichen Bewußtseinszustandes verständlich zu machen sein müßte, uns dazu verleiten könnte. In den Naturwissenschaften wurde der Begriff der ›Komplementarität‹ eingeführt, als man herausfand, daß das Licht sich ebensogut als Welle wie auch als Korpuskel erklären läßt, daß beide Erklärungen gültige und nützliche Resultate ergeben und daß keine Möglichkeit besteht, jemals eine Entscheidung zu treffen, welche dieser beiden Erklärungen richtig ist und welche falsch. Jede von ihnen ist eine Art Paradigma mit eigenen einzigartigen Eigenschaften. Nach unserer bisherigen Kenntnis der Besonderheit von veränderten Bewußtseinszuständen werden die für sie entwickelten Wissenschaften einerseits ihre Besonderheiten, andererseits aber auch Komplementärcharakter haben, nämlich dort, wo Forschungsmaterial sich deckt; aber sie werden sich vermutlich nicht aufeinander zurückführen lassen.

Nehmen wir hier einmal als Beispiel die langanhaltende Kontroverse zwischen zwei Erklärungsmöglichkeiten für das heutige Leben auf der Erde: die eine deutet es als eine auf zufälliger Selektion basierende Evolution, die andere als einen von göttlichen Kräften gesteuerten Prozeß. Es ist in vieler Hinsicht unmöglich, unwiderleglich zu »beweisen«, daß die eine Behauptung richtig und die andere falsch ist. Es könnte eher so sein, daß die Vorstellung von der göttlichen Steuerung des Evolutionsprozesses sich auf eine Art Beobachtung oder Theorie stützt, die in einem bestimmten veränderten Bewußtseinszustand sinnvoll erscheint, während der Gedanke der zufälligen Auswahl uns in unserem gewöhnlichen Bewußtseinszustand durchaus einzuleuchten vermag. Wenn das aber so ist, wird es niemals zu einer Einigung darüber kommen, daß die eine Vorstellung vollkommen bestätigt und die andere völlig widerlegt worden ist. Kuhn sieht diesen Vorgang folgendermaßen: Im Falle einer Kollision zwischen zwei miteinander konkurrierenden Paradigmen kommt es nicht so sehr darauf an, daß das durch ein neues ersetzte Paradigma nunmehr völlig widerlegt ist, sondern vielmehr darauf, daß es sich als weniger nützlich erwiesen hat als das jetzt an seine Stelle tretende Paradigma; dabei kann es durchaus der Fall sein, daß das neue Paradigma keineswegs alle durch das alte abgedeckten Vorgänge nun auch seinerseits abdeckt.
Die Entwicklung von bewußtseinszustands-orientierten Wissenschaften könnte uns also komplementäre, d.h. sich wechselseitig ergänzende Auffassungen über Mensch und Natur vermitteln, die unseren Horizont erheblich erweitern; dabei wären jedoch alle Versuche, eine dieser Wissenschaftsformen auf eine andere zurückzuführen, reine Kraftvergeudung.
Bei der Komplementarität handelt es sich um eine Konzeption, die man nicht *a priori* verkünden sollte; man müßte vielmehr zeigen, daß sie sich auf weite Sicht rein empirisch als zweckdienlich erweist.
Ich versuche nicht, von Forschungen über veränderte Bewußtseinszustände vom Standpunkt der an unserem gewöhnlichen Bewußtseinszustand orientierten Wissenschaft aus (bzw. von Forschungen über unseren gewöhnlichen Bewußtseinszustand vom Standpunkt veränderter Bewußtseinszustände aus) abzuraten. Vielleicht müssen wir unsere Erwartungen reduzieren. Urteilt man jedoch nach dem gegenwärtigen Wissensstand, könnte auch die Komplementarität für unsere menschlichen Augen zum Wesen der Dinge gehören. In der

Tat wäre eine fruchtbare Wechselwirkung zu erwarten, wenn angesichts verbreiteter Phänomene ein Bewußtseinszustand seine Auffassung von den in anderen Bewußtseinszuständen gewonnenen Einsichten bereichern und stimulieren ließe, ebenso wie beispielsweise viele wichtige Entdeckungen der von unserem gewöhnlichen Bewußtseinszustand ausgehenden Wissenschaften gerade dann gemacht wurden, wenn die Wissenschaftler vorübergehend in einen anderen Bewußtseinszustand eintraten, etwa in einem Traum oder in die – als Bewußtseinszustand nur unklar zu definierende schöpferische Tagträumerei. Wir kommen nun zu den besonderen Problemen, mit denen man sich bei der hier vorgeschlagenen Entwicklung von Spezialwissenschaften auseinandersetzen muß, weil es Probleme sind, die die Suche nach spirituellen Systemen als wichtig erscheinen lassen.

Individuelle Unterschiede

Es gibt ein weitverbreitetes, stillschweigend akzeptiertes Postulat: Danach sind bei zwei »normalen« Menschen (d. h. bei solchen, die innerhalb eines bestimmten Kulturkreises nicht als ›geistig unzurechnungsfähig‹ erklärt worden sind) die gewöhnlichen Bewußtseinszustände in ihrer übergreifenden Gesamtfunktion im wesentlichen die gleichen, wenn es auch in bestimmten Teilbereichen eine ganze Reihe von Unterschieden geben kann. Dieses fragwürdige Postulat hindert uns daran, unterschiedliche Bewußtseinszustände zu verstehen, und es steht auch der Entwicklung von Wissenschaftsformen im Wege, die am Bewußtseinszustand orientiert sind.
Manche Menschen denken beispielsweise in Bildern, andere in Worten. Manche können Teile ihres Körpers willkürlich empfindungslos machen, die meisten können das nicht. Manche erinnern sich an vergangene Ereignisse, indem sie sich die betreffende Szene bis in wichtige Einzelheiten visuell ins Gedächtnis rufen, andere dagegen tun das mit Hilfe komplexer verbaler Prozesse, d. h., sie erinnern sich an bestimmte Wortfolgen, aber kaum an Bilder.
Das bedeutet beispielsweise, daß A in seinem gewöhnlichen Bewußtseinszustand etwas erleben kann, was B in eben diesem nicht erleben kann, wie sehr er sich auch darum bemühen mag. Das kann dazu führen, daß B glaubt, A sei geistig nicht normal, allzu phantasievoll oder auch einfach ein Lügner, oder daß B sich A unter-

legen fühlt. Betrachtet A umgekehrt B als Muster an Normalität, dann kann es durchaus passieren, daß er sich selbst für einen Außenseiter oder unnormal hält.

Manchmal mag B in der Lage sein, in einen veränderten Bewußtseinszustand einzutreten und in ihm Dinge zu erleben, von denen A berichtet hat, er habe sie in seinem gewöhnlichen Bewußtseinszustand erlebt. In diesem Fall gehört ein Bereich des Erkennens und Erlebens, der für A durchaus »gewöhnlich« ist, für B zu einem veränderten Bewußtseinszustand. Umgekehrt können einige Erlebnisse, die B in einem spezifischen veränderten Bewußtseinszustand gehabt hat, für A in seinem gewöhnlichen Bewußtseinszustand unerreichbar bleiben. Auch hier soll die Synästhesie als Beispiel dienen. Einige wenige Menschen können sie in ihrem gewöhnlichen Bewußtseinszustand erleben, die meisten nicht. Aber bei meiner bereits erwähnten Befragung erfahrener Marihuana-Raucher (Tart, 1971b) habe ich herausgefunden, daß 56 Prozent von ihnen eine solche Synästhesie zu einem durch Marihuana ausgelösten veränderten Bewußtseinszustand zumindest gelegentlich erleben. Ähnlich können auch gewisse spirituelle Erfahrungen für den einen in seinem gewöhnlichen Bewußtseinszustand verfügbar sein, während sie für einen anderen völlig unerreichbar bleiben, es sei denn, er trete in einen veränderten Bewußtseinszustand ein. Daraus können sich erhebliche Mißverständnisse ergeben, denn die erste Person kann beispielsweise der zweiten die Methoden beibringen, die bei ihr stets spirituelle Erfahrungen ausgelöst haben, und kann dann nicht begreifen, warum das bei der zweiten Person nicht funktioniert. Wir würden sagen: Die Methode hängt von einem bestimmten Bewußtseinszustand ab; die zweite Person wird daher dieses Erlebnis so lange nicht haben, bis sie erkennt, daß sie zuerst ihren spezifischen Bewußtseinszustand verändern muß.

Die fehlende Anerkennung individueller Unterschiede macht sich in der wissenschaftlichen Literatur in Form von Kontroversen darüber bemerkbar, ob zur Erklärung verschiedener Phänomene ein bestimmter »Zustand« des Bewußtseins angenommen werden muß. In zumindest einem Fall hat ein Verfechter der Idee, es sei überflüssig, die Hypnose als »Zustand« zu begreifen, selbst viele derartige Phänomene in seinem gewöhnlichen Bewußtseinszustand erlebt, während die Voraussetzung dafür bei den meisten Menschen ein veränderter Bewußtseinszustand ist (Barber, 1972).

Weitere wichtige individuelle Unterschiede, denen man heutzutage nur wenig Verständnis entgegenbringt, ergeben sich aus der unterschiedlichen Fähigkeit der Menschen, eine in *einem* Bewußtseinszustand gemachte Erfahrung/Beobachtung bzw. eine Konzeption auf einen zweiten Bewußtseinszustand zu übertragen bzw. das betreffende Erlebnis in ihm zu wiederholen. Das bedeutet, manchmal kann eine informative Einzelheit, die man zu Beginn des Lernens oder auch wiederholt beobachtet hat, in einem bestimmten Bewußtseinszustand auftauchen, aber aus Gründen, über die wir so gut wie überhaupt nichts wissen, sich später doch als auf verschiedene andere Bewußtseinszustände übertragbar erweist. So können manche Menschen beispielsweise eine spirituelle Erfahrung zunächst nur in einem ganz bestimmten veränderten Bewußtseinszustand machen, aber später feststellen, daß diese Erfahrung zu einem festen Bestandteil ihres gewöhnlichen Bewußtseinszustands geworden ist. Wir besitzen nahezu überhaupt keine wissenschaftlich fundierten Kenntnisse darüber, bis zu welchem Grad eine derartige Übertragung möglich ist, wodurch sie begünstigt oder behindert wird, und auch nicht darüber, ob eine vollständige Übertragung überhaupt möglich ist. Die meisten der bisher durchgeführten Untersuchungen haben sich nur dafür interessiert, inwieweit Fähigkeiten des gewöhnlichen Bewußtseinszustands (wie beispielsweise das Schreiben, das Sprechen, arithmetische Kenntnisse) in den Bereich der veränderten Bewußtseinszustände hineinreichen. Eine umfassende Kenntnis der veränderten Bewußtseinszustände wird schließlich dazu führen, daß man sie miteinander vergleichen kann und daß man dabei nicht immer nur von unserem gewöhnlichen Bewußtseinszustand auszugehen hat. Auch hier wird es sich natürlich herausstellen, daß die Fähigkeit zur Übertragung individuell sehr verschieden sein kann; das entspricht den ungeheuren Unterschieden, die nur von der Annahme verstellt werden, unsere Bewußtseinszustände seien einander im wesentlichen alle sehr ähnlich.

Probleme und Fallstricke im Bereich der veränderten Bewußtseinszustände

Wenn wir die historischen Erfahrungen des Menschen der westlichen Welt zu unserem Leitfaden nehmen, dann ergeben sich Schwierigkeiten für das Verständnis von veränderten Bewußtseinszuständen und für die Entwicklung von Wissenschaftsformen, die am Bewußtseinszustand orientiert sind. Einige dieser Schwierigkeiten unterscheiden sich ihrer Art nach kaum von denen, die wir mit unserem gewöhnlichen Bewußtseinszustand haben, aber sie werden aufgrund bestimmter Eigentümlichkeiten der veränderten Bewußtseinszustände stark gesteigert. Es gibt zwei Hauptschwierigkeiten: zum einen allgemeine methodologische Probleme, die sich aus der Beschaffenheit einiger veränderter Bewußtseinszustände ergeben, zum anderen das Problem, welcher persönlichen Gefährdung der Versuchsleiter ausgesetzt ist. Ich werde mich zunächst mit den sich aus bestimmten Bewußtseinszuständen ergebenden Problemen befassen, und dann im folgenden Abschnitt die persönlichen Gefahren erörtern.

Das erste wichtige Problem bei der vorgeschlagenen Entwicklung zustandsspezifischer Wissenschaftsformen ist die „Offensichtlichkeit" der erkannten Wahrheit. In veränderten Bewußtseinszuständen hat man sehr häufig den Eindruck, etwas ganz deutlich und unmittelbar als wahr erlebt zu haben, und zwar mit einer Gewißheit, die über jeden Zweifel erhaben ist. Man pflegt dann zu sagen: »Ich weiß bzw. kenne x!«

Dieses Gefühl der absoluten Gewißheit ist höchst befriedigend; aber einer der historischen Gründe für die Entwicklung der Wissenschaft war, wie bereits erwähnt, die Anerkennung der Tatsache, daß selbst absolute Gewißheit keine Garantie dafür ist, daß man auch tatsächlich recht hat. Nehmen wir einmal an, die Fähigkeit, mit der Ungewißheit zu leben, sei ein notwendiger Schritt auf dem Weg zur Wahrheit. Der Mensch, der einem spirituellen Pfad folgt oder der versucht, die Wahrheit in einem veränderten Bewußtseinszustand zu erlangen, kann sich unter Umständen mit dem Gefühl der Sicherheit zufriedengeben und auf weitere Untersuchungen verzichten. Das Erlebnis der absoluten Gewißheit kann den Wunsch nach weiteren Fragestellungen oder Erfahrungen hemmen oder ganz zum Erlöschen bringen. Es kann überdies unter Umständen den Versuchsleiter zwar nicht davon abhalten, seinen Erfahrungsbereich zu erweitern, aber sein Bedürfnis nach einer zustimmenden Gültigkeitserklärung im Keim ersticken: Er empfindet kein Bedürfnis nach Verifizierung und möchte das Risiko einer Falsifizierung nicht eingehen. Da eine der größten Stärken der Wissenschaft darin besteht, daß sie unbedingt auf Bestätigung ihrer Grunderkenntnisse und der Logik ihrer Theorien besteht, kann sich das Gefühl der absoluten Gewißheit als ein ernsthafter Nachteil sowohl für die Entwicklung der eigenen Persönlichkeit als auch für die Entwicklung von bewußtseinszustands-orientierten Wissenschaften erweisen. Zwar kann allzu großes Mißtrauen ebenso zu einem neurotischen Verhalten führen wie allzu große Leichtgläubigkeit, aber Forscher, die den Versuch unternehmen, solche Wissenschaften zu entwickeln, müssen einfach lernen, dem allzu Offensichtlichen ein gewisses Mißtrauen entgegenzubringen, oder präziser ausgedrückt: sie müssen das Gefühl der Gewißheit als eine wirkliche Erfahrung akzeptieren, d. h. als eine Gegebenheit, aber sie dürfen sich dadurch nicht verleiten lassen, die Notwendigkeit weiterer Untersuchungen zu übersehen.

Ein weiteres wichtiges Problem bei der Entwicklung von bewußtseinszustands-orientierten Wissenschaften besteht darin, daß die Fähigkeit zur visuellen oder bildlichen Vorstellung in einigen veränderten Bewußtseinszuständen sich gegenüber der in einem gewöhnlichen Bewußtseinszustand sehr stark erhöht; daher erscheint einem alles, was man sich bildhaft vorstellt, als so lebendig, daß es einem nicht wie eine bloße Imagination vorkommt, sondern wie eine tatsächliche Wahrnehmung. So kann es passieren, daß man etwas, das man sich im wörtlichen Sinn einbildet, für eine Beobachtung hält und als »Gegebenheit« wertet, während diese Wertung in Wirklichkeit auf einem Irrtum beruht.

Wenn man im wesentlichen alles, was man wünscht, heraufbeschwören kann, ohne daß man sich der dabei mitwirkenden Willkür bewußt wird, wie kann man dann jemals zur Wahrheit gelangen? Was kann uns davor bewahren, in dem Glauben, die Wirklichkeit zu erforschen, einfach Phantasiewelten aufzubauen?

Nehmen wir einmal an, ich glaubte aus zwingenden persönlichen Gründen, daß es sich bei Ton und Licht um Manifestationen der gleichen Energie handle, daß wir jedoch in unserem gewöhnlichen Bewußtseinszustand zu wenig Sensibilität besäßen, um das zu erkennen. Nehmen wir nun weiter an, ich träte in irgendeinen veränderten Bewußtseinszustand ein, der so beschaffen ist, daß man in ihm unter Umständen das Phänomen der Synästhesie erleben könnte. Ohne mir bewußt zu sein, daß ich sehe, was ich dringend zu sehen wünsche, würde ich nur beispielsweise durch Einschalten des Radios Töne erklingen lassen und gleichzeitig verschiedene Lichtstrahlen aus dem Lautsprecher herauskommen sehen; oder ich könnte auch eine elektrische Lampe einschalten und in Verbindung damit Töne wahrnehmen. Da ich jetzt glaube, meine Theorie sei durch die unmittelbare Beobachtung bestätigt worden, fühle ich mich sehr glücklich, und ich könnte dieses Erlebnis nun anderen Menschen mitteilen, die ähnliche Interessen haben. Wenn sie nun ihrerseits nicht das gleiche erleben wie ich, könnte ich zu dem Schluß kommen, daß mit diesen Leuten irgend etwas nicht stimmt und daß sie deshalb schlechtere Beobachter sind als ich selbst. Wie läßt sich eine Subjektivität dieser Art vermeiden?

Man kann das Problem beispielsweise so angehen, daß man erkennt: die Fähigkeit, sich irgendwelche Dinge so lebendig vorzustellen, daß man sie wirklich wahrzunehmen glaubt, stellt in der Tat auch eine Gegebenheit dar. Das bedeutet, es ist gut zu wissen, daß intensive Wunschvorstellungen die Wahrnehmung in einem bestimmten veränderten Bewußtseinszustand tatsächlich so stark beeinflussen können, und es kann sich außerdem als nützlich erweisen, herauszufinden, wo die Grenzen dieser Art von Beeinflussung liegen und wie sie sich in den verschiedenen veränderten Bewußtseinszuständen voneinander unterscheiden können. Wir sollten nicht *a priori* die These aufstellen, daß sich in jedem veränderten Bewußtseinszustand alles mit gleicher Leichtigkeit bildhaft vorstellen läßt; durch eine genauere Untersuchung dieser Beziehungen könnten wir einiges Wichtige über das Wesen verschiedenartiger veränderter Bewußtseinszustände und des geistig-seelischen Bereichs des Menschen erfahren. Der »Irrtum« besteht nicht darin, daß man Lichtsignale mit Tonwahrnehmungen assoziiert und umgekehrt, sondern darin, daß man dies für eine vollgültige Beobachtung hält; man hat nämlich nicht berücksichtigt, daß der zwingende Glaube an ein Phänomen eine notwendige Voraussetzung für die Beobachtung, d. h. ein Bestandteil dieses Phänomens selbst sein kann.

Man kann das Problem der Subjektivität aber auch grundsätzlicher angehen; man erkennt, daß es durchaus auf nicht veränderte Bewußtseinszustände beschränkt ist, obschon es Personen, die sich in einem solchen Zustand befinden, möglicherweise stärker betrifft. Man kann sehr wohl auch in seinem gewöhnlichen Bewußtseinszustand aufgrund individueller Eigenschaften das Opfer von Illusionen, Fehleinschätzungen und Irrglauben werden.

Vor dem Aufstieg der modernen Naturwissenschaften gab es alle möglichen Vorstellungen über das Wesen der physikalischen Welt, die man nicht direkt widerlegen könnte: so sieht beispielsweise die Erde für uns tatsächlich flach aus. Die gleichen Methoden, mit deren Hilfe man in den Naturwissenschaften den Irrglauben beseitigt hat, werden auch dazu beitragen, ihn aus den an bestimmten Bewußtseinszuständen orientierten Wissenschaften zu eliminieren, die sich mit Befunden aus dem erleb- und erfahrbaren, außerphysikalischen Bereich befassen. Alle Beobachtungen müssen durch allgemeine Zustimmung für gültig erklärt werden; die aus ihnen abgeleiteten Theorien sollten gründlich untersucht werden, und man wird auch alternative Theorien und Erklärungen einer gründlichen Überprüfung unterziehen müssen, um festzustellen, welche die überzeugendste ist. Insoweit es sich bei Erfahrungen um willkürliche Phantasievorstellungen handelt, in denen sich nur die psychische Verfassung eines einzelnen Individuums widerspiegelt, fügen sie sich nicht in die für alle verständlichen Muster, und sie werden sich daher von anderen Beobachtern auch nicht wiederholen lassen. Das unterscheidet sie von anderen Phänomenen, die tatsächlich eine allgemeine Gesetzmäßigkeit erkennen lassen und die uns ganz allgemein etwas sagen, was auf veränderte Bewußtseinszustände zutrifft. Außerdem: je mehr Selbsterkenntnis ein Forscher entwickelt, desto eher wird er in der Lage sein, alle persönlichen Faktoren zu erkennen, die seine Beobachtungen beeinflussen könnten.

Aber es gibt noch ein ganz spezielles Problem: Als Mitglied eines bestimmten Kulturkreises hat man gelernt, seine Erfahrungen und Erlebnisse den hier gültigen kulturellen Normen gemäß zu gestalten. Das kann dazu führen, daß Wissenschaftler eines bestimmten Kulturkreises, die eine zustands-orientierte Wissenschaft vertreten, eine Erfahrung für gültig erklären, die ihrerseits wiederum ein Beispiel dafür ist, wie Erfahrungen sich an bestimmten Mustern ausrichten können, was wiederum einen nützlichen Befund darstellt, sich jedoch nicht in angemessener Form dadurch erklären läßt, daß man diesen dem veränderten Bewußtseinszustand an sich zuschreibt. Es wird also erforderlich sein, daß man solche Probleme nicht von einer Seite aus angeht, sondern daß Wissenschaftler aus verschiedenen Kulturkreisen Forschungen vornehmen und die Ergebnisse miteinander austauschen. So kann beispielsweise ein Repräsentant des westlichen Kulturkreises ein Erlebnis haben, in dessen Verlauf er etwas sieht, was wir als einen Engel bezeichnen würden (dieses Erlebnis würde sich natürlich in einem veränderten Bewußtseinszustand vollziehen); aber

diese Vision führt nicht notwendigerweise zu dem Schluß, daß Engel in Wirklichkeit auch existieren und daß man sie in einem gewissen Bewußtseinszustand sehen kann, oder aber daß es sich bei den Engeln um eine archetypische Schöpfung im geistig-seelischen Bereich des Menschen handelt, denn alle Bewohner der westlichen Welt haben in ihrer Kindheit bestimmte Glaubensvorstellungen über das Wesen von Engeln vermittelt bekommen, auch wenn sie sie dann in ihrem späteren Leben verworfen haben mögen.
Kehren wir nun zu dem Beispiel zurück, in dem von dem Glauben die Rede war, bei Licht und Ton handle es sich um die gleiche Energie und sie träten, wie bei entsprechender Sensibilität wahrzunehmen sei, stets gemeinsam auf. Daß ich selbst oder jemand anderer die Empfindung haben könnte, Licht produziere Töne und Töne produzieren Licht, ist sicherlich ein Befund. Jemand könnte nun aber vorziehen, dieses Phänomen durch eine Alternativtheorie zu erklären; danach wäre die gehegte Erwartung die Ursache für diese Beobachtung, nicht aber eine inhärente Qualität der physikalischen Welt oder gar des geistig-seelischen Bereichs des Menschen. Welche von den beiden Theorien überzeugender ist, könnte man durch ein Experiment entscheiden, bei dem man die Erwartungshaltung der Versuchsperson ganz bewußt variiert. Wenn es gelänge, Menschen zu finden, die in den erforderlichen veränderten Bewußtseinszustand eintreten könnten und die vorher keine irgendwie gearteten Erwartungen hinsichtlich der Koppelung von Licht und Ton hatten, dann könnte man sie Beobachtungen darüber anstellen lassen, ob eine derartige Beziehung zwischen beiden besteht oder nicht. Oder man könnte das Experiment auch so durchführen, daß man die Erwartung einiger Bewerber systematisch dahin lenkt, daß Licht gleich Ton und Ton gleich Licht ist, andere dagegen könnte man in die genau entgegengesetzte Erwartungshaltung versetzen. Nach genauer Analyse des Ergebnisses könnte man sich dann für eine dieser beiden Theorien entscheiden. Nach der ersten Theorie – daß Licht und Ton stets gemeinsam auftreten – müßte das Untersuchungsergebnis lauten, daß die vorurteilslosen Beobachter ebenso wie diejenigen Beobachter, die tönendes Licht und farbige Töne von vornherein erwartet hatten, diese Theorie tatsächlich bestätigt finden. Nach der zweiten Theorie müßte das Untersuchungsergebnis folgendermaßen lauten: Die vorurteilslosen Beobachter konnten eine solche Koppelung von Licht und Ton nicht feststellen, und die beiden anderen Gruppen verhielten sich exakt ent-

sprechend der ihnen vor dem Experiment induzierten Erwartungen. Dieses Beispiel zeigt eine weitere Möglichkeit auf, wie man sich mit der Frage der Subjektivität befassen kann, die sich angesichts der durch die in einigen veränderten Bewußtseinszuständen gesteigerte Einbildungskraft stellt, und man darf aufgrund von beliebigen, durch ein gehöriges Maß an Subjektivität beeinträchtigten Befunden dazu übergehen, Theorien zu erstellen, und aufgrund dieser Theorien seine Schlüsse ziehen. Theorien, die weitgehend auf subjektiven Empfindungen basieren, müssen zwangsläufig auf weite Sicht hin eine geringere Voraussagekraft besitzen als diejenigen, die weniger subjektiv sind; Bemühungen um immer größere Differenzierung mit dem Ziel einer stetigen Verminderung der Subjektivität können hier ebenso wirksam werden, wie das bei der anderen Wissenschaft der Fall ist.

Ein drittes Hauptproblem bei der Entwicklung von bewußtseinszustands-orientierten Wissenschaften könnte darin bestehen, daß sie nicht für alle Arten veränderter Bewußtseinszustände entwickelt werden können. Es mag sein, daß gewisse veränderte Bewußtseinszustände sich aus einer genuinen Unfähigkeit, zu beobachten und aus dem Beobachteten logische Schlußfolgerungen zu ziehen, ergeben, andererseits aber auch aus einer Schwächung des Willens von solchem Ausmaß, daß sich ein Forschungsprogramm kaum mehr durchführen ließe. Diejenigen veränderten Bewußtseinszustände, für die sich vermutlich Spezialwissenschaften entwickeln lassen, sollen später erörtert werden; aber es sei bereits an dieser Stelle betont, daß tatsächlich besondere Wissenschaften entwickelt werden müssen, die nicht auf einer für unseren gewöhnlichen Bewußtseinszustand charakteristischen Argumentationsweise basieren.

Ein viertes wichtiges Problem besteht darin, daß viele spirituelle Erlebnisse und Erfahrungen in veränderten Bewußtseinszuständen als »unbeschreiblich« geschildert werden, d. h., sie liegen jenseits unserer Fähigkeit, sie in Begriffe zu fassen. Wir sollten hier noch einige weitere Unterscheidungen treffen. Bestimmte Erfahrungen können in dem Sinne unbeschreiblich sein, daß ein Mensch sie zwar selbst erleben, dabei aber außerstande sein kann, sie selber zu begreifen. In diesem Fall würde es sich tatsächlich um völlig unbeschreibbare Erlebnisse handeln. Eine zweite Gruppe von Erfahrungen kann in dem Sinne als unbeschreiblich gelten, daß der betreffende Mensch nicht in der Lage ist, sie anderen Menschen mitzuteilen, daß er selbst sich aber sehr klar über sie ist. Eine dritte Gruppe von Erfahrungen wiederum kann insofern unbeschreiblich sein, daß sie sich nicht von einem Bewußtseinszustand in einen anderen übertragen, sich aber in einer im Rahmen dieses bestimmten Bewußtseinszustandes stattfindenden Kommunikation durchaus mitteilen lassen kann. Phänomene der erstgenannten Art können unter Umständen der Wissenschaft völlig verschlossen sein; Phänomene der zweiten Gattung sind der wissenschaftlichen Forschung nur in dem begrenzten Sinne zugänglich, daß ein einzelner im geistigen Alleingang die Regeln der Wissenschaft zu befolgen versucht. Aber da er damit weitgehend die Vorteile der durch allgemeine Zustimmung erwiesenen Gültigkeit einbüßt, wird er vermutlich nicht in der Lage sein, eine sehr überzeugende individuelle Wissenschaft zu entwickeln. Phänomene der dritten Gattung dagegen sind genau von jener Art, die am Bewußtseinszustand orientierten Wissenschaften dringend erforderlich erscheinen läßt.

Manche Phänomene, die wir heute für unbeschreibbar halten, mögen das unter Umständen in Wirklichkeit gar nicht einmal sein; es könnte durchaus der Fall sein, daß noch nicht genug Versuche unternommen worden sind, sie anderen mitzuteilen und ein derartige Mitteilungen ermöglichendes Vokabular zu entwickeln. So ist beispielsweise die englische Sprache für die Behandlung der physikalischen Realität hervorragend geeignet, aber sie ist kaum imstande, die subtileren Aspekte von Phänomenen des gewöhnlichen Bewußtseinszustands auszudrücken, und sie besitzt fast überhaupt kein Vokabular, mit dessen Hilfe man Phänomene des veränderten Bewußtseinszustands mitteilen könnte. Dagegen sollen sich Sprachen wie etwa Sanskrit und Tibetisch weit besser dazu eignen, Mitteilungen über persönlich erlebte Phänomene und Phänomene des veränderten Bewußtseinszustands zu machen. Wir müssen daher Sprachformen entwickeln, mit deren Hilfe wir uns über Phänomene dieser Art und über spirituelle Phänomene verständigen können; erst nachdem wir das versucht haben, können wir entscheiden, ob bestimmte Phänomene tatsächlich unbeschreibbar sind.

Schließlich sollten wir auch die Möglichkeit einräumen, daß einige der Phänomene des veränderten Bewußtseinszustands für unser Begreifen allzu komplex sind. Es kann sein, daß unseren geistig-seelischen Kräften hier Grenzen gesetzt sind. Trotzdem sollten wir wenigstens Versuche in dieser Richtung unternehmen; wir sollten uns dadurch nur veranlaßt sehen, die heimliche Arroganz zu korrigieren, mit der wir voraussetzen, daß wir alles begreifen können und daß das, was wir nicht verstehen, des Verstehens überhaupt nicht wert sei.

Persönliche Gefährdungen

Hierunter sind diejenigen Gefahren zu verstehen, die aus der Person eines Forschers erwachsen und sich nicht aus dem Wesen der veränderten Bewußtseinszustände an sich ergeben – obschon zwischen beidem eine Wechselwirkung besteht. Wir wollen die persönlichen Gefährdungen hier in zwei allgemeinen Kategorien abhandeln, a) solche, die sich aus einer negativen Erfahrung in einem veränderten Bewußtseinszustand, einem sogenannten ›Horrortrip‹, ergeben, und b) solche, die aus einer zu guten Reaktion, d. h. aus einem ›guten Trip‹, stammen.

Schlechte Trips in einen veränderten Bewußtseinszustand und/oder langanhaltende negative Nachwirkungen eines solchen Zustands leiten sich häufig aus der Tatsache ab, daß man in unserem Kulturkreis nicht dazu erzogen wird, sich mit radikalen Veränderungen innerhalb seines gewöhnlichen Bewußtseinszustands auseinanderzusetzen. Wir sind so auf eine gewisse Stabilität angewiesen, daß wir von ihr abhängig werden; wir haben Angst vor dem Unbekannten, und wir entwickeln daraufhin persönliche Starrheit und die verschiedensten gesellschaftlichen und persönlichen Tabus. Insoweit sich die starre Struktur unserer Persönlichkeit mit den herrschenden kulturellen Normvorstellungen deckt, werden wir dafür auch auf verschiedene Weise von unseren Mitbürgern belohnt und als »normal« bezeichnet. Da überdies in unserem Kulturkreis veränderte Bewußtseinszustände im allgemeinen als eine Art Geisteskrankheit angesehen werden, ist das kulturelle Erbteil, auf dessen Grundlage wir – für uns persönlich oder aber als am Bewußtseinszustand orientierte Wissenschaftler – die Arbeit mit diesen Zuständen in Angriff nehmen könnten, nicht gerade günstig.

Es kann einem Menschen nicht nur passieren, daß er wegen der erwähnten Rigidität nicht in der Lage ist, mit gewissen Erfahrungen umzugehen, die man ihm vermittelt; ein ›schlechter Trip‹ in einem veränderten Bewußtseinszustand kann auch die Folge eines veränderten oder mangelhaften Funktionierens der psychischen Abwehrmechanismen sein; außerdem können verdrängte Erlebnisinhalte aus der Vergangenheit ins Bewußtsein der betreffenden Person rücken und sie in beträchtliche innere Unruhe versetzen. Das erhöht die Wahrscheinlichkeit, daß ein solcher Mensch nicht weiß, wie er in seinem veränderten Bewußtseinszustand mit seinen Ängsten fertig werden

soll, und diese dann viel größere Ausmaße annehmen, als das der Fall wäre, wenn sich das gleiche in seinem gewöhnlichen Bewußtseinszustand abspielte. Wer für sich persönlich veränderte Bewußtseinszustände erforschen oder ein an Bewußtseinszuständen orientierter Wissenschaftler werden möchte, sollte also relativ reif und stabil sein [10].
Selbst wenn eine solche Basis vorhanden ist, bedarf es vermutlich noch eines beträchtlichen psychischen Reifeprozesses, wenn das Risiko irgendwelcher nachteiliger Folgeerscheinungen möglichst gering gehalten und der zukünftige Forscher sich seiner eigenen Bedürfnisse ebenso bewußt werden soll wie seiner Vorurteile, die seine Erfahrungen und Beobachtungen im Bereich der veränderten Bewußtseinszustände verzerren könnten.
Auch gute Trips können einen potentiellen bewußtseinszustandsorientierten Wissenschaftler gefährden, und zwar insofern, als sie unter Umständen zu Erfahrungen führen, die so ekstatisch und beglückend sind, daß sie wiederum auch den wissenschaftlichen Impuls des Forschers lähmen können. Wir haben bereits von der »Offensichtlichkeit« von Wahrheiten gesprochen und erwähnt, daß sie das Bedürfnis nach weiteren Untersuchungen oder einer deren Gültigkeit bestätigenden allgemeinen Zustimmung eliminieren kann. Ähnliches kann passieren, wenn ein bestimmtes Erlebnis besonders beglückend ist: Der Forscher gibt sich damit zufrieden und zögert, seine Untersuchungen fortzusetzen, weil sie möglicherweise die Quelle seiner ekstatischen Freuden gefährden könnten. Das heißt, manchen Menschen geht es mehr darum, ›high‹ zu sein, als um den Versuch, die Wahrheit zu entdecken, die hinter diesem Gefühl liegen könnte.
Die Fähigkeit, sich in gewissen veränderten Bewußtseinszuständen bestimmte Dinge ungeheuer lebendig vorzustellen, trägt weiterhin zu ebendieser Gefahr bei: Die lang- und heißersehnten Wünsche eines Menschen erfüllen sich in Form von Phantasien, die er für Wirklichkeit hält. Derartige Visionen sind so erfreulich, daß sich der potentielle Forscher dann gar nicht mehr darum bemüht, zu überprüfen, was denn eigentlich hinter ihnen steckt.
Die psychische Komplexität eines jeden Individuums ist natürlich noch weit subtiler, als wir das hier im Detail erörtern können.
Gerade die persönlichen Gefährdungen unterstreichen besonders die Notwendigkeit der Entwicklung von Ausbildungsprogrammen für am Bewußtseinszustand orientierte Wissenschaftler. Zwar läßt sich vom heutigen Stand der Wissenschaft aus schwer sagen, wie ein

derartiges Ausbildungsprogramm beschaffen sein müßte, aber es steht doch fest, daß es sich in jedem Fall erheblich von der konventionellen wissenschaftlichen Schulung unterscheiden würde. Die wissenschaftliche Ausbildung, die Studenten heute an der Universität vor und nach ihrem Examen erhalten, entwertet im Grunde alle persönliche Erfahrung, sie erzieht zur Starrheit, nimmt den Mut zu Gefühlen und legt nur ein Lippenbekenntnis zu geistiger Aufgeschlossenheit ab, statt diese tatsächlich zu fördern. Die Lehrer in den Ausbildungsstätten haben für die zukünftigen Wissenschaftler als Vorbild zu gelten, und die Studenten werden dafür belohnt, daß sie sie nachahmen. Jede größere Abweichung von diesen Vorbildern in irgendeine »unkonventionelle« Richtung kann einen Menschen um die Chance bringen, Diplome zu erwerben, die er dann braucht, um in seinem Fachgebiet als Wissenschaftler arbeiten zu können. Ein Großteil des Ausbildungsprogramms im Bereich der veränderten Bewußtseinszustände müßte darauf ausgerichtet sein, daß der potentielle Wissenschaftler sich mit Hilfe von psychotherapeutischen und psychologischen Methoden selbst möglichst umfassend kennenlernt.

Viele von uns sind Menschen – sowohl gewöhnlichen Menschen als auch Wissenschaftlern – begegnet, die nach Eintritt in einen veränderten Bewußtseinszustand einen Leistungsrückgang zu verzeichnen hatten oder schwerwiegende psychische Krisen durchlebten. Damit ist durchaus zu rechnen, wenn man berücksichtigt, wie unzulänglich man in unserem Kulturkreis auf veränderte Bewußtseinszustände vorbereitet ist. Es wäre jedoch voreilig, wollte man daraus den Schluß ziehen, solche Vorkommnisse ließen sich auch nicht mit Hilfe von besserer Auswahl, Ausbildung und Disziplin vermeiden. In der Frühgeschichte aller heute etablierten Wissenschaften waren viele Repräsentanten ihres jeweiligen Faches sehr subjektiv und parteilich in ihren Untersuchungen – nach unseren Maßstäben wären sie sogar als Fanatiker zu bezeichnen. Trotzdem haben bestimmte Sparten der Wissenschaft als gesellschaftliche Institution nachweisbare Fortschritte erzielt. Nicht bei jeder der gesammelten Erfahrungen mit veränderten Bewußtseinszuständen treten anschließend pathologische Züge auf: Viele nehmen erheblich an persönlicher Reife zu, vor allem dann, wenn diese Erfahrungen und Erlebnisse in ein Programm zur Persönlichkeitsentfaltung integriert werden. Nur wenn wir tatsächlich den Versuch unternehmen, am Bewußtseinszustand orientierte Wissenschaften zu entwickeln, werden wir auch in der Lage sein zu bestimmen, welche veränderten Bewußtseinszustände für eine solche Entwicklung in Frage kommen und welche Menschen sich für eine derartige Arbeit am besten eignen. Zweifellos wird es im Verlauf dieser Arbeit immer wieder zu psychischen Gefährdungen kommen, aber die veränderten Bewußtseinszustände und die mit ihnen zusammenhängenden Phänomene sind doch zu wichtig, als daß wir sie nur deshalb ignorieren dürften, weil ein gewisses Risiko mit ihnen verbunden ist [11].

Die Aussichten für am Bewußtseinszustand orientierte Wissenschaften

Während ihrer gesamten Geschichte sind die Menschen durch spirituelle und mystische Faktoren beeinflußt worden, von denen sie viele ursprünglich in veränderten Bewußtseinszuständen erlebt haben, aber den meisten wurden sie nur in abgeschwächter Form von den institutionalisierten Religionen vermittelt. Gerade unter dem Eindruck von Erlebnissen, die sich in veränderten Bewußtseinszuständen abspielen, und durch deren Auswirkung auf die jeweilige Sozialordnung sind ungezählte Male sowohl die edelsten als auch die schrecklichsten Taten vollbracht worden, zu denen die Menschheit fähig ist. Wir befinden uns im Augenblick in einer Art Kulturkrise: Die überlieferten geistigen Grundlagen unserer Kultur sind allzu brüchig geworden, als daß sie noch länger halten könnten, und in zunehmendem Maße suchen die Menschen verzweifelt nach einer neuen Spiritualität. Diese Situation, in der wir uns gegenwärtig befinden, ist das Hauptargument für die Notwendigkeit, bewußtseinszustands-orientierte Wissenschaften zu entwickeln.
Die Gebildeten unseres Kulturkreises haben viele Generationen lang die Hoffnung gehegt, bei den Religionen handle es sich um eine Art überkommenen Aberglauben, den man in unserem »Zeitalter der Vernunft« bald hinter sich lassen könne. Diese Hoffnung hat sich nicht erfüllt, und nach unserer Kenntnis der geistig-seelischen Verfassung des Menschen müssen wir auch annehmen, daß sie sich niemals erfüllen kann. Der Verstand ist ein Instrument, aber ein Instrument, das man im Dienste von Postulaten, Glaubenssystemen und Bedürfnissen verwendet, die ihm nicht unterworfen sind. Das Irrationale, oder besser gesagt: das A-Rationale, wird sich niemals ganz aus der menschli-

chen Situation herauslösen lassen. Je mehr wir versuchen, seine Existenz zu leugnen, desto mehr liefern wir uns ihm aus.
Allen großen Errungenschaften der Naturwissenschaften zum Trotz ist es uns nicht gelungen, bessere Lebens- und Weltanschauungen zu entwerfen oder unsere Selbsterkenntnis wesentlich zu erweitern: Genau betrachtet, haben die Naturwissenschaften nicht nur viele Probleme gelöst, sie haben auch eine Reihe von neuen Problemen aufgeworfen. Die Wissenschaften, die wir bis heute entwickelt haben, sind nicht sehr human. Sie sagen uns, *wie* man bestimmte Dinge macht, aber sie vermitteln uns keine wissenschaftlich fundierten Einsichten hinsichtlich der Fragen, *was* man tun soll und was nicht, welches die letztgültigen Ziele sind und *warum* man bestimmte Dinge tun sollte. Die heutige Jugend wendet sich – ebenso wie in zunehmendem Maße auch erwachsene Menschen und selbst Wissenschaftler – der Meditation oder den fernöstlichen Religionen zu, oder sie nehmen Zuflucht zu psychedelischen Drogen. Was man heutzutage das Drogenproblem nennt, hat seine Wurzel im Grunde in dem Bedürfnis nach dem Spirituellen, so unbeholfen und unreif es sich zugegebenermaßen häufig ausdrückt. Diejenigen Phänomene, denen man in veränderten Bewußtseinszuständen begegnet und die in unserem Kulturkreis ständig an Bedeutung gewinnen, gewähren größere Befriedigung und können eher als die »reine Vernunft« (Needleman, 1970) dazu beitragen, daß der Mensch eine Lebensphilosophie entwirft und seinen Platz im Universum findet. Aber von den vielen Wissenschaftlern, die jetzt auf eigene Faust Forschungen im Bereich der veränderten Bewußtseinszustände treiben, tun nur wenige das in ihrer Eigenschaft als Wissenschaftler; sie haben noch gar nicht wirklich damit begonnen, bewußtseinszustands-orientierte Wissenschaften zu entwickeln, so dringend wir ihrer bedürften.
Es fällt mir schwer vorherzusagen, wie unsere Chancen für die Entwicklung solcher Wissenschaftsformen stehen; sie hängen ja nicht einfach von unserem Bedürfnis danach ab, sondern in viel stärkerem Maße von kulturkreisbedingten Besonderheiten und Vorurteilen, die nur schwer abzuschätzen sind. Außerdem ist unser Wissen über veränderte Bewußtseinszustände noch zu diffus, und zum großen Teil stammt es aus der Sicht unseres gewöhnlichen Bewußtseinszustandes. Ich glaube aber, daß wir mit einiger Anstrengung spezielle Wissenschaftsformen, beispielsweise für die Autohypnose, für meditative Zustände, für hellsichtige Träume (Tart, 1969), für die Selbsterinne-

rung (Ouspensky, 1949), für die Tagträumerei, für den Marihuana-Rausch (Tart, 1971 b), für niedrige Stufen des Alkoholrausches, für die Wirkung psychedelischer Drogen sowie für Zustände, die durch Biofeedback ausgelöst worden sind, entwickeln können. In all diesen veränderten Bewußtseinszuständen scheint das Wollen nicht ausgeschaltet zu sein, so daß der Forscher auch Experimente an sich selbst durchführen und seine Beobachtungen festhalten kann. Es gibt allerdings auch Zustände, in denen die Fähigkeit zur willensmäßigen Erkundung des veränderten Bewußtseinszustands-Phänomens aussetzen kann; in solchen Fällen könnte man sich jedoch vorher darauf vorbereiten, beispielsweise durch Suggestion. Das gilt zum Beispiel für Zustände wie das gewöhnliche Träumen, hypnagogische und hypnopompische Phasen und besonders intensive Träume (Tart, 1969). Wir wollen nunmehr die Beziehung zwischen den spirituellen Psychologien und den von mir vorgeschlagenen bewußtseinszustands-orientierten Wissenschaften erörtern.

Die spirituellen Psychologien – am Bewußtseinszustand orientierte Wissenschaften?

Lassen sich die in diesem Buch präsentierten spirituellen Psychologien als bewußtseinszustands-orientierte Wissenschaften oder doch als den Ansatz dazu betrachten?
Zunächst sei betont, daß es sich bei den spirituellen Psychologien, von denen hier die Rede ist, um die im II. Teil dargestellten Systeme handelt, die durch bestimmte Methoden und spirituelle Disziplinen innerhalb eines philosophischen Bezugsrahmens gekennzeichnet sind, und nicht etwa um deren verwässerte Versionen, die sich zu Massenreligionen entwickelt haben. Diese spirituellen Psychologen erklären mit Nachdruck für notwendig, daß man an die verschiedenen spirituellen Phänomene nicht einfach glaubt, sondern daß man sie selbst erlebt, und sie bieten verschiedene Techniken an, mit deren Hilfe man seinen Bewußtseinszustand so verändert, daß man von dieser Basis aus direkten Zugang zum spirituellen Pfad gewinnt.
Bei den in diesem Buch vorgestellten spirituellen Psychologien handelt es sich zumindest um bewußtseinszustands-orientierte *Technologien*. Sie verfügen über ausgeklügelte Methoden, mit deren Hilfe sich sowohl der Inhalt als auch der Zustand des Bewußtseins ver-

ändern und die Erlebnisse innerhalb der veränderten Bewußtseinszustände steuern lassen. Die verschiedenen spirituellen Psychologien sind – als für besondere Bewußtseinszustände entwickelte Technologien – von beträchtlicher Komplexität und weisen eine große Variationsbreite auf – von den relativ unkomplizierten Praktiken des Zen-Buddhismus und des Christentums auf der einen Seite bis zu den komplizierten Methoden des Sufismus bzw. zur magischen Tradition der westlichen Welt am anderen Ende der Skala.
Ob es sich nun bei irgendwelchen dieser spirituellen Psychologien um Wissenschaftsformen handelt oder nicht, klar scheint zu sein, daß sie sich von einigen ihrer Anhänger einfach als Techniken für das Erreichen veränderter Bewußtseinszustände nutzbar machen lassen. Das bedeutet, manche Anhänger einer bestimmten spirituellen Technologie mögen zwar vorgeben, gewisse Grunderkenntnisse erwerben und gewisse Postulate in Frage stellen zu wollen, aber in Wirklichkeit sind sie doch stark an starre Ziel- und Glaubensvorstellungen fixiert und benutzen ausgewählte Teilbereiche einer spirituellen Psychologie lediglich dazu, ihre eigenen starren Glaubenssysteme zu stärken. Das Eintreten in einen veränderten Bewußtseinszustand ist keine Garantie dafür, daß in einer Person fundamentale Veränderungen vor sich gehen werden: Es lassen sich in der Tat so ziemlich alle neurotischen Verhaltensweisen und Spiele in den spirituellen Lebensbereich übertragen. Die Tradition des Sufismus scheint sich – wie z. B. bei Idries Shah zu sehen – der pathologischen Erscheinungen besonders bewußt zu sein, die auf einem spirituellen Weg auftreten können, und der Leser sei auf die vielen Lehrgeschichten aus den Schriften dieses Mannes verwiesen, die gute Beispiele für derartige Gefahrenquellen liefern (siehe Bibliographie). Wir wollen jedoch ausdrücklich festhalten, daß nicht nur die spirituellen Psychologien die Möglichkeit bieten, sich zur Unterstützung eigener Glaubensvorstellungen systematisch der Neurosen zu bedienen. In seinem brillanten Werk *Psychologie der Wissenschaft* (1966; dtsch. 1977) hat Abraham Maslow gezeigt, daß es von dem einzelnen Wissenschaftler abhängt, ob die Wissenschaft als einer der bestersonnenen neurotischen Abwehrmechanismen der Menschheit mißbraucht werden oder aber einer fortschreitenden Persönlichkeitsentfaltung dienen kann. Ich kann dem Leser Maslows Buch nur wärmstens empfehlen.
Es ist klar, daß die spirituellen Psychologien als bewußtseinszustands-orientierte Technologien ein riesiges Reservoir von Informa-

tionen, Methoden und heuristischen Theorien bilden, auf das wir zurückgreifen werden, wenn wir unsere eigenen bewußtseinszustandsorientierten Wissenschaften entwickeln wollen. Die spirituellen Psychologien haben in dieser Hinsicht bereits Ungeheures geleistet – ob das nun in das Konzept der westlichen Wissenschaften paßt oder nicht. Handelt es sich aber bei den spirituellen Psychologien auch um bewußtseinszustands-orientierte *Wissenschaften?* Waren und sind sie um ständige Verfeinerung und Differenzierung der Beobachtung bemüht, stellen sie das allzu Offensichtliche immer wieder in Frage, und streben sie nach Verifizierung ihrer Beobachtungen und der sich daraus ableitenden Theorien? Viele Anhänger der spirituellen Psychologien dürften – selbst wenn sie die beste Absicht hatten, im Sinne unserer Vorstellungen von Wissenschaftlichkeit zu arbeiten – in die verschiedenen Fallen getappt sein, von denen schon vorher die Rede gewesen ist: etwa indem sie auf einen bestimmten Wissensstand fixiert blieben, dessen Ergebnisse sie zwar mit Befriedigung erfüllt, sie aber davon abgehalten hat, auch weiterhin kritische Fragen zu stellen. Aber kann man trotzdem sagen, daß es sich bei den spirituellen Psychologien im großen ganzen um bewußtseinszustands-orientierte Wissenschaften handelt?
Als ein typisches Beispiel möchte ich hier Swami Vivekanandas Buch aus dem Jahr 1956 nennen, das ich vor vielen Jahren gelesen habe und das als eines der ersten die westliche Welt mit dem Yogasystem vertraut gemacht hat. Vivekananda behauptete, Yoga sei eine Wissenschaft, und betonte immer wieder, er erwarte vom Leser nicht, daß er *glaube,* was er hier sage, sei wahr. Er führte gewisse Methoden zur Auslösung veränderter Bewußtseinszustände und spiritueller Erlebnisse vor und forderte den Leser ausdrücklich auf, nicht daran zu *glauben,* daß er damit gute Ergebnisse erzielen würde, sondern diese Methoden auszuprobieren und die Ergebnisse, die Befunde für sich selbst auszuwerten.
Auf den ersten Blick schien das eine durchaus nachahmenswerte wissenschaftliche Einstellung. Bei genauerer Betrachtung stellt man jedoch fest, daß in Vivekanandas Erläuterung der Methoden viele Yoga-Ideen über das Wesen des geistig-seelischen Bereichs eingingen, ein Beispiel dafür, daß man, wie wir jetzt dank der psychologischen Forschung wissen, nicht durch einen bloßen Willensakt alle seine Erwartungen und vorgefaßten Meinungen einfach außer Kraft setzen kann. Es ist sehr schwer, herauszufinden, welche vorgefaßten Mei-

nungen man hat, und sich dann auch tatsächlich von ihnen zu befreien. Die von Vivekananda vorgetragenen Lehren könnten insofern suggestiv gewirkt haben, als sie das Erlebnis des veränderten Bewußtseinszustands so strukturierten, daß sich eine Art künstlicher Verifizierung ergab. Vielleicht war Yoga damals noch eine undifferenzierte, junge Wissenschaft, die noch nicht mit der Möglichkeit derartiger Vorurteile rechnete? Vielleicht auch nicht!

Ich weiß wirklich nicht, ob einige oder gar alle der in diesem Buch präsentierten spirituellen Psychologien tatsächlich als bewußtseinszustands-orientierte Wissenschaften anzusehen sind. Ich weiß das nicht, weil ich sie als Außenstehender betrachte und nicht als jemand, der sich intensiv mit der Ausbildung, den Unterrichtsmethoden und den Erfahrungen befaßt hat, die bei den daran beteiligten veränderten Bewußtseinszuständen und spirituellen Erlebnissen eine Rolle spielen. Von der Warte der spirituellen Psychologien aus gesehen, müssen wir als Angehörige der westlichen Welt uns praktisch alle als Laien betrachten. Und wie ich als Laie nicht das Labor eines Physikers oder eines Biologen besichtigen und dann darüber befinden kann, ob ich es hier mit praktizierter Wissenschaft zu tun hatte oder nur mit Technologie oder ob mich gar nur ein phantastischer Apparat zur Erzeugung von Aberglauben beeindruckt hat, so kann ich als Laie nicht entscheiden, ob es sich bei den spirituellen Psychologien um Spezialwissenschaften handelt oder nicht. Mit Sicherheit sind sie bewußtseinszustands-orientierte Technologien, und ich vermute sogar, daß viele, wenn nicht gar die meisten von ihnen tatsächlich zumindest teilweise den Charakter von zustands-spezifischen Wissenschaften haben; das ist auch der Grund dafür, warum sie in diesem Buch behandelt werden.

Enttäuscht es Sie, daß Sie auf die Frage, ob diese spirituellen Psychologien bewußtseinszustands-orientierte Wissenschaften sind, keine definitive Antwort erhalten haben? Das wäre gut! Denn ich hoffe, diese Enttäuschung wird viele Leser dazu veranlassen, sich mehr Kenntnisse über die spirituellen Psychologien anzueignen, die veränderten Bewußtseinszustände gründlich zu erforschen und dadurch zur Entwicklung von bewußtseinszustands-orientierten Wissenschaftsformen beizutragen, die wir so dringend brauchen.

Das ist ja alles ganz interessant, aber...

Ich möchte noch auf die Einwände eingehen, die besagen, daß die Idee, zustands-orientierte Wissenschaften zu entwickeln, zwar recht interessant sei, daß aber aus verschiedenen Gründen dafür weder ein Bedürfnis noch die Möglichkeit besteht. Hauptargumente dafür, die sich auf die in unserem Kulturbereich vorherrschenden Anschauungen stützen, sind folgende: 1. alles Wissenswerte ist durch diese oder jene spirituelle Richtung bereits entdeckt oder offenbart worden, und wenn man etwas wissen will, muß man sich an die betreffende spirituelle Disziplin halten; oder 2. wir sind entweder eines solchen Wissens unfähig, oder es ist uns verboten, solche Dinge zu wissen, was bedeutet, daß wir gar keinen Anlaß haben, derartige Wissenschaftsformen zu entwickeln.

Auf solche Einwände ist vor allem zu antworten, daß kein Mensch eine Insel für sich bildet, sondern daß jeder Teil einer ganz bestimmten Kultur ist, wie sehr er auch immer gewisse Aspekte dieser Kultur ablehnen mag. Als Bürger der westlichen Welt sind wir Teil einer Kultur, in der die Wissenschaft einen wirkungsmächtigen Faktor darstellt, der sich nicht ignorieren läßt. Kulturen bestehen aus vielen einzelnen Teilen, und diese Teile wirken in sehr subtiler und komplexer Form ineinander. Auch wenn wir nur einen bestimmten Bestandteil unserer Kultur offen ablehnen, müssen wir gerade wegen der subtilen und komplexen Wechselbeziehungen aller Bestandteile für diese Ablehnung einen gewissen Preis bezahlen.

Die Ablehnung der Wissenschaft ist heutzutage – vor allem unter den jungen Menschen – in unserer Kultur sehr stark ausgeprägt. Und viele andere, die das Gefühl haben, die Wissenschaft sei zu inhuman geworden, suchen Halt in traditioneller Spiritualität oder Religiosität, und sie versuchen, ihr gesamtes Leben von daher zu bestimmen. So gibt es beispielsweise den Einwand, daß die Schriften einer bestimmten Religion bereits alle Wahrheiten enthielten oder daß die großen Lehrer bzw. das Praktizieren der betreffenden Religion einem Menschen bereits alles bieten, was er braucht. Man kann dann versuchen, die von den Naturwissenschaften geprägte Kultur vollständig abzulehnen oder aber, was häufiger vorkommt, nur diejenigen ihrer Bestandteile zu integrieren, die nicht im Widerspruch zu den eigenen religiösen Glaubensvorstellungen stehen. Das bedeutet allerdings, daß man sich einem wesentlichen Teil dessen, was der Mensch über die Wirklichkeit

weiß, verschließt. Eine Lebensphilosophie, die es nötig macht, daß man bestimmte Teile des menschlichen Wissens ablehnt oder ausklammert, läßt viel zu wünschen übrig.
Diese selektive Ablehnung wissenschaftlicher Erkenntnisse kann man als Abwehrmanöver und damit als ein im Grunde neurotisches Verhalten werten. Vor allem diejenigen Folgerungen wissenschaftlicher Erkenntnisse, die religiöse Erfahrungen und Erlebnisse diskreditieren könnten (sie werden in Kapitel 3 erörtert, und zwar aufgrund paranormaler spiritueller Traditionen), werden als Bedrohung angesehen und daher zwangsläufig zum Teil fehlinterpretiert oder abgelehnt.
Aber wir leben nun einmal in der westlichen Welt, und die Wissenschaft ist Teil sowohl unseres persönlichen als auch unseres kulturellen Erbguts. Es ist durchaus wahrscheinlich, daß einige spirituelle Traditionen – vor allem diejenigen, die nicht unserem Kulturkreis entstammen – bei uns Wurzel fassen und gedeihen können, wenn es zu einer Lossagung vom Weltbild der Naturwissenschaften kommt, aber dafür wird man einen gewissen Preis zahlen müssen. Ich habe keinen Zweifel daran, daß es viele religiöse Schriften gibt, die wertvolle Informationen und Weisheiten enthalten, und ich bin auch sicher, daß viele spirituelle Lehrer uns Dinge zu sagen haben, die für uns von höchstem Wert sind, aber selbst die bedeutendsten spirituellen Lehren müssen dem Weltbild derjenigen Menschen angepaßt werden, denen man sie anbietet, wenn diese sie wirklich mit ganzer Seele aufnehmen sollen[12]. Der Vorschlag, bewußtseinszustands-orientierte Wissenschaften zu entwickeln, stellt einen Versuch dar, damit anzufangen, das Beste unserer wissenschaftlichen Tradition in das ungeheure (in seiner Tiefe von der Wissenschaft bisher nicht ausgelotete) Potential zu integrieren, das wir als die spirituellen Möglichkeiten des Menschen bezeichnen können. Das vorliegende Buch möchte damit beginnen, die Kluft zwischen dem spirituellen Bereich und dem Bereich der Wissenschaften zu überbrücken.
Der spirituelle Bereich – und das gleiche gilt auch für den damit unmittelbar zusammenhängenden Bereich der veränderten Bewußtseinszustände – ist einer der wirkungsmächtigsten Faktoren, die das Leben und das Geschick des Menschen bestimmen. Ich halte es für gefährlich, diesen Bereich und den Bereich der Wissenschaften scharf voneinander zu trennen, und ich hoffe, es wird uns in der Zukunft gelingen, bewußtseinszustands-orientierte Wissenschaftsformen zu entwickeln, die dazu beitragen, die Schranken zwischen diesen Bereichen

niederzureißen. Denen, die glauben, daß das nicht möglich sei, kann ich nur erwidern, daß wir das mit Hilfe des Prinzips von Versuch und Irrtum herausfinden müssen, statt unseren Möglichkeiten im voraus durch vorgefaßte Meinungen Grenzen zu setzen.

[1] Auf weite Sicht hin kann ein Bewußtseinszustand bei der Verarbeitung von Informationen natürlich nicht *völlig* willkürlich vorgehen, denn wir haben es mit einer Umwelt zu tun, in der unangepaßte Aktionen tödlich sein können.
[2] Natürlich stellt sich in einigen veränderten Bewußtseinszuständen ein gewisser Rückgang psychischer Funktionen bei denen ein, die solche Zustände erleben; aber die Feststellung solcher spezifischen Reaktionsminderungen ist scharf zu unterscheiden von der völligen Ablehnung der Erlebnisse in verändertem Bewußtseinszustand aufgrund der durch ein Paradigma bedingten Vorurteile.
[3] Unter »Korrelation« versteht man den Grad der Übereinstimmung zwischen zwei Dingen. Eine Korrelation von 0.00 würde danach bedeuten: keine erkennbare Übereinstimmung, eine Korrelation von 1.00: vollkommene Übereinstimmung, d. h.: wenn man den Wert der einen Variablen kennt, dann kennt man auch den exakten Wert der *anderen*.
[4] Ein am Bewußtseinszustand orientierter Wissenschaftler – also einer, der in der Lage ist, in einen ganz bestimmten veränderten Bewußtseinszustand einzutreten und darin wissenschaftlich zu arbeiten – kann unter Umständen seine eigene Arbeit unbegreiflich finden, wenn er sich wieder in seinem gewöhnlichen Bewußtseinszustand oder in einem anderen veränderten Bewußtseinszustand befindet, und zwar deshalb, weil sein Gedächtnis von seinem *jeweiligen* Bewußtseinszustand abhängt, ein Phänomen, für das es in zunehmendem Maße experimentelle Beweise gibt. Das heißt, die Arbeit jenes Wissenschaftlers läßt sich nur in so unzureichendem Maße auf seinen gewöhnlichen Bewußtseinszustand übertragen, daß sie ihm in diesem Zustand nicht begreifbar erscheinen kann; sie würde ihm jedoch völlig sinnvoll vorkommen, sobald er sich wieder in dem veränderten Bewußtseinszustand befände, in dem er diese wissenschaftliche Arbeit durchgeführt hatte. Um es humorvoll auszudrücken: Wenn der Wissenschaftler abends von seinem Arbeitsplatz heimkommt und seine Frau ihn fragt: »Was hast du denn heute in deinem Labor gemacht?«, dann müßte er wahrheitsgemäß zugeben, er wisse gar nicht mehr genau, was er getan hat, aber als er dort gewesen sei, habe er ganz genau gewußt, daß er gut vorangekommen sei!
[5] Ich möchte noch einmal ausdrücklich betonen, daß wir *nicht wissen*, d. h., daß wissenschaftlich nicht bewiesen werden kann, daß die Erde sich um die Sonne bewegt; diese Auffassung läßt sich eben nur weit besser und eleganter mit den verfügbaren Daten in Einklang bringen, als das bei der Alternative der Fall gewesen war.
[6] Es ist durchaus möglich, daß Leser, die selbst bisher nur solche veränderten Bewußtseinszustände erlebten, in denen ihre geistigen Funktionen herabgemindert waren (beispielsweise in der Trunkenheit oder in Träumen), nicht in der Lage sind, die Notwendigkeit bewußtseinszustands-orientierter Wissenschaften richtig einzuschätzen.

[7] Wie man beim Auslösen von veränderten Bewußtseinszuständen vorzugehen hat, ist an anderer Stelle detailliert erörtert worden (Tart, 1973; 1975).

[8] Vermutlich hatte dieser potentielle Anhänger keine Erfahrungen mit der Wirkung von Haschisch, sonst hätte er nämlich bemerkt, daß man ihn unter Drogen gesetzt hatte, und wäre sofort mißtrauisch geworden.

[9] Nur mit einigem Vorbehalt greife ich so häufig zu Beispielen aus durch Drogeneinwirkung ausgelösten veränderten Bewußtseinszuständen, denn das könnte manchen Leser in der (durchaus unrichtigen!) Annahme bestärken, Drogen seien die Hauptursache für solche Ausnahmezustände, aber der Großteil unserer bisher recht spärlichen wissenschaftlichen Erkenntnisse über veränderte Bewußtseinszustände stammt nun einmal aus diesem Bereich, und er bietet sich daher auch am ehesten für passende Beispiele an.

[10] Ich benutzte die Begriffe »reif« und »geistig-seelisch stabil« hier in einem weit umfassenderen Sinn als dem, den sie sonst, als »normal« sein, das heißt gemessen an unseren lokalen kulturellen Normen, haben.

[11] Die Frage des Risikos bei Erlebnissen in verändertem Bewußtseinszustand wird deshalb so kompliziert, weil man einer allgemeinen stillschweigenden Übereinkunft zufolge nur ein sehr geringes Risiko eingeht, wenn man diese Erlebnisse *nicht* hat. Man braucht allerdings nur einen Blick auf unsere, die dem gewöhnlichen Bewußtseinszustand entsprechende Kultur zu werfen, um zu erkennen, daß das ein Trugschluß ist.

[12] Ich glaube ferner daran, daß die Anwendung der wissenschaftlichen Methodik und ihrer fortschreitenden Differenzierung im Rahmen der traditionellen spirituellen Disziplinen zu wesentlichen Fortschritten innerhalb dieser Disziplinen selbst führt. Alle Gefahren, die die Entwicklung von bewußtseinszustands-orientierten Wissenschaften bedrohen, bestehen vermutlich in erhöhtem Maß auch innerhalb dieser traditionellen spirituellen Disziplinen selbst, so daß es in ihnen trotz der vielen wesentlichen Ergebnisse doch auch zu einer Reihe verschiedenartiger Irrtümer kommt. Ich will diesen Gedanken hier nicht weiter ausführen, weil ich mich im Hinblick auf viele wesentliche Aspekte der spirituellen Disziplinen als ausgesprochener »Außenseiter« fühle.

Transpersonale Psychologie in Deutschland

Für den interessierten Leser ein Hinweis auf die Situation der Transpersonalen Psychologie in Deutschland: Im Jahre 1976 wurde eine „Gesellschaft für Transpersonale Psychologie" (GTP) gegründet, die – entsprechend der amerikanischen „Association for Transpersonal Psychology"– als Ziel hat, wissenschaftliche Arbeiten und Vorhaben auf dem Gebiet der Transpersonalen Psychologie und Psychotherapie zu fördern. Sie besitzt ein Aus- und Fortbildungsinstitut in Emmendingen bei Freiburg.

CHARLES T. TART

2. EINIGE POSTULATE DER ORTHODOXEN PSYCHOLOGIE IN DER WESTLICHEN WELT

Jede unserer Handlungen und jeder unserer Gedanken beruhen auf einem Postulat, das heißt auf einer für erwiesen gehaltenen Annahme, oder auf Voraussetzungen, die sich für mich von selbst verstehen. Wenn ich mich an meine Schreibmaschine begebe, um an diesem Buch zu arbeiten, setze ich voraus, daß der Mechanismus dieser Schreibmaschine so, wie er soll, funktionieren wird, daß ich, wie üblich, die englische Sprache beherrsche usw., um nur einige der Annahmen zu nennen, die dieser Tätigkeit zugrunde liegen. Wenn jemand ein Problem hat und mich um Rat fragt, dann setze ich voraus, daß ich fähig bin, dieses Problem zu begreifen, und ich setze ferner voraus, daß ich genug davon verstehe, um ihm den erbetenen Rat auch wirklich geben zu können. In den beiden eben zitierten Beispielen spreche ich von Postulaten in dem oben erwähnten Sinn, denn ich setze mich ja nicht bewußt hin und stelle Vermutungen darüber an, ob die Schreibmaschine auch tatsächlich funktionieren wird und ob ich wirklich in der Lage sein werde, den erbetenen Rat zu geben; ich setze einfach voraus, daß ich das kann. Bei diesen Postulaten handelt es sich um Glaubensakte, über die wir uns praktisch niemals bewußt Gedanken machen.
Nun erscheinen zum Beispiel im Falle der Schreibmaschine die Postulate dem gesunden Menschenverstand durchaus berechtigt, und es wäre töricht, sie sich jedesmal erneut wieder ins Bewußtsein zu rufen und sie in Frage zu stellen. Wenn ich, wie im zweiten Fall, Ratschläge erteile, ist es nicht ganz so offensichtlich, daß die Annahme, daß ich das kann, auch tatsächlich immer gerechtfertigt ist, obschon wir davon ebenso häufig ausgehen wie bei dem ersten Beispiel. Was ich hinsichtlich meiner Schreibmaschine und meiner Sprachkenntnisse voraussetze, basiert auf persönlicher Erfahrung und auf persönlichen Gegebenheiten, und wenn wir Postulate dieser Art als wissenschaftliche Hypothesen bzw. Theorien betrachten, dann scheint es sich bei ihnen

in der Tat um ausgezeichnete Theorien zu handeln, denn sie sind unzählige Male bestätigt worden. In Fällen wie dem des Ratgebens würde ich die als erwiesen geltende Annahme als Grundlage einer wissenschaftlichen Theorie nicht sehr hoch einschätzen, und sie werden auch nicht so sehr durch die Erfahrung bestätigt, sondern ich fühle mich meiner Sache so sicher, daß ich nie ernsthaft darauf geachtet habe, ob das tatsächliche Ergebnis nicht meinen Postulaten widerspricht. Das heißt, ich bin möglicherweise kein sehr guter Ratgeber, aber es erscheint mir persönlich vielleicht sehr wichtig, als guter Ratgeber zu gelten, und daher merke ich in Wirklichkeit gar nicht, daß mein Rat eher dürftige Ergebnisse hat.

Was in diesem Fall jedoch tatsächlich zählt, ist die Tatsache, daß ich stillschweigend von Voraussetzungen ausgehe, ohne sie je einer kritischen Prüfung unterzogen zu haben, und daß sie daher eine ungeheure Macht über mich ausüben. Wenn ich nicht weiß, daß ich stillschweigend etwas voraussetze, dann habe ich auch keine Ahnung davon, daß ich mich von unreflektierten Annahmen leiten lasse, es sei denn, ich gerate in eine Situation, in der jene ganz eindeutig widerlegt werden. Wenn ich von der Annahme ausgehe: ich kann durch eine Mauer hindurchgehen, und wenn ich dann tatsächlich aufstehe und rasch durch die Wand hindurch will, werde ich die schmerzliche Erfahrung machen, daß ich gegen die Wand renne, und es werden sich bei mir erhebliche Zweifel an dieser meiner Annahme einstellen. Wenn ich von der Voraussetzung ausgehe, ich sei ein guter Ratgeber, erfahre ich unter Umständen kaum etwas über die Berechtigtheit dieser Annahme, denn problematische menschliche Situationen sind in der Regel so komplex, und die gleichen Maßnahmen können zu so vielen verschiedenartigen Maßnahmen führen, daß ich mir im allgemeinen ziemlich leicht einreden kann, der von mir erteilte Rat sei tatsächlich gut gewesen; daher bin ich auch nicht gezwungen, meine Annahme, ich sei ein guter Ratgeber, ernsthaft in Frage zu stellen.

Es kommt hier auf zwei Faktoren an: 1. im menschlichen Leben gibt es nur selten eindeutige Situationen, und 2. wir sind gefühlsmäßig gebunden an ein ganzes System von unreflektierten Voraussetzungen, die unserem gewöhnlichen Bewußtseinszustand zugrunde liegen; berücksichtigt man das, kann man erkennen, daß unsere Erfahrungen unser Leben lang in bestimmte Richtungen tendieren, und zwar deshalb, weil das dichte Geflecht solcher als erwiesen angesehenen Annahmen uns dorthin drängt; und unter Umständen kommt es uns niemals in den Sinn, irgendwelche dieser Annahmen ernsthaft in Frage zu stellen. Da wir sie uns nicht klar ins Bewußtsein rücken und sie nicht in Frage stellen, haben wir nur wenig Gelegenheit, ihre Gültigkeit zu überprüfen oder uns von der Macht, die sie über uns haben, zu befreien.

Es handelt sich hier nicht nur um eine theoretische Argumentation. Ich habe – mit Hilfe der Selbstbeobachtung und psychologischer Methoden zur Persönlichkeitsentfaltung – selbst die Erfahrung gemacht, daß viele meiner Handlungen und Gedanken mein Leben lang von Postulaten gesteuert wurden, deren ich mir überhaupt nicht bewußt war. Dieser Sachverhalt wird durch umfangreiches Beweismaterial – in der Hauptsache aus psychologischen Experimenten – bestätigt. In den psychologischen Lehrbüchern findet man eine Fülle von Beispielen aus sämtlichen Bereichen. So zeigte beispielsweise eine der frühesten Untersuchungsreihen, daß arme Kinder dazu neigen, Münzen für größer zu halten, als reiche Kinder; in diesem Fall wurde die Wahrnehmung durch Werturteile verändert, denen bestimmte Postulate zugrunde lagen. Die Psychoanalyse liefert zahlreiche Beispiele aus der individuellen Therapie, die zeigen, daß der Blick und die Reaktionen von Menschen auf andere Menschen dadurch verzerrt werden, daß der Patient Reaktionen, die seinen Eltern gelten, auf diese anderen projiziert. Zahllose Beispiele aus der Sozialpsychologie zeigen, daß das Wahrnehmen und das Reagieren auf andere Menschen häufig auf Klischees und Vorurteilen basieren, die sich bereits in der Kindheit eingeprägt haben und inzwischen unter die Bewußtseinsschwelle hinabgesunken sind.

Eines bestürzt mich immer wieder: Die Psychologen kennen zwar zahllose Beweise dafür, daß die Menschen ständig von unreflektierten Postulaten gesteuert werden, aber sie wenden diese Erkenntnis entweder so gut wie gar nicht oder nur zu einem kleinen Teil im Bereich ihres eigenen Lebens bzw. im Bereich der Wissenschaft an und nehmen nicht wahr, daß sie selbst in ihrem Leben wie in ihrer Arbeit von einer großen Zahl nicht in Frage gestellter Postulate gesteuert werden.

Wenn man jedoch damit beginnt, diesen Gedanken auf die psychologische Forschung anzuwenden, wird einem klar, daß viele unserer »Befunde« möglicherweise nur in relativem Maße wahr sind; es handelt sich hier um »Gegebenheiten« nur im Kontext bestimmter allgemein akzeptierter kultureller Postulate; zu diesem Kontext gehören auch die Postulate der Psychologie sowie die speziellen persönlichen Schwierigkeiten und Motivationen der beteiligten Versuchspersonen und Versuchsleiter.

Da die Psychologen geraume Zeit mit dem Kampf um ihren Platz in der Hierarchie der Wissenschaften beschäftigt waren, ist dieser Gedanke nur selten ernsthaft erörtert worden. Ein Beispiel: vor einem Jahrzehnt hat Robert Rosenthal (1966) eine Reihe von Experimenten veröffentlicht, die zeigten, daß die Erwartungen des Psychologen und Versuchsleiters – obwohl er sie den Versuchspersonen niemals offen oder bewußt mitgeteilt hatte – doch deren Verhalten unterschwellig so beeinflußten, daß sie die Hypothese oder die Erwartungen des Versuchsleiters bestätigten.

In vielen Experimenten hat Rosenthal Assistenten trainiert, die den Versuchspersonen einen Test zur Begutachtung von Bildern vorzulegen hatten. Es handelte sich um eine Reihe von Photographien, die ursprünglich ganz neutral nach dem Gesichtspunkt ausgewählt worden waren, wie »erfolgreich« die photographierten Personen aussahen. Die Versuchspersonen wurden aufgefordert, innerhalb einer Skala, die von plus zehn (sehr erfolgreich) bis minus zehn (völlig erfolglos) reichte, den Erfolgsgrad jeder einzelnen photographierten Person zu bestimmen. Alle Assistenten waren gleich trainiert; nur hatte Rosenthal einer Gruppe gegenüber die Bemerkung gemacht, daß der angegebene Durchschnittswert sich bei den Versuchspersonen in der Regel etwa auf plus fünf belaufe. Einer anderen Gruppe gegenüber ließ er die Bemerkung fallen, daß sich der Durchschnittswert der Versuchspersonen in der Regel bei etwa minus fünf einpendele. Die Versuchshelfer erwähnten den von ihnen betreuten Versuchspersonen gegenüber jedoch nichts davon: Sie hatten gleichlautende schriftliche Anweisungen, die sie allen Versuchspersonen vorlasen. Aber die bloße Andeutung einer vorgefaßten Meinung gegenüber den Versuchshelfern hatte doch zur Folge, daß die Antworten der Versuchspersonen in der einen bzw. in der anderen Richtung beeinflußt wurden, so daß die meisten Versuchshelfer ihre Erwartung bestätigt fanden und das Gefühl hatten, sie hätten »gute« Befunde gesammelt. Zwar waren sie sich dessen nicht bewußt, aber es lief letztlich doch darauf hinaus, daß die Versuchshelfer sich – wenn auch auf ganz subtile Weise – so verhielten, daß sie auch das Verhalten der Versuchspersonen beeinflußten.

Die meisten Psychologen akzeptieren Rosenthals Arbeiten nicht, und

zwar aus einer Vielzahl von Gründen. Dabei mag es sich bei einzelnen Details um berechtigte Kritik an den Experimenten handeln; trotzdem bin ich überzeugt, daß der eigentliche Grund für die Ablehnung der von Rosenthal erzielten Ergebnisse auf die damit zusammenhängenden Implikationen zurückzuführen ist. Wenn – und das erscheint mir sicher! – die Postulate, Vorurteile und Erwartungen eines Versuchsleiters ein wichtiger Faktor bei *jedem* psychologischen Experiment sind, dann ergibt sich daraus, daß die Resultate unserer psychologischen Experimente zum großen Teil – möglicherweise zu 90 Prozent, wenn nicht gar noch mehr – nur in sehr begrenztem Ausmaß als gültig anzusehen sind. Diese Experimente beweisen dann nämlich in erster Linie, daß ein Versuchsleiter mit einer bestimmten Hypothese und mit einer Reihe von stillschweigend akzeptierten Postulaten seine Versuchspersonen auf sehr subtile Weise beeinflussen und dadurch Zustimmung zu seiner Hypothese gewinnen kann, ohne Rücksicht darauf, ob diese in einem umfassenderen Sinne der »Wahrheit« entspricht oder nicht. Als Psychologen lassen wir uns natürlich nicht gern einen Großteil unserer Informationsbasis entziehen. Außerdem haben wir eine ganze Menge in die »Objektivität« und die »Wissenschaftlichkeit« unseres Gebiets investiert und können daher die Behauptung, der Versuchsleiter sei von vorgefaßten Meinungen beeinflußt, nicht einfach hinnehmen. Und da wir clever sind, gelingt es uns schon, gute Gründe für die Ablehnung dieser Untersuchungsergebnisse zu finden. Daher hat nur eine Minderheit von Psychologen das Problem, auf das Rosenthal mit seinen Untersuchungen hingewiesen hatte, zur Kenntnis genommen, und diese Psychologen haben auch damit begonnen, ihre Experimente und Untersuchungen so einzurichten, daß dabei die Möglichkeit vorgefaßter Meinungen bei Versuchsleitern berücksichtigt wird.
Meine Beschäftigung mit der Psychologie hat eine ungewöhnliche Vorgeschichte: ein schon lange vorhandenes Interesse an veränderten Bewußtseinszuständen und an der außersinnlichen Wahrnehmung. Während meiner Studienzeit mußte ich dieses Interesse weitgehend unterdrücken, denn es stimmte ganz offensichtlich nicht mit dem überein, was viele meiner Professoren als »wahr« erkannt hatten; das heißt, es stand im Gegensatz zu einer Vielzahl von in der psychologischen Fachwelt weithin akzeptierten Postulaten. Diese Tatsache machte mir bewußt, wieviele Dinge, die meinen Kollegen als »erwiesenermaßen wahr« erschienen, das für viele Menschen außerhalb des

Bereichs der orthodoxen Psychologie keineswegs waren, und das führte dazu, daß ich einige unserer Postulate in Frage zu stellen begann. Als ich bei der Vorbereitung dieses Buches feststellte, daß vielen der spirituellen Psychologien ganz andere Postulate zugrunde liegen, sind mir noch viele weitere unreflektierte Voraussetzungen der orthodoxen Psychologie der westlichen Welt bewußt geworden.

Ich betone nochmals, daß es unwahrscheinlich ist, daß man ein Postulat in Frage stellt, solange man mit ihm arbeitet, ohne sich dessen bewußt zu sein, denn so lange befindet man sich völlig in der Gewalt des Postulats. Setzt man voraus, daß das menschliche Verhalten unglaublich komplex ist, und daß innerhalb einer gegebenen Kultur die gemeinsam akzeptierten Postulate auch die Gemeinsamkeit des Verhaltens bewirken und auf diese Weise die Gültigkeit der als erwiesen betrachteten Annahmen zu bestätigen scheinen, steckt meiner Meinung nach unsere orthodoxe westliche Psychologie – jene Psychologie also, die man an den Universitäten lehrt! – voller relativer Wahrheiten und relativer Tatsachen. Dank meines starken Glaubens an die wissenschaftliche Methodik vertraue ich jedoch darauf, daß auf weite Sicht hin die Folgeerscheinungen der Postulate, die diese Relativität bewirken, bei experimentellen Untersuchungen ans Licht kommen und uns dazu zwingen werden, uns mit diesen Postulaten auseinanderzusetzen und sie zu modifizieren. Da wir so an unseren Postulaten hängen und uns von Leuten, die sie mit uns teilen, immer wieder ihre Gültigkeit bestätigen lassen können, kann dieses »auf weite Sicht« unglücklicherweise allerdings bedeuten, daß das noch tausend Jahre dauern wird.

Ich möchte in diesem Buch ausdrücklich eine große Zahl von stillschweigend akzeptierten Voraussetzungen festhalten, die ein Bestandteil der orthodoxen Psychologie der westlichen Welt (und damit natürlich auch Anschauungen ihrer gebildeten Laien) sind. Dieser Überblick soll dazu dienen, uns den geistigen Hintergrund klarzumachen, von dem aus viele unter uns die spirituellen Psychologien beurteilen; doch vor allem versuche ich, mir die Postulate deshalb bewußtzumachen, weil ich hoffe, daß wir dadurch die Möglichkeit erhalten, sie in Frage zu stellen.

Ich werde diese Postulate sozusagen als ›Glaubensartikel‹ präsentieren – d. h. als Behauptung, daß dieses und jenes wahr ist –, und dann werde ich einige Hinweise geben, wie man diese »offensichtlichen Wahrheiten« auch anders sehen kann, nämlich vom Standpunkt der spirituellen Psychologien aus [1]. Ich glaube, eines der verbreitetsten Postulate wird schon in der Reaktion vieler Leser zum Ausdruck kommen, die sagen: »Das ist kein Postulat, sondern eine Tatsache!« Daher werde ich den interessierten Leser dazu auffordern, einen weiteren Schritt zu unternehmen und sich selbst einige Fragen vorzulegen. Woher weiß ich *persönlich*, daß die betreffende Aussage wahr ist? Habe ich ihre Gültigkeit selbst überprüft, oder habe ich sie einfach nur passiv akzeptiert, weil sie mir von jemandem vermittelt wurde, den ich auf diesem Gebiet als Autorität anerkenne, und/oder weil sie von meinesgleichen allgemein stillschweigend akzeptiert werden? Wie reagiere ich gefühlsmäßig auf die Vorstellung, daß ich dieses Postulat in Frage stellen soll? Bin ich emotional daran interessiert, daß diese Aussage wahr ist? Bin ich wirklich bereit, das zu überprüfen? Sage ich einfach nur: »Jawohl, es handelt sich hier um ein Postulat«, bloß um es rasch aus meinem Gedächtnis verdrängen zu können und nicht darüber nachdenken zu müssen, ob es nicht vielleicht doch nur eine Annahme und deshalb nicht wahr sein könnte? Wenn ich Psychologe bin, basiert dann ein Großteil meiner Arbeit, der ich mein Ansehen verdanke, nicht auf dieser Annahme? Wäre ich in diesem Fall bereit, sie in Frage zu stellen, obwohl sie so wichtig für mich ist? Rechne ich Überlegungen dieser Art zur ›Philosophie‹ – was für einen Psychologen bedeutet, daß man ihnen keine große Aufmerksamkeit zu schenken braucht, weil man sich ja selber angeblich nur mit »Tatsachen« abgibt?

Ich vermute, daß es sich als außerordentlich schwierig erweisen wird, die Postulate der orthodoxen Psychologie der westlichen Welt ernsthaft in Frage zu stellen: Unsere Mühe wird uns jedoch vielleicht dadurch reich belohnt, daß wir innerlich freier werden und deshalb mehr von der Wirklichkeit wahrnehmen können.

Ich sollte noch darauf hinweisen, daß die in diesem Kapitel erörterten Postulate fast nie auch als solche gelehrt worden sind. Zu keinem Zeitpunkt unserer Ausbildung als Psychologen (oder einfach als Angehörige der westlichen Zivilisation) wurden wir aufgefordert, diese Postulate als Glaubensartikel zu betrachten und ihnen Treue zu schwören – im Gegenteil, die meisten von ihnen sind uns niemals ausdrücklich beigebracht worden. So glaube ich beispielsweise nicht, daß irgendeiner meiner Psychologielehrer jemals behauptet hat, daß mystische Erfahrungen und Erlebnisse ihrer Natur nach pathologisch seien – eines der am weitesten verbreiteten Postulate der orthodoxen

Psychologie des Westens. Es bestand gar kein Bedürfnis, das ausdrücklich festzustellen: Dieses Thema wurde so gut wie überhaupt nicht berührt und in den seltenen Fällen, wo das doch einmal geschah, wurde es in der Regel im Zusammenhang mit der Psychopathologie erwähnt; kam dieses Thema dagegen in einer zwanglosen Unterhaltung zur Sprache, dann ließen die überlegen Spötteleien meiner ›wissenschaftlichen‹ Kollegen keinen Zweifel an ihrer Einstellung.
Außerdem wurden viele Postulate kurzerhand als *Fakten* präsentiert. Wir wurden niemals aufgefordert, diese Fakten selbst noch einmal zu beweisen; es wurde postuliert, daß sie irgendwann vor langer Zeit einmal bewiesen worden waren. Für viele der Dinge, die ich hier als Postulate präsentieren werde, gibt es sogar stichhaltiges Beweismaterial, und wenn man sie als zum Teil bewiesene, zum Teil nichtbewiesene wissenschaftliche Hypothesen behandelt hätte, wäre alles gut und schön. Aber ob sie nun als bewiesene oder unbewiesene Hypothesen ausgegeben wurden – im Bewußtsein der Psychologen galten sie niemals wirklich als Hypothesen; sie sanken tief in die Schicht der stillschweigend akzeptierten Postulate hinab.
Die Postulate, die wir akzeptiert haben und daher nicht mehr in Frage stellen, üben eine fast totale Kontrolle über uns aus. Wir wollen uns nun eine Anzahl der bei den orthodoxen Psychologen des Westens als erwiesen geltenden Annahmen näher ansehen; vielleicht gelingt es uns, sie in Frage zu stellen, wenn wir die Problematik erst einmal deutlich zum Ausdruck gebracht haben. Ich bitte, nicht zu übersehen, daß ich ausdrücklich nicht von allen, sondern von vielen bzw. von einer Mehrheit der orthodoxen westlichen Psychologen spreche. Die Psychologie ist nämlich alles andere als eine einheitliche Disziplin; es gibt die verschiedensten Schulen, und so gut wie keines der hier zitierten Postulate wird ausnahmslos von allen Psychologen akzeptiert. Aber so wichtig diese Ausnahmen zweifellos sind und sosehr sie etwa in der Humanistischen und der Transpersonalen Psychologie an Bedeutung zunehmen – von der Mehrheit der heutigen Psychologen der westlichen Welt werden die meisten der hier erörterten Postulate doch stillschweigend akzeptiert.
Ich habe diese Postulate in die gleichen Kategorien eingeteilt, die auch den Verfassern der im II. Teil dieses Buches vorgelegten Aufsätze über die spirituellen Psychologien als Leitfaden gedient haben. Die folgende Liste von weitverbreiteten Postulaten erhebt keineswegs den Anspruch auf Vollständigkeit.

Die Natur des Universums

Postulat: Das Universum ist ein Produkt des Zufalls, oder es hat sich selbst geschaffen, oder es ist schon immer da gewesen, und seine Existenz hat weder Ursache noch Ziel.

Die Bürger des westlichen Kulturkreises im allgemeinen und die Psychologen im besonderen setzen letztlich voraus, daß das Universum, in dem sie leben, eigentlich keinen Grund für seine Existenz besitzt. Da dies eine etwas deprimierende Vorstellung ist, denken wir nur selten darüber nach. Dieses Postulat und andere Postulate über die Natur des Universums erscheinen ziemlich kühn, wenn man sich die Tatsache vor Augen hält, daß sie von einem Wesen aufgestellt werden, das auf einem winzigen Planeten in einer ziemlich entfernten Ecke einer einzigen Galaxis wohnt und erst seit einigen Jahrhunderten rudimentäre wissenschaftliche Grundkenntnisse besitzt.
Die spirituellen Psychologen gehen im allgemeinen davon aus, daß die Existenz des Universums einen bestimmten Sinn hat – sei es, daß die Welt von irgendeinem Gott erschaffen wurde, daß sie eine Art lebendiger Wesenheit ist, die sich selbst zum Ausdruck bringt, oder daß das Universum in seiner Gesamtheit ein bestimmtes Ziel hat und daß es sich in Richtung auf eine höhere Bewußtseins- und Aktionsebene hin entwickelt. Diese Möglichkeiten schließen sich keineswegs gegenseitig aus.

Postulat: Das Universum ist tot; das Leben ist nur ein infinitesimaler, unbedeutender Bestandteil des Universums.

Rein quantitativ gesehen, nimmt das Leben, soviel wir wissen, tatsächlich nur einen geringen Raum in unserer Welt ein, und man postuliert, daß dies für das gesamte Universum gilt. Außerdem setzt man voraus, daß das Leben sich aus leblosen physikalischen Kräften rein zufällig entwickelt hat und daß ihm im Universum keine wirkliche Funktion zukommt. Wenn man davon ausgeht, daß das Universum selbst ziel- und sinnlos ist, welche Funktion könnte dann das Leben auch haben? Dieses Postulat paßt sehr gut zu der in unserem westlichen Kulturkreis weitverbreiteten Auffassung, der Mensch stehe im Universum ganz allein und sei von ungeheuren, gnaden- und seelenlosen Kräften umgeben.

Viele der spirituellen Psychologien setzen dagegen voraus, daß das Universum größtenteils oder sogar in seiner Gesamtheit voller Leben ist. So postuliert beispielsweise Gurdjieffs System, daß die Planeten lebendig sind und sich weiterentwickeln, ihr Leben sich aber, verglichen mit dem unseren, in so riesigen Zeiträumen abspielt, daß wir es auf normale Weise überhaupt nicht wahrnehmen können. Die meisten spirituellen Psychologien postulieren für das Universum nicht nur Sinn und/oder Ziel, sondern sie messen ihm, da sie es als lebendig und in der Entwicklung begriffen ansehen, auch die gleichen Eigenschaften zu wie dem Leben im allgemeinen. Die Folge ist, daß der Mensch zu einem lebendigen, sich ständig weiterentwickelnden Universum, in dem alles miteinander in Verbindung steht, eine ganz andere Beziehung hat als zu einem Weltall, das tot, sinn- und ziellos sein soll.

Postulat: Die Physik ist die letztgültige Wissenschaft, denn sie widmet sich dem Studium der realen Welt.

Die Psychologie wird unter diesem Gesichtspunkt dann natürlich zu einer rein ableitenden Wissenschaft, bei der man nur Phänomene zweiter, dritter, vierter, wenn nicht gar noch weiter hergeholter Ordnung studiert. Da das Universum nur aus in Raum und Zeit wirkender physischer Materie und Energie besteht, handelt es sich bei der menschlichen Erfahrung um eine in einem gewissen Sinne ephemere Erscheinung, nicht aber um eine Wirklichkeit.
Der Mensch, der beispielsweise über seine Erfahrungen in der Liebe spricht, befaßt sich danach nur mit Träumen oder unwichtigen, abgeleiteten Phänomenen, während sich der Mensch, der Atombomben baut, mit dem abgibt, was man als die Wirklichkeit bezeichnet. Die menschliche Erfahrung wird so als ›subjektiv‹ abgestempelt, d. h. mit einem in den Augen der Psychologen pejorativen Begriff bezeichnet, der soviel wie unwirklich und unwissenschaftlich bedeutet. »Gute« Erklärungen bzw. Theorien sind diejenigen, die sich auf Aussagen über die Materie, über Energie, über Raum und Zeit reduzieren lassen. Um als wissenschaftliche Disziplin zu gelten, müßte danach die Psychologie alle ihre psychologischen und verhaltenstheoretischen Vorstellungen zunächst auf physiologische Sachverhalte reduzieren, und danach auf die physikalischen Gegebenheiten, die dieser Physiologie zugrunde liegen.

Die spirituellen Psychologien mögen die »Wirklichkeit« der physikalischen Welt akzeptieren oder auch nicht, sie postulieren auf jeden Fall eine psychologische bzw. psychische Wirklichkeit, die ebenso real, wenn nicht gar noch realer ist als die physikalische Wirklichkeit. Man betrachtet die physikalische Wirklichkeit eher als eine spezielle Manifestation der psychologischen Wirklichkeit, deren Wirklichkeitsgehalt man viel höher einschätzt. Es besteht daher auch kein Bedürfnis nach einer physikalischen Rechtfertigung der spirituellen Wirklichkeiten: Man kann das sogar als eine Bindung an die Sinne betrachten, die den spirituellen Fortschritt verhindert. Was Wirklichkeit ist, läßt sich nicht an der Fähigkeit messen, eine Waffe zu bauen, mit der man seinen Gegnern aufs Haupt schlagen kann. Ich wähle ganz bewußt dieses krude Beispiel, weil es in der Welt, in der wir leben, eine so große Rolle spielt – trotz aller Reden über Wahrheit und Wert experimentellen Forschens.
Für die spirituellen Psychologien also sind das Bewußtsein, die persönliche Erfahrung und das Leben selbst Grundfaktoren für das Begreifen des Universums – und nicht relativ unwichtige Derivate.

> *Postulat:* Wirklich ist, was sich mit Hilfe der Sinne oder mit Hilfe eines physikalischen Instruments wahrnehmen läßt, und was sich mit Hilfe der Sinne wahrnehmen läßt, kann von einem physikalischen Instrument festgestellt werden.

Hier handelt es sich um eine Alternative zu den bisher angeführten Postulaten, allerdings um eine Alternative, die nahezu unabhängig von den anderen Auffassungen wirksam werden kann, und die es daher verdient, eigens angeführt zu werden. Sie kommt in folgender Aussage zum Ausdruck: Wenn du eine bestimmte Behauptung aufstellst, beweise sie mir mit Hilfe meiner physischen Sinne oder meiner physikalischen Instrumente. Wenn beispielsweise jemand behauptet, er sehe Lichtstrahlen von der Gestalt eines Heiligen ausgehen, dann sagen wir, laß mich das mit meinen eigenen Augen sehen, und wenn ich es mit meinen Augen nicht wahrnehmen kann, stelle dort ein physikalisches Instrument auf, und wenn auch das nichts entdeckt, dann ist das, was du siehst, nicht »Wirklichkeit«.
Die spirituellen Psychologien postulieren die Wirklichkeit von Dingen, die im rein physikalischen Sinne nicht wirklich sind. Wenn man

beispielsweise Lichtstrahlen von einem Heiligen ausgehen sieht – ein Phänomen, das man häufig als ›Aura‹ bezeichnet –, dann könnten die spirituellen Psychologien darauf etwa antworten, es sei durchaus möglich, daß der Betrachter hier einer Illusion erlegen ist, aber es sei ebenso denkbar, daß er mittels Fähigkeiten, die sich von denen unserer gewöhnlichen Sinne unterscheiden, und die nicht auf die Energien des physikalischen Universums, so wie wir es kennen, angewiesen sind, eine ganz reale Wahrnehmung gemacht hat. Gewisse nichtphysikalische Phänomene können also ebenso wirklich sein wie physikalische. Derartige nichtphysikalische ›Realitäten‹ mögen nun in Beziehung zur physikalischen Welt stehen oder auch nicht – auf jeden Fall lassen sie sich nicht danach beurteilen, ob sie sich auch in der physikalischen Wirklichkeit manifestieren oder nicht.

Das erwähnte orthodoxe Postulat ist recht deprimierend, wenn man bedenkt, welche Folgen sich daraus für viele Dinge ergeben, die eine Hauptrolle in unserem Leben spielen, wie beispielsweise Liebe, Güte, Intelligenz und Freude; bei diesen Phänomenen handelt es sich eben nicht um Dinge, die wir unmittelbar mit Hilfe physikalischer Instrumente feststellen können, sondern um geistig-seelische Vorgänge, auf die wir aus dem menschlichen Verhalten schließen oder die wir unmittelbar erleben können.

Postulat: Nur der gegenwärtige Augenblick ist existent.

Diese lineare Auffassung von der Zeit beherrscht das gesamte Denken unserer westlichen Welt. Die Vergangenheit ist vorüber und damit tot, die Zukunft existiert noch nicht, und alles, was wir haben, ist der winzige Ausschnitt des zeitlichen Kontinuums, den wir als die Gegenwart bezeichnen, die kontinuierlich dahinschwindet, um Vergangenheit bzw. Zukunft zu werden.

Dies ist ein Postulat, an das ich rückhaltlos glaube, obschon ich es natürlich bewußt in Frage stellen kann. Ich habe keine reale andere Konzeption von Zeit, aber viele der spirituellen Psychologien sehen Vergangenheit und Zukunft als ebenso real und ebenso existent an wie die Gegenwart. Das beeindruckende Beweismaterial für die Präkognition (das Voraussehen), das wir im Bereich der westlichen Wissenschaft gesammelt haben (vgl. Kapitel 3), deutet darauf hin, daß die Zukunft die Gegenwart beeinflussen kann und/oder daß unsere Aufteilung der Zeit in Vergangenheit, Gegenwart und Zukunft nur eine willkürliche Konstruktion unseres Intellekts ist – und eine viel breitere Wirklichkeit nur zum Teil erfaßt. Daß sich mit unserer gängigen Zeitvorstellung spektakuläre Ergebnisse in den Naturwissenschaften erzielen lassen, hat uns nur noch in unserer Ansicht bestärkt, daß die Zeit wirklich so beschaffen ist, wie wir es annehmen, es sich also hier nicht nur um eine für unseren Kulturkreis typische Konstruktion handelt; aber unser großer Erfolg könnte auch auf die Tatsache zurückzuführen sein, daß wir die Anwendung dieser Konzeption auf den Bereich der Naturwissenschaften beschränken, statt sie auf universale Gültigkeit hin zu prüfen.

Postulat: Wir können das physikalische Universum verstehen, ohne uns selbst zu verstehen.

Von den Physikern verlangt man nicht, daß sie im Rahmen ihrer Ausbildung zu Physikern auch Kurse in Psychologie oder in Selbsterfahrung belegen[2]. Sie studieren die äußere physikalische Welt, sie benutzen dazu ihren Intellekt und ihre wissenschaftlichen Instrumente, aber ihre Persönlichkeit und deren spirituelle Natur werden überhaupt nicht berücksichtigt. Um ein extremes Beispiel anzuführen: Es kann vorkommen, daß ein erstklassiger Physiker, der im Bereich der Naturwissenschaften Wesentliches leistet, Vergnügen daran findet, Kinder zu quälen. Es ist unwahrscheinlich, daß diese Neigung seine Erfolge als Physiker irgendwie beeinträchtigt, es sei denn, seine Emotionen wirken sich störend auf seine Arbeit aus. Solange die intellektuellen Fähigkeiten eines Forschers durch seine Neurose keine Einbuße erleiden, betrachtet man eine solche Veranlagung als nicht besonders relevant für seine wissenschaftliche Arbeit.
Im Gegensatz dazu postulieren viele spirituelle Psychologien, daß die Veranlagung, die Persönlichkeit und das spirituelle Niveau eines Menschen dessen Weltverständnis tiefgreifend beeinflussen können. Viele weisen darauf hin, daß ein niedriges Seinsniveau nicht nur die kognitiven Prozesse beeinträchtigen und auf diese Weise systematisch seine Sicht des Universums verzerren und seine Fähigkeit, es intellektuell zu erfassen, einengen kann; sein Sosein wirkt vielmehr auch auf das Universum, das er beobachtet, ein, und auf diese Weise sieht er dann fälschlicherweise die Gültigkeit seiner Auffassung bestätigt. Das läßt sich beispielsweise leicht im Bereich der Sozialwissenschaften erkennen. Wenn man glaubt, die Menschen seien von Natur aus selbst-

süchtig, weil man selbst von Natur aus selbstsüchtig ist, dann hat man es ziemlich leicht, im weiten Panorama menschlicher Aktivitäten selbstsüchtiges Verhalten zu beobachten und auf diese Weise seine Auffassung bestätigt zu finden. Diese Bestätigung kann ein nützlicher Beitrag zu wissenschaftlicher Erkenntnis sein, und zwar insofern, als man gute Beobachtungen sammelt und darauf Hypothesen zur Erklärung verschiedener Arten selbstsüchtigen Verhaltens gründet. So weit könnte man diese Auffassung vertreten, allerdings unter der Voraussetzung, daß das Universum im Prinzip leblos ist. Ist es aber auf irgendeine Weise lebendig und reaktionsfähig, dann kann meine persönliche Seinsebene nicht nur meine Wahrnehmungen und Einschätzungen sowie meine Beziehungen zu den Mitmenschen beeinträchtigen, sondern sie kann unter Umständen auch unmittelbare Auswirkungen auf das den Menschen umgebende physikalische Universum haben.

Postulate über die Natur des Menschen

Postulat: Der Mensch ist Körper und sonst nichts.

Wir setzen voraus, daß der Mensch nichts ist als sein Knochengerüst mit Muskeln, Sehnen, Blut, inneren Organen, Sinnesorganen und Nervensystem: eine Konzeption also, die das Wesen des Menschen völlig aus den physischen Teilen, die ihn bilden, definiert. Wären wir körperlich anders ausgestattet, beispielsweise mit einem anderen Nervensystem und anderen Sinnesorganen, dann wäre der Mensch anders, als wir ihn kennen. Um also den Menschen bis ins letzte zu verstehen, muß man die physischen bzw. physiologischen Systeme verstehen, aus denen er besteht. Angesichts der Hyperintellektualität unseres Kulturkreises bedeutet das, daß man speziell die Funktionsweise des Gehirns und des Nervensystems verstehen muß.
Die spirituellen Psychologien akzeptieren dieses Postulat nicht, sondern sie setzen stets voraus, daß der Mensch nicht nur Körper, sondern zumindest potentiell noch etwas anderes ist. Das führt zur Konzeption einer Seele, die, obwohl etwas Nichtkörperliches, das eigentliche Wesen des Menschen ausmacht, und das möglicherweise auch unabhängig von seinem Körper existieren kann. Oder wir finden bei jenen Psychologen die Vorstellung, daß der Mensch vor allem

ein Geistwesen ist, das – ganz gleich, ob es nun eine individuelle Seele besitzt oder nicht – fähig ist, mit außerphysikalischen Dingen außerhalb seines Körpers in Beziehung zu treten und in ihnen aufzugehen. Oder aber sie glauben, daß es dem Menschen mit Hilfe entsprechender psychologischer Methoden möglich ist, etwas anderes in sich zu entwickeln als das reine körperliche Sein, und dieses neu entwickelte Etwas wird dann zu einem integralen Bestandteil der Seinswirklichkeit. Mögen die verschiedenen spirituellen Psychologien den Körper nun als etwas relativ Unwichtiges betrachten oder als wichtigen Verarbeiter unserer Erfahrungen, für alle stellt er nur *eine* Komponente der Gesamtnatur des Menschen dar.

> *Postulat:* Der Mensch existiert in relativer Isolation von der ihn umgebenden Umwelt. Er ist eine ihrem Wesen nach unabhängige Kreatur.

Hier wird der Mensch so gesehen, als lebe er auf der Erde, ohne wirklich Teil von ihr zu sein. Wir wissen, daß er essen und atmen muß und daß schwere Naturkatastrophen wie beispielsweise Erdbeben ihn stark beeinträchtigen, tun aber so, als sei er psychologisch gesehen im Prinzip unabhängig. Es gibt eine Fülle von wissenschaftlich fundiertem Beweismaterial dafür, daß das nicht der Fall ist. Schon vor der neuen Ökologie-Bewegung, die dagegen protestiert, daß der Mensch nicht als Teil seiner Umwelt gesehen wird, gab es immer mehr wissenschaftliche Beweise dafür, daß wir auf viele Naturkräfte reagieren, von deren Wirkungen wir vorher so gut wie nichts gewußt haben (Ornstein, 1972; 1973), wie beispielsweise auf die Mondzyklen oder die Ionisierung der Atmosphäre. Aber die überwiegende Mehrzahl von uns zieht nur selten die Möglichkeit in Betracht, daß wir Teil der uns umgebenden Umwelt sind: Wenn ich *hier* und gerade *hier* ein Haus bauen will, dann lasse ich die Planierraupen anrollen und baue es *hier*, weil ich es gerade *hier* haben will; ich stelle mir überhaupt nicht die Frage, wie mein Wunsch und Wille in den Funktionszusammenhang der übrigen Welt paßt.
Die spirituellen Psychologien betonen in der Regel, daß der Mensch in hohem Maße integraler Bestandteil der ihn umgebenden Umwelt ist, daß er als lebendige Kreatur in psychischer oder spiritueller Beziehung zu allen anderen Lebensformen steht, daß er sowohl von diesen beeinflußt wird als auch selbst sie beeinflußt und daß er daher eine

gewisse Verantwortung trägt. Mit der zunehmenden Bedeutung der Ökologie-Bewegung werden wir uns selbst allmählich mehr und mehr als Teil eines größeren Ganzen betrachten, doch die spirituellen Psychologien denken hier weit über die rein physische Abhängigkeit von unserer Umwelt hinaus. Sie betrachten den Menschen als kosmische Kreatur, die dem Universum in einem viel umfassenderen außerkörperlichen Sinne verbunden ist, als sich das selbst unsere engagiertesten Ökologen vorstellen können.

> *Postulat:* Jeder Mensch beginnt das Leben »neu«, d. h. als unbeschriebenes Blatt, sieht man von einigen Einschränkungen ab, die ihm durch sein genetisches Erbgut, durch die Kulturzugehörigkeit und durch rein zufällige Geschehnisse auferlegt und durch seine Reaktionen modifiziert werden.

Das bedeutet, daß das Leben eines Menschen im Prinzip mit seiner Geburt beginnt, daß es fast ausschließlich von rein physischen Faktoren (als solche gelten auch der Einfluß einer Kultur und der Mitmenschen) bestimmt wird und mit dem Tod endet. Das ist eine sehr klar umrissene Lebensspanne, innerhalb deren man alle Faktoren begreifen zu können hofft, die ihren Verlauf beeinflussen.
Die spirituellen Psychologien vertreten häufig die Auffasung, daß der Mensch sein Leben nicht sozusagen als unbeschriebenes Blatt »neu« beginnt: Sie glauben etwa, daß er schon frühere Leben gehabt hat und daß er bei Lebensbeginn ein – teils günstiges, teils ungünstiges – Erbe aus diesen früheren Leben mitbringt. Es gibt auch die Ansicht, das menschliche Leben gehe nach dem Tod in der einen oder anderen Form weiter. Es kann demnach also sein, daß ein Mensch bereits mit einem bestimmten Ziel oder einer bestimmten Mission ins Leben tritt. Das Leben eines Menschen als rein physische Lebensspanne zu betrachten hält man für unzulänglich, wenn nicht für gänzlich unwichtig.

> *Postulat:* Der Mensch wird durch sein genetisches Erbgut und seine Umwelt vollständig determiniert.

Bei der Erörterung des vorausgegangenen Postulats habe ich die Reaktionen des Menschen auf diejenigen Faktoren, die auf ihn einwirken und den Verlauf seines Lebens bestimmen, nur angedeutet. Die

orthodoxe Psychologie der westlichen Welt postuliert, daß das menschliche Leben letztlich vollständig von den rein physikalischen Prozessen bestimmt wird, die sowohl sein eigenes Wesen als auch das der ihn umgebenden Umwelt ausmachen. Dabei geht man so weit, zu behaupten, wenn man das gesamte genetische Potential, mit dem ein Mensch geboren wird, und alle physikalisch-psychischen Prozesse kennen würde, die auf sein Leben einwirken, dann wäre jedes einzelne Ereignis in seinem Leben verstehbar und voraussagbar. In Wirklichkeit handelt es sich hier jedoch um ein nie erreichbares Ziel, denn allein die Anzahl der auf den Menschen einwirkenden Faktoren ist so riesengroß, daß sie nicht einmal von einer Art »Super-Computer« verarbeitet werden könnten.
Trotzdem hat man das Gefühl, daß ein individuelles Menschenleben in seinen Umrissen mit einem sehr hohen Wahrscheinlichkeitsgrad voraussagbar wäre. Der Mensch ist nicht frei. Der freie Wille ist nur eine Illusion, der wir erliegen. In Wirklichkeit wird alles durch das Zusammenspiel von Materie und Energie in Raum und Zeit bestimmt. Dementsprechend wäre es auch sinnlos, von Verantwortlichkeit zu sprechen, denn alles ist ja vorherbestimmt und geschieht auf die einzig mögliche Art und Weise.
Viele der spirituellen Psychologien erkennen diese deterministische Auffassung als teilweise richtig an, halten sie aber für unvollständig. Sie lassen der Verantwortlichkeit des Menschen und seinem freien Willen einen gewissen Spielraum und argumentieren, daß dieser durch Entwicklung der spirituellen Kräfte möglicherweise noch erweitert werden könnte. Auch wenn ein Mensch glaubt, fast alles in seinem Leben sei vorherbestimmt, bleibt ihm in etwa doch die Wahl zwischen mehreren Möglichkeiten, auch wenn sie sich als recht schwierig erweisen mag.

Postulat: Selbst wenn wir glauben, das Leben des Menschen sei völlig determiniert, müssen wir doch so handeln, als besäße der Mensch einen freien Willen.

Wenn jemand etwas tut, das mir nicht gefällt, dann werte ich das sofort als *seinen* Fehler, und alle abstrakten Theorien darüber, daß der Mensch im Grunde keine Wahl hat und daß er schließlich doch nur das tut, was er tun muß, geraten dabei völlig in Vergessenheit. Dieser egoistische, rücksichtslose Kerl muß natürlich bestraft werden! Die

Theorie vom totalen Determinismus scheint in Wirklichkeit nur für kurze Augenblicke in psychologischen Laboratorien aufzuscheinen, denn praktisch geht die Psychologie davon aus, daß die Menschen über einen großen Willensspielraum verfügen. Ich habe in der Tat den Verdacht, daß die meisten Psychologen die Idee des Determinismus niemals auf sich selber anwenden, es sei denn, sie wollten irgendeine Verantwortung von sich schieben; sie setzen vielmehr voraus, daß sie selbst in der Mehrzahl ihrer Handlungen über einen freien Willen verfügen. Annehmen zu müssen, wir hätten keinen freien Willen, wäre in der Tat recht deprimierend; daher reden wir uns ein, daß wir an die Willensfreiheit glauben und so handeln müssen, als ob wir sie tatsächlich besäßen – um uns überhaupt positiv zum Leben einstellen zu können.

Die *spirituellen* Psychologien teilen diese Auffassung nicht, sie betonen jedoch, daß wir in der Tat durch Unbesonnenheit und durch unsere zahlreichen physischen und emotionalen Abhängigkeiten in unserer Handlungsweise oft nahezu völlig determiniert sind. Wenn wir nicht auf irgendeine Weise psychologisch und spirituell wach werden – wobei wir uns zunächst einmal über unsere eigenen Grenzen klarwerden müssen –, bleiben wir unser ganzes Leben lang und vielleicht noch über den Tod hinaus in späteren Inkarnationen in sich ständig wiederholenden psychologischen Mustern gefangen.

Postulat: Wir kennen die Geschichte des Menschen relativ gut.

Unsere Bibliotheken sind angefüllt mit historischer Literatur, und das archäologische Beweismaterial füllt die Lücken im Bild jener Perioden der Menschheit, über die uns nichts schriftlich überliefert ist. Wenn man sich also einen allgemeinen Überblick über die Geschichte der Menschheit verschaffen will, braucht man nur in eine Bibliothek zu gehen. Viele Theorien über die Psyche des Menschen – beispielsweise über die Frage, inwieweit Aggressivität angeboren ist – basieren auf dieser allgemein akzeptierten Geschichte der Menschheit.

Viele spirituelle Psychologien vertreten auch hier eine ganz andere Auffassung, und sie berufen sich dabei manchmal auf Kulturen, über die keine wissenschaftlichen Berichte vorliegen. Häufig stützen sie sich mehr auf mündliche Überlieferungen als auf schriftliche Aufzeichnungen. Es wäre interessant, einmal unserer Vorliebe für geschriebene Geschichte auf den Grund zu gehen. Wenn ein einziges

Manuskript sagt, A sei wahr, aber zahlreiche mündliche Überlieferungen behaupten, B sei wahr, dann akzeptieren wir im allgemeinen A. Es ist ganz amüsant, sich vorzustellen, daß möglicherweise einige raffinierte Lügner aus früheren Zeiten, die gut schreiben konnten, auf uns einen weit größeren Einfluß ausüben als Menschen, die sich exakt an etwas erinnerten und das wahrheitsgemäß an ihre Nachkommen weitergegeben haben.
Auf unsere Auffassung von der Geschichte der Menschheit stützt sich unser Fortschrittsglaube; dagegen vertraten einige spirituelle Psychologien die Ansicht, wir hätten uns, verglichen mit früheren, in psychischer und spiritueller Hinsicht weit fortgeschritteneren Kulturen, eher zurückentwickelt, wenn sie auch nicht gerade zahlreiche technische Errungenschaften hervorgebracht haben. Daß wir Fortschritte machen, ist für uns eine sehr wichtige Voraussetzung, und daher bezeichnen wir Menschen, die die Auffassung vertreten, frühere Kulturen seien der unseren überlegen gewesen, einfach als »Spinner«.

Postulat: Wir wissen über den Ursprung und die Evolution des Menschen Bescheid.

Das orthodoxe Postulat lautet folgendermaßen: Der Mensch hat sich aufgrund einer Reihe von physikalischen Zufällen entwickelt, die sich ihrerseits aus einer Reihe solcher Zufälle oder aus zwangsläufigen Reaktionen auf die physikalische Umwelt ergeben haben. Im Grunde bedeutet das, daß wir auf diese Weise entstanden sind, weil wir unter den herrschenden Bedingungen eben auf diese Weise entstehen mußten. Unsere Entwicklung vom Affen zum Menschen hat sich nach diesem Grundmuster vollzogen.
Einige spirituelle Psychologien vertreten die Theorie, daß es sich bei der Entstehung des Menschen nicht um eine Art blinder Evolution handelt, sondern daß diese Evolution von außerphysikalischen Kräften oder von einem bzw. mehreren göttlichen Schöpfern – oder auch von der inhärenten Lebendigkeit und Zielstrebigkeit des Universums selbst – in Gang gesetzt worden ist. Nach anderen Postulaten ist der Mensch das Ergebnis eines besonderen Schöpfungsakts, oder aber er ist ein Zeuge dafür, daß höhere Seinsebenen auf dieser Erde am Werke sind; als solcher ist er daher keineswegs ein Produkt der Erde selbst, obschon er durch seine Leiblichkeit zweifellos auch ein Stück Erde ist.

Postulat: Wir können von einem Geschöpf wie dem Menschen nicht allzuviel erwarten, oder aber: Den Kenntnissen und Fertigkeiten des Menschen sind keine Grenzen gesetzt.

Beide Postulate werden – manchmal sogar in raschem Wechsel – von Psychologen vertreten. Die pessimistische Auffassung – nach der der Mensch nur ein animalisches Wesen ist, das aus einem sinn- und ziellosen Universum hervorgegangen und, wie die Geschichte bewiesen hat, voller Schwächen ist – wird vermutlich meist dann vertreten, wenn die Dinge schlecht stehen. Wenn wir dagegen Erfolg haben, neigen wir dazu, den Menschen für geradezu göttlich zu halten und ihm die Fähigkeit zuzutrauen, das gesamte Universum zu erobern und alles fertigzubringen, was er will. Innerhalb der amerikanischen Kultur neigt man allgemein zu dieser optimistischen Auffassung, derzufolge ein unbegrenzter technischer Fortschritt möglich ist.
Viele spirituelle Psychologien betonen, wie blind uns diese beiden Annahmen für das machen können, was wir in Wirklichkeit sind. Viele von ihnen sind beispielsweise davon überzeugt, daß der Mensch sich – wenn auch nicht im Umgang mit der Technik – in einem unglaublichen Ausmaß höher entwickeln könnte, wenn er sich nur der Mühe einer solchen Fortentwicklung unterzöge. Aber diese Evolution müßte mit der Erkenntnis dessen beginnen, was ein Mensch – einschließlich seines spirituellen Potentials – wirklich ist. Die spirituellen Psychologien sind nicht der pessimistischen Auffassung, man könne von einem Geschöpf wie dem Menschen nicht allzuviel erwarten; sie betonen vielmehr die Bedeutung echter Demut; diese zeigt sich nicht darin, daß wir uns an die Brust schlagen und unser Schicksal beklagen, sondern darin, daß wir uns unserer Grenzen und unserer Bedeutungslosigkeit angesichts des Kosmos in seiner Gesamtheit wirklich bewußt werden. Viele spirituelle Psychologien betonen nachdrücklich, daß wirkliche Demut eine unabdingbare Voraussetzung dafür ist, daß der Mensch im Funktionsprozeß des gesamten Kosmos eine wesentliche Rolle spielen kann.

Postulat: Jeder Mensch ist von jedem anderen isoliert, in sein Nervensystem eingeschlossen.

Setzt man voraus, daß das Bewußtsein das Ergebnis physikalischer Funktionen des Nervensystems ist und daß das Physikalische das einzig Wirkliche ist, dann läßt sich anatomisch beweisen, daß kein Nervensystem mit einem anderen Nervensystem in unmittelbaren Kontakt treten kann, sondern tatsächlich völlig isoliert ist. Nur auf Umwegen kann man mit einem anderen Menschen Kontakt aufnehmen: Man löst Veränderungen in seinem Körper aus, die andere physische Energien in Gang setzen, die ihrerseits wiederum Rezeptoren im anderen Menschen beeinflussen und in Nervenimpulse umgewandelt werden, welche auf das Bewußtsein des Partners bzw. der Partnerin wirken – ein langer und indirekter Verbindungsweg voller möglicher Irrtümer. Jeder Mensch ist also eine Insel, und zwar eine völlig isolierte Insel. Das Beste, was wir tun können, um Glück und Sinn in unserem Leben zu finden, ist, daß wir die Funktionsweisen unseres Nervensystems modifizieren (unser Denken, unsere Empfindungen, unsere Vorstellungskraft) oder daß wir dafür sorgen, daß uns nur erwünschte sensorische Reize von seiten der Welt und anderer Menschen erreichen, und nicht die unerwünschten.

Die spirituellen Psychologien, die von der Annahme ausgehen, daß der Mensch nicht nur ein physisches Wesen ist, eröffnen uns auch die Möglichkeit eines *direkten* Kontaktes zwischen zwei menschlichen Wesen, eines Kontaktes zwischen ihrer beider spiritueller Essenz, die sich nicht auf die physikalischen Eigenschaften des Nervensystems beschränkt. Liebesbeziehungen beispielsweise mögen in vielen Fällen Ausdruck einer chemisch-neutralen Anziehung zwischen zwei Menschen sein, aber manchmal sind sie zweifellos mehr als das. Liebe kann eine Energie oder eine Realität sein, die tatsächlich die Kluft zwischen zwei Menschen überbrückt – und nicht nur eine willkürliche Neuprogrammierung des menschlichen ›Biocomputers‹.

> *Postulat:* Die psychische Energie leitet sich vollständig von der physikalischen Energie ab, wie sie in den physiologischen Prozessen des Körpers in Erscheinung tritt.

Unsere gesamte Energie, all unsere Gefühle des Lebendigseins oder des Totseins, der Müdigkeit oder der Tatkraft entstammen dem Stoffwechsel der in unseren Körper gespeicherten Nahrung. Wir mögen versuchen, diesen Energie-Stoffwechsel durch Drogen und ähnliche Präparate zu beeinflussen, aber letztlich sind wir, was unsere Energie betrifft, doch vollständig auf Nahrungsaufnahme angewiesen. Das bedeutet, daß es eine klare obere Grenze dafür gibt, was ein menschliches Wesen leisten kann, und diese obere Grenze liegt nicht sehr weit über der gewöhnlichen.

Im Gegensatz dazu postulieren viele spirituelle Psychologien, daß die Nahrungsaufnahme nur *eine* Energiequelle für den Menschen ist, und daß es daneben noch wichtige außerphysische Energiequellen gibt, die man anzapfen kann. Viele von ihnen postulieren sogar, daß wir sterben würden, wenn wir von diesen außerphysischen Energiequellen abgeschnitten würden: gerade sie erhalten uns lebendig und menschlich, denn wir sind keineswegs nur Maschinen zur Umwandlung von Nahrung in Muskeltätigkeit und Phantasie. In der westlichen Welt gibt es jetzt überzeugendes wissenschaftliches Beweismaterial für die Existenz von außerphysischen Energiequellen für den Menschen (siehe Kapitel 3), aber dieses Beweismaterial ist noch wenig bekannt und hat daher auf das Denken der meisten Psychologen noch kaum Einfluß gehabt.

Postulate über die Funktion des Menschen im Universum

> *Postulat:* Der Mensch hat in einem sinn- und ziellosen Universum keine Funktion.

Da es sich bei der Realität ausschließlich um in Raum und Zeit wirkende Materie und Energie handelt, existieren Sinn und Ziel des Universums nur als Idee im menschlichen Gehirn, und selbst diese Idee ist nur das Ergebnis verschiedener physikalischer Prozesse. Die im Universum herrschenden Bedingungen setzen dem Menschen keinerlei Ziel. Er kann sich selbst Ziele erfinden, wie in einigen der folgenden Postulate noch zu erörtern sein wird, aber unter den realen Bedingungen des Universums gibt es für ihn weder Sinn noch Zweck.

Die spirituellen Psychologien messen dem Menschen im Universum eine bestimmte Funktion zu; sie kann sehr unterschiedlicher Natur sein und etwa in der Aufgabe bestehen, zum Ruhme Gottes Erlösung zu erlangen; sie kann auch darin bestehen, sich seines Einbezogenseins in das Drängen des Universums zur Evolution stärker bewußt zu werden; sie kann schließlich darin bestehen, daß man als Vehikel für höhere evolutionäre Kräfte dient, die unsere Ebene erreichen wollen usw.

Postulat: Der einzige wirkliche Sinn des Lebens besteht darin, daß man ein Höchstmaß an Freude gewinnt und ein Mindestmaß an Schmerzen erleidet.

Da dem Postulat der orthodoxen Psychologie des Westens zufolge die im Universum herrschenden realen Bedingungen dem Menschen keine irgendwie geartete Funktion zuweisen, erfindet er sie sich selbst. Denn er hat ein Bedürfnis danach, an einen Sinn zu glauben. Da wir uns gern freuen und sehr ungern leiden, kann man alle Lebensziele und -zwecke als Versuche betrachten, Freude zu finden und Schmerzen zu vermeiden. Weil wir komplexe Organismen sind, können diese Versuche in sehr verschiedene Richtungen gehen, denn was für den einen eine Freude ist, kann für einen anderen Menschen aus Gründen, die in seiner Psyche liegen, etwas Schmerzvolles sein. Selbst das Bemühen, im Leben einen »Sinn« zu finden oder das Universum wissenschaftlich zu erforschen, kann man als Streben nach Freude deuten. Wenn dieses Leben hier alles ist, was wir haben, warum sollte man dann nicht versuchen, möglichst viel Freude aus ihm ›herauszuschlagen‹?
Einige spirituelle Psychologien, wie beispielsweise die Yoga-Lehre, sehen gerade in diesem Versuch, Freude zu erringen und Schmerzen zu vermeiden, die eigentliche Ursache für die mißliche Lage, in der sich der Mensch befindet. Das Leben bringt zwangsläufig für jeden auch das eine oder andere Mißgeschick mit sich; wenn man auf sein Vergnügen aus ist und jeder Art von Schmerz und Unbehagen auszuweichen sucht, dann bekommen sowohl die Freude als auch der Schmerz ein stärkeres Gewicht. Da ein gewisses Maß an Schmerzen für uns unvermeidlich ist, läßt uns das Bedürfnis, ihnen auszuweichen, keine Ruhe; es zwingt uns dazu, uns ständig irgendwelchen Illusionen hinzugeben. Die spirituellen Psychologien betonen, daß wir lernen müssen, unsere Einstellung gegenüber dem Schmerz und der Freude zu ändern, und/oder daß wir den Schmerz ganz bewußt erleben müssen, denn er ist der Keim unserer Erfahrungen, unserer persönlichen Reifung.

Postulat: Das Universum ist rauh, gleichgültig und teilnahmslos.

Hier könnte es sich zumindest teilweise um eine moderne Version des weitverbreiteten christlichen Glaubens handeln, daß alle Materie im Prinzip etwas Böses und eine Versuchung ist, die uns von Gott fernhält. Wenn das Universum wirklich sinn- und ziellos ist, wie können wir dann irgendwelche Verbindung mit ihm haben – ausgenommen die eine, daß wir versuchen, den Katastrophen auszuweichen, die uns von dorther drohen? Und mit Sicherheit können wir nicht erwarten, daß das Universum uns gegenüber sich anders verhält als gleichgültig und teilnahmslos: Den Menschen bleibt nichts anderes übrig, als sowohl für ihren Unterhalt als auch für ihre Freude und ihr Vergnügen – einzeln und in Gruppen – selbst zu sorgen.

Die spirituellen Psychologien mögen zwar die Auffassung teilen, daß es im Universum rauh zugeht, aber es ist nach ihrer Ansicht nicht völlig gleichgültig und teilnahmslos. Härte und Rauheit kann man auch als Recht und Gerechtigkeit sehen. Insofern wir wichtige Bestandteile eines sich entwickelnden, aus Wechselbeziehungen bestehenden Universums sind, können wir aus ihm Lehren empfangen, wenn wir nur darauf achten. Das Universum kann in der Tat durchaus reaktionsbereit sein, wobei unsere spirituelle Seinsebene verschiedene ihr entsprechende Vorgänge auf sich zieht. Das kommt vor allem in Gurdjieffs Psychologie zum Ausdruck, und zwar auf eine Art und Weise, die man entweder als wundervoll oder als erschreckend bezeichnen kann. Die Vorstellung ist die, daß die spirituelle Seinsebene eines Menschen in sein Leben hineinwirkt, daß das Universum auf ›Gebete‹ reagiert, und zwar in dem Sinne, daß das, was man herbeiwünscht, außerphysikalische Kräfte freisetzt, die die Tendenz zeigen, die gewünschte Erfüllung auch physikalisch herbeizuführen. Nach Gurdjieffs Auffassung besteht das Hauptproblem darin, daß wir psychisch so gestört sind und so viele in sich widersprüchliche und zerstörerische Wünsche haben, daß deren Erfüllung sich sehr unangenehm auswirken könnte.

Postulat: Es ist unsere Aufgabe, das Universum zu erobern.

Dieses Postulat scheint sich aus den eben dargestellten Anschauungen über die Natur des Universums und über den Platz und die Funktion des Menschen in diesem Universum zu ergeben. Wenn wir unser Überleben sicherstellen sowie ein Höchstmaß an Freude und ein Mindestmaß an Schmerz erleben wollen, müssen wir das Universum als ein rauhes und teilnahmsloses Gebilde ansehen, das wir nach unseren Bedürfnissen – oder was wir dafür halten – gestalten müssen. Dieses

Postulat ist so weit verbreitet, daß es meiner Meinung nach schwerfallen wird, einzusehen, wie negativ es unser Verhalten bestimmt. Ist unser Land [die USA!] nicht gerade dadurch groß geworden, daß es die rauhe Wildnis ebenso bezwungen hat wie die in ihr lebenden Wilden? Ist nicht die Eroberung des Weltraumes das große Abenteuer des Menschen?
Die spirituellen Psychologien glauben, daß wir dazu da sind, zu begreifen, welches unser Platz im Universum ist, und, sobald wir das begriffen haben, unsere Aufgabe in ihm auf harmonische Weise zu erfüllen; es ist jedoch nicht unsere Aufgabe, den Versuch zu unternehmen, das Universum so zu gestalten, daß es mit dem übereinstimmt, was wir – in unserer begrenzten Sicht – als für uns gut und zuträglich erachten.

> *Postulat:* Wir stellen die bei weitem höchste Form von Leben auf Erden dar, und wir sind vermutlich das einzige intelligente Lebewesen im gesamten Universum.

Dies ist ein unglaublich arrogantes Postulat, trotzdem führen wir es ständig im Munde. Man kann wohl sagen, daß es für unseren Planeten zutrifft, denn wir besitzen die Macht, jedes andere Leben zu vernichten. Ich erinnere mich noch, wie stark ich von John Lilys Buch *»The Mind of the Dolphin«* (1967) beeindruckt war, in dem er schreibt, die Delphine seien möglicherweise noch intelligenter als wir Menschen, da ihr Gehirn eine riesige Menge von Informationen speichern und verarbeiten kann; ihre Intelligenz habe jedoch eine uns fremde Form, da sie dem Leben im Meere angepaßt sei. Ich habe mit vielen Kollegen über diesen Gedanken gesprochen und festgestellt, daß praktisch niemand ihn ernst nehmen wollte. Schließlich handelt es sich bei den Delphinen ja um Tiere, sie besitzen keine Werkzeuge, und wenn sie wirklich so klug sind, warum versuchen sie dann nicht, mit *uns* Kontakt aufzunehmen?
Die spirituellen Psychologien postulieren allesamt, daß es Wesen gibt (es handelt sich in der Regel um nichtkörperliche Wesen, aber auch außerirdische Wesen werden für möglich gehalten), die weit intelligenter und in vielfacher Hinsicht auch höher entwickelt sind als wir; sie sind beispielsweise wahrhaft von Liebe und Mitgefühl erfüllt oder sehr mächtig. Wir können in manchen Fällen durch den psychischen Kontakt zu derartigen Wesen sicher etwas lernen. Vor allem weisen

die spirituellen Psychologien nachdrücklich darauf hin, wie sehr wir dazu neigen, uns Illusionen hinzugeben, statt von der Intelligenz, die wir besitzen, wirklich Gebrauch zu machen.

Bemerkenswert ist auch, daß aus dem Postulat, wir selbst seien die klügsten Wesen, die es überhaupt gibt, natürlich folgt, daß uns niemand helfen kann: Wir sind völlig auf uns selbst gestellt. Dagegen betonen die spirituellen Psychologien, daß wir zwar ungeheure Anstrengungen unternehmen müssen, daß wir aber auch Hilfe zu erwarten haben.

Postulat: Die niederen Organismen existieren zum Nutzen des Menschen.

Da wir die klügsten Wesen im sinn- und ziellosen Universum sind, werden egoistischer Ausbeutung anderer Organismen ausschließlich aus wirtschaftlichen und ökologischen Gründen Grenzen gesetzt, das heißt, wir überfordern und zerstören das ökologische System nur deshalb nicht, damit wir in der Folge nicht darunter leiden müssen. Es gibt aber keinen inneren Grund dafür, die anderen Kreaturen nicht auszubeuten; praktisch ist es so, daß in unserer Kultur viele davor zurückschrecken, *persönlich* ein Tier zu töten oder ihm bewußt Schmerz zuzufügen, aber es gibt in uns selbst keinen zwingenden Grund dafür, alle anderen Lebewesen nicht auf eine möglichst wirkungsvolle Weise auszubeuten.

Die spirituellen Psychologien setzen voraus, daß der Mensch gegenüber den niederen Lebensformen die gleichen Verpflichtungen besitzt wie gegenüber den höheren. Der Mensch muß seine Funktion in einem allumfassenden, sich ständig weiterentwickelnden, ein Netz von Beziehungen bildenden Universum erkennen und erfüllen, und er darf seine Rolle nicht willkürlich nach seinen Wünschen definieren, beispielsweise so, daß es ihm zustehe, einen möglichst hohen Profit aus ihr herauszuschlagen.

Postulate über die Natur des menschlichen Bewußtseins

Postulat: Nur menschliche Wesen haben ein Bewußtsein.

Nach Ansicht der meisten Psychologen handelt es sich bei allen anderen Lebewesen, selbst bei den höheren Tieren, im Prinzip um Organismen, die nach angelernten oder angeborenen Verhaltensmustern mechanisch auf Reize reagieren, im Grunde könnte man mit Hilfe eines Computerprogramms das Verhalten jedes einzelnen Tieres simulieren. Nach ihrer Ansicht hat allein der Mensch ein Bewußtsein, und zwar in dem Sinne, daß er sich nicht nur seiner selbst bewußt ist, sondern auch der Reize, die auf ihn einwirken. Von hier aus läßt die Ausbeutung der anderen oben erwähnten Lebewesen sich rechtfertigen, denn da diese über kein Bewußtsein verfügen, sind sie auch nicht leidensfähig, ganz gleich, was wir ihnen auch antun. Dieses orthodoxe Postulat, daß nur die Menschen ein Bewußtsein haben, hängt eng zusammen mit der Annahme, wir seien die bei weitem klügsten Geschöpfe auf diesem Planeten.

Die spirituellen Psychologien haben im allgemeinen die Vorstellung, daß auch die höheren (nichtkörperlichen) Geschöpfe ein Bewußtsein besitzen, und diese Psychologien schreiben häufig selbst den niederen Organismen verschiedene – allerdings sich vom menschlichen Bewußtsein unterscheidende – Bewußtseinsformen und -grade zu. Hierzu ist beispielsweise ein kollektives Bewußtsein innerhalb einer gewissen Spezies zu rechnen, deren Glieder kein voll ausgebildetes Einzelbewußtsein besitzen. Wenn man davon ausgeht, daß das, was man als ›Bewußtsein‹ bezeichnet, in einer Vielzahl von Lebewesen vorhanden sein kann, dann lohnt es sich durchaus, das Bewußtsein als allumfassendes Prinzip zu studieren; geht man dagegen von der Voraussetzung aus, daß ausschließlich menschliche Wesen ein Bewußtsein besitzen, dann handelt es sich hier eher um ein spezielles Problem, um das man sich nicht so bemühen muß wie um ein allgemeineres Begreifen der Welt.

Postulat: Der Mensch besitzt ein Bewußtsein.

Man geht von der Voraussetzung aus, daß alle normalen menschlichen Wesen ein bestimmtes Bewußtsein haben, das heißt, daß sie sich, während sie etwas wahrnehmen, ihrer besonderen Identität bewußt sind und daß sie über ihre Wahrnehmungen nachdenken und bestimmte Willensentscheidungen treffen. Eine Variante dieser stillschweigend akzeptierten Voraussetzung ist die, daß ich selbst ein Bewußtsein habe, daß ich aber andere Menschen so behandle, als seien diese Automaten ohne eigenes Bewußtsein; allerdings wird eine derartige Einstellung stets vertuscht, weil sie für den, der sie vertritt, unangenehme Folgen haben könnte. Er mag sich ihrer unter Umständen auch gar nicht recht bewußt sein.

Einige spirituelle Psychologien stellen dieses Postulat ernsthaft in Frage; sie behaupten, daß der Zustand, den wir als das gewöhnliche Bewußtsein bezeichnen, überhaupt nicht jene Qualitäten besitzt, die wir dem Bewußtsein im Prinzip zuschreiben; sie bestreiten etwa, daß man sich seiner selbst bewußt ist, die auf einen einwirkenden Reize wahrnimmt und eine freie Willensentscheidung darüber trifft, wie man auf einen bestimmten Reiz reagieren wird. So stellt beispielsweise Gurdjieff (Kapitel 7) einfach fest, daß der gewöhnliche Mensch überhaupt kein Bewußtsein besitzt – es handelt sich bei ihm vielmehr um einen Automaten, der von seiner Umwelt vollständig auf mechanische Reaktionen programmiert ist; außerdem ist er sich seiner selbst auch nicht als einer besonderen Wesenheit bewußt, und er reagiert nicht mit einer freien Willensentscheidung, obschon die innere Möglichkeit dazu gegeben ist. Andere spirituelle Psychologien beschreiben im allgemeinen den gewöhnlichen Bewußtseinszustand des Menschen als einen Zustand, der von Illusionen und Tagträumen beherrscht wird, aber sie betonen ausdrücklich, daß ein echtes Bewußtsein durchaus vorhanden sein kann. Das Postulat, daß man ein Bewußtsein besitzt, läßt sich besonders schwer in Frage stellen. Gurdjieff stellte fest, daß Menschen, die man beschuldigt, sich ihrer selbst nicht bewußt zu sein, tatsächlich für einen Augenblick lang bewußt reagieren, nämlich während sie diese Anschuldigung entrüstet bestreiten; danach fallen sie jedoch nahezu sofort in ihre Träume zurück und verlieren wieder das Bewußtsein ihrer selbst. Nur längere Versuche, das eigene Bewußtsein zu beobachten, beweisen dem Menschen, daß er fast immer vergißt, sich selbst zu beobachten; man verliert sich unmittelbar nach dem Beginn einer derartigen Selbstbeobachtung wieder aus dem Auge, sobald man in seinen gewöhnlichen Zustand, in dem man nur ein geringes oder überhaupt kein Bewußtsein seiner selbst hat, zurückfällt.

Postulat: Das Bewußtsein ist ein Produkt der Gehirntätigkeit, und daher ist die Tätigkeit des Bewußtseins identisch mit der Gehirntätigkeit.

Der wissenschaftliche Terminus hierfür heißt »psychoneurale Identitäts-These«. Da die Wirklichkeit letztlich physikalischer Natur ist, muß auch das Bewußtsein selbst ein Produkt physikalischer Prozesse sein. Seine Komplexheit und Subtilität sind Ausdruck komplizierter Strukturen neuraler Abläufe innerhalb des Gehirns und bis zu einem gewissen Grade auch innerhalb des Nervensystems im allgemeinen. Darauf stützt sich das Postulat der orthodoxen Psychologie des Westens, daß jeder von uns ganz allein dasteht: Da das Bewußtsein eine Funktion der Tätigkeit des Nervensystems ist und da die Nervensysteme nicht miteinander verbunden sind, sind wir dazu verurteilt, für immer allein zu bleiben (zumindest so lange, bis es einem Superchirurgen der Zukunft gelingt, die Nervensysteme miteinander zu verbinden).
Die spirituellen Psychologien behandeln Gehirn und Nervensystem im allgemeinen als ein *Instrument* des Bewußtseins, aber sie klassifizieren das Bewußtsein als einen Faktor, der ebenso real ist wie die Materie. Vor vielen Jahren hat William James argumentiert, es gebe kein logisch schlüssiges Verfahren, mit Hilfe von Beobachtungen festzustellen, ob das Bewußtsein durch das Gehirn *geschaffen* oder vermittelt wird. Wenn man das Bewußtsein nicht mit der Gehirntätigkeit identifiziert, ist der bedeutsame Schluß der, daß das Bewußtsein, unabhängig davon, inwieweit seine Tätigkeit vom Gehirn beeinflußt wird, doch unabhängig von diesem existieren könnte. Es gibt mittlerweile ausgezeichnetes wissenschaftliches Beweismaterial für diese Hypothese, und zwar einmal durch Rückgriff auf Phänomene der außersinnlichen Wahrnehmung und zum anderen auf direktem Wege durch Erlebnisse des Austretens aus dem Körper (out of – the body experiences), wie sie in Kapitel 3 erörtert werden.

Postulate über veränderte Bewußtseinszustände

Postulat: Bei den veränderten Bewußtseinszuständen handelt es sich ganz einfach um eine vorübergehende Abwandlung der Gehirnfunktion.

Entsprechend der Annahme, daß das gewöhnliche Bewußtsein mit der Gehirnfunktion identisch ist, betrachtet man jede radikal andere Funktionsweise – einen veränderten Bewußtseinszustand – auch als eine andersartige Funktionsweise des Nervensystems. Zwar schließen die Erfahrungen im veränderten Bewußtseinszustand auch jene Vorgänge ein, die wir als mystisch oder paranormal bezeichnen – wie beispielsweise den Kontakt zu höheren Wesen, telepathische Interaktion oder die Vorhersage der Zukunft –, aber all diese Vorgänge werden als illusorisch angesehen, da sie physikalisch unmöglich bzw. nicht nachprüfbar sind. So kann beispielsweise ein Mensch in einem veränderten Bewußtseinszustand etwas erleben, das wir etwa als ›spirituelle Wahrheit‹ bezeichnen würden, trotzdem besteht jedoch die orthodoxe Psychologie darauf, daß die Realität dieser Erfahrung nicht erwiesen sei – es zeige sich nur, auf wie ungewöhnliche Weise das Gehirn im veränderten Bewußtseinszustand funktionieren kann.

Nach Auffassung der spirituellen Psychologien ist das Gehirn in erster Linie ein *Übermittler* von Bewußtseinszuständen; daher können auch die veränderten Bewußtseinszustände etwas völlig anderes bedeuten als eine bloße Abwandlung der Gehirnfunktion. Es kann sich dabei um das Wirksamwerden neuer psychischer Möglichkeiten handeln (die ihrem Wesen nach nicht physischer Natur sind), und es kann sich um eine Intervention oder um ein Geschenk höherer Mächte handeln oder aber um eine Lockerung bzw. Veränderung der gewöhnlichen Beziehung zwischen Geist und Körper, so beispielsweise, wenn der Geist sich vorübergehend ganz oder teilweise vom Körper loslöst. Man sollte daher die aus der Erfahrung in veränderten Bewußtseinszuständen gewonnenen Befunde ernsthaft studieren und sie nicht einfach als bloße Verirrung abtun, die durch Funktionsstörungen verursacht werden.

Postulat: Unser gewöhnlicher Bewußtseinszustand ist im allgemeinen die anpassungsfähigste und rationellste Organisationsform unseres geistig-seelischen Bereichs, und dementsprechend handelt es sich bei allen veränderten Bewußtseinszuständen um minderwertige oder pathologische Abweichungen.

Es ist wirklich erstaunlich, wie weit verbreitet das Postulat ist, unser gewöhnlicher Bewußtseinszustand sei irgendwie der bestmögliche. Ich habe auf wissenschaftlichen Tagungen erlebt, daß alle möglichen Argumente sich darauf stützen, obschon das fast niemals ausdrücklich betont wurde. Ich versuche, einen eher konservativen psychologischen Standpunkt durchzusetzen, nämlich den, daß die ›Güte‹ bzw. die Qualität eines bestimmten Bewußtseinszustandes davon abhängt, bei wem dieser Zustand auftritt und welche spezielle Aufgabe man dieser Person zugedacht hat: So könnte sich beispielsweise der Zustand A bei einer bestimmten Person für bestimmte Dinge als sehr gut, jedoch für andere Dinge als sehr schlecht erweisen. Um nur *ein* konkretes Beispiel anzuführen: Es scheint klar, daß unser gewöhnlicher Bewußtseinszustand dem Zustand des Marihuana-Rausches einwandfrei überlegen ist, wenn man etwa damit beschäftigt ist, bei einer Abrechnung lange Zahlenkolonnen zusammenzuzählen. Wenn die Aufgabe aber lautet, man solle in ein Museum gehen und sich in den Anblick der Gemälde vertiefen, dann erweist sich nach den bisher vorliegenden Befunden für viele erfahrene Marihuana-Raucher der Zustand des Marihuana-Rausches unserem gewöhnlichen Bewußtseinszustand als entschieden überlegen (Tart, 1971). Was wir brauchen, ist eine in großem Maßstab durchgeführte Untersuchung darüber, welche Bewußtseinszustände welche Eigenschaften bei der Erfüllung verschiedener Aufgaben erkennen lassen, und nicht globale Feststellungen wie die, unser gewöhnlicher Bewußtseinszustand sei der schlechthin überlegene; da wir aber solche Untersuchungen noch nicht besitzen, geht nahezu jeder von der Annahme aus, sein gewöhnlicher Bewußtseinszustand sei der beste. Psychologen bekennen sich zwar verbal zu der Idee, es scheine ›kreative Zustände‹ zu geben, die dem Schaffen eines Genies förderlich sein könnten, aber hinsichtlich des Ausmaßes, in dem derartige ›kreative Zustände‹ ans Pathologische grenzen könnten, sind die Ansichten durchaus ambivalent. Zwar erkennen die spirituellen Psychologien an, daß es Bewußtseinszustände (wie z. B. Trunkenheit) gibt, die dem gewöhnlichen Bewußtseinszustand unterlegen sind, aber sie sind trotzdem überzeugt, daß viele veränderte Bewußtseinszustände – vor allem die intensiven mystischen Zustände – unserem gewöhnlichen Bewußtseinszustand eindeutig überlegen sind. Manche veränderten Bewußtseinszustände gelten häufig als notwendig für das Verständnis gewisser Aspekte des spirituellen Wegs, die wir in unserem gewöhnlichen Bewußtseinszustand nicht erfassen können. Das wurde bereits im Zusammenhang mit den veränderten Bewußtseinszuständen und den daran orientierten Wissenschaftsformen (Kapitel 1) eingehender erörtert. Wie die Auffassung, daß ein veränderter Bewußtseinszustand möglicherweise mehr ist als nur eine Veränderung in der Gehirnfunktion, so sollte uns auch dieser umfassende Gesichtspunkt der spirituellen Psychologien dazu ermutigen, uns einmal ernsthafter mit dem zu befassen, was Menschen in veränderten Bewußtseinszuständen erfahren und gelernt haben.

> *Postulat:* Eine Person, die spontan in veränderte Bewußtseinszustände hinüberwechselt, ist möglicherweise geisteskrank.

Man bezeichnet derartige Leute im allgemeinen als »schizoid«, was soviel heißen soll wie: nicht so verdreht, daß man sie als völlig schizophren bezeichnen könnte (eine ziemlich vage, dabei aber in der Diagnostik häufig verwendete Kategorie), daß sie aber mit Sicherheit ein wenig zu unnormal sind, als daß man ihnen trauen dürfte. Hat ein orthodoxer Psychologe des Westens einen Menschen erst einmal als ›schizoid‹ etikettiert, dann ist man nicht mehr genötigt, irgend etwas von dem, was er sagt, ernst zu nehmen. Bringt er ein schlagendes Argument gegen irgend etwas vor, woran man selber glaubt, dann zeigt das nur, wie clever doch solche Burschen in ihrer paranoiden Mentalität sind!
Dieses Postulat der orthodoxen Psychologie ist allerdings stark an unseren Kulturkreis gebunden: In vielen anderen Kulturen betrachtet man einen Menschen, der spontan in einen veränderten Bewußtseinszustand hinüberwechselt, als besonders begabt, und man läßt ihm eine ganz spezielle Ausbildung angedeihen, um ihm bei der Entwicklung seines Talents behilflich zu sein.
Wenn ein Psychologe gelegentlich selbst in einen veränderten Bewußtseinszustand gerät, ist er sehr darauf bedacht, das für sich zu behalten, um nicht seinen guten Ruf als Wissenschaftler zu gefährden. Die spirituellen Psychologien sind spontan auftretenden veränderten Bewußtseinszuständen gegenüber entschieden aufgeschlossener. Ein solcher Vorfall *kann* für sie ein Grund sein, daß ein Mensch erhebliche

Anpassungsschwierigkeiten hat, es kann sich dabei aber auch um eine Naturanlage (oder um eine in einem früheren Leben erworbene Fähigkeit) handeln, die sich entwickeln läßt und die zu wichtigen spirituellen Erkenntnissen führen kann. Deshalb muß jeder Fall nach seiner individuellen Besonderheit beurteilt werden.

> *Postulat:* Auch das bewußte Herbeiführen von veränderten Bewußtseinszuständen gilt als ein Zeichen von psychopathologischer Veranlagung.

Setzt man das orthodoxe Postulat voraus, daß unser gewöhnlicher Bewußtseinszustand bereits der optimale Zustand für praktisch alle menschlichen Funktionen ist, dann fragt man sich natürlich, warum ein gesunder Mensch ganz bewußt versuchen sollte, sich in einen dem gewöhnlichen unterlegenen Bewußtseinszustand zu versetzen. Auch ein Psychologe, der – beispielsweise mit Hilfe der Meditation – ganz bewußt veränderte Bewußtseinszustände in sich wecken will, muß das tunlichst für sich behalten. Wer solche Zustände kultiviert, gerät allzuleicht in den Verdacht, er kokettiere mit einer Psychose, und das ließe zumindest darauf schließen, daß so jemand mit der Wirklichkeit nicht gut zurechtkommt und daher nach irgendeinem Ausweg suchen muß.
Das bewußte Herbeiführen von veränderten Bewußtseinszuständen ist natürlich eine Technik, die für viele spirituelle Wege von Bedeutung ist – allerdings nicht das Herbeiführen irgendeines beliebigen, sondern jeweils eines ganz bestimmten Bewußtseinszustands zu ganz bestimmten Zwecken und Zielen.

Postulate über die Beziehung zwischen Geist und Körper

> *Postulat:* Beim Körper handelt es sich um einen relativ passiven Regelkreis, der die Aufgabe hat, die Anordnungen des Nervensystems auszuführen.

Nach dem Postulat der orthodoxen Psychologie des Westens haben das Bewußtsein und die freie Willensentscheidung ihren Sitz im zentralen Nervensystem, und der Körper ist in erster Linie ein Instrument zur Ausführung der von diesen Kräften ausgehenden Weisungen. Ich selbst (mein Gehirn) denke und entscheide, mein Körper ist gewissermaßen nur mein Sklave. Ich muß natürlich dafür sorgen, daß er bekommt, was er braucht – wie ich es ja auch mit jedem guten Sklaven machen würde, damit er meine Anordnungen wirkungsvoll ausführen kann; außerdem sollte ich seine Fähigkeiten und seine Grenzen kennen, aber mit Sicherheit brauche ich ihn nicht wegen irgendwelcher zu fällenden Entscheidungen zu konsultieren.

Einige spirituelle Psychologien teilen bis zu einem gewissen Grade diese Auffasung, aber andere haben eine ganz andere Einstellung: Sie betrachten den Körper als eine Art Gehirn oder Bewußtsein eigener Art, das durchaus in der Lage ist, wichtige Informationen zu liefern und Entscheidungen zu fällen. Außerdem glaubt man in einigen spirituellen Disziplinen, wie beispielsweise dem Yoga, daß die Funktionsweise des Körpers einen tiefgreifenden Einfluß auf den geistig-seelischen Bereich hat. So handelt es sich beispielsweise bei den sogenannten *Mudras*, den symbolischen Hand- und Fingerstellungen, mit denen die Yogis häufig arbeiten, darum, daß sie einen bestimmten Geistes- bzw. Seelenzustand bewirken, und zwar als unmittelbare Folge einer bestimmten Körperhaltung. Diese Vorstellung hat offensichtlich auch im frühen Christentum schon eine wichtige Rolle gespielt. C. S. Lewis berichtet darüber auf ganz amüsante Weise in seinen »Dienstanweisungen an einen Unterteufel«, in denen er einen älteren Teufel einem jüngeren Ratschläge darüber erteilen läßt, wie man die Menschen am besten in Versuchung führen kann. Der alte Teufel macht dem jungen dabei klar, daß es wichtig sei, die Menschen glauben zu lassen, sie könnten es sich beim Beten ganz bequem machen, denn das würde sie davon abhalten, Haltungen einzunehmen, die ein Gebet in Wirklichkeit viel wirksamer machen.

Ich freue mich, feststellen zu können, daß die orthodoxe Fassade allmählich doch recht brüchig wird, und zwar aufgrund des in der humanistischen Psychologie und der transpersonalen Psychologie neu erwachenden Interesses am menschlichen Körper und seinem Einfluß auf die psychischen Funktionen.

Postulat: Der physische Körper ist der einzige, den wir besitzen.

Das erscheint absolut einleuchtend, aber in den spirituellen Psychologien nimmt man doch in dieser Frage ganz andere Positionen ein. Die meisten von ihnen postulieren, daß wir zumindest noch einen anderen, nichtphysischen Körper haben, der unserem physischen Körper ähnelt, dabei aber doch andersartige Fähigkeiten besitzt, darunter auch diejenige, den physischen Tod zu überleben. Andere spirituelle Psychologien gehen davon aus, daß wir mehrere Körper besitzen, die auf unterschiedlichen außerphysikalischen Ebenen existieren und einander auf mancherlei Weise beeinflussen. Andere glauben dagegen, daß wir möglicherweise nur unseren gewöhnlichen, physischen Körper haben, daß wir aber durch spirituelle Bemühungen andere Körper schaffen können, die in der Lage sind, den Tod zu überdauern. Ebenso wie viele spirituelle Psychologien den rein physischen Körper nicht nur als einen Servo-Mechanismus betrachten, sondern als einen aktiven Partner bei der Entwicklung unseres Bewußtseins, stellen sie sich auch diese nichtphysischen Körper nicht als etwas rein Passives vor.

Postulate über den Tod

Postulat: Der Tod ist das unausweichliche Ende des menschlichen Lebens.

Hier handelt es sich um etwas, an das wir nicht gern denken: Der Tod ist in der Psychologie ein Tabu; häufig findet man ihn nicht einmal als Stichwort in den Registern von Psychologiebüchern, ganz zu schweigen davon, daß dieses Thema etwa eingehend behandelt würde. Aber wir alle glauben daran, daß unser physischer Körper eines Tages so schlecht funktionieren wird, daß wir sterben müssen. Zwar mag die medizinische Wissenschaft in der Lage sein, das Leben zu verlängern, aber der Tod bleibt unausweichlich – trotz aller Science-fiction-Träume von einer durch die Medizin ermöglichten Unsterblichkeit.
Einige spirituelle Psychologien glauben jedoch, daß der Tod zwar unser allgemeines Schicksal ist, daß aber einige spirituell hochentwickelte Individuen möglicherweise in der Lage sein könnten, die Lebensvorgänge in ihrem Körper so zu verändern, daß sie eine Lebensspanne von Hunderten von Jahren oder sogar eine relative Unsterblichkeit

erlangen. Vor allem in einigen alchimistischen Traditionen – wie beispielsweise in der chinesischen – wird dies als ein Ziel hingestellt, das zu erreichen einigen der älteren Meister gelungen ist. Im allgemeinen vertritt man das Prinzip, daß man eine sehr stark verlängerte Lebensspanne bzw. eine relative Unsterblichkeit nicht mit Hilfe von medizinischen Mitteln erlangen kann, sondern durch die Kenntnis, Kontrolle und Ausgewogenheit der außerphysischen Energien, die die Essenz unseres Lebens ausmachen, normalerweise jedoch meist mißbraucht werden. Man muß allerdings hier festhalten, daß die Verlängerung des physischen Lebens nur dann für sinnvoll erachtet wird, wenn gleichzeitig auch eine entsprechende spirituelle Fortentwicklung stattfindet, und selbst dann mag sie nicht immer wünschenswert erscheinen.

Postulat: Der physische Tod bedeutet auch das endgültige Erlöschen des menschlichen Bewußtseins.

Da das Bewußtsein ein Nebenprodukt der elektrochemischen Funktionen des Gehirns und des Nervensystems ist, und da der Tod zugleich auch den vollständigen, irreversiblen Zusammenbruch des Nervensystems bedeutet, erlischt das Bewußtsein offensichtlich, sobald dieser Zusammenbruch einen ganz bestimmten Punkt überschritten hat, und es kann danach niemals wieder erwachen. Alles menschliche Bewußtsein, alles Streben, alle Freude und alles Leid sowie alle Suche nach dem Sinn des Lebens enden also mit dem Tod. Das ist keine sehr beglückende Aussicht, und wir denken auch meistens gar nicht an sie. Der Gedanke an den eigenen Tod wird in der Tat so verdrängt, daß viele Psychologen festgestellt haben, jeder Mensch handle so, als sei er unsterblich.
In den spirituellen Psychologien gehen die Vorstellungen über den Tod weit auseinander. Der klassische Buddhismus hält beispielsweise eine Spekulation darüber, ob das Bewußtsein den Tod überdauere oder nicht, für völlig überflüssig: Es kommt ihm nur darauf an, geistige Erleuchtung hier und jetzt zu erlangen, denn das ist die einzige Zeitspanne, die wirklich zählt. Die meisten spirituellen Psychologien postulieren jedoch, daß irgend etwas im Menschen den physischen Tod überdauert. Dieses »Etwas« kann in einigen Systemen durchaus Bewußtsein und persönliche Identität beibehalten, in anderen Systemen kann es aber auch etwas Grundlegendes und we-

niger Persönliches sein. Andere spirituelle Psychologien, wie etwa diejenige von Gurdjieff, nehmen an, daß es im allgemeinen ein Überleben des individuellen Bewußtseins nicht gibt, daß es aber mit Hilfe ausreichender spiritueller Bemühungen doch herbeigeführt werden kann. Viele postulieren, daß das, was überlebt, nicht die Individualität eines Menschen ist. Das gilt vor allem für die Idee der Reinkarnation; danach wird in irgendeiner Tiefe des menschlichen Seins im Lauf einer bestimmten Lebensspanne etwas gelernt, oder man versäumt es, wichtige Lehren aus ihr aufzunehmen; die Folge davon ist, daß sich in einem späteren Leben zeigt, ob man in seinem früheren Leben bestimmte Lektionen gelernt hat oder nicht. Daß das Annehmen oder Nichtannehmen von Lehren in früheren Leben für spätere Leben Folgen hat, ist der Grundgedanke der Lehre vom Karma; er beruht auf dem Gesetz von Ursache und Wirkung.

Der Leser mag sich inzwischen in der Meinung bestätigt sehen, daß es sich hier zwar um interessante Vorstellungen handelt, daß wir aber offensichtlich nur eine einzige Lebensspanne besitzen und daß es sich bei den verschiedenen Postulaten der westlichen orthodoxen Psychologie um einfache Feststellungen von Tatsachen handelt. Das aber sind sie nun gerade nicht; vielmehr handelt es sich um Theorien über den Sinn des Lebens. Für einige von ihnen gibt es handfestes empirisches Beweismaterial, das sie als nützliche empirische Theorien ausweist, aber ich möchte Sie noch einmal fragen: Inwieweit haben Sie diese Anschauungen einfach deshalb passiv akzeptiert, weil sie Ihnen in dieser Form beigebracht wurden und weil sie von der Gesellschaft akzeptiert werden, und inwieweit haben sie andere Theorien tatsächlich selbst auf ihre Richtigkeit hin überprüft? Haben Sie beispielsweise im Hinblick auf das Problem der Reinkarnation tatsächlich irgendeine der wissenschaftlichen Abhandlungen über Fälle gelesen, in denen von Rückerinnerungen an vorausgegangene Inkarnationen berichtet wurde, wie etwa in Stevensons ausgezeichneter Sammlung von 1966? Haben Sie sich tatsächlich einmal mit den parapsychologischen Studien über Medien befaßt, die den Anspruch erhoben, ganz spezifische Botschaften von verstorbenen Personen übermitteln und damit das kontinuierliche Fortbestehen ihrer Identität beweisen zu können? In den Annalen der Parapsychologie liegen darüber ausführliche Berichte vor.

Weder das Überleben des physischen Todes noch die Reinkarnation konnte von den wenigen Forschern, die diese Phänomene wissenschaftlich untersucht haben, ausreichend »bewiesen« werden, aber es ist genug überzeugendes Beweismaterial dafür zusammengetragen worden, daß diese Frage noch offenbleiben und nicht *a priori* aufgrund von Postulaten automatisch als gelöst betrachtet werden sollte. Mag manches für die Beweisbarkeit aller, vieler oder etlicher der verschiedenen Postulate der orthodoxen Psychologie des Westens sprechen, sie alle können wiederum durch den einen oder anderen Beweis in Frage gestellt werden, und ich darf Sie daher nochmals an die Tatsache erinnern, daß wir solche Annahmen, statt ihren hypothetischen Charakter festzustellen, unter die Bewußtseinsschwelle absinken und zu stillschweigend akzeptierten Postulaten werden lassen, und daß sie dadurch eine ungeheure Macht über uns alle ausüben.

Postulate über die Persönlichkeit

Postulat: Die Persönlichkeit ist das, was ein Individuum zu etwas Einmaligem macht, ihm zu Erfahrungen und zu dem Gefühl verhilft, daß sein Leben lebenswert ist, und sie ist das, was ihm Identitätsbewußtsein gibt.

Die ›Persönlichkeit‹ ist ein Zentralthema der westlichen Psychologie: Es geht dabei um die Einzigartigkeit jedes Individuums und um das Gefühl, daß man ein einmaliges Geschöpf und nicht Teil einer gesichtslosen Masse ist. Zur Persönlichkeit gehören nach dieser Auffassung bestimmte innerhalb eines längeren Zeitraums entwickelte Fähigkeiten, Anschauungen, Erinnerungen, Verhaltensweisen, Glaubensvorstellungen und Emotionen, die dem Erfahrungsbereich eines Menschen eine gewisse Konsistenz verleihen – eine Konsistenz, die diese Persönlichkeit auch in den Augen anderer hat, so daß sie ihn zu kennen behaupten. Wenn wir, wie so oft, feststellen, ein bestimmter Mensch sei keine ›Persönlichkeit‹, wollen wir sagen, er besitze keine (positiven) charakteristischen Merkmale, die ihn von anderen Menschen unterscheiden.
Als Konsequenz eines derartigen Postulats versuchen wir unsere Persönlichkeit zu entwickeln und jene Eigenschaften auszubilden, zu stärken und zu vervollkommnen, von denen wir annehmen, daß sie uns unsere ganz persönliche Eigenart verleihen. Feststellungen wie:

»Er ist wirklich eine Persönlichkeit« gelten in unserer Gesellschaft häufig als ein ganz besonderes Kompliment.
Die spirituellen Psychologien messen jedoch diesem Interesse an der Persönlichkeit und ihrer Entfaltung entweder eine geringere Bedeutung bei, oder sie betrachten es sogar als ein ernsthaftes Hindernis auf dem Wege zur spirituellen Entwicklung. Die Persönlichkeitsebene wird allgemein als eine untere Entwicklungsstufe angesehen, und mehr und mehr Energie auf ihre Entfaltung zu verwenden gilt als eine Ablenkung von den eigentlichen spirituellen Zielen des Menschen. Die meisten spirituellen Psychologien sprechen von einem tieferliegenden »Selbst«, von einem Wesenskern oder von einer Seele, die hinter der relativ oberflächlichen Fassade der realen Persönlichkeit liegt und die die Quelle der Sehnsucht des Menschen nach wachsender Spiritualität ist, ja sie selbst ist das, was eigentlich wächst und sich entfaltet. Einige spirituelle Disziplinen, wie beispielsweise die mönchischen, bemühen sich ganz bewußt um Verringerung der Persönlichkeitsmerkmale, während andere betonen, daß man nicht allzusehr an ihnen hängen soll. Diese Auffassungen führen natürlich dazu, daß die psychischen Energien in eine Richtung gehen, die sich von der im Westen verfolgten wesentlich unterscheidet.

Postulat: Sich als Persönlichkeit zu fühlen und seine Identität zu finden ist lebenswichtig, und ihr Verlust ist Ausdruck einer Psychopathie.

Mit dem Begriff ›Depersonalisation‹ (Entpersönlichung) beschreibt man psychische Störungen, und ein spürbares Schwinden des persönlichen Identitätsgefühls gilt im allgemeinen als pathologisch, es sei denn, ein Mensch identifiziere sich weitgehend mit einer ›guten Sache‹, d. h. mit einer Sache, die wir billigen – dann nämlich betrachten wir das als gesundes Zeichen für die Hingabefähigkeit der betreffenden Person. Wenn dagegen einer unserer Freunde sagt: »Ich weiß nicht recht, wer ich eigentlich bin, ich habe Zweifel an meiner Identität«, neigen wir eher dazu, ihn zum Psychiater zu schicken.
Bestimmte Fälle von Veränderungen der persönlichen Identität können auch nach Ansicht der spirituellen Psychologien pathologischer Natur sein, aber sie glauben darin auch ein Zeichen dafür erkennen zu können, daß der Betreffende seine Identität mit Recht in Frage stellt – und zwar weil das eine notwendige Voraussetzung für eine

spirituelle Weiterentwicklung ist. Solange jemand seine oberflächlich-äußerliche Identität akzeptiert – d. h. die Persönlichkeit, die er aufgrund seiner Erziehung und der Zugehörigkeit zu einem bestimmten Kulturkreis geworden ist –, versäumt er es, seinem tieferen Selbst die erforderliche Aufmerksamkeit zuzuwenden. Es gibt Meditationstechniken, bei denen man sich immer wieder fragen muß: »Wer bin ich?«, um dann jede Antwort darauf immer intensiver in Frage zu stellen. In spirituellen Erlebensweisen höheren Grades verschwindet die persönliche Identität vorübergehend ganz und gar, wenn sich der betreffende Mensch der Überlegenheit der spirituellen Kräfte oder Wesenheiten bewußt wird und sich mit ihnen identifiziert. Kann man sich vom Gefühl seiner persönlichen Identität nicht lösen, dann wird das häufig als Scheitern in einer spirituellen Disziplin angesehen. Nach tiefgreifenden mystischen Erlebnissen – in denen es zu einer Vereinigung mit den höchsten Ebenen des Universums kommt – kann die Persönlichkeit im Leben des betreffenden Menschen später wieder in Erscheinung treten, aber jetzt eher als eine Sammlung von weniger bedeutenden Merkmalen, als persönlicher Stil oder Ausdrucksmodus; sie ist nicht mehr der Wesenskern des betreffenden Menschen, der jetzt Kontakt zu etwas viel Tieferem hat und sich mit ihm identifiziert.

Postulat: Die Entwicklung der Persönlichkeit ist beim erwachsenen Menschen im wesentlichen beendet und abgeschlossen; eine Ausnahme bilden Neurotiker und Geisteskranke.

Zwar sehen wir, daß die Menschen spezielle Kenntnisse und Fertigkeiten ihr Leben lang erwerben können, aber wir gehen doch davon aus, daß die Grundstruktur ihrer Persönlichkeit schon beim jüngeren Erwachsenen relativ vollständig ausgebildet ist. Nehmen wir eine durchschnittliche Lebensdauer von etwas mehr als sechzig Jahren, dann dient etwa das erste Drittel dem Erwerb der grundlegenden psychischen Fähigkeiten und Einstellungen; das weitere Leben verbringen wir in diesem einmal abgesteckten Rahmen. Wir können als reife Menschen sicherlich noch daran arbeiten, unsere äußere Umgebung zu verändern und zu entwickeln, aber unser psychisches Wachstum ist abgeschlossen, und die Grundzüge unserer Persönlichkeit sind bereits ziemlich starr festgelegt und lassen sich nicht mehr verändern – es sei denn im Falle von Neurotikern, die eine in ihrem ersten Lebensdrittel fehlgeleitete oder versäumte Entwicklung berichtigen

bzw. nachholen müssen. Man kann auch sagen: Wenn wir erwachsen sind, dann sind wir unserer Meinung nach auch reif.
Die spirituellen Psychologien vertreten demgegenüber allesamt die Auffassung, daß die Entwicklung mit dem Erwachsensein keineswegs abgeschlossen ist, sondern daß die Erziehung zu einem angemessen funktionierenden Mitglied der menschlichen Gesellschaft zunächst eine Art vorbereitender Grundausbildung darstellt, nach der dann die eigentliche spirituelle Entwicklung beginnt. Die Persönlichkeit sollte nicht auf diesem relativ seichten, von der kulturellen Umwelt bestimmten Niveau stehenbleiben; das einzelne Individuum sollte vielmehr dazu übergehen, im Verlauf seiner spirituellen Entfaltung Kontakt mit immer tieferen Schichten seines Inneren aufzunehmen. Das Ziel ist hier eine lebenslange Höherentwicklung. Die Vorstellung, Erwachsensein bedeute Reifsein, ist einfach lächerlich. Entwicklung und inneres Wachstum hören auch nicht zwangsläufig mit dem Ende unseres *einen* Lebens auf. Das innere Potential des Menschen ist so unendlich viel größer als das, was ein Erwachsener in die Anpassung an seine jeweilige soziale Umwelt investiert hat, daß das Kunststück dieser Anpassung nicht sehr hoch zu bewerten ist.

Postulat: Als gesund ist eine Persönlichkeitsentwicklung anzusehen, die es dem Individuum gestattet, sich einer sozialen Umwelt anzupassen.

An diesem Postulat hält man weiterhin fest, solange es sich um den eigenen Kulturkreis handelt; wir stellen es hingegen immer dann in Frage, wenn ein Individuum sich einer sozialen Umwelt anpaßt, die uns nicht behagt. So hält beispielsweise der orthodoxe amerikanische Psychologe jemanden, der sich den kulturellen Verhältnissen in Amerika vollständig angepaßt hat, für wirklich gesund, nicht aber einen Nationalsozialisten, obwohl dieser sich auch ›angepaßt‹ verhalten hat. Die Wissenschaftler versuchen, über die verschiedenen Kulturen keine Werturteile zu fällen, da dies angeblich ihrer Objektivität widerspräche, aber wir alle tun das trotzdem. Das Postulat der Anpassung paßt zu der Vorstellung, daß wir nur ein einziges Leben zu leben haben, das mit dem physischen Tod beendet ist; daher bietet uns die Anpassung an die soziale Umwelt einwandfrei die beste Möglichkeit, ein Maximum an Vergnügen und ein Minimum an Leid aus unserem Leben herauszuholen.

Die spirituellen Psychologien gehen dagegen von einer viel umfassenderen Perspektive aus; sie betrachten die Anpassung an die jeweilige Gesellschaft nicht als eine besonders hoch zu bewertende Leistung; wenn ein Kulturkreis an Theorien festhält, die sich als übel oder illusorisch erwiesen haben, dann sollte jemand, der wirklich eine spirituelle Höherentwicklung anstrebt, sich dieser Umwelt mit Bestimmtheit *nicht* anpassen, allenfalls mag er es zum Schein tun, um Widerständen und Schwierigkeiten aus dem Weg zu gehen, die seine auf die spirituellen Ziele ausgerichteten Energien schwächen würden. Ein altes sufistisches Sprichwort gibt diese Einstellung der spirituellen Psychologien recht gut wieder: »In der Welt, aber nicht von ihr.«

Postulat: Ein normaler Erwachsener vermag sich selbst – seine Persönlichkeit – ziemlich weitgehend zu erkennen.

Hier besteht bei den orthodoxen Psychologen des Westens ein inhärenter Widerspruch; denn theoretisch vertreten viele von ihnen die Auffassung, daß wir uns über uns selbst nicht sehr klar sind, aber in der Praxis erwarten sowohl sie als auch wir, daß andere Menschen sich selbst einigermaßen gut kennen und die Verantwortung für sich übernehmen können, und wir handeln auch in Übereinstimmung mit diesem Postulat. Wenn es sich bei einem normalen Erwachsenen um jemanden handelt, der etwas von Psychotherapie versteht, vielleicht sogar Psychologe oder Psychiater ist, dann erwarten wir von ihm, daß er sich selbst einigermaßen gut kennt.
Den Menschen als Persönlichkeit zu begreifen halten die spirituellen Psychologien – sei es, daß der einzelne sich selbst so sieht oder daß ein Psychologe sich mit diesem Thema beschäftigt – für eine relativ belanglose und häufig verzerrende Deutung einer nicht allzu wichtigen menschlichen Funktionsebene. Viele spirituelle Psychologien betonen immer wieder, daß die Menschen und ihre Gesellschaft in einer Welt von Illusionen leben, in denen sie sich wechselseitig bestärken, und daß ihre Selbst- wie ihre Menschen-›Kenntnis‹ innerhalb dieser Welt von Illusionen zwangsläufig zumeist illusorischer Natur sind. Da ein dieser illusorischen Welt angemessenes Verhalten systematisch gefördert wird, da die meisten von uns dazu neigen, das Vergnügen zu suchen und dem Leid auszuweichen, besteht eine starke Tendenz, unsere Illusionen und unser Weltverständnis nicht in Frage zu stellen; daher tun das auch nur sehr wenige Menschen. Für den spiri-

tuellen (und auch für den wissenschaftlichen) Fortschritt wäre es jedoch von entscheidender Bedeutung, sowohl das allzu Offensichtliche in Frage zu stellen, als auch das, was nach einem allgemeinen Konsensus von der Gesellschaft als Realität angesehen wird.

> *Postulat:* Bei normalen Erwachsenen ist die Persönlichkeit relativ einheitlich strukturiert.

Wir setzen voraus, daß eine bestimmte Person in sich selbst eine gewisse Konsistenz besitzt und daß es sich bei ihr um *eine* Person mit verschiedenen Merkmalen, Charakterzügen usw. handelt. So trägt man ja auch nur *einen* Namen, und man impliziert damit, daß man wirklich eine einzige Person ist, wenn auch mit einer breiten Skala von Stimmungen und Empfindungen. Menschen, in deren Persönlichkeit sich erhebliche Widersprüche feststellen lassen, bezeichnet man als neurotisch. In den seltenen Fällen einer ›multiplen Persönlichkeit‹ fügen sich verschiedene Charakterzüge traubenartig (also ähnlich wie die Bewußtseinszustände) zusammen, und ein solcher Mensch gibt sich verschiedene Namen; solche Fälle gelten jedoch als völlig anormal.
Einige der spirituellen Psychologien stellen diese Auffassung ernsthaft in Frage. So haben wir beispielsweise nach Gurdjieffs Theorie eine Reihe von ›Unterpersönlichkeiten‹, von denen sich jede einzelne als ›Ich‹ bezeichnet, wenn sie durch entsprechende Umweltreize aktiviert wird, aber wir besitzen keine in sich geschlossene Persönlichkeit – ausgenommen in dem Sinn, daß all die verschiedenen ›Unterpersönlichkeiten‹ dem gleichen physischen Körper und dem gleichen Namen zugeordnet werden. In vielen spirituellen Psychologien besteht ein ganz wesentliches Entwicklungsstadium darin, daß wir uns der Widersprüche in uns selbst bewußt werden (so beispielsweise der Tatsache, daß ein Teil von uns nach Erleuchtung strebt, ein anderer sich aber entsetzlich davor fürchtet, und daß wieder ein anderer Teil von uns einfach behaglich leben will) und daß wir uns zu einer Persönlichkeit als einem einheitlichen Ganzen entwickeln.

Postulate über Erkenntnisprozesse

Postulat: Logisches Denken ist die höchste Fähigkeit, die der Mensch besitzt.

Die Fähigkeit, zu denken und *logisch* zu denken (wobei wir in diesem Zusammenhang einmal außer acht lassen wollen, daß es sehr unterschiedliche Arten von Logik gibt), wird als eine Fähigkeit angesehen, die dem Menschen allein vorbehalten ist, ihn vom Tier unterscheidet und zum Herrn der Erde macht. Für unsere orthodoxen Psychologen ist das diejenige Fähigkeit, die ihnen in ihrem Beruf am meisten nützt, und das gilt natürlich uneingeschränkt für Wissenschaftler und Akademiker aller Sparten.
Die spirituellen Psychologien würden mit Sicherheit zugeben, daß die Fähigkeit, logisch zu argumentieren, durchaus ihren Wert hat; aber viele von ihnen würden es ablehnen, sie als die höchste menschliche Fähigkeit schlechthin zu bezeichnen. Einige würden das eher von der Intuition sagen, wieder andere von der Liebesfähigkeit. Was diese Unterschiede in den Postulaten bedeuten, wird uns im weiteren Verlauf der Erörterung klarwerden.

Postulat: Die Entwicklung seines Verstandes, seiner Fähigkeit, logische Schlüsse zu ziehen, ist das höchste Ziel, das ein Mensch anstreben kann.

Anders ausgedrückt heißt das soviel wie: Je mehr jemand so wird wie ein Professor, desto besser ist das für ihn. Je mehr bei einem Menschen der Denkapparat zu einem riesigen Computer wird, der fehlerlos logische Schlüsse zu ziehen vermag und der sich auf einen riesigen Vorrat an gespeicherten Informationen stützen kann, desto höher hat er sich ›entwickelt‹. Sieht man davon ab, daß zur Ausbildung von klinischen Psychologen und Psychiatern auch eine gewisse klinische Praxis gehört, werden für das Studium der Psychologie ausschließlich intellektuelle Fähigkeiten sowie die Verwendung einer entsprechenden Fachsprache vorausgesetzt. So wird beispielsweise ein graduierter Student, der versucht, seinen Dr. phil. in experimenteller Psychologie zu machen, mit Sicherheit in den meisten Universitätsseminaren in Schwierigkeiten geraten, sobald er anfängt, von einer Steigerung seines Einfühlungsvermögens zu sprechen.

Eng damit zusammen hängt das Postulat der orthodoxen Psychologie, Befunde und/oder Erkenntnisse ergäben sich unabhängig von der Person, die sie gemacht oder gewonnen hat. So ist beispielsweise die Einsteinsche Formel $E = mc^2$ gleichermaßen gültig, ob sie nun vom Gehirn eines amerikanischen oder eines russischen Kernphysikers aufgestellt wird; ihre Persönlichkeiten haben mit dieser Formel nichts zu tun.

Es war bereits die Rede davon, daß in vielen spirituellen Psychologien die Entwicklung beispielsweise von Intuition und Liebesfähigkeit oder von Willenskraft für genauso wichtig, wenn nicht gar für wichtiger gehalten wird als die des Intellekts. Außerdem glaubt man hier daran, daß im spirituellen Bereich – dem bedeutendsten Bereich menschlicher Erkenntnis – diese Erkenntnis nicht von der Persönlichkeit und auch nicht von der spirituellen Seinsebene des Erkennenden isoliert werden kann. Die physikalische Formel ist zwar ein Beispiel für eine bestimmte Art von Erkenntnis, die von der Persönlichkeit unabhängig ist, aber viele der bedeutendsten Erkenntnisse kann man sich nur aneignen, wenn man sich auf der gleichen spirituellen Ebene befindet wie der, der diese Erkenntnisse hatte.

Wenn beispielsweise in vielen spirituellen Psychologien nachdrücklich auf den Zusammenhang von Religion und Moral hingewiesen wird, ist damit nicht gemeint, daß die Menschen durch die Befolgung einzelner Gebote gut werden; es handelt sich vielmehr um ganz bestimmte Techniken und Praktiken, die dazu bestimmt sind, die Seinsebene desjenigen zu verändern, der nach Spiritualität strebt, und diese Veränderung ist auch eine wesentliche Voraussetzung für die Erschließung bestimmter Wissensbereiche. Zu gewissen Erkenntnissen kann man nur kommen, wenn ein bestimmtes Maß an emotionaler Ausgewogenheit erreicht ist, oder aber wenn der Körper gelernt hat, wie eine Art ›Gehirn‹ zu funktionieren. Bestimmte Arten von lebenswichtigem spirituellem Wissen bleiben also etwa einem Menschen verschlossen, der im intellektuellen Bereich als Professor brilliert, aber zuläßt, daß sich sein körperlicher Zustand ständig verschlechtert, und der heimgeht und jeden Abend seine Frau (zumindest psychisch) quält.

Postulat: Die Erweiterung unseres von Grund auf soliden Wissens und der Erkenntnisprozesse führen zu vermehrtem Wissen und zu größerer Weisheit.

Wir setzen im allgemeinen voraus, daß das, was wir *schon* wissen, und das Erkenntnisvermögen, über das wir *schon* verfügen, unser Leben auf eine solide Grundlage stellt. Wenn wir damit nicht zufrieden sind und wenn wir mehr wissen oder dem Leben mehr Sinn geben wollen, dann müssen wir eben zu dem, was wir bereits haben, noch etwas *hinzufügen*. Vor allem setzen wir im allgemeinen voraus, daß unser Argumentations- und Erkenntnisvermögen völlig ausreicht und daß wir lediglich mehr Informationen brauchen, um auch mit Situationen fertig zu werden, die wir im Augenblick noch nicht zufriedenstellend bewältigt haben.
Viele spirituelle Psychologien betonen, daß wir, wenn wir geistig wachsen wollen, vieles von dem, was wir bereits zu wissen glauben, in Frage stellen, modifizieren und sogar wieder *loswerden* müssen. Wir müssen damit aufhören, einige der Fähigkeiten, die wir bereits besitzen, weiterhin einzusetzen, denn gerade sie sind die Ursache unserer Schwierigkeiten. Andere Psychologien betonen zusätzlich noch, daß wir ganz neue Erkenntnisvermögen entwickeln müssen, die sich stark von dem unterscheiden, das wir bereits besitzen; so sollten wir beispielsweise unsere Intuitionsfähigkeit entwickeln, anstatt zu lernen, immer besser und rascher zu denken. M. Nicoll, ein Wissenschaftler, der sich auf die Lehren von Gurdjieff stützt, führt dazu folgendes Beispiel an: Ein Mann, dessen Garten voller Unkraut ist, fragt, was er tun solle, damit in seinem Garten gutes Gemüse wächst, und was er anpflanzen solle. Die Antwort lautet, er sollte in dieser Phase überhaupt nicht daran denken, irgend etwas anzupflanzen; er sollte vielmehr unbedingt aufhören, sein Unkraut auch noch liebevoll zu begießen. Es handelt sich also hier nicht um etwas, das er *tun*, sondern um etwas, das er lassen muß (Nicoll, 1952–56).

> *Postulat:* Jede Erkenntnis ist eine Hypothese, eine in unserem Bewußtsein sich bildende Konzeption; es gibt keine direkte, sichere Erkenntnis von irgend etwas.

Geht man von den orthodoxen Postulaten aus, daß das Bewußtsein identisch sei mit der neuralen Aktivität in Gehirn und Nervensystem und daß das Wesen der Realität letztlich in rein physikalischen Vorgängen besteht, dann stimmt die Vorstellung, alle Erkenntnis sei indirekter, abgeleiteter Natur, durchaus damit überein, denn unser Bewußtsein ist in diesem Fall vollkommen in das Gehirn eingeschlossen, und aus dieser Isolation heraus *interpretiert* es bestimmte neurale Abläufe so, als entspräche ihnen etwas in der Außenwelt. So kann ich etwa von meinem Schreibtisch aufblicken und sagen: Ich ›weiß‹, daß die Haustür zu ist, weil ich ›sehe‹, daß sie zu ist; was ich aber wirklich sagen müßte, ist: Ich erlebe eine bestimmte Abfolge von neuralen Vorgängen, die mir *vermutlich* durch meine Augen vermittelt werden, und ich versehe sie mit dem Etikett: Sehen, daß die Tür zu ist! Mit absoluter Sicherheit kann ich nicht einmal behaupten, daß diese Tür überhaupt existiert, denn es könnte sich bei diesem ganzen Vorgang um eine Fehlleistung meines Gehirns handeln. Erkenntnis läßt sich also als eine Art Hypothese betrachten, die vom sensorischen Augenschein gestützt wird. Da wir jedoch außer den neuralen Vorgängen in uns selbst mit nichts direkten Kontakt haben, können wir auch keiner Sache tatsächlich sicher sein, ohne Rücksicht darauf, wie glaubwürdig unsere Erfahrungen mit ihr auch sein mögen, oder wie viele andere Menschen (zu denen wir natürlich ebenfalls keinen direkten Zugang haben) wir davon überzeugen können.

Die spirituellen Psychologien glauben zwar im allgemeinen ebenfalls, daß die Erfahrungen in der physikalischen Welt in der Regel nur abgeleiteter, sekundärer Natur sind, aber sie glauben darüber hinaus, daß es Arten von unmittelbarer Erfahrung und unmittelbarem Wissen gibt – sowohl in der physikalischen als auch in der spirituellen Welt. In vielen Traditionen wird die Meditation als eine Möglichkeit angesehen, mit dem Objekt, über das man meditiert, eins zu werden – ohne Rücksicht darauf, ob es sich hier um ein äußeres, physikalisches oder um ein spirituelles Objekt, oder auch um eine spirituelle Konzeption handelt –, und auf diese Weise gelangt man dann zur direkten Erkenntnis dieses Objekts bzw. dieser Konzeption. Handelt es sich bei dem Meditationsobjekt, mit dem man eins wird, um ein zu einer höheren Seinsebene gehörendes spirituelles Wesen oder um Gott, dann kann man mit absoluter Sicherheit – und nicht mit Hilfe von Schlußfolgerungen – zur Erkenntnis bestimmter Grundwahrheiten gelangen.

> *Postulat:* Die höchsten Autoritäten auf dem Gebiet des Wissens und Erkennens sind die Philosophen.

Die Psychologen haben im allgemeinen einen heiligen Respekt vor den Philosophen, denn sie halten sie nicht nur für Autoritäten auf

dem Gebiet der gesamten Erkenntnis, sondern sind auch überzeugt, daß das Grundproblem, wie wir gültiges Wissen erwerben können, von den Philosophen schon vor langer Zeit gründlich erforscht worden ist. In Wirklichkeit besitzen die meisten Psychologen so gut wie gar keine philosophischen Grundkenntnisse, und sie stützen sich bei ihrer täglichen Arbeit praktisch so gut wie nie auf die Philosophie. Außerdem haben viele Psychologen den Eindruck, daß die Philosophen ihre Grundlagenforschung und die Erarbeitung einer wissenschaftlichen Methodik bereits abgeschlossen haben: Danach ist also die Grundfrage, was Erkenntnis ist und wie man sie erwerben kann, bereits längst beantwortet, und die heute lebenden Philosophen sind eine Art wunderlicher Relikte aus einer früheren Ära, deren Probleme heute gelöst sind. Die Psychologen sagen ihnen das natürlich nur sehr selten direkt ins Gesicht, denn Philosophen sind dafür bekannt, daß sie häufig eine scharfe Zunge haben und sehr reizbar sind.
Die spirituellen Psychologien gestehen diesem Postulat nur eine sehr relative Wahrheit zu, denn beim logischen Denken handelt es sich, wie bereits gesagt, nur um einen von vielen möglichen Wegen zum Wissen, und gerade er kann gefährlich in die Irre führen, wenn der Intellekt zwar hochentwickelt ist, aber nicht im Einklang mit anderen menschlichen Fähigkeiten, wie Intuition, Liebe und Willenskraft, eingesetzt wird. In den spirituellen Disziplinen gilt derjenige Mensch als wirkliche Autorität, der durch persönliche Erfahrungen und Erlebnisse zu direkter Erkenntnis spiritueller Realitäten gekommen ist – und nicht derjenige, der über keine einschlägigen Erfahrungen verfügt, sondern nur viel über sie disputiert hat. Außerdem besteht die Funktion der wirklichen Autoritäten auf diesem Gebiet nicht darin, anderen Menschen zu erzählen, wie die Realität ihrem Wesen nach ist, sondern darin, den Leuten beizubringen, wie man sie selbst erfährt und erlebt, das heißt direkter Erkenntnis fähig wird.

Postulat: Fast alles wesentliche Wissen läßt sich mit Hilfe des geschriebenen Wortes vermitteln, und das geschriebene Wort stellt auch die am wenigsten doppeldeutige und die exakteste Möglichkeit der Übermittlung dar.

Die meisten Vorgänge in der wissenschaftlichen Welt spielen sich unter dieser Voraussetzung ab, und bei der praktischen Anwendung dieses Postulats werden tagtäglich zahllose Berge von Papier erzeugt und

von Schreibtisch zu Schreibtisch geschoben. Man bekennt sich verbal zur Praxis der Vorlesungen, aber abgesehen von den automatischen Beförderungen gibt es nur einen erfolgreichen Weg zum Aufstieg in die Hierarchie der akademischen Welt: schreiben und wieder schreiben, das Produzieren von wortreichen Artikeln, die von den prestigeverschaffenden wissenschaftlichen Zeitschriften akzeptiert und veröffentlicht werden. Wenn ein Student von einem möglichen Forschungsthema auch nur eine vage Vorstellung hat, dann fordern seine Professoren ihn auf, diese in einem schriftlichen Gesuch um ein Forschungsstipendium zu formulieren oder sie in ein Experiment umzusetzen, dessen Ergebnisse und Verfahrensweisen sich in einer wissenschaftlichen Zeitschrift klar und deutlich schriftlich darlegen lassen.
Ich war in den ersten zwanzig Jahren meines Lebens von diesem Postulat sehr angetan, denn ich glaubte damals in der Tat, alles, was in einem Buch geschrieben stand, sei wahr. Schließlich war ein Buch ja so etwas wie eine ›heilige Kuh‹, und es schien mir daher undenkbar, jemand könnte eine Unwahrheit oder gar eine bewußte Lüge drucken lassen. Auch heute finde ich dieses Postulat immer noch sehr beeindruckend, auch wenn ich es intellektuell in Frage zu stellen vermag.
Innerhalb der orthodoxen Psychologie des Westens erkennt man zwar die Möglichkeit an, daß Bilder und andere Kunstformen bestimmte Inhalte vermitteln können, aber im allgemeinen gilt diese Art der Inhaltsvermittlung eher als überflüssig und inferior; wir sollten lieber lernen, wie man diese Bereiche mit Hilfe der Sprache in adäquate Begriffe faßt. Angesichts von soviel Hochschätzung für das geschriebene Wort überrascht es nicht, daß die Psychologen häufig davon reden, mit Hilfe welcher Mittel man die Sprache selbst verbessern könnte, damit sie eine noch präzisere Kommunikation ermöglicht als in ihrer heutigen Form.
Es gibt kaum einen Zweifel daran, daß die Wissenschaft – und hier vor allem die Naturwissenschaften – ihre ungeheuren Fortschritte nicht zuletzt dadurch erreicht haben, daß sie das geschriebene Wort und dessen inhärente Logik zu einem Hauptwerkzeug der Kommunikation machten, und das gilt vor allem für jene präziseste Form des geschriebenen Wortes, die Mathematik. Aber die Naturwissenschaften haben gleichzeitig auch betont, daß Ergebnisse, die auf Beobachtungen beruhen, wichtiger sind als die Schönheit und die Überzeugungskraft der Sprache.

Die spirituellen Psychologien pflegen zu betonen, daß die Sprache nur ein Kommunikationsmittel unter mehreren ist, ein Mittel, das sich für bestimmte Arten von Informationen eignet, für andere dagegen nicht. Vor allem vertreten die spirituellen Psychologien die Auffassung, daß die meisten wirklich wichtigen Dimensionen der spirituellen Erfahrungen von der Sprache nur in ganz unzureichendem Maße erfaßt und mitgeteilt werden können. Die Sprache kann sicher von Nutzen sein, aber ihre Nützlichkeit ist begrenzt, und die Menschen werden von den Vertretern der spirituellen Psychologien ständig davor gewarnt, zu glauben, daß sie etwas, was sie in Worten auszudrücken vermögen, auch wirklich verstehen. Man verwendet hier verschiedene Alternativformen der Kommunikation, so beispielsweise symbolische Zeichnungen und Aktionen, körperliche Berührung und in einigen Systemen eine unmittelbare geistig-seelische Übertragung von spirituellen Erfahrungen, etwa in einer Form, die wir als Telepathie bezeichnen würden. Dazu kann in einigen Systemen auch die direkte Übermittlung von etwas gehören, das den Bewußtseinszustand eines Menschen verändert und ihn bestimmte Wahrheiten unmittelbar erfahren läßt.

Im Westen setzt man voraus, daß jemand, der eine große Entdeckung macht, irgendein Gerät oder einen Apparat baut, und/oder ein Buch darüber schreibt. Auch die spirituellen Psychologien räumen ein, daß jemand, der eine außergewöhnliche Entdeckung macht, das schriftlich niederlegen kann, aber ebensogut kann er auch eine Statue schnitzen, einen Stein oder Marmor behauen, einen Tanz lehren, gutes Brot backen oder aber ein Gemälde malen, wenn er seine Erkenntnis zum Ausdruck bringen und sie anderen mitteilen will.

> *Postulat:* Enthält die Aussage über irgend etwas logische Widersprüche, dann deutet das darauf hin, daß diese Aussage unzutreffend ist.

Wenn ein Anwalt die Position seines Gegners erschüttern oder ein Psychologe die Theorie eines Kollegen nicht akzeptieren will, dann ist das erste, was sie tun, daß sie nach logischen Widersprüchen in der Aussage des Gegners suchen. Selbst wenn sich herausstellt, daß es sich bei den angeblichen logischen Widersprüchen nur um unvollständige oder unglückliche Formulierungen handelt, wird der Mensch, der derartige Widersprüche vermuten läßt, in hohem Maße diskreditiert. Vor allem im Bereich der Wissenschaft duldet man sie nicht, obschon man sie gelegentlich auch toleriert, zum Beispiel dann, wenn es notwendig ist, die Komplementarität zweier verschiedener Theorien anzunehmen (vgl. die Erörterung in Kapitel 1).

Von den spirituellen Psychologien wird häufig Material vorgelegt, das in sich widersprüchlich ist; da man jedoch die Logik nur als *eine* Voraussetzung von Erkenntnis betrachtet, hält man derartige Unstimmigkeiten nicht für sehr wichtig. Man sieht im rationalen, verbalen Ausdruck einer spirituellen Wahrheit nur einen schwachen Versuch, an die eigentliche Wahrheit heranzukommen, und wenn logische Widersprüche auftreten, dann ist das nicht weiter problematisch. Denn es spricht eigentlich nur für die Unzulänglichkeit der Logik, aber nicht unbedingt gegen die Gültigkeit der zum Ausdruck gebrachten spirituellen Wahrheit.

Einige spirituelle Disziplinen führen häufig ganz bewußt logische Unstimmigkeiten in ihren Lehren ein, und zwar als Ausbildungs- und Auslesekunstgriff. Dieser Kunstgriff dient ihnen dazu, sich alle jene zu Gegnern zu machen, die darauf bestehen, daß alles neue Wissen in logischem Zusammenhang mit ihren bereits vorgefertigten Auffassungen stehen muß. Sie werden daher fortgehen und die Zeit des spirituellen Lehrers nicht unnütz in Anspruch nehmen. Wenn aber der Student das vorgelegte Material ernst nimmt, obwohl er dessen logische Unstimmigkeiten entdeckt, dann wird dieser Kunstgriff ihn dazu zwingen, damit zu beginnen, sein logisches System neu zu sehen, statt es weiterhin ungeprüft vorauszusetzen.

> *Postulat:* Wenn die Menschen mit mir übereinstimmen, dann sind sie vernünftig; tun sie das nicht, dann sind sie vermutlich unvernünftig.

Auf dieses Postulat haben die Psychologen keineswegs ein Monopol; wir alle gehen fortwährend davon aus, und jedermann beklagt das, aber es ist gut, wieder einmal daran erinnert zu werden.

> *Postulat:* Bei der Phantasie handelt es sich um eine zeitlich begrenzte kognitive Tätigkeit, die in der Regel auf unsere Mußestunden beschränkt bleibt.

Nach dem orthodoxen Bild vom Menschen verbringt dieser die meiste Zeit seines Lebens damit, daß er arbeitet, denkt, etwas wahrnimmt

und Probleme löst, und nur Neurotiker und andere anormale Menschen machen auch außerhalb ihrer Mußezeit reichlich von ihrer Phantasie Gebrauch. Dieses Bild paßt gut zu dem ›vernünftigen Geschöpf‹, das wir zu sein glauben.
Die spirituellen Psychologien betonen dagegen, daß wir fast die ganze Zeit unseres Lebens unsere Phantasie betätigen und daß auch unsere Interaktionen mit der Welt und mit anderen Menschen in unserer Umgebung mehr oder minder von unserer Phantasie beeinflußt sind. Innerhalb jedes Kulturkreises teilen die Menschen viele Phantasievorstellungen und halten sie für Realitäten. Daher erlauben uns die gewöhnlichen gesellschaftlichen Interaktionen nur selten Rückschlüsse darauf, wieviel Phantasie wir dabei einsetzen. Länger durchgeführte Selbstbeobachtung zeigt, daß wir sehr häufig nur in einer Art Traumwelt leben. Ganz geschickt und fast automatisch vermengen wir sie mit Eindrücken aus dem Bereich der Wirklichkeit, und zwar ganz im Einklang mit unseren Bedürfnissen und Abwehrmechanismen. Diese ungeheure Energieverschwendung muß reduziert und schließlich ganz eliminiert werden, wenn unsere Spiritualität sich entfalten soll.

Postulat: Glauben bedeutet: Dinge für wahr halten, die nicht wirklich sind oder für die man kein ausreichendes Beweismaterial besitzt.

Für die meisten Psychologen der westlichen Welt ist ›Glauben‹ ein mit negativen Assoziationen belasteter Begriff; er zeigt an, daß die Menschen die widervernünftigsten und unsinnigsten Dinge glauben können und dann auch noch stolz darauf sind, daß sie daran glauben, beispielsweise an so etwas wie die Existenz Gottes. Wenn man an etwas glaubt, von dem man überzeugt ist, daß es wahr ist und daß es sich schließlich auch beweisen lassen wird, obschon man zur Zeit noch nicht über ausreichendes Beweismaterial verfügt, dann wird das nicht ganz so negativ beurteilt; trotzdem ist für den Glauben in wissenschaftlichen Verfahren kein Platz. An eine bestimmte postulierte Hypothese zunächst einmal zu glauben, das kann man unter Umständen hinnehmen, aber Glaube, der nach Religiosität schmeckt, wird glatt abgelehnt.
Auch im Bereich der spirituellen Psychologien betrachtet man den Glauben häufig als unvernünftiges Festhalten an irgendwelchen Vor-

stellungen, so beispielsweise den Glauben an die unbegrenzte Macht des Verstandes. Aber der Glaube kann auch dazu dienen, die Bemühungen eines Menschen in die richtigen Bahnen zu lenken, wenn er nach Beweismaterial für Dinge sucht, die nicht physikalischer Natur sind. Das heißt, der Glaube kann eine Überzeugung repräsentieren, die auf substantiellem Beweismaterial für spirituelle Realitäten basiert, die sich jedoch niemals auf leicht zu beobachtende physikalische Manifestationen übertragen lassen. Daher muß man beispielsweise den religiösen Glauben, der dadurch entsteht, daß man Zeuge von Wundern wird, als eine niedere Form des Glaubens bezeichnen, denn er hält sich schließlich doch an die physikalische Realität als Gültigkeitsbeweis; dagegen kann der Glaube, der seine Erfahrungsbasis ausschließlich in spirituellen Realitäten hat, als äußerst wichtiges Hilfsmittel für die spirituelle Entfaltung angesehen werden.

Postulat: Intuition ist ein Wort, mit dem wir glückliche Einfälle und plötzliche Einsichten, aber auch rationale Prozesse bezeichnen, die wir zwar nicht bewußt als solche wahrnehmen, die aber trotzdem rational sind.

Die orthodoxen Psychologien des Westens haben sich mit der Intuition immer schwergetan. Solange man mit Hilfe der Intuition zu den gleichen Schlußfolgerungen kommt wie mit dem Verstand, ergeben sich natürlich keine Schwierigkeiten; wenn sich aber die Intuition gegen den Verstand stellt, muß sie ihm weichen. Rationale Vorgänge, die sich außerhalb unserer Bewußtseinssphäre vollziehen, hält man allzuleicht für verschwommen und unbedeutend; dies gilt ganz allgemein für veränderte Bewußtseinszustände, obwohl gerade eines von beiden gelegentlich zu bedeutenden schöpferischen Leistungen führen kann. Intuitive Einsichten schöpferischer Menschen betrachten wir als Zufallstreffer, aber wir fördern sie mit Sicherheit nicht bei den Psychologen. Ich kann mich nicht daran erinnern, daß während meiner Studentenzeit irgendeiner oder -eine von denen, die sich auf die Promotion vorbereiteten, auch nur im geringsten dazu ermutigt worden sei, ihre intuitiven Fähigkeiten weiterzuentwickeln.
Viele spirituelle Psychologien begreifen die Intuition als eine stark ausgeprägte Erkenntnisfähigkeit, die nach anderen Gesetzen arbeitet als die Logik des Verstandes und die auch außerhalb unserer Bewußtseinssphäre wirkt – ›außerhalb‹ in dem Sinne, daß die Antwort auf

ein bestimmtes Problem plötzlich da ist, die Funktionsweise des Intuitionsprozesses selbst aber nicht wahrgenommen wird. Außerdem nimmt man an, daß Intuition sich entwickeln läßt und daß sie ein weit tieferes Verständnis zahlreicher Phänomene vermitteln kann als der bloße Verstand.

> *Postulat:* Symbole sind nichts anderes als rein physikalische Objekte mit emotionaler Bedeutung bzw. elektrophysiologische Strukturen innerhalb des Gehirns.

Ein Symbol ist etwas, das für jemand, der es anblickt, eine bestimmte Bedeutung hat, wie beispielsweise eine Buddhafigur oder ein Kruzifix. Psychologisch betrachtet, besitzt ein Symbol nur im geistig-seelischen Bereich eine gewisse Realität; da man der Auffassung ist, dieser geistig-seelische Bereich sei mit den Vorgängen im Gehirn identisch, bedeutet das, daß sich die Symbole auf elektrische Aktionsfelder im Gehirn zurückführen lassen. Als solche können sie das Gehirn beeinflussen, in dem sie existieren, oder sie können auch andere Gehirne beeinflussen, wenn sie ihnen mit Hilfe der Sinnesorgane ausreichend vermittelt werden, aber darüber hinaus besitzen sie keinen Realitätswert.
Dagegen sind einige der spirituellen Psychologien der Auffassung, daß bestimmte Symbole eine eigene Existenz und Macht über den Geist dessen besitzen, der sie wahrnimmt. Symbole entstehen nicht ausschließlich im geistig-seelischen Bereich des Menschen, sondern sie können dort auch als Manifestationen einer außerhalb jenes Bereiches existierenden spirituellen Realität auftauchen. Sie bilden also ein Bindeglied zwischen dem Individuum, das sie wahrnimmt, und dieser Realität und lassen sich daher als Übermittler bzw. Konverter von Energie auf andere Existenzebenen betrachten.
Viele spirituelle Psychologien glauben in der Verehrung von Symbolen und in den vielen hochentwickelten Praktiken des Umgangs mit ihnen mehr sehen zu müssen als ›nur‹ eine psychologische Technik.

> *Postulat:* Unsere Glaubensvorstellungen und unsere psychischen Erfahrungen wirken nur auf uns selbst und nicht auf die reale Welt – außer sie werden zur treibenden Kraft des Handelns.

Dieses Postulat entspricht in etwa der Vorstellung, daß der geistig-seelische Bereich innerhalb der Grenzen des Nervensystems total isoliert ist, aber es enthält auch ein Moment der Absicherung; welche dummen Verrücktheiten oder Ängste ich mir auch immer ausdenken mag, die gute alte physikalische Wirklichkeit wird dadurch in keiner Weise geschädigt, es sei denn, ich benutze meinen Körper, um sie zu beeinträchtigen; ich kann mich daher stets ohne ein besonderes Risiko einzugehen auf sie verlassen. Wenn die Wände um mich herum sich aufzulösen beginnen, dann weiß ich, daß das nur ein Streich ist, den mir mein Bewußtsein spielt, denn in Wirklichkeit können Wände sich gar nicht auflösen. Wenn mich irgendwelche Dämonen attackieren, dann weiß ich, daß es sich hier um eine Projektion meiner seelischen Konflikte handelt, denn außerphysikalische Kreaturen wie beispielsweise Dämonen können ja nur innerhalb meines geistig-seelischen Bereichs existieren.

Die spirituellen Psychologien gehen nicht immer von der Voraussetzung aus, daß die physikalische Welt wirklich ist und alle geistig-seelischen Phänomene unwirklich sind; sie weisen darauf hin, daß ein geistiger Vorgang durchaus eine Art unmittelbare parapsychische Auswirkung auf die physikalische Realität, aber auch auf die geistige Wirklichkeit anderer Menschen haben kann. Daher nimmt man an, daß viele Erlebnisse in mystischen oder anderen veränderten Zuständen des Bewußtseins nicht nur im geistig-seelischen Bereich existieren, sondern daß sie darüber hinaus auf diese Realität und auch auf andere Realitätsebenen wirken können. Man kann diesen Gedanken noch weiter verfolgen und die Möglichkeit einbeziehen, daß die »Wirklichkeit« oder, genauer, das, was übereinstimmend als Wirklichkeit angesehen wird, nicht nur deren eigener spezifischer Natur entspricht, sondern ebensosehr Ausdruck eines weithin akzeptierten, unsere Sicht beeinflussenden Glaubenssystems ist. Ob uns diese Konzeption begeistert oder erschreckt, sagt etwas darüber aus, wie wir unser Menschsein verstehen.

Postulate über Gefühle

Postulat: Bei den Gefühlen handelt es sich um elektrische und chemische Umschaltungen innerhalb unseres Nervensystems.

Dieses Postulat hat eine gewisse Ähnlichkeit mit denjenigen, denen zufolge Gedanken oder Symbole ›nichts anderes‹ sind als elektrochemische Felder im Nervensystem. Gefühle leiten sich demnach von ›nichts anderem‹ her als von der Interaktion neurohumoraler Chemikalien im Blutstrom mit verschiedenen Vorgängen in ganz spezifischen Gehirnzonen, wie beispielsweise dem Hypothalamus und dem limbischen System. Ein solches Postulat führt unmittelbar zu der von der »chemischen Psychiatrie« und »Pharmapsychotherapie« angewandten Methode, den Patienten glücklich zu machen. Wenn es sich bei den Gefühlen um nichts anderes handelt als um chemische und elektrische Strukturen, dann kann die Injektion der richtigen chemischen Substanzen in den Blutkreislauf eindeutig dazu führen, daß erwünschte Gefühle verstärkt und unerwünschte verdrängt werden. Diese Zurückführung der emotionalen auf rein physikalische Vorgänge machen die spirituellen Psychologien nicht mit. Man hält Gefühle für eine Art von Bewußtseinsenergie und/oder die Aktivierung bestimmter psychischer Teilbereiche und des Nervensystems und meint, daß sie viel weiterreichende Wirkungen haben können als bloße elektrochemische Wechselwirkungen innerhalb des Gehirns und des Körpers. Man kann beispielsweise die Gefühle als eine Art ›Treibstoff‹ betrachten, der bei richtiger Verwendung höhere Bewußtseinszustände und in deren Gefolge auch eine Entfaltung der Spiritualität bewirken kann. Die spirituellen Psychologien nehmen an, daß wie die Gedanken, so auch die Gefühle einen unmittelbaren Einfluß auf andere Menschen und auf die äußere Wirklichkeit haben können, sie bleiben nicht ausschließlich auf das Nervensystem beschränkt, es sei denn, sie kommen durch offensichtliche Anstöße von außen zustande.

Postulat: Gefühle und Emotionen beeinträchtigen die Logik des Verstandes und führen zu Irrationalität; sie sollten daher, wenn man einmal von reinen Erholungszwecken absieht, im allgemeinen unterdrückt, wenn nicht gar völlig eliminiert werden.

Hier haben wir die Vorstellung von einem durch und durch rationalen Menschen; er bedient sich des logischen Schließens als der optimalen Möglichkeit, alle Situationen zu bewältigen. Darin steckt ein weiteres Postulat, und zwar folgendes: Wenn jemand wirklich die Fakten begreift und logische Schlüsse aus ihnen zieht, dann stellt sich die wahre

und zweckmäßigste Lösung aller Probleme nahezu zwangsläufig ein. Es gibt reichhaltiges psychologisches Beweismaterial für die Tatsache, daß der Verstand manchmal auf ganz subtile (oder auch weniger subtile) Weise durch die in dem betreffenden Augenblick gerade vorherrschenden Emotionen beeinflußt werden kann.
Auch die spirituellen Psychologien erkennen im allgemeinen an, daß Emotionen sich negativ auf das Denken auswirken und dadurch erhebliche Schwierigkeiten heraufbeschwören können, aber die spirituellen Psychologien bewerten Gefühle nicht *per se* als schlecht und negativ. Das Ideal besteht nicht darin, alle Gefühle, sondern nur diejenigen, die die spirituelle Entfaltung beeinträchtigen, zu unterdrücken oder zu verändern; dagegen sind solche Gefühle zu entwickeln, die unserem Streben nach höheren Bewußtseinszuständen Nahrung geben und uns zur Erarbeitung schwieriger spiritueller Praktiken motivieren.
Überdies sehen einige spirituelle Psychologien in den Gefühlen eine Möglichkeit zur Bewertung von Befunden, die sich stark von der intellektuellen Einschätzung unterscheidet, darum aber nicht minder wertvoll und notwendig ist. Das heißt, manche Wahrheiten lassen sich nur vom Gefühl her, nicht aber rein verstandesmäßig begreifen. Der vollständig vom Intellekt bestimmte Mensch mit seinen unterdrückten Gefühlen würde von den spirituellen Psychologien als hochgradig pathologisch angesehen werden. Ich möchte eine Auswirkung dieses orthodoxen Postulats auf die westliche Psychologie noch unterstreichen: Zwar läßt man rein formal in den psychologischen Theorien ein ausgeglichenes Gefühlsleben durchaus zu, aber in der Praxis wird ein Psychologe, den seine Kollegen für stark gefühlsbetont bzw. für ›leidenschaftlich‹ halten, in der akademischen Welt sich nur schwer durchsetzen; man wird ihm einfach nicht trauen und ihn auch nicht gern befördern.

Postulat: Gefühle und Emotionen haben bei wissenschaftlichem Arbeiten nichts zu suchen; sie mögen einzelnen Forschern als Anstoß dienen, aber sie müssen aus dem Untersuchungsergebnis herausgefiltert werden.

Während die Wissenschaftler zugeben, daß der Durchschnittsmensch eine Tendenz zu Emotionalität und Irrationalität zeigt, sind sie stolz darauf, daß sie selbst vernünftig, relativ unemotional und objektiv sind.

Man gibt zwar zu, daß ›irrationale‹ Bedürfnisse einen Wissenschaftler zu harter Arbeit und großen Leistungen motivieren können, verlangt aber andererseits, daß diese emotionale Färbung nicht in den Bericht über seine wissenschaftliche Arbeit einfließen darf. Schließlich arbeiten die Wissenschaftler mit ›Fakten‹ und mit den logischen Konsequenzen bestimmter Theorien, und Vorlieben oder Abneigungen haben hier nichts zu suchen.

Einige Psychologen haben inzwischen erkannt, daß emotionale Motivationen im Bereich der Wissenschaft eine wesentlich größere Rolle spielen, als wir zugeben möchten, und daß ihre Unterdrückung in den abschließenden wissenschaftlichen Berichten den irreführenden Eindruck einer ausschließlich vom Intellekt bestimmten Tätigkeit erweckt. Die Emotionalität wird als eine Folge unserer menschlichen Schwachheit angesehen; und nur als solche muß sie, auch wenn sie unerwünscht erscheint, anerkannt werden.

Die spirituellen Psychologien hingegen betrachten die Gefühle als Schlüssel zum Verständnis bestimmter Wahrheiten; eliminiert man sie, macht man gewisse Erkenntnisse von vornherein unmöglich. Außerdem gehen nach Auffassung der spirituellen Psychologien in jede wissenschaftliche Forschung in hohem Maße Gefühle ein, auch wenn der Wissenschaftler diese Tatsache aus seinem Bewußtsein verdrängt. Auf wissenschaftlichen Kongressen stellt man immer wieder fest, wie weit diese Unterdrückung gehen kann. Selbst in den Sitzungen der psychologischen Fakultäten wendet man seine psychologischen Erkenntnisse nicht an: im Gegenteil, die Sitzung läuft unter der Voraussetzung ab, daß jeder Anwesende ein Verstandeswesen ist und an einer streng logisch aufgebauten Diskussion teilnimmt, um die optimale Lösung für bestimmte Probleme zu finden; dabei merkt man gar nicht, daß die Wechselwirkung zwischen den verschiedenen teilweise unterdrückten Emotionen die bestimmende Determinante in der ganzen Diskussion sein kann, und daß das ›logische Denken‹ in erster Linie zur Rationalisierung von Gefühlen dient.

> *Postulat:* Negative Gefühle sind ein unvermeidbares Schicksal des Menschen.

Gefühle wie Angst, Furcht, Sorge, Depressionen, Zorn, Eifersucht usw. gelten als feste Bestandteile unserer menschlichen Natur bzw. unserer Physiologie; zwar versuchen wir, sie zu vermeiden, aber selbst

von einem relativ ausgeglichenen Menschen erwartet man, daß er derartige Emotionen von Zeit zu Zeit an sich erlebt. Das widerspricht zumindest teilweise dem oben angeführten Postulat, demzufolge der mit Verstand begabte Mensch nur wenige Emotionen hat, aber es gibt viele widersprüchliche Postulate, die miteinander alternieren oder gleichzeitig wirksam werden. Wenn jemand behauptet, er kenne solche Emotionen nicht, dann argwöhnen wir, daß er entweder lügt oder daß er sich selbst nicht richtig kennt. Die Psychologie von Freud hat wesentlich zur Verstärkung dieses Postulats beigetragen, und obschon nur wenige Psychologen sich als Freudianer bezeichnen würden, wurden doch nahezu alle mehr oder minder stark von ihm beeinflußt. Nach Freuds Auffassung vom Menschen verbirgt sich unter einer dünnen Schicht von Zivilisation und Selbstkontrolle ein primitiver Sexual- und Machttrieb, der zumindest teilweise im Rahmen der Kompromisse, die unsere Zivilisation zuläßt, befriedigt werden müsse. In einem solchen Geschöpf gibt es vermutlich auch eine nicht unbeträchtliche Anzahl von negativen Emotionen.
Auch die spirituellen Psychologien erkennen die Existenz negativer Gefühle durchaus an, aber sie weisen häufig darauf hin, daß wir selbst die Voraussetzungen dafür schaffen, daß Gefühle sich negativ auswirken. Wir können selbst aus negativen Emotionen etwas lernen, wenn unser Ziel Entfaltung unserer spirituellen Kräfte ist; und/oder wir können lernen, diese negativen Emotionen völlig zu eliminieren. Viele spirituelle Psychologien betrachten die als normal geltende Spannweite dieser negativen Emotionen durchaus nicht als unveränderlich.

> *Postulat:* Es gibt keine edleren Gefühle; alle Gefühle sind im Grunde eigennütziger und animalischer Natur.

Diese Annahme knüpft an das vorausgegangene Postulat an, daß wir die Spannweite der echten menschlichen Gefühle kennen, daß sie meist negativer Natur sind, und daß wir versuchen sollten, den negativen Gefühlen möglichst wenig Spielraum zu gewähren und dafür den positiven Emotionen, wie der Freude, der Lust und dem Vergnügen an spannender Unterhaltung, möglichst viel Platz einzuräumen. Wird über Erscheinungen wie ›mystische Ekstase‹ oder ›erhöhte Empfindungsfähigkeit‹ berichtet, hält man jene entweder für vorgetäuscht oder für psychopathisch.

Im Gegensatz dazu betonen einige spirituelle Psychologien ausdrücklich, daß sich die meisten Menschen auf der untersten Gefühlsebene bewegen, daß es über dieser jedoch noch sehr viel höher entwickelte Gefühle gibt wie beispielsweise Liebe, Mitempfinden, Ekstase; diese sind für den, der sie durchlebt, in weit stärkerem Maße ›Wirklichkeit‹ als die gewöhnlichen menschlichen Gefühle. Nach dem Postulat der orthodoxen Psychologie des Westens ist z. B. die Liebe ein Gefühl, dem man mißtrauen sollte: sie ist eine Kombination von sexuellem Verlangen und anderen auf Lustgewinn zielenden Wünschen an eine bestimmte Person, die aufgrund von Rationalisierungen als selbstlos betrachtet werden, in Wirklichkeit jedoch recht selbstsüchtig sind. Die spirituellen Psychologien stimmen dieser Auffassung, soweit sie die gewöhnliche irdische Liebe betrifft, zu, aber sie bestehen darauf, daß es darüber hinaus noch eine höhere Form von Liebe gibt, die wirklich selbstlos und dabei weit wirkungsmächtiger ist als jene.

Postulat: Spielen ist etwas für Kinder.

Haben Sie jemals einen Psychologen spielen sehen?[3] Oder haben Sie überhaupt einmal einen Erwachsenen richtig spielen sehen? Man kann zwar ziemlich häufig Erwachsene dabei beobachten, wie sie sich der ›Unterhaltung‹ oder der ›Erholung‹ hingeben, aber das Element des spontanen, kindlichen Spiels ist aus dem Erwachsenenleben nahezu völlig verbannt, und das wenige, was davon übriggeblieben ist, wirkt gekünstelt. In der sich seriös gebenden Erwachsenenwelt, in der wir leben, gilt es einfach als ›unpassend‹, mit allem und jedem zu spielen. Zwar mißt man der Spontaneität einen gewissen theoretischen Wert bei, aber praktisch kommen Spontaneität und Spiel im Bereich der professionellen Tätigkeit orthodoxer Psychologen kaum vor.
Viele spirituelle Psychologien haben eine weit positivere Einstellung zum Spiel; sie wurzelt in dem Gefühl, daß Kindern häufig ein höherer Grad von Reinheit und Spiritualität zu eigen ist, denn ihre Anlagen wurden von den in unserer Welt herrschenden Lebensbedingungen noch nicht ausgehöhlt und abgestumpft. Einige spirituelle Systeme sehen die Welt sogar als eine Art göttliches Spiel, auch wenn wir selbst – von unserer begrenzten Perspektive aus – sie für etwas Todernstes oder Böses halten mögen. So meint beispielsweise die Yoga-Psychologie (siehe Kapitel 6), daß ein Mensch, der den Zustand der geistigen Erleuchtung erreicht hat, der Welt durchaus nicht zu entsagen

braucht, sondern daß er an ihr als einem Ausdruck des göttlichen Spiels im lebendigen Universum sehr wohl teilhaben kann. Vielfach wurde auch beobachtet, daß Menschen mit einem hohen Grad von Spiritualität bezaubernd spielen und sich kindlich am ›Hier und Jetzt‹ freuen können.

Postulat: Schmerz ist etwas Unangenehmes, das man verhindern sollte.

Während die orthodoxe Psychologie des Westens einerseits durchaus anerkennt, daß es sich beim Schmerz um ein nützliches Signal handeln kann, das uns vor einer physischen Krankheit oder einer bedrohlichen Situation warnt, betrachtet man ihn andererseits als etwas, das unter allen Umständen vermieden werden sollte. Wenn man Schmerzen hat, geht man nicht nur zum Arzt, um sich von der diesen Schmerz auslösenden Krankheit heilen, sondern auch um sich von dem Schmerz selbst befreien zu lassen. Wenn man sich seelisch nicht wohl fühlt, ist es üblich, daß man zum Arzt oder zum Psychiater geht, um sich Psychopharmaka verschreiben zu lassen, die den seelischen Schmerz stillen. Als nichtmedizinisches Mittel wird in unserem Kulturkreis Alkohol in geradezu unglaublichen Mengen konsumiert, um psychischen Schmerz zu ›ertränken‹. Die ältere, stärker puritanisch orientierte Ethik sah im Leiden etwas, das man ertragen mußte und von dem man sich nicht so leicht unterkriegen lassen durfte; aber die offensichtlich neurotischen und masochistischen Elemente dieser puritanischen Einstellung zum Schmerz stellen keine besondere Empfehlung dar.
Die heute bei uns weitverbreitete, allgemein akzeptierte Lebensphilosophie läuft allerdings darauf hinaus, daß ein Maximum an Lust und ein Minimum an Schmerz anzustreben sei. Wird diese Einstellung philosophisch untermauert, sprechen wir von Hedonismus. Zwar bekennen sich nur wenige Menschen ausdrücklich dazu, aber stillschweigend tun es sehr viele.
Bei den spirituellen Psychologien begegnen wir in der Regel einer ganz anderen Einstellung: Sie betonen, daß gerade durch das Bestreben, dem Schmerz auszuweichen und ein Maximum an Lustgewinn zu erzielen, menschliches Leiden erst zum Problem wird. Da in unserer unvollkommenen Welt zwangsläufig jeder Mensch ein gewisses Maß an Schmerz und Unglück ertragen muß, werden wir durch unser Aus-

weichen vor dem Schmerz und durch unsere Vergnügungssucht in noch stärkerem Maße zu Sklaven unseres Vergnügens, aber auch zu Opfern des Schmerzes, wenn wir ihm einmal absolut nicht mehr ausweichen können. Viele spirituelle Systeme empfehlen uns nachdrücklich, uns in einem Darüberstehen zu üben, das uns hilft, die Abhängigkeit von Lust und Schmerz zu überwinden. Das heißt allerdings nicht, daß man praktisch alle Nachteile und Schädigungen in Kauf nehmen oder sich die Freude am Leben vergällen lassen soll; es bedeutet nur, daß man seine innere Einstellung zu Lust und Schmerz stark verändern sollte.
Freude wie Schmerz können den Reifungsprozeß eines Menschen sehr günstig beeinflussen, wenn dieser bis zu einem gewissen Grad in der Lage ist, beiden gegenüber eine distanzierte Haltung einzunehmen; aber im Prinzip geht man davon aus, daß beide ihrem Wesen nach miteinander zusammenhängen: Die starke Hinneigung zu Freude und Lust macht einen Menschen automatisch anfälliger für den Schmerz.

Postulate über das Lernen

Postulat: Das Lernen beruht auf permanenten und halbpermanenten elektrochemischen Veränderungen in Gehirn und Nervensystem.

Dieses Postulat wird für alle Arten des Lernens so weitgehend akzeptiert, daß man ungeheure Summen für Gehirnforschungen ausgibt, um herauszufinden, welche Teile des Gehirns für welche Lernarten zuständig sind. Zwar haben wir nur wenige Beweise dafür, daß eine bestimmte Art des Lernens sich auf einen ganz bestimmten Teil des Gehirns lokalisieren läßt, aber man nimmt allgemein an, daß dieser Mangel an spezifischen Befunden eine Folge der ungeheuren Komplexität des menschlichen Gehirns ist und sich in Zukunft sicherlich mit Hilfe entsprechender Methoden beheben lassen wird.
Da die spirituellen Psychologien nicht davon ausgehen, daß der geistig-seelische Bereich des Menschen sich durch das Funktionieren des Gehirns und des Nervensystems erschöpfend definieren läßt, kann es sich für sie beim Prozeß des Lernens auch nicht um ›nichts anderes‹

als elektrochemische Veränderungen im Nervensystem handeln. Die Ideen der Reinkarnation und des Karmas setzen beispielsweise deutlich voraus, daß das, was man im Verlauf eines Lebens erlernt, sich (zumindest teilweise) auf eine außerphysikalische Wesenheit übertragen lassen muß, die als eine Art Vermittler funktioniert, um das in *einem* Leben Erlernte auf eine weitere Lebensspanne zu übertragen. Somit ist das, was man in seinem Leben erlernt hat, sehr wichtig, denn es wird beim physischen Zerfall des Gehirns und des Nervensystems nicht vollständig ›ausradiert‹, sondern es hat Konsequenzen auf sehr weite Sicht hin.

Postulat: Lernen bedeutet soviel wie Anhäufen von Wissen.

Die orthodoxen Psychologen der westlichen Welt erkennen in Diskussionen über das Lernen und in Laboratoriumsexperimenten an, daß der Vorgang des Lernens viel komplizierter ist, als das obige Postulat besagt, denn wir müssen auch imstande sein, unrichtige Reaktionen und falsche Konzepte zu *ver*lernen. Aber was die Bewältigung von unser aller (auch der Psychologen) Alltagsleben betrifft, setzen wir fast immer voraus, wir müßten *mehr* lernen. Wenn wir ein Problem haben und es nicht lösen können, stellen wir uns nur selten die Frage, ob die Konzeption, mit deren Hilfe wir unser Problem lösen wollen, überhaupt richtig ist; statt dessen denken wir: Was muß ich noch zusätzlich lernen? Wir verfügen über eine ungeheure Zahl von Erziehungs- und Bildungsinstitutionen, die wir unterstützen und die dazu bestimmt sind, uns über zahllose Dinge und Themen immer mehr Informationen zu liefern. Neurotiker und die Menschen mit Schulschwierigkeiten mögen Gewohnheiten haben, die sie wieder verlernen müssen, aber wir handeln nahezu immer so, als bräuchten wir unserem bisherigen Wissen nur weitere Informationen hinzuzufügen; wir setzen dabei voraus, daß das, was wir bereits wissen, im Prinzip richtig ist und nur in denjenigen Bereichen ergänzt werden muß, in denen uns bisher der Erfolg versagt blieb.
Viele spirituelle Psychologien betonen die Notwendigkeit des *Ver*lernens: Sie weisen darauf hin, daß die meisten unserer Probleme nicht aus einem *Mangel an,* sondern aus einer *Überzahl von* unrichtigen oder von uns falsch interpretierten Informationen entstehen. Wir neigen gefühlsmäßig stark zu dieser falschen Gelehrsamkeit, und das macht es für uns schwierig, die Möglichkeit zu erwägen, daß sie auf

einem Irrtum beruhen könnte oder daß wir sie anders einschätzen müßten. Um unserer spirituellen Natur zum Durchbruch zu verhelfen, wird es in vielen spirituellen Psychologien als wichtiger angesehen, falsche Erkenntnisse zu eliminieren, als neue anzuhäufen.

> *Postulat:* Das Lernen im intellektuellen Bereich ist die höchste Form des Lernens, und ein Mensch mit einem hohen Intelligenzquotienten vermag potentiell alles Wichtige tatsächlich zu lernen.

Zu den Kategorien der westlichen orthodoxen Psychologen gehören Kategorien wie beispielsweise das motorische Lernen; dabei handelt es sich, wie etwa beim Sport, um die Koordination von Bewegungen; theoretisch räumen sie bis zu einem gewissen Grad auch die Möglichkeit des emotionalen Lernens ein, aber ich glaube nicht, daß im Bereich der orthodoxen Psychologie des Westens irgendein Universitätsprogramm Zeit darauf verschwendet, einem Studenten beizubringen, wie er mit seinen Gefühlen oder seinem Körper umzugehen hat. Die Universität ist *das* hyperintellektuelle System schlechthin, und man kommt auf ihr voran, wenn man viele Worte macht. Jemand, der sich überdurchschnittlich viel mit Sport und ähnlichen Dingen abgibt, läuft Gefahr, unter Gelehrten nur ein geringes Ansehen zu genießen. Zwar erkennt man auch andere Kategorien des Lernens grundsätzlich an, aber die intellektuelle gilt als die höchste Form des Lernens schlechthin, und das auf fast allen Gebieten, auf denen unsere orthodoxen Psychologen sich betätigen.

Die spirituellen Psychologien sehen in der Ausbildung des Intellekts nur *eine* und nicht einmal die wichtigste Art des Lernens. Der Unterschied in der Auffassung wird deutlich, wenn man sich die Kriterien ansieht, nach denen Gurdjieff die spirituellen Systeme bzw. ›Wege‹ – wie er sie nennt – klassifiziert. Ein Weg führt über den Körper, der Weg des Fakirs, auf dem durch außergewöhnliche und längere Zeit durchgehaltene Disziplinierung des Körpers die Willenskraft geschult wird. Der zweite Weg ist der der Hingabe und Verehrung, der Weg des Mönchs, auf dem die Gefühle entwickelt werden. Der dritte, der Weg des Yogi, ist der intellektuelle Weg; sein Ziel ist die Entwicklung des Geistes, ›Geist‹ allerdings nicht nur als ›Intellekt‹ verstanden, wie zumeist in der gelehrten Welt des Westens, sondern auch als Mittel zur Erlangung verschiedener veränderter Bewußtseinszustände.

Gurdjieff war davon überzeugt, daß jeder der hier aufgezählten Wege seine Bedeutung hat, und daß jeder von ihnen zu wertvollen Ergebnissen führen kann; allerdings schließe keiner dieser Wege, sobald man ihm allein folgt, die Möglichkeit einer einseitigen, sich nicht als sinnvoll erweisenden Entwicklung aus; seine eigenen Lehren führt er auf einen vierten Weg zurück, bei dem es auf eine ausgewogene Entwicklung von Körper, Geist und Gefühl ankommt. Ich habe Gurdjieffs Konzeption als sehr hilfreich empfunden: Wenn man sich die orthodoxe Psychologie des Westens oder aber ganz allgemein den westlichen Kulturkreis näher ansieht, stellt man fest, daß man sich bei uns viel zu sehr auf die Entwicklung des Intellekts konzentriert und viel zuwenig an die Ausbildung und Entwicklung unserer emotionalen und körperlichen Fähigkeiten denkt.

Postulat: Lernen besteht darin, daß man Sinneseindrücke aufnimmt und mit Hilfe seiner kognitiven Fähigkeiten verarbeitet.

Dieses Postulat stimmt völlig mit der materialistischen Auffassung vom Menschen überein. Der einzige Weg, auf dem der Mensch neue Informationen aufnehmen kann, führt über die Sinne, und er kann dann seine Denkfähigkeit dazu benutzen, die entsprechenden Lehren daraus zu ziehen. Wenn wir also unsere Lernfähigkeiten erweitern wollen, können wir uns entweder darauf konzentrieren, unsere Beobachtungsgabe zu schulen, oder aber darauf, unsere kognitiven Fähigkeiten wirksamer einzusetzen.
Die spirituellen Theorien erweitern im allgemeinen diese Konzeption, indem sie betonen, daß ein sehr wichtiger Teil unseres Wissens nicht aus Informationen stammt, die wir mit Hilfe unserer Sinne aufnehmen, sondern aus außersinnlichen Bereichen oder aus den meist verschütteten Tiefen unseres Wesens. Am meisten wird unsere spirituelle Entwicklung durch unsere Arbeit an uns selbst und die Entdeckung der tieferen Schichten unseres Ichs gefördert, die auch mit dem lebendigen Ganzen des Universums in Verbindung stehen.
Es sei noch erwähnt, daß auch hinsichtlich aller anderen in diesem Buch erörterten psychischen Funktionen postuliert wird, sie ließen sich letztlich auf elektrische und chemische Prozesse in Gehirn und Nervensystem zurückführen; daraus ergeben sich wichtige Konsequenzen für das Studium dieser Phänomene. Ich werde auf diesen Punkt nicht jedesmal wieder ausdrücklich hinweisen.

Postulate über das Gedächtnis

> *Postulat:* Das Gedächtnis ist nicht sehr zuverlässig; es ist viel besser, man verläßt sich auf ein objektives Zeugnis.

Auf den ersten Blick scheint es sich hier um ein überzeugendes Postulat zu handeln: Viele psychologische Forschungen haben bewiesen, daß das Gedächtnis, was das Behalten von Informationen betrifft, versagen oder Eindrücke in der Rückerinnerung verzerren kann, so daß es als ziemlich unzulänglich und unzuverlässig erscheinen muß. Fragwürdig ist an diesem Postulat jedoch, daß man die Wahrheit, ja praktisch geradezu die Unfehlbarkeit sogenannten ›objektiven Zeugnissen‹ zuschreibt – also schriftlichen Berichten, Photographien, Filmen, Magnetbildaufzeichnungen oder Tonbandaufnahmen. Wenn ein ›objektives‹ Zeugnis das zu verifizieren scheint, was wir wahrhaben wollen, dann vergessen wir allzuleicht, in wie starkem Ausmaß die Entstehung und die Interpretation solcher ›objektiven‹ Zeugnisse von menschlichem Wunschdenken beeinflußt werden.
Ich glaube, die spirituellen Psychologien würden in der Regel nachdrücklich die Auffassung vertreten, daß wir aus der ›Objektivität‹ eine Art Fetisch machen, weil sie im Augenblick das ist, was viele für sich in Anspruch nehmen; aber in Wirklichkeit sind wir keineswegs so objektiv. Man könnte sogar behaupten, ›objektive‹ Zeugnisse seien gar nicht so wichtig, da sie einige der wesentlichsten Informationen, die sich auf das menschliche Leben im allgemeinen und ganz besonders auf den spirituellen Bereich beziehen, gar nicht speichern können. Insofern ist das menschliche Gedächtnis geradezu ein Musterbeispiel für den Umgang mit bestimmten Arten von Erfahrungen, und die Vertreter der spirituellen Psychologien glauben, daß es in verschiedenen höheren Bewußtseinszuständen mit weit größerer Exaktheit funktionieren kann als im gewöhnlichen Leben.

> *Postulat:* Das einzige, woran wir uns erinnern können, sind Eindrücke aus unserem Leben bis zum gegenwärtigen Augenblick.

Das Postulat, der Mensch werde, was sein Gedächtnis betrifft, als eine Art *tabula rasa,* ein unbeschriebenes Blatt, geboren, wird im allgemeinen stillschweigend akzeptiert. Die Eindrücke, die wir aufnehmen, beginnen danach mit dem Augenblick unserer Geburt; allerdings nehmen sie beim Kind keine fest umrissene Form an und stehen daher auch im späteren Leben nicht als Erinnerungen zur Verfügung. Aber sobald die kognitiven Prozesse eine gewisse Ordnung in die Welt des Kindes bringen, beginnt es damit, Erinnerungen an Erlebtes, Erzähltes und Gelesenes zu speichern. Das alles schlägt sich im Gedächtnis nieder.

Vielen spirituellen Psychologien zufolge beschränken das Gedächtnis und die Erinnerungen sich nicht ausschließlich auf dieses Leben in der Welt. Einige vertreten die Auffassung, Erinnerungen aus der frühesten Kindheit ließen sich unter geeigneten Umständen wieder hervorrufen, und das gleiche gelte auch für Erinnerungen aus der Zeit des vorgeburtlichen Lebens im Mutterschoß. Andere gehen davon aus, daß auch eine Rückerinnerung an Gedächtnisinformationen möglich ist, die Teil unseres Erbguts sind, über das wir als menschliche Wesen verfügen; wieder andere glauben, daß man sich auch an ein früheres Leben – oder deren mehrere – zurückerinnern kann. Alle spirituellen Psychologien sprechen also dem Gedächtnis eine weit größere Reichweite zu; auf die hier gespeicherten Erfahrungen kann der Mensch sich im Verlauf seiner geistig-seelischen Entwicklung stützen. Buddha zum Beispiel soll sich während seiner Erleuchtungsphasen an alle seine früheren Inkarnationen erinnert haben, und er soll als Folge dieser Rückerinnerung Persönlichkeitsveränderungen durchgemacht haben, die sein Erleuchtetsein noch festigten und erweiterten.

Postulat: Die einzigen Erinnerungen, zu denen wir Zugang haben, sind unsere eigenen.

Das bedeutet, das einzige, was es in unseren persönlichen Erinnerungen geben kann, ist das, was wir über unsere eigenen Sinne aufgenommen haben. Zu den Erinnerungen anderer Menschen besitzen wir nur einen indirekten Zugang: durch das, was sie uns darüber erzählt oder geschrieben oder uns durch ihr Verhalten über sich selbst verraten haben. Das stimmt vollkommen mit dem Postulat überein, daß die einzigen Informationen, die wir erhalten, diejenigen sind, die wir mit unseren Sinnen aufnehmen.

Viele spirituelle Psychologien postulieren nicht, daß wir völlig in unser jeweiliges Nervensystem eingeschlossen sind; dementsprechend glauben sie auch, daß wir unter entsprechenden Umständen eine Art direkten Zugang zu den Erinnerungen anderer Menschen haben können. Dazu gehört beispielsweise die außersinnliche Kommunikation mit anderen Menschen, die uns deren Erinnerungen unmittelbar zugängig macht; dazu kann aber auch die außersinnliche spirituelle Kommunikation mit außermenschlichen Wesenheiten gehören, die ihrer spirituellen Entwicklung nach sowohl höher als auch tiefer stehen können als wir selbst. Auch in der magischen Tradition der westlichen Welt findet sich übrigens der Glaube, daß man zu den Erinnerungen, die in Objekten wie Bäumen und Steinen gespeichert sind, aber auch zum Wissen außerphysikalischer Wesenheiten unterschiedlicher Art Zugang erlangen kann.

Postulate über Motivation

Postulat: Sich etwas zu wünschen ist die grundlegende Motivation, die einen Menschen am Leben hält; sich nichts mehr zu wünschen ist ein Zeichen von seelischer Erkrankung.

Nach Auffassung der orthodoxen westlichen Psychologie leitet sich die Motivation aus einem Mangel bzw. Fehlen irgendeines wesentlichen Lebenselementes ab. Am meisten entbehrt werden diejenigen physikalischen Faktoren, die Körperfunktionen in Gang halten, wie beispielsweise Luft, Nahrung und Wasser. Zu den grundlegenden Motivationen gehört aber auch das Vermeiden von Situationen, die dem Körper Schaden zuzufügen drohen, wie etwa schmerzhafte Reize und physische Attacken durch Tiere oder andere Menschen. Hier handelt es sich durchweg um fundamentale Überlebens- und Sicherheitsbedürfnisse. Sind sie befriedigt, können nach Meinung der Psychologen andere Bedürfnisse wichtig werden, wie beispielsweise sexuelles Verlangen, oder soziale Motivationen, wie etwa das Bedürfnis, einer bestimmten Gruppe anzugehören und von ihr akzeptiert zu werden, dann aber auch individuellere Motivationen, wie etwa das Bestreben, sich eine Weltanschauung aufzubauen, die dem Leben des Betreffenden einen Sinn gibt. In der Regel betrachtet man die zuletzt genannten Wünsche als zweitrangig gegenüber den mehr fundamentalen Überlebens- und Sicherheitsbedürfnissen; wenn ein Mensch die Wahl hat, ob er sein Leben schützen oder ob er irgendein soziales Ziel anstreben soll, das ihm die Anerkennung der Gruppe, zu der er gehört, einbringt, wählt er in der Regel das erstgenannte Ziel. Menschen, die ihre Ideale über ihr eigenes Wohlbefinden und Überleben stellen, betrachtet man gewöhnlich mit gemischten Gefühlen: Wir sind froh, daß *sie* es getan haben, aber wir sind nicht ganz sicher, ob wir selbst es auch tun würden.

In der Praxis nimmt die Psychologie der Motivation allgemeinere Formen an; wir gehen stillschweigend davon aus, daß die Menschen ständig materielle oder psychische Bedürfnisse haben. Unsere Wirtschaft basiert in der Tat auf dieser Voraussetzung und auf den Werbekampagnen, deren Aufgabe es ist, diese Bedürfnisse ständig zu steigern. Wenn jemand sagt, er sei nicht daran interessiert, mehr Geld zu verdienen, ein schöneres Heim zu haben, mehr Anerkennung bei den Mitmenschen zu finden usw., dann bezeichnen wir das als ein Antimotivations-Syndrom, und wir argwöhnen, daß mit diesem Menschen irgend etwas nicht in Ordnung ist.

In dem Übermaß unserer Wünsche sehen die spirituellen Psychologien die Hauptursache dafür, daß wir uns auf unseren augenblicklichen Entwicklungsstand festlegen und damit an einer Höherentwicklung unserer spirituellen Kräfte hindern lassen. Ob dieses ständige Verlangen nach bestimmten Dingen, die wir besitzen möchten, als Habgier oder nur als ein Verhaftetsein zu deuten ist – es führt in jedem Fall dazu, daß ein Individuum in einem Weltbild gefangen bleibt, das ihm erlaubt, Motivationen für seine immer neuen Wünsche zu finden. Auf vielen ›spirituellen Pfaden‹ wird das Verzichten methodisch praktiziert: wenn man sich ganz bewußt darin übt, auf manche Dinge zu verzichten, dann kann man sie haben oder nicht haben, aber in jedem Fall erliegt man nicht mehr den intensiven Einflüssen, die uns dazu bringen, das, was wir uns wünschen, erhalten und auch behalten zu wollen[4].

Die spirituellen Psychologien empfehlen uns, viele unserer ›fundamentalen Motivationen‹ aufzugeben, und zwar zugunsten verschiedener Dinge von essentiellerer Bedeutung. Nahezu alles, was wir dringend zu benötigen glauben, ist in Wirklichkeit unwesentlich. Ein geringeres Verlangen nach bestimmten weltlichen Gütern zu haben betrachtet man hier keineswegs als pathologisch, sondern als einen wichtigen Schritt auf dem Weg zu spirituellem Wachstum.

Postulat: Der Mensch wird primär vom Verlangen nach Macht und nach sexueller Befriedigung motiviert; hinzu kommt das Bestreben, allem, was Schmerz bereitet, auszuweichen.

Wenn auch wenige Psychologen sich als Freudianer oder Adlerianer bezeichnen würden, wird dennoch die von Freud entwickelte und von Adler erweiterte psychoanalytische Konzeption, nach der die sexuelle Befriedigung sowie die Macht über andere Menschen unsere primären Motivationen sind, von einer großen Anzahl von Psychologen akzeptiert. Man begreift sie als unbewußte Bedürfnisse bzw. treibende Kräfte, zu denen sich ein Individuum nur selten bewußt bekennen würde; es ist sich nicht klar darüber, wie wichtig sie sind. Nach dem Bild, das Freud sich vom Menschen macht, wird dieser von sexuellen Bedürfnissen und Machthunger getrieben; aber wenn er in seiner sozialen Gruppe nicht unangenehm auffallen will, kann er sie nur befriedigen, indem er Kompromisse eingeht. Ein Blick auf die Reklameseiten unserer Zeitschriften zeigt uns, wie gezielt sexuelles Verlangen, der Wunsch, gesellschaftlich anerkannt zu werden, Macht zu haben und ›dazuzugehören‹, von denen, die uns etwas verkaufen wollen, geweckt werden.

Die spirituellen Psychologien erkennen in der Regel die Bedeutung des Strebens nach Sicherheit, des sexuellen Verlangens und der sozialen Bedürfnisse durchaus an, aber ihrer Auffassung nach ist ein fundamentales *spirituelles* Bedürfnis, nämlich das Bedürfnis, sein eigenes wahres Wesen und seinen Stellenwert im Universum kennenzulernen, mindestens ebenso wichtig, wenn nicht gar noch wichtiger als alle anderen. Dem Wunsch nach spiritueller Höherentwicklung sollten deshalb alle anderen Bedürfnisse untergeordnet werden, wobei man sich jedoch vor deren pathologischer Verleugnung hüten muß. Die orthodoxe Psychologie des Westens hält spirituelle Bedürfnisse wie die, sich selbst und das Leben zu verstehen, für eine Art Luxus; sie können durchaus zu ihrem Recht kommen, sobald erst einmal der Überlebenswille und die gesellschaftlichen Bedürfnisse befriedigt worden sind; das heißt, sie sind nur von sekundärer Bedeutung. Dagegen halten die spirituellen Psychologien diese spirituellen Bedürfnisse für so vorrangig, daß der Mensch, wenn er ihnen nicht in ausreichendem Maße Beachtung schenkt, zum Neurotiker oder Psychopathen wird. Diesen pathologischen Zustand führen sie darauf zurück, daß die meisten Menschen heutzutage keine spirituellen Ziele haben und zu wenig an sich arbeiten; ebendies sei die Ursache für die traurige Verfassung der heutigen Welt. Die Tatsache, daß die orthodoxen Psychologen der westlichen Welt die Existenz derartiger spiritueller Bedürfnisse leugnen, trägt nicht gerade zu deren Befriedigung bei und verhilft uns nicht zu einem erfüllteren Leben und einer besseren Welt.

Postulate über die Wahrnehmung

Postulat: Das einzige, was wir wahrnehmen können, sind die physikalische Welt und die durch Vorgänge in unserem Körper und unserem Nervensystem ausgelösten Empfindungen.

Für die orthodoxen Psychologen des Westens stellen die äußere Welt und die innere Welt unseres Körpers und unseres Nervensystems die Gesamtheit dessen dar, was man wahrnehmen kann. Diese beiden Erscheinungsformen der physikalischen Welt lassen sich entweder unmittelbar mit den uns zur Verfügung stehenden Sinnen oder mit Hilfe eines Instruments wahrnehmen, das physikalische Energien, die wir mit unseren Sinnesorganen nicht unmittelbar erfassen können, in wahrnehmbare Energien verwandelt.
Für die spirituellen Psychologien läßt sich weder die äußere noch die innere Realität auf das begrenzen, was sich physikalisch erklären läßt. Ihrer Meinung nach gibt es in der außerhalb von uns existierenden Realität wichtige Phänomene, die sich mit Hilfe verschiedener Arten von außersinnlicher Wahrnehmung erfassen lassen; und da man davon ausgeht, daß der geistig-seelische Bereich sich nicht auf das Nervensystem beschränkt, kann man annehmen, daß es jenseits der auf Vorgänge im Gehirn und im Körper zurückführbaren Realitäten auch noch psychische Wirklichkeiten gibt, die man ebenfalls wahrnehmen kann. Die spirituellen Psychologien stecken die Grenzen unserer Wahrnehmungskraft also viel weiter.

Postulat: Die Natur unserer Sinnesorgane bestimmt auch die Natur unserer Wahrnehmungen.

Danach ist Sehen eine Funktion des Auges, die sich aus der Konstruktion des Augapfels und seiner Nerven herleitet, und das gleiche gilt für das Hören als einer Funktion des Ohrs.

Einige spirituelle Psychologien vertreten allerdings eine ganz andere Auffassung; danach handelt es sich bei den uns bekannten Wahrnehmungskategorien um psychische Funktionen; zwar wirken sie normalerweise durch die Sinnesorgane, aber sie können ebensogut auch unabhängig von diesen operieren. So setzt man etwa voraus, daß jemand in bestimmten Bewußtseinszuständen in der Lage ist, bestimmte Dinge auch aus einer gewissen Entfernung zu erkennen, obschon es mit Sicherheit kein physisches Auge gibt, das derartige Informationen vermitteln könnte. Daß die Parapsychologen – jene kleine Gruppe von westlichen Wissenschaftlern, die diesen Bereich ernst nehmen – derartige Phänomene als ›außersinnliche‹ Wahrnehmungen bezeichnen, erklärt sie natürlich nicht, sondern gibt ihnen nur einen Namen. Wenn man stillschweigend voraussetzt, daß sich nur über die zuständigen Sinnesorgane etwas wahrnehmen läßt, macht man sich natürlich nicht die Mühe, nach anderen Arten und Modalitäten von Wahrnehmung Ausschau zu halten.

Postulat: Unser Wahrnehmungsvermögen arbeitet stets selektiv und nicht immer unvoreingenommen, aber im großen und ganzen entspricht das Bild, das wir uns von der uns umgebenden Welt machen, doch der Realität.

Dieses Postulat ist besonders interessant, denn die orthodoxen Psychologen des Westens setzen es voraus, obschon doch gerade sie selbst umfangreiches Beweismaterial dafür gesammelt haben, wie stark Erziehung, Bedürfnisse und eine ganze Reihe unbewußter Vorgänge unsere Wahrnehmungen beeinflussen. Dieses Material beruht jedoch auf Experimenten mit Versuchspersonen: Wenn ich als Psychologe etwas betrachte, dann sehe ich es selbstverständlich so, wie es wirklich ist – ein Postulat, das keineswegs ausschließlich Psychologen vorbehalten ist!
Die spirituellen Psychologien neigen in der Regel in weit stärkerem Maße zu der Auffassung, daß unsere Wünsche und Begierden uns vieles nur verzerrt wahrnehmen lassen. Sie sind keineswegs der Meinung, daß wir uns und unsere Umwelt relativ realistisch sehen, sondern sie gehen davon aus, daß unser Bild von uns selbst und von der Welt ganz unzulänglich ist, und daß wir im Laufe unserer spirituellen Entwicklung unsere Wahrnehmungsfähigkeit allmählich verfeinern müssen.

Postulate über soziale Beziehungen

Postulat: Die selbstsüchtigen, neurotischen und unvernünftigen Handlungsweisen anderer Menschen sind die Hauptursache unserer persönlichen leidvollen Erfahrungen.

Es ist sehr leicht festzustellen, wie unvernünftig die Wünsche, Gedanken und Handlungen unserer Mitmenschen sind. Wären sie nicht so neurotisch, würde unser eigenes Leben viel glatter und glücklicher verlaufen. Dieses Postulat wird keineswegs nur von Psychologen vertreten. Aufgrund ihrer Kenntnis der Psychopathologie des Alltagslebens sollten sie eigentlich sogar weniger an ihm festhalten als der Mann auf der Straße, aber im großen und ganzen sind sie doch von dieser allgemeinen Annahme stark beeinflußt.
Viele spirituelle Psychologien erkennen ebenfalls an, daß das selbstsüchtige und bösartige Verhalten anderer Menschen uns viel Kummer verursacht, aber sie betonen dennoch, daß die Hauptsache all unserer persönlichen Leiden unsere eigene psychische Einstellung und unsere eigenen Handlungen sind. Wir erleben relativ selten, daß ein anderer Mensch uns tatsächlich irgend etwas antut; dagegen passiert es häufig, daß wir uns beleidigt oder angegriffen fühlen, weil ein anderer Mensch etwas sagt oder tut, was unser Ego aus dem Gleichgewicht bringt, so beispielsweise, wenn jemand uns nicht mit dem gebührenden Respekt begegnet oder sich abschätzig über uns äußert; derartige Handlungsweisen können nur dann verletzend wirken, wenn sie sich nicht mit dem eigenen ›Image‹ vertragen. In Gurdjieffs System etwa wird großes Gewicht darauf gelegt, daß wir selbst für alle unsere leidvollen Erfahrungen verantwortlich sind und nicht andere Menschen dafür haftbar machen können.

Postulat: Kein normaler Mensch leidet gern.

Das scheint offensichtlich. Schmerz ist unangenehm, Leiden ist unangenehm, und wir tun alles, was wir können, um sie zu vermeiden. Wir sehen zwar, daß manche Neurotiker sich selbst Gründe zum Leiden suchen, aber da wir ja ach so normal sind, gilt es für uns natürlich nicht.
Viele spirituelle Psychologien betonen nachdrücklich, daß wir in Wirklichkeit an unseren Leiden geradezu hängen, und zwar nicht nur

in dem Sinne, daß unser Hang zum Vergnügen an sich schon auch die Voraussetzungen für unser Mißvergnügen schafft, sondern weil wir, indem wir bestimmte leidvolle Erfahrungen machen, auch gewisse Ich-Bedürfnisse befriedigen. Dafür nochmals ein Beispiel aus Gurdjieffs System: Er betont, daß nur ein einziges Gut geopfert werden muß, wenn wir uns auf spirituelle Wege begeben wollen, und das ist das eigene Leid. Aber gerade das ist das schwerste Opfer, das ein Mensch bringen kann. Er wird alles aufgeben, nur nicht seine Leiden. Wie sehr man tatsächlich an ihnen hängt, kann man nur nach langer Selbstbeobachtung erkennen.

Postulat: Fortschritt ist gesellschaftlicher Fortschritt.

Wir setzen viel Kraft dafür ein, die Masse oder ausgewählte Gruppen weiterzubilden, unser Gesellschaftssystem zu verbessern und Ungerechtigkeiten zu beseitigen, und wir glauben, daß die Erreichung dieser Ziele einen echten Fortschritt bedeuten würde.
Die spirituellen Psychologien betonen in der Regel, daß der einzige wirkliche Fortschritt, den wir machen können, der ist, der durch die spirituelle Entwicklung der einzelnen herbeigeführt wird. In dem Maße, in dem einige Menschen ihre Spiritualität entwickeln, verbessern sich ihre sozialen Beziehungen, und sie üben eine positivere Wirkung auf ihre Mitmenschen aus. Einige spirituelle Psychologien weisen vor allem darauf hin, daß jedes Bemühen um Verbesserung einer Gesellschaftsstruktur, das nicht in der inneren Reife der Person wurzelt, pervertiert wird und zu keinem echten Fortschritt führt. Investiert jemand einen Großteil seiner Energien in sozialere Formen usw., kann man das unter Umständen als eine Art Ersatz für die Entwicklung seiner Spiritualität ansehen – einen Ersatz, durch den gerade diejenigen Zustände, die verbessert werden sollen, aufrechterhalten werden. Gerade Gesellschaftssysteme tragen dieser Auffassung zufolge viel zur Entstehung und Aufrechterhaltung von Weltanschauungen bei, die auf Illusionen beruhen, und sie blockieren dadurch einen wirklichen Fortschritt im spirituellen Bereich. Hier zeigt sich wieder, daß die alte sufistische Mahnung ›In der Welt, aber nicht von ihr‹ eine der Hauptorientierungen der spirituellen Psychologien kennzeichnet. Das bedeutet allerdings nicht, daß diese spirituellen Psychologien nicht daran interessiert wären, wie die Menschen miteinander auskommen: Sie betonen nur nachdrücklich, daß verbesserte soziale

Beziehungen sich letztlich aus den verbesserten Beziehungen zu dem eigenen spirituellen Potential herleiten müssen. Man macht es sich allzu leicht, wenn man sich nur auf die Fehler der anderen und des Systems konzentriert, nur um der Erkenntnis auszuweichen, wieviel Verantwortung man selber trägt.

Einige weitere Postulate

Postulat: Wissenschaft ist ihrer Natur nach kumulativ.

Dieses Postulat hat seine Wurzel in der Auffassung, daß die Wissenschaft ›Fakten entdeckt‹, die sozusagen herumliegen und darauf warten, gefunden zu werden, und daß das, was sich in ihrem Bereich wandelt, in der Hauptsache die Theorien betrifft, die zur Erklärung dieser Fakten aufgestellt werden. So bauen wir ein immer umfangreicheres Tatsachengebäude auf und halten unsere alten Fakten immer noch für gültig, auch wenn wir von Zeit zu Zeit das Bedürfnis verspüren, sie neu zu interpretieren. Dieses Postulat ähnelt also dem bereits erörterten, dem zufolge der Weg zu mehr Erkenntnis und Weisheit darin besteht, bereits bekannten Fakten neue hinzuzufügen – natürlich unter der Voraussetzung, daß das, was man bereits weiß, auch richtig ist. Diese Auffassung von Wissenschaft wurde von Wissenschaftlern selbst heftig angefochten; vor allem Thomas Kuhn wies 1962 darauf hin, daß die Wissenschaft Paradigmen besitzt – übergreifende Gesamtkonzeptionen mit entsprechenden Postulaten über die Realität –, die im voraus festlegen, was wir als *relevante* Fakten anzusehen und wie wir diese zu interpretieren haben. Danach liegen die Fakten nicht einfach herum und warten auf ihre Entdeckung, sondern sie werden in gewisser Hinsicht durch die Art und Weise, wie wir die Dinge betrachten, mit erschaffen. Obschon es überzeugende Beweise dafür gibt, daß wissenschaftlicher Fortschritt nicht einfach in der Aneinanderreihung ein für allemal gültiger Fakten besteht, sondern größeren Revolutionen ausgesetzt ist, in denen alte ›Fakten‹ sich als irrelevant erweisen, halten doch die meisten orthodoxen Psychologen des Westens an der stillschweigenden Voraussetzung fest, daß es sich beim wissenschaftlichen Fortschritt um einen kumulativen Prozeß handelt.

Würde dieses Postulat in Frage gestellt, müßten wir vielleicht vieles von dem über Bord werfen, was wir heute noch als die Grundlage unseres psychologischen Wissens betrachten; diese wenig erfreuliche Aussicht trägt dazu bei, daß wir die Meinung, wir müßten uns derartigen Fragen stellen, als lächerliche Zumutung abtun.
Ich weiß nicht genau, wie die spirituellen Psychologien über den kumulativen Fortschritt denken, vermutlich jedoch hat ihrer Meinung nach unsere orthodoxe Psychologie den lebenswichtigen Bereichen der spirituellen Entwicklung des Menschen bisher viel zuwenig Aufmerksamkeit geschenkt, als daß man schon von einem Fortschritt sprechen könnte. Diese Psychologien betonen auch, wie ungeheuer wichtig es ist, alte Begriffssysteme über Bord zu werfen.

> *Postulat:* Unsere Zivilisation (samt ihrer Psychologie) ist die bedeutendste, die je auf diesem Planeten existiert hat.

Schließlich haben wir sämtliche ›primitiven‹ Länder erobert, und wenn andere Länder einen Machtzuwachs verzeichnen können, dann nur, weil sie den Weg zur Industrialisierung eingeschlagen haben und dem Vorbild unserer westlichen Zivilisation folgen. Das bedeutet u. a. auch, daß Vorstellungen über die Psyche, die aus anderen bzw. aus vergangenen Kulturen stammen, zwar interessant und eigenartig sein können und gelegentlich sogar ein Körnchen Wahrheit enthalten mögen, daß sie sich aber mit Sicherheit nicht mit der modernen wissenschaftlichen Psychologie vergleichen lassen.
Viele der spirituellen Psychologien glauben, daß ihre Lehren von Menschen stammen, die zu einer Zeit lebten, deren Kultur fortgeschrittener war als unsere heutige – fortgeschrittener nicht im Sinne von technischen Errungenschaften und materiellem Reichtum, sondern in der seelischen und spirituellen Entfaltung einiger ihrer Glieder. Niemand leugnet, daß die moderne Technologie einen sehr hohen Standard erreicht hat, aber wenn man sich ansieht, wie die Menschen heute leben, dann ist keineswegs klar, ob technologischer Fortschritt wirklich gleichbedeutend ist mit höherem kulturellem Niveau. Daher halten viele spirituelle Psychologien ihr System für weit fortschrittlicher und differenzierter als das der orthodoxen Psychologien des Westens. Wir sollten uns bewußt werden, in wie starkem Maße wir von dem Postulat abhängig sind, daß materieller Reichtum ein Zeichen von Fortschritt schlechthin ist. Ich glaube, viele Psychologen würden

angesichts eines Yogi, der, nur mit einem Lendentuch bekleidet, auf dem Fußboden sitzt, gar nicht in Erwägung ziehen, daß jemand, der nicht an den Segnungen des modernen Lebens teilhat, in der Lage sein könnte, uns irgend etwas zu lehren, was für uns von Bedeutung wäre. Meiner Meinung nach würde dieser Yogi angesichts eines westlichen Psychologen inmitten seines ganzen Zivilisationsapparats samt Fernseher und Auto sich erstaunt fragen, wie jemand, der von einer so unglaublichen Menge materieller Güter abhängt, überhaupt hoffen kann, jemals einen echten Fortschritt auf dem Weg zum Verstehen seines eigenen spirituellen Selbst zu erzielen.

Postulat: Unsere Zivilisation und unsere Psychologie machen stetig Fortschritte.

Der Fortschrittsglaube hat in den Amerikanern tiefe Wurzeln geschlagen – und das gilt auch für die Psychologen. Unsere Zivilisation hat bereits große Fortschritte gemacht; es ist praktisch nur noch eine Frage der Zeit, bis Probleme wie Armut, Krieg und Unwissenheit völlig beseitigt sein werden.
Die spirituellen Psychologien teilen diese Auffassung nicht unbedingt, und einige von ihnen wollen sogar statt eines Fortschritts eher einen Stillstand oder gar einen Rückschritt in unserer Zivilisation erkennen. Gurdjieff weist darauf hin, daß jedes Zeitalter überzeugt ist, fortschrittlicher zu sein als das vorausgegangene, und daß es sich stets auf dem besten Weg zur Lösung aller sozialen Probleme glaubte; aber ein Blick auf die Geschichte lehrt uns, daß sich das Leben des Menschen im Prinzip gleichgeblieben ist. So wurden beispielsweise schon unzählige Kriege damit begründet, daß sie den endgültigen Frieden bringen würden, aber die Geschichte blieb die Geschichte einer unaufhörlichen Folge von Kriegen.

Postulat: Eine auf die Eroberung von Neuland ausgerichtete Aktivität ist der beste Weg, um Fortschritte im Verständnis und in der Kontrolle der Welt zu erzielen.

Aktivität spielt in unserer Kultur eine große Rolle; wir identifizieren uns mit dem männlichen Prinzip; wir sprechen davon, daß wir die Krankheit besiegen, die Unwissenheit überwinden wollen usw. Für die orthodoxe Psychologie des Westens handelt es sich in erster Linie darum, daß man etwas in Gang bringt – und beobachtet, was dabei herauskommt; man drängt die Dinge nachdrücklich in die verschiedensten Richtungen (die unabhängige Variable) und beobachtet, was sich daraus ergibt (die abhängige Variable). Wir messen den Fortschritt häufig daran, inwieweit man die Fähigkeit erlangt hat, die Dinge nach Belieben zu manipulieren. Bei unseren Wissenschaften handelt es sich in ihrer Gesamtheit um ausgesprochen maskuline aktive Wissenschaftsformen.

Die spirituellen Psychologien weisen in der Regel darauf hin, daß es auch eine andere, nämlich passive, rezeptive, feminine Einstellung zur Wirklichkeit gibt. Das bedeutet natürlich nicht, daß die maskuline Einstellung in jeder Hinsicht falsch ist, aber sie ist nur eine von zwei Möglichkeiten, und die optimale Methode zum besseren Verständnis seiner selbst und der Wirklichkeit besteht darin, daß man von Fall zu Fall jeweils diejenige Haltung wählt, die der konkreten Situation entspricht. Das ist allerdings für uns Westler nicht leicht. Wir sind so sehr an Aktivität gewöhnt, daß es für die meisten von uns sehr schwierig ist, sich rezeptiv und passiv zu verhalten und zuzulassen, daß uns gelegentlich auch einmal die Natur oder unser eigenes tieferes Selbst eine Lektion erteilen. Die spirituellen Psychologien betonen jedoch, daß viele der wichtigsten spirituellen Wirklichkeiten sich nicht mit Gewalt erobern lassen; wir müssen zunächst einmal eine gewisse Rezeptivität und Demut entwickeln, wenn wir uns bestimmte Dinge jemals zu eigen machen wollen.

Postulat: Man kann nicht gleichzeitig Wissenschaftler und Mystiker sein.

Wenn jemand ein guter und kompetenter Wissenschaftler ist, kann er nach einem Postulat des Westens nicht gleichzeitig ein ›Mystiker‹ sein, d. h. irgendwelche Phantastereien im Kopf haben. Man glaubt, daß zwischen den diesen beiden Rollen entsprechenden Mentalitäten ein tiefer Abgrund klafft. Daß ein Mystiker von den meisten orthodoxen Psychologen als pathologischer Fall betrachtet wird, kommt denen, die von dieser Kluft überzeugt sind, natürlich sehr gelegen. Zu den abfälligsten Bemerkungen, die man hierzulande über die Arbeit eines Wissenschaftlers machen kann, gehört wohl die Behauptung, in ihr ließen sich ›mystische‹ Züge erkennen.

Trotz dieses Postulats gibt es in der Geschichte viele Beispiele dafür, daß Wissenschaftler sehr wohl zugleich auch Mystiker sein können. So hatte beispielsweise der Wissenschaftler Pascal intensive mystische Erlebnisse – für die spirituellen Psychologien vermutlich etwas ganz Selbstverständliches. Ob jemand sowohl wissenschaftliche wie mystische Erfahrungen machen kann, ist eine Frage seiner inneren Ausgewogenheit, wie ja ähnlich auch die aktive, erobernde und die passive, rezeptive Einstellung bei einem Menschen in einem ausgewogenen Verhältnis zueinander stehen müssen.

In diesem Zusammenhang ist die 1969 von LeShan durchgeführte Untersuchung über Ähnlichkeiten im Weltbild von Physikern und Mystikern interessant. In einem faszinierenden Artikel stellte er verschiedene Aussagen einiger der größten Mystiker und der bekanntesten Naturwissenschaftler über das tiefste Wesen der Wirklichkeit einander gegenüber, ohne anzugeben, welche von einem Wissenschaftler und welche von einem Mystiker stammen. Kaum jemand – und ich nehme mich da selbst keineswegs aus – ist in der Lage, die Herkunft der einzelnen Aussagen genau zu bestimmen. Stammen beispielsweise die folgenden Sätze von einem Wissenschaftler oder von einem Mystiker? »... der Grund dafür, daß man unser empfindendes, wahrnehmendes und denkendes Ich in unserem Weltbild nirgendwo antrifft, läßt sich in sechs Worten ausdrücken: ›Weil es *selbst* dieses Weltbild ist!‹ Es ist identisch mit dem Ganzen und kann daher nicht ein Teil von ihm sein« (LeShan, 1969, S. 6).

Damit schließen wir unseren allzu kurzen und unvollständigen Überblick über die von der westlichen orthodoxen Psychologie stillschweigend akzeptierten Postulate ab. Es sei hier noch einmal ausdrücklich betont, daß ich *nicht* behaupte, die Postulate des Westens seien *falsch* und die der spirituellen Psychologien seien *richtig:* Ich vermag selber nicht genau zu sagen, wie die Gewichte ›falsch‹ und ›richtig‹ in beiden Fällen jeweils zu verteilen wären. Eines ist jedoch klar: Solange wir bestimmte Postulate stillschweigend akzeptieren, haben wir keine Möglichkeit, sie in Frage zu stellen und uns damit gegebenenfalls aus der Umklammerung, in der sie uns gefangenhalten, zu befreien. Wenn die Lektüre dieses Kapitels wenigstens bei einigen Lesern dazu führt, daß sie einige Postulate ernsthaft in Frage stellen, hat es seinen Zweck durchaus erfüllt.

---

[1] Es ist im Grunde ziemlich arrogant von mir, die Ansichten der spirituellen Psychologien über bestimmte Dinge festhalten zu wollen, wenn man bedenkt, wie be-

grenzt meine Kenntnisse über sie sind, ich hoffe aber, die potentielle Nützlichkeit dieses Kapitels besteht darin, daß die Leser ihre stillschweigend akzeptierten Postulate in Frage stellen; das würde auch gewisse Irrtümer aufwiegen, die mir bei meinen Passagen über die spirituellen Psychologien unterlaufen sein sollten.

[2] Man verlangt übrigens auch von westlichen Psychologen so gut wie niemals, daß sie während ihrer Ausbildung Kurse in Selbsterfahrung belegen.

[3] Einige Kinderpsychologen bilden hier mit Sicherheit eine rühmliche Ausnahme.

[4] Man muß hier festhalten, daß die Methode des Verzichts bzw. der Selbstverleugnung in der Praxis mancher spiritueller Systeme häufig einen geradezu pathologischen Charakter angenommen hat und so zum Selbstzweck geworden ist.

CHARLES T. TART

3. DAS PHYSIKALISCHE UNIVERSUM,
DAS SPIRITUELLE UNIVERSUM UND DAS
PARANORMALE

Große Leistungen hat unsere westliche Kultur im Bereich der Naturwissenschaften vollbracht. Wir haben ein elegantes, logisches und außerordentlich wirkungsmächtiges Weltbild aufgebaut, das physikalische. Von dieser Basis aus lassen sich alle Vorgänge letztlich auf gesetzmäßige Interaktionen von Materie und Energie in Raum und Zeit reduzieren. An der gewaltigen Macht dieser Auffassung kann kein Zweifel bestehen: ein Blick auf Wolkenkratzer, Antibiotika, Atomwaffen und ähnliche Errungenschaften genügt, um uns klarzumachen, daß dieses Weltverständnis zu einer bisher nie erreichten Herrschaft des Menschen über die physikalische Welt geführt hat.
Meine Frage ist nun: Welchen Wert haben die spirituellen Psychologien, wenn man sie vom Standpunkt der orthodoxen Naturwissenschaften aus betrachtet? Ich stelle diese Frage, weil diese Psychologien, die gerade dabei sind, in unserer Kultur Fuß zu fassen, dazu herausgefordert sind, sich diesem physikalischen Weltbild anzupassen.
Nach den Vorstellungen der Naturwissenschaften ist vieles, was in diesem Buch präsentiert wird, barer Unsinn. Wir wissen, daß sich alle menschlichen Erfahrungen und Erlebnisse letztlich auf elektrische und chemische Aktionsfelder im Nervensystem und im Körper zurückführen lassen. In einiger Zeit wird unsere Wissenschaft vermutlich in der Lage sein, die elektrischen und chemischen Vorgänge im Nervensystem auf noch fundamentalere Vorgänge im atomaren und subatomaren Bereich zurückzuführen. Wenn jemand in einen veränderten Bewußtseinszustand eintritt und dabei etwa erlebt, wie Energie durch seinen Körper strömt und dann von seinen Fingerspitzen ausgeht (wie das häufig bei paranormalen Heilungen der Fall ist), müssen wir das als ein ›halluzinatorisches‹ Erlebnis bezeichnen. Es gibt keine derartige außerphysikalische Energie, und so kann dieses Erlebnis nur

durch ungewöhnliche Vorgänge innerhalb des Nervensystems der betreffenden Person ausgelöst sein. Ein Mensch mag beispielsweise eine tiefgehende mystische Erfahrung gemacht haben, vielleicht hat er sich in direkter Kommunikation mit Gott gefühlt, und dieses Erlebnis hat sein gesamtes Leben verändert und einen ganz neuen Menschen aus ihm gemacht. Trotzdem müssen wir sagen, daß angesichts der Tatsache, daß die Idee von einem Gott in der Begriffswelt unseres physikalischen Systems keinen Sinn ergibt, dieser ›Kontakt mit Gott‹, ob er nun in einem Menschen tiefe Spuren hinterläßt oder nicht, nur ein Beispiel mehr dafür ist, wie flexibel unser Biocomputer – unser Gehirn – tatsächlich arbeitet. Er läßt sich so programmieren, daß er in überzeugender Weise Dinge simulieren kann, die an sich völlig unsinnig sind. Gott ist nichts anderes als eine elektrochemische Struktur in unserem Gehirn.

Die Naturwissenschaft hat stets die Auffassung vertreten, daß es für die Menschen weit besser wäre, sie verzichteten auf diese irrationalen, halluzinatorischen bzw. ›mystischen‹ Erlebnisse und begnügten sich damit, sich ihres Verstandes zu bedienen – was heißt: ihre Erlebnisse und Handlungen am naturwissenschaftlichen Weltbild auszurichten. Ich glaube, heutzutage hat diese Einstellung an Starrheit verloren, da einige Psychologen und Psychiater (wenn sie im Prinzip auch das physikalische Weltbild akzeptieren) doch zugeben würden, daß der Mensch von heute auch ein gewisses Bedürfnis nach irrationalen Erlebnissen zu haben scheint. Daher könnten sich halluzinatorische Erlebnisse, *solange sie sich im Rahmen der von der Gesellschaft festgelegten Grenzen halten,* durchaus als vorteilhaft für die geistig-seelische Gesundheit erweisen. Wenn die Massen unbedingt in die Kirche gehen und an nichtphysikalische Wesenheiten glauben wollen, die ihnen Wünsche erfüllen können, sollen sie es ruhig tun – es dient der Aufrechterhaltung der Gesellschaftsordnung. Aber man akzeptiert diese Ansicht nur widerwillig, denn bereits die Tolerierung einer so geringfügigen Abweichung von der »Wirklichkeit« – und erst recht natürlich der weit radikaleren Abweichung, die es bedeutet, die Dinge, von denen in der Religion die Rede ist, unmittelbar selbst erleben zu wollen – ist von Grund auf irrational und führt zur Unordnung im sozialen Gefüge und zur Krankheit des Geistes.

Wenn man aber nun schon einmal, obschon widerstrebend, die Tatsache akzeptiert, daß zumindest einige Menschen das Bedürfnis nach solch ungewöhnlichen Erlebnissen haben, kommt man vernünftiger-

weise zu dem Schluß, daß sie diese Erlebnisse auf die das soziale Gefüge am wenigsten störende Weise haben sollten. Wenn jemand das irrationale Bedürfnis nach einem ›Gespräch mit Gott‹ hat, dann können ihn möglicherweise psychedelische und hypnotisierende Drogen glücklich machen, vorausgesetzt, er nimmt sie mit entsprechend suggestiven Erwartungen ein; ihre Wirkung läßt ziemlich rasch wieder nach, dann kann er wieder ›normal‹ sein. Der Fortschritt ist inzwischen so weit gediehen, daß man auch mit einer direkten elektrischen Stimulation des Gehirns Glücksgefühle auslösen kann: im Laufe des nächsten Jahrzehnts wird man (vermutlich zunächst auf illegalem, später dann auf legalem Wege) sich Elektroden ins Gehirn implantieren lassen und dazu noch einen kleinen Stimulator in seiner Hosentasche tragen. Jedesmal, wenn man aufs Knöpfchen drückt, verspürt man ein Lustgefühl. Wenn jemand lieber Visionen haben möchte, braucht er nur den kleinen Stimulator, den er in der Tasche hat, mit den entsprechenden Elektroden verbinden zu lassen, und schon hat er die wunderbarsten Gesichte.
Ich meine es durchaus ernst: der rasche ›Fortschritt‹ in der direkten elektrischen Stimulation des Gehirns wird bereits in naher Zukunft solche Möglichkeiten nicht nur rein theoretisch eröffnen, sondern auch deren praktische Verwirklichung erlauben. Wenn aber bestimmte Drogen und elektrische Stimulation zweifellos Erlebnisse vermitteln, die denen ganz ähnlich sind, die sich mit Hilfe der weit strapaziöseren Praktiken des spirituellen Wegs herbeiführen lassen – warum sollte man sich dann noch der Mühe unterziehen, sich sein ganzes Leben lang in Meditation und allen möglichen Arten harter Selbstdisziplinierung zu üben?
Der Beitrag ›orthodoxer‹ Religionen zur Kontroverse mit der Wissenschaft lautet gewöhnlich: die Wissenschaften verfügen nur über ein begrenztes Wissen; einige spirituelle Wahrheiten jedoch sind uns längst bekannt, und berücksichtigt man sie nicht, wird man es büßen müssen. Im schlimmsten Falle klingt das so: »Glaube an Gott und tue, was er sagt, sonst kommst du in die Hölle oder hast eine sehr schlechte Reinkarnation.« Denjenigen, die stärker durch einen religiösen Glauben als durch das naturwissenschaftliche Weltbild bestimmt werden, mag eine derartige Einstellung ausreichend erscheinen. Aber sie besagt im Grunde, daß man sich dazu entschließen müßte, sich von vielen wissenschaftlichen Erkenntnissen und dem, was sie leisten, zu distanzieren. Doch die vielen unter uns, die eine

wissenschaftliche Ausbildung genossen haben, können das wissenschaftliche Weltverständnis nicht einfach aufgeben: Es hat auf den verschiedensten Gebieten allzu augenfällige Erfolge, und wenn die Wissenschaft die spirituellen Ansichten für falsch erklärt, müssen wir das schon ernst nehmen.

Wir haben bereits im Zusammenhang mit der Forderung nach der Entwicklung bewußtseinszustands-orientierter Wissenschaften festgestellt, daß wir mißtrauisch sein sollten, wenn ›Anpassung‹ an die Welt bedeutet, daß wir wesentliche Erkenntnisbereiche ignorieren müssen. Meiner Meinung nach ist die orthodoxe wissenschaftliche Einstellung, die das Spirituelle nicht zur Kenntnis nimmt, ebenso unangepaßt und pathologisch wie die ganz ähnliche orthodoxe religiöse Haltung gegenüber wissenschaftlichen Erkenntnissen, die im Widerspruch zum eigenen Glaubenssystem stehen.

Diesen Konflikt brauchte es eigentlich gar nicht zu geben. Er erweist sich bei näherer Betrachtung beider Weltbilder als Scheinkonflikt, und eben dies möchte ich in diesem Kapitel in groben Zügen aufzeigen.

Zunächst sollten wir uns daran erinnern, daß wissenschaftliches Denken immer noch in den Anfängen steckt. Nahezu alle größeren Fortschritte sind im Bereich der Naturwissenschaften erzielt worden. Es ist uns aber weder gelungen, eine überzeugende Psychologie noch bewußtseinszustands-orientierte Wissenschaften zu entwickeln, und wir haben auch nicht mit der erforderlichen Gründlichkeit untersucht, inwieweit die spirituelle und die physikalische Weltanschauung miteinander vereinbar sind. Die außergewöhnlichen Errungenschaften der Naturwissenschaften und unsere Tendenz, an das zu glauben, was Erfolg bringt, hatten zur Folge, daß wir auch psychisch allzuviel in die physikalische Weltanschauung investiert haben und sie deshalb für viele zu einer Art Ersatzreligion geworden ist. Wie die meisten Religionen diffamiert auch sie die gesamte Konkurrenz. Ein gewisses Maß an Demut hinsichtlich unseres Wissens über das Universum wäre unserer Lage durchaus angemessen.

Die physikalische Weltanschauung und die paranormalen Phänomene

Die grundlegende Methode zur Lösung des Konflikts zwischen der physikalischen und der spirituellen Weltanschauung kommt von jenem sehr kleinen und nahezu unbekannten Wissenschaftszweig, den man als Parapsychologie bezeichnet, was soviel bedeutet wie: die Untersuchung von Phänomenen, die jenseits des Bereichs der gewöhnlichen Psychologie liegen. Der Begriff umfaßt im Grunde aber noch mehr, denn der Parapsychologie geht es in erster Linie um die Erforschung derjenigen menschlichen Erfahrungen, die sich – wie beispielsweise die Phänomene Telepathie, Präkognition und Psychokinese – mit den dem physikalischen Weltbild zugrunde liegenden Methoden nicht erklären lassen. Denn die Parapsychologie befaßt sich mit der Untersuchung der direkten Kommunikation über große Entfernungen hinweg (Telepathie), mit dem direkten, nicht der Vermittlung durch die Sinne bedürfenden Kontakt zu Objekten der physikalischen Welt (Hellsehen), mit der Voraussage der Zukunft, insoweit sie sich nicht aus bekannten physikalischen Vorgängen erschließen läßt (Präkognition), sowie mit dem Einfluß des Geistes auf die Materie ohne Vermittlung des Körpers bzw. bekannter physikalischer Energien (Psychokinese). Telepathie, Hellsehen und Präkognition faßt man unter dem Begriff ›außersinnliche Wahrnehmung‹ zusammen, und die außersinnliche Wahrnehmung sowie die anderen paranormalen Wahrnehmungs- und Betätigungsarten bezeichnet man als PSI-Phänomene.

Die Parapsychologie ist eine relativ junge Wissenschaft. Ihre Entstehung ist in erster Linie eine Folge des eben skizzierten Konflikts. Zur Experimentalwissenschaft entwickelte sie sich erst kurz vor der Jahrhundertwende.

Die Gründung der *Society for Psychical Research* in London im Jahre 1882 kann man als eigentliche Geburtsstunde dieser Wissenschaft ansehen. Damals sprach man von ›Psychischer Forschung‹. Die Begründer dieser Gesellschaft waren englische Wissenschaftler, Gelehrte und Literaten, darunter viele ›Spiritisten‹ im engen Sinn des Wortes – ich meine damit Menschen, die daran glauben, daß der Geist Verstorbener in der Lage ist, mit Lebenden in Verbindung zu treten, und zwar über Medien, die sich in einem veränderten Bewußtseinszustand, dem mediumistischen Trance befinden. Einige der Gründer dieser Gesellschaft waren überzeugte Christen. Den meisten von ihnen war das wissenschaftliche Weltbild wohlvertraut, und sie wußten seine Machtfülle durchaus zu schätzen. Andere glaubten aus verschiedenen Gründen an die alles überragende Bedeutung der spirituellen Phänomene, waren sich aber klar darüber, daß man versuchen müßte, beide Bereiche miteinander in Einklang zu bringen. Alle erkannten die Bedeutung des Spirituellen an. Die Gründe, die sie für ihre religiösen Überzeugungen und ihre Lebensphilosophie angaben, hielt die Wissenschaft damals für unsinnig und indiskutabel, und daran hat sich bis heute nicht viel geändert. Wir brauchen uns hier nicht mit der weiteren Geschichte der Parapsychologie zu befassen, denn es gibt darüber einige ausgezeichnete Bücher (Broad, Gudas, Heywood, Murphy und Dale, Pratt, Rao, Rhine, Schmeidler, Smythies, sowie Soal und Bateman [vergleiche hierzu auch die deutschen Literaturangaben in Anm. 9]). Es ist die Geschichte des Kampfes einiger weniger Männer gegen die ungeheuren Vorurteile der Wissenschaftler, die durchweg der Ansicht waren, man sollte die Untersuchung dieser Phänomene schlichtweg verbieten. Die von der parapsychologischen Forschung vorgelegten Befunde, obschon noch immer von der Mehrzahl der Wissenschaftler verworfen, haben doch über jeden vernünftigen Zweifel hinaus bewiesen, daß unsere physikalische Weltanschauung sehr unvollständig ist, und daß es in der Tat Phänomene gibt, die die Basis für Erfahrungen spiritueller Art bilden können.

Die Bedeutung der Parapsychologie besteht also darin, daß sie als Wissenschaft – d. h. mit Hilfe höchst differenzierter wissenschaftlicher Methoden – für Wissenschaftler und andere gebildete Menschen der westlichen Welt die Grundlage für eine ernsthafte Diskussion der von den spirituellen Psychologien aufgestellten Behauptungen geschaffen hat. Ich glaube, daß gerade diesen wissenschaftlichen Ansätzen wachsende Bedeutung bei der Entscheidung darüber zukommen wird, ob die spirituellen Psychologien sich zu einem integralen Bestandteil unserer Kultur entwickeln können, oder ob es sich bei ihnen um Philosophien und Glaubenssysteme handelt, die für immer außerhalb unserer technologischen Zivilisation stehen werden.

Die Parapsychologie und die Gemeinschaft der Wissenschaftler

Es ist festzuhalten, daß die Parapsychologie und die Ergebnisse ihrer Forschungen von der Mehrzahl der heutigen Wissenschaftler nicht akzeptiert werden, obschon man zugeben muß, daß die Zahl derer, die sie anerkennen, in den letzten zehn Jahren beträchtlich gestiegen ist. Offen gesagt, handelt es sich hier nicht um eine wegen unzurei-

chender Forschungsergebnisse begründete Ablehnung durch die wissenschaftlich Gebildeten, sondern schlicht um den Fall eines krassen Vorurteils. Kaum ein Wissenschaftler kennt die Ergebnisse der Parapsychologie, und die allgemeine Voreingenommenheit ist so groß, daß man diese Befunde einfach nicht zur Kenntnis nimmt.
Die Einstellung einer großen Anzahl von Wissenschaftlern kam in einem Artikel zum Ausdruck, der 1955 in *Science* erschien, einer der angesehensten wissenschaftlichen Zeitschriften der USA. Unter dem Titel ›Science and the Supernatural‹ (Die Wissenschaft und das Übernatürliche) schrieb der Chemiker George Price einen Aufsatz mit folgender Quintessenz: Kein intelligenter Mensch, der das Material liest, in dem außersinnliche Wahrnehmungen bezeugt werden, kann daran zweifeln, daß es sie gibt, aber da wir *wissen*, daß es sie nicht geben *kann*, müssen wir zu dem Schluß kommen, daß alle diese Zeugnisse auf Trugschlüssen und Tricks beruhen.
Als dieser Artikel erschien, war ich wie viele Parapsychologen empört über den darin zum Ausdruck kommenden Mangel an Fairneß. Inzwischen bin ich zu der Überzeugung gelangt, daß man dem Autor zumindest für seine Aufrichtigkeit dankbar sein sollte. Price stellt unmißverständlich fest, daß er mit Sicherheit weiß, was es in der Welt geben kann und was nicht, und wenn er mit Zeugnissen konfrontiert wird, die seiner Auffassung widersprechen, lehnt er sie kurzerhand ab. Er gibt zumindest seine Position ganz offen zu!
Meine Feststellung, daß die Ablehnung der Parapsychologie durch die Wissenschaft auf Unkenntnis und Vorurteilen basiert, wird vielen meiner Kollegen ein Ärgernis sein. Wer, wie sie, außersinnliche Wahrnehmung oder ähnliche Phänomene für baren Unsinn hält, der lege sich bitte einmal einige Fragen vor und versuche, sie ehrlich zu beantworten. Zunächst einmal: Inwieweit habe ich tatsächlich selber über die Möglichkeit derartiger Phänomene nachgedacht, statt mich automatisch der herrschenden Meinung anzuschließen? Zweitens: Inwieweit kenne ich die wissenschaftliche Literatur über Parapsychologie, und zwar nicht nur volkstümliche Darstellungen, die manches zu wünschen übriglassen, sondern die wissenschaftlichen Forschungsberichte, von denen es bereits Tausende gibt?
Ich fürchte, daß die Antwort auf diese Fragen in fast allen Fällen negativ sein wird; man pflegt, ohne nachzudenken, die von der Gemeinschaft der Wissenschaftler sanktionierte Meinung zu übernehmen und kümmert sich nicht um das wissenschaftliche Beweismaterial, das die-

ser Auffassung widerspricht. Die meisten meiner Kollegen wissen von vornherein, daß es derartige Phänomene gar nicht gibt; daher machen sie sich auch nicht die Mühe, die Veröffentlichungen zu lesen, die sie vom Gegenteil überzeugen könnten, und behaupten dann auch noch, ihnen seien niemals Zeugnisse unter die Augen gekommen, die ihrer Auffassung widersprächen.

Positiv zu werten ist die Tatsache, daß die Zahl derjenigen Wissenschaftler, die die Legitimität parapsychologischer Forschung anerkennen, stark zugenommen hat; viele von ihnen bemühen sich jetzt darum, Einblick in diese Dinge zu gewinnen, und manche lassen sich sogar durch die Forschungsergebnisse überzeugen. Es gibt allerdings in der ganzen Welt immer noch nur ein paar Dutzend Parapsychologen – von denen viele nur einen Teil ihrer Arbeitszeit auf dieses Gebiet verwenden –, aber sie veröffentlichen seit vielen Jahren überzeugendes Beweismaterial[1] für die außersinnliche Wahrnehmung. An Informationen fehlt es daher nicht. Die Existenz verschiedener grundlegender PSI-Phänomene kann heute nicht mehr in Zweifel gezogen werden. Im vorliegenden Kapitel will ich diese vier einwandfrei nachgewiesenen Grundphänomene erörtern, einige andere erwähnen, die gut, wenn auch nicht zweifelsfrei bezeugt sind, und anschließend will ich über die Folgerungen sprechen, die sich daraus für manche der in den spirituellen Psychologien auftauchenden Phänomene ergeben.

Die Methodologie der Parapsychologie

Die Parapsychologie konzentrierte sich ursprünglich auf das Studium sogenannter spontaner Fälle, d. h. auf Dinge, die gewöhnlichen Menschen im Verlauf ihres Lebens zustießen und die sich anscheinend mit dem naturwissenschaftlichen Weltbild nicht in Einklang bringen lassen. Ein Beispiel: Eine Mutter in England hat geträumt, ihr in Indien stationierter Sohn sei von einem Elefanten getötet worden. Wenn es für diese Mutter keinen Grund dafür gab, mit einem solchen Ereignis zu rechnen, und wenn dies in den letzten zehn Jahren das einzige Mal war, daß sie so intensiv und angstvoll von ihrem Sohn träumte, und wenn sie diesen Traum fast in der gleichen Stunde hatte, in der ein Elefant ihren Sohn zertrampelte, dann hat es doch den Anschein, als handle es sich hier um eine Art von Kommunikation, für die es im naturwissenschaftlichen Weltbild keine Erklärung gibt. Die Beteiligten waren durch eine allzu große Entfernung voneinander getrennt. Natürlich gibt es merkwürdige Fälle von Koinzidenz; zwei Dinge spielen sich zufällig gleichzeitig ab, aber es besteht kein sinnvoller Zusammenhang zwischen ihnen. Während spontane Fälle einigen Anlaß dazu liefern, an die Existenz von paranormalen Phänomenen zu glauben, ist das zufällige Zusammentreffen von Vorgängen problematisch; deshalb befaßten sich viele Untersuchungen zunächst mit spontanen Fällen, bei denen ein zufälliges Zusammentreffen vernünftigerweise nicht angenommen werden konnte. Wenn ich täglich das vage Gefühl habe, daß irgendwo irgend etwas nicht in Ordnung ist, dann muß es zwangsläufig irgendwann einmal eine auffällige Übereinstimmung meines Gefühls mit tatsächlichen Begebenheiten geben, die für mich relevant sind, und das bedeutet natürlich nicht viel. Vielleicht habe ich auch zufällig ein Gespräch über ein bestimmtes Ereignis mit angehört und es dann vergessen: wenn dann später dieses Ereignis in meinen Gedanken wieder auftaucht, dann ist das kein Beweis für ein PSI-Phänomen. Viele voneinander unabhängige Untersuchungen über spontane Fälle wurden ausgewertet, indem man die Verfahren, die zu widersprüchlichen Ergebnissen geführt hatten, gegeneinander abwog, und ein Ereignis wurde nur dann als paranormal bezeichnet, wenn alle gewöhnlichen Erklärungen sowie ein zufälliges Zusammentreffen sehr unwahrscheinlich erschienen. Kein Forscher gründete die Behauptung, es gebe paranormale Phänomene, auf einen einzigen Fall, mochte dieser auch noch so beeindruckend erscheinen, sondern immer nur auf eine ganze Kette von derartigen Vorgängen. Auf diese Weise kamen zu Beginn unseres Jahrhunderts viele Mitglieder der *Society for Psychical Research* zu dem Eindruck, daß gewisse spontane Fälle definitiv die Existenz verschiedener PSI-Phänomene anzeigten.

Trotzdem muß man zugeben, daß wir bei spontanen Fällen, die sich in der realen Welt ereignen, im Grunde nachträglich Untersuchungen über etwas, das uns berichtet wird, anstellen; uns fehlt die für die Wissenschaft so wichtige Möglichkeit der direkten Kontrolle. Aus der Entfernung lassen sich andere Erklärungen oder ein zufälliges Zusammentreffen schwer völlig ausschließen. Zwar läßt sich mit Hilfe von Informationen über spontane Fälle die Existenz von PSI-Phänomenen recht gut bezeugen, aber es wäre doch wesentlich besser, wenn man im Laboratorium Befunde sammeln könnte, durch die andere Erklärungsversuche eindeutig widerlegt werden. PSI-Phänomene unmittelbar vor Augen zu haben ist noch wichtiger, wenn man untersuchen will, *wie* sie zustande kommen. Schon die ersten Forscher waren sich dieser Tatsache durchaus bewußt, und bei der modernen Parapsychologie handelt es sich in erster Linie um eine Laboratoriumswissenschaft, obschon man sich nach wie vor auch dem Studium spontaner Fälle widmet; aus ihnen lassen sich Hinweise auf die Wirkungen psychischer Variablen ableiten, für die man im Laboratorium kaum die Voraussetzungen schaffen kann. Das gilt beispielsweise für die vielen aufregenden PSI-Erlebnisse, die mit dem Tod eines Menschen zusammenhängen: ›experimentell‹ läßt sich in solchen Fällen das Problem der telepathischen Übermittlung natürlich nicht klären.

Bei den parapsychologischen Experimenten im Labor kommt es vor allem darauf an, alle physikalischen Energien auszuschließen, die das betreffende Phänomen herbeiführen könnten; nur unter dieser Voraussetzung ist es möglich, bestimmte Geschehnisse auf ›nichtphysikalische‹ Einwirkungen zurückzuführen. Untersucht man beispielsweise die paranormale Kommunikation zwischen zwei Personen, ist es ganz wesentlich, daß man sie räumlich so voneinander trennt, daß keine der uns bekannten physikalischen Energien als Übermittler von Informationen in Frage kommen kann. Man muß in einem telepathischen Experiment ausschließen, daß die Versuchspersonen sich unbewußt oder bewußt durch bestimmte Gesten, Laute oder Aktionen miteinander verständigen können.

Ein weiterer wichtiger Punkt bei derartigen Laboruntersuchungen sind umfangreiche Maßnahmen zur Verhinderung bewußter Täuschungsmanöver der Versuchspersonen. Das hat folgenden Grund: Zu Beginn der parapsychologischen Forschung erhob der Spiritismus geradezu spektakuläre Ansprüche, aber in vielen skandalösen Fällen hatten Medien zu altbekannten simplen Tricks gegriffen, um die gewünschten Effekte zu produzieren. So konnte es beispielsweise vorkommen, daß Medien bei einer Séance einem Anwesenden exakte Angaben über sein Vorleben machten, die angeblich von einem Geist stammten, der aus ihnen sprach; schließlich kam jedoch heraus, daß sie einen Privatdetektiv beauftragt hatten, Nachforschungen über das Vorleben des Betreffenden anzustellen, in der Hoffnung, diesem größere Geldspenden zu entlocken, wenn er sich von der Existenz spiritueller Kräfte überzeugen ließ. Oder aber Medien bedienten sich betrügerischer Tricks, um angeblich unerklärliche physikalische

Phänomene zu erzeugen, beispielsweise Gegenstände durch die Luft schweben zu lassen.
Ein drittes Charakteristikum der parapsychologischen Laboratoriumsarbeit ist die Verwendung von Statistiken bei fast allen Experimenten. Dazu kam es, weil sich die Frage erhob, ob die experimentell erzielten Ergebnisse auch rein zufällig zustande gekommen sein könnten. Wenn ich beispielsweise sagen soll, welche Karten eines auf einem Tisch ausgebreiteten Kartenspiels, von dem ich nur die Rückseite sehe, schwarz sind und welche rot, und wenn ich dabei neunundzwanzig richtig benenne, kann man davon ausgehen, daß ein solches Resultat rein zufällig zustande gekommen ist, oder ist das Ergebnis so ungewöhnlich, daß ich es nur mit Hilfe der außersinnlichen Wahrnehmung erzielt haben kann?
Bei spontanen Fällen ist es äußerst schwierig abzuschätzen, inwieweit es sich hier um Zufallstreffer handeln könnte. Wie unwahrscheinlich ist es, im Traum mitzuerleben, daß ein Freund sich geringfügig verletzt hat? Oder zu träumen, daß er glücklich ist, daß er stirbt, oder daß er Geld gewinnt? Um Zufallstreffer möglichst weitgehend auszuschließen, bedient man sich bei parapsychologischen Experimenten in der Regel der Technik der häufigen Wiederholungen; dabei wird das Resultat, das man nach dem – mathematisch bewiesenen – Gesetz des Zufalls erzielen würde, und die Variationsbreite dieses zufälligen Resultats exakt errechnet, und zwar nach den gesicherten mathematischen Methoden, die einem Großteil der modernen Wissenschaft zugrunde liegen. Wenn man ein bestimmtes Resultat erzielt hat, dann kann man ganz genau sagen, wie hoch die mathematische Chance war, genau dieses Resultat zu erzielen, bzw. wie gering diese Chance war; ist das Resultat in hohem Maße unwahrscheinlich, dann kann man zu dem Schluß gelangen, es handle sich hier um einen paranormalen Vorgang. So kann man beispielsweise beim Erraten von Karten ein Resultat erzielen, das rein zufällig nur einmal bei zehn Raterunden vorkommen würde. Eine solche Relation gilt noch nicht als sehr aufregend, aber wenn man ein Resultat erzielt, das sich rein zufällig nur einmal in hundert Raterunden ergeben würde, dann kann man mit Fug und Recht annehmen, daß dieses Resultat sich nicht auf einen reinen Zufall zurückführen läßt, sondern daß sich hier sicherlich ein paranormaler Vorgang abgespielt hat. Je unwahrscheinlicher das Resultat ist – beispielsweise wenn das Zufallsverhältnis eines solchen Resultats etwa 1 zu 1 Million wäre –,

mit desto größerer Sicherheit kann man davon ausgehen, daß hier paranormale Vorgänge eine Rolle gespielt haben. Wir werden das Gerüst derartiger Beispiele noch eingehender ausfüllen, wenn wir uns nunmehr mit bestimmten paranormalen Phänomenen befassen.

Telepathie

Telepathie bedeutet wörtlich Gedankenübertragung, d. h., ein Gedanke von mir wird von einem anderen Menschen wahrgenommen, obwohl er weder durch irgendeine sensorische Kommunikation übermittelt wurde noch die Möglichkeit bestand, daß jener wissen konnte, woran ich diesen Augenblick dachte. Daß einem etwas durch den Kopf geht und ein nahestehender Mensch im selben Moment genau darüber zu sprechen beginnt, kommt relativ häufig vor. Meist dürfte es sich dabei weniger um Telepathie handeln als um das zufällige Zusammentreffen zweier mehr oder weniger naheliegender Gedanken. Aber in all diesen spontanen Fällen ist es schwierig, festzustellen, welche Übereinstimmung nahelag und welche unwahrscheinlich war.

In den Laboratorien der Parapsychologen sind viele Untersuchungen über Telepathie durchgeführt worden, bei denen alle anderen Erklärungen ausgeschlossen werden konnten. Ein derartiges Experiment besteht etwa darin, daß ein Experimentator ein Kartenspiel mischt, ohne dabei auf die Karten zu schauen, so daß die exakte Kartenanordnung niemandem bekannt ist. Man kann dazu gewöhnliche Spielkarten benutzen, aber auch Spezialkarten. Dann sieht sich die erste Versuchsperson, der ›Sender‹, alle Karten der Reihe nach an, in der Regel alle fünf Sekunden eine. Der Experimentator hält die Reihenfolge, in der die Karten aufgedeckt wurden, schriftlich fest. Eine zweite Versuchsperson, der ›Empfänger‹, der in der Regel ziemlich entfernt in einem anderen Raum sitzt, damit ihm keine Informationen übermittelt werden können, kennt den für dieses Experiment festgelegten Zeitplan und schreibt auf (bzw. berichtet), welche Karte seiner Meinung nach von der ersten Versuchsperson, dem ›Sender‹, jeweils angeschaut wird. Dann vergleicht man die Ergebnisse miteinander, notiert die Anzahl der richtig geratenen Karten und wertet die Antworten statistisch aus. Es gibt bereits viele Dutzend streng durchgeführter Experimente dieser Art, deren Resultate weit jenseits der

Grenze dessen lagen, was man nach dem Gesetz des Zufalls hätte erwarten können; sie ließen häufig eine rein rationale Erklärung nur im Verhältnis von Hunderten von Millionen zu Eins zu. Durch derartige Experimente wurde die Existenz telepathischer Phänomene über jeden vernünftigen Zweifel hinaus nachgewiesen.
Menschen, die dennoch nicht an Telepathie glauben, haben sich meiner Meinung nach einfach niemals die Mühe gemacht, auch nur einen kleinen Teil des überzeugenden Beweismaterials zur Kenntnis zu nehmen, und erfüllen damit nicht die wissenschaftlichen Voraussetzungen für die Beurteilung eines Sachverhalts.
Die Tatsache, daß für die Telepathie auf diese Weise eine experimentelle Grundlage geschaffen worden ist, bedeutet natürlich nicht, daß es sich jedesmal, wenn man das gleiche denkt wie ein anderer, um Telepathie handeln muß oder daß jedes Experiment der eben beschriebenen Art erfolgreich verläuft. In einem von Burke Smith und mir vor mehreren Jahren herausgegebenen Bericht (Tart, 1973) wird festgestellt, daß annähernd eines von drei parapsychologischen Experimenten ein Erfolg war, das heißt, daß es Ergebnisse zeitigte, die sich von Zufallsergebnissen signifikant unterscheiden. Statistisch gesehen müßten, wenn das Ergebnis auf Zufall beruhte, auf jedes erfolgreiche Experiment weit über einhundert erfolglose kommen.
Die erfolgreichen Experimente mit Telepathie werden in der Regel an Gruppen von Versuchspersonen vorgenommen. Bei einzelnen von ihnen stellen sich fast ausschließlich Zufallsergebnisse ein, oder es kommt nur zu geringfügigen Erfolgen. Die meiste Zeit über pflegen die Versuchspersonen, die an Experimenten im Bereich der Telepathie und anderer Arten von außersinnlicher Wahrnehmung teilnehmen, einfach zu raten, doch ab und zu gibt es Anzeichen von außersinnlicher Wahrnehmung, und sie verändern dann das Durchschnittsergebnis. Aber selbst die besten Versuchspersonen sind nicht gleichmäßig erfolgreich, und nach einiger Zeit verlieren sie häufig ihre Fähigkeiten.
Eine andere Möglichkeit, telepathische Fähigkeiten zu testen und zu studieren, ist die, eine Versuchsperson etwas zeichnen zu lassen, wobei durch bestimmte Techniken sichergestellt sein muß, daß das zu zeichnende Objekt ganz zufällig ausgewählt wird und daß der Sender (die erste Testperson) und der Empfänger (die zweite Testperson) sich nicht darüber verständigen konnten[2]; außerdem wurden Versuche unternommen, die Träume schlafender Versuchspersonen auf telepathischem Wege zu beeinflussen. Mit beiden Arten von Experimenten

hat man beträchtliche Erfolge erzielt. Um zu erreichen, daß bei der Entscheidung darüber, ob die Zeichnungen des Senders und des Empfängers tatsächlich eine mehr als zufällige Ähnlichkeit aufweisen, subjektive Faktoren ausgeschlossen sind, läßt man sie nach der sogenannten ›Blindmethode‹ beurteilen. Einem Beurteiler oder mehreren wird jeweils eine Reihe von Zeichnungen des Senders sowie des Empfängers vorgelegt, wobei nichts darauf hinweist, welche Zeichnung eines Senders zu welcher Zeichnung eines Empfängers gehört. Die Beurteiler werden aufgefordert, die ihrem Eindruck nach zueinander gehörenden Zeichnungen zusammenzulegen; das Ergebnis läßt sich dann ganz objektiv statistisch auswerten.

Ebenso wie bei den anderen in der Folge beschriebenen fundamentalen PSI-Phänomenen hat sich bei der Telepathie in der Regel gezeigt, daß sie von physikalischen Variablen unabhängig ist. Es scheint zum Beispiel gleichgültig zu sein, wie weit der Sender und der Empfänger voneinander entfernt sind oder ob sie wirkungsvoll gegeneinander abgeschirmt sind usw. Gelegentlich ist davon die Rede gewesen, daß die äußeren Gegebenheiten doch eine Wirkung ausübten, aber solche Berichte erwiesen sich nur selten als zuverlässig oder als wiederholbar. Psychische Variablen allerdings spielen bei Telepathie eine wesentliche Rolle: so zum Beispiel die vorhandene oder fehlende Bereitschaft der Versuchsperson zur ernsthaften Mitarbeit, ihre Stimmung, die emotionalen Beziehungen zwischen Sender und Empfänger usw. Auf die psychischen Variablen werden wir später noch ausführlicher eingehen.

Hellsehen

Unter ›Hellsehen‹ versteht man ein außersinnliches Wahrnehmen, bei dem der Wahrnehmende nicht die Gedanken einer anderen Person aufzunehmen, sondern ein bestimmtes physikalisches Objekt in seiner Körperlichkeit zu sehen versucht. Beim Standardtest für diese Fähigkeit, bei dem die Versuchsperson ebenfalls bestimmte Karten erraten muß, werden die Karten gründlich gemischt, aber nicht mehr angeschaut. Sie werden aufeinandergelegt, und es ist dann die Aufgabe der Versuchsperson, aufzuschreiben, in welcher Reihenfolge sie liegen; oder sie hebt eine Karte nach der anderen vom Stapel ab, ohne sie anzuschauen. Hellseherische Fähigkeiten lassen sich in der Regel im

Labor ebenso gut untersuchen wie telepathische. Unzulässige Informationen über die Sinne können bei Experimenten mit dem Hellsehen sogar leichter vermieden werden, denn man braucht ja nur die Karten zu mischen und wieder in ihre Schutzhülle zu stecken, bevor die Versuchsperson den Raum betritt.
Wie die Telepathie, kann auch das Hellsehen zwar nicht durch physikalische Gegebenheiten, wohl aber durch bestimmte psychische Variablen stark beeinflußt werden.

Präkognition

Als Präkognition bezeichnet man die außersinnliche Fähigkeit, *zukünftige* Ereignisse vorherzusagen. Da diese Ereignisse noch nicht im Gang sind, können sie auch keine irgendwie gearteten physikalischen Energien aussenden, durch die wir über sie informiert werden. Um Präkognition handelt es sich natürlich nur, wenn sich das betreffende Ereignis nicht aufgrund des gegenwärtigen Stands der Dinge voraussagen läßt; wenn ich beispielsweise einen Gegenstand in der Hand halte und ihn loslasse, gehören keine ungewöhnlichen Fähigkeiten dazu, vorauszusagen, daß dieser Gegenstand auf den Boden fallen wird. Es braucht uns auch keinen großen Eindruck zu machen, wenn jemand etwa voraussagt, daß in Kalifornien die Erde beben wird. Es gibt dort immer wieder Erdbeben, man muß also früher oder später mit seiner Voraussage einmal recht behalten. Wenn allerdings, wie im Falle einer spontanen außersinnlichen Wahrnehmung, Monate vorher Tag und Stunde wie auch der Intensitätsgrad eines Erdbebens genau vorausgesagt wurden, kann es sich um Präkognition handeln.
Auch bei den Laboratoriumsexperimenten mit der Präkognition verfährt man ganz einfach nach dem Kartentest. Man erzählt der Versuchsperson, daß zu einem bestimmten Zeitpunkt in der Zukunft ein Kartenspiel gründlich durchgemischt und dann die Reihenfolge, in der die Karten liegen, exakt aufgezeichnet werden wird. Diese Reihenfolge soll die Versuchsperson bereits im gegenwärtigen Augenblick notieren. In verschiedenen Experimenten läßt man diese ›Zukunft‹ dann wenige Minuten, Wochen oder Monate nach dieser Voraussage stattfinden.
Viele solcher Experimente haben Resultate ergeben, die sich nicht auf

das Spiel des Zufalls zurückführen lassen, deshalb kann als über jeden Zweifel hinaus nachgewiesen gelten, daß es Präkognition gibt.

Daß ich nicht umhin kann, das anzuerkennen, ist für mich ein geradezu schlagendes Beispiel dafür, wie sehr die Befunde eines Wissenschaftlers, der sich verpflichtet fühlt, sein Gedanken- und Glaubenssystem ausschließlich auf dem Boden von Tatsachen zu errichten, dem widersprechen können, was ihm persönlich lieber wäre. Wie Präkognition möglich sein soll, ist mir unbegreiflich, und ich wünschte sogar, es gäbe sie nicht, aber das vorhandene Beweismaterial erlaubt mir keinen Zweifel an ihrer tatsächlichen Existenz.

Im allgemeinen scheinen die Präkognitionsexperimente nicht ganz so erfolgreich zu verlaufen wie die Versuche mit Telepathie und Hellsehen. Das Voraussagen zukünftiger Ereignisse scheint sich also schwerer auslösen zu lassen als die beiden anderen Phänomene. Wie die Telepathie und das Hellsehen scheint auch die Präkognition durch physikalische Variable nicht besonders beeinflußt zu werden; es besteht keine eindeutige Beziehung zwischen der zeitlichen oder räumlichen Distanz zu den vorauszusagenden Ereignissen und der Erfolgsrate. Bei Berücksichtigung sowohl der spontanen Fälle als auch der experimentellen Befunde wird deutlich, daß durch außersinnliche Wahrnehmung (Telepathie, Hellsehen und Präkognition) zwischen zwei beliebigen Punkten auf der Erdoberfläche Informationen übermittelt werden können, und aufgrund eines von dem Astronauten Captain Edgar Mitchell im Jahre 1971 durchgeführten Experiments läßt sich sogar sagen, daß Telepathie und Hellsehen auch die Entfernung zwischen einem Raumschiff in der Erdumlaufbahn und einem beliebigen Punkt der Erdoberfläche überwinden können.

Bei den Phänomenen Telepathie, Hellsehen und Präkognition handelt es sich um die drei Arten der außersinnlichen Wahrnehmung, die sich bereits durchgesetzt haben, und zwar um die direkte Wahrnehmung von Vorgängen außerhalb unserer selbst ohne die Zuhilfenahme der Sinnesorgane. Als menschliche Wesen nehmen wir die Welt um uns nicht nur wahr, wir agieren auch auf ihr; daher gibt es analog zu unseren motorischen Fähigkeiten, durch die wir die Welt beeinflussen, auch noch ein viertes, bereits wohlbekanntes paranormales Phänomen: eine Art außerkörperlicher motorischer Aktion oder unmittelbarer Einwirkung des Geistes auf die Materie – die Psychokinese.

Psychokinese

Als Psychokinese bezeichnet man die Fähigkeit, mit Hilfe des Geistes bzw. der Psyche etwas in Bewegung zu setzen. Ein älterer und auch heute noch benutzter Begriff dafür ist das Wort Telekinese; darunter versteht man eine aus der Ferne gesteuerte Aktion, im vorliegenden Fall eine direkte, ohne Zuhilfenahme physikalischer oder körperlicher Kräfte erfolgende Einwirkung des Geistes auf Gegenstände in einer bestimmten Entfernung.
Um die Jahrhundertwende war das Interesse an scheinbar psychokinetischen Vorgängen besonders stark; es wurde ausgelöst von spektakulären Vorgängen, über die auf spiritistischen Treffen häufig berichtet wurde. Danach flogen angeblich Trompeten durch die Luft, aus denen Töne zu kommen schienen, Verstorbene schienen halbmaterielle, wenn nicht gar materielle Gestalt anzunehmen, man hörte Töne und Klopfzeichen, die aus festgefügten körperhaften Objekten zu kommen schienen, und in einigen Fällen soll sich das Medium sogar bis zu einem Meter und mehr in die Luft erhoben haben. Die bereits erwähnten skandalösen Betrugsfälle ließen jedoch die meisten Versuchsleiter zögern, auf Vorgänge dieser Art die Behauptung zu stützen, daß es ein Phänomen wie Psychokinese gibt.
Das im Laboratorium gesammelte Beweismaterial stammt zum größten Teil aus Experimenten mit Würfeln. Wenn man einen Würfel maschinell zum Rollen bringt und sich dabei eine bestimmte Zahl wünscht, erfüllt sich dieser Wunsch, wie statistisch ermittelt wurde, bei einem Sechstel aller Würfe, und man kann jede signifikante Abweichung von dieser statistischen Erwartung entsprechend auswerten. Ein typisches Experiment ist dieses: Eine Maschine setzt in einer vorher genau festgelegten Anzahl von Versuchen einen oder mehrere Würfel immer wieder in Bewegung, während die Versuchsperson sich nach einem anderen vorher festgelegten Plan bestimmte Zahlen wünscht. Es ist ihr dabei nicht erlaubt, die Würfel oder auch nur die Fläche, auf die sie fallen, irgendwie zu berühren. Die Resultate von Dutzenden derartiger Experimente weichen in so signifikanter Weise von den mathematisch errechneten Zufallswerten ab, daß die Möglichkeit der Psychokinese als erwiesen gelten kann. Wie bei der außersinnlichen Wahrnehmung scheinen auch hier die physikalischen Variablen – etwa die Entfernung der Versuchsperson vom Experimentiertisch – die Ergebnisse nicht zu beeinflussen; hingegen spielen auch hier

die psychischen Variablen eine Rolle: glaubt eine Versuchsperson, daß sie bessere Resultate erzielt, wenn sie näher am Experimentiertisch sitzt, tut sie das tatsächlich; wenn sie aber überzeugt ist, aus größerem Abstand zu besseren Ergebnissen kommen zu können, tritt auch dieser Fall wirklich ein.

Mangelnde Übereinstimmung zwischen der physikalischen Welt und den paranormalen Phänomenen

Wir wollen uns nun genauer ansehen, warum diese vier PSI-Phänomene nicht in unser sonst so brillantes und erfolgreiches physikalisches Weltbild passen.
Um eine Information über ein bestimmtes Ereignis von einer Stelle in Raum und Zeit an eine andere Stelle in Raum und Zeit zu übermitteln, muß man irgendeine Energie so abstimmen, daß sie die relevante Information enthält, die sie dann an die entsprechende Stelle befördern soll. Beim Sprechen beispielsweise modulieren wir Schallwellen, die sich durch die Luft übertragen, und benutzen sie als Übermittlungsmedium von einem Ort zu einem anderen. Wenn wir in ein Rundfunkmikrophon sprechen, modulieren diese Schallwellen eine elektromagnetische Welle, die sich auf eine genau bekannte Weise durch den Raum hindurch zu einer anderen Stelle hin ausbreitet, wo dann ein entsprechender Apparat sie wieder in Schallwellen zurückverwandelt. Alle uns bekannten physikalischen Energien stehen in irgendeiner Wechselwirkung mit der Körperwelt. Nur dadurch können wir überhaupt feststellen, daß sie existieren. Die paranormalen Phänomene interagieren in keiner uns bekannten Weise mit dieser unserer Welt, und trotzdem wird eine Information übermittelt; daran sehen wir, wie unvollständig unser gegenwärtiges physikalisches Weltbild ist.
Die meisten physikalischen Energien, die wir kennen, verlieren mit zunehmender Entfernung an Intensität. Wenn ich neben Ihnen sitze und spreche, können Sie mich deutlich hören, aber wenn ich immer weiter von Ihnen abrücke, wird meine Stimme immer leiser und leiser, bis eine Kommunikation schließlich nicht mehr möglich ist.
Wir können die Kommunikationsmöglichkeiten nur mit Hilfe der uns bekannten Energien erweitern, und zwar dadurch, daß wir die Energien selbst verstärken oder daß wir ein spezielles Medium finden, bei

dem die Abschwächung geringer ist, oder aber indem wir einen hochkonzentrierten Energiestrahl verwenden, der mit zunehmender Entfernung nicht so stark abnimmt. Bei paranormalen Phänomenen scheint Entfernung keine Rolle zu spielen. Es gibt Berichte über erstaunliche Fälle von telepathischer Kommunikation über den halben Erdball hinweg. Es gibt keinen Beweis dafür, daß es leichter ist, jemandem eine telepathische Botschaft über einen halben Meter als über dreitausend Kilometer hinweg zukommen zu lassen. Das gleiche gilt für das Hellsehen, die Präkognition und die Psychokinese.

Man könnte sich natürlich vorstellen, daß es physikalische Phänomene analog zum Laserstrahl – etwa einen intensiven Strahl von subatomaren Partikeln wie die Neutrinos – gibt, dessen Wirkung sich mit zunehmender Entfernung kaum verringert und der bei der Telepathie als Energieübermittler fungieren könnte, aber damit schafft man sich nur ein neues Problem. Wenn man jemandem, der Tausende von Kilometern entfernt ist, eine telepathische Botschaft zukommen lassen möchte – wie in aller Welt soll man dann wissen, in welche Richtung man diesen Intensivstrahl aussenden soll? Die Chance, daß er den betreffenden Menschen über eine so riesige Entfernung hinweg auch tatsächlich erreicht, ist praktisch gleich Null. Und außerdem erhebt sich die Frage, wie dieser hypothetische Intensivstrahl im Fall des Hellsehens wirken soll.

Gegen die uns bekannten physikalischen Energien können wir uns auf die verschiedenste Weise abschirmen. Befindet man sich in einem schalldicht isolierten Raum, kann einen niemand hören. Auch Funkwellen können einen mit Metall gepanzerten abgeschlossenen Raum nicht durchdringen. Niemand hat jedoch bisher eine Möglichkeit der Abschirmung gegen paranormale Phänomene entdeckt; allerdings wurden in diesem Bereich bisher nur sehr wenig Untersuchungen durchgeführt, denn sie verursachen große Kosten, und die Parapsychologen wurden finanziell nie besonders reichlich unterstützt. Immerhin hat Douglas Dean (1969) ausgezeichnete Zeugnisse für die Bedeutungslosigkeit von Abschirmung und Entfernung vorgelegt; in einem Fall befand sich der Sender in rund dreißig Meter Tiefe vor der Küste von Florida und in mehr als 3000 Kilometer Entfernung von dem Empfänger in Zürich. Russische Parapsychologen haben über eine Entfernung von Hunderten von Kilometern hinweg experimentiert (Vasiliev, 1963), wobei eine der Versuchspersonen sich in einem eisengepanzerten Raum befand, der sie gegen elektromagnetische Strahlung nahezu völlig abschirmte. Wenn sich überhaupt eine Wirkung zeigte, dann offenbar die, daß eine derartige Abschirmung telepathische Kontakte etwas erleichtert, ein Ergebnis, das Puharich auch unter Verwendung von durch Kupfer abgeschirmten Räumen erzielt hat.

Um PSI-Phänomene vielleicht doch auf gegenwärtig bekannte physikalische Prozesse zurückführen zu können, ließe sich annehmen, der menschliche Organismus sei fähig, Energien von solcher Intensität zu entwickeln, daß sie selbst in abgeschwächtem Zustand über die auf der Erde gegebenen Entfernungen hinweg noch wirksam sind. Schließlich können wir mit Hilfe eines sehr starken Funkgeräts Verbindung mit Menschen an nahezu allen Orten der Erde aufnehmen. Das Problem besteht nur darin, daß Energien von solcher Strahlkraft überall leicht nachweisbar sein müßten. Wenn beispielsweise die telepathische Energie irgendwie in den Bereich des Spektrums der Rundfunkwellen fiele, müßten in der Umgebung eines Menschen, der eine sehr intensive telepathische Botschaft aussendet, praktisch alle Radioröhren zu glühen beginnen. Aber die verschiedenen Versuche, die unternommen wurden, um die physikalischen Energien zu messen, die von Menschen mit außersinnlichen Fähigkeiten ausgehen, haben – selbst unter Verwendung hochempfindlicher Instrumente – keinerlei eindeutig positive Ergebnisse erbracht.

Auch die offensichtliche Unabhängigkeit der außersinnlichen Wahrnehmung von der Dimension der Zeit – wie sie etwa bei der Präkognition erkennbar wird – verträgt sich nicht mit unserem physikalischen Weltbild. Zwar versichern mir meine Kollegen von der Physik, daß es bei bestimmten Gleichungen mathematische Lösungen gibt, die dualen Charakter haben: Sie lassen einen normalen Zeitablauf ebenso zu wie einen Zeitablauf in umgekehrter Richtung, aber die zweite Lösung stellt man sich im allgemeinen nicht als reale Möglichkeit vor, und sie steht auch im Widerspruch zu dem physikalischen Bild, das wir üblicherweise von unserem Universum haben.

Die Psychologie der grundlegenden PSI-Phänomene

Streng wissenschaftlich gesehen, wissen wir im Prinzip überhaupt nichts über die spezifische Natur der PSI-Phänomene, denn trotz intensivster Bemühungen sind sie nur schwer zu fassen, und sie lassen

sich auch nicht beliebig in unseren Labors zur Erscheinung bringen. Aus einer Reihe von Untersuchungen hat sich aber schließlich doch ein allgemeines Bild ergeben, das erkennen läßt, daß die vier grundlegenden PSI-Phänomene, ähnlich wie die uns bekannten sensorischen, motorischen und kognitiven Prozesse, durch verschiedene psychische Faktoren beeinflußt werden. Die PSI-Phänomene erscheinen uns bisher, psychologisch gesehen, im Prinzip sinnvoll, denn sie ähneln anderen Erscheinungen, mit denen wir vertraut sind; vom Standpunkt des physikalischen Weltbilds aus gesehen bleiben sie allerdings auch weiterhin ein Geheimnis.
Wir wollen nun kurz die psychologische Seite der PSI-Phänomene erörtern.
Abbildung 1 zeigt ein vereinfachtes Wahrnehmungsmodell. Ich habe es an anderer Stelle (Tart, 1966; 1973) noch detaillierter dargestellt. Jede Wahrnehmung, auch die gewöhnliche sinnliche, ist auf Signale bzw. einen Gegenstand gerichtet, der wahrgenommen werden soll und der sich außerhalb des Wahrnehmenden selbst befindet. Die von diesem signalisierenden Gegenstand ausgehende Information bewegt sich, getragen von in der Umwelt vorhandenen physikalischen Energien, von dem entfernten Objekt auf Sie zu; und dieser Leitweg kann beispielsweise – wie beim Hören die Luft oder wie beim Sehen einfach der physikalische Raum zwischen uns sein. Eine Art Transformator wandelt die physikalischen Energien, die auf Ihre Hautoberfläche treffen, in neurale Impulse um, die ihrerseits weiter bis zum Gehirn vordringen. Bei der gewöhnlichen Wahrnehmung bezeichnen wir diese Transformatoren als Sinnesorgane. So wandelt zum Beispiel das Auge Licht in neurale Impulse um. Diese neuralen Impulse machen dann noch alle möglichen weiteren Prozesse durch, bevor sie in Ihrem Bewußtsein ankommen. Ich habe das im Bild angezeigt, und zwar in Form eines Pfeiles, der vom Transformator ausgeht und zu dem von mir als ›Input‹ bezeichneten Prozeß führt; es handelt sich dabei um die vielen unbewußt, automatisch, gewohnheitsmäßig ablaufenden Prozesse, in denen ungefilterte sensorische Informationen aufgenommen und in einen bestimmten Befund umgewandelt werden. Wenn man aus dem Fenster schaut, nimmt man ja nicht etwa nur eine Ansammlung von Lichtern, Linien und Farben wahr und zieht den Schluß, daß sie am besten auf die Vorstellung ›Auto‹ passen würden, sondern man ›sieht‹ ein Auto. Man kann dann sagen: »Ich sehe draußen ein Auto!« Der Informationsfluß, der von Ihrem Bewußtsein aus-

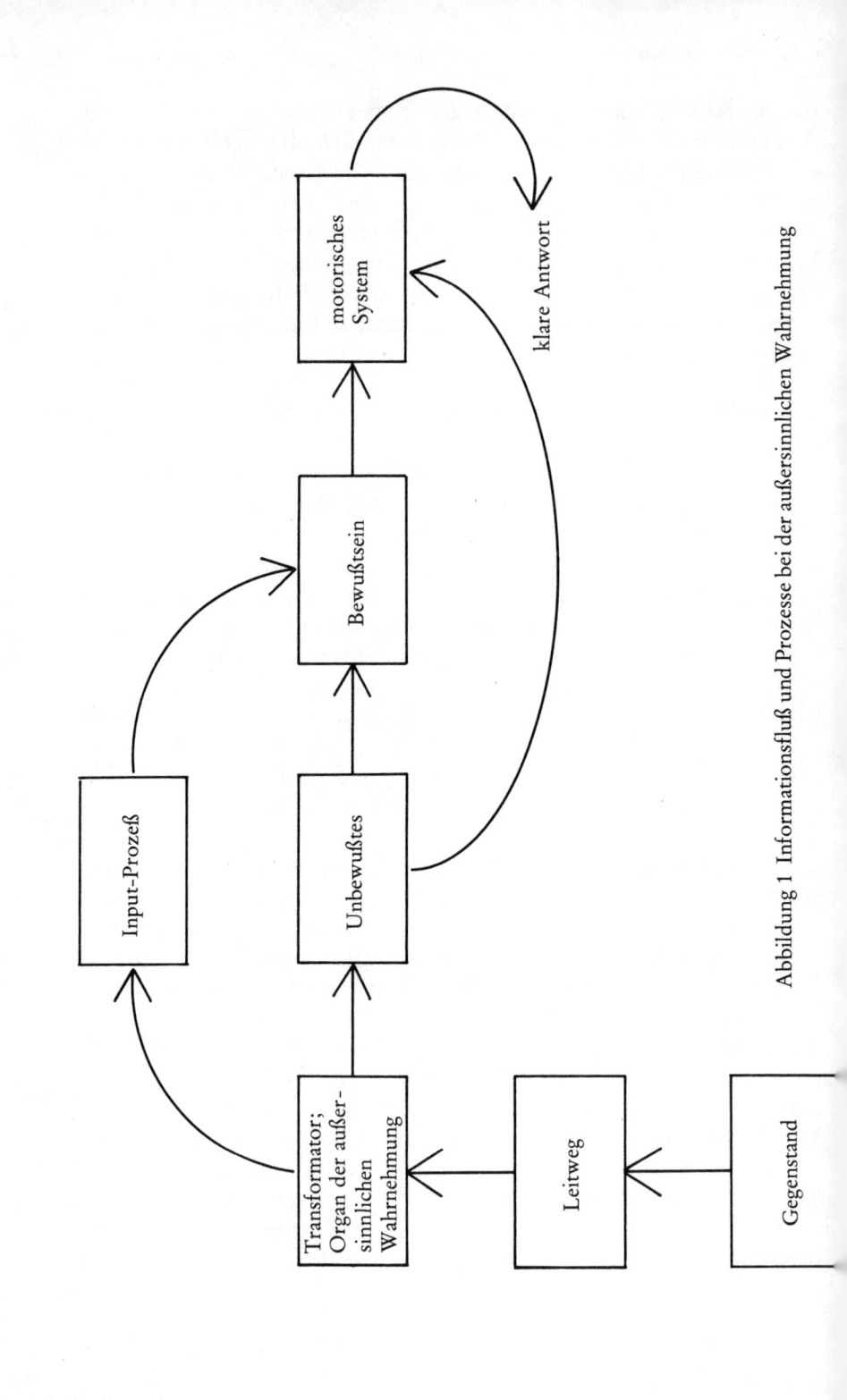

Abbildung 1 Informationsfluß und Prozesse bei der außersinnlichen Wahrnehmung

geht und sich auf Ihr motorisches oder Muskelsystem überträgt, führt also zu einer klaren Antwort.
Die Hauptfunktion des Input-Prozesses besteht darin, die meisten Informationen abzuwehren und uns nur ›sinnvolle‹ Informationen, d. h. einen nützlichen Abriß der Welt zu präsentieren, der uns erspart, uns mit unzähligen Details befassen zu müssen. Aber nicht alle Informationen, die das Bewußtsein nicht erreichen, gehen völlig verloren: Einige versinken in einem Bereich, den wir hier einmal ganz allgemein als das ›Unbewußte‹ bezeichnen wollen; dort können sie weitere Reaktionen und Prozesse auslösen, ohne daß wir uns dessen bewußt werden. So hat sich beispielsweise in vielen psychologischen Experimenten, bei denen einem Menschen unter schwierigen Wahrnehmungsbedingungen emotionale Reaktionen auslösende Informationen präsentiert wurden, klar erwiesen, daß dadurch – etwa durch Einschalten obszöner Wörter in einen umfangreichen und komplexen Test oder durch das Vorlegen anderen emotionsbeladenen Materials, das innerhalb einer so kurz bemessenen Zeitspanne aufgenommen werden muß, daß ein bewußtes Erkennen äußerst schwierig ist – das Verhalten des betreffenden Menschen beeinflußt wird, auch wenn er sich selbst dessen nicht recht bewußt geworden ist. Allgemein bezeichnet man dieses Phänomen als ›unterschwellige Wahrnehmung‹. Sie kann den Inhalt unseres Bewußtseins auf eine Art und Weise verändern, die keinen Zusammenhang mit dem sie ursprünglich auslösenden Reiz erkennen läßt, oder sie kann unmittelbar auf unseren Körper wirken, indem sie beispielsweise nach einem bedrohlichen Reiz, den der betreffende Mensch nicht bewußt wahrgenommen hat, zu einer Beschleunigung des Herzschlags führt. Schon die gewöhnliche Wahrnehmung ist also recht komplex, und zusätzlich zu der offensichtlich bewußten selektiven Wahrnehmung der Umwelt gibt es noch viele unbewußte Prozesse, die sich gleichzeitig abspielen und uns beeinflussen können.
Wenn wir uns mit der außersinnlichen Wahrnehmung befassen, also mit der Telepathie, dem Hellsehen oder der Präkognition, dann gelten ähnliche psychologische Erwägungen. Wir haben es der Definition nach mit einem Signale aussendenden Gegenstand zu tun, der außerhalb der Versuchsperson selbst liegt, und die Information wird von diesen Signalen über einen bestimmten Leitweg dem Empfänger übermittelt. Wir kennen die physikalische Natur dieser Information nicht, wir wissen auch nicht, ob bestimmte Signale von den Energien, die

diese Information übermitteln, leichter aufgenommen werden als andere, und auch nicht, von welcher Beschaffenheit dieser (als Übermittler fungierende) Leitweg ist: Hier handelt es sich um die ›physikalischen Elemente‹ der außersinnlichen Wahrnehmung, mit deren gründlicher Untersuchung wir noch kaum begonnen haben. Alles, was wir bisher wissen, ist, daß die uns bekannten physikalischen Energien für das, was wir beobachten, nicht in Betracht kommen. Wir haben keinerlei Vorstellung davon, was das für ein Transformator bzw. ›außersinnliches Sinnesorgan‹ ist, das eine uns unbekannte Energie aufnimmt und sie in neurale Impulse oder einfach in ›geistige‹ Information umwandelt (wenn wir nicht voraussetzen wollen, daß irgendwelche Vorgänge im Gehirn dem Bewußtsein zugrunde liegen), die wir dann wahrnehmen können. Wie auch immer dieses Sinnesorgan beschaffen sein mag, wir erkennen nur sehr selten, daß wir eine Information auf dem Wege der außersinnlichen Wahrnehmung erhalten; vielleicht ist es so, daß dieses Sinnesorgan[3] nur äußerst selten in Funktion tritt, oder aber, es ist fast immer in Tätigkeit, erreicht jedoch nicht unser Bewußtsein.

Wir wissen nicht, ob der Prozeß der außersinnlichen Wahrnehmung sich analog zu dem gewöhnlichen sensorischen Input-Prozeß vollzieht. Wenn außersinnliche Wahrnehmung wirksam wird, haben die Versuchspersonen hinsichtlich der Natur des Gegenstands, von dem die Signale ausgehen, in der Regel teilweise recht und teilweise unrecht; d. h., einige Informationen über diesen Gegenstand erreichen sie, andere dagegen nicht. Da es keine schlüssigen Beweise dafür gibt, daß der Wirksamkeit der außersinnlichen Wahrnehmung irgendwelche Grenzen gesetzt sind – nahezu alles und jedes ist schon zu irgendeinem Zeitpunkt durch außersinnliche Wahrnehmung übermittelt worden –, ist das vielleicht eher auf gewisse Input-Prozesse, als auf eine Begrenztheit unserer ›außersinnlichen Wahrnehmungsorgane‹ zurückzuführen. So kann es beispielsweise vorkommen, daß Versuchspersonen beim Kartentest die Ziffern der Karten erraten, es ihnen aber sehr schwerfällt, auch deren Farbe richtig zu bestimmen. Oder eine Versuchsperson, die eine Zeichnung schildern soll, die jemand in einem anderen Zimmer betrachtet, mag beispielsweise einen Teil dieser Zeichnung sehr exakt wiedergeben, bei einem anderen Teil aber gelingt ihr das ganz und gar nicht.

Nimmt man einen Informationsfluß an, der sich von dem außersinnlichen Transformator über eine Art Input-Prozeß bis unmittelbar zum

Bewußtsein hin erstreckt, sieht man die tatsächliche Wirkungsweise der außersinnlichen Wahrnehmung doch in allzu großer Vereinfachung. Ein angemesseneres Modell wäre folgendes: Die außersinnliche Information fließt in unbekannten Mengen ins Unterbewußtsein und löst dort verschiedene Prozesse aus – dazu gehören auch einfache selektive Prozesse vom Typ der Input-Prozesse –, und sie erzeugt dadurch schließlich einen leicht bis stark veränderten Output zum Bewußtsein. Die außersinnliche Wahrnehmung vollzieht sich, psychologisch gesehen, keineswegs relativ direkt, sondern es scheint sich bei ihr um einen der kompliziertesten Vorgänge schlechthin zu handeln, wobei etwa durch den Einfluß von religiösen Überzeugungen, psychischen Bedürfnissen und der Vorgänge im Unbewußten der betreffenden Person die Information selbst auf jede nur denkbare Weise verändert und verzerrt werden kann. Eines der verblüffendsten Beispiele dafür ist ein Phänomen, das man als den sogenannten ›Schafe-und-Böcke-Effekt‹ bezeichnet. Diesen Effekt erzielt man kaum bei Experimenten mit Einzelpersonen, aber er stellt sich immer wieder ein, wenn man größere Gruppen testet. Bevor man die Fähigkeit zu außersinnlichen Wahrnehmungen prüft – in der Regel durch ein Kartenexperiment –, füllen die Versuchspersonen einen Fragebogen aus, in dem sie angeben, bis zu welchem Grad sie über diese Fähigkeit in der Testsituation zu verfügen glauben. Dann erfolgt der Test. Man teilt nun die Versuchspersonen in ›Gläubige‹ (die ›Schafe‹) und in ›Ungläubige‹ (die ›Böcke‹) ein, und nach dem Test werden ihre Ergebnisse gesondert analysiert. Mit diesem Verfahren, das von Gertrude Schmeidler (Schmeidler und McConnell, 1958) eingeführt worden ist, kam man immer wieder zu folgendem Ergebnis: Bei den ›Gläubigen‹ ließ sich eine Tendenz zu überdurchschnittlichen Resultaten feststellen: Sie hatten tatsächlich die Fähigkeiten, die sie zu besitzen glaubten. Dagegen lagen die Ergebnisse der ›Ungläubigen‹ unter dem Durchschnitt: Sie fielen sogar auffällig schlechter aus, als sie nach dem Gesetz des Zufalls hätten sein können. Nun erkennen aber die meisten Menschen nicht, daß ein wiederholtes unterdurchschnittliches Ergebnis bei dieser Art von Test, statistisch gesehen, im Prinzip ebenso bezeichnend ist wie das Erzielen eines überdurchschnittlichen Ergebnisses. Zu niedrige Ergebnisse kann man nur dann haben, wenn man mit Hilfe der außersinnlichen Wahrnehmung eine beliebige gezogene Karte richtig benennen könnte, aber absichtlich eine falsche Antwort gibt.

Was die sogenannten ›Böcke‹ betrifft, so haben sie sich zwar bewußt auf den Test eingelassen, aber sie glauben nicht an außersinnliche Wahrnehmung und wollen daher beweisen, daß es sie nicht gibt. Da sie nicht wissen, daß ein unterdurchschnittliches Ergebnis ebenso unwahrscheinlich ist wie ein überdurchschnittliches, glauben sie diesen Beweis durch negative Ergebnisse erbringen zu können.

Dieses Phänomen der unterdurchschnittlichen Ergebnisse – das man als ›PSI-missing‹ bezeichnet – zeigt, daß die außersinnliche Wahrnehmung genauso verfährt wie unser gewöhnliches Wahrnehmungsvermögen: Unsere psychischen Abwehrmechanismen erhöhen die Wahrnehmungsschwelle für Dinge, die wir einfach nicht wahrnehmen wollen, oder aber sie verändern unsere Wahrnehmungen so, daß sie mit unseren Überzeugungen in Einklang zu bringen sind.

Vermutlich spielt hier auch die Intensität, mit der wir an etwas glauben, eine wichtige Rolle: In einer ihrer Untersuchungen testete Frau Schmeidler das psychische Anpassungsvermögen ihrer als ›Schafe‹ und ›Böcke‹ klassifizierten Versuchspersonen; sie fand heraus, daß die überdurchschnittlichen Ergebnisse von anpassungsfähigen ›Schafen‹ kamen, die auffallend unterdurchschnittlichen Ergebnisse dagegen von anpassungsfähigen ›Böcken‹; diejenigen Versuchspersonen, die sich als nicht anpassungsfähig erwiesen, zeitigten unabhängig von ihrer Einstellung zur Parapsychologie Ergebnisse um den Durchschnittswert herum.

Wir können also ganz unbewußt versuchen, mit Hilfe der außersinnlichen Wahrnehmung nachzuweisen, daß es etwas wie sie überhaupt nicht gibt – ebenso wie wir häufig unbewußt unsere gewöhnlichen Wahrnehmungen so verändern, daß wir sie mit unseren Überzeugungen in Einklang bringen können.

Gelegentlich kann sich die außersinnliche Wahrnehmung stärker manifestieren, wenn jemand sein Bewußtsein absichtlich ausschaltet. Ein Beispiel dafür ist das automatische Schreiben: Man setzt sich mit gezücktem Bleistift hin und wartet darauf, daß die Hand zu schreiben beginnt[4]. Einiges von dem, was dabei herauskommt, ist psychologisch durchaus aufschlußreich, aber für den, der verifizierbare außersinnliche Wahrnehmungen erwartet, ist es nur ›Kauderwelsch‹. Gelegentlich enthält jedoch derartiges Material echte außersinnliche Informationen über sehr entfernte Vorgänge.

Ein Experiment, das ich vor rund einem Jahrzehnt durchgeführt habe (Tart, 1963), demonstriert, wie wertvoll es sein kann, wenn man unter

Laborbedingungen sein gewöhnliches Bewußtsein ausschaltet. In einer Untersuchung über die ›unterschwellige Wahrnehmung‹ wurden die Versuchspersonen individuell getestet. Der Empfänger saß in einem abgedunkelten, schalldichten Raum, während verschiedene physiologische Messungen an ihm vorgenommen wurden. Man sagte ihm, es würde ihn in beliebigen Abständen ein nicht näher erläuterter ›unterschwelliger Reiz‹ erreichen. Wenn er ihn zu spüren glaube, solle er auf eine an der Stuhllehne angebrachte Taste drücken. Den Versuchspersonen war nicht bekannt, daß derartige Reize überhaupt nicht gegeben wurden. Statt dessen wurde einem in einem weit entfernten Zimmer sitzenden Sender in unregelmäßigen Abständen ein starker elektrischer Schlag versetzt; bei jedem Mal versuchte er, den Empfänger mit Hilfe der Telepathie dazu zu bringen, seine Taste zu drücken. Es zeigte sich, daß dieser zwar nicht auf die Taste drückte, wohl aber körperlich auf die telepathischen Versuche reagierte. Welches außersinnliche Wahrnehmungsorgan die Empfänger auch immer besitzen mochten, es beeinflußte ihre physiologischen Reaktionen entweder unmittelbar oder aber auf dem Umweg über das Unbewußte, wie sich durch Messungen der Gehirnströme und des Herzschlags feststellen ließ. Wir können also von außersinnlichen Reizen beeinflußt werden, auch wenn wir uns dessen nicht bewußt sind. Zwar scheint den meisten Menschen nur recht selten bewußt zu werden, daß sie außersinnliche Wahrnehmungen machen, aber ich vermute, daß wir weit häufiger, als wir glauben, auf derartige Reize reagieren.
Nun zur anderen Hälfte der PSI-Phänomene, dem motorischen Output der Psychokinese. Abbildung 2 zeigt den allgemeinen psychischen Prozeß, durch den wir etwas, das außerhalb unserer selbst liegt, beeinflussen. Wenn wir den Wunsch haben, etwas zu tun, benutzen wir unseren Körper bewußt oder unbewußt als Transformator der von unseren Muskeln produzierten Energie, die über einen bestimmten Leitweg das Zielobjekt beeinflußt. Wenn ich also beispielsweise die Tür öffnen will, benutze ich ganz automatisch meinen Körper dazu, zu dieser Tür zu gehen, ich lege dann meine Hand auf die Türklinke, drücke sie herunter und öffne die Tür; die Kraft stammt von den Muskeln meiner Hand und meines Arms; den Leitweg bilden in diesem Fall die Hautschicht und das Gewebe zwischen meinen Muskeln sowie die Türklinke, die die Kraft auf die Tür überträgt. Das Ziel – und zugleich der die Signale gebende Gegenstand – ist die Tür selbst.

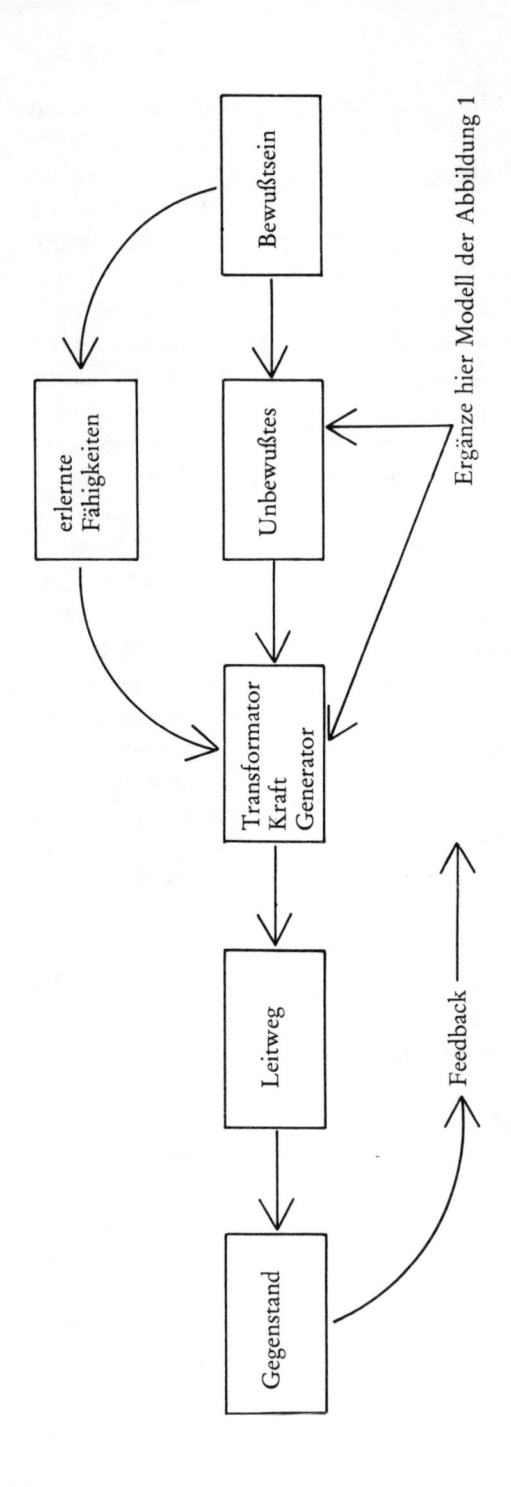

Abbildung 2 Informationsfluß und Prozesse bei der Psychokinese

Ist die Aufgabe komplexer Natur, benötige ich ein *Feedback* (eine Rückkoppelung), um zu wissen, was ich zu tun habe; d. h., ich muß das Ergebnis meiner Muskelaktion sehen und notfalls Verbesserungen vornehmen können. Ich kann beispielsweise die Türklinke niederdrücken und dann per Feedback auf dem Weg über meine Augen und meinen Tastsinn erfahren, daß die Tür sich nicht öffnen läßt. Daraufhin versuche ich, sie aufzustoßen, statt sie aufzuziehen; die Tür öffnet sich nun tatsächlich, und damit ist diese Aktion erfolgreich abgeschlossen. Wie man eine Aktion wirksam durchführt, lerne ich also durch Versuch, Feedback und Korrektur – ein Vorgehen, das sich auch auf den Umgang mit PSI-Phänomenen anwenden lassen sollte (Tart, 1966).
Manchmal passiert es, daß ich den Transformator, der die gewünschte Wirkung zustande bringen soll, nicht direkt, d. h. nicht durch eine bewußte Einwirkung aktivieren kann. Ich will mich beispielsweise einmal richtig entspannen, weiß aber nicht, wie ich bewußt auf die einzelnen Muskeln in meinem Körper einwirken soll, um dieses Ziel zu erreichen. So gebe ich mich Vorstellungen von Wärme und Entspannung hin, die gleichsam in mein Unbewußtes eindringen, und dort, außerhalb meines unmittelbaren Wahrnehmungsvermögens, vollzieht sich etwas, das tatsächlich meine Muskeln lockert, und ich fühle mich entspannt. Wenn ich Federball spiele, habe ich das Ziel, Punkte zu sammeln, indem ich den Federball auf eine bestimmte Weise treffe. Da ich kein Ballgefühl habe, bin ich ein schlechter Federballspieler. Ich kann den Wunsch, den Federball zu treffen, nur an mein Unterbewußtsein weitergeben, und das weiß dann tatsächlich manchmal genau, wie man ihn trifft.
Die wissenschaftliche Untersuchung der Psychokinese stellt, psychologisch gesehen, eben diesen zuletzt beschriebenen Prozeß dar. Die Versuchsperson weiß nicht, wie sie den Muskel, der die Würfel im Becher schüttelt und sie dann auf den Tisch wirft, betätigen soll, damit sich eine ganz bestimmte Summe ergibt. Sie wünscht und hofft natürlich, daß die Würfel die gewünschte Summe anzeigen werden. Gelegentlich aktiviert ein Teil ihres Unbewußten irgendein Steuergerät oder einen Transformator, der die richtige nichtphysikalische Energie produziert, mit deren Hilfe sich die Würfel im gewünschten Sinne beeinflussen lassen. Auch hier spielen psychische Faktoren, wie etwa der Glaube der Versuchsperson, daß bestimmte Verfahrensweisen das Ergebnis beeinflussen, eine Rolle.

Bei der Psychokinese handelt es sich möglicherweise um ein weit komplexeres Phänomen als bei der außersinnlichen Wahrnehmung. Machen wir uns nur einmal klar, was es heißt, den Bewegungsablauf beim Würfeln so zu beeinflussen, daß als Resultat beispielsweise die Zwei erscheint. Nach allem, was wir über mechanische Prozesse wissen, würde dazu mehr gehören, als den Würfel einfach mit Hilfe der Psychokinese in Bewegung zu setzen; man müßte (1) genau das richtige Maß an Kraft aufwenden; man müßte sie (2) auf die genau richtige Stelle des Würfels richten, und zwar (3) genau im richtigen Augenblick. Dabei wäre (4) die Masse des Würfels ebenso zu berücksichtigen wie (5) seine Umdrehungsgeschwindigkeit in allen drei Dimensionen sowie (6) die Beschaffenheit der Tischplatte, auf die er aufschlägt. Das alles müßte sich in Blitzesschnelle abspielen. Betrachtet man nun die Psychokinese analog zu diesen gewöhnlichen physikalischen Abläufen, dann muß also irgendeine hellseherische Fähigkeit am Werk sein, die es ermöglicht, das Zusammenspiel von Energie und Masse in Würfel und Tischplatte blitzschnell wahrzunehmen; gleichzeitig finden im Unbewußten sehr komplexe Kalkulationen statt, die den Steuerungsmechanismus so beeinflussen, daß er das richtige Maß an Kraft im richtigen Augenblick an der richtigen Stelle des Würfels einsetzt. Experimente mit Psychokinese erinnern uns daran, daß viele wichtige geistig-seelische Prozesse sich außerhalb unseres Bewußtseins abspielen können.

Wir haben schon mehrfach festgestellt, daß psychische Variablen die PSI-Phänomene beeinflussen können; das Ausmaß ist jedoch in der Regel gering und fällt allenfalls bei Gruppenexperimenten ins Gewicht. Daraus ergibt sich, daß sich eine gewisse Wechselbeziehung zwischen außersinnlicher Wahrnehmungsfähigkeit und psychischen Variablen zwar bei Experimenten mit größeren Gruppen von Versuchsteilnehmern immer wieder bemerkbar machen wird, daß es aber nicht sehr sinnvoll ist, die mit Gruppen erzielten Werte auch von Versuchen mit Einzelpersonen zu erwarten, deren Resultate von den Gruppenresultaten doch erheblich abweichen können.

PSI-Phänomene und veränderte Bewußtseinszustände

Da viele sehr intensive und spontane PSI-Situationen von Menschen erlebt wurden, die sich in einem veränderten Bewußtseinszustand, beispielsweise in Trance, befanden oder träumten, ist man gegenwärtig sehr daran interessiert, herauszufinden, ob veränderte Bewußtseinszustände ein Weg zur besseren Kontrolle und zum besseren Verständnis der PSI-Phänomene sein könnten. Ich habe dieses Thema an anderer Stelle ausführlich erörtert (Tart, 1973); wir wollen es daher hier nur kurz streifen.

Bei der Erörterung der Psychologie der PSI-Phänomene haben wir festgestellt, daß Informationen von einem Menschen mit Hilfe der außersinnlichen Wahrnehmung im Bereich des Unbewußten aufgenommen, jedoch – aus einer Vielzahl psychologischer Gründe – nicht in bewußte Wahrnehmung umgesetzt werden. Falls diese PSI-Informationen sich nicht indirekt auf sein Verhalten oder seine Erfahrungen auswirken, brauchte er sie gar nicht erhalten zu haben. Da veränderte Bewußtseinszustände die geistig-seelische Struktur vorübergehend, aber radikal verändern, könnten solche Veränderungen vielleicht bewirken, daß die PSI-Informationen häufiger die Ebene des Bewußtseins erreichen und/oder daß PSI-Erlebnisse überhaupt häufiger auftreten[5]. Ein Großteil des auf spontanen Fällen beruhenden Beweismaterials deutet darauf hin, daß das tatsächlich der Fall ist, wenn wir auch weit davon entfernt sind, solche Vorgänge willentlich herbeiführen zu können. So kann beispielsweise Hypnose für manche Menschen so eindrucksvoll sein, daß sie sie für ein PSI-Erlebnis halten, das sie jedoch nicht ist. Allerdings hat sich herausgestellt, daß die Hypnose der PSI-Wahrnehmung bis zu einem gewissen Grade förderlich sein kann; doch das ist keineswegs immer der Fall, und manchmal ist überhaupt keine Wirkung erkennbar (Honorton und Krippner, 1969; van de Castle, 1969).

Über viele Fälle exakter, lebendiger, emotionaler und sehr detaillierter außersinnlicher Wahrnehmung wurde ganz spontan im Zusammenhang mit Träumen berichtet. Der Traumzustand – genauer gesagt: die erste und traumreiche sogenannte REM-Phase des Schlafs (REM = rapid eye movement – eine durch sehr rasche Augenbewegungen des Schlafenden gekennzeichnete Phase; Anm. d. Übers.) – ist jetzt von Stanley Krippner, Montague Ullman, Charles Honorton und ihren Mitarbeitern am Maimonides Medical Center in New York City ziemlich genau erforscht worden. Ihre Untersuchungen sind inzwischen in Buchform erschienen (Ullman, Krippner und Vaughan, 1973 dtsch 1977). Im allgemeinen gehen sie bei ihren Experimenten so vor: Sie lassen eine Versuchsperson in einem Raum schlafen; ein Techniker registriert ihre Gehirnströme und ihre Augenbewegungen (REM) und weckt sie gegen Ende jeder REM-Traumphase. In einem entfernten Raum sitzt eine weitere Versuchsperson (der Sender); er betrachtet ein beliebiges Bild und versucht, es der schlafenden und träumenden Versuchsperson in dem anderen, entfernten Raum telepathisch zu übermitteln. Dann werden die Ergebnisse aus mehreren Nächten ausgewertet; dabei vergleichen »Einstufer« die Traumprotokolle mit den ausgesandten Bildern, ohne jedoch zu wissen, welche Bilder in welchen Nächten verwendet wurden. Es lohnt sich, eines ihrer Ergebnisse hier im Detail anzuführen, denn es zeigt nicht nur, wie aufregend und exakt ein außersinnlicher Wahrnehmungsprozeß verlaufen kann, sondern auch, wie viele (unbewußte) psychische Faktoren die Informationen verändern und verzerren können.

Bei dem die ganze Nacht über vermittelten Bild handelte es sich in diesem Fall um eine Reproduktion von Salvador Dalís Gemälde *Das letzte Abendmahl:* Christus sitzt, umgeben von seinen zwölf Aposteln, an einem Tisch. Auf dem Tisch sieht man ein Glas Wein und einen Laib Brot, im Hintergrund eine größere Wasserfläche und ein Fischerboot. Nach jedem Erwachen aus einer REM-Phase erzählte die Versuchsperson, was sie geträumt hatte – es waren acht verschiedene Träume – und erläuterte am Morgen, welche Assoziationen diese Träume in ihr auslösten. Ich werde ihre Berichte nur zitieren, soweit sich in ihnen ein Bezug zu dem Bild erkennen läßt. Leser, die mit den psychoanalytischen Theorien über das Unbewußte vertraut sind, wird es nicht schwerfallen, die typischen Verzerrungen zu erkennen, die bewirken, daß das Bild nicht unmittelbar im Traumbewußtsein auftaucht – obschon deutlich erkennbar ist, daß es den Traum selbst beeinflußt.

Erster Traum: »... eine Meeresszene... Sie war von seltsamer Schönheit, sehr eigenwillig gestaltet.«
Zweiter Traum: »Ich weiß nicht warum, aber irgendwie kommen mir Boote in den Sinn. Fischerboote. Kleine Fischerboote... Mir fiel ein Gemälde in dem Seerestaurant ein, als ich es beschrieb... Ein riesiges Gemälde – ungeheuer groß. Es zeigt, nun, ich würde sagen, etwa ein Dutzend Männer, die nach einem Fischzug ein Fischerboot an Land ziehen.«
Dritter Traum: »Ich schaute mir einen Katalog an... einen Weihnachtskatalog. Weihnachtszeit.«
Vierter Traum: »Ich habe kurz von einem Arzt geträumt. Ich sprach mit jemandem... und das Gespräch drehte sich darum, warum ein Arzt eigentlich Arzt wird – einfach, weil man von ihm erwartet, daß er Medizin studiert, oder etwas Ähnliches.«

Fünfter Traum: »Es hatte wieder etwas mit Ärzten zu tun... auf dem Bild, an das ich jetzt denke, sitzt der Arzt neben einem kranken Kind... eine jener klassischen Szenen dieser Art... das Bild heißt ›Der Arzt‹.«
Sechster Traum: »Ich war in einem Sprechzimmer, wieder in einer Arztpraxis... Wir sprachen über Preston... Er ist Psychiater, er war einmal mein Vorgesetzter. Bevor er Psychiater wurde, war er Pathologe.«
Siebter Traum: »Ich weiß nur noch, daß ich in der Küche war und daß da ein Restaurant war, in das ich gehen wollte.«
Achter Traum: »Ich sortiere so etwas wie Gewürze. Kräuter. Ein Lebensmittelgeschäft. Ein Ort, an dem man essen kann. Lebensmittel verschiedener Art.«
Aus den Assoziationen: »Der Traum vom Fischer läßt mich an den Mittelmeerraum denken, vielleicht sogar an ein Ereignis in biblischer Zeit. Jetzt fallen mir gerade der Fisch und der Laib Brot ein, ja sogar die Speisung der Fünftausend... Noch einmal denke ich an Weihnachten... das hat etwas mit dem Meer zu tun – Wasser, Fischer, etwas dieser Art.«

Viele spirituelle Psychologien behaupten, die Bewußtseinszustände, die sich mit Hilfe ihrer Methoden erreichen lassen, seien den PSI-Fähigkeiten bei weitem vorzuziehen. Wir können das im Augenblick weder bestätigen noch widerlegen, halten es aber aufgrund unserer derzeitigen Kenntnisse durchaus für möglich; und auch einige andere PSI-Phänomene, mit denen wir uns jetzt befassen wollen, könnten, obwohl ihre Existenz nicht so überzeugend nachgewiesen ist wie die der vier eben erörterten Grundphänomene, für die spirituellen Psychologien durchaus Relevanz besitzen.

Psychische Energie und Heilung

Auch in vielen spirituellen Psychologien wird vorausgesetzt, daß es psychische Energien unterschiedlicher Art gibt – Energien, die nicht physikalischer Natur sind, sondern von einer nichtphysikalischen Ebene aus die lebenden Organismen und manchmal sogar die leblose Materie beeinflussen. Bei der Psychokinese handelt es sich sicherlich um eine derartige Form von Energie, denn sie manifestiert sich in einer beobachtbaren Veränderung der Möglichkeiten, physikalische Objekte in Bewegung zu setzen. Eine Energie, die sich nur in ihrer Auswirkung auf das Leben und das Bewußtsein manifestiert, hat verschiedene Bezeichnungen erhalten, so *prāna* in Indien (Garrison, 1964), *chi* in China und *ki* in Japan (Frager, 1970). Einige Gelehrte des Westens haben versucht, sich näher mit ihr zu befassen. So sprach beispielsweise schon Franz Mesmer (1774) von Magnetismus, und von

Reichenbach (1968) bezeichnete sie als ›Odkraft‹, aber ihre Konzeptionen wurden von der orthodoxen Wissenschaft des Westens nie akzeptiert. Einige Menschen glauben, ungewöhnliche psychische Energien in ihrem gewöhnlichen Bewußtseinszustand entfalten zu können, und viele weitere haben das gleiche in einigen veränderten Bewußtseinszuständen erlebt. Eine Befragung erfahrener Marihuana-Raucher ergab beispielsweise, daß 35% von ihnen behaupteten, Erlebnisse dieser Art sehr häufig zu haben. 9% sagten sogar, sie hätten sie regelmäßig (Tart, 1971).
Auf die Fähigkeit, eine solche Energie zu erzeugen, unter Kontrolle zu halten und zu steuern, werden häufig paranormale Heilungserfolge zurückgeführt, für die es keine adäquaten physiologischen oder medizinischen Erklärungen gibt. Dieser Bereich ist nur schwer zu erforschen, denn viele physische Krankheiten sind psychosomatischen Ursprungs, und hier kann allein schon der Glaube eine Heilung bewirken, ohne daß dabei irgendwelche paranormalen Elemente eine Rolle spielen müßten. Einige ausgezeichnete Versuche von Bernard Grad an der McGill-Universität haben jetzt eine solide Basis für die Anerkennung einer Art psychischer Energie geschaffen, die zumindest an einigen Heilungserfolgen beteiligt war.
Grad arbeitete mit einem ungarischen ›Heilpraktiker‹ zusammen, einem Oberst Estabani, der schon seit längerer Zeit sowohl Tiere als auch Menschen durch Handauflegen geheilt hatte. Die Grundfrage, die Grad sich bei seinen Experimenten stellte, war die, ob es eine Art nichtphysikalischer Energie gebe, die von Estabanis Händen ausstrahlte und die bewirken konnte, daß Leiden oder Wunden heilten. In einer Reihe von Versuchen (Grad, 1963; 1965; 1967; Grad, Cadoret und Paul, 1961) wurden lebende Organismen leicht verletzt und dann einer Heilbehandlung unterzogen, bei der alle bekannten physikalischen und psychologischen Faktoren eliminiert wurden. In einem der frühen Experimente wurden Mäusen auf chirurgischem Wege leichte Hautwunden zugefügt, und der Fortgang der Heilung wurde dann täglich genau gemessen. Die Mäuse wurden in eine Experimentiergruppe und eine Kontrollgruppe aufgeteilt, und die Experimentiergruppe wurde von Estabani behandelt. Man legte jede Maus dieser Gruppe in einen Papierbeutel, den er dann mit seinen Händen umschloß. Die Mäuse in der Kontrollgruppe wurden für eine gleich lange Zeitspanne in Papierbeutel gelegt, aber nicht von Estabani gehalten. Das Ergebnis war, daß die Wunden bei den Mäusen, die von ihm

behandelt worden waren, viel schneller heilten als bei den anderen. Da jedoch bei einem derartigen Experiment eine gewisse physische Einwirkung oder Wärmefaktoren nicht ganz ausgeschlossen werden konnten, unternahm Grad dann eine Reihe anderer Versuche. Diesmal verwendete er Samen, die man dadurch ›verletzt‹ hatte, daß man sie eine Zeitlang im Ofen erhitzte, und zwar so, daß nur ein Teil die Prozedur, wenn auch beschädigt, überlebte. Sie wurden in Blumentöpfe gepflanzt und mit einer keimfreien Salzlösung begossen – einem milden, salzhaltigen Wasser, wie man es etwa bei Transfusionen verwendet. Die Ofenhitze und die milde Salzlösung sollten künstlich eine für die gesunde Entwicklung dieser Organismen nicht gerade günstige Bedingung schaffen. Die Salzlösung kam in hermetisch versiegelte Krüge. Einige dieser Krüge hielt Estabani zwischen seinen Händen und ließ eine offenbar nichtphysische Energie durch die Glaswand hindurch in das Wasser einströmen. Die Samen, die mit dem so behandelten Salzwasser begossen wurden, galten als die Experimentiergruppe. Die Samen in der Kontrollgruppe dagegen wurden mit der keimfreien Salzlösung aus den Krügen begossen, die keine Behandlung durch Oberst Estabani erhalten hatten. Ein Laborant, der nicht wußte, welchem Wasser die Behandlung zuteil geworden war, besorgte das Gießen der Samen bzw. Pflanzen; ein weiterer Laborant zählte die Samen, die tatsächlich keimten, und kontrollierte das Wachstum der Schößlinge sowie das Gewicht der Pflanzen nach Abschluß des Experiments. Die Ergebnisse zeigten wiederholt, daß bei den mit behandeltem Wasser begossenen Samen mehr Keimlinge sprossen, daß die Pflanzen rascher heranwuchsen und bei Abschluß des Experiments ein erheblich größeres Gewicht hatten.

Das einzige, was als physikalische Folge der Behandlung durch Estabani hätte eintreten können, wäre eine leichte Erwärmung des Wassers gegenwärtigen Weltverständnisses) nicht-physikalische Energie, eine wurde, bevor man die Samen bzw. Pflanzen begoß, war diese Variable praktisch ausgeschaltet. Wir kennen keine Energie, die von einem ›Heiler‹ ausströmen, ins Wasser gelangen und dort gespeichert werden könnte. Daher spricht alles dafür, daß eine (nach den Begriffen unseres gegenwärtigen Weltverständnisses) nichtphysikalische Energie, eine psychische Energie, sich mit dem Wasser verbinden und das Wachstum der Organismen beeinflussen kann.

Dennoch muß natürlich immer wieder davor gewarnt werden, jedes ungewöhnliche Erlebnis als PSI-Phänomen zu interpretieren. Das ist

nicht minder unzulässig wie der Versuch, für unerklärliche Vorgänge, in denen sich tatsächlich PSI-Phänomene manifestieren könnten, gewaltsam ›natürliche‹ Erklärungen zu finden, nur weil diese besser in unser Weltbild passen.
Bei all diesen möglichen Fehlinterpretationen sollte man jedoch berücksichtigen, daß, gerade was die psychischen Energien betrifft, das persönliche Erlebnis überzeugender ist als Experimente.

PSI bei Tieren

Nach der bei uns herrschenden Auffassung ist der Mensch etwas ganz Besonderes, das einzige intelligente Geschöpf auf dieser Erde – eine Klasse für sich. Verfügt vielleicht auch er allein über PSI-Fähigkeiten? Lange Zeit fand man nur in anekdotenhaften Berichten bezeugt, daß auch Tiere PSI-Fähigkeiten besitzen können. Es kam beispielsweise immer wieder vor, daß eine Familie Hunderte von Kilometern weit fortzog, ohne ihr Haustier mitzunehmen, und daß das zurückgelassene Tier nach einiger Zeit plötzlich bei ihr auftauchte. Da es keinerlei physikalische Merkmale gibt, über die dieses Tier der Familie auf die Spur hätte kommen können, muß es sich hier um ein PSI-Phänomen handeln. Derartige Fälle sind natürlich schwer zu verifizieren, denn häufig ist es unmöglich, *exakt* festzustellen, ob es sich bei dem ›zurückgekehrten‹ Tier tatsächlich um das zurückgelassene handelt, oder um ein anderes, das diesem nur sehr ähnlich ist.
Im Verlauf des vergangenen Jahrzehnts hat eine ganze Anzahl ausgezeichneter Laboruntersuchungen gezeigt, daß viele Tiere offenbar PSI-Fähigkeiten besitzen. Frühe Experimente (Osis, 1952) deuten darauf hin, daß Katzen mit Hilfe von außersinnlicher Wahrnehmung Nahrung suchen und auch tatsächlich finden können. Durch Untersuchungen aus jüngster Zeit wurden PSI-Fähigkeiten bei den Versuchstieren, beispielsweise Mäusen, nachgewiesen (Duval und Montredon, 1968). Eine Übersicht über die entsprechende Literatur findet man bei Morris (1970). Allerdings haben sich auch manche Tierexperimente inzwischen als Täuschungsmanöver erwiesen (siehe Rhine, 1974).
Nehmen wir einmal an, die Nachweise, daß Tiere außersinnliche Fähigkeiten haben, ließen sich wiederholen und sogar noch erweitern, dann würden diese Resultate unser herkömmliches Weltbild ins Wan-

ken bringen. Daß selbst ganz einfache Organismen für derartige Einflüsse empfänglich sein und sie auf ihre Umwelt anwenden können, widerspricht unserem physikalischen Weltbild völlig. Hingegen stehen Erkenntnisse dieser Art durchaus im Einklang mit einem spirituellen Weltverständnis, dem zufolge Leben eine universelle dynamische Kraft und der geistig-seelische Bereich ebenso real ist wie die Materie.

Noch ein Wort über die Möglichkeit von PSI-Effekten bei Pflanzen. Es ist viel über die ›primären Wahrnehmungen bei Pflanzen‹ geredet und publiziert worden, d. h. über ihre Fähigkeit, ihre Resistenzkraft zu verändern, wenn in ihrer unmittelbaren Umgebung andere Pflanzen oder lebende Organismen vernichtet werden; das deutet auf eine Art telepathischer Wechselwirkung schon auf dieser niederen Lebensstufe. Trotz zahlreicher Presseberichte wurde nur ein einziges Experiment, bei dem es zu einem derartigen Effekt kam, in einer wissenschaftlichen Zeitschrift zur Diskussion gestellt (Backster, 1968), und in den vielen Jahren seit dieser Veröffentlichung hat keine wissenschaftliche Zeitschrift über die zahlreichen weiteren Experimente dieser Art berichtet, die inzwischen durchgeführt wurden[6]. Diese Phänomene sind also noch nicht ausreichend nachgewiesen, obwohl manches für sie spricht.

PSI und leblose Gegenstände

Wenn PSI nicht ausschließlich eine Fähigkeit des Menschen ist, sondern sich zumindest auf einige der niederen Organismen erstreckt, liegt die Frage nahe, ob vielleicht sogar leblose Gegenstände sie besitzen können. Vermutlich muß man auf diese Frage mit ›Ja‹ antworten: Auch leblose Gegenstände scheinen imstande zu sein, außerphysikalische PSI-Informationen zu speichern.

Dieses Phänomen wird gewöhnlich ›Psychometrie‹ genannt[7]; man versteht darunter folgenden Vorgang: Wenn ein lebloser Gegenstand für einige Zeit mit bestimmten Personen, Ereignissen oder Orten in Verbindung gebracht wird, hinterlassen diese in ihm gewisse außerphysikalische ›Spuren‹. Ein sensibler, einfühlsamer Mensch, der die Fähigkeit zu außersinnlicher Wahrnehmung besitzt, ist dann in der Lage, dem betreffenden Gegenstand mit Hilfe einer Art hellseherischer Wahrnehmung diese gespeicherte Information zu entnehmen.

Viele übersinnlichen Einflüssen zugängliche Menschen behaupten, diese Fähigkeit zu besitzen, und auf einem in Kapitel 10 dieses Buchs geschilderten ›spirituellen Weg‹ findet sie Anwendung. Ein solcher Mensch kann beispielsweise dem Ring einer ihr völlig unbekannten Person Informationen über deren Persönlichkeit, Lebensgeschichte usw. entnehmen, obwohl die Persönlichkeit und die Lebensvorgänge eines Menschen keinerlei Auswirkung auf die Metallmoleküle, aus denen der Ring besteht, haben können.

Zwar ist uns auch das Phänomen der Psychometrie seit langem bekannt, aber auch hier muß man sich fragen, bei wie vielen Befunden es sich einfach um Vermutungen bzw. Zufälle handelt, und wie viele korrekt durchgeführte Ermittlungen man mit wieviel nicht exakten vergleichen muß, bevor man behaupten kann, hier sei mehr als der Zufall im Spiel gewesen. Und wie immer bei PSI-Phänomenen ist auch hier der Einfluß zu berücksichtigen, den sowohl der Wunsch, sie unbedingt erleben zu wollen, wie die Überzeugung, daß es sie nicht gibt, ausüben kann.

Der Parapsychologe J. G. Pratt und der Statistiker W. R. Birge haben eine Methode ausgearbeitet, mit deren Hilfe man psychometrische und ähnliche Phänomene objektiv messen kann (Pratt und Birge, 1948). Sie besteht darin, daß man die übersinnlichen Einflüssen zugängliche Versuchsperson Aussagen über Gegenstände machen läßt, die von verschiedenen Eigentümern stammen, ohne daß diese Eigentümer persönlich anwesend sind und Hinweise geben könnten. Die Ergebnisse werden aufgeschrieben und so verschlüsselt, daß man dem Manuskript nicht entnehmen kann, welche Aussagen sich auf welche Gegenstände beziehen. Aussagen, die offensichtlich durch sensorische Charakteristika der betreffenden Gegenstände beeinflußt sind, werden nicht registriert. Alle Personen, die psychometrische Gegenstände zu diesem Experiment beigesteuert haben, beurteilen dann jede dieser Aussagen nach ihrer Richtigkeit bzw. Unrichtigkeit; da sie nicht wissen, welche sich auf sie selbst (d. h. auf ihren Gegenstand) und welche sich auf andere Menschen (bzw. deren Gegenstand) bezogen, können ihre Wünsche oder Vorurteile das Ergebnis kaum beeinträchtigen. Dann wertet man die Ergebnisse statistisch aus, wobei vor allem Aussagen, die auf viele Menschen zutreffen könnten, ausgesondert werden. Mehrere Untersuchungen, die anhand dieser Methode durchgeführt wurden, haben inzwischen gezeigt, daß PSI bei den psychometrischen Aussagen eine gewisse Rolle spielen kann.

Hier scheint mir eine kurze Anmerkung über die Verwendung von materiellen Objekten zur Steigerung von PSI-Fähigkeiten angebracht. Viele übersinnlichen Einflüssen zugängliche Menschen benutzen das eine oder andere Objekt zu diesem Zweck, und manche okkulten Traditionen deuten darauf hin, daß bestimmte Edelsteine oder Metalle verschiedene psychische Kräfte günstig oder ungünstig beeinflussen. Dieser Gedanke taucht in unseren Science-fiction-Romanen in Gestalt von ›psionic machines‹ (psionische Maschinen) wieder auf; das sind Apparate, die im physikalischen Bereich keinerlei Wirkung haben, psychische Fähigkeiten jedoch erweitern und steuern können.
Die Wirkung ›psionischer Maschinen‹ und ähnlicher Dinge ist von Parapsychologen nur selten untersucht worden, und zwar aus zwei Gründen. Erstens verfügt man nicht über genug Fachkräfte und Mittel; zweitens besteht ganz allgemein der Eindruck, daß all diese Apparate und psionischen Maschinen selbst keine Leistungen erbringen, sondern Hilfsmittel sind, zu denen bestimmte Personen greifen. Das heißt, in vielen Fällen findet ein Mensch es leichter, zu leugnen, daß er irgendwelche ungewöhnlichen Fähigkeiten besitzt, als einfach zu sagen, er könne nur mit einem bestimmten Gerät besonders gut umgehen. Damit vermeidet er nicht nur, daß er in das, was er tut, viel von sich persönlich investieren muß, sondern es kommt ihm auch noch das Prestige der Maschinenkultur zugute. Ein bekanntes Beispiel für diese Einstellung ist das Finden von Wasser mit Hilfe einer Wünschelrute; dabei hält der Rutengänger eine mit Griffen versehene Metallgabel in den Händen und schreitet durch ihm unbekanntes Gelände, bis die Wünschelrute ausschlägt und dadurch anzeigt, daß sich an dieser Stelle unter der Erde Wasser befindet. Die Weite und die Kraft des Ausschlagens zeigen dem Wünschelrutengänger Tiefe und Menge des Wassers an. Die meisten Wünschelrutengänger glauben ihre Erfolge auf komplizierte ›physikalische‹ Sachverhalte zurückführen zu können, so beispielsweise auf Schwankungen im Gravitationsfeld, elektromagnetische Wellen oder Energien anderer Art, die angeblich vom Wasser ausgehen und unmittelbar die Wünschelrute beeinflussen. Ich setze den Begriff physikalisch hier in Anführungszeichen, denn diese Erklärungen würden jedem Physiker als barer Unsinn erscheinen, weil sie eindeutig eine Fehlinterpretation fundamentaler physikalischer Prinzipien darstellen und in sich widersprüchlich sind.
Nahezu alle Parapsychologen würden die Meinung vertreten, daß die Bewegung der Wünschelrute in den Händen des Wünschelrutengän-

gers auf eine unbewußte muskuläre Aktion zurückzuführen ist. Es gibt keinen Beweis dafür, daß irgendeine mysteriöse Energie die Wünschelrute unmittelbar beeinflußt. Zu den unbewußten muskulären Aktionen, die sie in Bewegung versetzen, kann es erstens kommen, weil der Wünschelrutengänger vielleicht aufgrund unbewußter oder auch halb bewußter geologischer Kenntnisse an einer ganz bestimmten Stelle unterhalb der Erdoberfläche Wasser vermutet, und/oder zweitens, weil eine Art hellseherische Fähigkeit die unbewußte muskuläre Aktion auslöst.

Auch hinsichtlich psionischer Maschinen scheint unter Parapsychologen die Ansicht zu überwiegen, daß keine dieser Maschinen aus eigener Kraft arbeiten kann. Auch wenn man bei für übersinnliche Einflüsse empfänglichen Menschen mit ihrer Hilfe gewisse Resultate erzielen sollte, sind diese Resultate wahrscheinlich als eine unmittelbare Folge der psychischen Fähigkeiten dessen, der sich einer solchen Maschine bedient, zu werten.

Wir können also feststellen, daß psionische Maschinen und andere materielle Objekte zwar bestimmte PSI-Qualitäten besitzen mögen, es aber im Augenblick dafür noch keine schlüssigen wissenschaftlichen Beweise gibt; dagegen sprechen viele Anzeichen dafür, daß es sich in den meisten uns bekannt gewordenen Fällen um psychische Fähigkeiten desjenigen handelt, der diese Objekte verwendet.

Weiterleben nach dem Tode

Nach Auffassung der Spiritisten besitzt jeder Mensch eine Seele, die den physischen Tod des Körpers überlebt und in der die Erinnerungen und die Persönlichkeit der lebenden Person fortbestehen. Für übersinnliche Einflüsse besonders empfängliche Menschen – die sogenannten Medien – können mit diesen Wesenheiten kommunizieren. In der Regel versetzt sich ein Medium in eine Art veränderten Bewußtseinszustand, in dem seine Persönlichkeit in das Unterbewußtsein herabsinkt und in dem es vorübergehend von einer solchen Wesenheit gesteuert wird. Diese kann dann über das Medium mit den an der *Séance* Beteiligten sprechen.

Auch manche Skeptiker gingen nach dem Verlust eines geliebten Menschen zu einer spiritistischen Sitzung und stellten fest, daß aus dem Medium der soeben verlorene geliebte Mensch sprach; zumindest er-

hielten sie über das Medium Informationen, die zu beweisen schienen, daß die geliebte Persönlichkeit in irgendeiner Form ihren Tod überlebt hatte.
Die Parapsychologen haben vor Jahrzehnten viel Zeit darauf verwandt, Medien zu finden, die in der Lage waren, beweiskräftige Informationen dieser Art zu vermitteln, wie beispielsweise Namen und Adressen von Freunden, die Erinnerung an besonders wichtige Ereignisse, die sie mit anderen Menschen gemeinsam durchlebt hatten usw. Es kam zwar vor, daß Medien Privatdetektive anheuerten, um Nachforschungen über das Leben des Betreffenden und seiner verstorbenen Verwandten anzustellen, um ihren Ruf, und sich damit auch finanzielle Erfolge, zu sichern. Gerade in diesem Bereich liegt die Möglichkeit der Selbsttäuschung und der bewußten Täuschung Gutgläubiger sehr nahe. Aber in einigen gut dokumentierten Fällen teilt der Verstorbene so viele Einzelheiten über sein Leben, seine Vergangenheit und seine Verwandten mit, daß er über jeden vernünftigen Zweifel hinaus als die Person zu identifizieren ist, die vor kurzem noch gelebt hat.
Zur gleichen Zeit hatten sich die Zeugnisse für die Existenz außersinnlicher Wahrnehmungen beständig vermehrt, und es wurde klar, daß den außergewöhnlichen psychischen Fähigkeiten einzelner keinerlei Grenzen gesetzt sind. Das führte dazu, daß eine Gegenhypothese zu der These von den überlebenden Wesenheiten entwickelt wurde. Diese neuaufgestellte These sagt, daß nichts den physischen Tod überdauert, aber da wir unbedingt glauben möchten, daß wir weiterleben, kann ein gutes Medium gutgläubig und unbewußt seine Fähigkeit zu außersinnlichen Wahrnehmungen dafür einsetzen, auf dem Weg über das Unbewußte verifizierbare Fakten und Informationen über einen Verstorbenen herauszufinden. Aus diesen Informationen produziert nun das Medium in einem Teil seines Unbewußten eine überzeugende Personifikation des Verstorbenen. Da das psychologische Beweismaterial dafür, daß Menschen zu unglaublichen Verzerrungen ihrer Wahrnehmungen neigen und ihre Weltanschauung und ihr Glaube sich häufig auf unbewußte Prozesse stützen, sehr schlüssig ist, und da das Beweismaterial für die Existenz einer außersinnlichen Wahrnehmung nicht minder schlüssig ist, hat diese Hypothese vieles für sich.
Lesern, die sich eingehender mit den Forschungsproblemen hinsichtlich der Frage des Weiterlebens nach dem Tode beschäftigen möchten,

empfehle ich die Lektüre von Gardner Murphys und Laura Dales Werk *Challenge of Psychical Research* aus dem Jahr 1961. In den letzten Jahrzehnten wurde dieser Bereich nur wenig erforscht, einmal wegen der ungeheuren Schwierigkeiten, eine klare Unterscheidung zwischen diesen beiden Hypothesen zu treffen, zum anderen, weil der Spiritismus bei uns in den letzten Jahrzehnten keine besondere Rolle gespielt hat. Inzwischen nimmt bei den Parapsychologen das Interesse an der Frage des Weiterlebens nach dem Tod wieder zu, und so können wir jetzt wohl mit der Entwicklung differenzierterer Forschungsmethoden rechnen.

Daß Medien Informationen paranormaler Natur über verstorbene Personen geben können, kann nicht bezweifelt werden. Zweifel besteht nur darüber, ob man daraus auf deren Weiterleben schließen darf oder ob man diese Möglichkeit mit Hilfe der Psychologie der außersinnlichen Wahrnehmung und der Glaubens- und Weltanschauungssysteme einfach ›hinwegerklären‹ kann. Das inzwischen vorliegende Material sollte jedoch erlauben, die Möglichkeit des Weiterlebens nach dem Tode wissenschaftlich ernst zu nehmen, auch wenn man nicht behaupten kann, es sei eindeutig bewiesen.

Erstaunlicherweise besteht trotz der unglaublich großen Bedeutung, die die Frage, ob man nach dem Tode weiterlebt oder nicht, für ein menschliches Wesen hat, praktisch überhaupt kein Bedürfnis, dieses Problem wissenschaftlich zu erforschen. Den meisten Menschen scheint es zu genügen, entweder, der jeweiligen religiösen Tradition entsprechend, an ein Weiterleben nach dem Tod zu glauben oder aber sich der materialistischen Weltanschauung anzuschließen, nach der es ein solches Weiterleben nicht gibt. Man hätte erwarten sollen, daß auf den Versuch, eine für die Menschheit so bedeutende Frage wissenschaftlich, d. h. mit Hilfe der mächtigsten Methode, die der Mensch sich zur Beantwortung offenstehender Fragen und Probleme erdacht hat, zu klären, nicht verzichtet werden würde.

Wir sollten hier auch kurz auf die Reinkarnation eingehen, ein Gedanke, der von vielen spirituellen Psychologien akzeptiert wird, aber in die christlich-jüdische Tradition keinen Eingang fand. Weil sie im gesellschaftlichen Bewußtsein keine Rolle spielt, und auch weil es nicht genügend kompetente Forscher gibt, sind auf diesem Gebiet nur sehr wenige wissenschaftliche Untersuchungen durchgeführt worden. Bei den wenigen, die stattfanden, kam es vor allem darauf an, die Genauigkeit der Erinnerungen einer Versuchsperson an eine

frühere Inkarnation zu überprüfen. Das tat man mit Hilfe von Menschen, die diese Zeit noch erlebt hatten, oder anhand relevanter historischer Aufzeichnungen; herauszufinden war außerdem, ob der Betreffende sich seine Informationen nicht auf ganz normalem Wege beschafft haben konnte, und ob seine Erinnerungen an Reinkarnation nicht vielleicht auf Selbsttäuschungen beruhten.
Bei genauer Überprüfung erweisen sich viele Fälle angeblicher Reinkarnation als sehr zweifelhaft: Historische Aufzeichnungen existieren nicht, oder sie sind zu vage, als daß man sie heranziehen könnte; oder aber die angebliche Reinkarnation bezieht sich auf eine so weithin bekannte historische Figur, daß sich eher annehmen ließe, die betreffende Person habe Erinnerungen an lange vergessene frühere Lebensphasen ausgegraben, um damit ihre Reinkarnationsphantasien zu untermauern.
Trotzdem gibt es einige Fälle, die auch streng wissenschaftlicher Untersuchung standhalten. Dem interessierten Leser sei vor allem das 1966 erschienene Buch von Ian Stevenson empfohlen, der durch seine Untersuchungen von Inkarnationsfällen in der ganzen Welt bekannt wurde. Allein aufgrund der in diesem Buch (und in zwei weiteren Sammlungen von Fallstudien dieses Autors, die 1975 erschienen sind) vorgestellten Fälle können wir sagen, daß es sich durchaus lohnt, das Phänomen der Reinkarnation wissenschaftlich zu erforschen, obschon wir nicht behaupten können, es sei in jeder Hinsicht schlüssig nachgewiesen. Auch hier ist, wie schon für das Weiterleben nach dem Tode, die Hypothese in Betracht zu ziehen, daß die außersinnliche Wahrnehmung unbewußt dazu benutzt wird, eine bereits vorhandene Anschauung zu stützen.
Die Reinkarnation ist ein so emotionsbeladenes Thema, daß es für Bewohner der westlichen Welt schwierig ist, sich mit ihm ganz objektiv zu befassen. Einige Leser werden sich noch an das Buch *Protokoll einer Wiedergeburt* (Bernstein 1977) erinnern, ein Buch, das in den fünfziger Jahren sehr populär war. Der Autor, ein Geschäftsmann aus Colorado, behauptete, während seiner Hypnoseexperimente sei es ihm gelungen, einer Hausfrau ein früheres Leben in Erinnerung zu bringen, das sie als Bridey Murphy in Irland geführt hatte. Sie erzählte viele Details aus diesem Leben: Einige davon ließen sich nicht nachprüfen oder blieben fraglich, einige andere jedoch konnten bestätigt werden. Verglichen mit anderen bekanntgewordenen Fällen von Reinkarnation wirkt Bridey Murphys von Bernstein ganz nüch-

tern wiedergegebene Geschichte ziemlich überzeugend. – Ich bekam dieses Buch zufällig in die Hand, bevor es ein Bestseller wurde, und las es, weil es sich mit Hypnose befaßte. Einige Monate später las ich in Zeitungen und Zeitschriften Besprechungen dieses Buches, und ich war allmählich überzeugt, daß es zwei Bücher mit dem Titel *Protokoll einer Wiedergeburt* geben müsse, denn die Autoren dieser Besprechungen schienen von einem ganz anderen Buch zu sprechen als dem, das ich gelesen hatte. Sie regten sich über den Irrsinn auf, der einem hier zugemutet werde, und nannten alle möglichen ›Fakten‹, die gar nicht aus dem Buch stammten, das sie angeblich besprachen, usw. Sie demonstrierten auf verblüffende Weise, was man zu diesem Zeitpunkt in unserem Kulturbereich von der Idee der Reinkarnation hielt.

Die Idee der Reinkarnation sollte als etwas, das für unser Leben von großer Bedeutung ist, wissenschaftlich durchaus ernst genommen werden; sie läßt sich jedoch, wie alle anderen Glaubensvorstellungen, auch zur Rechtfertigung neurotischen Verhaltens mißbrauchen. Allzu vielen Menschen dient ihr Glaube an die Reinkarnation nur dazu, die Konfrontation mit der von ihnen geschaffenen Wirklichkeit, in der sie gegenwärtig leben, zu vermeiden; sie fliehen aus dieser Wirklichkeit in Phantasien darüber, wie bedeutend und wundervoll sie in einem vergangenen Leben einmal waren.

Out-of-the-body-Erlebnisse (Austreten aus dem Körper)

Ein Phänomen, das auch zu Folgerungen für die Möglichkeit eines Weiterlebens nach dem Tode führen könnte, und zugleich eines, mit dem man sich auch in einigen spirituellen Psychologien befaßt, ist das Erlebnis bzw. die Erfahrung, seinen Körper verlassen zu können. Ein älterer Begriff dafür ist das Wort ›Astralprojektion‹, aber dieser Begriff stammt eher aus dem metaphysischen als aus dem wissenschaftlichen Bereich. Ein solches Erlebnis besteht darin, daß man sich an einem Ort weiß, der sich klar von dem unterscheidet, an dem der Körper sich gerade aufhält[8]. Man fühlt sich gewissermaßen von seinem Körper losgelöst, man spürt ihn nicht mehr, obschon man sich in einem klaren und normalen Bewußtseinszustand zu befinden scheint. (Beim gewöhnlichen Träumen handelt es sich nicht um ein Verlassen des Körpers, denn in der Rückerinnerung erkennt man, daß man sich hier nicht in einem gewöhnlichen Bewußtseinszustand befunden hat.)

Das Verlassen des Körpers ist wegen der Wirkung, die es auf die meisten Menschen, die es erleben, ausübt, ein besonders interessantes psychisches Phänomen; diese Wirkung drückt sich etwa in einer Feststellung folgenden Inhalts aus: »Daß ich nach meinem Tod weiterleben werde, *glaube* ich nicht nur – ich *weiß* es, denn ich habe bei vollem Bewußtsein und mich ganz normal verhaltend erlebt, daß ich mich außerhalb meines Körpers befand.« Hier liegt der Einwand nahe, daß, wie eindrucksvoll dieses Erlebnis auch immer gewesen sein mag, der physische Körper des betreffenden Menschen dabei doch durchaus lebendig war, denn sonst hätte er ja nicht über seine Erfahrung berichten können. Man kann also dieses Erlebnis als eine Art interessanten veränderten Bewußtseinszustand (obschon das Bewußtsein, abgesehen davon, daß man sich außerhalb seines physischen Körpers zu befinden glaubt, normal funktioniert) oder auch als eine Halluzination abtun. Derartige Argumente machen jedoch nur selten Eindruck auf Menschen, die dieses Erlebnis tatsächlich gehabt haben und die nun *wissen*, daß sie den physischen Tod überleben werden.

Was einem solchen Verlassen des Körpers das Interesse der Parapsychologie sichert, ist die Tatsache, daß dabei gelegentlich paranormale Elemente mit im Spiel sind: derjenige, der so etwas erlebt, hat nicht nur das Gefühl, daß er selbst sich an einem weit von seinem physischen Körper entfernten Ort befindet, sondern er schildert auch ganz genau, was an diesem Ort vor sich geht; diese Schilderung läßt sich später verifizieren, und es kann ausgeschlossen werden, daß der Betreffende sich auf gewöhnlichem Wege Informationen hatte beschaffen können. Hunderte von Fällen dieser Art sind von Parapsychologen protokolliert worden.

Die meisten Menschen haben ein solches Erlebnis nur ein einziges Mal in ihrem Leben; häufig wird es durch einen beinah tödlichen Unfall oder eine Krankheit herbeigeführt, manchmal durch große emotionale Belastung oder ähnliche Ursachen. Auch Hypnose kann dieses Erlebnis auslösen, aber hier erweisen sich die fernen Orte, in denen sich die betreffende Person angeblich aufgehalten hat, häufig als reine Phantasieprodukte. Ich hatte das Glück, in meinem Laboratorium mit zwei Menschen zu arbeiten, bei denen sich das Heraustreten aus ihrem Körper häufig wiederholte. Einer von ihnen, Robert Monroe, hat seine zahlreichen Erfahrungen in einem jüngst erschienenen Buch geschildert (Monroe 1971). Die andere Versuchsperson war eine junge Frau, die ich Miß Z. nannte; während sie im Laboratorium das Verlassen ihres Körpers erlebte, veränderten sich ihre Gehirnströme, und vieles sprach bei ihr eindeutig für einen paranormalen Vorgang. Ich habe diese Untersuchungen an anderer Stelle ausführlich beschrieben (Tart, 1967; 1968; 1974). Ich neige zu der Ansicht, daß diese Phänomene sich tatsächlich wissenschaftlich erforschen lassen, aber vorläufig keine endgültigen Schlußfolgerungen erlauben. In der *American Society for Psychical Research* (K. Osis, persönliche Mitteilung) und in der *Psychical Research Foundation* (W. G. Roll, persönliche Mitteilung) werden derartige Untersuchungen laufend fortgesetzt und erweitert.

Das Parapsychologische und das Spirituelle

Da ungewöhnliche, ›wunderbare‹ Ereignisse historisch mit verschiedenen religiösen Traditionen in Verbindung gebracht werden, aber auch aus zahlreichen anderen Gründen stehen für viele Menschen parapsychologische Vorgänge und Fähigkeiten in Zusammenhang mit dem Spirituellen. Bewußt oder unbewußt glaubt man, daß jemand, der irgendwelche paranormalen Fähigkeiten entfaltet, dem spirituellen Bereich näherstehen muß als gewöhnliche menschliche Wesen.
Viele der in diesem Buch erörterten spirituellen Psychologien weisen in der Tat darauf hin, daß sich verschiedene paranormale Fähigkeiten entwickeln, sobald man bestimmte Bewußtseinszustände erlangt. Als Parapsychologe stellt man allerdings fest, daß auch Menschen, die man keinesfalls als besonders reif oder ›spirituell‹ bezeichnen würde, über paranormale Fähigkeiten verfügen können, diese also nicht an sich schon ein Kriterium für die Reife bzw. die ›Spiritualität‹ eines Menschen darstellen. Ich kenne eine ganze Reihe von Menschen mit solchen Fähigkeiten: einige von ihnen beeindrucken mich durch ihre ungewöhnliche Reife sehr, andere dagegen sind ganz offensichtlich ebenso neurotisch und darauf bedacht, eine Rolle zu spielen, wie wir alle.
Die spirituellen Psychologien betonen in der Regel, daß der Erwerb von paranormalen Fähigkeiten an sich nicht unbedingt wünschenswert erscheint, ja daß die Konzentration darauf sich als ernsthaftes

Hindernis für die echte spirituelle Weiterentwicklung erweisen kann. Das alte Sprichwort, daß Macht korrumpiert, kann für die spirituellen Wege ebenso gelten wie für das gewöhnliche Leben. Das bedeutet nicht, daß Macht zwangsläufig korrumpieren *muß*, sondern nur, daß man mit ihr sehr behutsam umgehen sollte, und daß dem Erwerb von spirituellem Verständnis und spiritueller Weisheit unbedingt Vorrang gebührt.

Bei einigem Nachdenken erkennt man leicht, wie töricht die Vorstellung ist, daß eine spezielle Machtbefugnis jemandem automatisch auch ein größeres Maß an Spiritualität sichere. Mir steht beispielsweise, ebenso wie Ihnen, heute eine Macht zur Verfügung, die man über weite Strecken der menschlichen Geschichte hin für ein absolutes Wunder, wenn nicht gar für völlig undenkbar gehalten hätte: Ich kann mit Millionen Menschen in der ganzen Welt sprechen – und das ohne die geringste Anstrengung. Ich benutze einfach jenes Gerät, das man noch vor wenigen Jahrhunderten für magisch gehalten hätte, das Telefon. Die Tatsache, daß ich das kann, sagt allerdings nichts über die Qualität des Gesprächs aus, das ich mit irgendeinem anderen Menschen führe. Es kann offen und ehrlich sein, ich kann meinen Gesprächspartner aber auch belügen, ihn irreführen oder eine ganze Reihe von neurotischen ›Spielen‹ mit ihm spielen. Daß ich über Tausende von Kilometern hinweg telefonieren kann, ist keine Garantie dafür, daß sich in meinen Worten eine größere menschliche Reife ausdrückt als bei einer Entfernung von nur einem Meter.

So läßt sich sagen, daß zwischen dem Parapsychologischen und dem Spirituellen zwar ein bestimmter Zusammenhang bestehen kann, daß man aber diese beiden Bereiche keinesfalls gleichsetzen sollte. Ich glaube, das fällt uns deshalb schwer, weil wir unser Streben nach Macht nur zu gern als spirituelle Weiterentwicklung tarnen. Bevor wir jedoch allzu große Anstrengungen unternehmen, immer mehr Macht zu erlangen, sollten wir erst einmal darüber nachdenken, welchen Gebrauch wir von der Machtfülle machen, die wir bereits besitzen.

Damit schließt unsere leider allzu kurze Übersicht über paranormale Phänomene.[9]

---

[1] Dem Leser, der sich laufend über den Stand der parapsychologischen Forschung informieren möchte, empfehle ich folgende Zeitschriften: Journal of the American Society for Psychical Research (5 W. 73d St., New York, NY 10023); Journal of the

Society for Psychical Research (1 Adam & Eve Mews, London W 86 UQ); Journal of Parapsychology (Box 6847, College Station, Durham, NC 27708).

[2] Um zu garantieren, daß die Zeichnung zufällig ausgewählt wird, erstellt man eine Tabelle aus beliebig gewählten Zahlen, schlägt die entsprechende Seite eines Lexikons auf und zeichnet dann den ersten zeichenbaren Gegenstand, der auf der jeweiligen Seite zu sehen ist.

[3] Es gibt möglicherweise spezielle Rezeptoren für die verschiedenen Arten von außersinnlicher Wahrnehmung, aber wir wollen hier einmal annehmen, es gäbe nur einen einzigen.

[4] Man kann dazu auch eine Schreibmaschine benutzen, was die Leserlichkeit des Ergebnisses beträchtlich erhöht.

[5] Das gleiche gilt auch für die Psychokinese, obwohl wir uns hier ausschließlich auf die Erörterung der außersinnlichen Wahrnehmung beschränken wollen.

[6] Briar hat 1969 *psychokinetische* Einwirkungen auf die Resistenzkraft von Pflanzenblättern nachgewiesen, aber es bestehen erhebliche Schwierigkeiten, telepathische und psychokinetische Effekte bei lebenden Organismen begrifflich deutlich voneinander zu unterscheiden.

[7] Psychologen übernahmen später diesen Begriff für ihre psychologischen Tests.

[8] Vorausgesetzt, daß die üblichen Vorstellungen von Raum und Zeit und unserer Existenz in ihnen sich halten lassen.

[9] Als weiterführende Literatur zu diesem Kapitel werden empfohlen:

Gudas, F., ed. *Extrasensory Perception*. New York 1961.
Heywood, R. *Beyond the Reach of Sense: An Inquiry into Extrasensory Perception*. New York 1959.
— *ESP: A Personal Memoir*. New York 1964.
Mitchell, E. *Psychic Exploration*. New York 1974.
Murphy, G., and Dale, L. *Challenge of Psychical Research*. New York 1961.
Pratt, J., Rhine, J., Smith, B., Stuart, C., and Greenwood, J. *Extrasensory Perception after Sixty Years*. Somerville, Mass. 1940; reprinted 1966.
Rhine, J. *Extrasensory Perception*. Somerville, Mass. 1934; reprinted 1964.
Rhine, Louisa. *Hidden Channels of the Mind*. New York 1961, 1966.
Schmeidler, G., ed. *Extrasensory Perception*. New York 1969.
Smythies, J., ed. *Science and ESP*. New York 1967.
Soal, S., and Bateman, F. *Modern Experiments in Telepathy*. London 1954.

Deutsche Titel:

Bender, H. *Verborgene Wirklichkeit*, Olten 1973.
Frei, G. *Probleme der Parapsychologie*, Paderborn, 2. Auflage 1971.
Klein, A. E. *Parapsychologie*, München 1975.
Pratt, J. G. *PSI-Forschung heute*, Freiburg 1976.
Rhine, L. *Psychokinese*, Genf 1977.
— *PSI – was ist das?*, Freiburg 1977.
Ringger, P. *Parapsychologie*, Zürich 1977.
Ryzl, M. *Parapsychologie*, Genf, 3. Auflage 1970.

CLAIRE MYERS OWENS

4. ZEN-BUDDHISMUS

Handelt es sich bei Zen um eine Psychologie, eine Philosophie oder eine Religion? Oder um einen Lebensstil, der die edelsten menschlichen Möglichkeiten zur Verwirklichung bringt? Darüber gehen die Ansichten auseinander. Hier wird dafür plädiert werden, daß Zen zu jeder der vier Kategorien gehört. Aber wie dem auch sei – Zen ist eine mächtige Bewegung, die sich immer mehr ausbreitet und in der besonderen Gunst der desillusionierten, aber idealistischen Studentenjugend und anderer friedlicher Nonkonformisten steht. Der Zen-Buddhismus wurde von Japan aus vermittelt. Den Meistern des Zen zufolge ist seine Psychologie jedoch von universaler Gültigkeit und auf jeden überall anwendbar.
Erleuchtung ist eine religiöse, aber ebenso eine psychologische Erfahrung. Eine Darstellung der Parallelen und Unterschiede zwischen der spirituellen Psychologie des Zen und den Psychologien des Westens, wie sie in dieser Abhandlung versucht wird (ich behandle zunächst die Wachstums- oder transpersonale Psychologie, dann die orthodoxe Psychologie), scheint wichtig, wenn Zen für möglichst viele wissenschaftlich orientierte Menschen des Westens wirklich akzeptabel sein soll. Denn schon jetzt den Versuch zu unternehmen, sehr verschiedenartige Disziplinen durch Synthese zu verbinden, könnte zu einer befremdlichen Mischung von Terminologien führen: lyrisch und religiös, psychologisch und wissenschaftlich.
Dieser bescheidene Versuch möchte ein kleiner Beitrag zu einer weltweiten Bewegung sein: der Aussöhnung der Wissenschaft mit der ›Religion der Erfahrung‹ und einer tieferen als der rein wirtschaftlichen Begegnung des wissenschaftlichen Westens mit dem spirituellen Osten.
Der gewöhnliche, d. h. der nicht erleuchtete, Mensch von heute fühlt sich hin- und hergerissen, weil seine Werte – Rationalismus, Wissen-

schaft, Materialismus, Dualismus und Individualismus – trotz ihrer Errungenschaften eine gefährliche Aufspaltung zwischen dem Bewußtsein und dem Unbewußten geschaffen haben. Diese Dichotomie scheint die Hauptursache für die gegenwärtige tragische Krise der westlichen Zivilisation im allgemeinen und vielleicht für die Revolte der Jugend im besonderen zu sein. Daß unsere Zivilisation im Augenblick einen kritischen Wendepunkt erreicht hat, wird allgemein zugegeben. Drastische Maßnahmen scheinen erforderlich zu sein, wenn sie nicht jene Welt zerstören will, die sie geschaffen hat.

Erleuchtung

Die Aktivierung der edelsten menschlichen Möglichkeiten durch Zen oder andere Systeme der Selbstverwirklichung könnte eine Lösung sein. Das Ziel des Zen-Buddhismus ist eine tief- und immer tiefergehende Erleuchtung (japanisch: satori). Sie umfaßt eine aus intuitiven Einsichten herrührende Weisheit, Verwandlung der Persönlichkeit und den neuen Lebensstil, der sich daraus ergibt. Das Wesen des Zen läßt sich schwer beschreiben, und noch schwerer läßt sich daran glauben – wenn man es nicht erfahren hat.
Buddhas erste Worte unmittelbar nach seinem Erwachen sollen gewesen sein: »Wunder über Wunder!« Eigentlich sind alle Lebewesen ›Buddhas‹, beschenkt mit Weisheit und Tugend; aber weil der menschliche Geist durch trügerisches Denken pervertiert wurde, nehmen sie es nicht wahr (Kapleau, 1967, S. 28). Mit anderen Worten, die grundlegende Lehre des Buddhismus besagt, daß das ›Wahre Selbst‹ oder das ›Original-Wesen‹ (das tiefere Unbewußte) allen Menschen innewohnend und daß es vollkommen ist. Dieses ›Wirkliche Du‹ ist eine Schatzkammer der Tugenden – Mitleid, Selbstlosigkeit, Liebe zum Mitmenschen, der Wunsch zu dienen, Heiterkeit, Gewißheit, Geistigkeit. Deshalb ist nach der Lehre des Buddhismus die oberste Aufgabe des Menschen, in sein eigenes ›Wahres Wesen‹ und damit in das Wesen aller Daseinsformen hineinzuschauen.
Wie läßt sich das erreichen? Durch die Einübung in zazen (Zen-Meditation), wenn der urteilende Geist (das Bewußtsein) zur Ruhe gekommen, der Geist der Intuition (das Unbewußte) befreit ist und sich mit dem universellen Geist identifiziert. Während der Erleuchtung kehrt

das Individuum zu seinem Ursprung zurück, zur äußersten Wirklichkeit, zur Leere, zu einer Leerheit, die dennoch alles enthält. Seligkeit und Schauder der Erleuchtung sind unbeschreiblich. Das ganze Erlebnis der Selbstverwirklichung ist unaussprechlich, denn es liegt jenseits der Grenzen von Vernunft und Worten, ob es nun, wie im Zen, durch die induktive Methode oder spontan ausgelöst wird.
Der erleuchtete Mensch geht aus dieser überwältigenden Erfahrung als eine neue Person hervor. Eine Verwandlung seines Charakters, seines Verhaltens und der Rangordnung der Werte ist eingetreten. Ohne eigenes Wollen entsteht ein neuer Lebensstil, der niemanden mehr erstaunt als die Person, der das geschieht. Ihr Ego hat sich auf geheimnisvolle Weise vermindert. Ein solcher Mensch erlebt eine Selbstlosigkeit, zu der er sich nicht befähigt glaubte, eine Gewißheit, nach der er sich gesehnt hat, eine Harmonie mit dem Universum, die sein scharfer Verstand bisher für unmöglich gehalten hatte, und eine Freude, die (wie ich in meiner eigenen spontanen Selbstverwirklichung entdeckte) keiner anderen gleicht.
Die erleuchtete Person hat das Gefühl, als beantworte die Verwirklichung des Selbst alle Fragen, als zerstreue sie alle Zweifel, als lösche sie Furcht und Zorn, Haß und Eifersucht aus. Die Verwirklichung des Selbst setzt der Entfremdung ein Ende. Sie schenkt eine neue Art der harmonischen Identität mit dem Selbst, mit anderen, mit der Natur und mit dem Universum. Das Denken klärt sich, da es nun mit einer Intuition arbeitet, die in Einklang ist mit dem universellen Gesetz.
Viele halten die Verwirklichung der eigenen edelsten Möglichkeiten für die äußerste Erfahrung, die die Menschheit machen kann. Kapleau beschreibt in den »Three Pillars of Zen« ihr Ergebnis folgendermaßen: »Das Kreisen um sich selbst macht Strömen von Wärme, Spannkraft und Mitleid Platz, während Furcht und Nachgiebigkeit gegenüber sich selbst in Mut und Selbstbeherrschung verwandelt werden« (1967, S. 14). Selbstverwirklichung – das klingt zu schön, um wahr zu sein. Aber zahllose Fälle, die geschichtlich überliefert sind, beweisen, daß es sie gibt – Buddha selbst ist das beste Beispiel.
Wachstumspsychologen (oder Vertreter der transpersonalen Psychologie) beschreiben diesen Prozeß, durch den sich die eigenen Möglichkeiten verwirklichen, als das Zur-Ruhe-Kommen des Bewußtseins (Sitz des Ego) und das Erwachen des Unbewußten (Sitz des Selbst). Dann folgt das Eindringen in die tiefste »Integral-Stufe« des Unbe-

wußten, worunter Houston und Masters (1967) das verstehen, was Jung das kollektive Unbewußte nennt, das universell ist. In dieser tiefsten Schicht ereignet sich das religiöse Erlebnis.

Zen-Buddhismus

Der Zen-Buddhismus behauptet, daß er dem Individuum nichts hinzufüge. Er zeigt ihm nur den Weg, den vernachlässigten Teil seines Wesens, seinen »Wesentlichen Geist«, der zu häufig im verborgenen schlummert, bloßzulegen, wiederzufinden, zu entdecken. Zen ist ein Weg, das zu werden, was man bereits ist. Dieser Weg verlangt tägliches Üben des zazen, das Leben in einer Zen-Gemeinde (sangha), das Sichanschließen an einen geistigen Führer (roshi), der selber erleuchtet ist, und das Studium der Lehren des Buddha (dharma), wie sie in den buddhistischen Schriften (sutras) aufgezeichnet sind. Zen-Buddhismus ist rastlose Schulung von Körper und Geist. Er verlangt große Anstrengung, Ausdauer und Idealismus. Notwendig ist außerdem der Glaube an Buddhas Erleuchtung und an die eigene Fähigkeit, Erleuchtung zu erlangen. Zen-Buddhismus ist nicht esoterisch, sondern exoterisch. Er ist einfach, direkt und praktisch. Er beschäftigt sich mit dem Hier und Jetzt. Er löst konkrete Probleme des täglichen Lebens auf eine Weise, die jenseits dessen liegt, was ein Skeptiker zu glauben vermag. Philip Kapleau, Begründer und geistiger Leiter des Zen Center of Rochester, New York, das ich am besten kenne, hat gerade diesen Punkt besonders hervorgehoben. Es gibt viele Beispiele aus diesem Zentrum, die ins Auge springen. Zweifelsohne sind sie auch für andere Zentren typisch.
Ein weibliches Mitglied lebt mit dem Ehemann in Scheidung. Sie gibt zu, daß dieses traumatische Erlebnis sie vor zehn Jahren reif für eine Nervenklinik gemacht hätte, aber dank ihrer Zen-Praxis kommt es jetzt zu einer freundschaftlichen Trennung. Sich in zazen zu versetzen führt, wie sie findet, zu einer Verminderung des Ego und zu tieferem Verständnis für andere.
Eine andere Frau war gerade von ihrem Arzt darüber informiert worden, daß sie ein Herzleiden hat. Zum Glück erhielt sie diese schlechte Nachricht unmittelbar nach einer als tiefgehende Reinigung erfahrenen Zen-Übung. Mit Hilfe der Entspannung durch zazen fühlt sie

sich nun imstande, etwas zu ertragen, was sonst zu einer Tragödie hätte werden können. Sie sagt, ihre Krankheit sei für sie gegenwärtig ein Ansporn zur Vertiefung ihrer Übungen.

Ein junger Mann befürchtete, daß er seine Frau und sein Kind bei einer schweren Entbindung verlieren könnte. Er teilte mir mit, daß tägliches zazen in seinem eigenen Hause eine große Hilfe während dieser schweren Prüfung gewesen sei. Die Zen-Übung weckt die latente Kraft und den Mut, die gemäß Buddhas Lehren allen fühlenden Wesen eigen sind.

Kürzlich machte ich eine bedeutsame Entdeckung an mir selbst. Ich konnte an einer Woche intensiven Trainings (einem sesshin) im Zen-Zentrum nicht teilnehmen. Folglich war ich verpflichtet, zazen zu Hause zu praktizieren. Sobald ich es versäumte, jeden Morgen nach dem Aufstehen eine Stunde zu üben, geriet mein ganzer Tag entschieden aus dem Takt. Sobald ich jedoch mit angestrengter Konzentration übte, bemerkte ich hinterher, daß mein Muskelspiel geschmeidiger war, während ich das Frühstück bereitete. Der schöpferische Strom floß freier, wenn ich zu schreiben begann, meine Gedanken waren klarer. Die Übung verbesserte meine Laune und meine Beziehungen zu anderen.

Über längere Zeit fortgesetztes zazen läßt außerdem Energie frei werden. Hakuin, ein großer japanischer Zen-Meister des 18. Jahrhunderts, schrieb:

»Obwohl über Siebzig, bin ich jetzt zehnmal vitaler als mit Dreißig... ich kann mich ohne Schwierigkeit für sogar sieben Tage des Schlafes enthalten, ohne irgendeinen Rückgang meiner geistigen Kräfte zu erleiden. Ich lebe unter fünfhundert anstrengenden Studenten, halte dreißig bis fünfzig Tage hintereinander Vorlesungen, ohne daß mich das erschöpfte. Ich bin wirklich überzeugt, daß das alles von der Kraft herrührt, die ich erhalte, wenn ich diese Methode des Nach-Innen-Schauens [zazen] praktiziere« (Hakuin, 1971, S. 32).

Das Wort Zen ist »eine Abkürzung des japanischen Wortes zenna, das wiederum eine Umschreibung des Wortes dhyāna aus dem Sanskrit (chinesisch ›ch'an‹) ist und den Vorgang der Konzentration und Absorption bezeichnet« (Kapleau, 1967, S. 350).

Zen ist eine Sekte des Buddhismus. Houston Smith stellt in »Religions of Man« fest, daß »viele Religionsforscher glauben, [Zen] sei heute die reinste Form der Spiritualität im Fernen Osten« (1958, S. 133). Goddard sagt in der »Buddhist Bible«: »Es scheint, daß der Ch'an-[Zen-]Buddhismus das Wesentliche von Shakyamunis Lehren und

Geist besser als jede andere Sekte erkannt und die Folgerungen daraus glaubwürdiger entwickelt hat« (1970, S. 672). Um Zen zu verstehen, ist es notwendig, einiges vom Buddhismus im allgemeinen zu verstehen. Aber um den Buddhismus zu kennen, muß man Buddha kennen.

Siddharta Gautama, der Buddha

Der geschichtliche Siddharta Gautama, später bekannt als der Buddha, wurde ungefähr 563 v. Chr. in Nordindien geboren. »Seine Historizität ist unbestreitbar« (Sangharakshita, 1970, S. 3). Siddhartas Vater war ein reicher Herrscher eines großen Fürstentums. Er umgab seinen Sohn mit allem erdenklichen Luxus und schirmte ihn beharrlich vor dem Wissen um das Elend der Welt ab.

Das bedeutsamste Ereignis seiner Jugend trat ein, als er eines Tages unter einem Rosenapfelbaum saß. Er beobachtete seinen Vater, der gerade dabei war, mit einem juwelenbesetzten Pflug ein zeremonielles Pflügen vorzunehmen. Plötzlich wurde Siddharta von einem spontanen Erlebnis heimgesucht, das Govinda (1969) »mystisch« nennt. Es war so heftig, daß die Erinnerung daran ihn Jahre später in der größten Krise seines Lebens noch beeinflußte. Einzelheiten des Erlebnisses sind in den Sutras nicht überliefert. Aber es ist offenkundig, daß es sein Leben nicht verwandelte. Folglich muß man es wohl als zeitweiliges Erwachen seines intuitiven Geistes und als kurzes Erleben universellen Bewußtseins einschätzen.

Siddharta galt als gutaussehender junger Mann von magnetischer Anziehungskraft und brillantem Intellekt. Er schien zart, nahezu feminin. Er war der Thronerbe. Als er 25 Jahre alt war, begann er sich jedoch zum Kummer seines Vaters mit den Problemen menschlichen Leidens zu beschäftigen, wie sie durch Geburt und Tod, Alter und Krankheit hervorgerufen werden. »Gibt es für diese Probleme keine Lösung?« fragte er. Suddhodana, sein Vater, war nicht fähig, diese Frage zu beantworten.

Als Siddharta 29 Jahre alt war, sagte er sich von seiner Frau, seinem kleinen Sohn, vom Reichtum und vom Leben in Luxus los und wagte sich hinaus in die Welt, um nach der letzten Wahrheit zu suchen. Er begann als Bettelmönch zu leben – ein Brauch, der im Indien jener Zeit nicht ungewöhnlich war.

Er zog sich in den Wald zurück und studierte zuerst bei einem Hindu-Weisen. Er erlernte Raja Yoga, Philosophie und die Theorie der Selbstverwirklichung. Auch durchlebte er ein das Bewußtsein überschreitendes Stadium, die Sphäre des »akimcanyayatana oder die Sphäre des Nichts« (Sangharakshita, 1970, S. 13), die siebte Stufe des Bewußtseins; sie ist charakterisiert durch Gleichmut, durch die Fähigkeit, sich auf einen Punkt zu konzentrieren, durch unermüdliche Energie und das Aufhören aller Schmerzen. Jedoch fühlte er, daß dies noch nicht der höchste erreichbare Bewußtseinszustand war (Sangharakshita, 1970). Dann gesellte er sich zu einer Gruppe von fünf Asketen in der Nähe von Uruvela. Hier meditierte er ununterbrochen mehr als sechs Jahre lang und übte sich in harter Askese, indem er exzessiv fastete, sich extremer Hitze und Kälte aussetzte und sich anderen schmerzvollen Kasteiungen unterzog. Er hoffte, durch Unterjochung des Körpers sein »Wahres Wesen« zu erwecken. Dem Hungertod nahe, erinnerte er sich seines Kindheitserlebnisses unter dem Rosenapfelbaum. Er fragte sich: »Ist dies nun ein Weg zur Erleuchtung?« Er entschied, daß »der Weg« weder durch die Extreme der Askese oder der Sinnlichkeit noch durch intellektuelle Anstrengung, noch durch überhaupt keine Anstrengung zu erreichen war. Siddharta war inzwischen 35 und in einem Alter, das in Indien als ganz besondere spirituelle Lebensphase gilt. In der denkwürdigen Nacht des 8. April 508 v. Chr. setzte er sich unter einen heiligen Feigenbaum, entschlossen, sich nicht eher wieder zu erheben, bis er die Erleuchtung erlangt haben würde. Dieser berühmte Baum wurde später als der Bodhi oder Bo-Baum, der Baum der Erleuchtung, bekannt.

Er meditierte die ganze Nacht hindurch. Sangharakshita (1970) schreibt, daß Buddha die ersten vier Stufen der Konzentration (dhyanas) durchschritten habe. Dann erinnerte er sich seiner früheren Geburten; er hatte Visionen von Menschen, die aus einer Existenzform verschwanden und entsprechend ihren bösen und guten Taten in einer anderen wiedererschienen. Er gewann daraus die Überzeugung, daß eine seit langem in der indischen Religion geltende Anschauung, die Lehre von der Wiedergeburt, und das Gesetz von Ursache und Wirkung (karma) auf Wahrheit beruhen. Nun war er frei, dem Kreislauf von Tod und Wiedergeburt in der Welt der Erscheinungen nicht mehr unterworfen. Als der Morgen dämmerte, war er Buddha, der Erleuchtete. Im Sanskrit bezeichnet das Wort Buddha nicht nur den, der zur wahren Natur des Daseins erwachte,

sondern auch die letzte Wahrheit selbst oder den absoluten Geist. Er blieb für 49 Tage in einem Zustand der Seligkeit sitzen und ließ sich von den tiefen Wahrheiten, die er entdeckt hatte, ganz durchdringen. Sein Mitleid mit der Menschheit erfüllte ihn mit dem starken Verlangen, seine neue Erkenntnis mit anderen zu teilen, aber er zögerte, weil er fürchtete, man werde ihm nicht glauben.
Bald hielt er jedoch seine erste Rede. 45 Jahre lang, bis er 80 war, wanderte er durch Indien und predigte das Dharma, das seine Lehre und universelles Gesetz zugleich ist. Es wird berichtet, daß er Mitleid, Sanftmut und Charisma ausstrahlte. Er bekehrte seine Familie und viele andere, »so zahlreich wie die Sandkörner im Ganges«, und gründete einen Mönchsorden. Er wurde kein Heiliger, Erlöser oder Gott, gilt aber allgemein als einer der größten geistigen Lehrer, die die Welt bisher gekannt hat.

Die geschichtliche Entwicklung des Buddhismus

Die Entwicklung des Buddhismus war mit Buddha noch nicht abgeschlossen. Dieser behauptete, daß es in der Vergangenheit 27 Buddhas gegeben habe und andere in Zukunft geben werde. Anfänglich war der Buddhismus durchsetzt von der in Indien vorherrschenden Religion, dem Brahmanismus. Er ging aus diesem und aus dem Yoga hervor, wie der Protestantismus aus dem Katholizismus hervorgegangen ist. Die neue Religion des jungen Buddha war ein Protest gegen das starre Kastensystem des Hinduismus, gegen die geistige Leere des herrschenden Brahmanismus und dessen Überbetonung der Rituale und Zeremonien. Buddhas Ziel war es, eine Religion zu schaffen und zu verbreiten, die im täglichen Leben praktiziert wird, und zwar von Laien genauso wie von Mönchen. Diese Tatsache wird vom Zen-Buddhismus ganz besonders betont. Buddhistische Laien haben an Zahl die Mönche immer übertroffen. Das Ziel der Mönche ist nicht, sich von der Welt zurückzuziehen, sondern anderen zu helfen, zur Erleuchtung zu gelangen.
Heute protestieren auch junge Amerikaner gegen die traditionellen Werte, gegen soziale Ungleichheit und Materialismus. Sie rebellieren gegen das Versäumnis von Christentum und Judentum, die der Einzelperson keine Methode anzubieten vermochten, konkrete Probleme

mit eigener Anstrengung durch religiöse Übungen zu lösen. Heute wie zu Buddhas Zeiten bedeutet das speziell, daß der Mensch eine gültige Methode benötigt, um tiefere Schichten des Unbewußten zu wecken, in denen offensichtlich die moralischen, ethischen und spirituellen Werte des Menschen verborgen liegen, mit deren Hilfe er sich mit dem »Jenseits« in seinem eigenen Innern identifizieren kann.
Nach Buddhas Tod teilte sich der Buddhismus in zwei Hauptzweige: die südliche Therevada- (oder Hinayana-)Schule, die sich über Ceylon, Vietnam, Kambodscha, Thailand und Burma ausbreitete, und die nördliche Schule, Mahayana, die bis nach Tibet, in die Mongolei, nach China, Korea und Japan vordrang.
Im sechsten Jahrhundert brachte Bodhidharma, der 28. indische Patriarch des Buddhismus, Buddhas Lehre nach China und gründete die Ch'an-Sekte. Unter Einbeziehung von Elementen des Taoismus blühte sie dort auf. Im 12. Jahrhundert brachten die Mönche Eisai und Dogen den Ch'an (jetzt Zen) von China in ihre Heimat Japan, wo er nunmehr seit 800 Jahren erfolgreich ist. In beiden Ländern, in China und Japan, brachte Zen (als Nebenprodukte) eine bemerkenswerte Malerei, Plastik, Architektur und Dichtung hervor, die die Jahrhunderte überdauert haben.
Die Literatur des Buddhismus ist umfangreich. Buddhas Lehren wurden auswendig gelernt und von seinen Schülern mündlich weitergegeben. Nach 300 bis 500 Jahren wurden seine Worte von späteren Anhängern niedergeschrieben. Sie bilden die 10 000 buddhistischen Schriften oder Sutras, die in verschiedenen Sprachen vorliegen.
Die frühesten Schriften in Pali werden vom Therevada-Zweig als die authentischsten angesehen. Die späteren Sanskrit-Sutras gelten bei den Mahayanisten als höher entwickelt. Die kanonische Pali-Literatur wird die »Drei Körbe« (Tripitaka) genannt. Der dritte »Korb« (Abhidhamma), die ›Letzten Lehren‹, enthält eine Analyse der von den Theravadisten anerkannten frühen buddhistischen Überlieferung und Metaphysik. Auch Zen legt die Sutras auf seine Weise aus, d. h., auch er gibt deren Grundzüge in Form von Lehren seiner aufeinanderfolgenden Meister weiter. Aus den Mahayana-Sutras wählte und kommentierte der Zen-Buddhismus u. a.: ›Der Lotus des wundervollen Gesetzes‹ (Saddharma-Pundarika), die letzte Rede des Buddha, in der er die Mahayana-Lehre mit großem Tiefsinn erläutert. Zen schätzt auch das ›Lankavatara Sutra‹ hoch ein, das sich mit der Lehre und der Verwirklichung eines Nicht-Dualismus und einer Nicht-

Unterscheidung beschäftigt. Außerdem gibt es das ›Sutra der vollkommenen Weisheit‹ (Prajna Paramita), dessen einer Teil das ›Diamanten-Sutra‹ ist. Sein Thema ist, daß alle Phänomene und Ideen der Welt des Relativen angehören und deshalb unwirklich sind. Den Kern des Prajna Paramita bildet das Sutra ›Herz der vollkommenen Weisheit‹ (Prajna-Paramita-Hridaya), das täglich in Zen-Klöstern und -Zentren gesungen wird. Das ›Kronen-Sutra‹ erhellt das Geheimnis der höchsten Erkenntnisse Buddhas. Im Sutra ›Das Erwachen des Glaubens‹ wird das Wesentliche des Mahayana-Buddhismus zusammengefaßt [1].

Der Nachdruck liegt im Zen jedoch nicht in erster Linie auf den Sutras, sondern immer auf der Praxis und der Erfahrung und auf der Anwendung der Zen-Grundsätze im täglichen Leben. Gleichwohl haben Ch'an und Zen ihre eigene klassische Literatur hervorgebracht. Zu ihr gehört das ins Englische übersetzte Werk ›Auge des wahren Gesetzes‹ (Shobogenzo) des japanischen Meisters Dogen (1200–1253), das 1971 von Masunaga herausgegeben wurde. Bemerkenswert sind auch die literarischen Werke des japanischen Zen-Meisters Hakuin (1686–1769): ›Orategama‹, ›Hebiichigo‹ und ›Yakuboji‹ (engl. 1971). Es handelt sich um Briefe Hakuins an Laien und Mönche, die sich im Zen üben. Sein Stil ist außerordentlich kraftvoll, farbig und humorvoll. Die ›Einführung in die Zen-Praxis‹ des zeitgenössischen japanischen Meisters Jasutani wurde kürzlich zum ersten Mal ins Englische übersetzt und von Philip Kapleau in »Three Pillars of Zen« (1967) veröffentlicht.

Im chinesischen Zen gibt es die klassische »Plattform-Schrift« von Hui-neng, ins Englische übersetzt von Win-tsi Chan (1963). In ihr geht es um die Gegensatzpaare; ihr Hauptthema ist die Erlangung höchster Weisheit durch die Befreiung des Geistes von seinen Verstrickungen.

Die Philosophie des Buddhismus

Es kann jedoch nicht genug betont werden, daß der Buddhismus – von Buddha bis zu den gegenwärtigen Zen-Lehrern – sich einer intellektuellen Annäherung weitgehend entzieht. Sutra-Kenntnisse, Gelehrsamkeit, Dialektik und Verständnis für die Philosophie und die Psy-

chologie des Buddhismus sind für den Zen-Anhänger keine Maßstäbe. Sie sind oft eher ein Hindernis auf dem geistigen Pfad des Kandidaten. Den Schwerpunkt bilden das Praktizieren des zazen und dessen Anwendung im täglichen Leben der Selbstlosigkeit und des Einsseins. Sobald jedoch das satori erreicht wurde, ist der Mensch, der sich selbst verwirklicht hat, in der richtigen geistigen Verfassung, um sich auch abstrakten Dingen zuzuwenden.
Obwohl ihnen dies immer wieder eingeschärft wird, gibt es heute im Westen interessierte Studenten, die sehr gerne Zugang zum Zen-Buddhismus finden würden, es aber für unmöglich halten, ehe nicht zuvor ihr Verstand von der Gültigkeit seiner Philosophie und Psychologie überzeugt ist. Der Buddhismus tritt oft mit dem Anspruch auf, er sei überhaupt keine Philosophie. Und sicherlich ist er nicht »Suche nach der Wahrheit durch logisches Schließen«, wie Philosophie im Westen definiert wird. Und doch ist Buddhismus in erster Linie Suche nach der Wahrheit, der letzten Wahrheit aller Dinge. Vieles in seiner Philosophie basiert auf Annahmen, die letztlich nicht bewiesen werden können, aber auch auf Begriffen, die aus empirischer Erkenntnis und intuitiven Einsichten abgeleitet sind.
Ist die Philosophie des Buddhismus die Grundlage seiner Psychologie, oder verhält es sich umgekehrt? Oder unterstützen sich die beiden Disziplinen gegenseitig? Govinda stellt fest, daß »es die enge Verflechtung von Philosophie und Psychologie ist, die den Buddhismus vor Stagnation bewahrt« (1969, S. 37). Suzuki sagt jedoch, daß »Zen nicht zu verbegrifflichen ist... er muß aufgrund von Erfahrung erfaßt werden...« Er gibt trotzdem zu, daß »die Verbegrifflichung des Zen unvermeidlich ist; Zen muß eine eigene Philosophie besitzen« (1956, S. 260).
Natürlich ist Zen-Philosophie zu einem großen Teil buddhistische Philosophie. Es mag zum Verständnis dieser östlichen Disziplin beitragen, wenn man sie einmal ganz kurz vor dem Hintergrund der vertrauteren westlichen Systeme der Philosophie und der Psychologie betrachtet. Zuerst also zur Philosophie, dann zur Psychologie. Im Westen umfaßt die Philosophie im allgemeinen fünf Studiengebiete: Metaphysik (Erkenntnistheorie, Kosmologie und Ontologie), Ästhetik, Logik, Politik und Ethik.
Zur Metaphysik der buddhistischen Philosophie gehört nicht nur das logische Schließen, sondern auch die Intuition und das empirische Studium folgender Gebiete: Erkenntnis – ihre Grenzen, ihre Gültig-

keit und ihr Ursprung; das Universum als Ordnungssystem; das Wesen des Seins.

Wie manche modernen Philosophen glaubte auch Buddha, daß die erste Pflicht des Philosophen sei, den Erkenntnisvorgang selbst zu untersuchen. In ihrer Auffassung von der Erkenntnis unterscheiden sich jedoch Ost und West grundlegend.

Die westliche Welt hat über 2500 Jahre, nämlich seit Plato, als selbstverständlich angenommen, daß der Verstand (der aus dem Bewußtsein stammt) die alleinige Quelle der Wahrheit sei. Plato erklärte, die Intuition sei ein weibliches Prinzip und geradezu ein Übel. Wahrheit und Weisheit, behauptete er, könnten nur durch logisches Schließen erlangt werden.

Buddha jedoch erlangte während seiner Erleuchtung intuitive Einsichten in die Natur der Dinge. Er stellte fest, daß es einen universellen Geist, einen urteilsfähigen Geist und einen intuitiven Geist gebe. Er glaubte, daß der urteilsfähige Geist (der Intellekt oder das Bewußtsein) begrenzt sei, daß Erkenntnis, die sich aus ihm (und aus den Sinnen) herleitet, fortwährend wechselt und nicht von Dauer sei; deshalb sei der Verstand kein glaubwürdiger Wegweiser zur letzten Wahrheit. Der intuitive Geist hingegen vermag an der Universalität des universellen Geistes teilzuhaben, er ist außerdem unveränderlich und von Dauer. Deshalb kann er nicht dem Irrtum verhaftet sein und ist folglich ein gültiger Wegweiser zur absoluten Wirklichkeit. Die Intuition und nicht der Verstand ist also, wie Buddha folgert, der Ursprung letzter Wahrheit und Weisheit.

Trotz seines Lobpreises der Intuition besaß Buddha paradoxerweise einen brillanten Intellekt. Burtt stellt fest, daß Buddha »ein Denker von unübertroffener philosophischer Kraft war, einer der ganz großen Intellekte der Menschheitsgeschichte; er entfaltete einen analytischen Scharfsinn, der kaum seinesgleichen hat... Der Buddhismus ist die einzige der großen Weltreligionen, die bewußt und offen von einer systematischen... Analyse der Probleme des Lebens ausgeht und den Weg zu deren Lösung aufzeigt« (1955, S. 22).

Buddhas dialektische Gewandtheit entfaltet sich z. B. im Surangama-Sutra. Die Art und Weise, wie er seinem Lieblingsschüler Ananda Fragen stellt, erinnert an die Dialektik von Sokrates in den Dialogen Platos. Doch trotz seiner großen intellektuellen Fähigkeiten behauptete Buddha, daß »die tiefsten Geheimnisse der Welt und des Menschen dem abstrakten philosophischen Denken nicht zugänglich sind« (Govinda, 1969, S. 36). Im Abhidhamma unterteilt Buddha die Erkenntnisse in drei Kategorien:

»Meinungen, die nicht von der Vernunft geleitet sind... sondern von Wünschen (tanhā) ... die sich auf Sinneseindrücke gründen. Die zweite Kategorie basiert auf Verstandesargumenten... und führt... zu wissenschaftlicher und philosophischer Erkenntnis... Der dritte Grad, der höchste Erkenntniszustand, ist ›bodhi‹ oder die Erleuchtung, die mit Hilfe von pannindriya [Vernunft], dem führenden Prinzip des Geistes, erlangt wird und auf Meditation (bhavana), dem intuitiven Bewußtsein (jhana), gründet, was ›die Identität des erkennenden Geistes mit dem erkannten Objekt‹ (appana bhavana) bedeutet... Intuitive Erkenntnis... ist... das Erlebnis kosmischen Bewußtseins, in dem das Unendliche nicht nur auf Begriffe gebracht, sondern auch verwirklicht ist« [Govinda, 1969, S. 41–42].

Außer der antithetischen Auffassung von Verstand und Intuition als gültigen Mittlern der Erkenntnis gibt es zwischen Ost und West noch die Kontroverse über das Wesen des Universums, über Einssein und Dualismus. Die jüdisch-christliche Philosophie fordert den Gegensatz von Schöpfer und Geschöpf, auch von Körper und Geist, Gut und Böse. Sie betrachtet den fortwährenden Kampf der Gegensätze als natürliches Element des Menschengeschlechts. Vom klassischen Griechenland übernahm der Westen die Trennung von Intellekt und Sinnen des Menschen. Dualismus ist ein westlicher Begriff.

Buddha hingegen sah während seiner Erleuchtung die Einheit allen Daseins, das Einssein des Menschen mit dem Universum, mit allen Menschen und allen Dingen, die angeborene Einheit von Körper und Geist. Er erlebte die Aussöhnung der Gegensätze Zeit und Ewigkeit, Leben und Tod, Verstand und Intuition. Deshalb seine Lehre vom Einssein.

Erleuchtung bedeutet »die Dinge zu sehen, wie sie sind«. Während der denkwürdigen Nacht unter dem Bo-Baum sah Buddha in das Wesen des Universums, in letzte Wirklichkeit. »Sehen (darsana) meint hier nicht nur die – direkte und unmittelbare – Sinneswahrnehmung, sondern auch eine Erkenntnisqualität« (Sangharakshita, 1970, S. 51). Er sah, daß das Universum kein Chaos, sondern ein geordnetes System ist, das so, wie es ersonnen wurde, vollkommen ist, obwohl nur Menschen, die sich selbst verwirklicht haben, dies erkennen.

Er sah auch in das Wesen des Seins und in die unterschiedlichen Formen des Daseins. Das heißt, er sah ins nirvana, ins samsara und ins sunyata. Kapleau erklärt Nirvana als »Unveränderlichkeit von innerem Frieden und innerer Freiheit. Nirvana... ist das Gegenteil von samsara, i. e. Geburt und Tod. Nirvana... bedeutet auch... Rückkehr

zu der ursprünglichen Reinheit des Buddha-Wesens ... zum ... Absoluten ... nach der Auflösung des physischen Körpers« (1967, S. 339–340). Buddha sagte: »Nirvana ist Seligkeit.«
Über dieses Seinsverständnis schreibt Suzuki:

»Zen ... hat sich aus dem Erleuchtungserlebnis des Shakyamuni Buddha entwickelt, das in der Lehre vom sunyata am klarsten beschrieben ist; sunyata bedeutet »Leere« oder Leerheit ... Damit ist nichts Negatives ... sondern etwas Positives gemeint ... Sunyata umhüllt ... die ganze Welt, und dennoch ist jeder Gegenstand in der Welt existent. Die Lehre vom sunyata ist weder ein Immanentismus noch ein Transzendentismus ... sie ist beides ... Ein Widerspruch ergibt sich nur, wenn wir nicht im sunyata sind ... Es muß erlebt und nicht begrifflich erfaßt werden ... Gemäß Zen müssen wir, um sunyata wahrzunehmen, diese zweigeteilte Welt überschreiten« (1958, S. 261).

Deshalb sagt Buddha hinsichtlich der Erkenntnis, daß der Verstand nur ein begrenztes Mittel ist, um zur letzten Wahrheit zu gelangen, und daß die Intuition ein Wissen verschafft, dessen Gültigkeit nur schwer zu widerlegen ist, weil es dem universellen Gesetz – seiner Quelle – entspricht.
Andere Forschungsbereiche der Philosophie des Westens sind die Ästhetik und die Idee des Schönen. Beide sind in der buddhistischen Religionsphilosophie nicht Gegenstand theoretischer Untersuchung. Schönheit ist eher das Ergebnis der Erweckung schöpferischer Kraft im »Wahren Selbst« oder im »Buddha-Wesen«, das allen Menschen in verschiedenem Grade angeboren ist. Logik (und auf Ideen bezogene Denkmethoden) sind für den Buddhismus kein Gegenstand an sich. Man bedient sich der Logik als eines nützlichen Werkzeugs, aber darüber hinaus wird der Verstand nicht als zuverlässiger Wegbereiter zum Absoluten angesehen. Auch Politik ist kein Gegenstand buddhistischer Forschung, jedoch ergibt sich die ideale Gesellschaft als mögliche Folge universeller Erleuchtung der Menschheit.
Ethik, ideales Verhalten hingegen waren Gegenstand intensiven Studiums von Buddha. Zur Ethik gehören die zehn Gebote – nicht zu töten, zu lügen, zu stehlen usw. Zu ihr gehören für ihn auch die Bestätigung erlebter Wahrheiten, die sich ihm während seiner Erleuchtung offenbart haben, durch den Intellekt, und die Ergebnisse logischen Argumentierens. Ethik umfaßt die Natur des Menschen und seine Funktion im Universum, seine Verwandtschaft mit geistigen und animalischen Wesenheiten, die Beziehung von Geist und Materie, die Rolle von Sinnen und Körper.

Das Wesen des Menschen und seine Funktion

Buddha sah während seiner Erleuchtung in das Wesen des Menschen. Er erkannte intuitiv, daß sein eigenes »Wahres Selbst« eigentlich vollkommen war, daß alle Menschen auf Vollkommenheit angelegt sind, d. h., jeder Mensch besitzt Möglichkeiten von Vollkommensein, die darauf warten, verwirklicht zu werden.
Die Funktion des Menschen im Universum, folgerte Buddha, ist, seinen Ur-Geist, der vom Staub der Begriffe und den Täuschungen der relativen Welt überdeckt wurde, durch zazen und Selbstverwirklichung mit dem universellen Bewußtsein in Übereinstimmung zu bringen, dann ein Leben in Selbstlosigkeit, Weisheit und Mitleid zu leben und schließlich das Nirvana zu erreichen.
Ideales Verhalten verlangt Befreiung von der Bindung an das Ego, den Verstand und die Sinne, doch paradoxerweise auch Dankbarkeit dafür, einen Körper, »die materielle Erscheinung des Geistes«, zu besitzen, wie Kapleau es nach seiner eigenen Erleuchtung ausdrückte. Das Verhältnis des Menschen in höheren geistigen und niedrigeren animalischen Wesenheiten und zur Materie ist das eines Einsseins, das automatisch aus dem Erlebnis der Einheit aller Dinge hervorgeht. Das schließt das Töten jeglichen fühlenden Lebewesens einschließlich der Tiere und sogar der Insekten aus. Als Folge dieses Grundsatzes essen Buddhisten kein Fleisch.

Tod, Wiedergeburt, Karma

Andere Lehrsätze der buddhistischen und der Zen-Philosophie beziehen sich ebenfalls auf Ethik und ideales Verhalten. Zu ihnen gehören die Vorstellungen vom Fortleben nach dem Tode, vom Karma, von Wiedergeburt und Tod. Diese entstanden teilweise aus Buddhas intuitiven Einsichten und Erlebnissen während seiner Erleuchtung. Er berichtete, daß er seine eigenen zahllosen Wiedergeburten und die anderer gesehen habe; sie waren das Ergebnis vorausgegangener Taten und Gedanken jeden Individuums. Das überzeugte ihn von der Wahrheit des bereits herrschenden Glaubens an Wiedergeburt und Karma, an das Gesetz von Ursache und Wirkung. Logische Beweisführung tat ein übriges.

Der Buddhismus lehrt, daß es eine Form des Fortlebens gibt, weil er eines der wesentlichen Gesetze der Physik anerkennt, das Gesetz von der Erhaltung der Energie. Yasutani sagt: »Keine Energie geht jemals verloren. Sie ändert nur ihre Form. Zu behaupten, daß die ungeheure Kraft, die Menschen zur Tätigkeit treibt, im Augenblick des Todes für immer schwindet, hieße behaupten, eine Welle auf dem Ozean bringe keine weitere hervor« (Kapleau, Hrsg., 1967, S. 43). Blofeld führt das noch weiter aus:

»Das Bündel von Charakterzügen, die die Persönlichkeit eines Menschen ausmachen, bleibt von einem Leben zum anderen erhalten ... Somit ist das buddhistische Äquivalent des christlichen Begriffs ›Seele‹ ein Kontinuum... Alles, was beobachtbar ist (Materie und Energie), ist veränderbar. Aber es gibt weder Schöpfung aus dem Nichts noch totale Vernichtung... Die gleichen Gesetze gelten (vielleicht) auch für das, was nicht beobachtbar ist« (1970, S. 55–56).

Kapleau stellt warnend fest, daß »keine sinnvolle Diskussion über Wiedergeburt möglich ist, ohne Karma zu verstehen«. Jede vorsätzliche Handlung und jede auch nur in Gedanken erwogene Absicht unserer früheren Leben beeinflußt unser jetziges Leben, und was wir jetzt freiwillig tun und denken, wird die Natur unserer künftigen Leben bestimmen. Frei von der Bindung an diesen Kreislauf von Geburt und Tod zu sein ist eines der Hauptziele buddhistischer Lebensweise. Karma ist jedoch kein Fatalismus – eine Anschauung, die Buddha verdammte. Es gibt ein Karma, auf das man festgelegt ist (da man z. B. als Mann und nicht als Frau geboren wird), und es gibt ein veränderbares Karma (z. B. den eigenen Gesundheitszustand, den man kontrollieren kann). Es ist möglich, das eigene Schicksal in begrenztem Ausmaß durch eigene Anstrengungen zu verändern.

Der Glaube an Fortleben und Wiedergeburt führte logischerweise zu der Lehre, daß der Tod ein vorübergehender Zustand ist und nicht als tragisches Ende gefürchtet werden muß. Er ist unausweichlich, natürlich, ein Übergang. »Leben und Tod repräsentieren die gleiche zyklische Kontinuität, die in allen Naturerscheinungen beobachtet werden kann« (Kapleau, 1971, S. XVII).

Kurz gesagt, nimmt die Zen-Philosophie es als gegeben an, daß es ein Überleben der Energie und eine Wiedergeburt im Einklang mit dem Karma des einzelnen gibt; folglich gehen beide, Tod und Leben, ineinander über. Dieses Kausalgesetz (Karma) dient als Ansporn zu einem sittlichen und spirituellen Leben. Nur volle Erleuchtung kann das Gebundensein an Tod und Wiedergeburt auf Erden beenden.

Das Leiden und die mißliche Lage des Menschen

Außer der trügerischen Vorstellung vom Tod untersuchte Buddha andere Ursachen der mißlichen Lage des Menschen. Warum sind Menschen unglücklich? Er systematisierte die Antwort darauf in einer Philosophie des Leidens, seiner Ursache und Linderung.
Buddha äußerte in der ersten Rede nach seiner Erleuchtung, daß er sich seiner eigenen Selbstverwirklichung nicht sicher gewesen sei, bis die ›Vier Edlen Wahrheiten‹, der ›Edle Achtfache Pfad‹ und der ›Mittlere Weg‹ ihm gänzlich klargeworden waren. Diese Grundbegriffe wurden von der Therevada-Schule des Buddhismus aber nicht ausdrücklich in das Mahayana übernommen. Suzuki sagt, sie gehören »nicht in den Zen-Buddhismus«. Huston Smith behauptet hingegen, sie seien die Grundlagen, aus denen sich alle Lehren Buddhas ableiten. Dazu in Kürze: Buddha setzte im Moojjhima-Nikaya (Goddard, 1970, S. 22) als gegeben voraus, die ›Vier Edlen Wahrheiten‹ besagten: (1) Leben ist größtenteils Leiden; (2) Leiden wird durch das Verlangen nach falschen Dingen verursacht; (3) der Weg zur Auslöschung des Leidens führt über das Auslöschen des Verlangens; (4) das Verlangen auszulöschen heißt dem ›Achtfachen Edlen Pfad‹ zu folgen, was bedeutet: richtiges Verstehen, Streben, Sprechen, Verhalten, richtige Lebensführung, angestrengte Bemühung, Aufmerksamkeit und Konzentration.
Das Leiden des nicht erleuchteten Menschen ist, wie Buddha glaubte, vor allem verursacht durch (1) Tod; (2) Krankheit und Alter; (3) Sorge, Verzweiflung und Schmerz; (4) Geburt; (5) das Unvermögen, sich Wünsche zu erfüllen. Was der Durchschnittsmensch sich Buddha zufolge am dringendsten wünscht, ist: nicht dem Tod, der Krankheit und dem Alter, der Sorge und dem Schmerz unterworfen zu sein, nicht auf die Erfüllung von Wünschen oder auf Glück verzichten zu müssen, auch dann nicht, wenn solche Wünsche erfüllt worden sind (Digha-Nikaya, Goddard, 1970, S. 23-56). Unserem westlichen Wertsystem entsprechend wünschen sich die Menschen heute gewöhnlich den Genuß, den Reichtum, Macht, Ruhm und Erfolg ihnen bereiten, oder sie wünschen sich unsterbliche Liebe und Leidenschaft oder ewige Jugend und Schönheit oder manchmal auch den Erwerb von Wissen.
Es ist nur zu offensichtlich, daß Reichtum leicht ausgegeben, verloren oder gestohlen wird; daß Macht korrumpiert oder leicht verlorengeht;

daß Ruhm und erst recht Liebe und Leidenschaft, Jugend und Schönheit unbeständig und vergänglich sind. Wissen – sogar wissenschaftliche Erkenntnis – wandelt sich, Meinungen, Ideen und politische Ideologien gehen immer wieder unter. Solche Ziele sind nicht von Dauer, in der relativen Welt vermögen sie sich nur bedingt zu realisieren. Das Verlangen des Menschen nach Dingen, die vergänglich sind, und sein zwanghaftes Festhalten an ihnen ist eine der Ursachen seines Leidens.

Andererseits gilt das universelle Gesetz (dharma) bedingungslos und ist unvergänglich. Mit ihm eins zu sein bringt das Ewige in das Jetzt. Das heißt, es bringt fortdauernde Freude. Doch warum ist der Mensch außerstande, größeres Glück aus vergänglichen Dingen zu gewinnen? Weil er von ihnen höchstes Glück erwartet, das nur das Fortdauernde, Unbedingte zu verleihen imstande ist. Huston Smith sieht im selbstsüchtigen Verlangen nach persönlicher Erfüllung eine weitere Ursache seines Leidens. Seine Egozentrik zwingt den Menschen, z. B. nach persönlicher Identität zu verlangen. Die Erleuchtung schenkt jedoch dem Individuum eine neue Art der Identität – die des Einen mit dem Ganzen und der »ungeheuren Weite des universellen Lebens«.

Die Lösung des Leidensproblems

Tod, Geburt, Krankheit und Alter, Sorge, Schmerz und Verzweiflung und das Unvermögen, fortdauerndes Glück aus vergänglichen Dingen zu erlangen, sind die Ursachen unserer Leiden. Sie scheinen ein Gesetz des Lebens zu sein, das nicht verändert werden kann. Govinda erläutert das Problem: »Die Analyse der Leidenssymptome zeigt, daß in jedem von ihnen unser Verlangen in Widerstreit mit den Gesetzen des Daseins liegt, und da wir nicht imstande sind, diese Gesetze zu ändern, ist das einzige, was uns übrigbleibt, unser Verlangen zu ändern« (1969, S. 53).

Diese Umformung des Verlangens wird durch Praktizieren des zazen und das Erlangen der Erleuchtung erreicht. Denn der erleuchtete Mensch begehrt nicht länger Reichtum und Ruhm und Macht. Er ist nicht länger zwanghaft auf persönliche Liebe und sinnliche Vergnügungen aus, nicht auf Verlängerung von Jugend und Schönheit oder auf ein Wissen, das durch rationale Methoden erlangt wird. Er fürchtet sich nicht länger vor Alter, Krankheit, Tod oder Armut. Seine Freude liegt in seinem neuerweckten Buddha-Wesen, in seiner Identität mit dem universellen Bewußtsein, in der Harmonie mit seinen Mitmenschen und in seinem Verlangen, ihnen selbstlos zu dienen. Er ist im Universum zu Hause.

Mit anderen Worten: die Hauptursache menschlicher Leiden und Selbsttäuschungen in der relativen Welt ist Buddha zufolge, daß die Menschheit sich ihrem eigenen ›Wesentlichen Selbst‹ und den Gesetzen des Universums (dharma) irgendwie entfremdet hat. Wenn also die Wünsche des Menschen für gewöhnlich eine Hauptursache seiner Leiden sind, hieße die Leiden auszulöschen: sein Verlangen nach vergänglichen Dingen dadurch auzulöschen, daß sein Verlangen nach Fortdauerndem und Universalem geweckt wird.

Zen erklärt, daß, nachdem das Individuum Selbstverwirklichung erlebt hat, es dem ›Edlen Achtfachen Pfad‹ ohne Mühe und auch dem ›Mittleren Weg‹ ganz natürlich folgt, sogar, wenn es nie von ihnen gehört hat. Der ›Mittlere Weg‹ ist die Mitte zwischen Wohlleben und Askese, zwischen gar keiner und zu großer Anstrengung, zwischen freiem Willen und blindem Zufall.

Manche skeptischen Intellektuellen mögen aus der theoretischen Kenntnis des Zen-Buddhismus eine tiefe Befriedigung gewinnen. Jedoch empfindet es nicht jeder, der die Vorzüge des Zen erleben möchte, als notwendig, dessen Philosophie zu akzeptieren oder zu verstehen. Zen-Meister lehren, alles, was notwendig ist, um zazen über längere Zeit mit Eifer zu betreiben, sei, an Buddhas Erleuchtung und an die Möglichkeit der eigenen Erleuchtung zu glauben. Der Aspirant mag dabei, während er seine edelsten Möglichkeiten verwirklicht, lernen, daß viele der philosophischen Annahmen des Buddhismus letztlich eine empirische Bestätigung durch den Suchenden zulassen.

Buddhas Schüler fragten ihn wiederholt, ob der Mensch eine unsterbliche Seele habe, ob es einen Gott gebe, ob der Mensch nach dem Tode weiterleben werde. Er lehnte es ab, auf solche Fragen zu antworten, und erklärte derartige Spekulationen für nutzlos. Es sei nutzbringender, sich weiter in Meditation zu üben. Jedoch stellte er in der Pali-Schrift »Udana« fest: »Es gibt ein Ungeborenes, Unentstandenes, Unerschaffenes, Ungeformtes... Wenn es das nicht gäbe... ein Entrinnen aus der Welt der Geborenen, des Entstandenen, Erschaffenen, Geformten wäre nicht möglich« (Goddard, 1970, S. 32).

Die Philosophie des Buddhismus ist darin empirisch, daß ihre Grundbegriffe sich hauptsächlich aus dem Erlebnis herleiten, obwohl Beobachtung und Logik auch eine Rolle spielen. Wenn es das Ziel der Philosophie ist, Einheit in der Verschiedenheit zu erkennen, und wenn es das Ziel der Religion ist, daß der Mensch sich selbst verwirklicht und am universellen Bewußtsein teilhat, in dem alle Gegensätze – Materie und Geist, das Selbst und die Anderen, Subjekt und Objekt, Gut und Böse, Verstand und Intuition – miteinander versöhnt sind, dann mag von der buddhistischen Religionsphilosophie gesagt werden, daß sie ihr Ziel erreicht hat.

Das Bewußtsein

Die Verflechtung der Philosophie des Zen-Buddhismus mit der Psychologie zeigt sich besonders deutlich, wenn man sich dem Studium des Bewußtseins nähert. Was betrachtet Zen als das Wesen menschlichen Bewußtseins? Zen-Erfahrung hat zu dem Schluß geführt, daß »menschliches Bewußtsein aus dem reinen Bewußtsein entsteht und von ihm – dem leeren All – nicht zu unterscheiden ist. Das Leben eines Individuums ist gebunden an das ›Gestaltlose Selbst‹. Das Leben des Menschen ist wie eine Welle auf dem Ozean; dem Anschein nach von ihm getrennt, aber entstanden aus der See, will sie zurückkehren und wieder zur See werden, um dann als neues Leben in der nächsten Wiedergeburt aus ihr aufzutauchen« (Kapleau, 1971, S. 327).

Zen und die westliche Psychologie

Vielleicht läßt sich die spirituelle Psychologie des Zen durch Aufzeigen ihrer Parallelen mit der westlichen Psychologie erhellen – und zwar, indem man sie zuerst mit der transpersonalen oder Wachstumspsychologie des Unbewußten, dann mit der orthodoxen Psychologie des Bewußtseins vergleicht. Zen zufolge werden sogar Bewußtsein und Verhalten von der Erweckung der verschiedenen Schichten des Unbewußten beeinflußt. Nach Jung *entsteht* das Bewußtsein aus dem Unbewußten. Die Ansichten von Zen, Jung so-

wie Houston und Masters über das Unbewußte werden im folgenden einzeln behandelt. Anschließend sollen Houstons und Masters' Entdeckungen als wissenschaftlicher Orientierungsrahmen verwandt und die anderen Systeme dazu in Beziehung gesetzt werden – jedes das andere beleuchtend und unterstreichend.
Alle drei Disziplinen haben Techniken und Systeme für induzierte (von außen veranlaßte) Selbstverwirklichung eingeführt. Alle drei bieten Material zum Problem der psychologischen Prozesse und ihrer Ergebnisse an. Andere transpersonale Psychologen, wie William James, R. M. Bucke und Maslow, haben unschätzbare Unterlagen beigesteuert – und zwar vorwiegend über die Ergebnisse, nicht jedoch über den Prozeß der Aktivierung menschlicher Möglichkeiten. Sie untersuchten die spontane, nicht die durch bestimmte Techniken ausgelöste Selbstverwirklichung. Man muß den Unterschied zwischen diesen beiden Spielarten im Auge behalten, wenn man Verwirrung vermeiden will. Wir diskutieren hier vorwiegend die technische.
In allen drei Systemen – Zen, Jung wie Houston und Masters – scheinen das Ziel der Selbstverwirklichung, der psychologische Prozeß und die Umwandlung der Persönlichkeit ähnlich. Methoden und Hilfsmittel, Terminologien und spätere Interpretationen unterscheiden sich jedoch verblüffend. Sogar die Ansichten über den Sitz des Bewußtseins gehen auseinander. Anders als der Westen verlegt Zen ihn nicht allein in das Gehirn. Im Japanischen »bedeutet das Wort kokoro (Bewußtsein, engl. mind) ... auch ›Herz‹, ›Geist‹ (engl. spirit), ›Psyche‹ oder ›Seele‹ ... Geist (engl. Mind mit großem ›M‹) bedeutet die absolute Wirklichkeit. Vom Standpunkt des Zen-Erlebnisses aus ist Geist (im Sinne von Mind oder mind) »totale Bewußtheit« (Kapleau, 1967, S. 338).
Buddhismus und Hinduismus berücksichtigen auch, daß Yoga die Existenz anderer Zentren des Bewußtseins, psychische Zentren der Energie oder chakras genannt, beweist. Govinda erklärt sie als Brennpunkte, in denen kosmische und psychische Energien in körperliche Qualitäten übergehen, die der Reihe nach wieder in psychische Kräfte verwandelt werden.

Gattungen und Stufen des Bewußtseins

Der Buddhismus unterscheidet acht Gattungen des Bewußtseins. Die ersten sechs sind die Sinneswahrnehmungen – Sehen, Hören, Riechen, Schmecken, Tasten und das Denken (Intellekt). Die siebente ist manas (Geist), der zwei Aspekte hat: den niederen, der sich mit der Sinneswelt befaßt, und den höheren, der durch Intuition erhellt wird. Manas dient als Übermittler von Sinneswahrnehmungen an die achte Gattung, die des Unbewußten, des universellen Bewußtseins (alayavijnana). Die ersten sechs Gattungen sind zuständig für den Verstand und für die Beziehung von Subjekt und Objekt und dadurch gebunden an Geburt und Tod. Die siebte und achte Gattung umfaßt das Bewußte und das Unbewußte, und wenn der achte Bewußtseinszustand erreicht ist, gibt es keine körperliche Geburt und keinen körperlichen Tod mehr.

Zazen und satori sind psychische und spirituelle Prozesse, die sich auf den verschiedenen Stufen des Unbewußten ereignen. Nach Yasutani teilt Zen das Unterbewußte oder Unbewußte in zwei Hauptstufen der Erfahrung – makyo und Erleuchtung. Makyo umfaßt die Vorstellungen, Visionen, Phantasien und schrecklichen Ungeheuer (in einigen Fällen), die im zazen erscheinen können.

Auf empirische Beweise gestützt, die sich sowohl auf Beobachtungen wie auch auf Experimente gründen, wird hier der Vorschlag gemacht, daß makyo-Phänomene auf den ersten drei Stufen in Erscheinung treten und Erleuchtung sich auf der vierten und tiefsten Stufe ereignet. Die vier Stufen des Unbewußten können im Zen-Buddhismus bestimmt werden als: (1) Stufe der Bilderflut; (2) der Neurose (sofern vorhanden); (3) der historischen und symbolischen Bilder; (4) der Selbstverwirklichung, die sich in seltenen Fällen ins Nirvana erhebt.

Die Bilderflut

Wenn die erste Stufe des Unbewußten aktiviert ist, werden häufig zahllose, scheinbar bedeutungslose Bilder aus der Erinnerung nach außen projiziert. Dafür möge ein persönliches Erlebnis als Beispiel dienen, das ich kürzlich während eines Drei-Tage-sesshin (einer Periode intensiver Zen-Übungen) hatte. Über zwölf aufeinanderfolgende Stunden, von 5 Uhr früh bis 5 Uhr abends, bestürmten mich Tausende von wundervollen farbenprächtigen Bildern, die sich wie ein ununterbrochener Film auf der kahlen Wand vor mir vorbeibewegten. Sie erfüllten mein gesamtes Gesichtsfeld und löschten die Meditationshalle (zendo) und die anderen Aspiranten, die um mich herum zazen praktizierten, aus.

An mir vorbei zogen Bilder von rosa Seidendamast, eine grüne gemusterte Tapete, Burgen, goldene Buddhastatuen, eine Buddhabüste mit dem Gesicht meines Lehrers, Maria, das Jesuskind haltend, eine Bühne mit Schauspielern, ein grüner Dschungel mit herumtollenden Affen – alles von einem kleinen hellen Scheinwerferlicht überspielt. Ein sehr großes, verwirrendes Farnblatt aus weißem Emaille, das wie Silber schimmerte, war mit Amethysten eingelegt. Ein abgetrennter Arm mit einer Hand gestikulierte wild, wurde schwarz, jeder Finger plötzlich von goldenem Licht umrissen. Diese Bilder wogten unaufhörlich hin und her – zum Verrücktwerden. Ich sah auch einen kleinen mythischen roten Drachen, der mich für einen Augenblick völlig verwirrte, denn das war nichts, was man schon einmal gesehen hatte und woran man sich jetzt erinnerte. Später erfuhr ich seine Bedeutung bei Houston und Masters.

Diese Überrumpelung des Verstandes und das Öffnen einer Tür ins Überrationale ist ein tiefes, nervenerschütterndes Erlebnis. Es versetzte meinen Körper in unkontrollierbare Zuckungen und verursachte ein tiefes, schmerzhaftes Schluchzen – stundenlang. Das Ergebnis war Erschöpfung, aber auch Heiterkeit.

Neurose (sofern vorhanden)

Im Zeitalter der amerikanischen »ungeliebten Generation« kann es in einem Zen-Zentrum, in dem sich junge Leute zusammenfinden, zu Erscheinungen kommen, die bezeugen, daß in das makyo manchmal auch Erinnerungen an Kindheitsmiseren und Neurosen eingeschlossen sind.

Yasutani warnte die Anfänger, an irgendwelchen Visionen, Phantasien oder Prophezeiungen hängenzubleiben oder sich von irgendwelchen schrecklichen Dingen beunruhigen zu lassen, die aus dem Unbewußten auftauchen können. Bei diesen makyo zu verweilen kann ein Hindernis für den weiteren Fortschritt sein. Die Übung sollte mit noch größerer Hingabe fortgesetzt werden, weil sich gezeigt hat, daß intensives zazen einige neurotische Störungen zu mildern vermag. Denn es kann den Aspiranten veranlassen, seine Kindheitsprobleme noch einmal schmerzvoll zu durchleben, sie sogar zu analysieren und eine Lösung zu finden. Manchmal erfordert eine schwere Neurose psychotherapeutische Behandlung.

Zen zu üben kann dem Übenden schon lange vor Erlangen der Erleuchtung in kritischen Augenblicken zu Hilfe kommen. Eine vierundzwanzigjährige Frau kehrte z. B. zu Weihnachten nach Hause zurück. Ihr Vater, zu dem sie immer eine schwierige Beziehung gehabt hatte, trank am Heiligen Abend sehr viel. Plötzlich drückte er seine Tochter gegen die Wand, legte seine Hand um ihre Kehle und redete zornig auf sie ein, weil sie mit einem Mann zusammenlebte, ohne mit ihm verheiratet zu sein. Früher hätte sie Furcht und Haß verspürt und ihm wütend erwidert. Zu ihrem Erstaunen fühlte sie jetzt ein großes Mitleid mit ihm, sie sprach ihm ruhig zu, und die mögliche Tragödie war abgewendet. Sie berichtete, daß ihr zazen-Training sie befähigte, mit der peinigenden Situation fertig zu werden, denn es hatte sie mit Mitleid und Mut erfüllt. Ein Zen-Zentrum kann viele solcher Berichte über beträchtlich verbesserte Beziehungen zwischen jungen Leuten und ihren Eltern liefern, ob sie nun neurotisch oder sonstwie gestört waren.

Einige der jungen Mitglieder des Zen-Zentrums von Rochester werden unbewußt ihren geistigen Lehrer oder die Institution des Zentrums selbst als Ersatzvater ansehen. Eine solche Übertragung kann sie aus ihrer emotionalen Abhängigkeit von ihrem Vater lösen. Viele heiraten während des Zen-Trainings, und sie übertragen dann häufig ihr Elternbild auf ihren Ehepartner. Derartige Übertragungen sind auch der Psychologie von Freud und Jung wohlbekannt.

Jung stellte fest, daß alle Religionen eine therapeutische Funktion haben. In einigen Fällen mag der Zen-Lehrer des Westens empfehlen, sich an einen kompetenten Psychotherapeuten zu wenden, am besten an eine von jenen selten Ausnahmen, die religiös orientiert sind.

In der westlichen Welt dringt die Psychologie von Freud offenbar in alle Religionen ein, wie die christlichen Kirchen vor mehr als zwanzig Jahren feststellen mußten, als der Klerus sich mit Psychoanalytikern zu einer Organisation zusammenschloß. Freuds Spezialgebiet war die Neurose im individuellen Unbewußten oder in der zweiten Schicht des Unbewußten. Seine Nachfolger haben seine Ansichten modifiziert. In einem kurz vor seinem Tod geschriebenen Buch führte er die Neurose jedoch noch auf in der Kindheit und Jugend unterdrückte Sexualität zurück. Er deutet die neurotischen Symptome als Ersatzbefriedigung sexueller Bedürfnisse oder als Maßnahmen, solche Befriedigung zu verhindern.

Wenn Freuds Patienten auf der Couch lagen, erinnerten sie sich nicht nur ihrer Kindheit und Jugend, sondern sie durchlebten noch einmal schmerzvoll die verdrängten Erfahrungen, die sie mit ihren Eltern und/oder Geschwistern gemacht hatten. Er interpretierte die Träume als einen Schlüssel zur Bedeutung des Inhaltes ihres Unbewußten. Alle Amerikaner kennen die symbolische Bedeutung eines Pfahls, der einen Phallus, einer Höhle, die den Mutterleib versinnbildlicht usw. Durch freie Assoziation wurde Unbewußtes ins Bewußtsein gebracht. Man nahm an, daß durch Verbalisieren und Bewußtmachen eine Neurose geheilt werden könne.

Freuds System war nicht darauf angelegt, die innere spirituelle Entwicklung, die ihren Ursprung in tieferen Schichten hat, zu aktivieren. Jedoch machte er die westliche Gesellschaft auf das Vorhandensein und die Gefährlichkeit der Neurosen aufmerksam, von denen die jüngere »ungeliebte Generation« von heute unheilvoller beherrscht zu werden scheint als jemals zuvor eine Generation der amerikanischen Geschichte. Seine Psychoanalyse wirft ein erhellendes Licht auch auf jene Form von makyo, die während des zazen aus der zweiten oder neurotischen Schicht hervorgeht.

Freuds Anhänger haben seine Sexualtheorien modifiziert. Dr. Flanders Dunbar etwa drückt die heute sich durchsetzende Auffassung über die Ursachen der Neurose folgendermaßen aus:

»Ein Psychotherapeut hört bald auf, sich darüber zu wundern, wie oft sich herausstellt, daß seine Patienten als Kinder von ihren Eltern abgelehnt wurden ...« Sie fand heraus, daß zahlreiche psychosomatische Krankheiten – Allergien, Heufieber, Asthma, Ekzeme – sich auf Mangel an elterlicher Liebe zurückführen lassen. Gelegentlich war paradoxerweise auch ein Übermaß an Liebe schuld. »Typisch für Hautkrankheiten ist ein tiefsitzender seelischer Konflikt zwischen dem Wunsch nach Zuneigung und der Furcht, auf der Suche danach enttäuscht zu werden ... Menschen, die darunter leiden, sind in ihrer Kindheit gerade zu der Zeit, in der sie ein besonders starkes Verlangen nach Zuneigung entwickeln, verletzt worden« (Dunbar 1947, pp 7, 191).

Statt der Augen »weint« in solchen Fällen die Haut. Neurosen der Kinder sind oft das Ergebnis von Tod, Scheidung oder Streit der Eltern.

Historische und symbolische Bilder

Auf dieser Ebene tauchen gelegentlich Bilder aus der Geschichte auf, die dem Zen-Studierenden symbolisch und hilfreich erscheinen. So erblickte DeLancey Kapleau während ihres Erleuchtungserlebnisses einen römischen Zenturio, mit dem sie sich – als einem Sinnbild des Mutes – offenbar identifizierte und der ihr ungeheuer half.

Die vier Schichten des Unbewußten vermitteln uns ihren Inhalt nicht unbedingt in logischer Folge. So übersprang ich zum Beispiel – offenbar weil ich schon über fünfunddreißig war – die zweite Schicht und drang am Ende einer zwölfstündigen Aktivierung der ersten Schicht in die dritte ein. Zu dieser Zeit erblickte ich Bildprojektionen von Ägyptern und Juden biblischer Zeiten, die in ihren gestreiften Gewändern endlos lang einen Brunnen umkreisen und mich mit großer Intensität erwartungsvoll anstarrten. Doch da es fast 5 Uhr war, erklang bald die Glocke zum Abendbrot und unterbrach die Szene am Brunnen, die ich nicht zu interpretieren vermochte.

Es kommt im zazen häufig vor, daß sich, wenn die dritte Schicht befreit ist, überdurchschnittliche Kräfte offenbaren. Zen im allgemeinen und Roshi Kapleau im besonderen raten davon ab, solche Kräfte auszubilden, bevor man voll erleuchtet ist und genau weiß, auf welche Weise man sie zum Wohle aller gebrauchen kann. Vorher sind sie eher als Hindernis auf dem Wege zur Selbstverwirklichung anzusehen, zum Teil deshalb, weil sie die kritische Selbsteinschätzung des Aspiranten außer Kraft setzen können. Der Feind ist das Ego. Buddha warnte vor fünfzig häufig vorkommenden Arten des makyo. Yasutani sagt:

»Der Schüler kann die Fähigkeit entwickeln, durch feste Gegenstände hindurchzusehen... Wenn die Gedankenwellen, die an der Oberfläche der sechsten Schicht des Bewußtseins zunehmen und abnehmen, teilweise beruhigt sind, tauchen Restbestände vergangener Erfahrungen, die in der siebten und achten Schicht des Bewußtseins ›beherbergt‹ waren, sporadisch auf ... und übermitteln ein Gefühl erweiterter Wirklichkeit... Solche Visionen sind zweifellos ein Zeichen dafür, daß man an einem entscheidenden Punkt seiner Zen-Sitzung angelangt ist und daß man, wenn man sich bis zum äußersten bemüht, sicherlich kensho, eine schwächere Form der Erleuchtung, erleben kann.«

In der Visuddhimagga (einer Zusammenfassung des Abhidhamma, die Buddhaghosa aus Abschnitten über Meditation und Bewußtsein zusammengestellt hat) werden psychische Kräfte, wie Hellsehen, Telepathie, das Schreiten auf dem Wasser usw. aufgeführt. Goleman stellt

(in Kapitel 5) im Anschluß an die Buddhaghosa-Diskussion fest, daß »die westliche Wissenschaft sich im Augenblick mit der Möglichkeit [solcher Zustände] nicht abfinden kann«. Der Zen-Schüler jedoch, dem sie widerfahren, kann nicht umhin, sie als furchteinflößend und unglaublich und mit wachsendem Respekt vor der Verzehnfachung der Kräfte durch zazen anzusehen, auch wenn es dafür noch keine wissenschaftliche Erklärung gibt.
Kürzlich hatte ich während eines siebentägigen sesshin ein unglaubliches Erlebnis. Es mag bezeichnend sein, daß diese psychische Kraft unmittelbar nach einem anderen sehr tiefgehenden Erlebnis des Widerstandes und der Buße eintrat. Vor dem sesshin und auch noch während der ersten drei Tage hatte mein Verstand einen törichten Widerstand geleistet. Als ich im zendo saß und so tat, als konzentrierte ich mich auf meine Übung, führte ich mit ihm einen inneren Dialog: Mein ganzes Leben lang habe ich um meine Freiheit gekämpft. Warum erlaube ich nun jemand anderem, mir zu sagen, wann ich aufstehen soll (um 4.30 Uhr früh), wann ich frühstücken soll (nach zweistündiger Sitzung), wann ich baden soll, was ich denken soll? All dies war einmal der Grund dafür gewesen, daß ich als junges Mädchen mein Elternhaus verließ – aus Protest gegen elterliche Vorschriften, gegen Schule und Kirche. Es war der Grund dafür, daß ich jahrelang gegen den unsichtbaren Druck rebellierte, den die Gesellschaft durch Mode, Konventionen und Moral auf Frauen ausübt. Warum habe ich mich jetzt wie ein Schulmädchen freiwillig unterworfen, und zwar einem Lehrinstitut mit den striktesten Vorschriften, die mir je begegnet sind? Ich bin ein Narr!
Trotz solcher Auflehnung meines Intellekts blieb ich jedoch sitzen und konnte mich schließlich auch konzentrieren. Während ich unverwandt auf die niedrige weiße Trennwand sah, erblickte ich plötzlich eine Reihe von Leuten, – meine Mutter (die tot ist), meinen Bruder und eine junge Frau, meine freundschaftliche Gegnerin. Sie alle starrten mich mit traurigen, anklagenden Augen an. Ich wußte, daß ich sie im wirklichen Leben auf verschiedene Weise, jedoch nicht immer absichtlich verletzt hatte. Plötzlich bemächtigte sich meiner eine so starke Reue und ein so intensiver Wunsch zu sühnen, daß mein ganzer Körper in unkontrollierbares Zittern geriet. Ein Schluchzen stieg aus der Tiefe meines Seins auf. Es war wie ein Herausreißen der Wurzeln meines Ego, wie eine Zerstörung der lebenslangen Illusion, daß ich gut sei. Dieser Gefühlssturm hielt über Stunden an. Ich saß selbstver-

gessen, blind gegenüber allem und jedem, im zendo. Nach fünf Stunden kamen zwei Übungsleiter und hoben mich auf. Mein Körper war so schwer und meine Beine waren so schwach, daß ich nicht laufen konnte. Sie trugen mich nach oben und legten mich aufs Bett. Nach einstündiger Ruhepause kehrte ich ins zendo zurück und begann, mich mit neuer Zuversicht zu konzentrieren. Während ich auf die niedrige hölzerne Trennwand vor mir starrte, schien sie sich plötzlich in ein wundervolles leuchtendes Blau mit Lichtern, die am unteren Rand funkelten, zu verwandeln, um dann zu dichtem, silbrigem, gazeähnlichem Eis zu werden. Dann sah ich durch die Wand hindurch und erblickte zwei Männer, die auf der anderern Seite saßen. Aber ich blieb diesem Phänomen gegenüber skeptisch, und zwar auch während der Zeit, in der es sich vor meinen Augen ereignete. Als es sich am nächsten Tag wiederholte, akzeptierte ich es als makyo, eine psychische Kraft, die etwas Ermutigendes hatte, es aber nicht wert war, daß man sich daran klammerte. Das Erlebnis selbst war so überzeugend, daß es keiner rationalen Bestätigung bedurfte. Außerdem würde es niemanden, der an einer konzentrierten religiösen Sitzung wie einem sesshin teilnimmt, auch nur im Traum einfallen, die eigene Übung oder die von fünfzig Aspiranten, die sich im zendo befinden, zu unterbrechen. Er würde streng getadelt, wenn nicht aus der sangha ausgeschlossen werden.
Ich bezog das Erlebnis meiner Sühne auf das Mädchen, das meine freundschaftliche Gegnerin war. Plötzlich verschwand alle latente Feindschaft zwischen uns, die über zwei Jahre angedauert hatte, und es bildete sich eine solide Grundlage für eine wirkliche Freundschaft. Zazen bewirkte etwas, was ich alleine nicht hatte zustande bringen können.

Die Stufe der Selbstverwirklichung

Im Zen führt die Aktivierung der vierten Stufe häufig das religiöse Erlebnis herbei. Das tiefere Unbewußte des Individuums hat das Gefühl, mit dem ›reinen Bewußtsein‹ oder dem ›formlosen Selbst‹ zu verschmelzen.
Ein zeitgenössisches Beispiel findet sich im Erleuchtungserlebnis von Philip Kapleau. Er hatte es in Japan nach fünfjährigem Leiden und zähen Anstrengungen innerhalb und außerhalb von Klöstern. Eines

Tages bemerkte Kapleau während eines dokusan (privates Gespräch) mit Yasutani-roshi, seinem geistigen Lehrer, daß

»der roshi, der Raum ... in einem blendenden Strom festlichen Lichts plötzlich verschwanden; ich selbst fühlte mich eingetaucht in köstliches, unaussprechliches Entzücken ... Während einer flüchtigen Ewigkeit war ich allein – ich allein ... Dann kam der roshi ins Blickfeld. Unsere Augen trafen sich, und wir brachen in Gelächter aus ... Ich rief mehr mir selbst als dem roshi zu: ›Ich hab's. Ich weiß es! Dort ist nichts, absolut gar nichts. Ich bin alles, und alles ist nichts.‹«

Später sagte der Zen-Meister zu Kapleau: »Es ist Ihre Pflicht, Zen dem Westen zu bringen.«
In der buddhistischen japanischen, chinesischen oder Sanskrit-Literatur finden sich viele Beschreibungen des Erleuchtungsereignisses. Die vier Stufen des Unbewußten, die in zazen und satori, natürlich mit Variationen, durchschritten werden, scheinen fein differenziert zu sein: es gibt die Stufe der bedeutungslosen Bilder; die Stufe der Neurosen, sofern vorhanden; die Stufe der einen bestimmten Zweck verfolgenden Bilder historischer und symbolischer Ereignisse oder Personen, und schließlich die Stufe der Selbstverwirklichung.

Zen und die Psychologie C. G. Jungs

Bestätigt oder widerlegt C. G. Jungs analytische Psychologie die Prämisse des Zen-Buddhismus, daß es vier Stufen des Unbewußten gibt?
Jung hat gesagt: »Im Osten ... haben sich Methoden und philosophische Lehren in dieser Hinsicht entwickelt, welche alle westlichen Ansätze ähnlicher Art schlechtweg in den Schatten stellen« (C. G. Jung, Ges. Werke, Bd. XI, S. 599). Er war wie der Osten der Auffassung, daß der universale Geist, obwohl selber formlos, dennoch der Ursprung aller Formen sei: »Wenn daher dem Zen-Beflissenen nach vielen Jahren härtester Übung und angestrengtester Veröfdung des rationalen Verstandes die Natur selber eine – die einzig richtige – Antwort gibt, so läßt sich alles, was von satori gesagt wird, verstehen« (C. G. Jung, Bd. XI, S. 597). Jung unterscheidet zwei Hauptschichten des Unbewußten – das ›persönliche‹ Unbewußte (Ort der Neurosen) und das ›kollektive‹ Unbewußte, das jedoch auch die zielsetzenden historischen und die symbolischen Bilder (im Zen Stufe 3) und

das religiöse Erlebnis der Selbstverwirklichung (im Zen Stufe 4) mit einschließt.

Die Sprache der Bilder

Die Bilder an sich scheinen in Jungs Verfahren, durch analytische Psychologie die Selbstverwirklichung seiner Patienten in Gang zu setzen, keine Rolle zu spielen. Bilder, wie sie zum Beispiel in den Träumen auftauchen, dienen auch bei ihm als Indikatoren einer Aktivität in tieferen Schichten.

Die persönliche Schicht

Jung stellt fest: »Das persönliche Unbewußte enthält verlorengegangene Erinnerungen, verdrängte (absichtlich vergessene) peinliche Vorstellungen, sogenannte unterschwellige (subliminale) Wahrnehmungen, d. h. Sinnesperzeptionen, welche nicht stark genug waren, um das Bewußtsein zu erreichen, und schließlich Inhalte, die noch nicht bewußtseinsreif sind« (C. G. Jung, Bd. VII, S. 71).
»Gewiß, bei jungen Leuten mag die Befreiung vom Vergangenen genügen; [denn vor ihnen liegt eine lockende Zukunft, reich an Möglichkeiten]... der Lebensdrang besorgt alles übrige« (C. G. Jung, Bd. VII, S. 65). »Die Neurosen junger Leute entstehen in der Regel aus einem Zusammenstoß zwischen Mächten der Realität und einer ungenügenden infantilen Einstellung, welche kausal durch eine abnorme Einstellung von den realen oder imaginären Eltern... charakterisiert ist« (C. G. Jung, Bd. VII, S. 64). »Gelingt es uns, junge Leute von ihrer Vergangenheit zu lösen, so sehen wir, daß sie die Imagines ihrer Eltern auf passendere Ersatzfiguren übertragen: das Gefühl, das an der Mutter hing, geht nunmehr zur Frau, und die Autorität des Vaters geht über auf verehrte Lehrer und Vorgesetzte oder auf Institutionen« (C. G. Jung, Bd. VII, S. 65).
Es war allgemein bekannt, daß Jung es vorzog, mit Patienten an der tieferen spirituellen Schicht zu arbeiten, nicht an der persönlichen und neurotischen. Er interpretierte auch die Träume der Patienten als wertvolle Wegweiser auf allen Stationen der Reise in das Selbst.

Die historische oder symbolische Schicht (Teil des kollektiven Unbewußten)

Das Eindringen in diese Schicht geht dem Erreichen der vierten Schicht häufig voraus. Jung beobachtete, daß alte mythische und jüdisch-christliche Ereignisse und Archetypen aller Art in Träumen, Visionen, Wachträumen und projizierten symbolischen Bildern des Menschen von heute erscheinen – sogar bei Personen, die lediglich nach dem Sinn des Lebens suchten (sie bildeten ein Drittel seiner Patienten). Die bekannteste seiner zahlreichen Fallgeschichten ist die der Mrs. Christina Morgan (inzwischen verstorben). Sie erlebte zahlreiche lebendige Projektionen der symbolischen und historischen Schicht, zum Beispiel bis in Einzelheiten ihre eigene Teilnahme am dramatischen Entstehen des Mithras-Kultes und des Christentums. Jung hat ihre Erlebnisse, die sie durch Zeichnungen veranschaulicht hatte, in ›Spring‹ (1960–1968) sehr detailliert interpretiert. Die Projektion solcher symbolischen Geschehnisse und die Teilnahme an ihnen scheinen für Patienten beim Lösen der eigenen Probleme sehr hilfreich zu sein.

Das kollektive Unbewußte oder die Schicht der Selbstverwirklichung

Hauptziel der Psychotherapie von Jung ist, die tiefere Schicht des kollektiven Unbewußten zu erwecken. Er sagte:

»Die persönliche Schicht erreicht ihr Ende mit den frühesten Infantil-Erinnerungen; das kollektive Unbewußte dagegen enthält die Präinfantilzeit, d. h. die Reste des Ahnenlebens... Wenn hingegen die Regression der psychischen Energie, selbst über die präinfantile Zeit hinausgehend, in die Spuren oder Hinterlassenschaften des Ahnenlebens einbricht, dann erwachen mythologische Bilder: die Archetypen. Eine geistige Innenwelt, von der wir zuvor nichts ahnten, tut sich auf...« (C. G. Jung, Bd. VII, S. 83–84).
»Meine psychologische Erfahrung hat mir immer wieder gezeigt, daß gewisse Inhalte von einer Psyche herstammen, die vollständiger ist als das Bewußtsein. Sie enthalten oft eine überlegene Analyse oder Einsicht oder ein Wissen, welche das jeweilige Bewußtsein nicht hervorzubringen vermöchte. Wir haben ein passendes Wort für solche Vorkommnisse: Intuition« (C. G. Jung, Bd. XI. S. 43f). »Im Gegenteil muß dem Unbewußten möglichst geholfen werden, das Bewußtsein zu erreichen, um letzteres aus seiner Erstarrung zu befreien. Ich benütze dazu auch eine Methode der aktiven

Imagination, welche in einem besonderen Training der relativen Ausschaltung des Bewußtseins besteht, um den unbewußten Inhalten zur Entfaltung zu verhelfen« (C. G. Jung, Band XI, S. 579).

Jung fand jedoch, daß die Probleme bei den Erwachsenen anders liegen als bei der Jugend, sofern es sich nicht um infantil gebliebene Erwachsene handelt: Er sagt, für den Menschen der zweiten Lebenshälfte (also etwa von 35 Jahren an) gehe die Entwicklung »nicht mehr über die Lösung von infantilen Bindungen, Zerstörung von infantilen Illusionen und Übertragung der alten Bilder auf neue Figuren, sondern sie geht über das Gegensatzproblem« (C. G. Jung, Bd. VII, S. 66).

Bei den Menschen, die keine Selbstverwirklichung erlebten, gibt es einen dauernden Konflikt zwischen den Gegensätzen Körper und Geist, das Selbst und die anderen, das Individuum und das Universum, Gut und Böse, Verstand und Intuition, die Welt der Erscheinungen und die Welt des Spirituellen. Im vollindividualisierten oder selbstverwirklichten Menschen sind alle Gegensätze ausgesöhnt, und er kann ein ›ganzer Mensch‹ werden.

Die achtzehn Bände von Jungs Gesammelten Werken enthalten viele lebendige Beispiele. Aus fast fünfzigjährigem Umgang mit Hunderten von Patienten aus der ganzen Welt zog er seine Schlüsse. Viele seiner Patienten entfalteten ihre Individualität, kamen zu religiösen Erlebnissen und sahen mit eigenen Augen das subjektive Licht – ein Licht, das sogar Jung wissenschaftlich nicht erklären konnte. Keinem ist das bisher gelungen. Er beobachtete, daß die meisten seiner Patienten erst völlig von ihren Neurosen geheilt waren, wenn sie das große spirituelle Erlebnis hatten; mit anderen Worten: wenn ihr Leben nicht mehr durch die neurotischen Verzerrungen, die mit ihrem selbstsüchtigen, egoistischen Bewußtsein zusammenhingen, geleitet wurde. Statt dessen übernahm danach ihr erwachtes kollektives Unbewußtes die Führung, wobei ihre Intuition harmonisch mit ihrem Bewußtsein und im Einklang mit der kosmischen Ordnung zusammenarbeitete. Jungs drei Schichten des Unbewußten scheinen den Schichten zwei, drei und vier im Zen ziemlich ähnlich zu sein. Jung glaubte, daß der Analytiker seine Patienten nicht zu Höhen (oder Tiefen) führen kann, die größer sind als jene, die er selbst erreicht hat. Ohne einen Analytiker, der sich selbst verwirklicht hat, gibt es keinen sich selbst verwirklichenden Patienten. Jung beschrieb seine eigene Begegnung mit dem Unbewußten und seine Selbstverwirklichung in seiner Autobiographie »Erinnerungen, Träume, Reflexionen« (1961).

Zen und die Schichtentheorie von Houston und Masters

Inwieweit bestätigen oder widerlegen die wissenschaftlichen Entdeckungen von Houston und Masters hinsichtlich des Unbewußten das Vier-Schichten-Konzept im Zen und die Drei-Schichten-Theorie von Jung? Houstons und Masters' Versuche wurden nach wissenschaftlichen Methoden im Laboratorium durchgeführt und sind wiederholbar, allgemein bekannt und verifizierbar. Das ist der Grund dafür, daß ihre Kategorien hier als Bezugsrahmen benutzt werden; sowohl Jung als auch Zen lassen sich in ihn einbeziehen.
Wie ein Chirurg zum gefährlichen, aber wirkungsvollen Skalpell greift, um die inneren Organe des Menschen zu untersuchen, so hat dieses gemeinschaftlich arbeitende Ehepaar sich zur Erforschung der verschiedenen Schichten des Unbewußten eines gefährlichen, aber unschätzbaren Instruments, des Rauschgifts, bedient. Ihre Experimente wurden durchgeführt, als man die halluzinogenen Drogen noch nicht für so schädlich hielt wie heutzutage. Über ihre Experimente berichteten sie in »Varieties of Psychedelic Experiences« (1967).
Sie entdeckten vier Schichten des Unbewußten und bezeichneten sie als: (1) die empfindende, (2) die erinnernd-analytische, (3) die symbolische, (4) die integrale Schicht.
Houston und Masters überprüften sorgfältig 206 Versuchspersonen, um durchschnittliche, »normale« Menschen zu finden. Den meisten von ihnen gaben sie LSD ein, einigen wenigen Peyote. Dann begleiteten sie jede Versuchsperson fachmännisch auf ihrem »trip«. Als erste der sich auf diese Weise enthüllenden vier Schichten des Unbewußten zeigte sich gewöhnlich die ›empfindende‹ Schicht.

Die empfindende Schicht

»Die Versuchsperson kann mit einer Folge von lebendigen, leuchtend farbigen, bis in Einzelheiten genauen eidetischen Bildern konfrontiert werden... Viele Gegenstände können mit Edelsteinen verziert sein, häufig wogen sie hin und her... Eidetische Bilder sind dadurch charakterisiert, daß sie vorher vom Gehirn aufgezeichnet wurden oder Teil der phylogenetischen (oder »rassischen«) Erbanlagen sind... Meist handelt es sich um Bilder von Personen, Tieren, Architektur und Landschaften, seltsame Kreaturen aus Legenden, Volkstum, Mythen... Die Bilder der empfindenden Schicht sind fast immer bedeutungslos... Diesen Typus des funktionslosen... Bildes haben wir als den ›ästhetischen‹ bezeichnet, um ihn von den höchst bedeutungsvollen... zielsetzenden Bildern zu unterscheiden« (1963, S. 143, 156, 157).

Offensichtlich kann jedoch auch die geringe Wirksamkeit der frühen Bilder den Abstieg in tiefere Schichten mit vorbereiten.

Die erinnernd-analytische Schicht

Bei Personen, die zu dieser Schicht vorgedrungen waren, beobachteten Houston und Masters folgendes:

»Bilder haben nicht länger nur ästhetischen, sondern unbewußt zielsetzenden Charakter... Die üblichen Grenzen zwischen dem Bewußtsein und dem Unbewußten sind durchbrochen... Die Versuchsperson kann auf Gefühle, aber ebensogut auch auf wichtige vergessene oder verdrängte Ereignisse stoßen... die sie als Kind oder sogar als Kleinkind erlebt hatte... Sie kann entdecken, daß sie die realen Ereignisse während der Zeit, in der sie eintraten, falsch interpretiert hat... Sie kann herausfinden, daß etwas, das ihrer Erinnerung nach tatsächlich passiert war... sich nie zugetragen hat, sondern nur ein Phantasiegebilde war... Persönliche Probleme... vergangene Erlebnisse können unter starken Gemütsbewegungen noch einmal durchlebt werden... Die Person sieht, was getan werden müßte, so klar, wie sie es nie vorher gesehen hat. Ihre Reise kann therapeutische Wirkung haben – bis hin zum Abklingen einzelner Symptome.«
Ein Beispiel für diese Schicht war Vp 1, ein Geschäftsmann von ungefähr 50 Jahren, der nach der Sitzung bekannte, daß er gerade am Rande des Selbstmords gewesen sei. Während der Sitzung kehrte er in ein infantiles Stadium zurück, rollte sich wie ein Fötus zusammen und verharrte so dreißig Minuten lang, ohne zu sprechen... Später erklärte er, daß er während dieser Zeit glaubte, er sei ›gestorben‹ und, alle Qualen des alten Lebens hinter sich lassend, ›wiedergeboren‹ worden...« (1967, A. 184, 185, 144, 188).

Die symbolische Schicht

Houston und Masters fanden heraus, daß, besonders unter sorgfältiger Führung und Anregung, die dritte Schicht des Unbewußten manchmal durch psychedelische Drogen freigesetzt wird. Von ihren 206 Versuchspersonen drangen 40 zu dieser tieferen Schicht vor.

»Die symbolischen Bilder sind überwiegend historischer, legendärer, mythischer, ritueller und ›archetypischer‹ Art. Die Versuchsperson kann ein sehr tiefreichendes Gefühl für die Kontinuität evolutionärer und historischer Vorgänge entwickeln. Sie kann Mythen und Legenden nachspielen und Initiationen und rituelle Praktiken durchleben, die oft in Entsprechung zu ihren eigenen dringendsten Bedürfnissen aufgebaut scheinen. Wo sich symbolische Dramen entfalten, offenbaren sich dem Individuum zum Beispiel Seiten seines eigenen Lebens etwa in der Person von Prometheus oder Parzival, Luzifer oder Ödipus, Faust oder Don Juan ... oder in Übergangsriten« (1967, S. 147, 214).

Vp 2 zum Beispiel war ein 24jähriger jüdischer Collegeabsolvent, der in einer Anwaltskanzlei arbeitete. Während der Sitzung glaubte er, er nehme mit anderen jungen Männern an einem Initiationsritus teil, währenddessen sie von alten Männern gegeißelt wurden. Sein Begleiter fragte ihn, ob er etwas gegen das Schlagen habe. Er meinte, es sei notwendig, um wiedergeboren zu werden. »Das Geheimnis der Initiation (sei sie kultureller Brauch oder durch Rauschgifte herbeigeführt) kann den jungen Mann aus seinen oberflächlichen jugendlichen Denkgewohnheiten befreien ... Er muß seinen natürlichen Hang zur Oberflächlichkeit in sich sterben lassen und zu seinem tieferen Wesen auferstehen« (1967, S. 220–221).
Die menschliche Natur scheint Rituale und Riten zu benötigen, durch die sie Selbstreinigung, symbolischen Tod und Wiedergeburt erlebt. Rauschgifte bieten sich als Mittel zu deren Herbeiführung an.

Die integrale Schicht

Beim Experiment von Houston und Masters stiegen nur 11 der 206 Versuchspersonen in die vierte Schicht hinab. »In dieser Schicht sind Denkvorgänge, Bilder, Körperempfindungen (sofern überhaupt vorhanden) und Gemütsbewegungen miteinander verschmolzen ... Sie gipfeln in einem Gefühl der Selbstverwandlung, der religiösen Erleuchtung und möglicherweise der mystischen Vereinigung. Die Versuchsperson erlebt hier etwas, das für sie Konfrontation mit dem Urgrund des Daseins, Gott ... dem Wesen der Dinge oder der fundamentalen Wirklichkeit ist. Die Gültigkeit ergibt sich aus den Nachwirkungen ..., den Verhaltens- und sonstigen Änderungen« (1967, S. 148).
Wir müssen uns hier in an sich unerlaubter Kürze auf nur eines ihrer Beispiele beschränken:

»Vp 3, Ende Dreißig, ist ein erfolgreicher Psychologe, der auf seinem Gebiet viel Anerkennung gefunden hat. Unter LSD-Einfluß sagte er später zu seinem Begleiter: ›Ich hatte die Empfindung, als wenn jemand mir bei der Geburt den Tod wünschte ...

Ich hatte das Gefühl, daß mein Vater sich auf mich stürzte, während ich gegen die ganze materielle Welt anknurrte und mit den Zähnen knirschte.‹
Er hatte sich selbst immer ›fremd‹, nicht wirklich als Mitglied des Menschengeschlechts gefühlt und wurde unwiderstehlich angezogen von allem, was andere als ›böse‹ bezeichneten... er war ein Atheist mit wissenschaftlichen Interessen« (1967, S. 268–287).

Er manipulierte andere und wollte sie genauso böse machen wie sich selbst, damit sie ihn akzeptieren konnten. Er hatte Hunderte von Freundinnen, aber ständige Angst veranlaßte ihn zu starkem Trinken. Wann immer er sich in untergeordneter Stellung befand, packte ihn die Wut. Er erkannte, daß sie ein Symptom war, das an die Oberfläche drängte.

Unter dem Einfluß von LSD und unter sorgfältiger Führung durchquerte er die empfindende, die erinnernd-analytische und die symbolische Schicht und hatte viele tiefreichende Erlebnisse, während er sich der integralen Schicht näherte. Sie traten nicht immer geordnet auf. Manchmal tauchte er in tiefere Schichten ein, kam wieder herauf und stieg erneut hinab. Wie Luzifer wollte er Gott sein und wurde für seinen Hochmut gestraft. Er kämpfte gegen Gott in dem Bestreben, seine eigene Identität zu bewahren. Während der Sitzung unternahm er einen vernichtenden Angriff auf Christus. Einmal sprach er von einem tiefen ruhigen Ort aus: »Alles ist schlangenförmig, bewegt sich in Wellen.« Er nahm alles als auf seine Weise ›potentiell wundervoll‹ und als formlose Materie wahr... »Mir war gesagt worden, die Materie sei böse. Diese Auffassung verband sich für mich mit dem Christentum« (1967, S. 286–287).

»Als er einmal seine Kindheit beschrieb, saß er mit dem Daumen im Mund da. Er ging ins Badezimmer, und als er in den Spiegel sah, hatte er das Gefühl, daß sein Gesicht nicht mehr das des Teufels war... es war nun in Licht getaucht, und zum erstenmal erfüllte ihn Hoffnung – Hoffnung darauf, daß er befreit werden könnte von allen Bestrafungen, die er für all seine nie begangenen Taten ertragen zu müssen glaubte.

Er empfand nun geradezu körperlich, daß er in einer von übernatürlichem Licht strahlend erleuchteten Halle stand... eine unbeschreibliche Mischung von Weiß und Gold. Die Gegenwart Gottes war fühlbar und überwältigend... (es gab) dort viele komplizierte Symbole, die mit wertvollen Steinen verziert waren... Die Initiation, so verstand er nun... war notwendig dafür, daß er den ›Orden des Löwen‹ erhielt. (Er hatte einen Löwen gesehen und sich mit ihm als Archetyp identifiziert und identifizierte sich nun mit ihm als einem Geschöpf der Weisheit. Er fragte nach Gott und stellte fest:) Ich kann Gott lieben, ohne etwas von meinem Menschsein aufzugeben, sowenig wie der Löwe etwas von seinem Löwesein aufgeben muß, wenn er einen Menschen liebt« (1967, S. 273–294).

Er weinte zum ersten Male in seinem Leben Tränen der Freude und fühlte sich herrlich frei. Er hatte das Gefühl, wiedergeboren zu sein, energiegeladen, besser im Einklang mit sich selbst, verwandelt, integriert und glücklich. Alle seine Sinne waren schärfer geworden. Er erlebte seine Beziehung zur Außenwelt in einem Gefühl der Einheit und Harmonie. Sein Geist war angeregt. In den darauffolgenden Tagen bemerkte er eine Steigerung seiner Arbeitsfähigkeit und seiner literarischen Produktion. Er verspürte nicht mehr den Wunsch nach ständigem Partnerwechsel, verliebte sich und heiratete bald. Ein Jahr nach seiner psychedelischen Sitzung fühlte und benahm er sich noch immer wie ein Verwandelter.
Wie stellen wir nun, wenn wir die Entdeckungen von Houston und Masters als wissenschaftlichen Bezugsrahmen akzeptieren, eine Beziehung zu Zen und Jung her?

Die empfindende Schicht

Im Zen-Buddhismus haben die Inhalte der ersten Schicht eine überraschende Ähnlichkeit mit denen der empfindenden Schicht bei Houston und Masters – Art und Reihenfolge der Bilder sind die gleichen. Zen bezeichnet solche Bilder als »makyo« und hält es für gefährlich, sich an sie zu klammern. Houston und Masters glauben, daß es sich um Erinnerungsbilder handelt, diese aber bedeutungslos sind. Bei Jung erscheinen sie nicht. Wenn es Erinnerungsbilder sind, warum gibt es unter ihnen dann juwelenbesetzte Objekte, die man nie gesehen hat, und warum bewegen sie sich oft in Wellen? Warum tauchen goldene Drachen auf?
Aldous Huxley stellte fest, daß solche Bilder universal sind und in einer vorgeschriebenen Reihenfolge erscheinen, was er für bedeutungsvoll hielt. Es sei »eine Manifestation ... des nicht-menschlichen Andersseins des Universums ... Was im täglichen Leben sichtbar erfahren wird, liefert Rohmaterial für diese Schöpfungen. [Solche Bilder konstituieren die Gegensätzlichkeit des Geistes.] In jedem Paradies wimmelt es von Edelsteinen. [Juwelen haben die Kraft, den Betrachter in eine andere Welt zu befördern, ins Paradies]« (1955, S. 13–19).
Sei dem, wie ihm wolle, diese in den Bereich der Sinneswahrnehmungen gehörenden Bilder zeigen wahrscheinlich an, daß ein Einbruch in die überaus widerstandsfähige psychische Schranke zwischen dem

Bewußtsein und dem Unbewußten stattgefunden hat. Jedoch ist die Vereinigung beider durch bewußte Anstrengung eher schwerer zu erreichen.

Die erinnernd-analytische Schicht

Die neurotische Schicht im Zen und die persönliche Schicht bei Jung scheinen sich nur wenig von der erinnernd-analytischen bei Houston und Masters zu unterscheiden; zu jeder gehören die aus dem Kleinkind- und Kindesalter stammenden Probleme mit Eltern und/oder Geschwistern. Eine Neurose ist eine Neurose ist eine Neurose (Anspielung auf: Eine Rose ist eine Rose ist eine Rose [Gertrude Stein]; Anm. d. Übers.).

Die symbolische Schicht

Diese dritte Schicht wird im Zen aktiviert, obwohl für unbedeutend gehalten. Bei Houston und Masters wie bei Jung gilt ihre Existenz als häufig nachweisbar, und ihr Inhalt wird als dramatisch und farbig beschrieben.

Die integrale Schicht

Allem Anschein nach sind die Stufe der Selbstverwirklichung im Zen und die Schicht der Individualisierung bei Jung der integralen Schicht bei Houston und Masters sehr ähnlich, obwohl jede der drei Richtungen dies zweifelsohne bestreiten könnte. Die vier Schichten des Unbewußten, in die man in der Selbstverwirklichung eindringt, scheinen dem Wesen nach im Zen, bei Jung (mit Ausnahme der ersten Schicht) und bei Houston und Masters gleich zu sein. Es werden lediglich verschiedene Mittel und Methoden angewandt, um offenbar gleiche Ziele zu erreichen.
Zufällig ist durch die Wissenschaft neues Licht auf den Sitz des Unbewußten gefallen. In dem in der Bucke Society Newsletter-Review veröffentlichten Dialog zwischen Raymond Prince und Roland Fischer erklärt Fischer:

»Die rechte Hälfte [des Gehirns] ist zuständig für nicht-verbale Informationsverarbeitung, bildlich-räumliche Gestaltung... Musik, bildliche Darstellung... das ist unser Analogien findender intuitiver Geist. Die linke Hälfte ist zuständig für die analytischen, rationalen, das Überleben sichernden, Entscheidungen fordernden Aufgaben und für eine Informationsverarbeitung mit Hilfe von Sprache, Sprechen und Arithmetik. Die beiden Hälften sind durch das corpus callosum getrennt und miteinander verbunden. Innerhalb der Verteilung der Funktionen des einen Gehirns auf zwei Bereiche wird die linke Hälfte als ›dominant‹ bezeichnet... ›Dominant‹ ist sie zumeist nur bei Rechtshändern und nur bei ungefähr der Hälfte der Linkshänder« (V, 1 und 2, 1972, S. 40–43).

Eines Tages wird man vielleicht sogar im Westen die Intuition als ebenso wichtig ansehen wie den Verstand. Buddha, Jung, Houston und Masters nahmen die Erkenntnis, daß das Unbewußte das Gegengewicht zum Bewußtsein bildet, vorweg.
Aber wie soll man nun in der Psychologie verfahren? Sind die Systeme, mit deren Hilfe Zen, Jung, Houston und Masters die edelsten menschlichen Möglichkeiten verwirklichen wollen, einander nicht außerordentlich ähnlich? Sie alle bieten eine Technik zur Aktivierung des menschlichen Unbewußten an, die nach den festen Gesetzen menschlicher Psychologie arbeitet. Dazu gehören die Dämpfung des Bewußten und das Erwecken des Unbewußten, das Nichtbeachten der physikalischen Welt, der Tod des Ego, das Sehen eines subjektiven Lichts, das Verschmelzen des individuellen Bewußtseins mit dem universellen Bewußtsein (in der Regel kurz, nicht andauernd), Ekstase, Einssein, intuitive Einsichten, Weisheit, Identität mit der Menschheit, und danach voraussichtlich die Umformung des Charakters, des Verhaltens, der Werte und des Lebensstils.
Das ist das Ziel aller Systeme der Selbstverwirklichung, auch wenn die Ergebnisse kontrovers sein können. Die Konsequenzen in allen drei Systemen können der Art nach ähnlich, aber dem Grade nach beträchtlich verschieden sein und in Reihenfolge, Qualität und Dauer voneinander abweichen. Die Wahrheit kann explizit oder implizit dargestellt werden.
Hängen die Ergebnisse vom letzten Ziel ab, das hinter der Selbstverwirklichung steht? In Jungs analytischer Psychologie ist es die religiöse Erfahrung und die Individuation oder die Ganzheit des Patienten – und nicht speziell Dienst an anderen. Houston und Masters ging es vor allem um Forschung, obwohl diese ihren Versuchspersonen zunutze kam und in einigen Fällen sogar den Zugang zu religiöser

Erfahrung einschloß. Der Dienst an der Menschheit ist auch hier kein Ziel.

Das letzte Ziel des Zen-Buddhismus hingegen ist nicht Erleuchtung, sondern der Wunsch, das eigene Leben dem Dienst an allen empfindenden Wesen dieser Erde zu widmen. Zen-Aufzeichnungen veranschaulichen das an der Lebensweise von Mönchen und Nonnen in den Klöstern, aber auch von Laien wie dem berühmten Vimalakirti. Sogar Laien, die noch in Zen-Übungszentren sind, stellen zu ihrer großen Überraschung heute oft fest, daß sie selbstloser für andere leben, als sie es je für möglich gehalten hätten. Auch gibt es zahlreiche Bodhisattvas, Menschen, die völlige Erleuchtung erlangt haben, sich jedoch die ewige Seligkeit des Nirvana versagen, um anderen zur Erleuchtung zu verhelfen.

In anderen Systemen kann die Selbstverwirklichung vollständig oder oberflächlich sein – das heißt, es kann zu fortlaufender oder immer wieder aussetzender Identifikation mit der letzten Wirklichkeit kommen. Zen strebt nach völligem Erleuchtetsein, d.h. nach Erfahrung des Seins im Unterschied zum Werden. Auch gilt das Nirvana als höchster Bewußtseinszustand, nach dem es keine Geburt und keinen Tod mehr gibt. Dieses Stadium wird bei Jung oder Houston und Masters nicht erwähnt.

Beeinflußt die Rolle des Lehrers, Analytikers oder Begleiters das Ergebnis? Sowohl Jung wie Houston und Masters begleiten und unterstützen ihre Patienten oder Versuchspersonen nahezu fortwährend. Zen ist eine Methode der Eigenanstrengung. Der Lehrer ist an den Grundsatz gebunden, daß der Schüler durch persönliche Erfahrung lernen muß. Zen hat deshalb zweifellos Grund zu der Annahme, daß durch seine strengen Methoden und die Anleitung zur Selbsthilfe eine beständigere religiöse und selbstlose Lebensweise, intensiveres Mitleiden, stärkere Entfaltung der angeborenen Weisheit, mehr letzte Seligkeit bewirkt wird[2].

Alles in allem scheint es, was die Selbstverwirklichung betrifft, im Zen, bei Jung und bei Houston und Masters hinsichtlich des Eindringens in die Schichten des Unbewußten, des psychologischen Vorgehens und der erreichten Ergebnisse offensichtlich, wenn auch nicht notwendigerweise dem Grade nach, Parallelen zu geben. Unterschiedlich sind die Mittel und Methoden, die Terminologie, die Qualität und Dauer des Erreichten und die Hingabe an die Sache. Im übrigen mag es einen skeptischen westlichen Wissenschaftler, der die Gültigkeit des östlichen Zen-Buddhismus bezweifelt, beruhigen, daß es in der Zen-Psychologie durchaus Entsprechungen zu Auffassungen von Jung und Houston und Masters gibt.

Zen und die orthodoxe westliche Psychologie

Befaßt sich die Zen-Psychologie allein mit dem Unbewußten oder, da es ihr um den ganzen Menschen geht, auch mit dem Bewußtsein und mit der harmonischen Vereinigung der beiden Gegensätze? Wie steht es, kurz gesagt, um die Beziehung zwischen Zen und der orthodoxen Psychologie des Bewußtseins im Westen?
Viele Lehrbücher definieren die Psychologie als eine Wissenschaft vom – sich aus dem Bewußtsein herleitenden – menschlichen Verhalten, wobei man sich gewöhnlich auf Experimente in wissenschaftlichen Laboratorien stützt. Heute jedoch wird die Psychologie zusehends zur Speerspitze aller jener Disziplinen, die sich mit der Erforschung sämtlicher Aspekte des menschlichen Geistes, der bewußten und der unbewußten, der normalen und der pathologischen, beschäftigen. Das heißt, sie befaßt sich auch mit dem integrierten Menschen.
Buddha sagt, daß man, »wenn man den Geist der Unterscheidung los wird, die Ursache der Irrtümer beseitigt«. *Ein* Ziel des zazen ist es sicherlich, das urteilende Bewußtsein ruhigzustellen. Muß das jedoch ein Stein des Anstoßes, ein unüberwindlicher Unterschied zwischen Zen und der orthodoxen Psychologie sein? Viel Verwirrendes, was die Sprache des Buddhismus im allgemeinen und die des Zen im besonderen für uns hat, bezieht sich jedoch nur auf das kurze Erleuchtungs*ereignis,* nicht auf die ihm folgenden Jahre des erleuchteten *Zustandes.* Es ist gewiß wahr, daß während des flüchtigen Augenblicks der Erleuchtung das Bewußtsein ausgelöscht ist. Dann ist dort ein ungeheures Nichts, eine Leere, ein Entleertsein, das paradoxerweise alles enthält. Während die Erleuchtung sich ereignet, ist man unfähig zu sehen, zu denken, zu reden, zu gehen oder auf der Erscheinungsebene tätig zu sein. Im Zustand des Erleuchtetseins jedoch, der dem numinosen Ereignis folgt, wird man sich des Körpers und seiner Bedürfnisse, der Gesellschaft und der eigenen Beziehung zu ihr wieder bewußt. Das urteilende Denken kehrt zwar zurück, ist aber nicht länger dominierend.

Zen umfaßt den gesamten Geistbereich; deshalb kann man das urteilende Bewußtsein eines erleuchteten Menschen nicht als etwas von seinem intuitiven Unbewußten und dem universalen Geist, mit dem es sich identifiziert, Getrenntes untersuchen. Der vernunftbegabte Verstand arbeitet nach der Erleuchtung in Einklang mit beiden. Alle drei werden in das Individuum integriert.

Einige der wichtigsten Übereinstimmungen und Unterschiede zwischen Zen und der orthodoxen Psychologie sollen hier kurz behandelt werden, und zwar anhand folgender Themen aus dem Bereich der psychologischen Forschung: die Persönlichkeit, ihre Struktur und Funktion, Empfindungsfähigkeit, Motivation, Erinnerung, Lernfähigkeit, das Verhältnis von Körper und Geist, die Psychopathologie, die sinnliche Wahrnehmung, das Verhältnis zur Gesellschaft, der Erkenntnisprozeß, neue Fähigkeiten und veränderte Bewußtseinszustände.

Die Persönlichkeit

Unter Persönlichkeit versteht ein wissenschaftlicher Psychologe die Gesamtheit von charakteristischen Eigenschaften, die ein Individuum von anderen unterscheiden. Man nimmt an, daß diese Eigenschaften durch Erbanlage, angeborene Fähigkeiten, die kulturelle Umwelt und das Lernen in der Familie bestimmt sind (Morgan und King, 1956). Die Persönlichkeit des Menschen, der sein Selbst verwirklicht hat, wird sicher auch durch seine individuellen Erbanlagen bestimmt, aber es ist zu hoffen, daß sie stärker durch Möglichkeiten geprägt ist, die, wie Mitleid, Selbstlosigkeit und Liebe, in jedermanns Unbewußtem angelegt sind. Durch zazen-Übungen werden die wünschenswerten unter diesen Anlagen geweckt und die unerwünschten im Verlauf eines längeren zazen eingeschränkt, sofern die Erleuchtung oberflächlich ist, oder durch vollständige Erleuchtung beseitigt. Zwischen oberflächlicher und vollständiger Erleuchtung muß zur Vermeidung scheinbarer Widersprüche unterschieden werden. Der Zen-Buddhismus glaubt, daß in jedem Menschen die Möglichkeit angelegt ist, seine latenten spirituellen Kräfte teilweise oder vollständig zu verwirklichen.

Buddha soll der Visuddhimagga zufolge gesagt haben: »Das nirvana zerstört die verderblichen Seiten des Ego – Haß, Habgier, Verblendung etc. –, wohingegen jhana (ein bestimmter Grad von Versunkensein innerhalb eines Kontinuums) sie unterdrückt... Ihre Saat bleibt latent erhalten... und nach dem Auftauchen aus dem jhana-Zustand werden diese Handlungsweisen wieder möglich, sobald sich entsprechende Situationen ergeben« (Goleman, Kapitel 5). Das bedeutet, daß man nicht von sämtlichen erleuchteten Menschen erwarten kann, sie müßten nun allzeit vollkommen sein.

Angeborene Begabungen bestimmen auch im Zen die Persönlichkeit des erleuchteten Menschen – sie werden sogar gefördert. Durch Aktivierung des tieferen Unbewußten und seiner Buddha-Natur werden speziell die schöpferischen Fähigkeiten intensiviert.

Die Persönlichkeit eines erleuchteten Menschen kann durch seine Bildung und das, was er in der Familie lernt, bestimmt sein oder auch nicht. Im religiös orientierten Osten dürfen Familie und Kultur durchaus bestimmende Faktoren sein. Im modernen Westen hingegen, wo die Wahrscheinlichkeit besteht, daß kulturelle und familiäre Werte durch Materialismus und Rationalismus, Individualismus und Wettbewerb geprägt sind, kann ein erleuchteter Mensch solche Einflüsse ablehnen. Er überläßt sich lieber dem Einfluß der Spiritualität und der Intuition, des Einsseins und der Zusammenarbeit im kulturellen Klima des Zen und der »Familie« des sangha.

Auch erweckte Persönlichkeiten unterscheiden sich durch gewisse unveränderliche Charakteristika wie Weiblichkeit und Männlichkeit. Jedoch ist allen erleuchteten Menschen auch vieles, z. B. Mitleid, Selbstlosigkeit und der Wunsch, anderen zu dienen, gemeinsam. Aus der Erfahrung, daß der eigene intuitive Geist mit dem universellen Geist eins ist, geht der universelle Mensch hervor. Wie auch Jung feststellte, gibt es eine Universalität in den tieferen Schichten des Unbewußten. Aus ihr entstand der nicht endende Traum der Menschheit von universaler Bruderschaft, der Traum aller Buddhisten, der Zen-Buddhisten und anderer.

Dynamik und Gefühle

Die Dynamik, die dem Aufbau der Persönlichkeit Impulse gibt (d. h. der motivierende Einfluß der Charakterzüge auf das Persönlichkeitsgefüge), ist im vollständig erweckten Menschen in erster Linie die Selbstlosigkeit; bei den gewöhnlichen Menschen ist es der Egoismus oder das Dominanzstreben, um einen Begriff der orthodoxen Psychologie zu gebrauchen. Unsere westliche Psychologie lehrt, daß Ego, Aggression und Wettbewerb notwendige Voraussetzungen des Fortschritts sind. Jeder, der erlebt hat, wie eine Zen-Gruppe auf ein gemeinsames Ziel hin arbeitet, sieht, daß auch Zusammenarbeit und Selbstlosigkeit erstaunliche Resultate zustande bringen können.

Im Reich der Gefühle sind Verschiedenheiten und Analogien zwischen dem gewöhnlichen und dem Zen praktizierenden Menschen ohne weiteres erkennbar. Gefühle liefern natürlich die Antriebskraft für vieles in unserem menschlichen Verhalten. Psychologen glauben heute, daß »emotionale Reaktionen angelernt sind. Sie nehmen im allgemeinen ein gewisses Maß an negativen Gefühlen als unvermeidlich, als Teil der menschlichen Grundgegebenheiten hin. Aber in der Psychotherapie und in der Verhaltenstherapie versuchen sie die Emotionen zu modifizieren« (Tart, persönliche Mitteilung, 1973).

Auch Zen versucht, unerwünschte Regungen – sie seien ererbt, angelernt oder anderweitig bedingt – zu vermindern oder auszuschalten. Selbstsucht, Haß, Wut, Angst und Leiden – alle haben ihre Wurzeln in der Selbsttäuschung, in den Wünschen des Ego, wie der Buddhismus lehrt. So unglaublich es sogar dem Aspiranten selber scheinen mag: Während eines längeren zazen vermindern sich unerwünschte Gemütsbewegungen allmählich, um während des Erleuchtungszustandes ganz zu verschwinden. Gegensätze werden miteinander ausgesöhnt, Selbstsucht wird zu Selbstlosigkeit, aus Haß wird Liebe – sogar, wie man staunend feststellt, zu Feinden.

Es gehört zu den Paradoxien des Zen, der das Paradoxe liebt, daß Zen-Meister manchmal in echte Wut geraten können. Durch diesen Schock soll der Schüler aus seinem verblendeten Denken heraus- oder sogar – wenn der Lehrer weiß, daß er nahe davor ist – in plötzliche Erleuchtung hineingerissen werden. Ein Zurschaustellen anderer unerwünschter Gefühle durch den Lehrer scheint nicht vorzukommen.

Durch beständiges zazen schwindet die Furcht, weil man sich sicher, im Universum zu Hause und fähig fühlt, mit jeder Schwierigkeit fertig

zu werden. Leiden und Schmerz brauchen nicht zu verschwinden, sind aber überwunden. Die buddhistische Literatur enthält eine Fülle von Nachweisen solcher Veränderung der Gefühle. Im übrigen tritt sie im Zen-Zentrum an übenden Mitgliedern lebendig in Erscheinung. Offenbar gehören alle diese Phänomene zur innersten Natur des »Wahren Selbst« und zur innersten Natur des dharma.
Psychologen und Psychiater haben erkannt, daß Gefühle physische Veränderungen, speziell im vegetativen Nervensystem und seinen beiden Hauptsträngen, dem Parasympathicus und dem Sympathicus, hervorrufen können. »Chronische Gemütsbewegungen können psychosomatische Krankheiten wie hohen Blutdruck, Magengeschwüre, Asthma, Hautkrankheiten und Korpulenz verursachen« (Morgan und King, 1956, S. 266). Die Wirkung des Geistes auf den Körper erklärt, warum zazen als gesundheitsfördernde Disziplin gilt.

Motivation, Bedürfnisse und Spiel

Gefühle können die Antriebskraft für Motive liefern, aber was ist zu den Motiven selbst zu sagen? Die Harvard Psychological Clinic hat sie in 17 Kategorien eingeteilt und dabei auch ihre Ziele und Auswirkungen berücksichtigt; z.B.: »Leistung – eine schwierige Aufgabe durchführen; mit anderen... wetteifern. Aggression – Gegner gewaltsam überwinden... andere... herabsetzen« (Morgan und King, 1956, S. 466).
Zen würde zweifellos zugeben, daß der Wunsch nach Leistung ein menschliches Motiv ist – besonders wenn das satori erreicht werden soll. Das Ziel des sich selbst verwirklichenden Menschen ist jedoch nicht, mit anderen zu konkurrieren, sondern zu größerem Einfühlungsvermögen und zu mehr Harmonie mit ihnen zu gelangen. »Nicht über die Missetaten anderer sprechen« ist eines der Gebote für Zen-Mitglieder.
Auch die spirituelle Psychologie des Zen erkennt einige der in der Harvard-Tabelle genannten Motive an, wie z. B. Rücksichtnahme und Pflege, die, wie eines der vier häufig wiederholten Gelübde zeigt, allerdings im Zen in einem erweiterten Zusammenhang stehen: »Alle Lebewesen sind ein Leib, den wir zu befreien geloben.« In der Harvard-Tabelle heißt es unter ›Spiel‹: »Seine freie Zeit dem Sport, dem

Spiel oder der Geselligkeit zu widmen.« Die Grundbedeutung von Spiel im Zen erläutern Reikieki Kita (Mitglied des japanischen Parlaments) und Kiichi Nagaya (einer der Hauptvertreter des Zen im heutigen Japan) in ihrer Abhandlung »Wie Altruismus im Zen gepflegt wird« folgendermaßen: »Wenn das utilitaristische Denken ... überwunden worden ist, dann stimmt natürlicherweise jede Tätigkeit mit dem Gesetz (dharma) überein, und es kommt zu jener samadhi genannten mühelosen Konzentration, in der alle Tätigkeit Spiel ist« (1954, S. 135). Mit anderen Worten: für einen Menschen in einem gewissen Entwicklungsstadium ist sogar niedrige Arbeit so mühelos wie Spiel, und schöpferische Arbeit ist es um so mehr.

Neulich habe ich für kurze Zeit diese reizvolle Art des Spiels selbst erlebt. Ein junger Mann kam, um mir bei eben diesem Manuskript zu helfen. Keiner außer mir kann meine abscheuliche Handschrift lesen. Er hatte mir angeboten, den ersten Entwurf in die Maschine zu schreiben. Er las mir zunächst die handgeschriebenen Seiten laut vor. An der Universität hatte er Philosophie studiert und war im Zen-Buddhismus bestens bewandert. Er machte Vorschläge, von denen ich einige dankbar annahm – andere nicht. Wir diskutierten unsere gegensätzlichen Standpunkte, ohne sie beweisen zu wollen, und überprüften unsere Ansichten in den Büchern über Zen, die sich hoch neben meinem Schreibtischstuhl auftürmten. Oft mußten wir mitten in unserer ernsthaften Arbeit lachen. Zuweilen hielten wir inne und diskutierten über Zen – und staunten immer wieder über seine Tiefgründigkeit und seine unvorhergesehenen Manifestationen in unserem täglichen Leben.

Die Arbeit schritt voran, und die Stunden flossen dahin wie Musik. Der ganze Nachmittag war wie eine wundervolle Symphonie, komponiert für verschiedene Instrumente, die harmonisch zusammenspielten. Wir erlebten ein tiefes Gefühl des Einsseins mit der schöpferischen Arbeit, den Ideen und der Religion des Zen, miteinander und mit dem dharma. Die Arbeit entwickelte sich zu reiner Freude. Sie wurde mühelos wie Kinderspiel. Sie gab uns das Gefühl, frei, freudig, egolos, erfüllt, rein und unschuldig zu sein – wie Kinder, die in den Morgen der Welt hinausgehen. Nun wußten wir, warum Roshi Kapleau im Zen-Zentrum uns alle fortwährend drängte, eins zu werden mit unserem täglichen Tun. Das ist »gelebter Zen«, sagte er, und im Gefühl des Spielerischen, das daher rührt, äußert sich der Geist des Universums.

Wer es erlebt, für den scheint ein solches Phänomen geradezu ein Wunder zu sein. Es verleiht dem, was sonst harte Arbeit wäre, einen unglaublichen Zauber. Noch Stunden später fühlt man sich leicht, glücklich, im Einklang mit dem dharma, wie wenn alle Fragen beantwortet, alle Probleme gelöst wären – für ein paar goldene Stunden. Es gibt viele Motivationstheorien. Eine besagt, daß wir durch unsere Bedürfnisse motiviert werden. Abraham Maslow hat eine solche Theorie entwickelt. Dieser aus der orthodoxen Psychologie und Psychoanalyse kommende Psychologe wurde zu einem der Hauptanreger und Propagandisten der Wachstums- (oder transpersonalen) Psychologie-Bewegung in den Vereinigten Staaten. In »Motivation and Personality« stellt er eine Rangordnung grundlegender menschlicher Bedürfnisse auf: »(1) physiologische Bedürfnisse, (2)... Sicherheitsbedürfnis, (3) gesellschaftliche oder zwischenmenschliche Bedürfnisse, (4)... Selbstachtungsbedürfnis, (5)... Selbstverwirklichungsbedürfnis« (zit. nach Peterman, 1972, S. 72). Er nahm an, daß höheren Bedürfnissen nicht wirksam begegnet werden kann, solange niedrigere nicht befriedigt wurden. Für viele Menschen trifft dies zweifellos zu. In klösterlichen Exerzitien oder sogar während eines intensiven Trainings in einem sesshin kann ein Zen-Mensch jedoch über lange Zeiträume hinweg das Gegenteil als wahr erleben. Das Bedürfnis des Menschen, seine religiösen Möglichkeiten zu verwirklichen, kann so dringend werden, daß es über längere Zeit Vorrang vor allen anderen Bedürfnissen, wie Hunger, Durst, Sexualität, Schlaf und Geselligkeit, gewinnt.

Das Erinnerungsvermögen

Natur und Funktion des Erinnerungsvermögens sind beim gewöhnlichen und beim erleuchteten Menschen wahrscheinlich bis zu einem gewissen Grade gleich. Die orthodoxe Psychologie untersucht in erster Linie den Erinnerungsvorgang, der im Bewußtsein entsteht, und weniger eingehend die ins Unbewußte verdrängten Erinnerungen. Die spirituelle Psychologie des Zen umfaßt alle vier Schichten des Unbewußten. Sie kennt das ›Erinnern‹ und die Projektion von Bildern der ersten Schicht, die eidetisch sein können, aber nicht sein müssen, und das Heraufholen verdrängter Erinnerungen an die frühe Kind-

heit (die neurotische Schicht). Sie kennt das erstmalige Auftauchen symbolischer und historischer Ereignisse, die in der Tiefe des kollektiven Unbewußten begraben liegen, und Ereignisse jenseits der Reichweite eines normalen Gedächtnisses (die dritte Schicht). Die Zen-Psychologie befaßt sich auch mit vorgeburtlichen und kollektiven Erinnerungen, die in der tiefsten – der religiösen – Schicht des Unbewußten verborgen liegen und deren Inhalt universal ist (die vierte Schicht). Darf die Erfahrung der Rückkehr zu dem eigenen Ursprung als ›Erinnerung‹ an die eigene Herkunft verstanden werden? Wenn ja, wäre diese Form der ›Erinnerung‹ das, wodurch die Erleuchtung und die Umwandlung des Charakters induziert werden.
Der Buddhismus hat auch herausgefunden, daß das Erinnerungsvermögen zeitlich viel weiter zurückreicht als im gewöhnlichen bewußten Zustand. Unser Geborenwerden und Sterben in früheren Leben können wir uns über Tausende von Jahren hinweg genauso ins Gedächtnis zurückrufen wie Buddha. Es gibt zwar keinen wissenschaftlichen Beweis für die Gültigkeit solcher Erinnerungsbilder, aber es gibt eine Fülle von Erfahrungsdaten, die sie für den Buddhisten zu bestätigen scheinen. Govinda behauptet, daß ein fortgeschrittener Schüler sogar die Entstehung und den Untergang der Welt erinnern, schauen und vorhersehen könne.

Das Lernen

Im Bereich des Lernens führt der Vergleich zwischen der orthodoxen Psychologie und der spirituellen Psychologie des Zen zu mehr Verwirrung als auf jedem anderen Feld. Sind zazen und Erleuchtung Formen des Lernens? Oder besteht ihre Funktion, wie von Buddhisten häufig behauptet wird, nur darin, das Vollendete der menschlichen Urnatur, das zwar immer schon vorhanden, aber vom Staub der Intellektualität überdeckt ist, zu enthüllen? Was ist mit »gelernt haben« gemeint? Die Definition der orthodoxen Psychologen lautet: »Jede relativ dauerhafte Verhaltensänderung, die als Ergebnis einer Erfahrung oder praktischen Tätigkeit eintritt.« Diese Definition scheint nicht nur für den gewöhnlichen, sondern auch für den erleuchteten Menschen Gültigkeit beanspruchen zu können; doch warum unter-

scheiden sich die Dinge, die »gelernt« werden, so fundamental voneinander?
Kommt das daher, weil die Lernvorgänge sich in verschiedenen Bereichen des Gehirns und des Geistes abspielen? Vollzieht sich der von den orthodoxen Psychologen untersuchte Lernprozeß nur im Bewußtsein oder auch im Unbewußten? Gibt es in den sieben psychischen Zentren, den chakras, überhaupt Lernbereiche, oder einfach nur Speicher? Solange diese Fragen nicht von der Wissenschaft geklärt sind, ist es schwierig, den Lernprozeß, wie Zen ihn versteht, wissenschaftlich anzugehen. Doch vermag in der Zwischenzeit der Versuch, Übereinstimmungen zu entdecken, vielleicht schon zur Erhellung beizutragen. Die wissenschaftlichen Psychologen haben drei Lernprozesse festgestellt: die klassische Konditionierung, die instrumentelle Konditionierung und das perzeptive Lernen. Wird der Übende durch das zazen, die Gegenwart des geistigen Lehrers und die buddhistische Ikonographie darauf konditioniert zu lernen, wie man ein Buddha wird?
Im Prozeß des instrumentellen Lernens wird »der Lernende auf ein Ziel hin motiviert, und die Folge ist im allgemeinen eine Aktivierung des Wissensdrangs. Im Laufe solcher Aktivierung wird eine Reaktion ausgelöst, die dem Erreichen des gesetzten Ziels förderlich ist« (Morgan und King, 1956, S. 90). Diese Reaktion ist ›instrumentell‹, weil sie eine Reizverstärkung bewirkt. Im Zen scheint die instrumentelle Art des Lernens praktiziert zu werden. Eine zazen-Übung, deren Ziel die Erleuchtung ist, kann sich als Konditionierung auf einen samadhi-Zustand auswirken, der einen Vorgeschmack der Selbstverwirklichung vermittelt. Diese Reaktion wiederum kann als ›verstärkender Reiz‹, das Ziel zu erreichen, fungieren. Auch perzeptives Lernen, der dritte Prozeß, läßt sich auf zazen anwenden. Hinsichtlich dieser Kategorie sind sich die Psychologen allerdings nicht einig. Einer ihrer theoretischen Ansätze ist die Assoziationstheorie, in der eine kognitive Landkarte (›cognitive map‹, eine von E. C. Tolman eingeführte Bezeichnung: Anm. d. Übers.) benutzt wird. Gestaltpsychologen hingegen »betrachten perzeptives Lernen als eine Umgestaltung des Wahrnehmungsfeldes, die etwas Ähnliches ist wie eine relativ plötzliche Einsicht... Probleme scheinen sich ohne das Hin und Her von Versuch und Irrtum durch plötzliche Einsichten zu lösen« (Morgan und King, 1956, S. 103–104). Nun ist die Fähigkeit, vorher unlösbare Probleme intuitiv zu lösen, auch eines der am höchsten

geschätzten Ergebnisse der Erleuchtung, ja schon des fortgeschrittenen zazen. Und die Erleuchtung kommt so plötzlich wie die intuitiven Einsichten, die ihr vorangehen oder folgen oder sie begleiten.

»Solche plötzlichen Lösungen finden sich gewöhnlich bei Organismen, die vorher viel Gelegenheit zum Lernen hatten und über eine beträchtliche Aufnahmefähigkeit verfügen. Im Zen pflegen Jahre harter Übung der plötzlichen Erleuchtung vorauszugehen. Experimente mit der intuitiven Einsicht sollen manchmal auch beweisen, daß Lernen als Umgestaltung des Perzeptionsfeldes angesichts eines unbefriedigten Bedürfnisses zu denken ist« (Morgan und King, 1956, S. 110–111).

Das Bedürfnis nach Erleuchtung z. B. ist ein starkes Motiv für das Erlernen der schwierigen Methode des zazen.
Mit den von den Psychologen entwickelten *Methoden* des Lernens scheint der Zen-Standpunkt vollständiger übereinzustimmen als mit den drei Lerntheorien. Der Inhalt dessen, was durch Zen gelernt wird, unterscheidet sich jedoch drastisch von dem, worüber Psychologen zu diskutieren pflegen.
Die vier Methoden betreffen:
1. die Einteilung des Übens. Im Zen wurde schon vor langer Zeit praktisch erprobt, daß durch das Abwechseln von kurzen Perioden des Übens im zazen-Sitz mit kurzen Perioden der Ruhe oder mit zazen beim Herumwandern (kinhin) oder zazen während der Arbeit das Lernen intensiviert werden kann[3].
2. die Kenntnis der Ergebnisse. Wissenschaftliche Psychologen behaupten, daß ein Mensch im Idealfall unmittelbar nach jedem Versuch genau wissen sollte, wie gut er seiner Aufgabe nachgekommen ist. Während des zazen scheint häufig nichts zu geschehen, woran man seinen Fortschritt messen könnte. Jedoch fallen dem Aspiranten im täglichen Leben Vorteile zu, die er vielleicht nicht mit ihrer Ursache – zazen – in Beziehung bringt. Der geistige Lehrer weist häufig auf diese Art der Rückkopplung hin.
3. die Kontroverse Lernen durch Lesen oder Lernen durch Vortragen. Beim Sprechen der vier Gelübde und beim Singen von Worten, die den Bewußtseinszustand günstig beeinflussen, hat der Zen-Buddhismus herausgefunden, daß aktives Vortragen wirksamer ist als Lesen. Die Psychologen verweisen darauf, daß es Menschen gibt, die leichter durch Lesen als durch Hören lernen. Die Buddhisten in unserem Zen-Zentrum scheinen das Vorlesen (teisho) durch den roshi dem eigenen Lesen der Sutras und der Kommentare vorzuziehen.

4. das Lernen des Ganzen gegen das schrittweise Lernen. Zen läßt hier keine Wahl. Vorschrift ist, daß aus Erfahrungen und nicht theoretisch gelernt werden sollte. Das führt zur Aufteilung des Lernens nach einer Methode, der sich Intellektuelle am Anfang manchmal widersetzen. Sie würden lieber die gesamte Philosophie und Psychologie des Zen lernen, bevor sie sich den zazen-Übungen unterziehen. Durch zazen und satori soll jedoch schließlich das Ganze empirisch offenbar werden. Teisho und dokusan stehen genauso wie das Studium der Sutras beim Lernen an zweiter Stelle. Es wird allerdings durch die Bedeutungsfülle des jeweiligen Stoffs in beiden Disziplinen – im Zen und in der orthodoxen Psychologie – beschleunigt.

Das Verhältnis von Geist und Körper

Die biologisch orientierte Psychologie untersucht das Verhältnis von Körper, Verhalten und Erfahrung. Durch wissenschaftliche Experimente wurden die äußerst verwickelten Wechselbeziehungen von Körper und Geist, z. B. bei psychosomatischen Krankheiten, enthüllt. Zazen ist eine Disziplin, die es mit Körper *und* Geist zu tun hat; jeder von beiden wird darin geschult, dem anderen auf dem Pfade zur Buddhaschaft zu helfen. Die Erfahrungen einiger Zen-Buddhisten haben gezeigt, daß psychosomatische Krankheiten und Neurosen durch zazen-Übungen gemildert oder geheilt werden können. Sie können dem Körper auch zu beispielloser Energie verhelfen (Hakuin ist ein hervorragendes Beispiel); er kann sich so leicht fühlen, als habe das Glück des Einsseins ihn in einen Schwebezustand versetzt. Eine entspannte, doch aufrechte Körperhaltung soll den Geist klären. Wenn während eines sesshin Ermüdung und Schlaflosigkeit den Einfluß des Bewußtseins schwächen, kann das zur Erweckung der ›Wesensnatur‹ des Menschen führen. Die Wechselwirkung zwischen Körper und Geist tritt auf überwältigende Weise in allen veränderten Bewußtseinszuständen in Erscheinung.

Psychopathologie

Orthodoxe Psychologie, Psychoanalyse und Psychiatrie haben die Verhaltensstörungen in pathologischen Zuständen wie Neurose und Psychose glänzend analysiert. Der Zen-Buddhismus würde den *Analysen* des Ursprungs und der Natur neurotischer Symptome, wie Angst, Verteidigungsmechanismen, Sichentziehen, Depression, abweichendes Sexualverhalten, soziale Kriminalität, Sucht und Unangepaßtheit, bis zu einem gewissen Grad zweifellos zustimmen. Die Wirkung des zazen auf die Neurose ist jedoch von anderer Art als die einer Psychoanalyse. Das liegt einfach daran, daß orthodoxe Psychotherapie »auf ein funktionierendes Ego ausgerichtet ist und deshalb den Nachdruck auf das persönliche Ego legt; die Meditation hingegen zielt auf Zerstören und Transzendieren des Ego« (Weide, 1973, S. 13).
Zen zufolge können bestimmte Neurosen bei manchen Menschen durch zazen gemildert oder geheilt werden, während das bei anderen nicht möglich ist. Um ganz er selbst zu werden, muß der Mensch sich offenbar nicht nur von seiner Neurose befreien, sondern auch die tieferen Schichten seines Unbewußten aktivieren, bis er den Tod des Ego erlebt und sich mit dem universellen Bewußtsein vereint. Es sieht so aus, als sei man angesichts der im Westen herrschenden Neurosen in Amerika dabei zu erproben, inwieweit sich Freudsche Psychoanalyse und Zen-Training miteinander verbinden lassen. Jung stellte fest, daß nur wenige seiner Patienten eine vollständige Individuation erreichten, bevor sie eine religiöse Erfahrung gemacht hatten.
Weide sagt jedoch, »Menschen können auf jeder Stufe eines pathologischen Zustands wichtige transpersonale Erfahrungen machen... Bei einer Person, die ›mystische Erlebnisse‹ hat, kann eine Neurose vorliegen... Auf jeder Stufe der Psychose ... ist transpersonale Erfahrung häufig mit beträchtlichen Selbsttäuschungen vermischt« (Weide, 1973, S. 8). Aber Weide behauptet nicht, daß in einem pathologischen Zustand vollständige Selbstverwirklichung möglich sei. Die verschlungenen Wege des Unbewußten – sie seien normal oder pathologisch – sind eine Herausforderung sowohl an die Psychologie als auch an den Zen-Buddhismus.
Der Zen-Lehrer wird jeden, der sich um Mitgliedschaft in einem buddhistischen Zentrum bewirbt, auf psychogene Krankheiten und Psychosen hin überprüfen, auf deren Behandlung der Zen-Buddhismus

nicht vorbereitet ist, und er wird Bewerber, die an ihnen leiden, nicht zulassen. Jedoch ist es natürlich, daß Vertreter der jüngeren Generation, die an seelischen Störungen leiden und ihr Heil vergeblich im wahllosen Einnehmen von Rauschgiften, in radikaler Politik, in der Gewalttätigkeit oder vielleicht auch in der Psychoanalyse suchten, Hilfe von einer Religion der Erfahrung wie dem Zen erwarten. Sie suchen nicht nur Befreiung von der Neurose, sondern sehnen sich auch nach spirituellen Erlebnissen.
Nun sieht Zen zwar alle Geisteszustände, denen es noch an Erleuchtung fehlt, als makyo an, jedoch gibt es verschiedene Arten von makyo. Wenn die neurotische Störung ernst ist, kann jeder kompetente Zen-Lehrer, wie bereits erwähnt, zu einer Psychotherapie raten. Andernfalls empfiehlt er ausdauerndes zazen und, falls die Störung das Üben stark behindert, auch ein ernsthaftes Nachdenken. Konzentriertes zazen aktiviert die neurotische Schicht des Menschen. Folglich kann er seine Kindheitserlebnisse noch einmal durchleben und während des zazen oder während der Erleuchtung entdecken, wie sie zu lösen sind.
In unserer Welt gilt der gewöhnliche, nicht erleuchtete Mensch als ›normal‹ und nur der Neurotiker und Psychotiker (und manchmal der Erleuchtete) als nicht normal. Für Zen sind alle nicht erleuchteten Menschen nicht ›normal‹. Der normale Mensch, so wird gelehrt, ist derjenige, der seine Urnatur verwirklicht hat, der das geworden ist, wozu er geboren wurde – das natürliche Geschöpf; es ist durch unsere Erziehung fehlgeleitet worden, sehnt sich aber instinktiv danach, in Einklang mit Tao, dem Weg zur letzten Wirklichkeit, zu leben.

Sinnliche und außersinnliche Wahrnehmung

»Die Wahrnehmung ist der Welt der unmittelbaren Erfahrung zugeordnet – der Welt, wie sie vom Menschen gesehen, gehört, gefühlt, gerochen, erlebt wird« (Morgan und King, 1956, S. 367). Das ist die von den orthodoxen Psychologen angebotene Definition.
Zazen kann die Sinneswahrnehmung verändern. Während des zazen ist man bemüht, das Eindringen von Sinneseindrücken, die von der Konzentration auf die Übung ablenken, zu verringern. Zwischen den Sitzungen können die Sinne sich jedoch als sehr geschärft erweisen.

Aristoteles sagte, die Hauptfunktion der Kunst sei Reinigung. Und in der Tat kann die Sinnesreaktion des Zen-Aspiranten auf Schönheit in der Kunst oder in der Natur so reinigend wirken, daß sie einen Schritt nach vorn auf dem geistigen Pfade bedeutet. Jedoch verlieren die Sinne paradoxerweise an Bedeutung, je höher man steigt. Im achten Bewußtseinszustand gibt es »weder Wahrnehmen noch Nicht-Wahrnehmen«.
Aus fortgeschrittenen Konzentrationszuständen kann die außersinnliche Wahrnehmung ohne eigenes Wollen auftauchen. Telepathie, Hellsehen, Vorauswissen und andere Fähigkeiten sind ziemlich verbreitet. Zen rät den Aspiranten davon ab, sich an solche Fähigkeiten zu klammern, weil dies das Fortschreiten auf dem Pfade blockieren würde. Über derartige Fähigkeiten verfügen natürlich manchmal auch nicht erleuchtete Menschen.
Die Psychologen behaupten, das Verhalten sei weitgehend durch die Art bestimmt, in der die Welt wahrgenommen wird. Der gewöhnliche Mensch nimmt die Welt mit seinen Sinnen wahr und handelt dementsprechend. Der vollständig zu sich selbst gekommene Mensch löst sich von seinen Sinneseindrücken. Er erfaßt intuitiv die letzte Wirklichkeit als die einzig ›wirkliche Welt‹ und handelt so, daß er in Harmonie mit ihr und von der unwirklichen Welt der Erscheinungen losgelöst bleibt. Sein Verhalten mag, wenn man es an unseren Konventionen mißt, sonderbar erscheinen.

Gesellschaftliche Bindungen

Die traditionelle Psychologie untersucht den fast unwiderstehlichen Einfluß, den soziale Bindungen an Eltern, an seinesgleichen, an Lehrer auf das Verhalten des nicht zu sich selbst gekommenen Menschen haben. Zen lehrt, daß individuelles Verhalten nicht durch die Werte und Zwänge irgendeiner nicht spirituellen Gruppe bestimmt sein sollte, sondern hauptsächlich durch das zu voller Wirksamkeit gebrachte ›Wesen‹ des Menschen. Buddha lehrt, daß Werte wie Liebe und Mitleid, Weisheit und Selbstlosigkeit der Menschheit angeboren sind. Noch bevor er diese Werte durch Selbstverwirklichung errungen hat, bemerkt der Zen-Aspirant jedoch zu seinem Erstaunen, daß der Einfluß seiner gewöhnlichen Umwelt sich stufenweise vermindert. Im

Osten gibt es eine allgemein respektierte, wenn nicht allgemein gelebte Tradition der Erleuchtung. In der westlichen Kultur gibt es sie nicht. Deshalb wird der Zen-Aspirant von Kritikern und Freunden, denen es an Verständnis für seine Ideale mangelt, vielfach nicht ganz ernst genommen. Freunde und Verwandte können ihn, wie sehr er sie auch lieben mag, von seinen Übungen ablenken. Aber in der sangha findet er immer Geistesverwandte. Die jüngere Generation verspürt offensichtlich vielfach ein tiefes Bedürfnis nach einem natürlichen, einfachen und spirituellen Leben; mancher möchte lieber den Gesetzen seines innersten Wesens und des Kosmos gehorchen als den künstlichen Regeln der vom Menschen geschaffenen, auf dem Ego basierenden Gesellschaft.

Geistige Prozesse

Zen glaubt, daß nicht nur der Intellekt, sondern auch die Sinne und die Intuition Wege des ›Wissens‹ sein können. Ist das Unbewußte erwacht, spricht es zum Bewußtsein in Bildern. Die meisten Menschen haben jedoch, wie Morgan und King (1956, S. 197) behaupten, die Intensität eidetischer Bilder nie an sich erfahren. Aber unter Einwirkung psychedelischer Drogen erlebten die Versuchspersonen von Houston und Masters einen wahren Ansturm solcher Bilder.
Besonders während intensiver Übungsperioden im sesshin kann ein Mensch in tiefer Konzentration viele Bilder – eidetische wie auch andere – sehen. Nach dem Zubettgehen kann er von hypnagogischen und beim ersten Erwachen von hypnopompischen Bildern geplagt werden. Die Herkunft dieser Bilder ist offenbar unbekannt. Sie können faszinierend, aber auch extrem lästig sein, wenn sie andauern. Viele Bilder können auf dem Pfade zur Selbstverwirklichung erscheinen, aber während des Erleuchtungsereignisses selbst gibt es nur Entleertsein, Leere ohne Bilder, doch gefolgt von der tiefsten Erkenntnis, denn dann weiß man, daß man weiß.
Einstellung und Umgebung sind sowohl in der orthodoxen Psychologie wie auch im Zen wichtige Faktoren der Erkenntnis, denn sie können, ohne daß uns das bewußt ist, unser Denken beeinflussen. Die Einstellung eines Menschen kann ihn veranlassen, in einer bestimmten Weise zu denken und zu antworten. Während einer intensiven Zen-

Übung ist es nicht das Denken des Aspiranten, das durch seine Einstellung gelenkt wird. Gelenkt wird vielmehr seine Bereitschaft, in bestimmter Weise zu antworten, das heißt, seine Wesensnatur zu erwecken und hoffnungsvoll seine plötzliche Erleuchtung zu erwarten. Durch seine Umgebung wird der Aspirant in der sangha, speziell im zendo, in dem er mit anderen Teilnehmern zusammensitzt, beeinflußt; die immer beobachtende, ermunternde und begeisternde Gegenwart seines geistigen Lehrers wirkt auf ihn ein.

Während des zazen bemüht sich der Aspirant, sein koan (eine nicht an seine Ratio gerichtete Frage) zu erfassen, wodurch sein Denken sich beruhigt und sein ›Wahres Selbst‹ erweckt wird, mit dessen Hilfe er die Wahrheit in ihrem Wesen erkennen kann. Er konzentriert sich beharrlich auf seine Übung, um ein Abschweifen seiner Gedanken zu verhindern. Auch nach der Erleuchtung ähneln natürlich die Gesetze, denen sein Denkprozeß unterworfen ist, noch denen, die den gewöhnlichen Menschen beherrschen, außer daß sie nun durch sein erwecktes Unbewußtes stark beeinflußt sind. Zen-Psychologie befaßt sich weniger mit dem Prozeß des Denkens als mit seinem Inhalt. Ein Denken in verallgemeinernden Begriffen wird vom Zen-Studenten während seiner Übungsstunden und sogar während der Ausführung verschiedenartigster Arbeiten soweit wie möglich vermieden. Begriffe werden während des zazen immer weniger, und während des Erleuchtungsereignisses verschwinden sie, obwohl nur vorübergehend, vollständig. Nach der Erleuchtung setzt sich die Fähigkeit zur begrifflichen Verallgemeinerung natürlich von selbst wieder durch, aber sie ist durch die gemachte Erfahrung auf erregende Weise verändert. Ein kecker junger Mann kann z. B. behaupten, daß alle Mädchen den Männern unterlegen sind. Nach dem Zen-Training vermag er jedoch einzusehen, daß alle fühlenden Lebewesen insofern gleich sind, als sie alle eine verborgene wahre Natur besitzen, wenn deren Möglichkeiten auch variieren.

Schöpferisches Denken, sagen die Psychologen, »ist der Einsicht ähnlich... die Ideen steigen nach vielfältiger unbewußter Neuordnung der Symbole ins Bewußtsein auf« (Morgan und King, 1956, S. 184). Dem würde Zen zweifellos zustimmen. Zazen und Selbstverwirklichung regen die schöpferische Kraft an. Eine Problemlösung durch andere Methoden als die des rationalen Schließens wird unterstützt durch intuitive Einsichten, wie sie aus dem Praktizieren des zazen hervorgehen. Nachdem das Selbst verwirklicht ist, ergeben sich spon-

tan weise Lösungen. Alles im Leben scheint an den ihm bestimmten Platz zu rücken. Das läßt sich zum Teil durch die Tatsache erklären, daß der erleuchtete Mensch ›in den Strom eingetreten‹ ist, in die universelle Strömung.
Zen ist der Ansicht, daß eine bestimmte Form schöpferischen Denkens, welche die Wahrheit der ›Edlen Weisheit‹ im Gefolge hat, jenseits der Urteilskraft der Philosophen liegt. Im Lankavatara-Sutra legt Buddha vier Kategorien des Wissens dar:

»Die scheinhafte, die relative, die vollkommene und die transzendentale Intelligenz. Erscheinungs-Wissen ist den Unwissenden eigen... Es unterliegt Geburt und Tod. Relatives Wissen ist dem Verstand eigen, dessen sich die Philosophen bedienen. Es kann in die Bedeutung ... der Dinge schauen. Vollkommenes Wissen (jhana) ist dem Geist der Bodhisattvas eigen, die erkennen, daß alle Dinge nur Manifestationen des Geistes, und die selber frei sind vom Dualismus des Seins und des Nichtseins, des Nicht-geboren- und des Nicht-vernichtet-werdens.
›Transzendentale Intelligenz‹ ist der innere Zustand der Selbstverwirklichung. Er wird plötzlich und intuitiv realisiert, sobald die ›Kehrtwendung‹ in der tiefsten Schicht des Bewußtseins stattgefunden hat... Er unterliegt weder der Geburt noch der Zerstörung« (Goddard, 1970, S. 301–309).

Zusammenfassend kann über den Erkenntnisvorgang gesagt werden: Während des zazen treten Denken, Argumentieren, Verbegrifflichung und logisches Lösen der Probleme zurück, und im Augenblick der Erleuchtung sind sie unmöglich. Später setzen sie wieder ein, werden jedoch von nun an durch das Erwachen des tieferen Unbewußten beeinflußt. Deshalb sind einige Erkenntnisprozesse, wie sie sich im gewöhnlichen und im erleuchteten Menschen vollziehen, verwandt, aber nicht identisch. Zen eigentümlich ist die Rolle der Bilder, der Einstellung und der Umgebung, der Sprache, des schöpferischen Denkens und der Symbole; die erzielten Resultate sind denen der Psychologen unähnlich. Im Zen liegt die Betonung hauptsächlich auf dem Wissen, das durch Erfahrung und Intuition, nicht durch den Verstand gewonnen wird. Zen beschäftigt sich mehr mit den Werten als mit den Tatsachen, die das Wissen ans Licht bringt.
Neue Fähigkeiten können, wie bereits angedeutet, schon auf dem Weg zur Selbstwerdung erworben werden, also noch bevor die höchsten Möglichkeiten verwirklicht sind. Psychische Kräfte und außersinnliche Wahrnehmung können ohne eigenes Wollen erfahren werden. Für Wissenschaftler wie Daniel Goleman ist es nur logisch, daß jemand, der von solchen merkwürdigen Fähigkeiten gelesen hat, sie für unglaubwürdig hält. Nur wenn man sie an sich selbst erfahren hat,

ist es einem möglich zu glauben, daß das Bewußtsein sich um ein Potential erweitern läßt, dem wir im Westen skeptisch gegenüberstanden. Diese Bewußtseinserweiterungen sind jedoch im Osten bereits seit Jahrhunderten bekannt. Doch Zen ermahnt die Aspiranten eindringlich, sich nicht an sie zu klammern – sie können zu Hindernissen auf dem Pfad werden.

Heute werden von Wissenschaftlern psychologische Tests an Zen-Praktizierenden und Yogis durchgeführt, während diese sich im Zustand tiefer Konzentration befinden. Kasamatsu und Hirai z. B. stellten fest, daß der Stoffwechsel sich verlangsamt. Wallace fand (1970) heraus, daß der Sauerstoffverbrauch um 20% zurückging. Die Messungen von Datey und anderen (1969) ergaben, daß die Herzleistung um 25%, die Muskeltätigkeit auf Null reduziert wurde. Daniel Goleman berichtet über diese Entdeckungen in »The Journal of Transpersonal Psychology« (1971, S. 5). Er kommt zu dem Schluß, daß diese Messungen einen höheren Grad an Entspannung anzeigen als den, der im Tiefschlaf erreicht wird. Darauf beruht die belebende Wirkung von Meditation und zazen.

Veränderte Bewußtseinszustände

Zweck des Zen-Buddhismus ist es, die Bewußtseinszustände eines Menschen zu verändern. Während des zazen fühlt der Aspirant »eine deutliche qualitative Veränderung in der Struktur seiner Sinnesfunktionen«. Sein Schwerpunkt verlagert sich vom Ego zum Selbst. Seine Bewußtseinsstruktur erfährt im zazen und im satori einen auffallenden Wandel. Er wird gewahr, daß voneinander unabhängige Teile ihre Organisationsmuster geändert haben, miteinander in Zusammenhang und in eine neue Beziehung zum Ganzen gebracht werden. Mit der Annäherung an satori nimmt er seine physische Umgebung immer weniger wahr; dann durchwandert er die vier Schichten des Unbewußten. In der Erleuchtung verliert er – oder verliert er im wesentlichen – jegliches Bewußtsein. Er identifiziert sich mit dem universellen Geist. Danach, im veränderten Zustand, arbeitet sein Bewußtsein in Einklang mit seinem tieferen Unbewußten, und es scheint, als sei es von der unwiderstehlichen Kraft des transzendenten Bewußtseins geleitet.

Was hält der Zen-Buddhismus von Drogen? Die zehn von seinen Anhängern anerkannten Hauptgebote des Buddhismus verbieten die Einnahme von Rauschmitteln und Alkohol. Ihr Gebrauch wird als schädlich für Körper und Geist mißbilligt. Es scheint bemerkenswert, daß junge Leute freiwillig in einem Zen-Zentrum bleiben, in dem die Disziplin streng und die Übungen anstrengend und häufig schmerzhaft sind. Roshi Kapleau erklärt, es könne sein, daß die jüngere Generation sich zwar mit Hilfe von Drogen einen flüchtigen Eindruck von der Möglichkeit der Selbstverwirklichung zu verschaffen vermöchte, aber festgestellt hat, daß man durch zazen zu befriedigenderen und weniger gefährlichen Ergebnissen kommt.

Das führt uns zu dem Schluß, daß Struktur und Funktion des menschlichen Bewußtseins beim gewöhnlichen und beim erleuchteten Menschen in mancher Hinsicht unterschiedlich, in anderer ähnlich sind. Es wäre für den Forscher viel einfacher, wenn die beiden Systeme in völligem Widerspruch zueinander stünden. Statt dessen ergibt sich, daß, wie bei dem Gegensatzpaar yin und yang, die beiden Psychologien einander auf manchem Gebiet überschneiden. Kann die Versöhnung der Gegensätze – Religion und Wissenschaft – eine Lösung bieten?

Weder der Verstandesmensch des Westens noch der intuitive Mensch des Ostens war bisher allein imstande, die Probleme der Welt zu lösen. Der Westen hat logisches Denken, Wissenschaft, Technologie und Reichtum beigesteuert, darbt aber spirituell. Der Osten hat intuitive Weisheit, religiöses Leben und die Kunst des Umgangs mit den spirituellen Kräften beigesteuert, leidet aber an Armut, Krankheit und Analphabetentum. Nationen und Kulturen könnten sich genauso wie der individuelle Mensch in Richtung auf eine Ganzheit hin bewegen. Dazu bedarf der Westen vor allem der Schulung in der Selbstverwirklichung.

Der Zen-Pfad

Was bedeutet der Zen-Pfad für die Selbstverwirklichung? Zazen ist der Pfad zur Erleuchtung. Es gibt zwei Wege, den Zen-Buddhismus zu verstehen: den intellektuellen und den ›mehr als intellektuellen‹, den Weg der Erfahrung.

Kann ein nicht erleuchteter Mensch des Westens die Sutras und Kommentare lesen und Zen mit seinem Intellekt erfassen? Ohne die Interpretation durch einen erfahrenen Lehrer würde ihm das schwerfallen. Für den gewöhnlichen Menschen mögen die Forderungen des Zen-Buddhismus phantastisch klingen, auch wenn sie ihm erklärt werden. Zen kann jedoch durch Philosophie und Psychologie (die sich gegenseitig unterstützen können) verstandesmäßig begriffen werden. In unserer wissenschaftlich orientierten Kultur mag die wissenschaftliche Psychologie sogar größere Überzeugungskraft haben. Denn Zen würde dann als spirituelle Psychologie erscheinen, die sich auf die Gesetze der menschlichen Psyche gründet. Die vielen Parallelen mit der westlichen Psychologie, mit Freud, Jung, Houston und Masters scheinen dies zu bestätigen. Zweifellos wird Charles Tarts an den jeweiligen unterschiedlichen Zuständen des Bewußtseins sich orientierende Wissenschaft der Zukunft (siehe Kapitel 1) die Gültigkeit einer ›Religion der Erfahrung‹ wissenschaftlich beweisen.

Intellektuelles Verstehen formt jedoch den Charakter und das Verhalten nicht um. Dafür ist ein Verstehen nötig, das auf Erfahrung basiert. Daraus ergibt sich für den Zen-Buddhismus, daß Zen zunächst praktisch gelehrt und das intellektuelle Verstehen der Zeit nach der Erleuchtung überlassen werden sollte. Zen kann zwar nach und nach auch über den roshi und sein teisho aufgenommen werden. Aber der Zen-Buddhismus behauptet, daß niemand fähig sei, diese religiöse Disziplin vollkommen zu verstehen, es sei denn durch eigene Erfahrung. Ursache dafür ist, daß die Erleuchtung jenseits der Grenzen von Verstehen, Worten und Begriffen erfahren wird. Jedoch gibt es unter modernen Wissenschaftlern auch solche, die sowohl diese individuell erlebte Erfahrung als auch deren Beglaubigung durch den Intellekt zu fordern scheinen.

In den Vereinigten Staaten beginnt der Erfahrungsweg zum Verständnis des Zen gewöhnlich mit einem ein- oder mehrtägigen Aufenthalt in einer Werkstatt, einem Zen-Zentrum oder in der Universität. Dort gibt es Vorlesungen, kurze Übungen im zazen, Frage- und Antwort-Zeiten und Vorgespräche für eine Mitgliedschaft. Das künftige Mitglied muß sich um sittliche Reinheit bemühen, es muß an die Wirklichkeit von Buddhas Erleuchtung und an die Möglichkeit der eigenen Erleuchtung glauben. Sofern der Student nahe bei einem Zentrum oder einer diesem angeschlossenen Gruppe lebt, geht er im allgemeinen vier- oder fünfmal wöchentlich dorthin, um zazen zu üben. Die

Sitzungen erstrecken sich gewöhnlich über zwei Stunden, sonntags manchmal über den ganzen Tag – acht Stunden. Auf dem Lande lebende Mitglieder aus den gesamten Vereinigten Staaten wohnen den sesshins für einen Zeitraum von sieben Tagen mit täglich ungefähr sechzehn Stunden bei.

Zazen

Welches sind die spezifischen Methoden des Sitzens? Im zendo sitzt der Schüler traditionsgemäß mit untergeschlagenen – in voller Lotushaltung mit gekreuzten – Beinen auf einem runden festen Kissen, das auf einer Matte liegt. Beim vollständigen Lotus liegt, wie in Figur 1

Figur 1: Ein Zen-Schüler im klassischen vollständigen Lotussitz. Es ist wichtig, daß Kopf, Hals und Wirbelsäule in einer geraden, vertikalen Linie gehalten werden. Im allgemeinen bedient man sich zur Anhebung des Gesäßes eines etliche Zentimeter dicken Kissens.

Figur 2: Ein Zen-Schüler im seiza-Sitz, einer Haltung, die in Japan häufig zur Meditation eingenommen wird. Das feste, etliche Zentimeter hohe Kissen unter dem Gesäß nimmt den Unterschenkeln und Füßen das meiste Gewicht ab. Eine kleine Bank zwischen Unterschenkeln und Gesäß erfüllt diese Aufgabe noch besser. Genau wie bei der vollständigen Lotushaltung müssen Kopf, Hals und Wirbelsäule eine gerade, vertikale Linie bilden.

veranschaulicht, der rechte Fuß auf dem linken, der linke Fuß auf dem rechten Oberschenkel. Diese Haltung dient als solide Grundlage für längeres Sitzen. Sie kann für Knie und Rücken zuerst sehr schmerzhaft sein, aber auch dieser Schmerz kann als Anreiz zum Üben dienen. Es gibt noch andere Körperhaltungen: der halbe Lotus mit dem linken Fuß auf dem rechten Oberschenkel; der japanische Stil mit den Hakken unter dem Gesäß und einem Kissen dazwischen (seiza), veranschaulicht in Figur 2. Man darf auch auf einem Stuhl sitzen, wenn man ein Kissen so unter das Gesäß legt, daß Körper und Beine einen Winkel von ungefähr 95° bilden. Dieser Winkel ist zur Geradestellung der Wirbelsäule notwendig.

Der Übende sieht, um nicht abgelenkt zu werden, auf eine leere Wand. Seine Augen sind fast geschlossen. Er entspannt seine Muskeln, doch muß seine Wirbelsäule die ganze Zeit gestreckt bleiben. Er ist angewiesen, in schweigender Würde Haltung zu bewahren und bewegungslos wie ein Fels zu verharren. Nie darf er sich am Ohr kratzen oder die Nase putzen. »Vollkommenes Schweigen bis in die tiefsten Tiefen des Bewußtseins trägt zur Schaffung optimaler Vorbedingungen dafür bei, daß man ins Innerste des Geistes zu schauen und die wahre Natur des Daseins zu entdecken vermag« (Kapleau, 1967, S. 9). Wenn der Aspirant zum erstenmal im zazen sitzt, kann ihm sein Geist wie ein aufgerührter Tümpel trüben Wassers vorkommen. Bewegungsloses Sitzen macht es jedoch möglich, daß sich alle Ablagerung und Befleckung auf dem Grund absetzen kann, so daß er sich schließlich durch seine Unbeweglichkeit, Ruhe und Konzentration sonderbar gereinigt fühlt.

Während des zazen soll der Student auf Anweisung des roshi beim Ein- und Ausatmen bis zehn zählen und dann mit eins wieder beginnen. Das Atmen kann so zu einem Hilfsmittel auf dem Wege zur Spiritualität werden. Oder der Schüler kann sich endlos die ihm zugeteilte koan-Frage stellen. Das koan ist ein Kunstgriff, der bei allen Zen-Sekten in Gebrauch ist. Es handelt sich dabei um dem Verstand sinnlos vorkommende Fragen wie z. B. »Was ist MU?« oder »Wie klingt das Klatschen mit einer Hand?« Der Zweck des koan ist, den diskursiven Verstand so zu frustrieren, daß er seine Herrschaft über die Persönlichkeit aufgibt und dem ›Wahren Selbst‹ oder dem tieferen Unbewußten erlaubt, sich frei zu betätigen. In allen Zen-Sekten gebraucht die Aufsichtsperson einen kyosaku, einen hölzernen Stock, mit dem sie dem Sitzenden in bestimmten Zeitabständen auf die

Schulter schlägt. Dadurch sollen die Akupunktur-Linien angeregt werden, die die psychische Energie zur hara, der Region direkt unter dem Nabel, weiterleiten. Während der Beschäftigung mit seinem koan konzentriert sich der Zen-Anhänger auf die hara. Die hara wird als Quelle der psychischen Lebensenergie angesehen und steht offenbar in Beziehung zum Solarplexus.

Gewöhnlich dauern die Sitzungsrunden jeweils 35 Minuten, dann läutet die Aufsichtsperson mit einer Glocke, für fünf Minuten wird zazen in Bewegung – kinhin – praktiziert. Alle gehen langsam im Gänsemarsch um das zendo herum und konzentrieren sich weiter auf ihr koan oder auf andere Übungen.

Am Ende eines langen sesshin fühlen sich die Mitglieder gewöhnlich so glücklich, daß sie lachen und weinen, sich umarmen und küssen. Sie sind körperlich müde, deshalb empfiehlt der roshi für ein paar Tage Ruhe, aber zur gleichen Zeit sind sie voll von joriki – der dynamischen Kraft, die aus der Konzentration fließt, wenn der Geist gesammelt und auf einen Punkt ausgerichtet ist.

Ziel des zazen ist natürlich nicht nur die eine Erleuchtung; man soll zu immer tiefergehenden Erleuchtungserfahrungen kommen, in denen der diskursive Verstand zur Ruhe kommt und der Buddha-Geist des Menschen und sein mitleidvolles Herz erweckt wird. Zweck des Erweckens ist es, die Tür zur Schatzkammer der Tugenden – Mitgefühl, Liebe, der Wunsch zu dienen, Selbstlosigkeit, innere Gewißheit und schöpferische Kraft –, die allen Menschen angeboren sind, zu öffnen. In jenem Zen-Zentrum, in dem ich Mitglied bin, sind die jungen Leute erstaunlich schöpferisch. Sie malen, modellieren, schreiben, schnitzen, komponieren und dichten, kochen und nähen, planen und organisieren Feiern, tünchen, legen elektrische Leitungen und geben eine Hauszeitung heraus, den ›Zen-Bogen‹.

Lange vor der Erleuchtung verändert zazen allmählich den Bewußtseinszustand der Aspiranten, was dann bei ihnen zum Wandel von Charakter, Verhalten und Wertsystem führt. Zazen macht sie weniger egoistisch, großzügiger und selbstloser. Sie teilen Wohnungen, Autos, Geld, Probleme und arbeiten miteinander. Als ich nach Rochester zog, erschienen sieben junge Mitglieder, um meine vielen Bücher- und Geschirrkartons auszupacken. Als ich Grippe hatte, kamen – unaufgefordert und unerwartet – zehn von ihnen in meine Wohnung geeilt, um mein Essen zu kochen. Eine sangha (oder Zen-Gemeinschaft) wird wirklich zu einer liebevollen Familie. Sie hat nicht nur herzliche

Kameradschaft, sondern auch ein Ziel anzubieten, für das man kämpft, und fachmännische Anweisungen für den Weg dorthin.
Die Mitglieder sind auch bei Zen-Hochzeiten, Picknicks und vielen anderen Festen anwesend; Weihnachten, Buddhas Geburt, Erleuchtung usw. werden gemeinsam gefeiert. Die goldenen Buddhafiguren, die über das Zen-Zentrum verteilt sind, versinnbildlichen Erleuchtung, dharma und – im Falle der Kwannonfiguren – Mitleid. Sie sind außerdem Vergegenständlichungen der eigenen menschlichen Urnatur. Vor ihnen niederzufallen heißt nicht, sich vor einem heidnischen Idol zu verneigen, wie die Unwissenden behaupten. Der »Mast des Ego« wird niedergeholt, die Ehrerbietung gilt nicht einem Gott, sondern einem großen geistigen Lehrer, einem vollkommenen Menschen und auch der Personifizierung der eigenen Möglichkeiten.
Buddha beschreibt seine Lehren als ein Floß, das den Menschen über den Strom des Lebens auf das andere Ufer – die Erleuchtung – bringt. Wenn man einmal dort angelangt ist, hat man den Mut, das Floß und sogar den Buddha zu verlassen, um allein, frei und voller Selbstvertrauen dazustehen.

Gefahren

Gibt es unterwegs auf dem Pfad irgendwelche Gefahren? Ja. Wenn man eine nur oberflächliche Erleuchtung erlangt hat, kann man dazu neigen, seine »Vollkommenheit« hochmütig zur Schau zu stellen. Man nennt das die ›Zen-Krankheit‹. Auch können die tiefen, verstörenden Probleme, die zazen ans Licht holt, zuzeiten als unerträglich empfunden werden. Es kommt vor, daß Aspiranten in Ohnmacht fallen, weinen, schreien, gelegentlich auch hysterisch werden. Das Durchbrechen der vom starken, egozentrischen Verstand errichteten Schranke und die Befreiung jener Tugenden, die in den tiefsten Schichten des Unbewußten eingeschlossen waren, durch eigene beharrliche Anstrengung ist ein schmerzhafter, mächtiger, wundervoller Vorgang. Ihn durchzustehen lohnt sich in einem Maße, wie jemand, der diese Erfahrung nicht gemacht hat, es kaum zu glauben vermag.

Zusammenfassung

Im Zen wimmelt es von Negationen, Paradoxien und Widersprüchen – kurz gesagt, von ebenso knappen wie substantiellen Aussagen. Diese kurze Abhandlung mußte sich jedoch hauptsächlich auf die Psychologie des zazen und der Selbstverwirklichung beschränken, statt eine Analyse des gesamten Zen-Systems zu versuchen, über das bereits Tausende von Bänden vorliegen.

Der erhoffte Höhepunkt des zazen ist die Erleuchtung. Durch sie wird das ›Wahre Selbst‹ mit dem universellen Geist identisch. Man kehrt zu seinem Ursprung zurück, zur letzten Wirklichkeit, zur Leere, zum Leersein, das alles enthält. Man erfährt eine Seligkeit, die sich aller Beschreibung entzieht, und wird heimgesucht von intuitiven Einsichten. Man sieht in das Wesen alles Existierenden, fühlt sich eins mit allen Dingen. Gegensätze sind in Einklang gebracht – Vernunft und Intuition, das Individuum und das Universum, das Ich und die anderen, Leben und Tod. Man geht aus der Erleuchtung als ein unglaublich Veränderter hervor – selbstlos, liebend, mitleidsvoll, stark, ehrlich, schöpferisch, weise, befähigt zur Lösung der täglichen Probleme. Man erlebt ein Gefühl universaler Bruderschaft. Denn im Zen nimmt man die Unterschiede von Rasse, Alter, Geschlecht oder sozialem Status nicht wahr. Man kennt die ›Wahre Natur‹ jedes anderen, auch wenn sie verborgen ist. Man hat das Gefühl, daß vielleicht der zu sich selbst gekommene Mensch, in welchem System auch immer, der Mensch der Zukunft sein könnte, der, so ist zu hoffen, das goldene Zeitalter herbeiführt, von dem die Menschheit so lange geträumt hat.

---

[1] Die englische Übersetzung der erwähnten fünf Mahayana-Sutras findet sich in Goddard (Hrsg.), Buddhist Bible, 1970.

[2] Wer gesundes, normales, aus religiöser Erfahrung gespeistes Seelenleben als ungesunde, abnorme Psychose und infantilen Rückschritt abqualifiziert, wie das einige Psychologen tun, sei auf meine Abhandlung »The Mystical Experience – Facts and Values« (1972) hingewiesen.

[3] kinhin ist ein gänsemarschähnliches Herumwandern im zendo zwischen den Sitzungen, wobei jeder einzelne sich auf sein ›koan‹ konzentriert; zazen während der Arbeit bedeutet Konzentration auf das koan in der Hoffnung, dadurch eins zu werden mit der jeweiligen Tätigkeit.

DANIEL GOLEMAN

5. BUDDHAS LEHRE VON DER MEDITATION UND DEN BEWUSSTSEINSZUSTÄNDEN

Mein aufrichtiger Dank gilt Acharya Anagarika Munindra vom Internationalen Meditationszentrum in Bodh Gaya, Indien, für seine praktische Hilfestellung beim Studium des Visuddhimagga; Baba Ram Dass für Diskussionsbeiträge zu diesem Aufsatz; Joseph Goldstein für seine fruchtbaren Hinweise auf die Mathematik veränderter Bewußtseinszustände; und schließlich Maharaj-ji für Unterstützung und Organisation meines Aufenthalts in Indien, wodurch diese Arbeit erst möglich wurde.
Das folgende Kapitel ist ein Auszug aus zwei längeren Artikeln des Autors in der Zeitschrift *Journal of Transpersonal Psychology*, 4 (1972), S. 1–44 und 151–210, mit Genehmigung des Autors und der Zeitschrift. Leser, die an weiteren Informationen über Golemans Forschungen, vor allem deren psychophysiologische Anwendung, interessiert sind, werden auf die Originalartikel verwiesen. (Anm. d. Hrsg.)

> Manifestation ist Manifestation in unserem Geist,
> Und Leere ist seine Leere.
> Erleuchtung ist Erleuchtung unseres Geistes,
> Und Blindheit ist seine Blindheit.
> Auch die Dinge entstehen und vergehen in unserem Geist.
> So weiß ich denn, daß alles und jedes
> Nur in unserem Geist geschieht.
>
> – Tilopa, *The Vow of Mahamudra*

Die Menschen des Westens, die sich aufmachen, in uns fremde Bereiche des Bewußtseins vorzudringen, befinden sich in ähnlich mißlicher Lage wie die europäischen Kartographen des 16ten Jahrhunderts, die nach Berichten von Seefahrern Landkarten der Neuen Welt zusammenstückelten, einer Welt, die sie selbst nie gesehen hatten. So wie Pizarro in Berichten über die Neue Welt das Hauptgewicht auf Peru und Südamerika gelegt und Nordamerika vernachlässigt hat, während Hudson sich auf Kosten Südamerikas vorwiegend für Kanada und Nordamerika interessierte, so geht es auch den Erforschern der Seelenräume: Jeder Bericht über Bewußtseinszustände sieht anders aus, je nach den spezifischen Erfahrungen des Reisenden, der ihn schreibt. Trotzdem decken sich die Berichte an vielen Stellen; diese Tatsache bestätigt die Annahme, daß das beschriebene Gebiet eine eigene Topographie besitzt, die von seiner Beschreibung unabhängig ist, sich aber in ihr widerspiegelt. Die Unterschiede zwischen den einzelnen Beschreibungen zeigen, daß es viele Wege zu diesen Bereichen gibt, und daß man sie auf unterschiedliche Weise erreichen und in verschiedenen Sprach-, Bild- und Symbolsystemen darstellen kann.
Die wohl ausführlichsten »Landkarten« der Bewußtseinsbereiche finden sich heute in den Lehren der östlichen Religionen. Der tibetanische Begriff *bardo* oder der Terminus *loca* in den Veden und im Buddhismus sind im esoterischen Sinn Metaphern sowohl für die mentalen Zustände, die traditionsgemäß von der westlichen Psychologie untersucht werden, als auch für Zustandsbereiche, die von der Psychologie des Westens noch längst nicht allgemein anerkannt werden. Buddhadasa Bhikku (1968) zum Beispiel gibt den esoterischen Sinn solcher Begriffe in den Theravadan-Schriften so wieder: »Hölle« bedeutet Qualen; *preta loca*, das »Reich hungriger Geister«, bezeichnet auf Begierden oder Minderwertigkeitsgefühlen basierende Motivationen; *asura loca*, das »Reich furchtsamer Geister«, bedeutet irrationale

Ängste, und »Himmel« höchste Seligkeit der Empfindungen. Alle diese Zustände existieren hier und jetzt. Über diese uns weitgehend vertrauten Bereiche hinaus beschreiben die Systeme des Ostens geistig-seelische Regionen, die westliche Psychologen erst in jüngster Zeit wahrzunehmen und zu untersuchen beginnen. Was jahrhundertelang fundamentale religiös-transzendentale Erfahrung war und daher auch in der Terminologie religiöser Glaubenssysteme dargestellt wurde, versucht man jetzt als »veränderte« oder »höhere« Bewußtseinszustände in die moderne Psychologie zu übertragen, die selbst ein Glaubenssystem ist.

Die vorliegende Arbeit befaßt sich mit einer Unterkategorie der veränderten Bewußtseinszustände: mit den meditationsspezifischen Bewußtseinszuständen. Meditative Bewußtseinszustände unterscheiden sich insofern von veränderten Bewußtseinszuständen, als dazu nur diejenigen durch Meditation erreichten Zustände gehören, die die normalen Grenzen der sinnlichen Wahrnehmung und der Erkenntnis überschreiten. Die veränderten Bewußtseinszustände umfassen ein größeres Gebiet als die meditationsspezifischen Bewußtseinszustände: Zu den veränderten Bewußtseinszuständen gehören außer den meditationsspezifischen Bewußtseinszuständen zum Beispiel auch die durch Hypnose und psychedelische Drogen erzeugten (Themen, die den Rahmen dieses Kapitels sprengen würden). In ihren Auswirkungen auf die drei normalen Zustände des Schlafens, Wachens und Träumens führen die meditationsspezifischen Bewußtseinszustände zu höheren Bewußtseinszuständen im Sinne der Kriterien Tarts (1971 a): Erstens bleiben alle Funktionen der »niederen« Bewußtseinszustände – also Schlafen, Wachen, Träumen – erhalten, und zweitens treten einige neue, aus Meditationszuständen entstandene hinzu. Was ich an anderer Stelle (1971) die »fünfte Stufe« genannt habe, hat definitionsgemäß die Eigenschaften eines höheren Bewußtseinszustandes; die meditationsspezifischen Bewußtseinszustände jedoch, um die es hier geht, sind keine höheren Bewußtseinszustände im Sinne Tarts.

In dem Maße, wie die systematische Erforschung von Bewußtseinszuständen fruchtbare Resultate zeitigt, wird sich vielleicht zeigen, daß die Gründe für die scheinbar unterschiedliche Auslegung und Abgrenzung der Begriffe »Meditation« und »höhere Bewußtseinszustände« in den einzelnen traditionellen Quellen eher in den jeweiligen Idiosynkrasien derer zu suchen sind, die diese Zustände erfahren und von ihnen berichtet haben, als in den Zuständen selbst. Da sich die meisten Äußerungen über meditationsspezifische Bewußtseinszustände und höhere Bewußtseinszustände in religiösen Systemen finden, ist zum Teil auch das jeweilige Glaubenssystem, in dessen Terminologie die Erfahrungen mit höheren Bewußtseinszuständen gedeutet werden, für manche Interpretationsvarianten verantwortlich zu machen. Hier gilt, wie überall, das von Schachter formulierte Gesetz (1962): Kognitive Prädispositionen beeinflussen Interpretation und Benennung internalisierter Reize. So sagt zum Beispiel Ramana Maharshi, ein Mann, der selbst höhere Bewußtseinszustände erfahren hat, Paulus habe sein großes Damaskus-Erlebnis, als er wieder ins Alltagsbewußtsein zurückgekehrt war, in christlichen Begriffen dargestellt, weil er sich zu jener Zeit gedanklich mit Christus und den Christen auseinandersetzte; er identifizierte seine Wahrnehmungen also mit dem, was seinen Geist am stärksten beschäftigte (Chadwick 1966). Ein Beispiel aus unserer Zeit ist R. M. Bucke (1961), der in einen höheren Bewußtseinszustand eintrat, als er nach einer Lesung der Lyrik Walt Whitmans nach Hause fuhr, und der seine Erfahrung folgerichtig in der Terminologie des »kosmischen Bewußtseins« beschrieb. Nach Suzuki (1958) liegt in jeder Religion den Strukturen ihrer Institution und ihrer Theologie die zentrale Erfahrung einer Bewußtseinsveränderung zugrunde. Nur zu oft haben System und Lehre überlebt, nicht aber die ursprüngliche Erfahrung. Die gegenwärtige Krise der Kirchen läßt sich u. a. auch darauf zurückführen, daß unserer Zeit die persönliche Erfahrung transzendentaler Zustände, des »lebendigen Geistes«, fehlt, der die Grundlage aller Religionen ist. Noch ist es so, daß jeder, der diese Bereiche ohne Führung betritt, sie gleichsam als erster für die Welt entdeckt. So schreibt ein Biograph Sri Aurobindos:

Es ist durchaus vorstellbar, daß Sri Aurobindos Erfahrungen ihn selbst am meisten verwirrten, und daß er einige Jahre brauchte, um wirklich zu begreifen, was geschehen war. Wir haben die ... Erfahrung ... so beschrieben, als stünden die einzelnen Stufen miteinander in logischem Zusammenhang, und als habe jede ihre Erklärung gleich mitgeliefert; aber diese Erklärungen stellten sich erst viel später ein; im Augenblick des Erlebens gab es keine Wegweiser, die ihm die Richtung gewiesen hätten (Satprem, 1970, S. 256).

Das folgende Kapitel beschäftigt sich eingehend mit den Lehren Buddhas über Meditation und höhere Bewußtseinszustände, wie sie im Visuddhimagga berichtet werden, der vielleicht genauesten und umfassendsten Beschreibung dessen, was ein Mensch jemals im Bereich des Geistigen erforscht hat.

Visuddhimagga: Buddhas Beschreibung der höheren Bewußtseinszustände

»In der buddhistischen Lehre ist der Geist Ausgangspunkt, Brennpunkt und, als befreiter und geläuterter Geist des Heiligen, Gipfelpunkt« (Nyanaponika, *Heart of Buddhist Meditation*).
Die wohl umfangreichste und ausführlichste Behandlung höherer Bewußtseinszustände bietet das enzyklopädische Abhidhamma, eine seinen Schülern zugeschriebene Wiedergabe der Reden Gautama Buddhas während mehr als vierzig Jahren. Im fünften Jahrhundert gab Buddhagosa in seinem umfangreichen Werk Visuddhimagga, der »Pfad der Läuterung«[1], eine Zusammenfassung des Abhidhamma. Buddhagosa will »Läuterung« als *nirvana* verstanden wissen. Bei der Schilderung dieses Pfads werden praktisch auch alle anderen Pfade zu Meditationszuständen kurz gestreift. Buddha, so heißt es, ging sie alle, ehe er das *nirvana* erlangte. Das im Visuddhimagga dargestellte System der Pfade und ihrer entsprechenden Bewußtseinsbereiche umfaßt oder berührt in der Tat die wichtigsten praktischen Lehren fast aller in neuerer Zeit in den Westen verpflanzter Schulen des Ostens.

Die läuternde Sila

Buddhas System beginnt mit der *sila* – der Tugend oder moralischen Reinheit –, der systematischen Schulung des Denkens, Redens und Handelns, die sonst vergeudete Energien in eine nutzbringende, eine heilsame Richtung lenkt. »Heilsam« wird hier so verstanden wie in der Sprache des Dharma[2]: Es ist das, was den Menschen zu meditativen Bewußtseinszuständen und endlich zum *nirvana* führt. *Sila* ist die entscheidende Grundlage jenes Prozesses, der schließlich im *nirvana* gipfelt: sie ist die Fähigkeit, einen kühlen Kopf zu bewahren, und die man braucht, um meditationsspezifische Bewußtseinszustände erreichen zu können. *Sila* ist einer der drei Hauptteile im Schulungssystem Buddhas; die anderen beiden sind *samadhi*, die Konzentration, und *prajna*, die Einsicht. Zwischen *sila*, *samadhi* und *prajna* bestehen psychologische Wechselwirkungen. Werden für die *sila* alle Kräfte eingesetzt, so ist es viel leichter, zur Konzentration zu gelangen, die ihrerseits zu länger andauernder Einsicht führt. *Sila*, anfangs ein Akt des Willens, wird mühelos und natürlich, wenn sie in der *samadhi* oder in der *prajna* wurzelt. *Prajna* kann die Reinheit stärken, indem sie zugleich die Konzentration fördert. Starke Konzentration kann als Nebenprodukte Einsicht und Reinheit erzeugen. Die Dynamik der Interaktion zwischen den einzelnen Komponenten ist nicht linear; die Entfaltung einer der drei erleichtert den Zugang zu den anderen beiden. Das Durchlaufen eines bestimmten Meditationspfades vollzieht sich nicht notwendig als lineares Fortschreiten, sondern eher als simultane spiralenförmige Interaktion. Dieser Prozeß muß hier zwar zwangsläufig linear dargestellt werden, man sollte aber nicht vergessen, daß die Entwicklung von moralischer Reinheit, Konzentration und Einsicht beim Individuum in Wirklichkeit in komplexer Wechselwirkung dieser drei Komponenten stattfindet; sie sind drei Facetten eines einzigen Prozesses.

Wenn mühelose *sila* erreicht werden soll, muß das Ego »sterben«, das heißt die aus dem Ich-Denken aufsteigenden Begierden dürfen nicht länger das Verhalten entscheidend bestimmen. Wenn dieser »Tod« durch die Entfaltung der *samadhi* herbeigeführt wird, bleibt – nach Aussage des Visuddhimagga – das Ego in Gestalt latenter Neigungen erhalten, die unwirksam bleiben, solange der Geist sich im Zustand der Konzentration befindet, und erst wieder aktiv werden, wenn die Konzentration nachläßt. Ist der Tod des Ego eine Folge der Reifung der *prajna*, hört das Ego auf, als verhaltensbestimmende Kraft wirksam zu sein, obwohl es im Verstand vielleicht immer noch in Form alter Denkgewohnheiten weiterlebt; im Zustand tiefster Einsicht wird der Geist frei von den Begierden des Ego, die nun als flüchtig, unbefriedigend und wesenlos erkannt werden. Wird das *nirvana* endgültig erreicht, ist auch die *sila* vollkommen, die Fähigkeit zu unreinem Handeln restlos überwunden. Aus östlicher Sicht ist dieses Endstadium dem Zwang der Wahl enthobene *sila*, das heißt *vairagya*. Sila bedeutet nicht nur, sich des Handelns in irgendeiner vorgeschriebenen Weise, sondern auch des Denkens in vorgezeichneten Bahnen zu enthalten; denn das Denken wird als Wurzel des Handelns angesehen. So legt das Visuddhimagga dem Meditierenden zum Beispiel nahe, wollüstigen Gedanken, die möglicherweise in ihm aufsteigen, sofort dadurch zu begegnen, daß er sich auf die ekelhaften Aspekte des Körperlichen konzentriert. Ziel der Erarbeitung moralischer Reinheit ist es, den Meditierenden von Reue-, Schuld- und Schamgefühlen zu befreien.

Die anfangs mühevollen Übungen erleichtern den Übergang des Bewußtseins in höhere Zustände, in denen die in der *sila* angelegten Verhaltensweisen sich als mühelose, natürliche Begleiterscheinungen dieser Zustände ergeben. In diesen höheren Zuständen werden Denken und Handeln durch die hier dominierende Erfahrung der Seligkeit, Zufriedenheit und Losgelöstheit bestimmt. Die alten Psychologien des Westens, die von der Dynamik der Sexualität und dem Machtstreben als ihren Grundvoraussetzungen ausgehen, sind in diesen neuen Bereichen des Geistes nicht mehr anwendbar, so wie die Newtonsche Physik sich für das Verständnis der Atomphysik als unzureichend erwies[3]. Meditative und höhere Bewußtseinszustände sind vom Standpunkt der westlichen Psychologie aus insofern »transzendental«, als sie einem Bereich angehören, der jenseits ihres spezifischen Denksystems liegt; doch auch in den meditationsspezifischen Bewußtseinszuständen und höheren Bewußtseinszuständen gelten bestimmte Regeln und Gesetzmäßigkeiten.
In der Tradition des Visuddhimagga beginnt die *sila* mit der Beachtung der für Laien, Novizen und Mönche geltenden moralischen Schulungsregeln. Für Laien gibt es nur fünf Gebote: nicht töten, nicht stehlen, nicht lügen, Abstinenz von unerlaubtem Geschlechtsverkehr und von Rauschmitteln. Für Novizen erhöht sich die Zahl auf zehn, und für Mönche schließlich auf 227 Verbote und Vorschriften, die das Klosterleben regeln. Während die Praxis der *sila* je nach dem Lebensstil des einzelnen variiert, ist die Absicht immer die gleiche: Vorbereitung auf die Meditation. Auf einer bestimmten Ebene bezwecken diese Vorschriften die Erziehung zu richtigem Sozialverhalten; in der hier geschilderten buddhistischen Tradition ist dieser Aspekt jedoch von zweitrangiger Bedeutung gegenüber der Reinheit der Motivationen, die das gesamte Leben bestimmt und sich in rechtem Verhalten äußert. *Sila* sollte nicht nur als Rechtschaffenheit im üblichen äußerlichen Sinn verstanden werden, sondern auch als eine geistige Haltung oder seelische Grundeinstellung, der rechtes Denken, Reden und Handeln entspringt. Das Verhalten muß, sofern es das Bewußtsein beeinflußt, unter Kontrolle gebracht werden. *Sila* ist die bewußte, gezielte Steuerung des Handelns, die zu einer gelassenen, befriedeten Geisteshaltung zu führen bestimmt ist. Die moralische Läuterung hat einzig die geistige Reinheit zum Ziel.

Geistige Wachheit und Meditation

Da das Ziel der *sila* Herrschaft über den Geist ist, gehört zu den Übungen auch die Kontrolle der Sinne. Sie wird mit Hilfe der *satipatthana*, der geistigen Wachheit, erreicht. Man lernt die Sinnesorgane zu beherrschen, indem man sich die Gewohnheit anerzieht, sinnliche Wahrnehmungen zwar aufzunehmen, nicht aber zuzulassen, daß sich der Geist von ihnen zur Produktion von Gedankenketten anregen läßt. Wird diese Haltung der bloßen Aufmerksamkeit gegenüber sinnlichen Reizen systematisch zum *vipassana*, zum Sehen der Dinge, wie sie sind, entwickelt, so eröffnet sie den Zugang zum Zustand des *nirvana*. In der täglichen Praxis fördert sie die Loslösung von der eigenen inneren Welt der Wahrnehmungen und Gedanken. Man wird zum außenstehenden Beobachter der eigenen Bewußtseinsabläufe und bereitet so jenen Zuständen den Weg, die jenseits des normalen Bewußtseins liegen.

Im Anfangsstadium, ehe man die Wachheit wirklich meistert, ist man noch leicht ablenkbar durch äußere Gegebenheiten. Daher gibt das Visuddhimagga dem angehenden Meditierenden Anweisungen, wie er sein äußeres Leben am besten zu führen hat. Er muß sich seinen Lebensunterhalt auf »rechtschaffene« Weise verdienen, so daß die Herkunft der finanziellen Mittel keinen Anlaß zu Mißtrauen gibt. Berufe wie Astrologe, Handleser und Traumdeuter sind deshalb den Mönchen ausdrücklich verboten, wogegen ein Leben als Bettler empfohlen wird.

Eigener Besitz sollte sich auf ein Minimum beschränken. Der Mönch darf nur acht Dinge besitzen: drei Gewänder, einen Gürtel, eine Bettelschale, ein Rasiergerät, eine Nähnadel und Sandalen. Beim Essen wird Mäßigung empfohlen; es sollte genug sein, um körperliches Behagen zu vermitteln, aber nicht so viel, daß es schläfrig macht. Man sollte fern der Welt, an einem einsamen Ort wohnen; für Leute, die in Familie leben, sollte ein Raum bereitstehen, der ausschließlich der Meditation dient. Übermäßige Rücksicht auf körperliche Bedürfnisse ist zu vermeiden, doch sollten bei Krankheit geeignete Medikamente verabreicht werden. Die vier natürlichen Bedürfnisse nach Besitz, Nahrung, Wohnung und Medikamenten sollten, ohne Gier, nur so weit befriedigt werden, wie es zum Wohlbefinden nötig ist, so daß auch das materiell Notwendige rein und unbefleckt ist.

Da die geistige Verfassung des Menschen bekanntlich durch die seiner

Mitmenschen beeinflußt wird, empfiehlt es sich für den Meditierenden, in Gesellschaft Gleichgesinnter zu leben. Das ist einer der Vorteile eines *sangha* (Sanskrit: *satsang*); im engeren Sinn sind das die Menschen, die den Zustand des *nirvana* erreicht haben, im weitesten Sinn ist es die Gemeinschaft derer, die den Pfad gehen. Durch die Anwesenheit geistig wacher oder konzentrierter Menschen wird die Meditation erleichtert, während sie durch das Zusammensein mit Leuten, die von weltlichen Angelegenheiten beunruhigt, abgelenkt oder absorbiert werden, erschwert wird. Diese Leute pflegen Gespräche zu führen, die der Loslösung, der Leidenschaftslosigkeit, der inneren Ruhe nicht förderlich sind. Buddha zählt als Themen, die für solch nutzloses Gerede typisch sind, folgende auf:

Gespräche über Könige, Diebe, Minister, Armeen, Hungersnöte und Kriege; über Essen, Trinken, Kleidung und Wohnung, über Blumenschmuck und Wohlgerüche, Verwandte, Fahrzeuge, Städte und Länder, über Frauen und Wein, den Klatsch auf den Straßen und an den Brunnen; über Vorfahren und allerhand Kleinigkeiten; Geschichten über den Ursprung der Welt, Gespräche darüber, ob die Dinge so oder anders sind, und ähnliches mehr (Mahasi Sayadaw, 1965, S. 232).

Nachdem der zur Meditation Entschlossene die Vorteile eines *sangha* erfahren und dank seiner Förderung in der Meditation Fuß gefaßt hat, mag er vielleicht auf einer höheren Stufe als Hindernis empfinden, was einst Hilfe war. Das Visuddhimagga zählt zehn Arten des Verhaftet- und Behindertseins auf, die Fortschritten in der Meditation im Wege stehen können: 1. jeder feste Wohnsitz, wenn seine Instandhaltung Sorgen macht; 2. eine Familie, wenn ihr Wohlergehen den Geist zu sehr beschäftigt; 3. Geschenke oder Ruhm, wenn man durch sie gezwungen wird, seine Zeit mit Bewunderern zu verbringen; 4. Lehrtätigkeit und ein Gefolge von Schülern; 5. Aktivitäten und Vorhaben; »etwas zu tun« haben; 6. Umherreisen; 7. Menschen, die einem nahestehen und auf deren Bedürfnisse man achten muß; 8. Krankheit, die Behandlung verlangt; 9. theoretische Studien, die nicht von praktischer Tätigkeit begleitet werden; 10. supranormale psychische Kräfte, deren Betätigung interessanter wird als die Meditation. Dieser Aufzählung liegt der Gedanke zugrunde, daß man sich nur dann ganz auf die Meditation konzentrieren kann, wenn man sich von weltlichen Verpflichtungen freimacht. Das ist Läuterung im Sinne der Befreiung des Geistes von allem, was ihn stören könnte.

Askese

Neben der *sila* wird im Visuddhimagga noch eine Gruppe von dreizehn Übungen zur Selbst-Läuterung beschrieben. Diese asketischen Übungen sind auf dem »mittleren Weg« Buddhas nicht obligatorisch. Wenn jemand, der sein Leben der Kontemplation geweiht hat, findet, daß ihn einige von diesen Übungen seinem Ziel näherbringen könnten, soll er sie durchführen, aber mit Zurückhaltung, möglichst so, daß niemand etwas davon merkt. Zu diesen asketischen Methoden der Läuterung gehört, daß man zerlumpte Kleider trägt, seine Nahrung erbettelt, nur einmal am Tag eine Schale Essen zu sich nimmt, im Wald unter einem Baum schläft, sich auf Friedhöfen oder im Freien aufhält, ganze Nächte durchwacht. Diese Übungen sind zwar freiwillig, doch Buddha lobt diejenigen, die »um der Mäßigkeit, Genügsamkeit, Losgelöstheit, Kasteiung willen« diese Lebensform wählen, während er die Leute, die stolz sind auf ihre asketischen Praktiken und auf andere heruntersehen, streng kritisiert. Spiritueller Hochmut macht die Reinheit zuschanden; das gilt für alle Aspekte der *sila*. Das Ziel der *sila* ist ein ruhiger, um Äußerlichkeiten nicht bekümmerter Geist, reif für die Wendung der Aufmerksamkeit nach innen, für die Meditation.

Samadhi: der Pfad der Konzentration

Die Entfaltung der *sila* bildet die psychologische Ausgangsbasis für das Einüben der Konzentration *(samadhi)*. Das Wesen der Konzentration ist Nichtablenkbarkeit; in der *sila* werden Störfaktoren systematisch beseitigt. Die Aufgabe des Meditierenden ist es nun, zur Einheit des Geistes, zur Einsinnigkeit, d. h. zur Ausrichtung des Geistes auf einen einzigen Punkt, zu gelangen. Gewöhnlich besteht der Gedankenstrom aus unzähligen nebeneinanderherlaufenden Einzelpartikeln. In der *samadhi* soll das strömende Gedankenkontinuum durch Fixieren des Geistes auf einen einzigen Gedanken unterbrochen und zum Stillstand gebracht werden. Dieser eine Gedanke ist der Gegenstand der Meditation. In der *samadhi* wird der Geist nicht einfach nur auf diesen einen Gegenstand gerichtet, sondern er durchdringt ihn, wird von ihm absorbiert, wird eins mit ihm. Die Einzelpartikel des Gedankenstroms werden, indem man sie mit aller Kraft auf diesen einen Zielpunkt richtet, daran gehindert, ziellos zu wandern. Alles, was Gegenstand der Aufmerksamkeit sein kann, kann auch Gegenstand der Meditation werden. *Samadhi* ist einfach konstante, auf einen einzigen Punkt gerichtete Aufmerksamkeit. Doch ist die Art des betrachteten Gegenstandes für das Ergebnis der Meditation durchaus nicht unwesentlich. Die als Nikayas bekannte Sammlung von Sutren führt die vollständige Liste der Gegenstände auf, es sind 101, die Buddha zur Meditation empfiehlt. Das Visuddhimagga zählt 40 Meditationsgegenstände auf:

> zehn *kasinas*, d. h. Kontemplationshilfen: Erde, Wasser, Feuer, Luft, Dunkelblau, Gelb, Blutrot, Weiß, Hell, begrenzter Raum;
>
> zehn *asubhas*, d. h. ekelerregende, im Zerfallen begriffene Leichname: z. B. ein angeschwollener Leichnam, ein angenagter Leichnam, ein wurmzerfressener Leichnam, ein Skelett;
>
> zehn Objekte des Nachdenkens: Buddhas Wesensmerkmale, seine Lehren, der *sangha*, die eigene *sila*, die eigene Freisinnigkeit, der eigene Bestand an göttlichen Eigenschaften oder die Unausweichlichkeit des Todes, Meditation über die 32 Bestandteile des Körpers oder das Ein- und Ausatmen;
>
> vier höhere Zustände: Herzensgüte, Mitleid, Mitfreude und Gelassenheit;
>
> vier formenlose Zustände: Meditation über den unendlichen Raum, das unendliche Bewußtsein, den Bereich der Nicht-Dinglichkeit und den Bereich des Weder-Wahrnehmens-noch-Nichtwahrnehmens;
> die Ekelhaftigkeit der Nahrung und
> die vier Elemente (Erde, Luft, Feuer, Wasser) als abstrakte Kräfte.

Jeder dieser Gegenstände hat charakteristische Auswirkungen auf Art und Tiefe der Konzentration und auf ihre Begleiterscheinungen. Sie alle können dazu dienen, jene Tiefe der Konzentration zu entwickeln, die nötig ist, um den Zustand des *nirvana* zu erreichen. Die Konzentration, die durch komplexe Gegenstände – wie zum Beispiel die Wesensmerkmale Buddhas – erzeugt wird, ist weniger einheitlich als die durch ein einfaches Objekt – zum Beispiel durch die *kasina* »Erde«, ein lehmfarbenes Rad – erzeugte. Abgesehen von seinen durch einen bestimmten Meditationsgegenstand bedingten Besonderheiten hat jeder Konzentrationszustand unterschiedliche psychologische Begleiterscheinungen. Die Meditation über Herzensgüte führt zum Beispiel dazu, daß der Meditierende im Gefühl der Geborgenheit schläft und wacht, keine bösen Träume hat und überall auf Wohlwollen stößt; er kann sich leicht konzentrieren, strahlt heitere Gelassenheit aus und stirbt in Frieden. Das Wichtigste an einem Meditationsgegenstand ist die Tiefe der Versenkung – *jhana* –, die er jeweils zu erzeugen vermag.

Buddha erkannte, daß für Menschen eines bestimmten Temperaments bestimmte Meditationsgegenstände geeigneter sind als andere. Seine Typologie der Temperamente, die er als Leitfaden für die Zuordnung von Mensch und Meditationsgegenstand verfaßte, kennt vier Haupttypen: 1. den zum Haß Neigenden, 2. den von Wollust Irregeleiteten bzw. Erregbaren, 3. den zum Glauben Neigenden, 4. den Intelligenten[4]. Für Typ 1 geeignete Meditationsgegenstände sind die vier höheren Zustände und die vier Farb-*kasinas;* für Typ 2 sind es die zehn *asubhas,* die Bestandteile des Körpers und die Atmung; für Typ 3 die ersten sechs Objekte des Nachdenkens; für Typ 4 Nachdenken über den Tod, die Ekelhaftigkeit der Nahrung und die vier Elemente. Die übrigen Gegenstände sind für alle kognitiven Dispositionen geeignet. Der ideale Lehrer der Meditation war Buddha, der, wie es heißt, die Fähigkeit entwickelt hatte, in Kopf und Herz anderer hineinzuschauen, und der es darum hervorragend verstand, jedem den richtigen Konzentrationsgegenstand zuzuteilen. Das Visuddhimagga rät dem angehenden Meditierenden, sich einen Lehrer zu suchen, welcher

Meditationsgegenstand	höchste erreichbare Stufe der *jhana*
kasinas; bewußtes Atmen; Weder-Wahrnehmung-noch-Nichtwahrnehmung	achte
Nicht-Dinglichkeit	siebente
unendliches Bewußtsein	sechste
unendlicher Raum	fünfte
Gelassenheit	vierte
Herzensgüte; selbstlose Freude; Mitleid	dritte
Bestandteil des Körpers; Leichname	erste
Objekte des Nachdenkens; Elemente; Ekelhaftigkeit der Nahrung	Eingangsstufe

der von ihm erreichten Meditationsstufe entspricht, wobei der selbst am weitesten entwickelte Lehrer auch der beste ist. Seine Unterstützung und sein Rat sind entscheidend für den Weg durch das ungewohnte Gebiet des Geistigen. Der Schüler »nimmt seine Zuflucht« zum Lehrer und muß daher auch damit einverstanden sein, sich ihm unterzuordnen. Unterzuordnen sind die Neigungen des Ego, »Hindernisse«, die den Schüler davon abhalten könnten, die Meditation zielstrebig bis zu dem Punkt fortzuführen, an dem diese Neigungen des Ego überwunden sind. Die Verantwortung für die Erlösung lastet jedoch auf den Schultern des Schülers, nicht auf denen des Lehrers; der Lehrer ist nicht der traditionelle östliche Guru, sondern ein »guter Freund« auf dem Pfad. Der Lehrer zeigt den Weg, doch gehen muß ihn der Schüler allein. Die Bedeutung der Rolle des Lehrers in dieser Tradition beschreibt das Zenrin mit folgenden Worten:

> Willst du die Straße wissen, die zum Berge führt,
> so frage den, der auf ihr kommt und geht.

Jhana: Stufen der Versenkung

Hat der Meditierende einen geeigneten Lehrer gefunden, einen passenden Meditationsgegenstand zugewiesen erhalten und in der *sila* einigermaßen Fuß gefaßt, so kann er ernsthaft beginnen. Dieses erste Stadium ist gekennzeichnet durch eine innere, psychische Spannung zwischen der Konzentration auf den eigentlichen Gegenstand der Aufmerksamkeit – das Meditationsobjekt – und ablenkenden Gedanken, die die Konzentration stören. Diese Hindernisse treten vor allem in folgender Gestalt auf: als Begierden; als Willensschwäche, Verzweiflung und Zorn; als Trägheit und Unbeweglichkeit; als Aufregung und Unruhe; als Zweifel und Skepsis. Unermüdliche Anstrengung führt zu einem Punkt, an dem zum erstenmal diese Hindernisse vollständig überwunden sind. Kennzeichen dafür ist eine Stärkung der Konzentration. In diesem Moment gewinnen diejenigen Bewußtseinskomponenten die Oberhand, die später in der Versenkung zu voller Reife gelangen. Das ist das erste bedeutsame Ergebnis der *samadhi;* da dies die Stufe ist, die zur tiefsten Versenkung führt, wird sie »Eingangs«-Konzentration genannt.
Dieser Konzentrationszustand ist mit der Situation eines Kindes zu

vergleichen, das noch nicht richtig stehen kann, es aber immer wieder versucht. Die für die tiefste Versenkung charakteristischen mentalen Faktoren sind auf der Eingangsstufe noch ungefestigt; mit ihrem Erscheinen ist noch nicht zuverlässig zu rechnen, und der Geist schwankt hin und her zwischen ihnen und dem »inneren Monolog«, den üblichen Grübeleien und ziellos wandernden Gedanken. Der Meditierende reagiert noch auf sinnliche Reize und nimmt die Geräusche seiner Umgebung und seine körperlichen Zustände wahr. Das primäre Objekt beherrscht zwar die Gedanken, füllt aber den Geist noch nicht völlig aus. Auf dieser Stufe können (müssen aber nicht) sich folgende Gefühle einstellen: Freude und tiefe Verzückung, Glück und Zufriedenheit, Gelassenheit; bei der ersten Hinwendung zum Primärobjekt mag es scheinen, als entdecke man es zufällig, und bei konstanter Konzentration auf das Primärobjekt, als nehme man es immer wieder von neuem wahr. Manchmal erscheinen leuchtende Gestalten oder helle Lichtblitze, vor allem dann, wenn das Primärobjekt eine *kamina* oder die Atmung ist. Auf dieser Stufe, auf der der Geist zwar geläutert ist, sich aber noch mit Namen und Formen befassen kann, treten zuweilen mit den meditationsspezifischen Bewußtseinszuständen in Zusammenhang stehenden Visionen auf. Es kann aber auch ein Gefühl körperlicher Leichtigkeit entstehen, so als schwebe man in der Luft. Die Eingangskonzentration ist ein noch sehr labiler Zustand, und wenn er nicht noch in derselben Sitzung stabilisiert, d.h. bis zur tiefen Versenkung geführt werden kann, muß er zwischen den einzelnen Sitzungen dadurch erhalten werden, daß man ablenkende Betätigungen oder Begegnungen meidet.
Bei fortdauernder Hinwendung des Geistes auf das Primärobjekt tritt der Moment ein, in dem zum erstenmal ein völliger Bruch mit den normalen Bewußtseinszuständen stattfindet. Das ist *jhana*, die tiefe Versenkung. Der Geist scheint plötzlich im Objekt zu versinken und fest in ihm verankert zu sein. Es gibt keine ablenkenden Gedanken mehr, keine sinnliche Wahrnehmung, kein Bewußtsein der eigenen Körperlichkeit; körperlicher Schmerz wird nicht mehr empfunden. Außer kontinuierlicher Aufmerksamkeit gegenüber dem Primärobjekt ist nichts mehr da als Verzückung, Seligkeit und Einsinnigkeit. Zwischen »Verzückung« und »Seligkeit« besteht ein feiner Unterschied: Auf der ersten Stufe der *jhana* gleicht die Verzückung der Befriedigung und der freudigen Erregung, die man empfindet, wenn man etwas lange Ersehntes endlich bekommt; Seligkeit ist der Genuß dieses lange

Pfad der Konzentration

FORMENLOSE ZUSTÄNDE	achte Stufe	Weder-Wahrnehmen-noch-Nichtwahrnehmen, Gelassenheit und Einsinnigkeit;
	siebente Stufe	Bewußtsein der Nicht-Dinglichkeit, Gelassenheit und Einsinnigkeit;
	sechste Stufe	objektloses unendliches Bewußtsein, Gelassenheit und Einsinnigkeit;
	fünfte Stufe	Bewußtsein des unendlichen Raumes, Gelassenheit und Einsinnigkeit;
	vierte Stufe	Gelassenheit und Einsinnigkeit, Seligkeit und alle Gefühle körperlichen Glücks schwinden, unstörbare Konzentration; Atmung hört auf;
	dritte Stufe	Gefühl der Seligkeit, der Einsinnigkeit, der Gelassenheit; keine Verzückung mehr;
	zweite Stufe	Gefühl der Verzückung, der Seligkeit, der Einsinnigkeit; Primärobjekt nicht mehr Gegenstand des Denkens;
MATERIELLE ZUSTÄNDE	erste Stufe der *jhana*	keine ablenkenden Gedanken, keine sinnlichen Wahrnehmungen, kein Bewußtsein körperlicher Schmerzzustände mehr; ununterbrochen durchgehaltene Aufmerksamkeit gegenüber dem Primärobjekt; Gefühl der Verzückung, Seligkeit und Einsinnigkeit;
	Eingangsstufe	ablenkende Gedanken werden allmählich überwunden, andere Gedanken bestehen fort – Bewußtsein der Sinnesreize und Körperzustände; Primärobjekt beherrscht das Denken; Gefühl der Verzückung, des Glücks, der Gelassenheit; zunehmend konzentriertere Gedanken über das Primärobjekt; Lichtblitze; körperliche Leichtigkeit.

Ersehnten. Verzückung kann sich im Aufrichten der Körperhaare äußern, als blitzartig auftretende und wieder verschwindende Freude, als Erschauern des Körpers in immer neuen Wellen der Lust, als das Gefühl der Schwerelosigkeit oder als überwältigendes Glücksgefühl, das den ganzen Menschen durchdringt. Seligkeit ist ein entspannter Zustand anhaltender Ekstase. Einsinnigkeit ist diejenige mentale Fähigkeit, die den Geist im Zustand der *jhana* erhält. Die erste Erfahrung der *jhana* dauert nur einen kurzen Bewußtseinsmoment. Durch ständiges Üben gelingt es jedoch, die *jhana* über zunehmend längere Zeitabschnitte hin aufrechtzuerhalten. Solange man die *jhana* nicht wirklich meistert, bleibt sie ein instabiler Zustand, den man wieder verlieren kann. Wirkliche Meisterschaft besteht, wenn der Meditierende die erste Stufe der *jhana* erreichen kann, wann, wo, so schnell und so lange er will.

Im weiteren Verlauf der Meditation intensiviert sich die Einsinnigkeit in dem Maß, in dem Verzückung, Seligkeit und Aufmerksamkeit stufenweise eliminiert werden; die Energie, die in den so eliminierten Faktoren steckte, wird auf der jeweils höheren Stufe der *jhana* (siehe oben) von Einsinnigkeit absorbiert. Ist die erste Stufe der *jhana* gemeistert, nimmt der Prozeß, der zur vollkommenen Einsinnigkeit führt, mit der systematischen Eliminierung der konstanten Aufmerksamkeit gegenüber dem Primärobjekt, das der rückschauenden Betrachtung nach Verlassen des *jhana*-Zustands neben den anderen mentalen Faktoren vergleichsweise grob erscheint, seinen Fortgang. So wie beim Erreichen der Eingangsstufe alle Ablenkungen ausgeschaltet wurden, wie beim Erreichen der ersten Stufe der *jhana* alle Gedanken zur Ruhe kamen, so wird an der Schwelle zu dieser zweiten Stufe der *jhana* die konstante Aufmerksamkeit gegenüber dem Primärobjekt aufgegeben. Der Vorgang spielt sich folgendermaßen ab: Eintreten in die erste Stufe der Versenkung auf der Basis des Primärobjekts, dann aufgrund eines vorher gefaßten Beschlusses Hinwendung des Geistes auf die Gefühle der Verzückung, der Seligkeit und der Einsinnigkeit, ohne noch einen einzigen Gedanken an das Primärobjekt. Diese Stufe der Versenkung ist subtiler, aber auch stabiler als die erste; der Geist ist nun völlig frei von verbalen Formulierungen oder von Vorstellungen formaler Art, die durch das Primärobjekt hervorgerufen werden. Diese Stufe der *jhana* muß auf dieselbe Weise gemeistert werden wie die vorherige.

Wenn der Meditierende die zweite Stufe der *jhana* gemeistert hat, aus ihr heraustritt und sie rückschauend betrachtet, empfindet er die Verzückung – eine Form der Erregung – als grob im Vergleich zu Seligkeit und Einsinnigkeit. Die dritte Stufe der *jhana* wird durch erneute Kontemplation des Primärobjekts erreicht, bei der nacheinander alle Gedanken erst an das Primärobjekt und dann an die Verzückung aufgegeben werden. Die dritte Stufe der Versenkung ist durch ein Gefühl der Gelassenheit charakterisiert und durch Gleichgültigkeit gegenüber auch der höchsten Verzückung, was sich im allmählichen Schwinden der Verzückung äußert. Diese Stufe der *jhana* ist ein besonders subtiler Zustand, und ohne die nun erreichte Gelassenheit fiele der Geist auf die Stufe der Verzückung zurück. Den Meditierenden erfüllt über die Maßen süße Seligkeit, und wenn er diese Stufe verläßt, ist er sich dieser Seligkeit bis in die letzten Zellen seines Körpers bewußt. Weil die Seligkeit dieser Stufe von Gelassenheit begleitet wird, bleibt der Geist in diesen subtilen Bereichen einsinnig auf sein Ziel gerichtet und widersteht dem Sog der Verzückung. Hat der Meditierende die dritte Stufe der *jhana* in gleicher Weise gemeistert wie die vorhergehenden, erscheint ihm in der Rückschau die Seligkeit im Vergleich zur Einsinnigkeit und zur Gelassenheit grob und irritierend.

Durchläuft er erneut die Stufenfolge der *jhana* und entledigt sich dabei aller Formen mentalen Glücks, so erreicht der Meditierende die vierte Stufe. Nach dem Schwinden der Seligkeit entfalten sich die Faktoren Gelassenheit und Einsinnigkeit zu voller Kraft und Klarheit. Alle mentalen Zustände, die diesen beiden noch vorhandenen Faktoren hinderlich sein könnten, sind überwunden. Körperliche Lustgefühle sind vollkommen geschwunden; Schmerzempfindungen haben schon während der ersten Stufe der *jhana* aufgehört. Es gibt nun keine Empfindungen und keine Gedanken mehr. Auf dieser besonders subtilen Stufe ruht der Geist in Gelassenheit, nur noch auf einen einzigen Punkt zentriert. Wie der Geist auf jeder Stufe der Versenkung immer ruhiger wurde, so auch die Atmung. Auf der vierten Stufe, so heißt es, hört das Atmen ganz auf. Nichts stört hier mehr die Konzentration; zu einem bestimmten Zeitpunkt, den er vor dem Eintreten in diese Stufe festgelegt hat, kehrt der Meditierende wieder aus der Versenkung zurück.

Jede Stufe der *jhana* stützt sich auf die unter ihr. Bevor der Geist eine *jhana*-Stufe erreicht, durchläuft er nacheinander alle darunterliegenden und eliminiert deren Komponenten. Nach einiger Übung gelingt das Durchlaufen der *jhana*-Stufen fast im Nu, da der Geist bei seinem Weg durch die einzelnen Stufen auf jeder nur einige Bewußtseinsmomente lang verweilt. In dem Maß, wie die mentalen Faktoren eliminiert werden, intensiviert sich die Konzentration.

Die »formenlosen« Jhanas

Der nächste Schritt in der Entwicklung der Konzentration führt zu den vier Zuständen, die als »formenlos« bezeichnet werden. Während die ersten vier Stufen der *jhana* durch Konzentration auf einen materiellen Gegenstand oder eine daraus entwickelte Vorstellung erreicht wurden, gelangt man zu den formenlosen Zuständen erst jenseits aller Wahrnehmung von Form und Gestalt. Während die ersten vier Stufen der *jhana* durch das Ausschalten mentaler Faktoren erreicht werden, ist es bei den formenlosen *jhana*-Zuständen die totale Überwindung einer Stufe, die das Erreichen der nächsten ermöglicht. Allen formenlosen *jhana*-Zuständen sind die Faktoren Einsinnigkeit und Gelassenheit gemeinsam, doch werden sie von Stufe zu Stufe immer subtiler.
Die erste formenlose Versenkung – die fünfte Stufe der *jhana* – wird erreicht, nachdem man vorher über eine der *kasinas* in die vierte Stufe der *jhana* eingetreten ist. Der Meditierende dehnt im Geist die Grenzen der *kasina* so weit wie möglich aus und richtet die Aufmerksamkeit auf den jenseits der Grenzen liegenden Raum als solchem. Mit dem unendlichen Raum als Kontemplationsobjekt und im Besitz seiner vollentfalteten Einsinnigkeit und Gelassenheit verweilt der Geist nun in einer Sphäre, in der alle Wahrnehmungen von Form und Gestalt aufgehört haben. Er ruht so sicher in dieser Stufe des sublimen Bewußtseins, daß kein äußerer Sinnesreiz ihn stören oder herausreißen kann. Doch bestehen die Mechanismen der sinnlichen Wahrnehmung als Tendenzen auch noch auf der fünften Stufe der *jhana*, obwohl kein Gebrauch mehr von ihnen gemacht wird. Wenn sich aber die Aufmerksamkeit auf sie richtete, würde die Versenkung unterbrochen.
Die nächste Stufe (nach dem Meistern der fünften) wird erreicht, wenn der zum vollen Bewußtsein des unendlichen Raumes Gelangte seine

Aufmerksamkeit dem Element des unendlichen Bewußtseins zuwendet. Damit wird der Gedanke an den unendlichen Raum aufgegeben, während das objektlose unendliche Bewußtsein bleibt. Das ist das Charakteristikum der sechsten Stufe der *jhana*. Wenn der Meditierende die sechste *jhana*-Stufe meistert, erreicht er die siebente, indem er zuerst in die sechste eintritt und dann die Nichtexistenz des unendlichen Bewußtseins zum Gegenstand seiner Kontemplation macht. Die siebente Stufe der *jhana* ist also Versenkung in die Nicht-Dinglichkeit, die Leere. Das heißt Gegenstand des Bewußtseins ist die Nicht-Existenz jeglichen Objektes. Hat der Meditierende diese Stufe der *jhana* gemeistert und blickt er dann auf sie zurück, so erscheint ihm jegliche Wahrnehmung als ein Hindernis, da ohne sie ein höherer Zustand möglich ist.

Solchermaßen motiviert, kann der Meditierende die achte Stufe der *jhana* erreichen, indem er zuerst in die siebente eintritt und dann seine Aufmerksamkeit von der Wahrnehmung der Leere hinweg auf den Aspekt der tiefen Ruhe richtet. Die Vorbedingung, daß sich keine Spur eines Wunsches nach dieser Ruhe oder danach, die Nicht-Dinglichkeit nicht mehr wahrzunehmen, regen darf, legt ihm äußerste Behutsamkeit des Vorgehens nahe.

Wendet er sich der tiefen Ruhe zu, erreicht er den ultrasubtilen Zustand, in dem nur noch Spuren mentaler Formen vorhanden sind. Hier gibt es keine gewöhnliche Wahrnehmung mehr, insofern also »Nicht-Wahrnehmung«. Diese achte Stufe der *jhana* wird als die Sphäre der »Weder-Wahrnehmung-noch-Nichtwahrnehmung« bezeichnet. Allen Bewußtseinsfaktoren ist hier derselbe Grad an Subtilität des Seins zuzusprechen. Es existieren keine im eigentlichen Sinn mentalen Zustände mehr, nur noch Reste in Form eines Zustands, der zugleich Nähe und Abwesenheit ist. Das Visuddhimagga sagt über die mentalen Zustände in der achten Stufe der *jhana:* »Sie, die nicht waren, werden; kaum geworden, verschwinden sie wieder.« Lama Govinda (1969) beschreibt diesen Zustand als die äußerste Grenze der Wahrnehmung. So wie dem Geist geht es auch dem Körper: Der Stoffwechsel verläuft in den formenlosen *jhana*-Zuständen immer langsamer, bis zur achten Stufe, auf der Kashyaps Definition der kognitiven Prozesse (1954) auch für die physiologischen gilt: Es handelt sich um einen so überaus subtilen Zustand, daß man nicht entscheiden kann, ob es ihn gibt oder nicht gibt.

Die in der *jhana* sich manifestierenden Bewußtseinszustände entsprechen dem, was im System des Visuddhimagga das »Reich Brahmas«, die »Ebenen der Erleuchtung« und »Stufen reinen Verweilens« heißt. So wie die *jhana*-Zustände der Relativität von Sinneswahrnehmung, Denken, Zeit und Raum enthoben, wie sie von Seligkeit und/oder Gelassenheit erfüllt und Manifestationen des unendlichen Bewußtseins sind und so fort, so werden diese anderen Seinsebenen als nur in den Dimensionen der *jhana* existierend angesehen. Ein Wesen kann entsprechend dem Karma seiner früheren Leben, vor allem aber entsprechend dem Grad, bis zu welchem es in einer menschlichen Inkarnation die Stufen der *jhana* gemeistert hat, in irgendeine dieser Stufen hineingeboren werden[5]. So wird zum Beispiel, wer die zweite Stufe der *jhana* erreicht und bis zu höchster Vollendung praktiziert hat, im Reich der »strahlenden Brahmas«, deren Körper Lichtstrahlen wie Blitze aussenden, wiedergeboren werden.

Supranormale Kräfte

Der Abschnitt über die supranormalen Kräfte ist vom westlichen Standpunkt aus der anfechtbarste Teil des Visuddhimagga, denn er behandelt Phänomene als Realitäten, die noch jenseits der äußersten Grenzen liegen, die von der modernen naturwissenschaftlichen Forschung erreicht wurden. Das Visuddhimagga zählt zu diesen supranormalen Fähigkeiten: Gedankenlesen, Hellsehen, Materialisation von Gegenständen, über große Entfernungen hinweg sehen und hören, auf dem Wasser gehen, durch die Luft fliegen usw. Was noch interessanter ist: Das Visuddhimagga beschreibt in allen Einzelheiten, wie diese »Kunststücke« ausgeführt werden, während die westliche Wissenschaft sich zur Zeit noch nicht einmal mit dem Gedanken versöhnen kann, daß sie überhaupt möglich sind[6]. Doch werden sie von allen Meditationsschulen als Begleiterscheinungen höherer Bewußtseinszustände anerkannt, und sei es auch nur, um sich gegen Mißbrauch dieser Kräfte abzusichern. Das Visuddhimagga sieht sie als Ergebnis der Konzentration an, aber auch als Hindernis für die tiefste Einsicht und setzt, unter Hinweis darauf, daß sie nur schwer zu erhalten und sehr leicht zu zerstören sind, strenge Bedingungen fest, unter denen supranormale Kräfte angewandt werden dürfen. Ihre Anwendung erfordert ein Höchstmaß an Geistesbeherrschung. Man muß zuerst vierzehn verschiedene Methoden der Kontrolle über den Geist beherrschen, und man muß alle acht Stufen der *jhana,* jedesmal von einer der acht *kasinas* ausgehend, durchlaufen haben, wobei auch noch jede zweite *kasina* und jede zweite *jhana*-Stufe zu überspringen ist – d. h., die erste Stufe der *jhana* muß über die Erd-*kasina,* die dritte Stufe der *jhana* über die Feuer-*kasina* erreicht werden usw. – und das alles auch in umgekehrter Reihenfolge. Das Visuddhimagga schätzt, daß von 100 000 oder einer Million Menschen, die das versuchen, nur einer den erforderlichen Grad der Meisterschaft erreicht. Das Bedürfnis, auf diese seine eigenen Fähigkeiten aufmerksam zu machen, wird als »Makel« bezeichnet; was Wunder, daß die westlichen Parapsychologen noch auf der Suche nach einem Menschen sind, der die genannten supranormalen Kräfte – wie zum Beispiel Telekinese und supranormales Hören – besitzt.

Vom buddhistischen Standpunkt aus ist der Erwerb supranormaler Kräfte von geringem Nutzen und für den Weg zur Befreiung von keinerlei Wert. Solche Kräfte wirken als Hindernisse bei Menschen, die den Zustand des *nirvana* noch nicht erreicht haben, denn sie können ihr Fortschreiten gefährden, indem sie das Selbstwertgefühl steigern und so die Bindung an das Ich verstärken. In der buddhistischen Tradition dürfen diese Kräfte nur zum Wohle anderer angewendet werden. Es gilt bei mönchischen Gemeinschaften als Ärgernis, wenn ein buddhistischer Mönch psychische Kräfte, über die gewöhnliche Menschen nicht verfügen, vor Laien produziert; die unwahre Behauptung aber, sie zu besitzen, würde Ausschluß aus dem Orden bedeuten.

Prajna: der Pfad der Einsicht

Vom Standpunkt des Visuddhimagga aus sind das Meistern der *jhana* sowie die höchste Seligkeit und die supranormalen Kräfte, die daraus erwachsen können, von untergeordneter Bedeutung gegenüber der Entfaltung der *prajna,* der erkennenden Weisheit. Das Meistern der *jhana* ist zwar Teil eines abgeschlossenen Übungsprogramms, doch dabei geht es vor allem darum, den Geist gewandt und biegsam zu machen, damit er für das Einüben der *prajna* geeignet ist. Tatsächlich werden die unteren Stufen der *samadhi* im Pali, der Sprache des

Visuddhimagga, manchmal als Konzentrationsspiele bezeichnet, das »Spiel« derer, die in den Übungen schon weit fortgeschritten sind. Doch der wesentliche Teil dieser Schulung ist der Pfad, der mit der geistigen Wachheit *(satipatthana)* beginnt und über die Einsicht *(vipassana)* zum *nirvana* führt.

Die erste Phase besteht darin, die Gewohnheit stereotypen Wahrnehmens zu durchbrechen. Der Mensch hat von Natur aus die Tendenz, sich an die ihn umgebende Welt zu »gewöhnen«, die unmittelbare sinnliche Erfahrung durch abstrakte Denk- oder vorgeprägte Wahrnehmungsmuster zu ersetzen. Wachheit wird geübt, indem man sich bewußt seine bisherige Sichtweise abgewöhnt, d. h. Erfahrungstatsachen unvoreingenommen ins Auge faßt und jedes Ereignis so sieht, als geschehe es zum erstenmal. Die Entwöhnungsmethode besteht darin, daß man die erste Wahrnehmungsphase, in der der Geist sich eher *rezeptiv* als reaktiv verhält, ständig überwacht. Die Aufmerksamkeit beschränkt sich dabei auf das bloße Aufnehmen der Betrachtungsgegenstände. Die Wahrnehmungen werden in derselben Reihenfolge aufgenommen, in der sie an einem der fünf Sinnes-Tore oder im Geist, der dem Visuddhimagga zufolge einen sechsten Sinn darstellt, auftauchen. Während der Meditierende seine Aufmerksamkeit auf die sinnlichen Eindrücke richtet, beschränken sich seine Reaktionen auf ein bloßes Registrieren der beobachteten Fakten. Falls ihm darüber hinaus Kommentare, Urteile oder Überlegungen durch den Kopf gehen sollten, werden sie ihrerseits zum Gegenstand reiner Aufmerksamkeit gemacht; sie werden weder abgewiesen noch fortgesponnen, sondern, nachdem sie registriert wurden, einfach fallengelassen. Das Wesen der geistigen Wachheit ist nach den Worten Nyanaponika Theras (1962) reines, unverstelltes Bewußtsein dessen, was in den einzelnen Augenblicken der Wahrnehmung *mit* uns und *in* uns wirklich geschieht.

Bei den intensiven Bemühungen um Wachheit findet die vorher entwickelte Konzentration ihre praktische Anwendung. Für das Erlernen und Praktizieren der neuen Gewohnheit des reinen Wahrnehmens sind die Einsinnigkeit und die sie begleitende Konzentration wesentlich. Die optimale Konzentrationsstufe für das Einüben geistiger Wachheit ist allerdings die unterste: die Eingangsstufe. Geistige Wachheit muß den Wahrnehmungsvorgang des normalen Bewußtseins begleiten; von der ersten Stufe der *jhana* an kommen diese Prozesse jedoch zum Stillstand. Andererseits würden auf einer

Konzentrationsstufe unterhalb der Eingangsstufe die Wachheits-Übungen durch störende Gedanken und Abschweifen des Geistes beeinträchtigt. Nur auf der Eingangsstufe besteht ein vollkommenes Gleichgewicht: Denk- und Wahrnehmungsvermögen bleiben voll funktionsfähig, doch die Konzentration ist stark genug, jede Ablenkung des Geistes von der steten Beobachtung der Wahrnehmungs- und Denkvorgänge zu verhindern.
Die gebräuchlichste Methode zur Entwicklung geistiger Wachheit besteht darin, sich vorher in der *jhana* zu üben. Nachdem der Meditierende in der *samadhi* einen gewissen Grad der Meisterschaft erlangt hat, wendet er seine Konzentrationsfähigkeit in der Schulung der geistigen Wachheit an. Es gibt allerdings eine Methode der »reinen Einsicht«, bei der diese Übungen ohne vorheriges Erreichen der Versenkung durchgeführt werden. Hier wird die erforderliche Stufe der Versenkung bei der Durchführung der Wachheits-Übungen selbst erlangt. Auf den ersten Stufen der reinen Einsicht läßt der Geist des Meditierenden sich immer wieder durch schweifende, störende Gedanken ablenken, die zwischen den Augenblicken der Beobachtung auftauchen. Manchmal werden diese Gedanken wahrgenommen, manchmal nicht. Nach und nach kräftigt sich die anfangs kurzzeitige Konzentration des Geistes auf die Beobachtung der Phänomene so weit, daß schließlich praktisch alle schweifenden Gedanken registriert werden; diese verschwinden dann, sobald sie registriert wurden, und die Übung kann sogleich wieder fortgesetzt werden. Schließlich ist ein Punkt erreicht, an dem sich der Geist nicht mehr ablenken läßt. Dann werden die Wahrnehmungs- und Denkvorgänge ohne Unterbrechung beobachtet; dieser Zustand hat dieselbe Funktion wie die Konzentration auf der Eingangsstufe.
In der Praxis treten vier Arten der geistigen Wachheit auf, die identische Funktion haben, sich aber durch den Punkt unterscheiden, auf den sie sich jeweils richten. Die Kontemplation kann sich auf den Körper richten, auf Gefühle, auf den Geist als solchen oder auf Objekte des Denkens. Sie alle können der reinen Aufmerksamkeit gegenüber den Erfahrungsprozessen als Fixierungspunkte dienen. Wachheit dem Körper gegenüber bedeutet, sich jeden Momentes körperlicher Aktivität, zum Beispiel der Stellung und Bewegung der Glieder, unabhängig von der Art der ausgeübten Tätigkeit, bewußt zu sein. Alle Körperfunktionen des täglichen Lebens müssen durch einfaches Registrieren ihres Ablaufs genau erfaßt werden; das Hand-

lungsziel ist unwichtig – entscheidend ist die körperliche Verrichtung selbst. Wachheit gegenüber den Gefühlen bedeutet, sich auf alle inneren Empfindungen zu konzentrieren, ob sie angenehm sind oder nicht. Alle propriozeptiven Stimuli werden einfach registriert, sobald sie bemerkt werden. Manche entstehen als direkte Reaktionen auf Sinnesreize, manche als physiologische Begleiterscheinungen psychologischer Zustände, manche als Nebenprodukte physiologischer Lebensprozesse; welcher Herkunft auch immer: die Empfindung als solche wird registriert.

Die Wachheit gegenüber dem Geist hat die mentalen Zustände zum Gegenstand. Welche Stimmung, Denkweise oder seelische Verfassung sich auch zeigt – sie muß einfach als solche registriert werden. Bei Ärger über ein störendes Geräusch zum Beispiel stellt man in diesem Moment nur fest: »Ärger«. Bei der vierten Art der Wachheit, nämlich der gegenüber Objekten des Denkens, geht man im Grunde genauso vor wie eben dargestellt, abgesehen von der Ebene, auf der das Funktionieren des Geistes beobachtet wird. Statt der Natur der auftretenden mentalen Zustände registriert der Meditierende die in ihnen erscheinenden Denkgegenstände, zum Beispiel »störende Geräusche«. Wenn ein Gedanke auftaucht, so wird er in ein Klassifikationssystem mentaler Inhalte eingeordnet, das alle Arten von Gedanken in zwei Kategorien einteilt: in solche, die die Erleuchtung behindern, und in solche, die sie fördern.

Die Stufen der Einsicht

Wenn diese vier Techniken geistiger Wachheit konsequent angewendet werden, zerstören sie die übliche Illusion, Denk- und Wahrnehmungsprozesse seien von Kontinuität und Vernunft bestimmt. Der Geist beginnt die zufälligen, flüchtigen Einzelelemente zu unterscheiden, aus denen sich die Realität ständig neu aufbaut. Er gelangt zu einer Reihe von Erkenntnissen über die wahre Natur dieser Prozesse, und die Wachheit reift zur Einsicht heran. Die faktische Betätigung der Einsicht setzt unmittelbar im Anschluß an die ununterbrochen aufrechterhaltene Kontemplation ein; der Geist ist so auf sein Objekt fixiert, daß kontemplativer Geist und Objekt eine ununterbrochene Einheit bilden. Das bezeichnet den Beginn einer Kette von Einsichten

Pfad der Einsicht

Erlöschen	*nirodh:*	völliges Erlöschen des Bewußtseins
	nirvana:	vollkommenes Schwinden physikalischer und mentaler Phänomene ist Objekt des Bewußtseins;

Mühelose Einsicht — Kontemplation schnell, mühelos, unermüdlich; unmittelbares Wissen um *anatta, anicca* und *dukkha;* Erlöschen der Schmerzempfindungen; allesdurchdringende Gelassenheit;

Erkenntnisse, die den Wunsch nach Flucht erzeugen — Erkennen des Schrecklichen, Unbefriedigenden und Ermüdenden physikalischer und mentaler Phänomene; körperlicher Schmerz; Wunsch, diesen Phänomenen zu entfliehen; Schwinden der mentalen Objekte; schnelle, fehlerlose Wahrnehmung; Schwinden von Lichterscheinungen, Verzückung usw.

Pseudonirvana: Wissen um Entstehen und Vergehen — deutliche Wahrnehmung des Entstehens und Vergehens aufeinanderfolgender Bewußtseinsmomente, begleitet von:

strahlendem Licht	intensiver geistiger Wachheit,
Verzückung	Gelassenheit gegenüber den Kontemplationsobjekten,
Hingabe	
Energie	Verhaftetsein mit diesen neu entstandenen Zuständen,
Glück	
	schneller und deutlicher Wahrnehmung

Stufe der Reflexion — Diese Prozesse werden als weder angenehm noch verläßlich empfunden. Erfahrung des Unbefriedigenden *(dukkha);*
Diese Prozesse werden als in jedem Kontemplationsmoment entstehende und vergehende erkannt. Erfahrung und Unbeständigkeit *(anicca);*
Diese Prozesse werden als „Ich-los" erkannt. Erfahrung des „Nicht-Ich" *(anatta);*
Das Bewußtsein und sein Objekt werden in jedem Moment als unterschiedliche und voneinander getrennt ablaufende Prozesse erkannt.

Geistige Wachheit — geistige Wachheit gegenüber Körperfunktionen, körperlichen Empfindungen, mentalen Zuständen oder mentalen Objekten;

Anwendung der Konzentration	Eingangskonzentration: vorherige Übung in der *samadhi*	Reine Einsicht: keine vorhergehenden Übungen; *samadhi* wird durch geistige Wachheit zur Eingangsstufe weiterentwickelt

– der Geist erkennt sich selbst –, die schließlich im Zustand des *nirvana* gipfelt.

Die erste kognitive Erfahrung ist, daß die betrachteten Phänomene von dem sie betrachtenden Geist verschieden sind. Die Fähigkeit, die den Geist zum Zeugen seines eigenen Funktionierens macht, wird als etwas von dem, was beobachtet wird, Unterschiedenes erfahren. Wie auf allen Stufen der Einsicht entsteht diese Erkenntnis keineswegs auf der Ebene der Verbalisierung, auf der sie hier dargestellt wird, sondern vielmehr auf der Ebene der reinen Erfahrung. Das Verstehen stellt sich ein, aber nicht notwendigerweise die verbale Formulierung dieses Verstehens.

Wenn er den Dualismus von Geist und Objekt einmal erkannt hat, gewinnt der Meditierende ein tiefes Verständnis dafür, daß in diesen dualistischen Prozessen kein Ich enthalten ist. Er sieht sie als Wirkung ihrer jeweiligen Ursachen, und nicht als das Ergebnis der Aktivität eines Individuums. Sie verlaufen alle nach eigenen inneren Gesetzen, unabhängig vom menschlichen Willen. Der Meditierende gelangt zu der Gewißheit, daß sich nirgendwo in den mentalen Prozessen eine ihnen innewohnende Wesenheit nachweisen läßt. Das ist die unmittelbare Erfahrung der buddhistischen Lehre vom *anatta*, wörtlich »Nicht-Ich«, daß nämlich alle Phänomene frei sind von einer ihnen innewohnenden personenhaften Wesenheit, auch das »eigene Ich«. Das ganze eigene Leben, das vergangene wie das zukünftige, wird nur als konditionierter Prozeß von Ursache und Wirkung begriffen. Die Frage, ob »ich« wirklich existiere, ist gegenstandslos geworden. »Ich bin« wird als Fehlkonzeption erkannt. Die Wahrheit der Worte Buddhas (im Samyutta-Nikaya, 135) wird zur Gewißheit:

> Genau wie aus den Einzelteilen
> das Wort »Streitwagen« entsteht,
> entsteht auch der Begriff »Individuum«,
> wenn die Einzelteile vorhanden sind.

Weitere Kontemplation enthüllt, daß der erkennende Geist und die Phänomene, die er als Gegenstände wählt, in einem Rhythmus entstehen und vergehen, den der Meditierende nicht zu erfassen in der Lage ist. Wandel und Fließen bestimmen das gesamte Bewußtseinsfeld. Dem Meditierenden wird blitzartig klar, daß die Welt seiner Wirklichkeit sich in einer scheinbar endlosen Kette von Erfahrungen unablässig neu gestaltet. Die Unbeständigkeit allen Seins (Pali: *anicca*) wird ihm im tiefsten Innern bewußt. Da der Meditierende diese Phänomene

ständig entstehen und vergehen sieht, erscheinen sie ihm nun weder als angenehm noch als verläßlich. Er wird ent-täuscht: Was sich dauernd wandelt, kann nicht Quelle immerwährender Befriedigung sein. Der psychologische Prozeß, in Gang gesetzt durch die Erkenntnis, daß die Realität Ich-los und ständigem Wechsel unterworfen ist, führt endlich zu einem Zustand des Sich-Lösens von der eigenen Erfahrungswelt bis zu einem Punkt, an dem sie als Quelle allen Leidens (Pali: *dukkha*) zu erkennen ist.
Die Kontemplation wird nun ohne weitere Überlegungen dieser Art fortgeführt. Es folgt ein Stadium, in dem das Auftauchen und Verschwinden jedes der aufeinanderfolgenden Kontemplationsobjekte deutlich wahrgenommen wird. Zugleich mit dieser Schärfe der Wahrnehmung treten folgende Phänomene auf:

die Vision eines *strahlenden Lichtes* oder einer anderen Form von Helligkeit, die manchmal nur einen Augenblick, manchmal aber auch länger anhält;

Verzückung, die Gänsehaut verursacht, Zittern der Glieder, Levitationsgefühle usw. (vgl. weiter oben die Beschreibung der ersten *jhana*-Stufe);

eine *tiefe Ruhe* des Geistes und des Körpers; beide werden leicht und geschmeidig und sind mühelos zu handhaben;

Hingabe und Glaube, die den Meditationslehrer Buddha, dessen Lehren – einschließlich der Methode der Einsicht selbst – und den *sangha* zum Gegenstand haben können, begleitet von freudigem Vertrauen in die Wirksamkeit der Meditation und von dem Wunsch, Freunden und Verwandten zum Meditieren zu raten;

unerschöpfliche *Energie* bei der weder zu lax noch zu angespannt ausgeführten Kontemplation;

sublime *Glücksgefühle* durchfluten den ganzen Körper; eine noch nie erlebte, nicht endende Seligkeit treibt den Meditierenden dazu, anderen von dieser außerordentlichen Erfahrung zu berichten;

schnelle und deutliche Wahrnehmung der beobachteten Phänomeme; die Beobachtung ist scharf, intensiv und durchdringend, und die Charakteristika der Unbeständigkeit, der Ichlosigkeit, des Unbefriedigenden werden sofort deutlich erkannt;

intensive geistige Wachheit bei den Übungen zur Einsicht, so daß alle nacheinander auftretenden Phänomene dem beobachtenden Geist mühelos sichtbar werden;

ein subtiles *Verhaftetsein* an die Lichterscheinungen und die anderen hier aufgeführten Faktoren und an die Lust an der Kontemplation;

Gelassenheit allen mentalen Gebilden gegenüber; neutrale Gefühle bestehen gegenüber den Gegenständen der Einsicht, die mühelos von selbst geschieht;

Der Meditierende fühlt beim Auftreten dieser zehn Phänomene freudige Erregung und teilt vielleicht seine Erfahrungen anderen mit in der Annahme, er sei zur Erleuchtung gelangt und habe das Ziel der Meditationsübungen erreicht. Doch auch wenn er nicht meint, sie zeigten seine Befreiung an, unterbricht er vielleicht die Übungen, die zur Einsicht führen sollen, für eine Weile, um sich ganz der Freude an diesen Erfahrungen hinzugeben. Deswegen ist die hier beschriebene Stufe, die »Wissen um Entstehen und Vergehen« heißt, im Visuddhimagga mit dem Untertitel »Die zehn Korruptionen der Einsicht« versehen; sie ist ein Pseudonirvana. Die große Gefahr liegt dabei darin, »das, was nicht der Pfad ist, für den Pfad zu halten« oder auf dem Weg zur Einsicht schwankend zu werden, weil man den erwähnten Phänomenen verhaftet bleibt. Wenn der Meditierende entweder aus eigener Kraft oder von seinem Lehrer beraten erkennt, daß diese Erfahrungen nur ein Meilenstein am Wege und nicht etwa schon das Ziel sind, konzentriert er die Kontemplation auf sie und auf sein Verhaftetsein.

Nach weiterem Voranschreiten auf dem Pfad merkt der Meditierende, wie Erfahrungen dieser Art allmählich aufhören und die Wahrnehmung der Objekte sich verschärft. Die Unterscheidung zwischen aufeinanderfolgenden Phänomenen wird zunehmend genauer, die Wahrnehmung der Objekte vollzieht sich fehlerfrei und immer rascher; das Verschwinden der Objekte wird deutlicher wahrgenommen als ihr Auftauchen, bis der Meditierende schließlich nur noch ihr Verschwinden in jedem neuen Moment erlebt: Der betrachtende Geist und das Kontemplationsobjekt lösen sich beide zugleich in jedem Moment auf. Die Realität scheint dem Meditierenden in ständiger Auflösung begriffen. Aus dieser Erfahrung erwächst ihm eine Reihe von Erkenntnissen. Furcht und Schauder erfassen seinen Geist; alle mentalen Gebilde erscheinen als etwas Schreckliches. Das Werden – d. h. das Entstehen der Gedanken – erscheint als Zustand des Schreckens. Das Auftreten mentaler Phänomene – gewöhnlich ein Quell der Freude – erscheint nun als ein Zustand ständigen Bedrängtseins, dem der Geist hilflos ausgeliefert ist.

Dann wird erkannt, wie fehlerhaft und unbefriedigend alle Phänomene sind. Alle mentalen Gebilde erscheinen als bar jeglicher Bedeutung und unbefriedigend. Sie bergen nur Gefahr. Der Meditierende beginnt zu fühlen, daß in allem Werdenden nichts ist, in das er seine Hoffnung setzen, auf das er bauen könnte. Alle mentalen Gebilde – die beobachteten oder sonstwie im Geist präsenten Objekte – erscheinen fad und leer. In allem, was der Meditierende wahrnimmt, sieht er nur Leid und Elend.

Wenn der Meditierende so das in allen Erscheinungen verborgene Elend erkannt hat, empfindet er tiefen Abscheu gegen sie. Obwohl er die Übungen zur Einsicht weiter durchführt, herrschen in seinem Geist Unzufriedenheit und Lustlosigkeit allen mentalen Gebilden gegenüber. Selbst der Gedanke an ein vollkommen glückliches Leben und an die erstrebenswertesten Dinge erscheint ihm wenig verlockend und langweilt ihn. Er ist absolut leidenschaftslos geworden und hat eine Abneigung gegen den Bereich vielfältiger mentaler Gebilde und gegen jede Art von Werden, Schicksal oder Bewußtseinszustand.

Zwischen den einzelnen Momenten des Beobachtens wird der Gedanke auftauchen, daß Rettung allein im Aufhören aller mentalen Gebilde liegt. Nun hakt der Geist sich nicht länger an solchen Gebilden fest; den Meditierenden drängt es, dem durch diese Phänomene verursachten Leiden zu entfliehen. Es können im ganzen Körper Schmerzen auftreten, und er kann unfähig sein, lange in einer Stellung zu verharren. Das Trostlose aller Inhalte des Geistes wird ihm deutlicher als je zuvor, er wird im tiefsten Innern motiviert, sich davon zu befreien. Diese starke Motivation, allen mentalen Gebilden ein Ende zu machen, intensiviert seine Anstrengungen, diese Gebilde zu erkennen, damit er sich dadurch von ihnen befreien kann. Nun wird die Natur dieser Phänomene – ihre Unbeständigkeit, das Element des Leidens und ihre Ichlosigkeit – vollends offenbar. Auf dieser Stufe ist der Meditierende normalerweise auch immer intensiveren körperlichen Schmerzen unterworfen. Körper und Geist scheinen ein einziges Leiden zu sein. Die Bemühung um Einsicht kann hierbei von Ruhelosigkeit verdrängt werden. Doch die Schmerzen verschwinden allmählich, wenn sie bewußt ins Auge gefaßt werden. In diesem Augenblick wird die Beobachtung scharf und klar. Der Meditierende ist sich in jedem Augenblick ganz deutlich der drei Charakteristika dieser Phänomene bewußt, und eines der drei beherrscht ihn schließlich als wichtigste Erkenntnis.

Nun wird die Kontemplation automatisch fortgesetzt, ohne Anstrengung, als würde sie aus sich selbst heraus vorangetragen. Gefühle des Grauens, der Verzweiflung, des Elends usw. verschwinden. Körperlicher Schmerz hat ganz aufgehört. Das Grauen vor mentalen Objekten, aber auch die Freude an ihnen fehlt nun völlig. Eine überaus sublime Klarheit des Geistes und eine tiefe Gelassenheit allen mentalen Gebilden gegenüber breiten sich aus. Der Meditierende braucht keine bewußte Anstrengung mehr zu unternehmen; die Beobachtung geht stundenlang ohne Unterbrechung oder Ermüdung in stetem Fluß weiter. Die Kontemplation schreitet aus eigener Kraft voran, und die Einsicht wird besonders schnell und aktiv.

Die Einsicht steht nun kurz vor dem Gipfelpunkt; die Beobachtung ist intensiv und klar. Alle mentalen Gebilde werden, einfach weil man ihre Auflösung beobachtet, sofort als unbeständig, schmerzhaft und Ich-los erkannt. Alle werden als begrenzt und festgelegt, als nicht ersehnenswert oder als fremd gesehen. Man hat sich völlig von ihnen gelöst. Die Beobachtung läßt sich nicht länger auf irgendein mentales Gebilde ein. Dann entsteht jenes Bewußtsein, welches das »Zeichenlose, das Nicht-Geschehen, das Nicht-Bilden« zum Gegenstand hat: *nirvana*. Physische und mentale Phänomene sind völlig verschwunden. Der Augenblick der Erfahrung des *nirvana* dauert beim erstenmal nicht einmal eine Sekunde. Unmittelbar darauf denkt der Geist schon über die eben vergangene Erfahrung nach.

Nirvana

Die Erfahrung des *nirvana* ist ein kognitiver Schock von weitreichenden psychologischen Konsequenzen. Es gehört einem Bereich jenseits der bedingten Wirklichkeit der Erscheinungen, aus der unsere Sprache hervorgegangen ist, an, und so kann das *nirvana*, der Zustand des Nicht-Bedingtseins, nur durch das beschrieben werden, was es nicht ist. Es ist das »Nicht-Geborene, Nicht-Gewordene, Nicht-Gemachte, Nicht-Bedingte«[7]. Das Wort selbst leitet sich aus dem negativen Präfix *nir* und der Wurzel *vana*, brennen, her, ist also eine Metapher für das Verlöschen aller Formen des Werdens: der Begierde, des Verhaftetseins und des Ego. Aus diesem Wandel des Bewußtseins folgt ein entscheidender Wandel des Verhaltens. Mit der Erfahrung des *nir-*

vana werden Aspekte des Ego oder des normalen Bewußtseins für alle Zeit abgelegt. Der Pfad der Einsicht unterscheidet sich ganz wesentlich von dem der *samadhi* in diesem einen Punkt: Das *nirvana* zerstört »befleckende« Züge des Ego – Haß, Gier, Wahn und ähnliches –, während die *jhana* sie nur unterdrückt. Im *nirvana* wird die *sila* mühelos; sie wird in der Tat das einzig mögliche Verhalten. Die *jhana* verdrängt befleckende Züge, aber deren Wurzeln bleiben als verborgene Anlagen erhalten; beim Verlassen der *jhana* werden solche Handlungen unter entsprechenden Umständen wieder möglich.

Es gibt vier Ebenen der *nirvana*-Erkenntnis, die von der Tiefe der kurz vor dem Eintritt ins *nirvana* erreichten Einsicht abhängen. Menschen, die das *nirvana* erreicht haben, werden nach der jeweils erreichten Ebene unterschieden. Wie oft jemand das *nirvana* erreicht, bestimmt den Grad seiner Meisterschaft – d. h. die Fähigkeit, das *nirvana* zu erlangen, wann, wo, sobald und solange er will –, aber es hat keinen Bezug zu der erreichten Ebene. Man kann das *nirvana* auf einer gegebenen Ebene der Einsicht unzählige Male betreten, ohne daß dadurch ein Wechsel auf eine andere Ebene stattfände. Je tiefer die vor dem Eintreten ins *nirvana* entwickelte Einsicht, desto höher die erreichte Ebene und desto grundlegender die daraus folgende Persönlichkeitsveränderung. Die Erfahrung des *nirvana* als solchem ist auf jeder der erreichten Ebenen dieselbe; der Unterschied zwischen den Ebenen liegt im darauffolgenden bleibenden Verlust des Ego beim Verlassen des *nirvana*. Eintritt ins *nirvana* bedeutet »Erwachen«; der darauffolgende Verlust des Ego ist die »Befreiung« von den Fesseln der Persönlichkeit. D. T. Suzuki (1957, S. 55) sagt von Buddhas prototypischen Erfahrungen der Erleuchtung: »Das Gefühl der Erleuchtung beeinflußt die gesamte Persönlichkeit, ihre Haltung dem Leben und der Welt gegenüber... Buddhas Erfahrung war nicht einfach nur eine Sache des sich an der Peripherie des Bewußtseins bewegenden Gefühls, sondern etwas im Allerinnersten eines Menschen Erwachtes.«

Die erste Ebene ist die des *sotapanna*, des »In-den-Strom-Eintauchens«. Man wird ein In-den-Strom-Eintauchender im ersten Augenblick der ersten Erfahrung des *nirvana* und bleibt es, bis die Einsicht sich bis zu dem Grad vertieft hat, der für das Erreichen der nächsten Ebene erforderlich ist. Der »Strom«, in den man eintaucht, ist jener Strom, der zum totalen Verlust des Ego, zum Ende allen Werdens, führt. Diese endgültige Erlösung, so heißt es, geschieht mit Sicherheit »innerhalb sieben weiterer Leben«. Auf dieser ersten Ebene fallen folgende Persönlichkeitsmerkmale und Einstellungen ab: Gier nach Sinnesobjekten und starke Animositäten; begehrliches Streben nach eigenem Vorteil, nach Besitz und Ruhm, das stark genug ist, jede Freigebigkeit unmöglich zu machen; Unfähigkeit, das Relative und Illusionäre des scheinbar Angenehmen und Schönen zu erkennen; die fälschliche Annahme, es gebe Beständigkeit, wo Unbeständigkeit *(anicca)*, und ein Ich, wo Ichlosigkeit *(anatta)* ist; Festhalten an bloßen Riten und Ritualen, und die Überzeugung, dieses oder jenes sei »die Wahrheit«; Zweifel oder Unsicherheit, ob der Pfad der *vipassana* wirklich Nutzen bringt; Lügen, Stehlen, sexuelle Ausschweifungen, anderen körperlichen Schaden zufügen und seinen Lebensunterhalt auf Kosten anderer verdienen.

Wenn die Einsicht sich so weit vertieft, daß die Erkenntnis des *dukkha* (Leidens), der *anatta* und der *anicca* den Meditierenden immer mehr erfüllt, erlangt sie außerordentliche Intensität: Das *nirvana* wird nun über eine Stufe betreten, auf der die Gier nach Sinnesobjekten und alle Willensschwäche nachlassen. Man ist nun ein *sakadgami*, ein »Noch-einmal-Zurückkehrender«, der in diesem oder dem nächsten Leben ganz erlöst wird. Zu den Elementen des Ego, die beim Eintauchen in den Strom abgelegt werden, kommen jetzt noch das Verlangen nach Sinnesobjekten und starke Animositäten. Die Intensität der Erfahrung von Anziehung und Abneigung läßt nach; man kann sich nicht mehr stark zu einem Phänomen hingezogen oder von ihm abgestoßen fühlen; die Sexualität zum Beispiel verliert ihren Reiz, wenn man sich vielleicht auch noch der Fortpflanzung wegen mit ihr befaßt. Eine teilnahmslose Haltung allen Stimuli gegenüber ist typisch für diesen Zustand.

Bei der nächsten Intensivierung der Einsicht hört die Gier nach Sinnesobjekten und alle Willensschwäche ganz auf. Was auf der Stufe des Noch-einmal-Zurückkehrenden gemindert wurde, wird nun ganz ausgelöscht. Man gelangt in den Zustand des *anagami*, eines »Nicht-mehr-Zurückkehrenden«, und ist dazu bestimmt, vom Kreislauf des Werdens in diesem Leben für immer erlöst zu werden. Zusätzlich zu den vorher schon abgelegten Elementen des Ego fallen die letzten Reste von Gier und Animosität ab. Alle Abneigung gegenüber weltlichen Zuständen wie Verlust, Schmach, Schmerz und Tadel verliert sich. Bösartige Motivationen, Absichten und Reden werden unmöglich – man kann nicht einmal mehr böse Gedanken einem anderen gegenüber hegen; die Kategorien »Feind« und »Abneigung« verschwinden beide aus dem Bewußtsein. Gleichzeitig schwindet auch das leiseste Verlangen nach Sinnesobjekten; so sind sexuelle Aktivitäten zum Beispiel in diesem Stadium äußerst unwahrscheinlich, weil Gefühle des Begehrens und der Wollust ausgelöscht sind. Es herrscht Gelassenheit gegenüber allen äußeren Objekten; der Nicht-mehr-Zurückkehrende sieht sie als absolut wertneutral.

Mit der endgültigen vollkommenen Reife der Einsicht fallen alle Bindungen an das Ego ab, und alle subjektiven Bedeutungen des bedingten Begriffs Universum lösen sich auf. Der Meditierende ist nun ein *arahant*, ein »Vollkommen Erleuchteter«, ein Heiliger. Er ist endgültig befreit vom Leiden und vom Entfalten eines neuen *karma*. Da er kein Ich-Bewußtsein hat, sind alle seine Handlungen rein funktional; sie dienen entweder der Erhaltung des eigenen Körpers oder dem Wohle anderer. Kein einziger nicht abgelegter innerer Zustand aus der eigenen Vergangenheit ist geblieben, aufgrund dessen Gedanken an Gier, Haß und ähnliches im Geist aufsteigen könnten. Alle vergangenen Taten sind getilgt, so wie auch alles künftige Entstehen; es bleibt nur das reine Sein. Die letzten Spuren des Ego, die in diesem Endstadium aufgegeben werden, sind: alle Gefühle der Zustimmung zu oder der Gier nach weltlichem Gewinn, Ruhm, Vergnügen und Lobpreisungen; jegliches Verlangen selbst nach der Seligkeit der materiellen oder der formenlosen *jhana*-Zustände; alle mentale Starre oder Erregung; alles Trachten nach irgendwelchen Dingen. Auch die letzte geheime Tendenz zu unsittlichen Gedanken oder Taten ist buchstäblich unvorstellbar geworden.

Auf der Ebene des *arahant* ist die Gültigkeit der drei vornehmsten Wahrheiten der Unbeständigkeit, des Leidens und der Ichlosigkeit in jedem Augenblick evident. Wei Wu Wei sagt über die Bedeutung des Leidens auf dieser Bewußtseinsebene:

Als Buddha erkannte, daß er erwacht war, merkte er, so darf man annehmen, daß das, was er bis dahin im Vergleich zum Leid als Glück betrachtet hatte, nicht länger Glück war. Von da an war sein einziges Richtmaß das *ananda*, also das, was wir uns als Seligkeit vorzustellen versuchen. Leiden erkannte er als die negative Gestalt des Glücks, Glück als die positive Gestalt des Leidens, beziehungsweise beide als den negativen und den positiven Aspekt der Erfahrung. Aber verglichen mit dem numinosen Zustand, den allein er nun kannte, konnten beide ... als *dukkha* (Leiden) bezeichnet werden. *Dukkha* war das Komplement von *sukkha*, von »Behagen und Wohlbefinden«, ... für Buddha konnte nichts Erscheinendes *sukkha* sein, wenn es innerhalb der Welt der Erscheinungen im Gegensatz zum *dukkha* auch so *erscheinen* mochte (1968, S. 61).

Einem *arahant* leuchtet die Wahrheit des Nicht-Ich leichter ein. Suzuki (1958, S. 293) drückt das so aus: Wer diese Ebene erreicht, erkennt durch »unmittelbares Wissen, daß in dem Moment, in dem das Herz von den Befleckungen durch die gewöhnlichen ego-zentrierten Impulse und Begierden gereinigt war, nichts mehr da war, das dem Ego hätte Zuflucht bieten können«. Unbeständigkeit wird auf der Elementarstufe des Erkennens wahrgenommen. Beim *arahant* ist die Wahrnehmung in der *vipassana* vollkommen: er beobachtet die winzigsten Segmente der mentalen Prozesse, die Kette der Bewußtseinsmomente. Nach der Überlieferung nahm Buddha 17×10^{21} unterschiedliche Bewußtseinsmomente, jeden vom vorausgehenden und nachfolgenden getrennt, in einem einzigen Augenblick wahr. So wie er, sieht der *arahant*, daß die Einzelelemente des Bewußtseinsstromes sich in jedem Augenblick wandeln. Nichts im Universum des menschlichen Geistes ist konstant, und die äußere Realität ergibt sich aus dem eigenen inneren Universum. Nirgends gibt es also Beständigkeit und Dauer.

Nirodh

Es gibt neben dem *nirvana* einen Zustand, der im Westen wenig bekannt ist: das *nirodh*, das Erlöschen. Im *nirvana* ist das Objekt der Bewußtheit das Erlöschen des Bewußtseins, im *nirodh* aber erlischt die Bewußtheit selbst. Es ist das endgültige Erlöschen des Bewußtseins und der zugehörigen Faktoren. Nur ein Nicht-mehr-Zurückkehrender kann in das *nirodh* eintreten oder ein *arahant*, der alle acht Stufen der *jhana* gemeistert hat. Weder ein In-den-Strom-Eintauchender noch ein Noch-einmal-Zurückkehrender hat genug Schichten des Ego abgelegt, um die für das *nirodh* erforderliche Höchst-Konzentration aufbringen zu können; beim Eintreten in diesen Zustand des völligen Nichtgeschehens wäre auch der kleinste Rest von Verlangen nach Sinnesobjekten ein Hindernis.

Der Pfad zum *nirodh* verlangt das Einüben der *vipassana* auf der

Grundlage einer Stufe der *jhana* nach der anderen, bis hinauf zur achten, der Weder-Wahrnehmung-noch-Nichtwahrnehmung. Mit dem Erlöschen dieses letzten ultrasubtilen Bewußtseinszustandes tritt der Meditierende ins *nirodh* ein. Das Erlöschen ist »auf andere Art und Weise real«, denn es fehlen alle Data unserer Realitätserfahrung, auch die allersublimsten Zustände. Obwohl das *nirodh* bis zu sieben Tage unserer Zeiteinteilung dauern kann, kennt der Zustand selbst keinen Zeitablauf: der Moment unmittelbar vorher und der unmittelbar danach werden als direkt aufeinanderfolgend erlebt. Die obere Grenze von sieben Tagen für die Dauer des *nirodh* ist vielleicht durch die Eigenart seiner physiologischen Prozesse bedingt: Herzschlag und normaler Stoffwechsel hören, so heißt es, mit dem Erlöschen des Bewußtseins praktisch auf, obwohl gewisse restliche Stoffwechselprozesse weiter ablaufen, so daß der Körper des Meditierenden sich von einem Leichnam unterscheidet. Vor dem Eintritt in diesen Zustand muß der Meditierende einen bestimmten Zeitraum festsetzen, in dem er darin bleiben will. Nach dem Heraustreten aus dem *nirodh* durchläuft er wieder alle Stufen der *jhana*, in umgekehrter Reihenfolge, bis zum normalen Bewußtseinszustand. Auf der achten Stufe der *jhana* kehrt die Bewußtheit zurück, auf der dritten stellen sich die normalen Körperfunktionen wieder ein, auf der ersten das kritische Denken und die sinnlichen Wahrnehmungen.

Die beiden Pfade: ihre äußersten Endpunkte

An ihren äußersten Endpunkten laufen der Pfad der *samadhi* durch die *jhana*-Stufen und der Pfad der Einsicht zum *nirvana* fast zusammen. Aber zwischen diesen letzten Zuständen sublimen Bewußtseins bestehen doch noch außerordentlich subtile, aber wesentliche Unterschiede. Die siebente Stufe der *jhana* ist ein Zustand der Bewußtheit des objektlosen Bewußtseins: der Nicht-Dinglichkeit. Auf der achten Stufe der *jhana* kann nicht einmal mehr das Bewußtsein der Nicht-Dinglichkeit als tätig seiend bezeichnet werden; es bleibt jedoch als Funktion latent erhalten und kann daher nicht als nicht-existent bezeichnet werden: dies ist der Bereich der Weder-Wahrnehmung-noch-Nichtwahrnehmung.

Im *nirvana* beginnt das endgültige Erlöschen des Bewußtseins mit einem Zustand, der Bewußtheit des nichtvorhandenen Bewußtseins ist. Dieser Prozeß des Erlöschens gipfelt im *nirodh*, wo es überhaupt keine Bewußtheit mehr gibt. Selbst das Erreichen der höchsten Stufe der *jhana* wirkt sich nicht notwendig nach dem Verlassen des Zustands auf die normale Ego-Funktion aus, während die Erfahrung des *nirvana* unwiderruflich zu Veränderungen der Ego-Funktion führt.

Die beiden unterschiedlichen Pfade stellen zwei Extreme eines Kontinuums der Erforschung und Beherrschung des Geistes dar. Jemand, der genug Einsinnigkeit zum Beispiel für die formenlosen *jhana*-Zustände aufbringen konnte, kann auch leicht den Zustand des *nirvana* erreichen, wenn er beschließt, seine starke Konzentrationsfähigkeit der Beobachtung des eigenen Geistes zuzuwenden. Und umgekehrt kann ein Mensch, der schon das *nirvana* erreicht hat, gegen Hindernisse und Ablenkungen so gefeit sein, daß er sehr leicht in die *jhana* eintreten und alle Stufen durchlaufen könnte, wenn er sich auf ein einziges Bewußtseinsobjekt konzentrierte. Daher gehören jene, die einen dieser beiden deutlich unterschiedenen Pfade bis zum äußersten Ende gegangen sind, vielleicht nicht mehr nur einem an, sondern beiden. Wird entweder die *samadhi* oder die Einsicht völlig gemeistert, läßt sich der jeweils andere Zustand leicht erreichen, der Unterschied zwischen den Wegen der Meditation wird hinfällig. Im Zenrin heißt es:

> Von alters her gab es nicht zwei Pfade;
> »die angekommen sind« kamen alle dieselbe Straße.

Ausblick

Diese Darstellung, die sich auf Buddhas Beschreibung der meditationsspezifischen Bewußtseinszustände stützt, soll all denen eine Hilfe sein, die auf diesem Gebiet Theorien entwickeln und Forschungen theoretisch vorbereiten wollen. Das jedenfalls war meine Absicht.

Die Menschen, die meditative Bewußtseinszustände auf dem Weg der persönlichen Praxis erforschen, finden meine Überlegungen oder

Buddhas Beschreibung der meditationsspezifischen Bewußtseinszustände vielleicht nützlich, vielleicht aber auch nicht. Die Wege zur Erlösung lassen sich oft nur schwer beschreiben, die Grenzen sind fließend, und sie sind verschlungen wie die der eigenen Lebenserfahrung. Es gibt so viele verschiedene Pfade zu höheren Seinsweisen wie es Menschen auf dem Pfad gibt; nicht jede Beschreibung des Weges paßt notwendig für die Lebenssituation eines bestimmten Menschen. Die Sufis haben ein Sprichwort: »Wer versucht, erkennt.« Mit den Worten Meher Babas:

»Im spirituellen Bereich muß man nicht unbedingt eine genau ausgearbeitete Karte des Pfades haben, ehe man die Reise beginnt. Das Insistieren auf vollständiger Kenntnis des Weges kann im Gegenteil das Vorankommen eher behindern, als fördern. ... Wer von der Küste aus Beobachtungen über das Meer anstellt, erkennt nur seine Oberfläche, doch wer seine Tiefen ergründen will, muß bereit sein, hinabzutauchen« (1967, S. 191).

[1] Abgesehen von der Übersetzung Bhikku Nanamolis habe ich auch zeitgenössische Kommentare zum Visuddhimagga mit herangezogen: Bhikku Soma (1949), Conze (1956), Dhammaratana (1954), Kashyap (1954), Lama Govinda (1969), Ledi Sayadaw (1965), Mahasi Sayadaw (1965, 1970), Narada Thera (1956), Nyanaponika Thera (1949, 1962, 1968), Nyanatiloka (1952 a, b) und Mahathera (1962).
[2] Der Dharma ist die Weltordnung, das Gesetz, die Heilslehre in der buddhistischen Tradition. (Anm. d. Red.)
[3] Eine Ausnahme bildet die »Theorie Z« Abraham Maslows, die zusammen mit den Arbeiten R. Assagiolis und C. G. Jungs für den Westen zur Grundlage eines psychologischen Verständnisses der höheren Bewußtseinszustände werden könnte.
[4] Diese Einteilung entspricht einem psychoanalytischen Schema der Charaktertypen, dem kognitive Eigenheiten zugrunde liegen; in derselben Reihenfolge (Shapiro, 1961): 1. der »Paranoiker«, der andere als außenstehend und verdächtig betrachtet; 2. der »Hysteriker«, der impulsiv urteilt und handelt; 3. der »Zwangs-Neurotiker«, der Führung durch andere braucht, und 4. der »Psychopath«, dessen Wahrnehmungen zwar den Tatsachen entsprechen, der aber die Wirklichkeit nach seinen Wünschen umformt.
[5] Diese »himmlischen Königreiche« werden innerhalb anderer kosmologischer Lehrsysteme manchmal als »Astralebenen«, *deva locas, bardos* und ähnliches bezeichnet.
[6] Tart (1971a, 1972, auch Kap. 1) bezeichnet als »zustandsspezifische Wissenschaft«

eine Wissenschaft, in der die Ausübenden einen bestimmten Bewußtseinszustand erreichen können, sich dann darüber verständigen, daß sie alle diesen Zustand erreicht haben, worauf sie weitere interessante Gebiete untersuchen können – zum Beispiel die Beziehungen zwischen diesem Zustand und der »Realität«. Nach diesen Kriterien ist Buddha mit seinen meditierenden Jüngern ein auf dem Gebiet der meditationsspezifischen Bewußtseinszustände forschender Wissenschaftler mit seinen Assistenten, das Visuddhimagga und andere buddhistische Lehren sind ihre Forschungsergebnisse, und die supranormalen Kräfte, von denen hier die Rede ist, ist ein typischer Teil der Technologie, die sie bei ihren Forschungsarbeiten entwickelt haben.

[7] Helmuth von Glasenapp: Der Buddhismus – eine atheistische Religion. München 1966, S. 147.

6. YOGA-PSYCHOLOGIE

Geschichtlicher Ursprung

Die Psychologie nimmt in der Kulturgeschichte Indiens eine besonders wichtige Stellung ein. Schon zur Zeit der Upanischaden, d. h. etwa 1500 v. Chr., erkannte man, daß die Psyche und der Kosmos untrennbar miteinander verbunden sind. Das Universum ist letztlich ein psychokosmisches Kontinuum. Schließt man die Psyche aus der Betrachtung aus, so bleibt das Universum ein unbekanntes X. Schließt man das Universum aus, bleibt die Psyche eine wurzellose Abstraktion. Diese tiefe Einsicht kristallisierte sich in der Identitäts-Formel: Das Selbst ist eins mit dem Sein[1] *(ayam atma brahman)* (Radhakrishnan, 1953, p. 695). Sie impliziert dreierlei, nämlich: »Ich bin Sein«, »die Welt ist Sein« und »das bist du«.

Die natur-orientierten Mystiker zur Zeit der Veden (um 3000 v. Chr.) entdeckten das Sein als den Urgrund des Universums. Die Selbstorientierten Mystiker der Upanischaden entdeckten zuerst das Selbst *(atman)* als den Urgrund unserer psychischen Existenz. Später aber fanden sie zu einer umfassenden Synthese, welche die Identität bzw. Nicht-Dualität von Selbst und Sein zum Grundprinzip erhebt. Aus der ontologischen[2] Erfahrung des Einsseins von Selbst und Sein entwickelten sich zwei miteinander in Zusammenhang stehende wichtige Theorien. Die eine ist die Theorie vom Universum als einem psychokosmischen Kontinuum, in dem Subjekt und Objekt, Psyche und Kosmos untrennbar ineinander verwoben sind. Die andere ist die Theorie von der psychokosmischen Wechselbezogenheit, in der die verschiedenen Aspekte des Seins verschiedenen Phasen der menschlichen Erfahrung entsprechen.

Wenn die Meditation zu tieferer Einsicht in das eigene Selbst führt, geht dem Menschen die Erkenntnis auf, daß sein wahres Selbst der Schlüssel zur Wesensstruktur des Universums und zum Geheimnis

des Seins, dem ontologischen Wurzelgrund des Universums, ist. Daher waren die alten Weisen Indiens überzeugt, daß die Suche nach der letzten Wahrheit oder nach dem Geheimnis des Universums sich als Suche nach dem eigenen wahren Selbst vollziehen müsse. »Erkenne dein Selbst« wurde als Lebensgrundsatz verkündet.
Die Psychologische Selbsterforschung, der unerschrockene Vorstoß in den Bereich der Psyche, wurde schon früh zur Grundvoraussetzung aller philosophischen Disziplinen, einschließlich der Metaphysik (der Wissenschaft von den ewigen Grundprinzipien) und der Ontologie (der Wissenschaft vom Sein).
Nicht nur das, man war auch der Überzeugung, daß die Psyche als die organisierende Einheit aller menschlichen Erfahrung in ihrer Wesensstruktur dem Universum als Ganzem analog ist, so wie nach Aussage moderner Physiker die Grundstruktur des Atoms der des Sonnensystems. Das Selbst ist das innerste Zentrum so verschiedenartiger Erlebnisformen wie Wachen *(jagrat)*, Traum *(swapna)*, Schlaf *(susupti)* und überbewußte Erfahrung *(samadhi)*. Das westliche Denken hält alle diese Erlebnisweisen außer dem wachen Erleben für rein subjektiv. Nach Ansicht indischer Denker ist die Dichotomie von subjektiv und objektiv ein Scheinerzeugnis des menschlichen Begriffsdenkens. Jede Erfahrung beruht auf der wechselseitigen Durchdringung von Subjekt und Objekt, auf einer dynamischen Interaktion zwischen der Psyche und dem kosmischen Bereich. Alle psychischen Funktionen sind wirklichkeits-orientiert. Und alle kosmischen Ereignisse spiegeln sich im Psychischen.
Nach Aussage der upanidischen Seher entsprechen die eben genannten vier Phasen der menschlichen Psyche vier Dimensionen oder Aspekten des Seins (Rhadakrishnan, 1953, pp. 695–699). Das Wachen entspricht dem Sein in seiner grobsinnlichen Erscheinungsform *(virat)*. Der Traum oder das imaginative Erleben entspricht dem Sein in seiner höheren Gestalt als Energie-Schwingung oder dem Sein in der Vielfalt seiner Möglichkeiten *(hiranyagarbha,* das Wirkliche in Gestalt eines goldenen Eies). Der Schlaf entspricht dem Seins-Aspekt der undifferenzierten, im Gleichgewicht befindlichen Energie (Kausalenergie, *karana, ishwara). Samadhi,* die überbewußte Erfahrung, entspricht dem Sein als reiner Transzendenz oder als dem zeitlosen Urgrund der kosmischen Vielfalt *(Brahman, Karanatita)*. Auf diesen psychokosmischen Entsprechungen beruht die wesensmäßige Interdependenz von Psychologie und Philosophie.

Keine Philosophie kann die Wesensnatur des Daseins erklären, ohne sich auf eine psychologische Disziplin zu stützen, die zur überbewußten Anschauung des Seins führt. Andererseits kann auch keine Psychologie die wahre Natur und Funktion der Psyche entschleiern, wenn sie nicht zugleich die Dimensionen des Seins in seinem Wechselverhältnis zu den verschiedenen Erlebnisphasen des Menschen erfaßt. Daraus ergibt sich als wichtiges methodologisches Postulat, daß man, um das Kosmische in seiner ganzen Fülle erkennen zu können, die Psyche in ihrer ganzen Fülle kennen muß. Und weiter: um die Psyche in ihrer ganzen Fülle zu erkennen, muß man mittels Analyse und Interpretation alle vom »Normalbewußtsein« abweichenden Bewußtseinszustände erkennen. Es ist ein erfreuliches Zeichen, daß die westlichen Psychologen von heute anfangen, diese fundamentale Wahrheit einzusehen. In dieser Hinsicht hat Dr. Charles Tart der westlichen Psychologie mit seinem grundlegenden Werk *Altered States of Consciousness* (1969) einen bedeutenden Dienst geleistet.
In der Taittiriya-Upanischade[3] wird gezeigt, wie die metaphysische Weltanschauung des spirituellen Suchers sich in dem Maß, wie er sich zu immer höheren Stufen der Selbst-Bewußtheit hinaufentwickelt, entsprechend zu wandeln beginnt. Wenn der Mensch sich völlig mit seinem Körper identifiziert, sieht er die Welt als Erweiterung seines Körpers an. Er ist weltanschaulich vor allem Materialist und behauptet, daß die Materie der schöpferische Ursprung allen Daseins sei (Radhakrishnan, 1953, p. 554). Wenn sich der Mensch mit seiner Lebenskraft identifiziert, sieht er das Universum als strömende Lebensenergie. Mit anderen Worten, er ist weltanschaulich im wesentlichen Vitalist und ist der Überzeugung, das Leben sei der schöpferische Ursprung allen Daseins. Identifiziert er sich mit dem Geistig-Seelischen, vertritt er weltanschaulich einen subjektiven Idealismus und betrachtet das mentale System als schöpferischen Ursprung allen Daseins. Identifiziert er sich mit dem reinen Verstand, wird er philosophisch zum objektiven Idealisten und setzt die Vernunft als den schöpferischen Ursprung allen Daseins. Wenn er sich mit seinem reinen transzendentalen Bewußtsein identifiziert, was eine beseligende Erfahrung ist, wird er zum mystischen Seher oder weltanschaulich zum spirituellen Idealisten und erkennt die Daseins-Bewußtseins-Seligkeit als den schöpferischen Ursprung allen Daseins. Wenn er sich endlich mit dem reinen, nicht determinierbaren Sein oder Nichtsein identifiziert, ist er tranzendentaler Ontologe wie Buddha,

oder Samkara, der bekannteste Repräsentant des Vedanta, und erklärt das Nichtsein bzw. das nicht determinierbare Sein zum Urgrund allen Daseins.
Mit diesem psychologischen Ansatz aller philosophischen Erkenntnis und spirituellen Weisheit, wie die Upanischaden ihn vorzeichneten, wurde ein Beispiel für alle Wahrheitssuche in den folgenden Epochen der indischen Kulturgeschichte gesetzt. Im Lauf der folgenden Jahrhunderte entwickelten sich von hier aus alle Arten psychophysischer Disziplinen, die uns als Yoga-Systeme bekannt sind. Sie stellen eine Vielfalt von empirischen Versuchen dar, sich der spirituellen Wahrheit zu nähern, und führen zu verschiedenen Arten religiöser, mystischer oder ontologischer Erfahrung. Aus diesen unterschiedlich interpretierten Erfahrungen sind die Grundbegriffe der spirituellen Psychologie Indiens hervorgegangen. Vom 5. Jh. v. Chr. bis zum 18. Jh. n. Chr. entstanden als Ergebnis einer intensiven Systematisierung des Denkens und der Kodifizierung der Grundprinzipien der Selbst-Entfaltung mehrere deutlich voneinander unterschiedene Yoga-Disziplinen. Die wichtigsten sind:

    der Yoga der Atemkontrolle *(hatha)*,
    der Yoga der geistig-seelischen Kontrolle *(raja)*,
    der Yoga des Handelns *(karma)*,
    der Yoga der Liebe *(bhakti)*,
    der Yoga der Erkenntnis *(jnana)*,
    der Yoga der Seins-Energie *(kundalini)*,
    der Yoga des integralen Bewußtseins *(purna)*.

Das Endziel aller dieser Selbst-Disziplinen ist die selige Vereinigung mit dem Selbst in seiner transzendentalen Dimension des Einsseins mit dem zeitlosen Sein. Sie sind verschieden hinsichtlich ihres Ausgangspunktes und der Art ihres Vorgehens; jede legt das Hauptgewicht auf eine andere der eng miteinander verknüpften Persönlichkeitskomponenten, auf den Lebensatem, auf die seelisch-geistigen Funktionen, das soziale Handeln, auf das Streben nach Liebe, Wissen, Macht oder nach dem integralen Bewußtsein.
Die Yoga-Psychologie ist, das sei noch angemerkt, sowohl die Kunst als auch die Wissenschaft von der menschlichen Psyche als einem Wachstumsprozeß. Es besteht Einstimmigkeit darüber, daß das Geheimnis der Psyche sich dem Auge der distanzierten Beobachtung und Analyse schwerlich ganz erschließt. Es enthüllt sich nur dem, der sich existentiell auf seine persönliche Selbstverwirklichung und

Ich-Transzendenz, mit anderen Worten: auf praktische Selbstdisziplin, einläßt. Dr. Indra Sen sagt sehr richtig, daß in der indischen Psychologie »die theoretischen und praktischen Lebensantriebe miteinander verbunden sind« (Sen, 1960, p. 186). Der Mensch kann das Selbst nur wirklich erkennen, wenn er eins mit ihm wird.

Gegenwärtige Tendenzen

In neuerer Zeit, besonders seit dem Beginn der spirituellen Wiedergeburt Indiens im 19. Jh., hat die Yoga-Psychologie neue Dimensionen hinzugewonnen. Während in der Vergangenheit das Hauptgewicht auf der transzendentalen Dimension der Psyche lag, wurde man sich nun immer mehr der Bedeutung und des Wertes der existentiellen, der sozialen und der historischen Dimension des Lebens bewußt. Man versuchte auf die verschiedenste Weise, die transzendentale oder rein spirituelle Dimension in sie zu integrieren.
Im Ramakrishna-Vivekananda-Orden wurde nicht mehr nur die selige Vereinigung mit dem höchsten Sein als letztes Ziel angestrebt, sondern auch der selbstlose Dienst an der Gesellschaft und humanitäres Engagement. Das Sein *(brahman)* ist nicht nur der nicht determinierbare Urgrund des Selbst, sondern auch die in allen Menschen anwesende göttliche Schöpferkraft. Daraus entwickelte sich als ein wichtiger Teil der Yoga-Disziplin der Dienst an dem in den Armen und Unterdrückten gegenwärtigen Göttlichen *(daridra narayana seva)*.
Mahatma Gandhi, Jawaharlal Nehru, Vinoba Bhave und andere, die sich von den Schriften des großen indischen Poeta laureatus Rabindranath Tagore inspirieren ließen, erkannten, daß die höchste spirituelle Freiheit des Menschen nicht die negative, transzendentale Freiheit des Asketen, sondern schöpferische Freiheit sein muß (Chaudhuri und Spiegelberg, 1960, pp. 18–21). Neue kulturelle und zivilisatorische Werte, eine neue Gesellschaft schaffen, die frei ist von Unmenschlichkeit dem Menschen gegenüber, eine neue internationale Gesellschaftsordnung schaffen, in der nicht mehr weltweit Katastrophen an der Tagesordnung sind, das sind wesentliche Aspekte des spirituellen Lebensziels. In Tagores Welt-Universität (Viswabharati) in Santiniketan (West-Bengalen) liegt das Hauptgewicht des Yoga auf künstlerischer Kreativität und der Vereinigung mit dem Weltgeist der

Geschichte auf dem Weg über ein umfassendes Verständnis der reichen Vielfalt kultureller Werte in Ost und West.
Mahatma Gandhi sah in Tagore seinen erleuchteten Lehrer *(Gorudev)*; er bekannte sich zu dessen Ideal der spirituellen Befreiung zu schöpferischer Unabhängigkeit und verwirklichte es auf dem Gebiet des sozialpolitischen Handelns. Er zeigte, wie ein ganzer Subkontinent von 400 Millionen Menschen mit den geistigen Waffen der Wahrheit und Gewaltlosigkeit seine politische Unabhängigkeit erreichen kann. Das ist Yoga des Handelns, *karma*-Yoga, in seiner modernen, geschichtlich orientierten Gestalt. Sein Endziel ist, das Reich der Gerechtigkeit in der Gesellschaft zu errichten (Ramrajya) (Chaudhuri und Spiegelberg, 1960, p. 230).
In der integralen Psychologie Sri Aurobindos liegt der Hauptakzent auf der integralen Struktur der menschlichen Psyche. Sie ist einerseits ein schöpferisches Aktionszentrum des Seins, andererseits ein an sich bestehender Fokus, ein am planetarischen Evolutionsprozeß mitwirkendender instrumentaler Faktor. Sri Aurobindo sieht das Ziel der sich entfaltenden Psyche in der erleuchteten Partizipation an der planetarischen Evolution, in ihrem Bemühen um eine neue globale Gesellschaftsordnung, die durch das Wirksamwerden des höheren supramentalen Bewußtseins in der menschlichen Gemeinschaft heraufgeführt wird.
Außer den genannten geschichtlich orientierten Entwicklungen innerhalb der Yoga-Psychologie gibt es heute auch noch Versuche in anderen Richtungen.
Swami Pratyagatmananda, Gopinath Kaviraj, Gopi Krishna und andere haben dem psychosomatischen Prozeß der Eigen-Energie-Steigerung *(kundalini*-Yoga) eine neue Form und eine evolutive Orientierung gegeben. Damit hat sich der faszinierenden Erforschung der psychonuklearen Energie ein ganz neuer Bereich erschlossen (Pratyagatmananda, 1961, 1971; Kaviraj, 1966; Krishna 1971, 1972). Der Autor der vorliegenden Schrift nimmt an diesen Vorstößen lebhaft Anteil und hat selbst auf diesem Gebiet seit langem theoretisch und empirisch systematische Forschungen betrieben.
Sri Raman Maharshi (1880–1950) aus Arunachal (Madras) hat einige der Grundprinzipien des *raja*- und des *jnana*-Yoga in einer Synthese vereinigt (Maharshi, 1962, 1967). Er legt besonderes Gewicht auf die Techniken der kritischen Selbsterforschung und auf das Streben nach der eigenen spirituellen Identität. Auch betont er die Notwendigkeit

der Selbstverwirklichung als Voraussetzung für ein ich-freies natürliches Leben (»Who«, 1967, p. 11). Das ist ein direkter, aber nicht extremer Weg zum traditionellen Ziel der Selbstverwirklichung. Er macht jedoch keinen Versuch, sich mit gesellschaftlichen Problemen, mit der Dialektik der Geschichte und der Herausforderung durch den Westen auseinanderzusetzen.

Swami Sivananda (1887–1963) aus Rishikesh betont die Notwendigkeit einer synkretistischen oder eklektischen Form des Yoga für den modernen Menschen (Sivananda, 1950). Er verwendet den von Sri Aurobindo geprägten Terminus Integraler Yoga (*purna*-Yoga) im eklektischen Sinn. Er zeigt, wie in die ungeheuer komplexe Lebensstruktur des modernen Menschen wertvolle Elemente all der verschiedenen oben aufgeführten Yoga-Systeme einbezogen werden können. Das sind zweifellos sehr nützliche Überlegungen, solange man es ablehnt, sich auf das entscheidende Problem der Beziehungen zwischen Geschichte und Evolution einerseits und der empirischen Dimension des menschlichen Selbst andererseits einzulassen.

Swami Kuvalayananda aus Lanovla (Poona) hat als erster mit naturwissenschaftlichen Untersuchungsmethoden die Veränderung physiologischer Prozesse untersucht, die sich als Folge der durch Yoga und Meditation erzielten Bewußtseinsveränderungen einstellen. Ein fruchtbares Resultat dieses psychophysiologischen Ansatzes ist eine tiefere Einsicht in den vielfältigen therapeutischen Nutzen der Yoga-Übungen (Kuvalayananda, 1966, Kap. 13).

Maharishi Mahesh Yogi legt in seiner Theorie der transzendentalen Meditation das Hauptgewicht auf die Notwendigkeit psychischer Entspannung mit Hilfe nichtbegrifflicher Mantras oder Lautformeln. Aus Gründen der Popularität verweist er auch ausdrücklich auf den hedonistischen Wert der Meditation als eines Mittels zu größerem Lebensgenuß. »Das Leben ist im Bewußtheitszustand der Seligkeit absolut, in den vielfältigen Freuden der Erscheinungswelt relativ« (Maharishi, 1963, p. 61). Weder der tragische Aspekt des Lebens noch die dialektischen Spannungen, die das Leben zum Kampfplatz für die schöpferischen Manifestationen höherer Werte machen, werden in sein Konzept einbezogen.

Die transzendentale Meditation hat in den Ländern des Westens großen Anklang gefunden. In Indien steht man ihr jedoch weithin mit Skepsis und kritischen Einwänden gegenüber. Man wirft ihr vor, allzusehr zu vereinfachen und daher unfähig zu sein, die Menschen weiterzubringen als bis zu einem spirituellen Kindergarten. Ihr hauptsächlicher Nutzen besteht in psychophysischer Entspannung, die allerdings der erste wichtige Schritt in allen Yoga-Systemen ist. In der transzendentalen Meditation wird jedoch Wert-Bewußtsein kaum entwickelt. Auch verfügt sie über keinerlei Methodologie zur kritischen Beurteilung der verwirrenden Vielfalt mystischer Erfahrungen und der wechselnden Anschauungsformen, in denen das Selbst erscheint.

Am California Institute of Asian Studies in San Francisco laufen z. Z. neue Forschungsprojekte auf dem Gebiet der Yoga-Psychologie. Arbeitsgemeinschaften zur meditativen Erforschung des seelischen Bereichs werden ergänzt durch Seminare über kritische Analyse und konstruktive Auswertung ihrer Ergebnisse. Die Tiefen der Psyche werden in allen ihren Aspekten sondiert, womit eine umfassende objektive Einsicht in die verschiedenen traditionellen und modernen Yoga-Disziplinen gefördert wird. Das Schwergewicht liegt jedoch auf der Psychologie des integralen Yoga mit dem Ziel der vollkommenen Psychointegration und der heute zwingenden Notwendigkeit einer Neuformulierung der grundlegenden Erkenntnisse des Yoga in einer nicht-metaphysischen Sprache (Chaudhuri, 1965a, 1966).

Die Psychologie des integralen Yoga gewinnt ihre spezifischen Charakteristika aus der Praxis des integralen Yoga im ursprünglichen Wortsinn, wie Aurobindo ihn verstand. Im Mittelpunkt dieser Praxis steht die Neuordnung der Prioritäten des Wert-Bewußtseins. Vollkommene Psychointegration bedeutet nicht nur Verwirklichung der mystischen oder transzendentalen Dimension des Selbst. Sie erfordert auch die Aktualisierung des psychischen Potentials des Individuums als einer schöpferischen Entität innerhalb der Evolution. Die neu entwickelte Technik der integralen Selbst-Verwirklichung besteht darin, Geist, sexuelle Libido und transpersonale Seins-Energie (logos, eros und ontos; *brahma, visnu* und *siva-sakti*) in beweglichem Gleichgewicht zu halten.

Philosophische Grundlagen der Yoga-Psychologie

Die Psychologie des Yoga basiert letztlich auf dem Begriff des Selbst *(purusa, atman)*. Es ist das eigentliche Zentrum, das einigende Prinzip der gesamten Persönlichkeit, ihrer physischen, triebhaften, intellektuellen, ethisch-religiösen und ontologischen Dimensionen. Es ist das integrierende Prinzip der Psyche, deren ungeheuer komplexe Struktur scheinbar so divergierende Aspekte wie das Bewußtsein, das Unbewußte und das höhere Bewußtsein oder Überbewußte umfaßt. Dieses »wahre« Selbst ist eins mit dem Sein. Sein wahres Selbst kennen heißt also, mit der ganzen Ekstase tiefster Erkenntnis das Einssein mit dem Sein, dem ewigen Lebensgrund, erfahren. Das Einssein mit dem Sein erfahren heißt aber auch, das Einssein oder die Verwandtschaft mit allen Mitmenschen und allem Lebendigen erfahren. Unmittelbarer Ausfluß der Erfahrung des Einsseins mit den anderen ist der Geist universaler Liebe und universalen Mitgefühls, der keine Grenzen kennt und keine diskriminierenden Vorurteile duldet.

Diese Erfahrung spontaner Freude und Liebe, wie sie die innere Schau der Einheit alles Daseienden hervorruft, stellt die philosophische Grundlage aller Yoga-Disziplinen dar.

Es gibt, grob gesagt, fünf philosophisch bedeutsame Yoga-Disziplinen: Yoga der geistig-seelischen Kontrolle, Yoga der Liebe, Yoga der Erkenntnis, Yoga der Tatkraft und Yoga der totalen Integration. Im folgenden werden diese philosophischen Grundrichtungen, die hinsichtlich ihrer Richtung und der Verteilung der Schwerpunkte geringfügig voneinander abweichen, kurz skizziert.

Der Yoga der geistig-seelischen Kontrolle basiert philosophisch auf dem Dualismus von Natur und Geist *(prakriti* und *purusa)*. Alle Komponenten der menschlichen Persönlichkeit – Leib, Sinne, Geistig-Seelisches, Ratio, Gedächtnis und Ich – gelten als verschiedene Ausdrucksformen der Natur.

Die Natur ist unbewußte Schöpferkraft. Die drei konstituierenden Grundzüge der Natur sind: 1) Trägheit, Passivität, Widerstand, Dichte *(tamas);* 2) Aktivität, Bewegung, Verwandlung *(rajas);* 3) Transparenz, Ausdrucksfähigkeit, Harmonie *(sattva).* Auf menschlicher Ebene nimmt die Schöpferkraft der Natur die Gestalt psychischer Energie an *(chitta).* Die Natur hat zwar kein Bewußtsein, aber eine Art von Zielgerichtetheit, die alle ihre Äußerungen bestimmt. Was auch immer die Natur tut, tut sie entweder zur Lust[4] oder zur Befreiung des Geistes. Die psychischen Funktionen, wie z. B. Empfindung, Wahrnehmung, Gedächtnis, Einbildungskraft, Verstand, Urteilen, Beschließen, Handeln und das Ich sind verschiedene Wirkungsarten der psychischen Energie. Die Natur-Energie hat kein eigenes Bewußtsein. Sie wird mehr oder weniger bewußt in dem

Maß, wie die psychische Energie das Licht des selbst-leuchtenden Welt-Geistes widerspiegelt, so wie der Mond zu leuchten anfängt, wenn er das Licht der selbst-leuchtenden Sonne reflektiert, oder wie ein Stück Eisen durch die Berührung mit dem Feuer zu glühen anfängt.
Die aus dem Seelisch-Geistigen, Intellekt, Gedächtnis und Ich bestehende menschliche Persönlichkeit ist als adäquates Instrument auf die praktische Partizipation am Leben in der Welt hin angelegt. Spirituell gesehen, legen jedoch diese psychischen Funktionen dem Geist Beschränkungen auf und hindern seine wirkliche Selbsterkenntnis. Die Wurzel allen menschlichen Leidens ist die Entfremdung des einzelnen von seinem eigenen wahren Selbst bzw. seinem spirituellen Wesenskern und die falsche Identifikation mit den verschiedenen Funktionen und Äußerungsformen der Natur.
Wenn durch regelmäßige Yoga-Übungen – den berühmten Achtstufen-Pfad Patanjalis – alle psychischen Funktionen und Modifikationen zum Stillstand gebracht worden sind, erstrahlt das wahre Selbst in seinem Wesensglanz. Nun ist der Seher zu seiner eigentlichen Natur gelangt (Taimni, 1967, p. 10).
Das Selbst ist nicht eine mit Bewußtsein als einem seiner Attribute ausgestattete Substanz. Es ist reines Bewußtsein an sich, ewig vollkommen, absolut frei und wesensmäßig mit Leuchtkraft begabt.
Das letzte Ziel der Yoga-Disziplin ist die wahre transzendentale Selbstverwirklichung und friedvolles Selbstgenügen. Es erfordert das Transzendieren aller psychischen Polaritäten wie Liebe und Haß, Lust und Schmerz, Schaffen und Zerstören, und konsequente Indifferenz *(udasinata)* gegenüber allen weltlichen Angelegenheiten.
Der Yoga der Liebe basiert philosophisch auf einem monistischen Spiritualismus. Das individuelle Selbst ist nicht völlig unabhängig und selbstgenügsam. Es ist eine geistige Substanz eigener Art und zugleich ewiger Teil der höchsten Gottheit, des Schöpfers, der die Welt erhält, lenkt und wieder vergehen läßt. Die wesentlichen Attribute des Selbst sind Bewußtsein, Seligkeit, Unsterblichkeit und Freiheit von Unwissen und Egozentrik. Das letzte Ziel des Lebens ist liebende Gemeinschaft mit der höchsten Gottheit. Da alle Lebewesen Geschöpfe Gottes sind, schließt die voll erblühte Liebe zu Gott Mitgefühl für alle lebendigen Geschöpfe und den Dienst an ihnen ein.
Der Yoga der Erkenntnis basiert auf einer nichtdualistischen spiritu-

ellen Philosophie. Die Idee eines persönlichen Gottes als einer unendlichen schöpferischen geistigen Substanz ist ein Widerspruch in sich. Substanz ist eine Kategorie des menschlichen Intellekts, die auf die letzte Wirklichkeit nicht anwendbar ist. Ferner ist Gott als Person auf die Welt und auf endliche Geister bezogen und daher selbst relativ, nicht absolut. Daher ist Gott letztlich nicht wirklich, wenn auch vom relativen Standpunkt des Menschen und der Welt aus das Letzte als Gott erscheint. Das Absolute erscheint als Gott, so wie der grenzenlose Himmel dem menschlichen Auge blau erscheint.

Insofern das individuelle Selbst *(jivatman)* als geistige Substanz begriffen wird, ist es ein vom Intellekt konstruiertes Gebilde. Der Raja-Yoga hat recht, wenn er behauptet, das wahre Selbst sei reines gestaltloses Bewußtsein. Der Widerspruch liegt beim Raja-Yoga jedoch darin, daß er die substantielle Wirklichkeit des individuellen Selbst leugnet und behauptet zugleich. Wenn man sagt, das individuelle Selbst erhalte sich ewig selbst, es existiere absolut unabhängig, ganz allein sich selbst genügend, führt man unter der Hand den metaphysischen Begriff der Substanz ein. Außerdem ist der Begriff eines ewig sich selbst erhaltenden individuellen Selbst nicht vereinbar mit der höchsten mystischen Erfahrung des Einsseins des Individuums mit dem Ganzen des Daseins und dem Urgrund aller Dinge. Für den Yoga der Erkenntnis ist daher das wahre Selbst reines gestaltloses Bewußtsein im eigentlichen Sinn des Wortes. Es kann aber nur ein einziges unendliches, grenzenloses reines Bewußtsein geben, das keinerlei Unterteilungen oder Begrenzungen innerhalb seiner selbst kennt, so wie es nur einen einzigen unendlichen Raum gibt, innerhalb dessen endliche Räume nur unwirkliche, künstlich errichtete Unterteilungen sind.

Kurz, für den Yoga der Erkenntnis ist ein einziges unendliches, grenzenloses Bewußtsein die letzte Wirklichkeit. Das Selbst ist nicht unterschieden von der letzten Wirklichkeit, dem Sein, so wie auch der begrenzte Raum vom unendlichen Raum nicht unterschieden ist. Die Unterscheidungen zwischen Subjekt und Objekt, individuell und universell, Schöpfertum und Geschöpf, dem einen und den vielen sind nur relativ gültige, letztlich aber unwirkliche Scheinphänomene. Das letzte Ziel des Yoga der Erkenntnis ist das unmittelbare Erfassen dieser höchsten Nichtdualität.

Der Yoga der überbewußten Energie *(kundalini)* behauptet, daß die unbewußte Natur ihr Dasein nicht sich selbst verdankt. Sie ist die niedere Äußerungsform der überbewußten Schöpferkraft des Seins. Dieselbe überbewußte Energie ist latent im psychophysischen System des Menschen, in seiner empirischen Persönlichkeit, vorhanden. Sie schlummert in ihm am Ende des Rückenmarks. Daher ist sie unter dem Namen *kundalini*, zusammengerollte oder Schlangen-Energie, bekannt. Das Erwachen der Schlangen-Energie im Lauf der Yoga-Übungen zeigt an, daß der Yogi jetzt bereit ist, den endgültigen Übergang vom Reich der Dunkelheit ins Reich der reinen spirituellen Weisheit, vom Tod zur Unsterblichkeit, zu vollziehen. Wenn sie das höchste Gehirnzentrum *(sahasrara)* erreicht, ist der Yogi ganz frei geworden, er erfährt Unsterblichkeit[5] und höchste Seligkeit; er ist vollkommen eins mit dem zeitlosen Sein oder höchsten Geist.

Bei näherem Zusehen wird man bemerken, daß die oben aufgeführten traditionellen Yoga-Systeme zwischen dem Transzendieren der Welt einerseits und kosmischem Wirken oder Teilnahme am Leben der Welt andererseits stehengeblieben sind. Der integrale Yoga, aus dem die geistige Renaissance Indiens in dieser oder jener Form ihre wichtigsten Anstöße empfing, stellt den Versuch dar, die Kluft zwischen Transzendenz und Partizipation zu überbrücken. Diese Bewegung der Wiedergeburt (Chaudhuri, 1951a), die von so bedeutenden Persönlichkeiten wie Ramakrishna, Vivekananda, Rabindranath Tagore, Gandhi, Aurobindo und anderen heraufgeführt wurde, ist ein Versuch, die zeitlichen und die ewigen Werte, Natur und Geist, die unvollkommene Welt und das höchste Gute in Einklang zu bringen. Sie hat ihre umfassendste philosophische Darstellung in den Schriften Sri Aurobindos (1950, 1953, 1957, 1964) gefunden.

Lassen Sie mich hier ein Wort über die philosophischen Grundlagen des integralen Yoga, so wie sie der Autor der vorliegenden Schrift interpretiert und entwickelt hat, sagen.

Das wahre individuelle Selbst ist weder freischwebendes, ewig vollkommenes, isoliertes reines Bewußtsein noch ewiger Teil der göttlichen Person, noch reines, vom ungeteilten Sein nichtverschiedenes Bewußtsein. Es ist das einheitliche, integrierte Ganze von Leib, Triebleben, Gefühl, Intellekt und Intuition. Die Selbst-Integration ist ein Prozeß der vollkommenen Harmonisierung des eigenen Seins. Aus der vollkommenen Integration der Persönlichkeit erwächst das integrale, umfassende Erlebnis der bewußten Wahrnehmung des Seins. Sein ist Wirklichkeit in integraler Fülle. Die zeitlose, logisch nicht zu definierende Tiefendimension des Seins ist eins mit seiner kosmischen

Schöpferkraft. Das Sein als kosmische Energie bringt den Evolutionsprozeß hervor, der zur Entstehung immer höherer Werte, immer höherer Formen der Schöpfung und höherer Bewußtseinsebenen führt. Das voll integrierte Individuum, das sich der Grundrichtung und der Möglichkeiten der menschlichen Entwicklung bewußt ist, nimmt auch noch nach Erreichen seiner persönlichen Freiheit aktiv an den weltlichen Ereignissen teil. Der integrale Yoga ist die Form der integrierten Selbstentfaltung, die dem Menschen dazu verhilft, seine Fähigkeit, das Sein als Einheit von Geist und Natur, Vollendung und Entwicklung, Wertwelt und Handeln zu begreifen und zu voller Entfaltung zu bringen. Auf der Basis einer solchen Selbst-Vervollkommnung leistet er seinen bescheidenen persönlichen Beitrag zum Entstehen einer neuen Weltordnung und damit zur Vollendung der planetarischen Evolution. Sein integriertes Handeln ist auf die Heraufkunft eines neuen Zeitalters gerichtet, das durch Freiheit für alle, soziale Gerechtigkeit, internationale Eintracht und die schöpferische Produktion immer neuer Werte gekennzeichnet ist.

Die Persönlichkeitstheorie des Yoga

Nach der Psychologie des Yoga ist die Persönlichkeit eine vielschichtige bzw. vieldimensionale Struktur. Diese Schichten oder Dimensionen sind sehr verschiedener Art: die physische Dimension *(annamaya)*, die vitale oder triebhafte *(pranamaya)*, die mentale *(manomaya)*, die rationale oder gnostische *(vijnanamaya)*, die Ich-Funktion *(ahamkara)*, die Gedächtnisfunktion mit ihren schlummernden Eindrücken und latenten Dispositionen *(smriti* und *samskaras)*, die rein spirituelle *(anandamaya)* und die ontologische Dimension *(brahman, sunyata)*.
Der physische Aspekt der Persönlichkeit besteht aus dem sichtbaren, konkreten Organismus des Körpers mit seinen lebenswichtigen Organen und Drüsen und dem hochentwickelten, vom Gehirn gekrönten Nervensystem.
Der vitale Aspekt der Persönlichkeit besteht aus verschiedenen triebhaften Strebungen, wie etwa dem Verlangen nach Essen und Trinken, der sexuellen Begierde, zerstörerischen Impulsen oder schöpferischen Tendenzen.

Der mentale Aspekt der Persönlichkeit ist das Wahrnehmungsorgan für sowohl äußere als auch innere Reize (z. B. äußere Wahrnehmung eines Baums oder innere Wahrnehmung von Ärger). Außerdem gibt es gewöhnliche und außergewöhnliche Wahrnehmungen (die Wahrnehmung eines Autounfalls vor meinen Augen oder die Wahrnehmung eines 10 000 Meilen entfernten Flugzeugabsturzes). Das mentale System besitzt fünf Sinne: Sehen, Hören, Riechen, Schmecken, Tasten, die gewöhnlich mittels entsprechender Sinnesorgane funktionieren. Die von den entsprechenden Sinnesorganen zu unterscheidenden Sinne sind wesensmäßig mentale Kräfte und dürfen nicht mit den entsprechenden Körperorganen gleichgesetzt werden, auch wenn sie gewöhnlich durch sie hindurch wirken. Die äußeren Sinnesorgane behindern das freie Funktionieren der inneren Sinneskraft des mentalen Systems. Sie legen ihm Beschränkungen auf, um so die Aufmerksamkeit auf die Bedürfnisse des praktischen Lebens zu konzentrieren. Da aber die Sinne ihrem Wesen nach mentale Kräfte sind, können sie unter besonderen Umständen auch unabhängig von den körperlichen Sinnesorganen (Auge, Ohr usw.) funktionieren und als so außerordentlich subtile Sinneswahrnehmungen wie Hellsehen, Hellhören, Präkognition und prophetische Schau in Erscheinung treten. Da dies subtile paranormale Sinneswahrnehmungen sind, ist die Bezeichnung übersinnliche Wahrnehmung nicht ganz korrekt.

Das rationale System *(buddhi)* umfaßt Funktionen wie Identifizieren, Folgern, Urteilen, Unterscheiden, Werten usw. Es ist die Kraft, mit deren Hilfe die Grenzen des Wissens durch logisch schließendes Fortschreiten vom Bekannten zum Unbekannten erweitert werden. Zum *buddhi* gehören ferner die rationalen Willensfunktionen wie Abwägen, Entscheiden, Bestimmen, Beschließen sowie Ausdauer, systematische Forschung, die Formulierung innerer Werte und wertorientierte Selbstdisziplin.

Zum unbewußten Geist *(citta)* gehören das Gedächtnis, die Einbildungskraft und das Speichern von Eindrücken aus früheren Erfahrungen, aus denen sich insgeheim neue Tendenzen und Dispositionen entwickeln *(samskaras)*.

Alle psychischen Funktionen sind affektiv gefärbt. Sie werden von ständig wechselnden Gefühlen der Lust und des Schmerzes, der Zu- und der Abneigung, der Liebe und des Hasses oder von Gleichgültigkeit und Apathie begleitet. Diese Gefühle schlagen leicht in ihr Gegenteil um.

Neben dieser Persönlichkeitsschicht gibt es eine übersinnliche und überintellektuelle *(turiya)*, die in reiner spiritueller Intuition besteht. Sie ist unter dem Namen transzendentales oder vierdimensionales Bewußtsein bekannt. Als eine Form des Wissens jenseits der normalen und paranormalen psychischen Funktionen ist das vierdimensionale Bewußtsein reine, ungetrübte Erkenntnis des zeitlosen Seins.
Nach traditioneller Ansicht enthüllt sich der vierdimensionalen Seins-Erkenntnis unverstellt das Selbst an sich, das zeitlose Sein an sich und das sich ewig wandelnde Universum an sich. Das Individuum erreicht im Lauf seiner Persönlichkeitsentfaltung durch Yoga und Meditation diese Ebene der Seinserkenntnis, wenn alle Modifikationen der Psyche *(citta vritti)* unter Kontrolle oder zum Schweigen gebracht worden sind (Taimni, 1967, p. 6).
Die Entwicklung der Persönlichkeit wird von Kindheit an begleitet von wechselnden Ausprägungen des Selbst-Bildes oder der Selbst-Identität. Wenn das heranwachsende Kind seiner selbst als einer von der Mutter getrennten individuellen Ganzheit bewußt wird, identifiziert es sich mit seinem Körper. Das ist das materielle Selbst *(anamaya purusha)*. Als nächstes identifiziert sich der Mensch mit seiner vitalen Natur – d. h. mit den verschiedenen Impulsen, Leidenschaften und Wünschen. Das ist das vitale Selbst *(pranamaya purusha)*. Dann identifiziert er sich als fühlend-wahrnehmendes Wesen mit seinem mentalen System *(manonaya purusha)*. Das ist seine ästhetische Natur. Später identifiziert er sich mit seiner rationalen Natur und nimmt sich selbst als denkendes, überlegendes, auserwählendes Wesen wahr *(vijnanamaya purusha)*. Schließlich entdeckt er kraft eines kühnen meditativen Durchbruchs durch sein Bewußtsein die transzendentale Daseinsebene und findet dort sein wahres Selbst *(anandamaya purusha)* (Radhakrishnan, 1953, pp. 503–509).
Zwischen den verschiedenen Schulen der Yoga-Psychologie bestehen Meinungsverschiedenheiten in bezug auf die Natur des höchsten Selbst. Nach der Psychologie des Bhakti-Yoga ist das wahre Selbst eine unvergängliche spirituelle Substanz, die ewig als Teil des absoluten Geistes, dessen äußerer Ausdruck die materielle Welt ist, existiert. Nach der Psychologie des Raja-Yoga ist das wahre Selbst nicht eine spirituelle Substanz oder Wesenheit, sondern reines gestaltloses individuelles Bewußtsein (jenseits der Kategorien von Substanz und Attribut), nichtverschieden von der einen Dasein-Bewußtsein-Seligkeit, welche die letzte Wirklichkeit des Universums ist.

Einige Inana-Yogis behaupten, daß auch noch die Ebene der seligen Seins-Erkenntnis zum Bereich des kosmischen Nicht-Wissens (*maya*, Relativität) gehört, insofern sie auf dem Gefühl des Sichunterscheidens vom undifferenzierten Sein beruht. Das höchste Selbst ist absolut nicht verschieden vom Sein selbst und ist daher auch jenseits des seligen Selbst. Die höchste Selbstverwirklichung würde darin bestehen, vollkommen eins zu sein mit dem Sein (Radhakrishna, 1953, p. 547). Nach dem Yoga der Liebe jedoch ist das selige Selbst das individuelle Selbst in seiner höchsten Wesensform. Der Geist der Hingabe und Liebe ist seine Wesensgestalt. So steht es in Einklang mit der höchsten Wahrheit, die besagt, daß sich die erleuchtete Seele des Individuums mit der höchsten Gottheit in liebender ekstatischer Gemeinschaft vereinen kann (Ishwara).

Man könnte sagen, das selige Selbst sei das Selbst in seiner rein spirituellen Dimension. Wenn das zeitlose Sein, der tiefste Grund des Universums, mit reiner Seligkeit gleichgesetzt wird, wie Samkara es oft tut, dann ist die spirituelle Dimension ganz sicher identisch mit der zeitlosen ontologischen Dimension. In diesem Fall gibt es keine Realität, weder eine individuelle noch kosmische, jenseits der reinen Seligkeit (mystischer oder transzendentaler Idealismus).

Nach den Lehren Buddhas aber ist die letzte Wirklichkeit noch jenseits der Seligkeit. Sie ist reine Leere (*sunyata*). Dasein, bewußte Seligkeit – mit diesen Kategorien kann das Letzte nicht erfaßt werden. In seiner Lehre vom unbestimmbaren Sein neigt auch Samkara manchmal der buddhistischen Position zu. Er argumentiert sehr richtig, daß das Letzte, das unbestimmbare Sein, jenseits des seligen Selbst sein muß. Das ist ein notwendiger Gedanke, wenn man die Doktrin der absoluten Nichtdualität von Selbst und Sein, zu der er sich bekennt, aufrecht erhalten will. Damit aber legt er die Axt an die Wurzel seiner anderen Lieblingsgrundsätze, nämlich der Wirklichkeit des Selbst (*atman*) und der Wirklichkeit des höchsten Geistes (*saccidananda*). So sieht sich Samkara von einem echten Dilemma auf die Hörner genommen – auf die Stierhörner des Gottes Schiwa, dessen Inkarnation er, wie man sagt, ist.

Eine ehrliche Lösung des Problems würde, glaube ich, erreicht, wenn man dem Buddha eindeutig darin zustimmt, daß der tiefste zeitlose Grund des Universums Leere ist, d.h. unbestimmbares Sein, leer auch von Bewußtheit und Seligkeit. Daraus folgt, daß auch die ontologische Wurzel des individuellen Selbst Leere ist. Damit wird jedoch das selige Selbst nicht zu etwas Unwirklichem. Samkara hat vollkommen recht, wenn er auf der Wirklichkeit des transzendenten seligen Selbst besteht *(atman).*

Wenn man aber, wie Samkara und alle anderen Vedantisten es tun, der Ansicht ist, das selige Selbst sei eine ewig bestehende Wesenheit oder Wirklichkeit, so begeht man den metaphysischen Fehler, eine Erfahrungsweise oder eine Bewußtseinshaltung zu einer Substanz zu machen. Dieser metaphysische Fehler stellt die strikte Weigerung dar, die Endlichkeit des menschlichen Bewußtseins anzuerkennen.

Das Grunderlebnis des *samadhi* ist das Erlebnis der Freiheit, der Unsterblichkeit, des Transzendierens der Subjekt-Objekt-Dichotomie, unaussprechlicher Seligkeit, grenzenloser Erweiterung des Bewußtseins. Die Tatsache dieser höchsten Art spiritueller oder mystischer Erfahrung, die dem Menschen je gewährt wird, kann weder bezweifelt noch geleugnet werden.

Doch nun erhebt sich die Frage: welche metaphysische, philosophische oder psychologische Bedeutung hat diese Erfahrung? Welche Schlüsse kann man vernünftigerweise aus dieser unbezweifelbaren Erfahrungstatsache ableiten?

Schon im Verlauf dieser *samadhi*-Erfahrung und auch später, wenn der Mystiker oder Weise sie verbalisiert und beschreibt, interpretiert er sie unbewußt auf seine eigene Weise. Der Metaphysiker oder Philosoph liefert, von seinen eigenen stillschweigenden Voraussetzungen ausgehend, eine noch elaboriertere Interpretation.

Manche ziehen z. B. den Schluß, die individuelle Seele oder das Selbst sei unsterblich, und auch Gott, eine bestimmte Form des spirituellen oder übernatürlichen Seins, sei ohne Zweifel unsterblich. Sowohl Buddha als auch Samkara lehnten solche Folgerungen als intellektuellen Überbau über einer Grunderfahrung ab. Das in solchen Erfahrungen sich enthüllende Letzte wurde von Samkara als unbestimmbares Sein *(nirguna Brahman)* bezeichnet. Buddha war der Meinung, daß schon das Wort »Sein« eine Bestimmung sei, und verwies auf das Letzte mit den Ausdrücken ›Leere‹ oder ›Leerheit‹. Buddha und Samkara stimmen jedoch auch darin überein, daß das *samadhi* oder *nirvana* die individuelle empirische Existenz als flüchtig und unwirklich enthüllt.

Ich bin geneigt, Buddha und Samkara in den meisten philosophisch bedeutsamen Hauptpunkten zuzustimmen. Ich kann jedoch nicht die

Verwendung der unglückseligen *Wörter* »unwirklich« und »illusorisch« als Attribute der Individualität oder der empirischen Persönlichkeit akzeptieren. Das individuelle empirische Dasein ist zweifellos vergänglich und flüchtig. Alles, was zeitlich ist, ist gewiß sterblich und dazu bestimmt, früher oder später in der unauslotbaren Tiefe des Seins sich aufzulösen. Aber gerade die unbewußte, unkritische und nicht zu rechtfertigende Annahme, daß, was nicht von Dauer ist, unwirklich sei, hat zu der weltverneinenden Haltung dieser beiden großen geistigen Lehrer geführt.

Die Intuition

Intuition ist unmittelbare Wahrnehmung eines Aspekts, einer Form, eines Merkmals oder einer Dimension des Wirklichen. Sie ist die Grundfunktion jenes Strukturelements der psychischen Energie, das als *sattva* bekannt ist. Sie ist das zentrale Moment aller psychischen Vorgänge und daher auf allen Ebenen der psychischen Existenz wirksam.
Auf der Empfindungsebene bedeutet Intuition die direkte Wahrnehmung sinnlicher Phänomene (etwa eines Farbflecks oder eines Geräuschs). Auf intellektueller Ebene ist sie die bewußte Einsicht in Grundvoraussetzungen, Postulate und dem logischen Denken zugrunde liegende Prinzipien (Satz vom Widerspruch, Gesetz von der Einheit der Natur).
Im mystischen Sinn des Wortes kann Intuition bewußt, unbewußt oder überbewußt sein. Die bewußte spirituelle Intuition enthüllt im Wachzustand in Bildern und Symbolen den Sinn des Lebens. Sie kann auch in veränderten Bewußtseinszuständen auftreten, wie etwa Moses' Erlebnis des brennenden Buschs und Jesu Erlebnis der herabschwebenden Taube. Die überbewußte spirituelle Intuition ist meditative Erfahrung in ihrer sublimsten Form (z. B. kosmisches Bewußtsein, transzendentale Seins-Erkenntnis). Sie eröffnet die Einsicht in das spirituelle Einssein allen Daseins und in das Geheimnis des Seins als zeitlosem Grund des Universums. Die überbewußte spirituelle Intuition ist diejenige Weise ontologischer Erfahrung, in der die Subjekt-Objekt-Dichotomie vollkommen überwunden ist. Sie transzendiert den Bereich der Objekte, Bilder und Symbole einerseits und an-

dererseits auch das subjektive Ich-Gefühl oder die »Ich-weiß«-Identität.

Die unbewußte spirituelle Intuition, die sich in den verschiedensten Symbolen und Bildern, in Klang- und Farbvisionen, Mandalas oder geometrischen Figuren ausdrückt, ist die Quelle der reichen mythologischen Literatur der Welt.

Seit C. G. Jung seine Theorie von den archetypischen Bildern im kollektiven Unbewußten aufstellte, ist auf diesem Gebiet höchst wertvolle, umfangreiche psychologische Arbeit geleistet worden. Werfen wir einen kurzen Blick auf einige Symbole der mythologischen Intuition in Indien.

Wenn im Traum oder in der schöpferischen Imagination die tieferen Schichten der Psyche in Bewegung geraten, vereinigen sich die bewußten Ideale und Bestrebungen und die verdrängten unbewußten Impulse symbolisch zu einem Tanz-Drama des spirituellen Wachstums. Die männlichen und weiblichen Aspekte der Persönlichkeit – *rakriti* und *purusa, siva* und *kali, krishna* und *radha* – vereinigen sich in ekstatischem Freudentanz mit dem Ziel, die Persönlichkeit immer mehr zu einem Bild der Ganzheit umzugestalten. In diesem Prozeß der Umgestaltung oder Wiedergeburt gehen die Gegensätze seltsame Verbindungen ein. So wird z. B. der Löwe (der Eroberungswille) zum gehorsamen Träger der göttlichen Mutter Durga, dem Geist des Fortschritts im Selbst und in der Kultur (Thomas, 1961, p. 57). Die Schlange (sexuelles Begehren) wird zum willigen Diener und peitscht den Ozean des Unbewußten auf, was zur Entdeckung des Nektars der Unsterblichkeit (ein Symbol für spirituelle Erfüllung) führt (Chaudhuri, 1965a, p. 44). Das Leben wird als Schlachtfeld zwischen Göttern und Dämonen erfahren, wo die Lichtmächte des Wertbewußtseins ständig gegen die Widerstand leistenden dunklen Gegenkräfte der Unwissenheit kämpfen. In jeder kritischen Phase der Geschichte erscheint der Gottmensch *(avatar)* auf der kosmischen Szene, um die Mächte der Finsternis zu vernichten und das Reich der Wahrheit und des rechten Lebens *(dharma samsthapan)* zu errichten (Radhakrishnan, 1952, p. 155). Der Gottmensch ist natürlich die Verkörperung des Zeitgeistes oder des schöpferischen Impetus der planetarischen Evolution.

Das Gefühl

Wir haben gesehen, daß das Gefühl das Lustelement in allen psychischen Funktionen ist. Im Alltagsleben sind die Gefühle jedoch in ständiger Fluktuation und Erregung. Gefühlsschwankungen sind eine Hauptursache der Leiden und der Orientierungslosigkeit des Menschen.
Wenn das Individuum im Lauf seiner spirituellen Entfaltung seine physische Dimension überschreitet und auf rein spirituelle Ebene wiedergeboren wird, auf der Ebene des Nicht-Mentalen, Nicht-Intellekts, Nicht-Ichbewußtseins, erlebt es jenen Frieden, der über alle irdische Vernunft und nichts anderes als transzendentale Seligkeit *(ananda)* ist. Das transzendentale Gefühl der Seligkeit ist wesensgleich mit dem eigenen wahren Selbst. Es ist der innerste Kern des eigenen reinen Daseins. Daher ist es spontan und zeitlos. Es ist von keinem Objekt, keinem Besitz, keiner Tätigkeit, keiner Wunscherfüllung abhängig. Es ist eins mit dem reinen Dasein und dem reinen Bewußtsein. Reines ichloses Bewußtsein ist Bewußtsein von der fundamentalen Einheit allen Daseins, vom wechselseitig verflochtenen Zusammensein von allem im Einen. So bedeutet das Erlebnis der transzendentalen Seligkeit zugleich das Erlebnis unmotivierter universeller Liebe. Sobald man zum transzendentalen Bewußtsein *(turiya)* durchstößt, hat man das spontane Gefühl, die ganze Welt in Liebe und Freude umarmen zu müssen, nicht, weil man irgend etwas dafür erwartet oder haben möchte, sondern weil es, wie der Gesang für den Vogel, das Blühen für die Blume oder das Leuchten für den Stern, Ausdruck des eigenen innersten Wesens ist.
Reines ichloses Bewußtsein nimmt die Vielfalt der weltlichen Dinge als den kristallisierten Ausdruck unendlicher Schaffenslust des Seins wahr. Alles und jedes kündet von dieser schöpferischen Lust.
Die transzendentale Seligkeit, wie die Yoga-Psychologie sie kennt, ist qualitativ und ontologisch verschieden von gewöhnlichen Freuden und Glücksgefühlen. Im gewöhnlichen Leben stellt sich ein Glücksgefühl ein, wenn das Begehren nach einem bestimmten Objekt, vielleicht nach gutem Essen, nach einem Auto oder einem Geschlechtspartner, gestillt ist. Die transzendentale Seligkeit ist von keinem Objekt abhängig. Sie ist die Wesensstruktur des wahren transzendentalen Selbst oder reines gestaltloses Bewußtsein. Das wahre Selbst wird als reines Dasein, Bewußtseinsseligkeit *(sat-cit-ananda)* be-

schrieben. Das eigene Selbst erkennen heißt also, diese Art von Seligkeit erleben; sie ist das spontane Ergebnis der wahren Selbst-Anschauung.

Das Ziel des Yoga ist, über die objekt-abhängigen Freuden und Leiden hinauszugelangen und das Selbst oder Sein zu erkennen: das bedeutet Dasein-Bewußtsein-Seligkeit. Das schließt nicht aus, daß man auch die Existenz der Dualitäten Leben–Tod, gut–böse, Lust–Schmerz als Charakteristika der empirischen Erscheinungswelt zur Kenntnis nimmt.

Ein Yogi im Zustand der Seligkeit, der zur Anschauung seines Selbst gelangt ist, ist daher in der Lage, im Leben viel Leid und schwere Belastungen zu ertragen, sein Kreuz in der Welt auf sich zu nehmen, ohne daß es ihn sehr berührt. Er kann innerlich distanziert, ohne auf Belohnung oder Anerkennung zu warten, an allem teilnehmen; denn er führt innerlich ein erfülltes Leben. Er hat den höchsten Lebenslohn, nämlich die Einheit von Weisheit, spontaner Seligkeit und bedingungsloser Liebe, bereits empfangen.

Erinnerung und Gedächtnis

Die Erinnerung ist die Reproduktion vergangener Erlebnisse in ihrer ursprünglichen Form. Alle Erlebnisse und Aktivitäten hinterlassen Eindrücke und Bilder im mentalen System. Sie werden *samskaras* genannt.

Interesse und Aufmerksamkeit spielen, von den Erfordernissen des Überlebens und Wachsens kontrolliert, beim Funktionieren des Gedächtnisses eine lebenswichtige Rolle. Diejenigen Elemente ehemaliger Erlebnisse, die einen lebhaften Eindruck im physisch-mentalen Bereich hinterließen und die, welche für unser Überleben und Fortkommen in der Welt von Nutzen sind, werden mit Leichtigkeit erinnert. Das weist auf die pragmatische Anlage unserer Gehirnstruktur und unserer mentalen Funktionen hin. Die erschütterndsten tragischen Erfahrungen unseres Lebens, die den Wachstumsprozeß hindern könnten, fallen gewöhnlich der Verdrängung anheim. Diese Funktion des Gedächtnisses, das Auswählen und Verwerfen *(smitri)*, zeugt von seiner Herkunft aus der *maya*[6], dem für das praktische Leben zuständigen Prinzip.

Der Mensch jedoch, der entschlossen ist, die Grenzen der Welt pragmatischer Gültigkeit *(maya)* zu überschreiten, erlebt eine Erweiterung des Gedächtnishorizontes. Von Gautama Buddha wird berichtet, daß im Lauf seiner meditativen Erforschung der Psyche nicht nur Kindheitserinnerungen sondern auch Erinnerungen aus seinen früheren Inkarnationen in ihm aufzusteigen begannen. Längst vergangene Erlebnisse, sinnvolle und sinnlose, glückliche und unglückliche, gute und böse, begannen vor seinem rückschauenden Blick in langer Reihe vorüberzuziehen. Das bedeutet einen wichtigen Schritt voran auf der Suche nach dem eigenen totalen Sein, das jenseits von Gut und Böse ist. Dieses Suchen nach dem totalen Selbst darf nicht durch konventionelle Werturteile oder Erwägungen über den praktischen Nutzen der Anpassung an die Umwelt behindert werden.

Man kann sein Gedächtnis folglich auf zweierlei Weise erweitern. Erstens, indem man sein Interesse an den Dingen, an die man sich erinnern möchte, und die Aufmerksamkeit für sie verstärkt. Zweitens, indem man die Suche nach der letzten Wahrheit ohne Furcht vor den praktischen Folgen intensiviert.

Um zur Erleuchtung zu gelangen, muß man sich nicht an alles Vergangene erinnern. Wenn es nötig ist, können wichtige Erinnerungen aus der Vergangenheit jedoch sehr viel schneller reproduziert und ausgewertet werden als im Normalfall. Im Falle Buddhas war ein rascher Überblick über die Vergangenheit und ihre Integration für die Erfüllung seines historischen Auftrags, allen Klassen des Volkes zu helfen, notwendig.

Die Motivation

Verschiedene Triebe und Wünsche, Impulse und Leidenschaften werden oft mit Motiven gleichgesetzt; so z. B. von Psychologen, die an einen ungerechtfertigten psychologischen Determinismus glauben und folglich die Freiheit des Menschen leugnen.

Nach der Psychologie des Yoga ist die Wesensstruktur des Menschen Bewußtsein. Es ist identisch mit seinem ganzen Sein. Es muß jedoch gesagt werden, daß es verschiedene Bewußtseinsgrade und -schichten gibt. Im sog. Unbewußten ist Bewußtsein in unreflektierter Form latent gegenwärtig. Auf überbewußter Ebene existiert es in erweiterter, selbst-leuchtender Form, unabhängig von leiblichen Sinnesorganen und Begriffsapparaturen. Während das Denken objekt-abhängiges Bewußtsein ist, ist das reine Selbst objektloses, selbst-leuchtendes Bewußtsein *(swayam jyoti)*.

Das reine objektlose Bewußtsein ist mit der Sonne zu vergleichen, die ihr wesenseigenes Licht ausstrahlt, während das objekt-abhängige Denk-Bewußtsein dem Mond zu vergleichen ist, der geborgtes Licht aussendet.

Das Bewußtsein ist, sofern es koextensiv mit der menschlichen Wirklichkeit ist, auch das zentrale einigende Prinzip allen gesunden menschlichen Lebens. Nichts im menschlichen Leben, keine Leistung, keine Aktivität findet statt ohne Billigung, Bestätigung oder Auslese durch das aktive Prinzip des Bewußtseins *(buddhi)*. Wenn ein Trieb, Wunsch oder Impuls aus irgendwelchen Gründen für die Gesellschaft nicht akzeptabel ist, muß ein neuer persönlicher Grund erfunden, ein plausibler Vorwand gefunden werden, damit seine Billigung durch das herrschende Bewußtseinsprinzip, den inneren Herrscher des physisch-mentalen Systems, erreicht wird. Damit tritt der Mechanismus des Rationalisierens in Aktion. Kein Mensch kann irgend etwas, und mag es noch so irrational erscheinen, ohne Grund tun, selbst wenn dieser Grund nichts als eine bloße Ausgeburt seines Denkens ist. Ein Bankräuber, der die Bank als ein Symbol kapitalistischer Ausbeutung der Unterdrückten ansieht, mag seine Tat für rational gerechtfertigt halten. Der Mörder eines Unschuldigen kann sich mit der Begründung, das Opfer sei ein Symbol für die Gesellschaft, die ihn ungerecht behandelt hat, vor sich selbst rechtfertigen.

Worauf ich hinauswill, ist folgendes: ein Impuls, ein Wunsch, ein innerer Drang werden nur zum Motiv, wenn sie, reflektiert oder nicht, vom dynamischen Prinzip des Bewußtseins *(buddhi)* ausgewählt, anerkannt, gebilligt werden.

Kehren wir nun zur Besprechung der verschiedenen Arten von Motivationen, die nach der Psychologie des Yoga im menschlichen Leben am Werk sind, zurück.

Es gibt, grob gesprochen, drei Arten von Motivationen: triebhafte, kulturelle und rein spirituelle oder ontoästhetische.

Die triebhaften Motivationen zerfallen ihrerseits in drei Arten entsprechend den drei Seinsweisen der Natur: *rajas*, *tamas* und *sattva*. Der Machttrieb, der Drang zu herrschen, aggressive Impulse, der Wille zu siegen und zu erobern bilden eine Motivationsgruppe, die

man unter dem Begriff »Selbstbehauptung« zusammenfassen könnte *(rajas)*.
Trägheit, die Neigung, den Weg des geringsten Widerstandes zu gehen, Sorge um persönliche Sicherheit und äußeren Komfort, übertriebene Angst vor Risiken, vor Gefahren und vor dem Tod bilden die Motivationsgruppe »Selbstschutz« *(tamas)*.
Der Wunsch, Wissen zu erlangen, das Streben nach Entfaltung und Vervollkommnung, die Suche nach Wahrheit, Freiheit, Gerechtigkeit und Harmonie, altruistische und humanitäre Impulse der Sympathie und Brüderlichkeit gehören zu einer Motivations-Gruppe, die man transpersonal oder selbsttranszendierend *(sattva)* nennen könnte.
Kulturelle Motivationen leiten sich aus dem Erziehungsprozeß der Gesellschaft her. Die schon von frühester Kindheit an verinnerlichten ethischen Begriffe des Guten und Bösen, religiöse Vorstellungen wie ›Göttliches‹ und ›Nicht-Göttliches‹, ›Himmel‹ und ›Hölle‹, ›Erlösung‹ und ›Knechtschaft‹ sind der Nährboden für kulturelle Motivationen. Wenn ein Mensch z. B. sein Leben für die Gemeinschaft einsetzt, wenn er seine Triebnatur unterdrückt, um ein rein verstandesmäßig geregeltes Leben zu führen, wenn er Buße tut und religiöse Zeremonien ausführt, um in den Himmel zu kommen (Ritualismus), wenn er an heiligen Kreuzzügen oder nationalen Befreiungskriegen teilnimmt (ideologische Indoktrination), so stehen hinter dem allen im kulturellen Milieu wurzelnde Motivationen.
Kulturelle Motivationen gehören jedoch wie auch die der Triebnatur noch dem Reich der *maya* (Unwissenheit und Egoismus) an. Der Mensch ist hier immer noch ohne persönliche Anschauung seines eigenen wahren Selbst oder des letzten Grundes seines eigenen Seins an die festen ethisch-religiösen Begriffe seines historischen Kultursystems gebunden.
Die spontane egolose Motivation der echten Selbstwahrnehmung transzendiert jedoch die kulturellen Motivationen wie auch die der Triebnatur, die beide noch mehr oder weniger ego-gefärbt sind. Wenn sich das Licht der echten Selbstwahrnehmung in der Seele entzündet, verbrennen die trieb- und kulturbedingten Motivationen zu Asche. Alle aus der Unwissenheit und dem Egoismus entspringenden Impulse werden verzehrt in der flammenden Vision der aus der spirituellen Befreiung geborenen höchsten Wahrheit *(moksa* oder *mukti)*. Unmittelbar nach der totalen Befreiung tut der Mensch eine Zeitlang nichts anderes, als aus entspannter Distanz den tiefsten Sinn des

Lebens und des Daseins zu betrachten. Jeder innere Drang und Antrieb zu handeln ist erloschen. Auf die Erleuchtung folgt unausweichlich, zumindest für eine gewisse Zeit, das, was man mystische Ruhe nennt.

Manche zur Selbstanschauung gelangte Yogis kehren nur zum handelnden Leben in der sozialen Gemeinschaft zurück, um ihr Karma durch freie, dem Wohl des Kosmos dienende uneigennützige Taten zu vollenden. Sie können keinen Sinn mehr darin sehen, sich weiterhin emotionell auf das weltliche Leben einzulassen oder praktisch eine Veränderung der Lebensbedingungen und Machtstrukturen der Welt herbeizuführen. Ihre einzige Motivation ist die erlöschende Antriebskraft ihres früheren, durch unwissendes Handeln bestimmten Lebens. Sie besteht aus den Restspuren der ehemaligen Unwissenheit *(avidyalesa)*, so wie Knoblauchgeruch noch in der Luft ist, auch wenn der Knoblauch schon aus dem Zimmer entfernt wurde, oder so wie ein Rad sich noch weiter dreht, nachdem der Motor schon in Flammen aufgegangen ist. Der vollkommen frei gewordene Mensch kann auch durch die sog. *lila*-Motivation des göttlichen Spiels (Radhakrishna, 1960, p. 362), die onto-ästhetische Motivation, bestimmt werden. Der befreite Mensch durchschaut die Relativität und letztliche Unwirklichkeit der Welt, er wird aber auch ihres Spielcharakters gewahr. Obwohl er sich im Zustand vollkommener Selbstgenügsamkeit befindet, nimmt er doch noch an weltlichen Aktivitäten teil, bis eines Tages sein Körper automatisch von seinem befreiten Bewußtsein abfällt[7].

Der spirituellen Erfahrung der geistigen Führer des modernen Indien zufolge, wie sie vor allem im *purna*-Yoga Sri Aurobindos reife Gestalt angenommen hat, entwickelt sich im selbstverwirklichten Yogi nach einer kurzen Phase der stillen Kontemplation und Untätigkeit eine neue Art der Motivation. Es ist die Seins-Motivation der Vereinigung mit der überbewußten schöpferischen Energie des Seins. Sein persönlicher Wille, ganz gleich, ob er egoistisch oder altruistisch, patriotisch oder philantropisch, ernst oder spielerisch ist, ob er seine Antriebskraft aus *maya* oder *lila* empfängt, wird durch Seins-Energie ersetzt. Anders gesagt: seine Persönlichkeit verwandelt sich vollkommen in ein Aktionszentrum des reinen schöpferischen Impetus des Seins. Damit ist er jetzt in der Lage, das Prinzip des Nichthandelns im Handeln in Vollendung zu praktizieren. Er kann in aller Aufrichtigkeit sagen: »Ich handle, aber nicht ich handle, sondern das Sein handelt durch mich hindurch.« Das kann mit Recht die Seins-Motivation des

völlig befreiten und vollkommen selbstverwirklichten Menschen genannt werden (Aurobindo, 1950, pp. 526–529).
Die Seins-Motivation engt den Wirkungsbereich des Menschen in keiner Weise ein. Mit anderen Worten, der selbstverwirklichte Mensch muß nicht einen rein ethisch-religiösen Wirkungskreis wählen. Er kann dem erkannten Sinn seines Schicksals entsprechend als Staatsmann oder Künstler, Geschäftsmann oder Soldat, als Koch oder Zimmermann tätig sein. Das unmißverständliche Zeichen seiner echten Selbstverwirklichung wird sein, daß er ego-los dem Wohl des Kosmos dient.

Die Lerntheorie

Die Lerntheorie basiert auf den Grundbegriffen indischen Denkens: dem individuellen Selbst, der menschlichen Gesellschaft und der letzten Wirklichkeit.
Da das individuelle Selbst ein freier, jeweils einzigartiger Fokus des kosmischen Ganzen ist, kann es nicht als bloßes Reiz-Reaktions-Phänomen behandelt werden, auch nicht als Zahnrädchen in der soziopolitischen Maschinerie eines Landes oder als bloße Zelle des nationalen Organismus. Es kann möglicherweise seine Erfüllung auch außerhalb der Gesellschaft finden, wenn das vom spirituellen Gesichtspunkt aus auch nicht das höchste Ideal sein mag.
Da Freiheit zum innersten Wesen des individuellen Selbst gehört, heißt der erste Grundsatz des Lehrens, wie Sri Aurobindo ihn formuliert, daß nichts Wichtiges von außen gelehrt werden kann. Das Beste, was man tun kann, ist, eine wohltuende, friedliche Atmosphäre freien Wachstums mit vielseitigen Lernmöglichkeiten zu schaffen. Was das heranwachsende Kind in seiner Umgebung sieht, was es von seinem Lehrer annimmt – all das wird im Innern durch die jeweils besonderen Bedürfnisse der sich entfaltenden Psyche, die nur durch deren früheres Karma bestimmt sind, gesteuert. Wenn der Mensch erleuchtet ist, wird er zu dem, was er seinem Wesen nach ist, nämlich ein seiner selbst bewußtes Zentrum des Seins – *lila sathi* –, d. h. ein von spontaner Freude erfülltes Medium für die Manifestation so hoher Werte wie Friede, Liebe, Gerechtigkeit und Kreativität.
Echtes Lernen ist die Kunst, mit den wesentlichen Bedürfnissen der

sich entfaltenden Psyche, mit den wesentlichen Bedürfnissen der sich entwickelnden Gesellschaft und dem zunehmenden Licht wahrer Selbstverwirklichung in Einklang zu leben.

In der frühen Kindheit muß notwendigerweise ein Prozeß der soziokulturellen Anpassung stattfinden, damit gesunde Eß- und Schlaf-, Arbeits- und Spielgewohnheiten und die rechten sozialen Verhaltensweisen und Bräuche entwickelt werden. Auch später ist ein solcher Anpassungsprozeß noch nötig, um das Individuum mit dem kulturellen Erbe seiner Gesellschaft *(samaj dharma)*, ihren Kunstformen, ethischen Normen, religiösen Geboten und spirituellen Bestrebungen vertraut zu machen. Wesentlich ist dabei der enge Kontakt und das ständige persönliche Gespräch mit einem guten Lehrer *(guru)*. Die Kraft des Beispiels eines erleuchtenden Lehrers und die inspirierende Begegnung mit ihm spielen im Lernprozeß eine wichtige Rolle, eine wichtigere als massenhaftes Anhäufen von Tatsachenwissen über die äußere Welt.

Da das menschliche Individuum eine freie spirituelle Wesenheit ist, ist die Stärkung des Selbstbewußtseins ein Kardinalprinzip des Lernens. Das bedeutet auch Bewußtmachen der eigenen besonderen Anlagen und Möglichkeiten, die konstruktiv entwickelt werden müssen. Das bedeutet ferner Bewußtsein der eigenen spezifischen Entfaltungstendenzen *(swadharma)* statt blinder Anpassung an irgendeinen festen, ewigen Standard oder Maßstab.

Nach traditioneller Interpretation ist *swadharma* das Gesetz der sozialen Stellung oder Kaste des Individuums und der Rechte und Pflichten dieser Kaste. In der eigentlichen Yoga-Disziplin jedoch, die auf spirituelle Selbstverwirklichung jenseits der Grenzen konventioneller Moral und religiöser Tabus abzielt, bedeutet *swadharma* den spezifischen Rhythmus und das spezifische Muster der eigenen persönlichen Entfaltung. Im Hinblick auf dieses Ideal erkennt die Yoga-Psychologie statt nur eines standardisierten Pfades mehrere spirituelle Disziplinen als zwar verschiedene, aber zum selben Ziel führende Wege an. Jedes Individuum kann sich in freier Wahl einem der einzelnen Yoga-Systeme, das ihm auf dem Pfad zu eigenständigem Selbst-Dasein und zur spezifischen Manifestation seines Selbst weiterhilft, anschließen.

Zu diesem Weg gehört auch die Anerkennung der vier fundamentalen Bedingungen des Lebens: Gesetz und Ordnung *(dharma)*, Wohlstand und materielle Ressourcen *(artha)*, Befriedigung des natürlichen menschlichen Verlangens nach Nahrung, sexueller Befriedigung und angemessenen Wohnmöglichkeiten *(kama)* und das Streben nach der zu wahrer Selbstverwirklichung *(moksa)* führenden Befreiung von Unwissenheit und Egoismus.

Die Anerkennung dieser vier Grundwerte des Daseins bildet das Fundament für den hierarchischen Aufbau eines ausgeglichenen Lebens. Ein wesentliches Lernziel ist die klare Einsicht in die Wertordnung. Die vier Grundwerte verschaffen den vier wesentlichen Aspekten der menschlichen Persönlichkeit Befriedigung. Achtung vor dem Gesetz *(dharma)* befriedigt die sozioethische Seite der menschlichen Natur. Die legitime Befriedigung gesunder Triebansprüche *(kama)* bringt dem vitalen oder Triebaspekt der menschlichen Natur Erfüllung. Rechtmäßiger Erwerb und kluge Nutzung von materiellem Besitz und Wohlstand gibt uns die Mittel zu unserer Selbstentfaltung wie auch zur Förderung des Gemeinwohls an die Hand. Und schließlich befähigen uns psychologische und spirituelle Disziplinen, das letzte Ziel des Lebens, spirituelle Selbstverwirklichung *(moksa)*, zu erreichen.

Der reife spirituelle Führer *(guru)* sorgt dafür, daß zwischen ihm und dem Schüler keine feste emotionale Bindung entsteht. Seine Hauptaufgabe besteht darin, dem Schüler zur Entdeckung des göttlichen *guru* im eigenen Unbewußten zu verhelfen. Sobald der Schüler auf eigenen Füßen zu stehen gelernt hat und imstande ist, den rechten Pfad, der zum Ziel führt, selbst zu gehen, trennt sich der Guru freundschaftlich von ihm und befreit so den Schüler von seinen letzten Gefühlsbindungen. So verfuhr der Vedanta-Guru Totapuri mit Ramakrishna, Ramakrishna mit Vivekananda, Vishnuvaskar Lele mit Aurobindo und Aurobindo mit vielen seiner Schüler.

Unglücklicherweise steht aber in Indien oft der Guru unbewußt der Selbstverwirklichung des Schülers im Weg. Der unreife Guru – und ihrer sind nicht wenige – spricht zwar vom Wert der Selbstverwirklichung, trifft aber unbewußt eine Menge Vorkehrungen, um seine Schüler unter seinem hypnotischen Einfluß zu halten. Und die meisten Schüler verbleiben nur allzugern aus Dankbarkeit für etwas Einzigartiges, nie zuvor Erlebtes, das sie möglicherweise von dem Guru empfangen haben, in diesem Zauberkreis. Ein mächtiger Guru *(siddha)* kann in der Tat etwas geben, was niemand sonst, kein Gelehrter, Philosoph oder Psychotherapeut geben kann. Er kann dem Schüler die Kraft transzendentaler Liebe vermitteln, die die latente Energie des

Seelenkerns weckt, den schlummernden spirituellen Funken im Schüler zum Entflammen bringt. Diese Vermittlung vollzieht sich unsichtbar und nicht verbal und hat etwas von einer hochgespannten elektrischen Ladung. Sie bewirkt ein neues, noch nie erlebtes spirituelles Erwachen. Wenn jedoch der Guru noch nicht fähig ist zu reifer, sich selbst aufopfernder Liebe, kann er den Schüler damit in neue Abhängigkeit verstricken.
Es wird nicht immer bedacht, daß die Förderung emotionaler Bindungen an den Guru nicht nur die Persönlichkeitsentfaltung des Schülers hemmt, sondern auch der Integrität des Guru und seinem Verantwortungsbewußtsein schadet. Diese Bindungen hindern den Schüler, selbständig zu denken und zu entscheiden. Sie trüben auch die innere Wahrheits-Schau des Guru und zwingen ihn, dem unausgereiften Verständnis seiner wachsenden Schülerzahl ständig Konzessionen zu machen. Sie haben nur in den Fällen einige Berechtigung, wo der Guru ernstlich überzeugt ist, daß bestimmte Schüler, zumindest in diesem Leben, einfach unfähig sind, ihre freie Selbstverwirklichung zu erreichen. Die höchste Art der Selbsterfüllung, die ihnen offensteht, ist eine guru-abhängige Selbstverwirklichung; auf dieser Basis leisten sie unter der ständigen Leitung des Guru der Gesellschaft oder Menschheit ihren bestmöglichen Beitrag.
Der Lernprozeß trägt endgültig Frucht, wenn die echte Selbstverwirklichung zu schöpferischer Freiheit, zu erleuchteter Kreativität reift. Der selbstverwirklichte Mensch gliedert sich nun als wertschaffendes Zentrum sui generis in den gesellschaftlichen Prozeß ein. Er ist nicht mehr verpflichtet oder gezwungen, in der Gesellschaft zu handeln oder ihr zu dienen. Er steht jenseits der moralischen Unterscheidungen zwischen Gut und Böse, Recht und Unrecht. Er durchschaut die Relativität aller sozio-ethischen Normen. Er erkennt so den Spielcharakter *(lila)* allen Lebens. Doch aus der Fülle seiner Freiheit und der Spontaneität seiner Schaffensfreude heraus nimmt er am Leben der Gesellschaft und an den Weltereignissen in der Absicht teil, seine eigene bestimmte, wenn auch noch so geringe Rolle im sich entfaltenden Drama der menschlichen Gesellschaft ohne Rücksicht auf Gewinn oder Verlust, Lob oder Tadel, Zustimmung oder Schmähung zu spielen. Sein eigenes wahres Selbst ist sein letzter Guru.
Die Begriffe des *swadharma* (Gesetz der eigenen Entfaltung), des *guruvada* (entscheidende Rolle des Guru), *samaja dharma* (spezifisches Entfaltungsmuster jeder Gesellschaft), Kultur als Feld des spieleri-

schen Selbst-Ausdrucks des Seins *(lila bhumi)* und das vollkommene Individuum als schöpferisches Zentrum des Seins werden also, wie man sieht, als leitende Prinzipien echter Erziehung postuliert.

Die Beziehung zwischen Geist und Körper

Das Problem der Beziehung von Geist und Körper hat in der Form, wie es die westliche Psychologie plagt, für die Psychologie des Yoga nie bestanden.
Der cartesianische Dualismus von Geist und Materie als zwei heterogenen Substanzen führte in der Psychologie des Westens zu allerhand phantastischen Vorstellungen in bezug auf die Wechselwirkungen zwischen beiden. Descartes selbst war der Meinung, diese Interaktion werde von der Zirbeldrüse vermittelt, wobei er übersah, daß ja die Zirbeldrüse ihrerseits Teil des materiellen Körpers, nicht des immateriellen Geistes ist. Später entwarfen einige seiner Nachfolger, vor allem Arnold Geulinex, die bizarre Theorie des Okkasionalismus oder der »zwei Uhren«. Der Okkasionalismus behauptet, es bestünde keine direkte kausale Beziehung zwischen den psychischen Funktionen und der physiologischen Prozessen. Geist und Körper gleichen danach zwei Uhren, die von Gott im voraus so eingestellt wurden, daß sie ständig genau dieselbe Zeit anzeigen. Ihre Interaktion ist nur ein durch diese göttliche Adjustierung der Uhren erzeugter täuschender Schein (Russell, 1945, p. 561).
Für die Yoga-Psychologie sind Geist und Körper nicht heterogen, sondern homogen. Sie sind verschiedene Entwicklungsformen oder Erscheinungsweisen derselben Schöpferkraft, des Prakriti (Mishra, 1963). In gleicher Weise sind auch die äußere physikalische Umwelt und die Geist-Körper-Einheit Entwicklungsformen derselben Ur-Energie. Da hier Homogenität und existentielle Kontinuität bestehen, stellt die Tatsache der Wechselbeziehungen zwischen Geist und Materie kein Problem dar. Der Dualismus von Geist und Körper ist das Produkt unseres diskursiven Verstandes. Er ist eine von unserem dichotomen Denken im Kontinuum unserer vieldimensionalen Erfahrung erzeugte Spaltung.
In der traditionellen Yoga-Psychologie gibt es jedoch eine neue Art von Dichotomie: die Dichotomie vom Geist-Körper-System einer-

seits und dem Selbst als unstofflichem, geistfreiem reinem Bewußtsein andererseits. Das Selbst wird als gestaltloses, objektloses, bildloses Bewußtsein *(purusa, atman)* begriffen; es ist ewig, unveränderlich, unzerstörbar, jenseits von Leben und Tod, Gut und Böse, Lust und Schmerz, Ursache und Wirkung. Es ist radikal verschieden vom Geist-Körper-System, das eine spezifisch organisierte Struktur der unbewußten Ur-Energie ist.

Wie wirkt nun das Prinzip des gestaltlosen, objektlosen, bildlosen reinen Bewußtseins *(purusa, atman)* auf das unbewußte Körper-Geist-System ein? Was für eine Art von Beziehung findet hier konkret statt? Es wird gewöhnlich angenommen, das Geist-Körper-System reflektiere das Licht des reinen Bewußtseins, so wie das Meer das Mondlicht reflektiert. Bei näherem Zusehen stellt sich jedoch heraus, daß diese Analogie irreführend ist und das eigentliche Problem nicht zu lösen vermag. Der Mond und das Meer sind beide materielle Gegenstände, die sich in demselben Raum-Zeit-Kontinuum befinden. Sie unterscheiden sich nur darin, daß das eine aktive Lichtenergie und das andere relativ passive rezeptive Energie ist. Dieser Unterschied hebt jedoch nicht die fundamentale Homogenität und existentielle Kontinuität von Mond und Meer auf.

Im Falle von Natur und spirituellem Geist, von *prakriti* und *purusa*, ist es ganz anders. Die Natur ist unbewußt, unvollkommen, ewig veränderlich. Der spirituelle Geist ist absolut vollkommenes, unveränderliches und unverändertes gestaltloses Bewußtsein. Der Körper-Geist-Komplex existiert und funktioniert in Zeit und Raum im Bezugssystem von Ursache und Wirkung, während der reine spirituelle Geist jenseits von Raum und Zeit und jenseits aller Beziehungen und Unterscheidungen ist. Deshalb zeigt er für den rationalen Verstand keinerlei Art von Interaktion – nicht einmal Interaktion in der Form, daß der spirituelle Geist die Natur kennt oder die Natur den spirituellen Geist reflektiert.

Die indische Tradition hält, grob gesprochen, drei Antworten auf dieses Problem bereit. Sie sind vom Yoga der Liebe, dem Yoga des Selbst-Seins und dem Yoga des nichtdualistischen Bewußtseins formuliert worden. Für den Yoga der Liebe ist das Selbst *nicht* grundsätzlich und absolut verschieden von der Natur. Natur und Selbst sind beides konstituierende Elemente der schöpferischen Energie derselben höchsten Gottheit (Ishwara). Die Natur stellt sich als unbewußt dar, weil in ihr die spirituelle Kraft des Göttlichen in ihrer externalisiertesten, objektiviertesten Form wirksam ist. Das individuelle Selbst ist seinem Wesen nach ein differenzierter Teil derselben göttlichen Kraft in ihrer lichthaftesten Gestalt. So besteht zwischen Körper und Seele oder Selbst sowohl Homogenität in bezug auf ihre Beschaffenheit und Substanz als auch ontologische Kontinuität.

Für den Yoga des nichtdualistischen Bewußtseins *(jnana)* ist die Frage an sich ein Scheinproblem, ein bloßes Hirngespinst des menschlichen Intellekts. Der metaphysische Dualismus von Natur und spirituellem Geist ist eine reine Illusion. Deshalb erhebt sich die Frage nach der Interaktion beider in Wirklichkeit gar nicht. Das vom Sein nicht unterschiedene Selbst ist unendliches, gestaltloses, undifferenziertes Bewußtsein. Bewußtsein kennt keine Grenzen, Unterteilungen, Differenzierungen oder Zersplitterungen. Das empirische Selbst, das aus Körper und Geist besteht, ist in Wahrheit aus dem gleichen Energie-Stoff wie die Natur. Doch die Natur ihrerseits hat letztlich keine eigene Wirklichkeit. Sie ist Energie des Nichtwissens, des Unwissens *(maya, avidya)*. Da der Körper, der Geist und das empirische Selbst aus derselben Energie des Nichtwissens gemacht sind, können zwischen ihnen natürlich Interaktionen stattfinden. Da aber vom Standpunkt des letzten Seins aus weder die Natur noch die Körper-Geist-Persönlichkeit, noch die empirische Person wirklich existieren, ist ihre Interaktion nur illusorischer Schein.

Nach Ansicht des Autors liegen allen diesen Theorien unhaltbare metaphysische Voraussetzungen zugrunde. Es gibt keinen empirischen Beweis, der die Theorie von einem ewig selbstdaseienden und absolut vollkommenen, unveränderten und unveränderlichen Selbst, sei es endlich oder unendlich, individuell, universell oder transzendental, stützte. Das menschliche Individuum ist zwar dadurch charakterisiert, daß es reines gestaltloses Bewußtsein besitzt, das imstande ist, den Körper, den Geist, die Natur und ihre Funktionen, Prozesse und Erscheinungen zu erkennen. Das Äußerste jedoch, was über das reine Bewußtsein gesagt werden kann, ohne daß man die Grenzen der Erfahrung überschreitet, ist, daß reines Bewußtsein ein hervorstechendes Charakteristikum des menschlichen psychologischen Systems ist. So wie der mit einem Gehirn ausgestattete menschliche Organismus im Lauf der Evolution auftauchte, so trat auch das reine gestaltlose Bewußtsein als typisches Merkmal des Menschen auf. Damit steht die integrale Sicht der menschlichen Persönlichkeit auf festen empirischen Fundamenten.

Die Unterscheidung zwischen Geist und Selbst beruht jedoch keineswegs auf einer metaphysischen oder ontologischen Verschiedenheit. Der menschliche Geist ist seiner Wesensstruktur nach eine empirische, objekt-gerichtete Form des Bewußtseins. Er ist ein wichtiges Charakteristikum des mit einem Gehirn ausgestatteten, hoch entwickelten menschlichen Organismus. Das, was von den Mystikern als spirituelles oder transzendentales Selbst beschrieben wird, ist eine weitere, verfeinerte Form des mentalen Bewußtseins. In dem Maß, wie Struktur und Funktion der Gehirn-Energie des sich entwickelnden menschlichen Organismus einen höheren Grad von Komplexität erreichen, bildet sich das noch bedeutendere Charakteristikum des reinen selbst-leuchtenden Bewußtseins heraus.
Wenn dieses selbst-leuchtende Bewußtsein des Menschen auf der Höhe seiner Möglichkeiten ist, geht es in der reinen Flamme ungetrübter Seins-Erkenntnis auf. Mit anderen Worten, auf dem höchsten Punkt der Entwicklung erreicht das reine Bewußtsein des Menschen die transzendentale Dimension der intuitiven Wahrnehmung des Seins als des zeitlosen Grundes von Natur und Geist zugleich.
Das Sein erkennen heißt das Einssein mit dem Sein erleben. Wenn also das Individuum das Sein zutiefst erkennt, hat es kraft seiner Identifikation mit ihm auch am ewigen Leben des Seins teil. Aus dieser Erfahrung der Identität oder des Einsseins die Lehre von der individuellen oder persönlichen Unsterblichkeit abzuleiten, stellt eine unhaltbare metaphysische bzw. theologische Spekulation dar. Eine derartige Spekulation ist offensichtlich Ausdruck von Wunschdenken.
Die voraufgegangenen Bemerkungen fassen in einer Nußschale die integrale Theorie der Persönlichkeit, wie sie vom Autor dieser Schrift aufgrund seiner eigenen Beschäftigung mit dem integralen Yoga entwickelt wurde, zusammen. Den innersten Kern der Theorie bildet die Gewißheit, daß die totale Persönlichkeit des Menschen ein ungeteiltes und unteilbares Kontinuum von Dasein-Bewußtsein-Freude ist.

Soziale Beziehungen

Der Yoga-Psychologie zufolge ist die Gesellschaft eine organische Struktur kollektiven Lebens zum Zweck der schöpferischen Selbstdarstellung des spirituellen Geistes im Menschen, seines wahren

Selbst. Die Geschichte ist das sich entfaltende Drama der sozialen, ökonomischen, politischen, kulturellen, nationalen und internationalen Beziehungen zwischen den Menschen. Sie ist ihrerseits ein integrierender Bestandteil des Evolutionsdramas der kosmischen Natur. Der kosmische Prozeß ist spontaner, nie endender Ausdruck des dem Sein inhärenten schöpferischen Impulses *(ananda)*. Der historische Prozeß, der aus wechselnden Phasen sozio-kultureller und ökonomisch-politischer menschlicher Beziehungen besteht, ist spontaner Ausdruck der der menschlichen Psyche inhärenten Schaffenslust. Die individuelle Schaffenslust der menschlichen Psyche ist, wie auch die kollektive, natürlich letztlich die Schaffenslust[8] des Seins, des Urgrundes aller menschlichen Existenz. Die menschliche Psyche ist letzten Endes nichts anderes als die auf der Ebene des menschlichen Bewußtseins wirkende Kreativität des Seins.
Die Kulturgeschichte ist also letztlich die Geschichte der schöpferischen Selbstdarstellung des Menschen. Sie ist die Geschichte »eines ewigen Kindes«, wie Sri Aurobindo sagt, »das ein ewiges Spiel im ewigen Garten des Lebens spielt« (1964, p. 8). Die spontane Kreativität, das archetypische Kind, bildet aus dem Sand des Lebens-Strandes ständig neue Muster, zerstört sie und bildet sie neu, baut ständig neue Burgen, zerstört sie und baut wieder neue.
Wenden wir uns nun vom poetischen Vergleich den psychologischen Gegebenheiten zu. Je mehr der Mensch sich seinem wahren Selbst *(atman)*, das eins ist mit dem Sein, dem Daseinsgrund, nähert, desto stärker erlebt er ein Gefühl des Sich-selbst-Genügens, einer transzendenten, unkonditionierten Freude und Liebe, spontaner Freiheit und Kreativität.
Der vollkommen selbstverwirklichte Mensch erkennt, daß seine gesellschaftliche Existenz und seine Verhaltensmuster vor der Erleuchtung weitgehend das Produkt sozio-kultureller Konditionierung waren. Dank seines neu gewonnenen erleuchteten Zustands merkt er, daß er nicht nur ein Glied des gesellschaftlichen Organismus ist, sondern auch, jenseits der Gesellschaft, ein einzigartiger, schöpferischer Brennpunkt des Seins. Er fühlt sich als Glied der Gesellschaft, ohne in ihr aufzugehen. Dank seiner seligen Selbstverwirklichung fühlt er, daß es ihm freisteht zu entscheiden, ob er sich von der Gesellschaft fernhalten oder sich in sie integrieren will. Er kann auch u. U. das Gefühl haben, frei zu entscheiden, daß nun das konventionelle Spiel des Lebens für ihn aus ist und es jetzt Zeit für ihn ist, den Spielplatz

zu verlassen und in das friedvolle Selbst-Dasein seiner transzendentalen Seins-Gelassenheit zurückzukehren.

Der *sankhya*-Yoga drückt die Möglichkeit der freien Wahl im Bild eines tanzenden Mädchens aus. Der Strom des sozialen Lebens gleicht dem hinreißenden Tanz-Drama der schöpferischen Naturdynamik *(prakriti)*. Solange der Mensch noch unter dem Zauberbann des Nichtwissens *(avidya)* oder der Nicht-Erfahrung seines wahren Selbst steht, ist er betört vom wunderbaren Tanz der Natur, verstrickt sich aktiv in ihn und ist Gefühlsschwankungen preisgegeben. Aber früher oder später kommt die Zeit, wo er des Tanz-Dramas der Natur überdrüssig wird, sich zurückzieht, sein Inneres durchforscht und eins wird mit seinem wahren Selbst. Dann bemerkt er die Künstlichkeit der Unterscheidungen zwischen verschiedenen sozialen Klassen und Glaubensbekenntnissen, die Relativität der sozio-ethischen Gesetze von Gut und Böse und die Wandelbarkeit aller sozialen Rollen und Pflichten.

Nach Ansicht des Vedanta-Yoga, besonders des Neo-Vedanta-Yoga, kann jedoch, wenn das Spiel des Unwissens vorüber ist, ein neues Spiel schöpferischer Freiheit beginnen. Dies ist eine dem befreiten Menschen offenstehende höhere Möglichkeit. Er wird sich der Bedeutung, des geheimen Zwecks und des dynamischen Potentials der menschlichen Evolution auf Erden bewußt. So kann er aus der Spontaneität seiner erleuchteten Freiheit und Schöpferlust heraus entscheiden, ob er sich an sozialen, ökonomischen und politischen Aktivitäten beteiligen will oder nicht. Unbekümmert um persönlichen Gewinn oder Verlust, um Lob oder Tadel, öffentlichen Applaus oder Verleumdung entscheidet er sich aus freien Stücken dafür, am sozialen Spiel der zahllosen zwischenmenschlichen Beziehungen mit der Absicht teilzunehmen, seinen eigenen geringen Beitrag zur Entwicklung der Kultur oder des evolutionären Potentials der menschlichen Gesellschaft zu leisten.

Im integralen Yoga bezeichnet man das als *lila des göttlichen Handelns,* d. h. kreative Lust an der Zusammenarbeit mit dem Geist des sich entfaltenden Erd-Bewußtseins. Das bedeutet Mitwirkung der schöpferischen Freiheit an der Entfaltung göttlichen Lebens auf Erden, d. h. am Aufbau einer globalen Gesellschaftsordnung des Friedens, des Überflusses und des Fortschritts.

Die Haltung des Yoga zu den zwischenmenschlichen Beziehungen und zur Gesellschaft als Ganzem umfaßt drei Phasen eines sich dialek-

tisch entfaltenden inneren Wachstumsprozesses. Es sind dies die Phasen des Verhaftetseins, des Verzichts und einer neuen Partizipation; Gehorsam, Auflehnung und lustvoller Wiederaufbau.
Anfangs erlebt sich das Kind affirmativ ganz als Teil seiner Eltern. Wenn es größer wird, akzeptiert es diese totale Abhängigkeit nicht länger und erhebt Anspruch darauf, als selbständiges Wesen anerkannt zu werden, um sich seines Eigendaseins zu vergewissern. Im Lauf seines Strebens nach persönlicher Identität kommt der heranwachsende Mensch eines Tages zu tieferer Einsicht; der Sinn seiner einmaligen Existenz als Individuum dämmert ihm auf. In dem Maß, wie diese unschätzbare Einsicht immer mehr assimiliert wird, sein Verhältnis zur äußeren Welt und seine Innenwelt stabile Selbständigkeit erlangt haben, knüpft er nun gern, ohne Opfer seiner Individualität, wieder liebevolle Beziehungen zu den Eltern an.
Dasselbe gilt auch für unsere Beziehungen zur Gesellschaft. Es ist ganz natürlich, daß der Mensch durch sein verantwortliches Handeln in der Gesellschaft immer mehr in sie hineingezogen wird. Zunehmendes Besitzstreben und Engagement, immer mehr Rechte und Privilegien auf der einen Seite und Pflichten und Verbindlichkeiten auf der anderen häufen sich in schwindelerregendem Ausmaß. Da macht sich das dringende Bedürfnis nach Individualisierung geltend. Man beschließt, auf allen Besitz und alle sozialen Bindungen zu verzichten und sich auf die Suche nach seinem innersten Selbst zu machen. Weit weg vom wilden Getriebe der Welt findet man eine einsame Stelle, wo die Flamme der Selbst-Erforschung ungestört leuchten und alle Schichten falscher Identifikationen verbrennen kann.
Schließlich kommt der Augenblick der Offenbarung. Die Stimme der Wahrheit spricht in der Stille der Seele. Vom besonnten Gipfel des erleuchteten Bewußtseins aus betrachtet man den Strom des sozialen Lebens *(samsara)* aus der Perspektive der Ewigkeit mit gelassener Objektivität. Doch das Licht dieser Weisheit erhellt nicht nur alle persönlichen Probleme, es beleuchtet auch den Weg zurück in die Gesellschaft. Auf den Rückzug folgt die Rückkehr; auf Verzicht folgt freudige Teilnahme. Da der scheinbare Abgrund zwischen *nirvana* und *samsara*, zwischen Erleuchtung und Knechtschaft, wie Nebel vor der aufgehenden Sonne schwindet, fühlt man sich aufs neue aufgerufen, in selbstloser Hingabe an das Wohl der Menschheit am Drama des Lebens teilzunehmen.
Dasselbe gilt für alle zwischenmenschlichen Beziehungen. Die emo-

tionelle Reife der menschlichen Beziehungen durchläuft meistens eine dialektische Entwicklung. Die spontane Neigung zweier Personen zueinander wird durch wechselseitige Bewunderung offensichtlich guter Eigenschaften, die jeweils tief verwurzelte psychische Bedürfnisse befriedigen, hervorgerufen. In dem Maß jedoch, wie die anfangs verborgene Schattenseite des anderen sichtbar zu werden beginnt, gehen die Flitterwochen ihrem Ende entgegen. Ein Ernüchterungsprozeß setzt ein. Der innere Rückzug auf beiden Seiten kann leicht in gegenseitige Beschuldigungen ausarten. Die überströmende Liebe der ersten Tage verwandelt sich in bitteren Haß, der das Ende, den völligen Abbruch der Beziehungen ankündigt. Wenn aber günstige Umstände die Möglichkeit für eine geduldige Verarbeitung der Situation schaffen, können die betreffenden Partner die Feuerprobe bestehen und sich einander in einer sinnvolleren, auf realistischem gegenseitigen Verstehen beruhenden Beziehung wieder zuwenden. Die zwischenmenschlichen Beziehungen der Zuneigung, Achtung und Liebe haben keine Chance, fruchtbar zu werden, wenn sie nicht im Feuer einer realistischen, ausgewogenen Beurteilung des anderen geläutert werden.

Verschiedene Formen der mystischen Erfahrung

Yoga wird in Indien als die Kunst des furchtlosen Abenteuers im Bereich des Bewußtseins praktiziert. An den als *ashrams* bekannten Arbeitsstätten des Yoga sind Jahrhunderte lang alle möglichen Experimente mit der spirituellen Wahrheit durchgeführt worden, konventionelle und unkonventionelle, traditionelle und ikonoklastische. Das Ergebnis ist eine reiche Ernte an vielfältigen mystischen Erfahrungen. Im folgenden werden zehn klar unterscheidbare echte[9] mystische Erfahrungen in der ungefähren Reihenfolge ihrer zunehmenden Tiefe kurz skizziert.

1. Erfahrung des Selbst als eines transempirischen Subjekts

Unsere gewöhnliche Selbstidentität ist die eines psychisch-sozialen Ich: Herr oder Frau X., Tochter oder Sohn des XY, mit einer bestimmten Stellung in einer bestimmten Gemeinschaft.

Wenn sich der Mensch in die Stille seines Meditationsraums zurückzieht und den Scheinwerfer seiner Aufmerksamkeit nach innen richtet, enthüllt sich seiner Innenschau seine Identität als ein Bewußtseinsstrom, als ein Dahinströmen von Erkenntnissen, Gefühlen und Triebimpulsen. Das ist sein empirisches Selbst *(manomaya purusa)*. Auf dieser Stufe ist sein Selbst sehr leicht störbar. Immer wieder wird es aus dem Gleichgewicht gebracht und ohne Bewußtsein seiner selbst in die Sphäre der Objektivität geschleudert. Manchmal fühlt er sich in ein romantisches Land sexueller Phantasien entrückt, dann wieder ins Schattenreich schreckendrohender Phantome geschleudert. Einmal berauscht er sich an wahnhaften Vorstellungen von seiner Größe, dann wieder erschreckt ihn das Auftauchen unvermuteter dunkler Kräfte. So wird der Meditierende anfangs hilflos im Strom des Bewußtseins hin- und hergeworfen.

Wenn aber der Mensch Tag für Tag und Monat für Monat die meditative Erforschung seines innersten Seinszentrums fortführt, kommt es eines Tages zu einem jähen Sprung, einem spirituellen Salto. Der Meditierende entdeckt mit ungeheurer Freude eine tiefere Schicht seines Bewußtseins. Nachdem er auf dieser neu entdeckten Ebene festen Fuß gefaßt hat, ist er in der Lage, den ununterbrochenen Strom seiner Seeleninhalte und -funktionen zu beobachten und zu überwachen. Seine Selbst-Identität ist nun die eines gelassenen Beobachters, den die wechselnden Bilder und Gedanken nicht mehr beeinflussen, äußere Störungen oder innere Erschütterungen nicht mehr beunruhigen. Er ist nun das ruhige Zeugen-Bewußtsein *(saksi)*, das dem farbenprächtigen Schauspiel der Natur *(prakriti)* gleichmütig gegenübersteht. Das Versteckspiel zwischen Geist und Spiritualität ist nun für ihn vorbei. Das ist die Erfahrung des *savikalpa samadhi* in der *raja*-Yoga-Disziplin. In ihr offenbart sich das Selbst als das Bewußtseinszentrum des kosmischen Alls *(vijnanamaya purusa)*.

2. Erfahrung des Selbst als reine Transzendenz jenseits von Subjekt und Objekt

Mit fortschreitender Reife des Meditationsprozesses findet eines Tages ohne jegliche Vorankündigung ein neuer spiritueller Sprung statt. Es ist der Sprung in eine noch tiefere Bewußtseinsschicht jenseits der Subjekt- und Objekt-Dichotomie. Dieser Sprung vom Transempirischen zum Transzendentalen ist, wie auch der frühere Sprung vom Empirischen zum Transempirischen, so spontan und geheimnisvoll wie das plötzliche Überspringen eines kreisenden Elektrons von einer Umlaufbahn in die andere innerhalb des Atoms. Wenn der Meditierende diese tiefere Schicht der reinen Transzendenz entdeckt, nimmt er sich selbst als große Stille wahr, als den unaussprechlichen Frieden, der alle Vernunft übersteigt. Pakrit, das tanzende Mädchen, verschwindet plötzlich aus seinem Gesichtsfeld. Die Dichotomie von Subjekt und Objekt, Zuschauer und Schauspiel, von Augenzeuge und Beobachtungsfeld hat sich vollkommen aufgelöst. Das schweigende Selbst leuchtet als Absolutes *(kevala)*. Das ist die Erfahrung des *nirvikalpa samadhi* in der *raja*-Yoga-Disziplin. Sie offenbart das Selbst als reines gestaltloses ewiges Bewußtsein *(nitya suddha purusa)*.

3. Erfahrung des schöpferischen Urgrunds allen Daseins

Wenn ein Mensch den Pfad der Hingabe *(bhakti yoga)* beschreitet, d. h. die Prinzipien der völligen Selbstaufgabe (Loslassen), des unterbrochenen Erinnerns (Konzentration auf einen Punkt), der Wiederholung des Namens (Zähmen des ruhelosen Verstandes) usw. befolgt, kommt er eines Tages in unmittelbare Berührung mit dem schöpferischen Urgrund des Seins, der sich ihm objektiv und symbolisch als Gott darstellt. Er kann hören, wie die Stimme Gottes ihm das schöpferische Potential seines eigenen einmaligen Lebens offenbart. Das geschieht gewöhnlich, wenn sich das Stirnzentrum des Bewußtseins öffnet. Oder er kann in höchster Verzückung mit der dem unbewußten Seelischen innewohnenden göttlichen Gegenwart kommunizieren. Dies geschieht gewöhnlich, wenn sich das Seelenzentrum hinter dem Herzen öffnet.

4. Erfahrung des Einsseins allen Daseins

Die mystische Erfahrung des allumfassenden Einsseins allen Daseins kann entweder durch das Selbst oder durch das Bild Gottes vermittelt werden. Letztlich ist das Bild Gottes nichts anderes als die Projektion des Selbst. Subjektiv erlebt der Yogi die ganze Welt als in ihm seiend, und er findet sich selbst in allen Dingen und Lebewesen der Welt wieder. Objektiv gewahrt der Yogi den Gott, den er in sich selbst erkennt, zugleich als ein das Weltall Durchwaltendes und in allem Gegenwärtiges.

5. Die Erfahrung des ewigen Du

Eine weitere Intensivierung des Bewußtseins, die sich auf dem Pfad der Hingabe einstellt, führt zu der mystischen Erfahrung des Seins oder des höheren Selbst als eines ewigen Du. In diesem Stadium wird das Sein zutiefst als himmlischer Vater oder himmlische Mutter wahrgenommen. Das Sein kann auch als treuer Gefährte oder als ewiges Kind erlebt werden. Ferner mag der Meditierende das Sein auch noch als den Herrn seiner Seele oder als höchsten Liebenden erfahren und sich in mystischer Hochzeit mit ihm vereinen. Die Literatur des *bhakti*-Yoga ist voll von ausführlichen Berichten über solche mystische Erfahrungen göttlicher Liebe (Bhattacharyya, 1953, pp. 371–372).

6. Die Erfahrung der transpersonalen Seins-Energie

Die meisten indischen Yogi stimmen in der Überzeugung überein, daß die schöpferische Energie des Seins im Menschen als die Energie seines Seelenkerns lebt. Sie ist auf verschiedene Weise, als zusammengerollte oder Schlangenkraft *(kundalini)* oder als mystisches Feuer *(divya agni)*, beschrieben worden. Sie ist insofern transpersonale Seins-Energie, als sie, wenn sie geweckt wird, imstande ist, das Individuum über die äußersten Grenzen seines persönlichen Bewußtseins hinaus in das Reich der alles erhaltenden, alles bewirkenden, alles erfüllenden Transzendenz zu tragen. Wenn sie durch die Yoga-Methoden der Atemkontrolle und der ungeteilten Konzentration zu voller Wirksamkeit gebracht ist, wird die rasche, bewegliche Seins-Energie als Tanz der Kali erlebt, die jeden Widerstand mit Blitzesschnelle besiegt und mit ihrem Feueratem alle Unreinheiten des psychophysischen Systems verbrennt. Wenn die unwiderstehliche Seins-Energie, gleichsam trunken von der Ekstase ihrer inneren Spannung, sich nach allen Seiten hin auszudehnen und das ungeheuer komplexe Netz der Nervenkanäle im menschlichen Organismus zu reinigen beginnt, wird sie zuweilen als die göttliche Mutter Durga erlebt, die, unbesiegbar dank ihrer zehn Arme, mit den Kräften der Finsternis kämpft. Gesegnet mit ihrer Gnade – der gleichen Gnade wie der der Kali oder des mystischen Feuers *agni* – hat der Yogi die Kraft, das Königreich des Himmels im Sturm zu erobern und die sich immer mehr weitende Vision des grenzenlosen Seins zu genießen.

7. Die Erfahrung des Seins als unendlicher Dasein-Bewußtsein-Seligkeit

Dies ist die erhabenste mystische Erfahrung des *jnana*-Yoga. Das Sein wird als das suprapersonale Geheimnis oder als Gott jenseits von Gott erlebt. Dieser Gott jenseits von Gott ist keine bestimmbare Weise des Daseins, sondern der unbestimmbare zeitlose Urgrund aller bestimmten Formen des Daseins. Der Urgrund wird nicht als unendliche, mit Unsterblichkeit, unendlichem Bewußtsein und grenzenloser Freude und Liebe begabte spirituelle Substanz wahrgenommen; das hieße das Letzte zu etwas Endlichem, Bestimmtem, Begrenztem machen, was eine offensichtliche Absurdität wäre. In Wahrheit ist das Letzte unendliches Bewußtsein an sich, untrennbar von grenzenloser Seligkeit an sich, die wiederum vom unvergänglichen Dasein an sich *(sat-cit-ananda)* nicht zu trennen ist. So wird der zeitlose Urgrund als allumfassende Bedingung allen Daseins erkannt, so wie der unendliche Spin (Drehimpuls der Elementarteilchen) als Bedingung der materiellen Welt aufgefaßt wird.

8. Die Erfahrung des Seins als absoluter Leere

Gautama Buddha kündete von der strengsten und logisch vollkommensten Erfahrung des Seins. Er erlebte den Urgrund als absolute Leere oder Leerheit *(sunyata)*, womit Leersein von ausnahmslos jeder Art von Bestimmtsein gemeint ist. Genau gesagt, ist es schon eine Verletzung der Unbestimmbarkeit des Seins, wenn man es auch nur als Dasein-Bewußtsein-Seligkeit, also mit festumrissenen Begriffen aus unserer Erfahrungswelt, beschreibt. Der vedantischen sowohl als auch der buddhistischen Form der mystischen Erfahrung liegt zutiefst die Vorstellung zugrunde, daß die Welt der Unvollkommenheit, des

Wechsels und der Vielheit unwirklicher Trug ist. Um die Manifestationen ewig wechselnder kosmischer Mannigfaltigkeit zu erklären, stellen daher beide Schulen das Prinzip des kosmischen Nichtwissens *(avidya, maya)* als Postulat auf.

9. Erfahrung des Einsseins von Sein und kosmischer Energie

Tantra-Mystiker, die den Weg des *kundalini*-Yoga gehen, lehnen die Vorstellung, daß das Sein leer von Energie sei, ab. Ihre mystischen Erfahrungen sind durch und durch erfüllt von den tänzerischen Kraftspielen der Schlangenenergie. Daher erleben sie den Urgrund des Universums natürlich als Seins-Energie *(siva-sakti)*. Folglich wird auch die Welt des Wechsels und der Vielfalt als reale Manifestation der schöpferischen Energie des Seins aufgefaßt.

10. Die Erfahrung der Seins-Energie als schöpferischer Evolution

Das bedeutet, daß die Seins-Energie nicht nur als der schöpferische Urgrund des realen Universums, sondern auch als der Impetus des Evolutionsprozesses begriffen wird, der immer höhere Formen und Funktionen, immer neue Werte und Modelle der Vollkommenheit hervorbringt. Die Evolution ist eine ständige Interaktion zwischen Natur und Geist, die dauernd Neues und neue schöpferische Synthesen erzeugt. Die Erfahrung des Evolutionsprozesses als eines sinnvollen Ausdrucks der Seins-Energie ist von Sri Aurobindo als supramentales oder integrales Bewußtsein *(purna jnana)* beschrieben worden. Sie ist die Inspirationsquelle der integralen Selbstschulung. Das Licht des integralen Bewußtseins offenbart nicht nur die Fülle des Seins, es ist auch eine konkret verwandelnde Kraft. Der Mensch gelangt zuerst auf einer transzendenten Bewußtseinsstufe zum Licht der vollkommenen Wahrheit. Dann aber kann er dieses integrale Licht in die unteren Schichten seines Daseins hinableiten, in sein physisches und soziales Bewußtsein, in die emotionellen und vitalen Schichten seines Seins bis hinab in die dunkelsten Winkel seines Unbewußten. Wenn das gelingt, wird die gesamte Persönlichkeit des Menschen zu einem Werkzeug für die zunehmende Verwirklichung höherer Werte, wie Wahrheit, Liebe und Schönheit, im persönlichen Leben und in der Gesellschaft.

Die verschiedenen Energiezentren *(chakras)*

Ein hochinteressanter Bestandteil der Yoga-Psychologie ist die Lehre von den Energiezentren *(chakras)*. Sie ist am ausführlichsten in der Psychologie des *tantra*- oder *kundalini*-Yoga entwickelt worden.
Die Lehre von den Energiezentren geht von der Voraussetzung aus, daß das zentrale Nervensystem hierarchisch aufgebaut ist und daß Energie und Bewußtsein nicht zu trennen sind.
Es gibt sieben Haupt-Energiezentren im menschlichen Organismus. Viele westliche Autoren setzen die *chakras* mit verschiedenen Nervenknoten, Ganglien oder Drüsen gleich. Das widerspricht aber der Ansicht der *tantra*-Lehrer (Woodroffe, 1964, p. 164); sie behaupten, daß die *chakras* oder Energiezentren, die sich nur im lebenden, niemals im toten Körper finden, im innersten Kanal des Rückenmarks *(brahmanadi)* als Bewußtseins-Potentiale angesiedelt sind, während die Nervenknoten, Ganglien und Drüsen die gewöhnlichen physiologischen und psychologischen Prozesse des Menschen steuern. Diese Bewußtseins-Potentiale können nur mit Hilfe der erweckten Schlangen-Energie (transpersonale Seins-Energie) aktiviert werden. Solange die Seins-Energie an der Basis des Rückenmarks schlummert, existieren die *chakras* nur als unwirksame spirituelle Möglichkeiten des Menschen.
Die *chakras* als Bewußtseins-Potentiale stehen in Beziehung zu verschiedenen Nervensträngen, Ganglien und Drüsen, mit denen sie jedoch nicht identisch sind. Die Reinigung dieser Nervenstränge mit Hilfe von Yoga-Methoden ist eine Bedingung *sine qua non* für das Sich-Öffnen der *chakras* bzw. die Aktualisierung des spirituellen Potentials. Wir erwähnten schon das Wurzel-Zentrum *(muladhara)* an der Basis des Rückenmarks. Wenn die schlummernde Schlangen-Energie freigesetzt wird, öffnet sich das Wurzel-Zentrum. Das bedeutet, daß das Bewußtsein sich vom ich-zentrierten zum kosmos- oder seins-zentrierten Fokus verschiebt und die transmentale Dimension des Daseins entdeckt wird. In diesem Stadium erscheint der Strom

der Gedanken, Wünsche, Gefühle und Bestrebungen, bis zu einem gewissen Grad zumindest, wie ein Vogelschwarm oder wie Wolken, die vor dem steten Licht des inneren Bewußtseins vorüberziehen, ohne es zu stören.

Psychologisch gesehen, ist das Wurzel-Zentrum das Zentrum des Organ-Bewußtseins. Es ist Ansichtssache, ob das Wurzel-Zentrum mit dem Sakral-Plexus im Anus-Bereich in Verbindung steht oder mit dem Sacro-Coccyx-Plexus zwischen Genitalien und Anus. Kosmologisch gesehen, entspricht das Wurzel-Zentrum der materiellen Welt. Wenn dieses Zentrum sich öffnet, erlebt der Yogi die Materie als Mutterschoß des Geistes.

Das zweite, unter dem Namen *swadhisthana* bekannte *chakra* ist das transmentale Bewußtseinszentrum der Vital- oder Triebnatur. Man wird sich seiner eigenen Vitalnatur als des inneren mikroskopischen Abbilds der höheren makroskopischen Vitalschicht des Dasein-Bewußtseins oder, um mit Teilhard de Chardin (1959, p. 78) zu sprechen, der Biosphäre bewußt. In diesem Stadium ist es dem Yogi möglich, die in seiner Umgebung fließenden Ströme vitaler Energie anzuzapfen.

Das Triebzentrum steht in Verbindung mit dem Prostata- oder Epigastrum-Plexus, und dieser wiederum mit den Geschlechtsdrüsen (Gonaden). Wenn das Energiebewußtsein durch die Aktivierung des *kundalini* in dieses Zentrum aufsteigt, wird unter Umständen ein mächtiges Ansteigen der Sexualenergie erlebt. Wenn dann der Mensch nicht schon zuvor mit seiner sexuellen Libido ins reine gekommen ist, kann, zumindest für einige Zeit, seine spirituelle Entwicklung blockiert werden. Seine Meditationen können sich zum großen Teil in Phantasien halluzinatorischer sexueller Befriedigung erschöpfen. Man kann sich innerlich dazu getrieben fühlen, sein spirituelles Streben wenigstens zeitweise aufzugeben, um die ungelöste Aufgabe der Bewältigung des Sexualtriebs zu Ende zu führen. Unterstützt von einer beschützenden Umgebung, etwa eines *ashrams* oder Klosters, kann man natürlich auch die sexuelle Begierde gewaltsam unterdrücken und um den Preis der Verstümmelung eines lebenswichtigen Aspekts der Persönlichkeit auf seinem Weg vorankommen.

Wenn das zweite *chakra* sich öffnet, erlebt man das Sein als Lebens-Energie, als élan vital, wie Henri Bergson sie nennt, als die universelle Lebenskraft *(prana)*.

Das dritte *chakra*, *manipura* genannt, ist das Zentrum des höheren

Ehrgeizes und des Willens zur Macht. Es ist das Umbilical- oder Nabel-Zentrum, das nach Ansicht einiger Yogi zum Solarplexus (Sonnengeflecht), nach der Meinung anderer zum Lumbalplexus in Beziehung steht. Der Solar- und Lumbalplexus sind ihrerseits eng verbunden mit den Nebennieren (Tiller, 1971).

Das dritte Zentrum ist kosmisch verknüpft mit der Psychosphäre, jener Schicht der Weltatmosphäre, die mit den Schwingungen psychischer Erlebnisse aufgeladen ist. Hier ist eine neue Gefahrenzone für den spirituellen Sucher. Auf dieser Ebene besteht die Gefahr, von den verschiedenen Möglichkeiten der Macht fasziniert zu werden. Man erwirbt hier die Fähigkeit, die in der menschlichen Umwelt flutende psychische Energie anzuzapfen. Diktatoren wie Cäsar, Napoleon, Mussolini, Hitler, Stalin hatten Zugang zu dieser Machtregion. Wenn ein Mensch sich mit seinem ganzen Wesen auf Macht konzentriert, wird sein Macht-*chakra* aktiviert. Diese Menschen fühlen sich als omnipotente Werkzeuge des Schicksals.

In diesem Stadium wird das Sein als kosmischer Wille zur Macht, so wie Nietzsche ihn erlebte, erfahren.

Das vierte Zentrum, *anahata*, ist das Zentrum der Seele oder des psychischen Seins. Psychologisch gesprochen, ist die Seele der Sitz selbstloser Liebe und das Sinnesorgan für die höheren Werte. Wenn dieses Zentrum sich öffnet, spürt man zum ersten Mal in seinem Leben in sich die reine Flamme unbedingter, unmotivierter spiritueller Liebe zum Menschen oder zu Gott und erlebt wahre, spontane Seinslust. Ferner vernimmt man in diesem Stadium die Musik der kosmischen Harmonie, die Sphärenmusik oder Musik der kosmischen Klangschwingungen, die der Anfang der Schöpfung war. Darum heißt dieses Zentrum *anahata*, das bedeutet: ursprünglicher, nicht durch Reibung erzeugter Klang. Die religiöse Dichtung Indiens beschreibt diesen zauberhaften Klang als die himmlische Musik, die der Flöte Krishnas, des höheren Selbst oder göttlichen Spielgefährten des Menschen entströmt.

Physiologisch gesehen, entspricht das Seelenzentrum dem Kardialplexus, der mit der Thymusdrüse in enger Verbindung steht. Vom kosmischen Standpunkt aus steht es zum Reich der Glückseligkeit *(janaloka)*, einem wesentlichen Teil dessen, was Teilhard de Chardin die Noosphäre nennt, in Beziehung. In diesem Stadium kann der vom Geist reiner Liebe und spontaner Freude erfüllte Mensch allen denen Heilung und Ganzheit schenken, deren verschiedene Leiden auf Man-

gel an Liebe zurückzuführen sind. Das Sein wird als persönliche Gottheit erlebt, deren Wesen Einheit von Weisheit, Liebe, Freude und Schönheit ist, und mit der sich der Mensch in einer ewigen Ich-Du-Beziehung zu seliger liebender Gemeinschaft vereinigt. Oder er erlebt in seinem Herzen die Geburt eines neuen himmlischen Lichts: es ist das Licht des Krishna-, Christus- oder Buddha-Bewußtseins.
Der persönliche Gott ist das Symbol der Einheit aller höchsten Werte. Der persönliche Gott kann als Erscheinungsform des Seins bei einem bestimmten Intensitätsgrad der Liebe und Hingabe erlebt werden, ganz ähnlich wie das farb- und gestaltlose Wasser des Ozeans bei einer bestimmten Temperatur als weißer Eisberg von bestimmter Gestalt und Größe in Erscheinung tritt.
Das fünfte wichtige *chakra, vishuddha* genannt, ist das Zentrum der reinen, klaren Bewußtheit von den Dingen, wie sie in ihrem Sosein und ihrer Einzigartigkeit sind. Es ist ein der Kommunikation und machtvollen Selbst-Projektion dienendes Zentrum. Man nimmt das eigene Selbst als einzigartige Individualität wahr, als wertvolle spirituelle Wesenheit, als aktives Zentrum schöpferischer Energie. Das *vishuddha*-Zentrum entspricht dem Phalangen- oder Larynx-Plexus am unteren Ende des Kehlkopfes, der mit der Schilddrüse in enger Verbindung steht.
Das Sein wird hier als schöpferisches Wort, als Vak oder Bharati, die Göttin der Sprache, erlebt (Woodroffe, 1964, p. 122).
Der Mensch, in dem dieses Bewußtseinspotential aktiviert worden ist, kann durch ein entsprechendes Wort oder Mantra Daseinsmacht vermitteln und anderen eine Quelle großer schöpferischer Inspirationen sein.
Das sechste wichtige Zentrum ist unter dem Namen Weisheitszentrum bzw. als göttliches Herrschaftszentrum *(ajna)* bekannt. Es wird auch als das Zentrum des dritten Auges der philosophischen Erkenntnis bezeichnet.
Physiologisch entspricht es dem Stirnhöhlen-Plexus, der zwischen den Augenbrauen lokalisiert ist. Dieser wiederum ist eng verbunden mit der Zirbeldrüse. Er kontrolliert das gesamte motorische Nervensystem. Manche bringen ihn mit der Hirnanhangdrüse, andere mit dem Kleinhirn in Verbindung.
Psychokosmisch entspricht das Herrschaftszentrum der kosmischen Ebene der sich selbst verwirklichenden Ideen, einer anderen wichtigen Dimension der Noosphäre. In der Yoga-Philosophie ist es vor

allem als *maharloka,* das Reich des kosmischen Bewußtseins oder der synoptischen Schau der Welt als eines Ganzen, bekannt.

Es gibt verschiedene Gründe dafür, daß dieses Zentrum Herrschaftszentrum heißt. Es ist nicht das Zentrum fruchtlosen, zu seiner Realisierung unfähigen Wissens. Es ist erstens das Zentrum der spirituellen Erleuchtung, das die Machtbefugnis und Kraft seiner Selbstrealisierung in sich trägt. Zweitens erwirbt der Mensch mit dem Sich-Öffnen dieses Zentrums Selbstbeherrschung, vollendete Kontrolle über die verschiedenen Antriebe, Impulse und Strebungen seiner Persönlichkeit. Drittens steht er hier unter dem bedingungslosen Gebot seines höheren Selbst, des reinen spirituellen Selbst. Dieses Gebot empfängt er nicht von außen von irgendeiner existentiell von ihm getrennten göttlichen Autorität. Es ist der Befehl der ihm innewohnenden Gottheit. Es ist der Imperativ seines eigenen Schicksals, der frei gewählten Mission seines Lebens.

Das Sein wird hier als Lebenssinn erlebt oder als Schicksal, das aufgrund des Bewußtseins von der engen Verbundenheit des eigenen wahren Selbst mit dem kosmischen Ganzen frei gewählt wurde. So vollzieht sich auf dieser Ebene die Selbstverwirklichung als Wahrnehmung des eigenen wahren Selbst als eines schöpferischen Zentrums des Kosmos.

Das höchste Zentrum, das Scheitel-Zentrum, wird metaphorisch der tausendblättrige Lotos *(sahasrara)* genannt. Das Sich-Öffnen dieses Zentrums bedeutet, daß das spirituelle Potential des Menschen, vom durchdringenden Strahl der Sonne des reinen zeitlosen Seins berührt, voll erblüht. Es ist das Zentrum des wahren transzendentalen Bewußtseins oder der transzendenten Erkenntnis der zeitlosen Tiefendimension des Seins.

Das Sich-Öffnen des Scheitel-Zentrums bewirkt das, was man die transzendentale Erfahrung des Seins als des zeitlosen Urgrunds des Alls *(nirvikalpa samadhi, nirvisesa nirvana)* nennen kann. Physiologisch entspricht das Scheitel-Zentrum dem höchsten Punkt des Schädels oder des Gehirns, der mit der Hypophyse in engem Zusammenhang steht. Es entspricht der höchsten Stufe des spirituellen Bewußtseins, der Stufe der Dasein-Wissen-Seligkeit. Reine Ontosphäre *(satyaloka)* wäre der richtige Ausdruck dafür. Es ist die höchste Bewußtseinsstufe, die der Mensch je erreicht hat.

Das Sein wird hier als suprakosmisches Dasein erfahren, als Bewußtsein-Seligkeit, als unbeschreibbares Überbewußtsein oder absolute

Leere (Buddha), als unbestimmbares Sein (Sankara). Der Autor dieser Schrift ist geneigt, dieses Zentrum als das der nicht zu definierenden kosmischen Schöpferkraft oder Seins-Energie *(Brahma-Sakti)* zu bezeichnen.
Erreicht der Mensch diese Bewußtseinsstufe, gewinnt er ungeheure Kraft, Menschen zu heilen und wieder zu einem Ganzen zu machen, indem er ihnen die Kraft des erleuchteten integrierten Bewußtseins zuleitet. Die der Psyche innewohnende Heilkraft erreicht, wenn dieses Zentrum aktiviert wird, ihre höchste Entwicklung. Es ist die wiederbelebende, verjüngende, befeuernde Kraft der vollkommenen Einheit von Weisheit, Liebe und Frieden. Auf dieser Stufe erlebt der Mensch das Einssein mit dem zeitlosen Sein. Ein solcher Erleuchteter vermag mit einer liebevollen Umarmung oder mit einer bloßen Berührung, einem teilnehmenden Blick oder einem sanften, das Herz wie ein Lichtstrahl durchdringenden Wort die transpersonale Seins-Energie anderer Menschen zu wecken. Das ist die Alchemie leuchtender Seins-Energie, die Lehm in Gold, Alltagsmenschen in Helden und Heilige verwandeln kann, wie das Leben der großen Lehrer – Jesus, Gautama, Lao-tse, Ramakrishna, Aurobindo u. a. – zeigt.
Das Sein wird hier als logisch nicht zu definierender Urgrund der Natur und des Geistes, des Universums und des Selbst erfahren. Alles, was über diese Erfahrung gesagt werden kann, ist: Das Sein ist das Sein. Das Sein darf nicht mit irgendeiner bestimmten Daseinsform, etwa mit Materie, Leben, Vernunft, Geist, gleichgesetzt werden.

Psychedelische Erfahrungen

Es ist heute allgemein bekannt, daß es verschiedenartige durch Drogen, z. B. Mescalin, Marihuana, LSD-25 usw., hervorgerufene psychedelische Erlebnisse gibt.
Das methodologische Postulat des Yoga nach größtmöglicher Erfahrungsbreite impliziert, daß unser Wissen von der Psyche unvollständig bleiben muß ohne eine sorgfältige Analyse und unvoreingenommene Beurteilung der verschiedenen Arten psychedelischer Erlebnisse. Da jede menschliche Erfahrung einen Kern von Wahrheit enthält *(sattva)*, wird die sachliche Untersuchung psychedelischer Erfahrungen eine reiche Ausbeute an psychologischen Erkenntnissen,

therapeutischem Nutzen, ja sogar ontologischer Einsicht in die Struktur des Seins zutage fördern.
Es ist allgemein bekannt, daß die jeweils spezifische Art des psychedelischen Erlebnisses sowohl vom inneren Zustand des Subjekts als auch von seiner äußeren Umgebung beeinflußt wird. Sie hängt von der physiologischen und psychologischen Verfassung des Subjekts ab, aber auch vom Milieu, von der äußeren Umgebung. Ein harmonischer, von sanfter Musik erfüllter, geschmackvoll eingerichteter Raum, in dem sich freundliche, vertrauenswürdige Menschen aufhalten, ist geeignet, dem Drogenerlebnis eine spirituelle Dimension zu verleihen. Eine unharmonische, ungeordnete, lärmende Umgebung dagegen, in der verdächtig aussehende Leute zugegen sind, ist geeignet, schreckliche, schädigende Wirkungen zu erzeugen.
Wir werden für unseren Zweck die psychedelischen Erlebnisse in positive Trips und negative Trips einteilen.
Negative Trips, bei denen schwere Depressionen, entsetzliche Visionen, Selbstmordtendenzen, Gefühle äußerster Hilflosigkeit usw. auftreten, enthüllen dem Subjekt die tiefen, dunklen Abgründe seines Unbewußten. Diese dunklen Abgründe sind jedoch nicht rein subjektiv, sondern stehen in ursächlichem Zusammenhang mit den objektiven physiologischen Bedingungen des Subjekts einerseits und seinen verzerrten Ansichten vom Leben und von der Wirklichkeit andererseits.
Positive psychedelische Trips, die gewöhnlich unter günstigen Bedingungen in geeigneter Umgebung stattfinden, können dem Menschen tiefe Einsichten in seine eigenen verborgenen Möglichkeiten, in die Relativität konventioneller ethisch-religiöser Vorstellungen, in das allumfassende Einssein allen Daseins und in die unermeßliche Größe des Seins erschließen, das über die Grenzen der bekannten Welt mit ihrem festgelegten Wertsystem weit hinausreicht. Die Welt des täglichen Lebens, die auf einem System unbewußt wirkender fester Werte basiert, wird in der Psychologie des Yoga die Welt der *maya*, d. h. die Welt der begrenzten pragmatischen Geltung, genannt.
Hier noch einige Bemerkungen zur allgemeinen Einstellung des Yoga zum Gebrauch von Drogen. Manche Yogi nehmen sog. psychedelische Drogen und haben Gewinn davon. Sie sind sich aber auch der damit verbundenen Gefahren bewußt. Darum raten sie im allgemeinen: »Nimm nie eine Droge nur zum Spaß oder aus Neugier. Das wäre, als wenn du Gift trinkst oder mit dem Feuer spielst.« Mäßiger

Gebrauch jedoch zur rechten Zeit und am rechten Ort während der Andacht oder Meditation kann, wenn man die Anweisungen eines kompetenten Guru strikt befolgt und in der richtigen spirituellen Verfassung ist, zweifellos den Gang der spirituellen Entwicklung beschleunigen.
Viele Yoga-Lehrer, jedoch insbesondere diejenigen, die in der Gesellschaft in führenden Stellungen verantwortlich tätig sind, haben vor dem Gebrauch psychedelischer Drogen gewarnt und sie in ihren eigenen *ashrams* verboten. Die bedeutendsten Yoga-Lehrer, wie Ramakrishna, Vivekananda, Raman Maharshi, Mahatma Gandhi, Aurobindo, Sivananda, Ramdas, Mutter Mira und Mutter Anandamayi, lehnen es ab, irgendeinem ihrer Schüler Drogen zu empfehlen. Wenn wir in die Vergangenheit zurückblicken, sehen wir, daß die größten Lehrer, Gautama Buddha, Mahavir, Shankara, Ramanuja, Chaitanya, Nanak, Kabir, niemals Drogen empfohlen haben. Ramakrishna pflegte die Droge eine Hintertür zu Gott zu nennen.
Für diese negative Einstellung zu den Drogen gibt es mehrere Gründe. Erstens stören Drogen in den meisten Fällen den natürlichen integrativen Reifungsprozeß der sich entfaltenden Psyche. Es genügt nicht, erregende, bewußtseinserweiternde Erlebnisse zu haben, so erhebend und intensiv sie auch sein mögen. Sie müssen vollkommen assimiliert und richtig interpretiert, mit den übrigen Lebensbereichen und Erfahrungen koordiniert und zum harmonischen Bestandteil der seelischen Seinserkenntnis gemacht werden; sonst bleiben sie Fremdkörper wie Öl in Wasser oder wie ein Feuerfunke im Strohhaufen und zerstören die organisch gewachsene psychologische Lebensstruktur. Sie können zu einer Ich-Inflation führen, Allmachtgefühle erzeugen, die Proportionen des Weltbildes bis zum Wahnsinn verzerren. Zweitens gibt es ja Alternativen: die oft erprobten Techniken der Yoga-Disziplin, z. B. spirituell orientierte emotionale Erlebnisse und Andachtsübungen. Zu diesen gehören der Gebrauch wirkungsvoller Klangformeln, die ständige Wiederholung des Gottesnamens, Andachtslieder und andere musikalische Formen der Anbetung. Ferner gibt es die physiologische Disziplin, die in entspannenden und harmonisierenden Körperhaltungen und Atemübungen besteht. Auch Konzentrations- und Meditationsübungen, Übungen im Unterscheiden und Beurteilen sind auf der Suche nach seelenbefriedigenden Gipfelerfahrungen bessere und sicherere Alternativen als die Droge.
Drittens kann keine Droge, weder Mescalin noch Marihuana, noch

LSD, zur höchsten Stufe der transempirischen Seins-Erkenntnis, *nirvikalpa samadhi* oder *nirvana* genannt, führen. *Nirvana* setzt einen hohen Grad von Integration des Intellekts, des Gefühls und der Intuition voraus, wie er nur nach einer langen Periode entsprechender inneren Schulung und psychischen Reifens erreicht wird. Selbst noch die höchste psychedelische Erfahrung spielt sich innerhalb des Reichs der *maya* ab. Weder das Ego noch das empirische Selbst wird wirklich transzendiert, noch wird die Grenze der objektiven Mannigfaltigkeit der Bilder, Symbole, Klänge und Farben transzendiert und der Schritt in die reine Leere des Seins vollzogen.

Über den Tod

Um eine reife Einstellung zum Leben und die richtige Weltsicht zu erlangen, ist es vom traditionellen Standpunkt des Yoga aus gesehen notwendig, sich dem Phänomen des Todes und der Diskussion über seinen Sinn zu stellen.
In der Katha-Upanishade lesen wir, daß der junge Wahrheitssucher (Naciceta) den Todesgott aufsuchen muß, um das Gesetz des Lebens und das Geheimnis der Unsterblichkeit zu erkennen. Die Begegnung mit dem Phänomen des Todes befähigt den Menschen, sich ins Nichtsein zu versetzen und damit der Totalität des Daseins aus der richtigen Perspektive ansichtig zu werden; die Nabelschnur zwischen ihm und seiner instinktiven Einheit mit dem Zeitstrom des Lebens wird durchschnitten.
Bei vielen Yogis, besonders den Tantrics, besteht der Brauch, sich an Leichenverbrennungsstätten zu begeben, um dort zu meditieren. Die heroischsten tun dies um Mitternacht bei besonderen Anlässen, wenn alle Welt schläft und undurchdringliches Dunkel herrscht.
Der höchste Gott Shiva tanzt an den Verbrennungsstätten, in der einen Hand die Noten der Schöpfungsmusik, die Todesflamme in der anderen. Sein Tanz ist der Tanz des kosmischen Rhythmus. Wer diesen Rhythmus begreift, erlangt Unsterblichkeit. Sein eigenes Herz wird zur Verbrennungsstätte, wo alle Eitelkeit und Selbstsucht, alle Gier und Aggressivität in Flammen aufgehen. Dies geschieht, wenn er in seinem Herzen die Tanzschritte des Herrn der Ewigkeit vernimmt, der den Menschen durch die Taufe des Todes befreit.

Es gibt, grob gesagt, vier Aspekte der Unsterblichkeit als Ziel der traditionellen Yoga-Disziplin (Chaudhuri, 1954, Kap. 13, 14).
Erstens bedeutet Unsterblichkeit das Fortleben nach dem Tod und den Entwicklungsgang der Seele zu immer höheren Daseinsebenen.
Zweitens bedeutet Unsterblichkeit eine lange Reihe von Reinkarnationen, d. h. von aufeinanderfolgenden materiellen Verkörperungen der Seele auf ihrem Entwicklungsgang bis zur völligen Erlösung.
Drittens ist Unsterblichkeit die bewußte Vereinigung mit dem Ewigen hier und jetzt in dieser Welt als Ergebnis der vollkommenen Erleuchtung.
Viertens: nach dem Tode kann der vollkommen erleuchtete Mensch zwischen drei Möglichkeiten frei wählen, a) sich in der Weite des Absoluten aufzulösen, b) auf einer höheren Bewußtseinsstufe weiter für das Wohl der Menschheit und/oder im Dienste Gottes zu wirken, c) freiwillig auf die Erde zurückzukehren und sich neu zu verkörpern, um im Geist vollkommener Selbstlosigkeit den Willen Gottes in der Welt zu tun.

Der Pfad des Yoga

Die Methodologie der Yoga-Psychologie hat zwei miteinander verwobene Aspekte, einen theoretischen und einen praktischen. Der theoretische Aspekt betrifft die Methode, mit der die Wahrheit über die Wesensstruktur der menschlichen Psyche gefunden werden kann. Wir sahen bereits, daß die Theorie der Yoga-Methode auf umfassendem Erfahrungswissen basiert. Sorgfältige Beobachtung, Analyse und Beurteilung aller wichtigen Phasen des menschlichen Erlebens gelten als unerläßlich für ein volles Verständnis psychologischer Vorgänge.
In der Praxis besteht die Yoga-Methode in verschiedenen Disziplinen, die sich bei der schrittweisen Selbstentfaltung und schließlichen Selbstverwirklichung als außerordentlich hilfreich erwiesen haben. Man nennt das den Pfad des Yoga.
Der Yoga-Pfad bietet viele Möglichkeiten, die endgültige Selbstverwirklichung anzugehen. Allgemein gesagt, gibt es drei Schulungsarten, die dem Erreichen dieses letzten Ziels dienen. Es sind: die ethisch-religiöse, die physisch-vitale und die psychisch-spirituelle.
Die ethisch-religiöse Disziplin. Da der Mensch ein soziokulturelles

Lebewesen ist, wird er immer in ein bestimmtes kulturelles Milieu hineingeboren. Im Lauf seines Wachstums nimmt er unbewußt bestimmte moralische und religiöse Vorstellungen und Werte aus seiner Umgebung auf.

Die ethisch-religiöse Disziplin benutzt eben diese Normen und Vorstellungen der sozio-kulturellen Konditionierung für die Suche nach Selbstverwirklichung.

Echtes spirituelles Wachstum ist ohne eine harmonische, friedliche Umgebung nicht möglich. Eine gesicherte soziale Stellung, physische Kraft und ein scharfer Geist garantieren dem Menschen kein dauerndes Glück, wenn es zwischen ihm und den Menschen seiner sozialen Sphäre ständig Mißhelligkeiten und Reibungen gibt. Ethisch-religiöse Vorstellungen haben, selbst wenn sie nur unvollkommen und inadäquat formuliert sind, zumindest insofern einen begrenzten Wert, als sie die organische Zugehörigkeit des Menschen zur Gesellschaft verdeutlichen. Nach Pantanjali gibt es zehn fundamentale ethisch-religiöse Prinzipien, die als die Imperative des wahren Selbst bezeichnet werden können. Es sind die folgenden:

1. Verletze oder töte kein Lebewesen, weder physisch noch seelisch (*ahimsa*, Gewaltlosigkeit).
2. Halte dich in Gedanken, Worten und Taten an die Wahrheit (*satya*, Wahrhaftigkeit).
3. Entwende nichts; begehe keinen Diebstahl (*asteya*, Achtung vor anderer Eigentum).
4. Diszipliniere und ordne deine Antriebe und Wünsche (*brahma-charya*, Selbstbeherrschung).
5. Sei nicht gierig und nimm keine Geschenke oder Bestechungen von Leuten an, die fragwürdige Motive haben (*aparigraha*, Begierdelosigkeit).
6. Achte auf innere und äußere, körperliche und geistige Reinheit (*shaucha*, Reinheit).
7. Entwickle den Geist der Zufriedenheit. Strebe nicht nach Vermehrung deines materiellen Besitzes (*santosha*, Zufriedenheit).
8. Übe dich im Ertragen von Schicksalsschlägen und Umweltveränderungen (*tapas*, Selbst-Schulung).
9. Eifriges und unvoreingenommenes regelmäßiges Studium spiritueller Weisheits-Bücher (*swadhyaya*, Studium der heiligen Schriften).
10. Denke beständig an Gott und ergib dich in Gottes Willen (*Ishwara-pranidhana*, Gottesliebe).

Die fünf ersten Prinzipien sind unter dem Namen *yama*, Beherrschung, bekannt, die letzten fünf unter dem Namen *nyama*, Regelung. Sie alle sind dazu bestimmt, harmonische Beziehungen zur Umwelt

und Hinwendung zu den wesentlichen Werten des Lebens zu bewirken.
Alle die eben genannten Leitprinzipien können verschieden interpretiert werden. In einigen Punkten unterscheidet sich die Interpretation im Indien von heute radikal von der traditionellen Anschauung. Das erste Prinzip, Gewaltlosigkeit, ist ursprünglich das Prinzip der Selbstvervollkommnung in einer harmonischen Umwelt, heutzutage jedoch wird es konkreter als praktizierte Liebe, als Mitgefühl, Toleranz gegenüber den Standpunkten Andersdenkender und als selbstloser Dienst an der Gesellschaft interpretiert. Mahatma Gandhi hat es sogar zu einer außerordentlich effizienten Technik zur humanitären Verbesserung der sozio-ökonomischen, politischen, interrassischen und internationalen Beziehungen gemacht. Er hat gezeigt, wie Gewaltlosigkeit als schlagkräftige geistige Waffe im Kampf gegen die sozialen Übel der Ungerechtigkeit und Ungleichheit, die politischen Übel des Imperialismus und Kolonialismus und die zwischenmenschlichen Übel des Hasses und der Gewalttätigkeit gebraucht werden kann. In der Yoga-Psychologie bedeutet der im 10. Gebot gebrauchte Gottesbegriff kein theologisches Dogma, sondern eine nützliche pragmatische Vorstellung, die geeignet ist, das Wertbewußtsein des Menschen zu steigern und seine Triebenergie in Richtung auf das spirituelle Ziel der Erleuchtung zu kanalisieren. Der Yoga Patanjalis basiert auf dem philosophischen System des *sankhya*, das sich zum Atheismus bekennt und für das Gott nicht die letzte Wirklichkeit ist. Mit der Darstellung der vielfältigen Implikationen, wie sie sich aus der modernen Interpretation obiger Prinzipien ergeben, könnte man mühelos ein ganzes Buch füllen.
Angesichts der Grundtendenz der ethisch-religiösen Disziplin im heutigen Indien kann man den genannten 10 Prinzipien zwei weitere hinzufügen.

11. Nimm, wenn du obige Gesetze praktizierst, die nur abstrakte Richtlinien, aber keine unbedingt gültigen Entscheidungskriterien sind, keine starre doktrinäre Haltung ein.
12. Im Fall eines Konflikts zwischen Prinzipien oder Gesetzen sollte das aktive Interesse am Wohl der Gesellschaft und Menschheit den Ausschlag geben.

Die physisch-vitale Disziplin (Asana, pranayama). Die indischen Yogi erkannten schon früh die wechselseitige Abhängigkeit von Körper und Geist; sie wußten, daß ein gesundes Funktionieren des Körper-

Geist-Systems die unerläßliche Voraussetzung für eine optimale spirituelle Entwicklung ist. In den Upanishaden wird erklärt, daß »nur der Starke das Selbst verwirklichen kann« (Munkaka-Upanishade, III, 2, 4; s. Radhakrishnan, 1953, p. 690).
Dafür gibt es vor allem zwei Gründe.
Erstens müssen reichliche Reserven an Lebenskraft vorhanden sein, damit das Gehirn durch Stimulation normalerweise unbenutzter Gehirnzellen genügend Kraft entwickeln kann. Es gibt Yoga-Techniken, mit denen vitale *(prana)* und sexuelle *(retas)* Energien in eine Art von geläuterter lichthafter Energie *(ojas)* (Narayananda, 1951) verwandelt werden können, die gewissermaßen überbewußt *(chit shakti)* ist und die Dichotomien des diskursiven Verstandes transzendiert.
Zweitens ist die echte mystische Schau ein Erlebnis von furchtbarer Gewalt. Sie übt einen ungeheuren Druck auf das Gehirn und das Zentralnervensystem aus. Ein untrainierter Mensch mit schwachem Nervensystem ist schwerlich imstande, einer solchen Attacke standzuhalten und sie in Ruhe zu verarbeiten. Er wird wahrscheinlich zittern und beben, schreien und toben, wilde Tänze aufführen oder sich am Boden wälzen, aber nicht fähig sein, die aus der mystischen Erfahrung oder Seins-Erkenntnis neu gewonnene Energie sinnvoll zu steuern. Er wird sie eher unproduktiv vergeuden, vielleicht sogar neurotisch oder psychotisch werden.
Darum empfiehlt Patanjali das regelmäßige Üben bestimmter entspannender, belebender und harmonisierender Körperhaltungen *(asanas)*. Kopfstand, Schulterstand, Pflug- und Bogenstellung und andere Körperhaltungen sind in dieser Hinsicht sehr nützlich. Sie sind besonders für Leute, die intellektuell oder spirituell arbeiten, geeignet und dienen weniger dem Muskeltraining als vielmehr der Stärkung des Nervensystems, der Stimulation der endokrinen Drüsen, der Ausscheidung von Unreinheiten aus dem Körper und der rekreativen Entspannung. Eine wichtige Ergänzung zu den Körperhaltungen bildet das Atemtraining *(pranayama)*. Es gibt Atemübungen zur seelischen Entspannung, zur Verjüngung, zum Freisetzen schlummernder Energien und auch zum Erlangen innerer Heiterkeit durch Ausbalancieren der beiden Atemströme, des linken und rechten *(ida* und *pingala)*. Diese Atemströme werden auch als weiblich und männlich (Mond und Sonne, Wasser und Feuer) bezeichnet. Der eine wirkt beruhigend wie Wasser, der andere elektrisierend wie Feuer. Der Ausgleich zwischen beiden bedeutet die glückliche Verbindung von negativer und

positiver Lebensenergie; aus ihr entspringt eine neue Art außerordentlich subtiler Energie, die aufwärts zum Sitz des Bewußtseins hin drängt.

Es sei hinzugefügt, daß es noch drei andere Aspekte der psychisch-vitalen Disziplin gibt, nämlich folgende:

1. eine ausgewogene, leicht verdauliche Diät;
2. engen Kontakt mit den aufbauenden Kräften der Natur, also mit frischer Luft, Sonne und reinem Wasser;
3. den Mittelweg gehen zwischen den Extremen, zwischen Epikuräertum und strenger Askese, rastloser Jagd nach Vergnügen und puritanischer Unterdrückung der Triebe und Gefühle.

In der Bhagavad-Gita heißt es: »Der Yogi sollte nicht zu viel und nicht zu wenig essen. Er sollte nicht zu viel und nicht zu wenig reden. Er sollte nicht zu viel schlafen und nicht zu lange wach sein« (Radhakrishnan, 1952, p. 199). Ausführlicher wird dieses Konzept des ausgeglichenen Lebens vom Autor der vorliegenden Schrift in seinem Buch *Mastering the Problems of Living* (1968, Kap. 11) behandelt.

Die psychisch-spirituelle Disziplin. Die psychisch-spirituelle Disziplin besteht darin, die psychische Energie konstruktiv so zu kanalisieren, daß sie der Suche nach dem Selbst dient. Das Ziel ist, das Selbst an sich, das Selbst in seiner Beziehung zum Geist-Körper-System und in seiner Beziehung zum Sein zu erkennen.

Der Raya-Yoga Pantajalis hebt vier Faktoren besonders hervor:

1. Rückzug der Aufmerksamkeit aus der äußeren Welt *(pratyahara).*
2. Konzentration der Energie nach einer bestimmten Richtung hin *(dharana).*
3. Kontemplation, d. h. kontinuierlich im gewählten Feld der Aufmerksamkeit strömende Denk-Energie *(dhyana).*
4. Einheit schaffendes bzw. Identitäts-Bewußtsein *(samadhi).*

Die Technik des Rückzugs besteht darin, das Interesse und die Aufmerksamkeit von der äußeren Welt abzuziehen und die mentale Energie auf das Geheimnis des eigenen Seins zu konzentrieren. Sie entwickelt die Fähigkeit, mit dem Alleinseienden – dem eigenen wahren Selbst, das einzigartig und unabhängig ist – allein sein zu können. Die Welt, in der wir leben, ist letztlich eine Projektion dessen, was wir im Innern sind, in die Sphäre der Objektivität. Daher kann der Mensch den Sinn der Welt nicht erkennen, ohne sein eigenes Selbst zu kennen.

Auch kann ein Mensch, dem es an innerem Frieden, an Freude, Heiterkeit und Mitgefühl fehlt, trotz aller guten Absichten und Anstrengungen anderen wenig helfen. Nur ein selbst-integrierter Mensch kann für alle, mit denen er in Berührung kommt, eine spontane Quelle des Friedens und der Freude, der Hoffnung und des Glaubens, der Heilung und Gesundheit sein.

Der erste Schritt in der Meditation ist also Rückzug der Aufmerksamkeit, zeitweise Abschied von der äußeren Welt und Eintritt in die stille Zurückgezogenheit des Meditationsraumes. Dort nimmt der Yogi eine bequeme Sitzhaltung mit aufrechtem Oberkörper ein, schließt die Augen und tritt in die Stille seines Seins ein.

Im zweiten Meditations-Schritt wird die Konzentration auf einen einzigen Punkt geübt *(dharama)*. Man richtet die Aufmerksamkeit auf etwas Angenehmes, Schönes, Anziehendes, sagen wir, eine schöne Blume oder das weite Meer. Oder man konzentriert sich auf etwas, was einem spirituell viel bedeutet, auf einen Propheten oder Messias, auf Gott, ein bestimmtes Bewußtseinszentrum in einem selbst oder auf den eigenen natürlichen Atemstrom als dem Symbol der im Menschen wirkenden universellen Lebenskraft.

Die Konzentration auf einen Punkt ist die Technik, mit der die im allgemeinen nach allen Seiten hin zerfließende mentale Energie in eine bestimmte Richtung gelenkt wird. Es ist, als ob man aus einer gewöhnlichen Lampe einen starken Scheinwerfer machte. Damit erwirbt man die Kraft zu durchdringender Schau und zu echter Selbstverwirklichung. Es empfiehlt sich, ein passendes Mantra heranzuziehen oder eine spirituelle Formel wie z. B. »Ich bin ein integraler Teil des kosmischen Bewußtseins« *(Om Sivoham)* oder »Ich bin ein einzigartiges schöpferisches Zentrum des Seins« *(Aham Brahmo smi)*. Das hilft, die Aufmerksamkeit auf die eigene spirituelle Identität oder die Wesens-Einheit mit dem Universum zu konzentrieren.

Anfangs wird man wahrscheinlich große Schwierigkeit haben, den Geist längere Zeit auf eine Richtung zu fixieren. Wenn er anfängt, wie ein Affe herumzuspringen, sollte man sich entspannen und ihm einige Zeit freien Lauf lassen, sich als distanzierter Zuschauer verhalten und ruhig abwarten. Nach und nach wird man seinen Geist mit regelmäßigem Üben zunehmend unter Kontrolle bekommen.

Wenn die Konzentration sich vertieft, wird sie zur Kontemplation *(dhyana)*[10], die in einem ununterbrochenen, um das Konzentrations-

objekt kreisenden Strom von Denk-Energie besteht. Sie enthüllt viel Wahres über die Natur dieses Objekts.
Die nächsthöhere Phase der psychisch-spirituellen Disziplin ist das Erlebnis des Einsseins oder der Identität, die Einheit schaffende Erfahrung: sie ist echte mystische Erfahrung auf überbewußter Ebene *(samadhi)*.

Gefahren auf dem Pfad des Yoga

Auf dem Pfad des Yoga lauern viele Versuchungen und Fallen, Zufälle und Gefahren. Darum warnten die alten Weisen Indiens: »Der spirituelle Pfad ist schmal wie die Schneide einer Rasierklinge.«
Einige dieser Versuchungen und Gefahren sollen hier kurz bezeichnet werden:
1. *Die Gefahr extremer Introversion.* Wenn jemand den Pfad des Yoga beschreitet, fängt er an, die in ihm verborgenen Quellen der Freude und Ekstase zu entdecken. Das bringt ihn in Versuchung, sich von der Gesellschaft zurückzuziehen. Je mehr er sich zurückzieht, desto mehr entfremdet er sich von der Gesellschaft, und je entfremdeter er sich fühlt, desto geringer werden die Chancen für seine Rückkehr.
2. *Die Gefahr eines spirituellen Hedonismus, spiritueller Genußsucht.* Die Gurus betonen oft zu stark die transzendentale Seligkeit als letztes Ziel des Lebens. Das ist nichts als das infantile Lustprinzip in verstärkter Form. Als Folge davon ziehen sich viele Yogi glücklich und zufrieden in das leuchtende Schneckenhaus ihres transzendenten seligen Selbst zurück. Die Samkhya-Lehre von der Entfremdung und Nichtspiritualität der Welt und die Vedanta-Lehre von der Unwirklichkeit der Welt liefern ihnen eine hinreichende Rechtfertigung für diesen Rückzug. Außerdem hat man ihnen das transzendente Selbst als seinem Wesen nach distanziert, allein, ewig, vollkommen, sich selbst genügend und daher indifferent beschrieben (Ballantyne, 1963, p. 270). Deshalb vermag der selbstverwirklichte Yogi oft nicht den Sinn verantwortlichen Mitwirkens in der Welt zum Ziel einer grundlegenden Veränderung der Verhältnisse einzusehen. Er findet es angenehmer und bequemer, auf die Welt zu verzichten und sie abzulehnen. Man braucht eine kompetente Führung und ausgereifte Erfahrung,

um entdecken zu können, daß die dem Sein wesenseigene Seligkeit als dynamischen Faktor Freude an der schöpferischen Selbst-Manifestation und an der Umweltveränderung zur Ehre des Seins enthält.

3. *Die Gefahr der Regression.* Yoga-Techniken, wie etwa das Wiederholen von Mantras oder das Unterdrücken der Gedanken, werden oft geübt, ohne daß zuvor das letzte Ziel der dynamischen Selbst-Integration auf höherer Bewußtseinsstufe eindeutig klar ist. Damit bietet sich dem unvorbereiteten Novizen eine willkommene Möglichkeit, der Begegnung mit der schwindelerregenden Freiheit und den Anforderungen und Mühen des Erwachsenseins auszuweichen. Der junge Meditierende gerät in Versuchung zum verlorenen Kindheitsparadies zu regredieren.

4. *Die Gefahr der emotionalen Fixierung auf den Guru.* Es steht außer Zweifel, daß ein vollkommener Guru für die spirituelle Entwicklung des Schülers eine außerordentlich wichtige Rolle spielen kann. Vollkommen ist der Guru, der die in ihm schlummernde Seins-Energie geweckt und nicht nur kosmisches Bewußtsein, sondern auch überbewußte Seins-Erkenntnis erlangt hat. Ein solcher Guru kann die latente Seins-Energie eines anderen Menschen mit einem einzigen teilnehmenden Blick, einer liebevollen Umarmung oder einer einzigen elektrisierenden Berührung des Kopfes wecken. Es ist das ein überwältigendes Erlebnis des Neugeborenwerdens. Hier lauert jedoch auch eine große Gefahr.

Der Schüler, der die Segnungen eines großen Guru erfährt, steht überwältigt im Schatten dieser überragenden Persönlichkeit. Er weiß, daß er etwas von höchstem unvergleichlichem Wert empfangen hat, das er sicher nirgendwo sonst erhalten kann, weder in heiligen Schriften noch in Schulen, weder in Seminaren noch Gruppentreffen. So reagiert er mit anbetender Bewunderung, Vergötterung, ja Vergötzung. Die Folge ist, daß trotz vieler begeisternder mystischer Erlebnisse der Wachstumsprozeß seiner selbständigen Persönlichkeit zum Stillstand kommen kann.

Im Hinblick auf diese Möglichkeit ist es meine feste persönliche Überzeugung, daß heute ein konstruktiver, fruchtbarer Dialog zwischen Yoga und Psychotherapie, zwischen Guru und Psychotherapeut dringend notwendig ist.

Der westliche Psychotherapeut und der indische Guru können sehr viel voneinander lernen. Der Guru kann vom Psychotherapeuten einiges über den Wert und die wesentlichen Bedingungen autonomer

Persönlichkeitsentfaltung, der Psychotherapeut vom Guru einiges über den Wert und die wesentlichen Bedingungen transzendenter Selbstverwirklichung und über die Dynamik der transpersonalen Seins-Energie erfahren.

5. *Die Gefahr der Selbstverstümmelung.* Der traditionelle Guru hat zwangsweise eine negative Einstellung zu den Elementen der sogenannten niederen Natur, zur Sexualität, zum Intellekt und zum Ich. Er begreift wenig von der lebenswichtigen Rolle, die sie nach ihrer natürlichen Bestimmung im Wachstumsprozeß der autonomen Persönlichkeit und bei der konstruktiven Entwicklung ihrer besonderen Möglichkeiten spielen. Die Negativ-Strategie der Unterdrückung muß notwendig zur Verstümmelung der Gesamtpersönlichkeit und damit zu einer einseitigen, neurotisch gefärbten spirituellen Entwicklung führen. Pathologische Erscheinungen sind das unvermeidliche Ergebnis all dessen.

Nicht Unterdrückung, sondern klug gelenkte Erfüllung normaler gesunder Wünsche und intellektueller Bestrebungen sind unumgänglich nötig für einen ausgeglichenen spirituellen Wachstumsprozeß. Nur aus der legitimen Befriedigung der sogenannten niederen Natur heraus kann sich die höhere spirituelle Dimension in ihrer ganzen Herrlichkeit entfalten. Mutter Natur selbst muß den Menschen mit einem Paß ausstatten, damit er ins himmlische Königreich, wie die Tantric-Schule der Psychologie sagen würde, einziehen kann.

Wie man zur lebenden Yoga-Tradition Kontakt aufnimmt

Es ist wichtig zu wissen, daß es drei Arten von Führern oder Gurus gibt, die einem dazu verhelfen können, die lebende Yoga-Tradition kennen zu lernen. Man kann zu einem lauteren *swami* (ein Yogi, der sich aus dem öffentlichen Leben zurückgezogen hat, um die spirituelle Wahrheit zu suchen) Kontakt aufnehmen, zu einem *acharya* (offiziell anerkannter Lehrer oder Professor) oder zu einem *bhakta* (ein Yogi, der in der Gesellschaft lebend Gott dient). Die indischen *acharyas*, religiösen Lehrer, Philosophen oder Philosophie-Professoren sind zugleich auch Fachleute für Yoga-Praktiken und Meditation. Sie ver-

suchen, intellektuelle Entwicklung mit spiritueller Selbstverwirklichung zu verbinden.
Alle zu den eben genannten Kategorien gehörenden Leute darf man insofern Yogi nennen, als sie Yoga erfolgreich praktisch betreiben. Wenn anzunehmen ist, daß sie zur unmittelbaren Anschauung der Wahrheit gelangt sind, werden sie *rishi* genannt (Rajarshi, Maharshi und Maharishi sind höhere Formen des *rishi*).
In Indien wird niemand als echter Philosoph anerkannt, dessen Weltanschauungssystem nicht auf persönlicher Selbstverwirklichung oder Yoga-Erfahrung beruht.
Der Besucher aus dem Westen, der vorhat, in Indien mit der lebenden Yoga-Tradition in Kontakt zu kommen, wird gut daran tun, einige gute *ashrams* und wegen ihrer erleuchteten Spiritualität berühmte Yogi aufzusuchen.

Zusammenfassung

Die Methodologie der Yoga-Psychologie bezieht sich auf zwei Aspekte: umfassendes Erfahrungswissen und den Yoga-Pfad. Umfassendes Erfahrungswissen heißt, daß alle denkbaren Arten menschlicher Erfahrung – Wachen, Traum, Schlaf, psychedelische, mystische und Seins-Erkenntnis – gründlich erforscht und analysiert werden müssen, um zum vollen Verständnis der menschlichen Psyche zu kommen. Der Yoga-Pfad besteht aus verschiedenen Disziplinen, der ethisch-religiösen, der physisch-vitalen und der psychisch-spirituellen, denen man sich unterziehen muß, wenn man das letzte Ziel, die Selbstverwirklichung, erreichen will.
Die Unterscheidung zwischen Psyche *(citta)* und Selbst *(purusa atman)* ist in der Yoga-Psychologie von entscheidender Bedeutung.
Die Psyche besteht aus dem mentalen System mit seinen Sinnen, Trieben, dem Gedächtnis, dem Intellekt und dem Ego. Das Selbst ist reines ego-loses, gestaltloses Bewußtsein; es ist ewig vollkommen und frei. Eine weitgehend geglückte Integration der verschiedenen psychischen Komponenten, verbunden mit dem Bewußtsein ihrer wesenhaften Verschiedenheit vom wahren Selbst, ist eine der Grundvoraussetzungen für die Selbstverwirklichung.
Es gibt, grob gesagt, sieben wichtige Schulungssysteme des Yoga:

Atemkontrolle *(hatha)*, mentale Kontrolle *(raja)*, ego-loses Handeln *(karma)*, ego-lose Liebe *(bhakti)*, reine Seins-Erkenntnis *(jnana)*, transpersonale Seins-Energie *(kundalini)* und integral-evolutive Selbst-Integration *(purna)*. Sie alle haben als Hauptziel die Selbstverwirklichung, unterscheiden sich aber hinsichtlich seiner Interpretation und der methodischen Verfahrensweisen. Wesentliche Grundprinzipien sind jedoch allen Yoga-Pfaden gemeinsam.

Im Mittelalter lag das Hauptgewicht auf dem Begriff des Selbst als ewig vollkommenem, unwandelbarem und wandellosem Bewußtsein. In der Gegenwart hat sich im Zuge einer Neuorientierung der Anschauungen das Gewicht auf eine integrale Betrachtungsweise verlagert, die das Selbst als ein schöpferisches Zentrum des Evolutionsprozesses und als einen jeweils einzigartigen Fokus des höchsten Selbst begreift.

---

[1]. Ich gebrauche den Ausdruck »Sein« für das Sanskrit-Wort »Brahman«. In den Upanischaden wird es als der nichtduale, zeitlose Urgrund der kosmischen Vielfalt beschrieben. Es ist die letzte als *turiya, nirvikalpa. samadhi, nirvana, sambodhi* usw. bezeichnete erfahrbare Gegebenheit des transzendentalen Bewußtseins, der höchsten mystischen Erfahrung. Alle großen indischen Yogi bestätigen, daß man auf der höchsten Stufe der mystischen Schauung mit der letzten Wirklichkeit, die hier »Sein« genannt wird, in unmittelbare empirische Berührung kommt. Das Sein ist seinem innersten Wesen nach ewig, nichtdual und logisch nicht bestimmbar. Seiner Funktion nach aber ist es der schöpferische Urgrund des Universums, der kosmischen Vielfalt.
Es sei noch angemerkt, daß alle von Menschen gemachten Worte und Feststellungen im relativen Sinn verstanden werden müssen. Wenn ich z. B. sage, »das zeitlose, nichtduale Sein ist logisch nicht bestimmbar«, so meine ich, daß es nicht mit den gleichen Termini wie andere bestimmbare Daseinsstrukturen, z. B. persönlicher Gott, kosmischer Geist, universaler Wille, Materie, Leben usw., definiert werden kann. Die Ausdrücke »zeitlos«, »nichtdual«, »Urgrund des Universums« sind zwar immer noch Bestimmungsformen, aber sie stellen das nicht weiter reduzierbare Minimum an Bestimmung dar, das nötig ist, um das Wesen höchster mystischer Erfahrung verbal zu vermitteln.

[2] Mit »ontologisch« meine ich das, was sich auf den Urgrund allen Daseins, d. h. auf das logisch nicht bestimmbare Sein, bezieht.

[3] Die insgesamt 108 Upanischaden stellen den philosophischen Teil der Veden, in bezug auf logische Verarbeitung ihren Höhepunkt dar. Die Veden und Upanischaden gelten als die maßgebenden heiligen alten Schriften Indiens. Sie sind ein wahres Schatzhaus spiritueller Weisheit, die den authentischsten mystischen Erfahrungen der letzten Dinge entstammt. Die Taittiriya-Upanischade ist eine der zehn Haupt-Upanischaden, in denen nach allgemeiner Überzeugung die tiefsten, unvergänglichsten spirituellen Wahrheiten aufbewahrt sind.

Es gibt viele Übersetzungen der Upanischaden und viele Kommentare. Besonders geeignet für Studenten und Gelehrte ist die Übertragung von Professor S. Radhakrishnan *The Principal Upanishads* (Harper & Brothers, 1953).
Deutsche Übersetzungen: P. Deussen: Sechzig Upanischaden des Veda (1921); A. Hillebrandt: Aus Brahmanas und Upanischaden (1921).

4 Das heißt nicht, daß das Leben nichts als Glück und Vergnügen sei. Die Yoga-Philosophie kennt auch das Problem des Bösen und des Leidens, sie weiß von Tod und Unglück. Alles Böse und alles Leiden entstammen ihrer Überzeugung nach dem Nichtwissen *(avidya)* in bezug auf die wahre Natur des Selbst und der Wirklichkeit. Die Yoga-Disziplin ist daher dazu bestimmt, den Menschen zur Erleuchtung zu führen und ihn so vom Bösen, vom Leiden und vom Unglück zu befreien.
Das Wort Lust *(bhoga)* wird von der Yoga-Psychologie in übertragenem Sinn verwendet. Es bedeutet teilhaben an der Dualität von Lust und Schmerz, Freude und Leid, Todesqual und Ekstase, Tragödie und Komödie. In gewissem Sinn wird das ganze Leben als Leiden *(dukkha)* bezeichnet. In anderem Betracht ist alles Leben Lust; denn der Dualität von Schmerz und Lust liegt das alles durchdringende Erlebnis, zu sein, zugrunde. Die Freude am Leben ist stärker als das Leid. Darum will trotz aller Leiden jedes Lebewesen leben und klammert sich, wenn es nicht krankhaft gestört ist, verzweifelt ans Leben. Die Yoga-Psychologie bringt die spontane, echte Freude am Sein, am Leben und am Werden nachdrücklich zum Bewußtsein.

5 Ich sage absichtlich *erlebt* Unsterblichkeit. Erstens ist Unsterblichkeit im vedantischen Sinn nicht endlose Dauer in der Zeit, sie ist *jenseits der Zeit*. Unsterblichkeit ist somit das Wesen des raum- und zeitlosen Seins. Das zeitlose Sein erleben heißt Unsterblichkeit erleben. Dieses Erlebnis ist also buchstäblich der Berührungspunkt von Zeit und Ewigkeit. Ob das individuelle Selbst an sich eine unsterbliche Wesenheit oder Substanz ist, ist eine strittige Frage. Dem Yoga der Erkenntnis zufolge ist das individuelle Selbst nicht unsterblich. Es erlangt volle Unsterblichkeit erst dadurch, daß es seine Individualität transzendiert und sie als Erzeugnis von *maya*, als bloße Erscheinung erkennt. Nur das höhere Selbst ist unsterblich.

6 Die *maya*-Doktrin wird hierzulande vielfach falsch verstanden. *Maya* bedeutet nicht Illusion oder ähnliches. Der Ausdruck bezieht sich auf die Welt der Dualitäten – Lust und Schmerz, Freude und Leid, gut und böse, Gott und Teufel –, die alle relativ sind. *Maya* bedeutet also die Welt des Unbeständigen und der Relativität. Sie hat pragmatische Gültigkeit, letztlich aber keine Wirklichkeit. Der Mensch, der das Letzte erkennt, hört auf, sich nach den ewig wechselnden Dingen der Welt der *maya* zu sehnen.

7 Ich spreche hier immer noch vom traditionellen Standpunkt der indischen Philosophie aus. Die meisten indischen Yogi und Philosophen (außer den Charvakas und modernen Agnostikern) glauben an ein Weiterleben des Geistes nach dem Tode als reines, in einem verklärten Körper wohnendes Bewußtsein *(suksma deha)*.
Hier mein eigener Standpunkt: Ich betrachte das Weiterleben des Geistes nach dem Tode als definitive Möglichkeit, bin mir aber auch einiger grundlegender Schwierigkeiten bewußt. Erstens ist die Theorie des Weiterlebens nach dem Tod für aufgeschlossene Skeptiker empirisch noch nicht hinreichend untermauert.
Zweitens bin ich vor allem daran interessiert, den hohen pragmatischen und kognitiven Wert echter Yoga- oder mystischer Erfahrung in das Rahmenwerk gesicherter empirischer Wahrheiten einzubauen. Das kann geschehen, ohne daß man die Theorie

der Wiederverkörperung und des übernatürlichen Daseins ins Spiel bringt. Auf alle Fälle ist vom praktischen Standpunkt aus die Konzentration auf die Möglichkeiten des Lebens hier und jetzt weitaus wichtiger.

Drittens gehören die Theorien der Reinkarnation und eines höheren psychischen Daseins auf übernatürlicher Ebene letzten Endes ins Reich der *maya* oder der relativen Wahrheit, wie Buddha und Samkara sagen würden. Viertens zwingen die Theorien des Weiterlebens nach dem Tode, des übernatürlichen Daseins, der Reinkarnation usw. zu einer metaphysischen Interpretation an sich ganz realer und sehr bedeutsamer parapsychologischer Erfahrungen. Mit metaphysischer Interpretation meine ich eine Interpretation mittels Begriffen wie Seele, leibfreier Geist, persönlicher Gott als causa incausata usw. im Sinne von relativ eigenständigen Substanzen oder Wesenheiten, oder mittels verschiedener Daseins-Ebenen, wie dem übernatürlichen Reich des Himmels oder der Hölle als vom menschlichen Bewußtsein unabhängig existierenden Bereichen.

[8] Auf die Natur angewandt, bedeutet das Wort »Lust« einfach die freie Spontaneität ihrer schöpferischen Energie, die ihren Ausdruck im Blühen der Blumen, im Leuchten der Sterne usw. findet. Da auch der Mensch eine gewisse Freiheit hat, nimmt seine schöpferische Selbst-Manifestation viele Formen an. Manche Menschen empfinden Lust beim Töten und bei Massenmorden; andere in der Selbstaufopferung für eine hohe Sache; anderen wieder bereitet es Lust, die Gesetzestreuen zu schützen und die Rechtsbrecher zu bestrafen. Das moralisch Böse besteht in der perversen Lust an individuellem oder auch kollektivem egoistischem Handeln ohne Rücksicht auf das gesellschaftliche oder kosmische Wohl. Wenn spirituell blinde, egozentrische Menschen darauf aus sind, Böses zu tun – was leider eine furchtbare Realität ist –, sind wertbewußtere, humanere Menschen verpflichtet, zum Gegenangriff überzugehen, um den Weg für evolutive Entwürfe freizumachen. Das ist es, was Krishna in der Bhagavad-Gita Arjuna zu tun rät.

Daraus folgt, daß, obwohl jeder Mensch von der Lust an der Selbst-Manifestation motiviert ist, diese Lust nicht immer gut ist. Das ist der Grund für die Notwendigkeit von Yoga, Meditation, geistiger Disziplin, psychophysikalischer Reinigung usw., die alle bestimmt sind, zur Seligkeit der Seins-Erkenntnis zu führen. Die schöpferische Lust der Seins-Erkenntnis bezieht gleichermaßen die in der Gesellschaft wirkenden Kräfte des Guten und des Bösen, des Fortschritts und Rückschritts ein. Nach leidenschaftsloser Beurteilung der Situation kann sie u. U. in der Vernichtung der Kräfte des Bösen als der notwendigen Vorbedingung für eine neu zu schaffende, mit den wahren Werten des Lebens übereinstimmende Gesellschaftsordnung ihren Ausdruck finden.

[9] Hier einige unauthentische mystische Erlebnisse:
1.) Regression zum ozeanischen Gefühl des Säuglings, dem die Welt als ein unermeßliches »Vorstellungskontinuum« erscheint oder als »großes, undeutliches, summendes Durcheinander« (William James). Es kann ein herrliches Gefühl sein. 2.) Regression zur »mystischen Partizipation« der Primitiven, bei denen der Sinn für Individualität noch nicht entwickelt ist. 3.) Das trügerische Gefühl der Allmacht oder Gottähnlichkeit als Folge extremer Introversion und Ich-Inflation oder künstlich ausgelösten vorzeitigen *kundalini*-Erwachens.

[10] *Dhyana* ist verschieden definiert worden. Nach Pantajali ist es die reifere Form der Konzentration, bei der ein spontaner, kontinuierlich fließender Bewußtseins-

strom nicht mehr vom bewußten Ich gesteuert wird, sondern von einer tieferen Schicht der Psyche.

Einer zweiten Definition nach ist die Meditation, im Gegensatz zur Konzentration, bei der sich geistige Energie auf ein beliebiges heiliges oder profanes Objekt richtet, intensive spontane Konzentration auf spirituelle Wahrheiten oder Werte (Chaudhuri, 1965 b, pp. 26–28).

Nach einer dritten Definition kann die Meditation eine von der Konzentration völlig verschiedene Form annehmen. Statt den Geist zu trainieren, entspannt sie ihn. Man nimmt die Haltung eines distanzierten Zuschauers ein, zieht sich mehr und mehr von allen geistigen Prozessen zurück, um auf einer tieferen Nichtgeist-, Nicht-Ich-Bewußtseinsebene zu erwachen (Chaudhuri, 1965 a).

KATHLEEN RIORDAN

7. GURDJEFF

In den meisten größeren Städten des Westens kann man, wenn man sich ernstlich darum bemüht, eine Gruppe von Menschen finden, die, wie sie sagen, »an der Arbeit« sind, d. h. die gemeinsam oder einzeln ihr Leben bewußter und harmonischer zu gestalten versuchen, indem sie die Gedanken George Ivanovitch Gurdjeffs studieren und die von ihm vorgeschriebenen Techniken praktizieren. Gurdjeff-Gruppen meiden im allgemeinen die Öffentlichkeit. Sie machen keine Proselyten. Sie sind verhältnismäßig unauffällig und so schwer zu finden wie eine Stecknadel in einem Heuschober, da ihre Mitglieder ein ganz gewöhnliches Leben führen, während sie sich ihrer inneren Arbeit widmen. Diese Arbeit bezieht viele Aspekte des menschlichen Lebens ein: sie umfaßt ein weites Betätigungsfeld, angefangen bei intellektuellen Studien, Selbstbeobachtung und täglicher Meditation bis hin zu sakralen Tänzen oder »Bewegungen«, kooperativen Unternehmungen und häufig unter Ausnahmebedingungen zu leistender körperlicher Arbeit.
Der außergewöhnliche Mensch, der »weise Schalk«, auf den alle diese Aktivitäten zurückgehen, widmete sein Leben dem Studium der esoterischen Lehren des Ostens und der Übertragung der so erworbenen theoretischen und praktischen Kenntnisse in Formen, die sie auch für Menschen der westlichen Welt assimilierbar machen. Während seines Lebens verbarg er sich wohlweislich hinter einem Nebelschleier, wie Don Juan, ein anderer Wissender, es allen, die den Pfad der Weisheit betreten, empfahl (Castaneda, 1973). Daher wissen wir verhältnismäßig wenig über ihn, und obwohl sich einige Informationen aus mehr oder weniger zuverlässiger Quelle zusammenstückeln lassen, werden die wesentlichen Einflüsse, die seine Lehre beeinflußten, und ihre Ursprünge wohl immer so geheimnisvoll bleiben, wie er es wollte.
Er wurde in den 1870er Jahren in Alexandropol, einem jetzt zu Ruß-

land gehörenden kaukasischen Ort, geboren; sein Vater war Grieche, seine Mutter Armenierin. Es wird behauptet, das in seinem Paß eingetragene Geburtsdatum, der 28. Dezember 1877, stimme; seine eigenen Aussagen über sein Alter und seine übrigen Lebensdaten scheinen auf ein früheres Datum, etwa 1872, zu verweisen. Als er noch ein Kind war, zog seine Familie nach Kars, wo er das Glück hatte, ein Schüler des Dekan Borsh von der russischen Militär-Kathedrale zu werden, der, neben Gurdjeffs Vater, seine Entwicklung stark beeinflußte. Nach Gurdjeffs Aussage waren vor allem diese beiden Männer verantwortlich für sein »unwiderstehliches Bestreben, den tieferen Sinn des Lebensprozesses, der die konkreten Formen aller atmenden Geschöpfe auf Erden durchwirkt, und, im Lichte dieser Deutung, den Sinn des menschlichen Lebens klar zu erkennen« (Gurdjeff, 1933, p. 13). Der Ort, an dem er lebte, bot besonders günstige Möglichkeiten, Antworten auf solche ewigen Fragen ans Licht zu fördern oder zumindest Ansatzpunkte zu ihrer Beantwortung zu finden. Das Gebiet, zu dem Kars gehört, liegt zwischen dem Schwarzen und dem Kaspischen Meer und wurde im Lauf der Geschichte von den verschiedensten Völkern in Besitz genommen; in Gurdjeffs Jugend war es ein Ort heftiger Gärung, wo christliche, armenische, assyrische, islamische und zoroastrische Elemente einander beeinflußten. Gurdjeff hatte Zugang zum »sog. Allerheiligsten fast aller hermetisch abgeschlossenen Organisationen, z.B. zu religiösen, philosophischen, okkulten, politischen und mystischen Gesellschaften, Kongregationen, Parteien, Vereinigungen usw., die gewöhnlichen Sterblichen nicht zugänglich waren« (Gurdjeff, 1933, p. 17).

Hier sammelte Gurdjeff reiches Wissen, besonders aus christlich-klösterlichen Quellen. Nach vielen Jahren, als er zu lehren begonnen hatte, wurde er einmal nach der Beziehung des Selbstentfaltungs-Systems, das er seinen Schülern vermittelte, zum Christentum befragt.

»Ich weiß nicht, was ihr vom *Christentum* wißt", antwortete Gurdjeff, das Wort »Christentum« betonend. »Man müßte viel und lange darüber sprechen, um zu klären, was ihr unter diesem Begriff versteht. Für die aber, die schon etwas davon verstehen, möchte ich sagen, daß es, wenn ihr so wollt, *esoterisches Christentum* ist« (Uspenski, 1949, p. 102).

In Kars konnte man sich ausgiebig über christliches Ritual und christliche Praxis unterrichten, und Gurdjeff erfuhr viel über die alten Symbole der Liturgie und die Techniken des rhythmischen Atmens und des stillen Gebets, die damals noch zu den religiösen Pflichten eines orthodoxen Mönchs gehörten. Doch trotz der geistigen Fruchtbarkeit seiner Heimat und der religiösen Tradition, in die er hineingeboren worden war, befriedigten ihn seine Fortschritte in bezug auf das Verständnis der fundamentalen Frage, die er sich selbst gestellt hatte, keineswegs; er machte sich auf die Suche nach Erkenntnis. In Begleitung einer Gruppe von Freunden, die sich »Wahrheitssucher« nannten, machte sich Gurdjeff um sein zwanzigstes Jahr herum auf und wanderte nach Osten durch Zentralasien; er kam bis nach Äthiopien und zu den Salomon-Inseln. Auf diesen Reisen kam er zweifellos mit esoterischen Kreisen innerhalb verschiedener islamischer Orden in Berührung, besonders mit den Saruni und Naqshbandi; zu diesen Sufi-Quellen können viele seiner Lehren zurückverfolgt werden, auch ohne daß man den nach Gurdjeffs Tod von seinem Dervisch-Lehrer verfaßten, von seinen Schülern aber nicht anerkannten Lebensbericht heranzieht (Lefort, 1966). Jeder, der die Nasrudin-Sammlung der Lehr-Geschichten der Sufi (Shan, 1966, 1968c, 1973) kennt, wird in Gurdjeffs »Mullah Nassr Eddin« die Persönlichkeit Nasrudins wiedererkennen. Nach Aussage J. B. Bennetts, eines Gurdjeff-Schülers, macht sich auch in der Gestalt des bohkarischen Dervisch Boggo-Eddin, der niemand anderes als Bahaudin Naqshband, der große Sufi-Lehrer und Begründer des Naqshband-Ordens ist, sufischer Einfluß bemerkbar. Das Hauptsymbol der Lehre Gurdjeffs, das Enneagramm, ist zweifellos sufischen Ursprungs, und es ist ziemlich sicher, daß viele der sakralen Tänze, die von Gurdjeffs Schülern als Bewegungs-Meditation ausgeführt werden, ebenfalls durch Sufi-Kontakte, besonders mit den Sarmuni, inspiriert sind.

Auf mehr oder weniger exakt zu verfolgenden Wegen ist von den Lehren der Sufi ganz sicher vieles in Gurdjeffs Gedankenwelt eingedrungen. Wichtig, obwohl weniger leicht festzustellen, ist ein anderer esoterischer Einfluß, nämlich der des tibetanischen Vajrayana-Buddhismus. Louis Pauwels schreibt darüber in seinem Buch *Gurdjeff* (1972, p. 31):

»Gurdjeff war zehn Jahre lang als russischer Geheimagent in Tibet tätig[1] (Kipling wußte das). Die tibetanische Regierung übertrug ihm wichtige Posten im Finanzwesen und die Aufsicht über die Ausrüstung der Armee. Er konnte deshalb in Tibet politisch eine Rolle spielen, weil bekannt war, daß er über spirituelle Kräfte verfügte, was in diesem Land, besonders in den höchsten Rängen der Priesterschaft, das Allerwichtigste ist. Er war der Tutor des Dalai Lama und floh mit ihm zusammen, als die Engländer in Tibet einfielen.«

Bennet (1974) deutet an, daß Gurdjeffs Reisen auf der Suche nach esoterischer Erkenntnis, auf denen er viele Staatsgrenzen seltsamerweise ohne die geringsten Schwierigkeiten überschritten zu haben scheint, durch seine Beziehungen zur zaristischen Regierung erleichtert wurden, wenn auch seine angeblichen Beziehungen zum Dalai Lama weder von Bennet noch von anderen Quellen bestätigt werden. Über seinen Aufenthalt in Tibet und Zentralasien, der wahrscheinlich von den frühen neunziger Jahren bis etwa 1910 oder 1912 dauerte, ist sehr wenig bekannt, außer daß Gurdjeff im archäologischen und religiösen Bereich nach Schlüsseln suchte, die ihm die Geheimnisse seiner »fundamentalen Frage« aufschließen sollten. Er stieß mit seinen Forschungen zum Lamaismus und zu vorlamaistischen religiösen Praktiken vor, er forschte in Tekkias und in Klöstern, in denen uraltes Wissen tradiert wurde, und beschäftigte sich wahrscheinlich auch mit dem sibirischen Schamanismus, von dem es oft heißt, er sei der Ur-Mutterboden, aus dem sich alle Religionen entwickelt hätten. Auf diesen Wanderungen stückte sich Gurdjeff offenbar eine ihn befriedigende Weltanschauung zusammen und wurde sich seiner Sendung bewußt: dem Westen sein Wissen von den »Schrecken der gegenwärtigen Situation« und vom möglichen Ausweg aus ihr zu vermitteln.

Der nächste Zeitraum, für den Gurdjeffs Aufenthaltsort feststeht, ist das Jahr 1915, wo er zum erstenmal als Lehrer in Petersburg und Moskau auftaucht. Dort fand er Peter Uspenski (bzw. dieser ihn), den Mann, der der Plato dieses Sokrates werden sollte, wie Colin Wilson in seinem Buch *The Outsider* (Der Außenseiter, 1967) schreibt. Uspenski war selbst eben erst von seinen Reisen auf der Suche nach echter esoterischer Erkenntnis zurückgekehrt und war höchst erstaunt, das, was er gesucht hatte, in seiner Heimat und ausgerechnet in seiner Vaterstadt zu finden. Er schreibt in seinem Buch *In Search of the Miraculous* (Auf der Suche nach dem Wunderbaren) über seine erste Begegnung mit Gurdjeff:

»Ich erinnere mich noch sehr gut an diese Begegnung. Wir traten in ein kleines Café in einer zwar nicht zentralen, aber lauten Straße. Ich sah einen nicht mehr ganz jungen Mann orientalischen Typs mit schwarzem Schnurrbart und durchdringenden Augen, der mich vor allem deshalb in Erstaunen setzte, weil er wie verkleidet wirkte und überhaupt nicht an diesen Ort und in diese Atmosphäre zu gehören schien. Ich war noch erfüllt von meinen Eindrücken aus dem Osten. Und dieser Mann, den ich im

Geist sofort in weißem Burnus oder goldenem Turban vor mir sah und der da wie ein indischer Raja oder arabischer Scheich im Café, dem Treffpunkt kleiner Kaufleute und Handlungsreisender, im schwarzen Mantel mit Samtkragen, einem steifen Hut auf dem Kopf, saß, machte den seltsamen, unerwarteten, beunruhigenden Eindruck eines nur dürftig verkleideten Mannes, dessen Anblick einen in Verlegenheit bringt, weil man sieht, er ist nicht das, was er zu sein vorgibt, und man sich doch so verhalten muß, als ob man das nicht sähe. Er sprach ein fehlerhaftes Russisch mit starkem kaukasischem Akzent, und dieser Akzent, mit dem wir gewöhnlich alles andere, nur nicht philosophische Gedanken verbinden, verstärkte noch das Seltsame und Unerwartete des Eindrucks« (Uspenski, 1949, p. 7).

Uspenski war stark beeindruckt. Gurdjeff, dem damals das verwestlichte Denken der Russen tief zuwider war, stellte Gedanken so dar, daß sie den Klang der Wahrheit hatten: fundamentale Fragen nach der Stellung des Menschen im Universum, den Bewußtseinsstufen, den Bedingungen des menschlichen Daseins, nach Sterblichkeit und Unsterblichkeit; er zeigte die Möglichkeit der Selbstverwirklichung in neuem Licht und forderte zur Nachprüfung seiner Gedanken auf, ja bestand sogar darauf. So schloß sich Uspenski einer Gruppe von Gurdjeffs Anhängern an, die sich heimlich in Moskau trafen, und arbeitete mit ihnen zusammen, bis sie sich unter dem drohenden Schatten der Revolution auflöste.

Olga von Hartmann, eine seiner ersten russischen Schülerinnen, schreibt über diese Zeit: »Rußland wurde 1917 von Krieg und Revolution zerfleischt. Mr. Gurdjeff war ein Unbekannter, ein Geheimnis. Niemand kannte seine Lehre, niemand wußte, woher er kam und warum er in Moskau und Petersburg war. Wer immer aber mit ihm in Berührung kam, hatte den Wunsch, sich ihm anzuschließen, so auch Thomas von Hartmann und ich« (v. Hartmann, 1964).

So flüchteten die Hartmanns, Peter Uspenski, seine Frau und einige andere Schüler aus Rußland; es war eine qualvolle Fußwanderung über die Berge bis nach Essentuki im Kaukasus und später von da, als das Leben auch dort unerträglich wurde, nach Tiflis. Hier stießen noch andere Schüler zu ihnen, unter ihnen Alexander und Jeanne de Salzmann aus Paris; sie bauten eine neue Gruppe auf, die unter Gurdjeffs Leitung arbeitete. Nach wenigen Monaten jedoch wurden die Auswirkungen der Revolution auch in Tiflis spürbar, und Gurdjeff ging mit seinen Anhängern nach Konstantinopel, dann nach Berlin und schließlich, nach fünf Jahren mühseliger Flüchtlingsexistenz, nach Paris. Gurdjeff beschloß, sich hier endgültig niederzulassen; innerhalb eines Jahres brachte er das nötige Geld zum Erwerb des Schlosses von Avon bei Fontainebleau zusammen, wo er ein Institut zur harmonischen Entwicklung des Menschen gründete.

Die Dekade von 1923 bis 1933 war intensiver Arbeit mit den Studenten des Institutes gewidmet; in dieser Zeit erprobte und verbesserte Gurdjeff ein Lernsystem, bestehend aus Selbstbeobachtung, physischer Arbeit und Übungen, das auf die Harmonisierung und Vereinigung der drei menschlichen Grundfunktionen, des Denkens, Fühlens und körperlicher Tätigkeit, abzielte. Viele Schüler besuchten das Institut, darunter so angesehene Persönlichkeiten wie Katherine Mansfield (die dort starb), A. R. Orage, Maurice Nicoll und die Salzmanns. Gurdjeff kannte jedoch keine Standesunterschiede, und wer immer zu ihm kam, um bei ihm zu lernen, konnte sicher sein, daß ihm konsequente, intensive Anstrengungen abverlangt werden würden und daß Gurdjeff auch auf ihn seine spezielle Methode zum Abbau des Ich anwenden würde, zu der programmierte zwischenmenschliche Reibungen und das öffentliche Eingeständnis persönlichen Fehlverhaltens, wenn nicht gar öffentliche Verspottung gehörten. In der Prieuré, wie man das Schloß nannte, wurde jede Tätigkeit, Gartenarbeit, Hausbau, Kochen oder Saubermachen nicht anders als die eigentliche Unterweisung, als Gelegenheit angesehen, Selbst-Bewußtheit zu entwickeln und das persönliche Verhalten zu harmonisieren. Besonders bei den Mahlzeiten fühlte sich Gurdjeff zu Gesprächen und Belehrungen angeregt, und oft beendete er das Essen mit einem Toast auf bestimmte Mitglieder der Gruppe, in dem er sie als jeweils verschiedenartige Idioten ansprach, als runde Idioten, eckige oder mitleidige Idioten usf. Dieser Lobpreis individueller Persönlichkeits-Schwächen war Teil des von mehreren Seiten gleichzeitig unternommenen Versuchs, Konditionierungsmuster abzubauen und zu entgiften, so daß die wesentlichere Natur des Schülers zutage treten konnte.

In diese Zeit intensiver Arbeit gehörten auch Ausstellungen und Vorlesungen in Europa und Amerika. Sie wurde unterbrochen durch einen schweren Unfall, den Gurdjeff – er hatte seinen großen Wagen selbst gesteuert – zum Erstaunen der Ärzte jedoch überlebte. Noch während seiner Genesung begann er, einen Teil seiner Aufmerksamkeit seiner schriftstellerischen Tätigkeit zuzuwenden; er vollendete seine drei Hauptwerke, zehn in drei Serien unterteilte Bücher. Die erste dieser Serien, *All and Everything* (Alles und jedes), und die zweite, *Meeting with Remarkable Man* (Begegnungen mit ungewöhnlichen Menschen), sind im Buchhandel erhältlich. Das dritte Werk, *Life is Real only Then, When »I Am«* (Das Leben ist nur dann wirklich, wenn »ich bin«), wird bisher nur unter denen, die sich aktiv mit Gurdjeffs Arbeit beschäftigten, mündlich und in fragmentarischer Form tradiert.

Diese Bücher verdienen ein paar einführende Worte, ja sie brauchen sie. Nach Aussage Gurdjeffs (1950) wurden sie geschrieben, um folgende fundamentale Probleme, mit denen die Menschheit konfrontiert ist, zu lösen:

Erste Serie: um kompromiß- und gnadenlos die durch jahrhundertelange Konditionierung im Denken und Fühlen des Lesers verwurzelten Glaubensvorstellungen und Meinungen über alles in der Welt Vorhandene zu zerstören.
Zweite Serie: um den Leser mit dem für eine Neuschöpfung erforderlichen Material bekanntzumachen und dessen Zuverlässigkeit und Qualität zu beweisen.
Dritte Serie: um in seinem Denken und Fühlen eine wahrheitsgemäße, nichtphantastische Vorstellung von der wirklich existierenden Welt, im Unterschied zu seiner bisherigen illusorischen Welt, zu erzeugen.

Die erste Serie handelt von den »drei-hirnigen Wesen« auf dem Planeten Erde, den Menschen, wie Beelzebub sie seinem Enkel Hassein im Raumschiff Karnak sitzend beschreibt. Beelzebub berichtet, was er bei seinen sechs Besuchen auf diesem unglücklichen Planeten über die Menschheit erfuhr, wie die Bewohner dieses Planeten leben und wie sie leben könnten, was von den kosmischen Kräften getan wurde, um ihnen zu helfen, wie sich ihre Situation aber immer mehr verschlechterte. Dieses Werk Gurdjeffs, das magnum opus seines Lebens, stellt einen enzyklopädischen Kommentar zu den brennendsten Problemen dar, vor die jeder einzelne gestellt ist. Es ist teilweise schwer lesbar, weil Gurdjeff, im Bemühen, Wörter mit unklarem Begriffsinhalt und überholten Assoziationen zu vermeiden (vielleicht auch, um dem Leser eine zusätzliche Anstrengung abzufordern), neue Wörter einführte, z. B. »Heptaparaparshinok« (etwa mit »Siebenfaltigkeit« zu übersetzen), »Hanbledzoin« (»die Substanz, die normalerweise beim Menschen aus allen absichtlich unternommenen Seins-Anstrengungen hervorgeht«) und »Tescooano« (Teleskop). Die Verwendung dieses neuen, ungewöhnlichen Vokabulars zwingt zu gewissenhafter Lektüre des Buches. Eine kürzlich von einer Gurdjeff-Gruppe hergestellte Konkordanz (Plewes, 1971) wird für den Leser eine wichtige Hilfe sein.

Die zweite Serie ist leicht und genußreich lesbar wie eine gute Abenteuergeschichte. Auf den ersten Blick ist es die Geschichte von Gurdjeffs frühen Jahren, seinen ersten Lehrern und den Menschen, denen er auf seinen Reisen auf der Suche nach esoterischer Erkenntnis begegnete, aber daneben enthält sie sehr viel Belehrendes und Allegorisches.

Die dritte Serie ist viel direkter als die vorangegangenen. Sie berichtet von Gurdjeffs persönlicher Entwicklung und beschreibt spezifische Übungen, die die Wachheit und die Bewußtwerdung des eigenen Selbst entwickeln; sie ist also, wie die mündliche Tradition jeder spirituellen Technik, für die bestimmte, die über das Stadium der bloßen Neugier hinaus sind.

Nach Vollendung dieser Werke schrieb und verteilte Gurdjeff noch eine kleinere Schrift, *The Herald of the Coming God* (Der Herold des nahenden Gottes, 1933), in der er die Ideen, auf denen seine Arbeit beruht, vorstellt, das Institut für die harmonische Entwicklung des Menschen beschreibt und die bevorstehende Veröffentlichung der ersten und zweiten Serie ankündigt.

Die Jahre von 1933 bis zu seinem Tod (1949 in Paris) bezeichnen eine neue Phase seiner Aktivitäten; er schloß die Prieuré, machte weite Reisen und gründete neue Gruppen in verschiedenen Städten Amerikas. Bei seinem Tod hatte er schätzungsweise mehrere hundert Schüler, hauptsächlich in New York und Paris. Uspenski hatte radikal mit ihm gebrochen und war vor ihm gestorben; er hinterließ in London eine Gruppe von Schülern, die seiner eigenen Version des großen Werkes anhingen. Gurdjeffs Schriften waren praktisch unbekannt, und sein Einfluß auf das europäische Denken und die europäische Kultur war, abgesehen von dem tiefen Eindruck, den er auf seine Schüler gemacht hatte, gleich Null.

Heute jedoch zählen die Anhänger seiner Lehre nach Tausenden. Sein Geburtstag wird am Neujahrstag des russischen Kalenders, am 13. Januar, feierlich mit Festlichkeiten, Musik und sakralen Tänzen begangen und der Jahrestag seines Todes, der 29. Oktober, mit einem russisch-orthodoxen Gedächtnis-Gottesdienst geehrt. Die Gedanken, die Gurdjeff dem Westen brachte, haben ihren Wahrheitsklang behalten. Sein zunehmender Einfluß muß, teilweise wenigstens, auf das gegenwärtig wieder erwachende Interesse an Selbstverwirklichung zurückgeführt werden, das die Menschen, die an der, wie Jung es nennt, »heiligen Neurose« leiden, dazu drängt, sich geistiger Führung, wo immer sie wirklich vorhanden ist, anzuvertrauen. Zum anderen Teil jedoch rührt dieser zunehmende Einfluß von der Tatsache her, daß es Gurdjeff, zumindest weitgehend, gelang, östliche Gedanken und Methoden zur Entfaltung des Menschen in eine das wesentliche Denken besonders ansprechende Terminologie zu übertragen. Ob er nun »der erste Geheimbote« einer großen Weisheitsschule des Mittleren Ostens war, wie manche ihn nannten, oder ob er aus eigener Initiative handelte, auf jeden Fall nahm er die heroische Aufgabe in Angriff, esoterisches Gedankengut einer anderen Kultur zu vermitteln, und seine Bemühungen verdienen die Beachtung – und vielleicht sogar die Dankbarkeit – der Wahrheitssucher der spätindustriellen Ära, die sich, unbefriedigt von dem, was ihnen die materielle Welt, die Welt der wirtschaftlichen Betriebsamkeit und auch die wissenschaftliche Welt zu bieten haben, auf der Suche nach der wahren Wirklichkeit nach innen wenden.

Die philosophischen Grundlagen der Gedankenwelt Gurdjeffs

Nach Gurdjeff befindet sich der Mensch, vom Standpunkt seiner entwicklungsmöglichkeiten aus, innerhalb des Universums in sehr ungünstiger Lage. Selbstverwirklichung ist für ihn, wegen der außerordentlichen Dichte der mechanischen Gesetze, die auf unserem Planeten wirksam sind, eine Aufgabe von beinah unüberwindlicher Schwierigkeit, so daß für den einzelnen die Chance, zum Ziel zu kommen, sehr gering ist, obwohl der Mensch mit der latenten Kraft ausgestattet ist, eine höhere Daseinsstufe zu erreichen. Wegen der gegen ihn wirkenden Faktoren muß der Mensch darauf gefaßt sein, daß seine innere Entfaltung für ihn nicht leicht sein wird, im Gegenteil, sie erfordert viel Verstand, Geschick und Anstrengung, und diese Anstrengung kann erst beginnen, wenn man die Wahrheit über die menschliche Situation erkannt hat. Plato verglich den Menschen mit jemand, der von den an der Wand seiner Höhle tanzenden Schatten der Dinge so fasziniert ist, daß er die Welt in seinem Rücken gar nicht wahrnimmt. Gurdjeff vergleicht den Zustand des Menschen mit dem eines Gefangenen:

»Ihr durchschaut eure eigene Lage nicht. Ihr seid im Gefängnis. Das einzige, was euch, wenn ihr vernünftig seid, zu wünschen übrigbleibt, ist zu fliehen. Aber wie? Man muß die Wand untertunneln. Einer allein kann das nicht. Nehmen wir aber

an, es sind zehn oder zwanzig Leute da; wenn sie abwechselnd arbeiten und einer den anderen deckt, können sie den Tunnel fertigbringen und entfliehen.
Ferner kann keiner ohne die Hilfe derer, *die schon entkommen sind,* fliehen. Nur sie können sagen, wie die Flucht möglich ist, oder sie können Werkzeuge, Feilen oder was immer nötig ist, einschleusen. Aber *ein* Gefangener allein kann diese Leute nicht ausfindig machen oder Kontakt mit ihnen aufnehmen. Dazu gehört eine Organisation. Ohne Organisation ist nichts zu erreichen« (Uspenski, 1949, p. 30).

Die Befreiung hängt also zuallererst davon ab, daß wir die Wahrheit über unsere Situation erkennen. Wenn uns diese Einsicht aufgegangen ist, genügt es jedoch noch nicht, hochintelligent oder bestens motiviert zu sein, um etwas für die Befreiung tun zu können: präzise Anweisungen, Lageskizzen und das Wissen derer, die sich schon selbst befreit haben, sind nötig, und diese »Werkzeuge« müssen kooperativ gebraucht werden. Eins der Hindernisse, das sich denen, die nach Freiheit streben, entgegenstellt, ist die Tatsache, daß die Menschheit auf unserm Planeten zu einem bestimmten Zweck da ist, und daß dieser Zweck nicht erfüllt würde, wenn mehr als ein bestimmter Prozentsatz Menschen sehr hohe Seinsstufen erreichten – der Substanzfluß von den höchsten Stufen zu den niedrigsten würde schwer gestört werden, wenn sich der allgemeine Bewußtseinsstand der Menschheit änderte. Die Biosphäre dient als Energieleiter an einer kritischen Stelle im sich ständig entwickelnden Universum; sie dient dazu, die Kluft zwischen der Sonne und den Planeten des Sonnensystems und dem Erdmond zu überbrücken.
Um diese, die Situation des Menschen bestimmende Tatsache zu verstehen, muß man seine Stellung im Kosmos betrachten. Wir wollen die Ur-Triebkraft oder den Ursprung das »Absolute« nennen. Vom Absoluten gehen sehr viele, vielleicht unendlich viele Schöpfungs-Strahlen aus. Verfolgt man einen dieser Strahlen (den, der uns am meisten interessiert, nämlich unsern eigenen) nach unten, sieht man, daß aus dem Absoluten alle möglichen Systeme oder Welten hervorströmen, und aus all diesen Welten kommen alle Sonnen, unsere Sonne, die Planeten unseres Sonnensystems, unser Planet, die Erde, und schließlich der Mond. Diese einzelnen Etappen des Schöpfungs-Strahles unterscheiden sich nach der Zahl der Gesetze, unter denen sie jeweils stehen. Auf der Stufe des Absoluten gibt es nur ein Gesetz, die Einheit des Schöpfungswillens; in der nächsten Welt gibt es drei Arten Gesetze, in der nächsten sechs, in der nächsten zwölf. Auf unserer Erde gibt es 48 Arten Gesetze, unter denen wir leben müssen. Der

einzige Ort auf dem Schöpfungsstrahl, an dem es noch schwieriger sein würde, nach Freiheit zu streben, wäre der Mond, der von 96 Gesetzen beherrscht wird.

Der Wille des Absoluten manifestiert sich unmittelbar nur auf der Stufe der Gesamtheit aller Welten, die er direkt hervorbringt. Der auf dieser Stufe geschaffene Entwurf, bzw. das Modell, wirkt automatisch Stufe um Stufe nach unten weiter, bis er das äußerste Ende des Schöpfungsstrahls, in unserem Fall den Mond, erreicht. Da wir unter 48 Gesetzen leben, sind wir sehr weit vom Willen des Absoluten entfernt. Wenn wir uns von der Hälfte dieser Gesetze befreien könnten, würden wir ihm einen Schritt näher sein, und wenn wir die Zahl der Gesetze, unter denen wir leben, auf nur zwölf reduzieren könnten, wären wir ihm noch näher. Aufstieg zum Absoluten durch stufenweise Selbstbefreiung von beengenden Gesetzen – das ist der Pfad der Selbstverwirklichung.

Alles in der Welt ist meßbar und wägbar, wenn auch die Materie, aus der alles gemacht ist, verschiedene Grade der Materialität besitzt. Die sieben Etappen des Schöpfungsstrahls können auch als die sieben Stufen oder Grade der Materialität, die sich jeweils durch ihre Schwingungsfrequenz unterscheiden, begriffen werden: das Absolute hat die höchste Schwingungszahl und die geringste Dichte, die Stufen unter ihm werden immer dichter und ihre Schwingungszahl immer kleiner bis hinunter zum Mond, dem langsamsten und dichtesten Ort auf dem Strahl. Innerhalb dieser Hierarchie der Materie durchdringt die jeweils feinere Art Materie die dichtere und gröbere, so daß alles, was uns umgibt und uns vertraut ist, de facto von allen vorhandenen Arten Materie, einschließlich des Absoluten, erfüllt ist.

»Man braucht nicht die Sonne zu erforschen, um die Materie der solaren Welt zu entdecken: diese Materie ist in uns selbst vorhanden; sie hat ihren Ursprung in der Teilung unserer Atome. In gleicher Weise haben wir die Materie aller anderen Welten in uns. Der Mensch ist im vollen Wortsinn ein »Miniatur-Universum«; in ihm sind alle Arten Materie, aus denen das Universum besteht, enthalten; dieselben Kräfte, dieselben Gesetze, die das Leben des Universums regieren, wirken auch in ihm; wir können also die ganze Welt erforschen, indem wir den Menschen erforschen, so wie wir den Menschen erforschen, wenn wir die Welt erforschen« (Uspenski, 1949, p. 88).

Das allen universalen Gesetzen zugrunde liegende und, da es überall für jede Art von Geschehen gilt, wesentlichste Gesetz, nennt Gurdjeff das Gesetz der Drei. Es besagt, daß jedes Phänomen das Ergebnis von drei Kräften ist, die man als aktiv, passiv und neutralisierend bzw.

als Heilige Bejahung, Heilige Verneinung und Heilige Neutralisierung oder schlicht als erste, zweite und dritte Kraft bezeichnen kann. Diese Kräfte sind überall am Werk, selbst in der ersten Etappe des Schöpfungsstrahls, wo sie miteinander vereint sind, was sich in vielen Weltreligionen widerspiegelt, z. B. als die Trinität von Brahma, Vishnu und Shiva, Vater, Sohn und Heiliger Geist und anderen Dreiheiten.

Der Schöpfungsstrahl

Das Absolute	①	
Welt 3 unter 3 Gesetzen	③	Die Gesamtheit der Weltsysteme
Welt 6 unter 6 Gesetzen	⑥	Die Milchstraße
Welt 12 unter 12 Gesetzen	⑫	Die Sonne
Welt 24 unter 24 Gesetzen	㉔	Die Planeten als Gesamtmasse
Welt 48 unter 48 Gesetzen	㊽	Die Erde
Welt 96 unter 96 Gesetzen	(96)	Der Mond

Die Schöpfung hängt vom Zusammenspiel dieser drei Kräfte ab. Nichts kann sich ereignen, wenn nicht alle drei mitwirken. Ohne die neutralisierende Kraft stehen sich die aktive und passive in sinnloser Opposition gegenüber, und nichts Neues kann entstehen; wenn aber diese dritte Kraft mitwirkt, können sich die aktive und die passive verbinden und etwas hervorbringen. Der Mensch ist in seinem gegenwärtigen Bewußtseinszustand blind für die dritte Kraft: es bedarf einer höheren Stufe der Bewußtheit als des gewöhnlichen Bewußtseinszustands des Menschen, um mehr als nur Dualität in den Dingen zu erkennen. Es gibt aber ein paar Beispiele für das Wirken der dritten Kraft in der Naturwissenschaft, auf die man leicht verweisen kann, z. B. den Einfluß von Katalysatoren im chemischen Bereich.

Wenn alle drei Kräfte zusammenwirken, findet ein Schöpfungsakt statt; es kann sich eine Kettenreaktion entwickeln, bei der die dritte Kraft, die in der ersten Phase mitwirkte, in der nächsten zur aktiven wird; denn die drei Kräfte ändern ihre Funktion in bezug aufeinander, während sie den Faden der Ereignisse spinnen. Dann tritt das zweite fundamentale Gesetz, das Gesetz der Sieben, in Aktion.

Das Gesetz der Sieben regelt die Aufeinanderfolge der Ereignisse. Es besagt, daß, wann immer sich eine Erscheinungsform entwickelt, das nicht gradlinig geschieht. Es besteht eine geregelte Diskontinuität in der Aufeinanderfolge aller Dinge, aller Reihungen. Diese gesetzmäßige Diskontinuität hat sich in unseren Tonleitern erhalten, die, wie man beim Absingen einer Oktave merkt, aus ungleichen Schritten besteht. Do, Re, Mi sind gleich weit voneinander entfernt, doch zwischen Mi und Fa ist kein ganzer, sondern nur ein halber Schritt. Weiter aufwärts auf der Tonleiter sind So, La, Si (oder Ti) durch ganze Intervalle getrennt, von Si zu Do ist jedoch wieder nur ein Halbschritt. Das Gesetz der Sieben erklärt die Tatsache, daß etwas, was begonnen hat, nicht einfach ad infinitum weiterläuft, warum z.B. der Regen nachläßt oder ein Groll allmählich seine Gehässigkeit verliert. Dem Gesetz der Sieben ist es auch zuzuschreiben, daß es in der Natur keine Gerade gibt. Dieses Gesetz läßt sich auch in den einzelnen Etappen des Schöpfungsstrahls erkennen.

Stellt man den Schöpfungsstrahl als absteigende Oktave, von der Stufe des Absoluten bis zur Stufe des Mondes, dar, liegen die Diskontinuitäten zwischen dem Absoluten und der Stufe der gesamten Weltsysteme und zwischen der Gesamtheit der Planeten und der Erde. Die erste Kluft oder Diskontinuität wird durch die vom Absoluten erzeugte Schöpferkraft überbrückt. Für die Überbrückung der zweiten ist unsere Biosphäre notwendig: die empfindliche Membrane organischen Lebens auf der Erdoberfläche wirkt als Energieleiter zwischen der planetarischen Stufe des Schöpfungsstrahls und unserem eigenen

Der Schöpfungsstrahl als Oktave

Stufe des Absoluten	①	DO	
			Energiestoß
Stufe aller möglichen Weltsysteme	③	Si	
Stufe der Milchstraße	⑥	La	
Stufe unserer Sonne	⑫	Sol	
Stufe der Planeten	㉔	Fa	
			Energiestoß
Stufe unserer Erde	㊽	Mi	
Stufe unseres Mondes	(96)	Re	

Planeten nebst seinem Satelliten, dem Mond, dem untersten Ende des Strahls.

Das Gesetz der Sieben kann man auch das Gesetz des Energiestoßes nennen; denn greift in irgendeinen Prozeß zwischen Mi und Fa eine zusätzliche Kraft oder Energie ein, setzt er sich bis zum Si-Do-Intervall fort, und kommt hier noch ein neuer Energiestoß oder -strom hinzu, läuft der Prozeß bis zu seinem Schlußpunkt, bis zu Di, ab. Im Schöpfungsstrahl wird diese Energie von der Menschheit oder von anderen Lebewesen erzeugt. In diesem Sinn sind wir da, um der Natur zu dienen, und es ist nicht im Interesse der Natur, daß der Mensch sich höherentwickelt. Von einem anderen Gesichtspunkt aus gesehen, ist der Mensch als ein unvollkommenes Wesen geschaffen, hat jedoch die latente Möglichkeit in sich, sich bis zur Sonnenstufe – Welt 12 – hinauf zu entwickeln, ja sogar noch höher. In dieser Hinsicht sind Kräfte am Werk, die im Menschen eine aufsteigende Oktave entwikkeln wollen, Kräfte, die auf seine Verwirklichung hinarbeiten.

Die Verbindung vom Gesetz der Drei und dem Gesetz der Sieben wird bildlich dargestellt in einem Diagramm, das in Gurdjeffs Lehre eine zentrale Stellung einnimmt, dem Enneagramm. Das Enneagramm ist ein in neun gleiche Kreisbögen unterteilter Kreis. Numeriert man die Teilungspunkte, indem man sich im Uhrzeigersinn auf der Kreislinie entlang bewegt, und verbindet dann die Punkte 9, 3 und 6 miteinander, so erhält man ein gleichseitiges Dreieck. Dieses Dreieck stellt die Trinität oder das Gesetz der Drei dar. Versteht man die gesamte Schöpfung als eine Manifestation, die danach strebt, wieder im Absoluten oder der Einheit aufzugehen, dann sieht man, wie die Drei ewig wird: 3 versucht in die 1 zurückzukehren, d. h. mathematisch ausgedrückt, 1 geteilt durch 3, was eine unendliche Reihe ergibt. Die übrigen Punkte auf der Kreislinie werden so miteinander verbunden, daß sie das Streben aller sieben Punkte auf dem Schöpfungsstrahl, zur Einheit zurückzukehren, ausdrücken: 1 geteilt durch 7 ist eine unendliche periodische Reihe von 6 einfachen Zahlen, die kein Mehrfaches von 3 enthält. Auf diese Weise sind beide Gesetze derart in einem einzigen symmetrischen Diagramm dargestellt, daß ihre Unabhängigkeit voneinander und zugleich auch ihre Wechselbeziehungen zum Ausdruck kommen.

Das Enneagramm kann bei der Erforschung aller Prozesse benutzt werden, da es notwendig in allen Ereignissequenzen enthalten ist. Beispielsweise können die Wochentage auf der Kreislinie angeordnet werden, wobei der Montag auf Punkt 1 fällt, der Sonntag auf Punkt 9, dem Ruhepunkt, wo (in diesem Fall) das Gesetz der Drei und das Gesetz der Sieben sich vereinigen. Dabei ergibt sich auf der Kreislinie eine fortschreitende Bewegung, die chronologische Abfolge der Zeit, und zugleich im Kreisinneren eine Strömung vom Montag zum Mittwoch und von da zurück zum Dienstag, vom Dienstag zum Samstag und von da zum Donnerstag und vom Donnerstag zum Freitag. (Man beachte, daß die Punkte 3 und 6 auf dem Dreieck ausgelassen sind.) Zwischen diesen Tagen besteht, darauf sei kurz hingewiesen, eine verborgene Beziehung. Etwas, was ich am Mittwoch tue oder zu tun gedenke, kann, nach linearer Logik, das, was ich am Donnerstag erlebe, beeinflussen. Verfolgt man diesen Gedanken weiter, läßt sich die Möglichkeit ins Auge fassen, daß auch außerhalb der chronologischen Abfolge von Ursache und Wirkung Beziehungen zwischen den Ereignissen bestehen, daß sich z. B. das Geschehens-Muster der Gegenwart unter dem Einfluß eines *zukünftigen* Unglücks oder Erfolgs verändert. Das Nachdenken über derartige Möglichkeiten im eigenen Erfahrungsbereich kann sehr fruchtbar sein.

Die Punkte 3, 6 und 9 auf dem Enneagramm stellen Energiestoß-Punkte dar. Tiere können nur den ersten Stoß, den zwischen Mi und

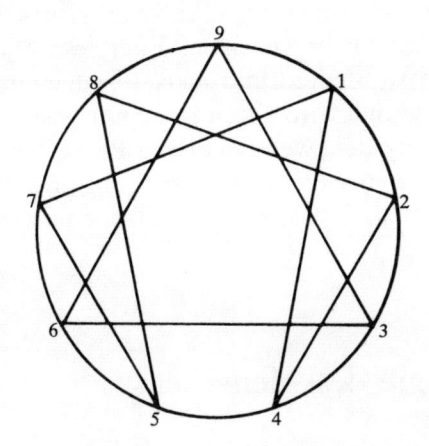

Fa, erleben. Diesen Stoß empfangen alle fühlenden Wesen automatisch mit jedem Atemzug; die Stoßkraft ist hierbei die Luft. Die anderen beiden durch die Punkte 6 und 9 bezeichneten Energiestöße werden nicht automatisch ausgeteilt. Sie heißen Erster Bewußtseins-Stoß und Zweiter Bewußtseins-Stoß.

Beim gewöhnlichen Menschen vollzieht sich die Umwandlung der Nahrung mit Hilfe des Luft-Energiestoßes zwischen Mi und Fa, wie das Enneagramm des menschlichen Stoffwechsels zeigt. Das Einströmen der Luft fördert die Assimilation der Nahrung und leitet zugleich eine neue Oktave ein, die jedoch, da sie nicht den für ihren Übergang von Mi nach Fa nötigen Energiestoß empfängt, bei Mi erlischt. Käme es zu diesem Energiestoß, würde er eine neue Oktave, die der Assimilation der Eindrücke, auslösen, die ihrerseits des Zweiten Bewußtseins-Stoßes bedürfte, um bis zu ihrem Fa zu gelangen. Der Mensch muß sich diese Energiestöße selbst geben, indem er, im Fall des Ersten Bewußtseins-Stoßes, Eindrücke bewußt aufnimmt und sich erinnert, im Fall des Zweiten Bewußtseins-Stoßes die durch äußere Umstände hervorgerufene negative Gefühlsenergie in positive Gefühle umwandelt. Der Erste Bewußtseins-Stoß führt zu Körperbewußtsein, der Zweite, höhere, zu Bewußtheit im Gefühlsleben. Wenn der Mensch die Nahrung, die Luft und die Eindrücke, die er in sich aufnimmt, vollkommen assimilierte, würde er ein vollkommenes Leben führen, aber so, wie er gewöhnlich lebt, wird nur die Assimilation der Nahrung richtig ausgeführt. Die Assimilation des Atems wird vorzeitig zum Stillstand gebracht und seine Oktave unterbrochen, da es bei seinem Mi-Fa-Intervall nicht zu einem Energiestoß kommt; und die Oktave der Assimilation der Eindrücke, die auch eine Art lebensnotwendiger Nahrung sind, wird gleich zu Beginn gestoppt. Die Oktaven können vollendet werden, wenn in diesen Prozessen an den richtigen Stellen Energiestöße einsetzen. Die Erzeugung und Absorption dieser Energiestöße ist letztlich das, worum es bei jeder esoterischen Lehre geht.

Die Psychologie des Menschen

Gurdjeffs Lehre von der menschlichen Psychologie beschäftigt sich mit ihrem Gegenstand unter zwei Gesichtspunkten: erstens mit dem Zustand des Menschen, so wie er jetzt ist, zweitens mit dem Zustand des Menschen, wie er wäre, wenn der Mensch seine Möglichkeiten und seine Bestimmungen ganz erkennen würde.

Der Mensch, so wie er jetzt ist

Der Zustand des Menschen, so wie er sich jetzt zeigt, unterscheidet sich nach Gurdjeff wesentlich von den Vorstellungen, die der Mensch sich gewöhnlich von sich selbst macht. Besonders kraß ist der Unterschied zwischen dem, was der Mensch für seine persönliche Identität, sein verantwortliches Handeln, seine Willensfreiheit und andere, weniger wichtige Funktionen hält, und dem, was er wirklich ist. Man denke z.B. an die in allen Menschen tief verwurzelte Überzeugung, daß jeder eine konsistente Person sei. Jeder, der Persönlichkeitsforschung betreibt, und praktisch jeder Mensch überhaupt nimmt stillschweigend an, daß, außer in Fällen von hysterischer Persönlichkeitsspaltung, ein Mensch, der „ich" sagt, damit sich als eine Ganzheit meint. Und jeder, der „ich" sagt, nimmt als erwiesen an, daß er von

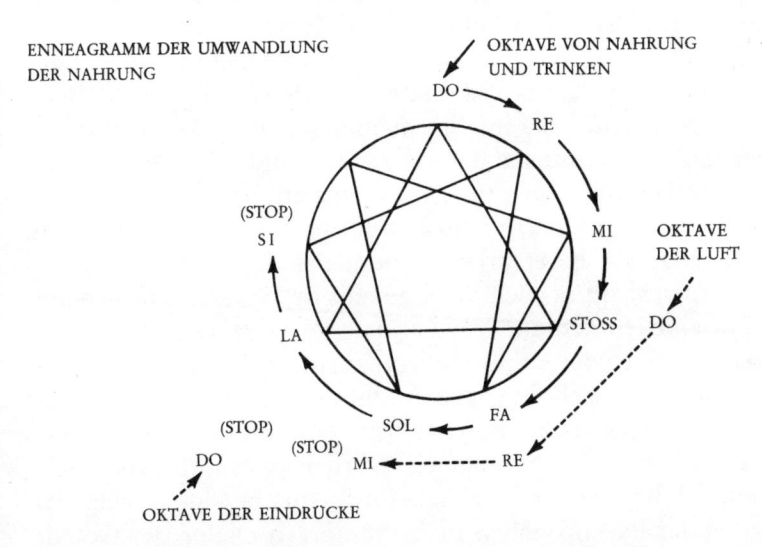

ENNEAGRAMM DER UMWANDLUNG
DER NAHRUNG

OKTAVE VON NAHRUNG
UND TRINKEN
DO
RE

(STOP)
SI

MI   OKTAVE
DER LUFT

STOSS DO

LA

FA
(STOP) SOL
(STOP)
DO   MI ←-------- RE

OKTAVE DER EINDRÜCKE

sich als von einem Wesen spricht, das Stunde für Stunde und Tag für Tag als dasselbe existiert. So erscheinen wir den anderen, und das halten wir im allgemeinen für eine Selbstverständlichkeit; denn jeder hat einen Körper, der ihm vertraut und ein konstanter Faktor seiner täglichen Erfahrung ist. »Die Illusion der Einheit oder Identität wird an erster Stelle vom Menschen selbst erzeugt«, sagt Uspenski,

und zwar »durch die sinnliche Wahrnehmung des eigenen physischen Körpers; ferner dadurch, daß der Mensch einen Namen hat, der normalerweise immer der gleiche bleibt, und drittens dank einer Anzahl ihm anerzogener oder durch Nachahmung erworbener mechanischer Gewohnheiten. Da er stets die gleichen körperlichen Empfindungen hat, immer denselben Namen hört und die gleichen Gewohnheiten und Neigungen an sich wahrnimmt, meint er immer derselbe zu sein« (Uspenski, 1954, p. 13).

In Wirklichkeit aber lassen sich die Struktur des Menschen und ihre Funktionen besser erklären, wenn man bei der Betrachtung seines Verhaltens nicht nur ein einziges Ich, sondern viele »Iche« voraussetzt. Diese »Iche« sind sehr zahlreich, ein Erwachsener kann Tausende haben. Einmal steht das eine Ich im Vordergrund, ein andermal ein anderes, das mit den vorigen harmonieren kann oder auch nicht. Dieses zweite Ich braucht nicht einmal zu wissen, daß das andere existiert, denn zwischen beiden sind oft undurchdringliche Abwehrsysteme, sog. Puffer, errichtet. Manche Iche sind zu Gruppen vereinigt: es gibt aus Ichen bestehende Subpersönlichkeiten für die beruflichen Funktionen, andere für das Einkaufen im Supermarkt und wieder andere für eheliche und elterliche Situationen. Diese Subpersönlichkeiten bestehen aus Ichen, die im allgemeinen einander kennen, da sie durch Assoziationen miteinander verbunden sind; von den anderen Ich-Gruppen aber, mit denen sie keine Assoziationen verbinden, sind sie durch die Barrieren der Nicht-Bewußtheit, die Puffer, getrennt. Das eine Ich mag etwas versprechen, ohne daß das andere Ich davon Kenntnis hat, weshalb es auch nicht gewillt ist, das Versprechen einzulösen. Die eine Ich-Gruppe mag begeistert eine Ehe eingehen, während eine andere sich daraufhin grollend zurückzieht, bestimmte Iche mögen sich für eine Sache engagieren, die von anderen Ichen wieder zerstört wird, so daß der Mensch in einem Zustand inneren Aufruhrs lebt. Von Gurdjeffs Standpunkt aus würden psychotherapeutische Techniken, die die verschiedenen Ich-Fragmente bewußtmachen, angefangen bei der Psychoanalyse bis zum inneren Dialog der Gestaltpsychologie, die wichtige Aufgabe haben, die Abwehrstellungen der Puffer allmählich abzubauen und die Iche miteinander bekannt zu machen.

Der Mensch ist eine Maschine

Das menschliche Seelenleben ist durch Inkonsistenz gekennzeichnet, aber diese Inkonsistenz wird ganz und gar von mechanischen Gesetzen bestimmt. Welches Ich das Verhalten einer Person in einem gegebenen Moment regelt, hängt nicht von ihrer eigenen Entscheidung ab, sondern von ihrer Reaktion auf die Umwelt, die je nachdem das eine oder das andere Ich anspricht. So wie der Mensch ist, kann er nicht wählen, welches Ich er sein will, so gern er es auch möchte: die Situation wählt an seiner Statt. Sein Verhalten wird ausgelöst, nicht aktiv geleistet, und was mit ihm vorgeht, geschieht ausschließlich aufgrund äußerer Einflüsse und der »zufälligen« Assoziationen seiner ihn konditionierenden Lebensgeschichte. Er hat nicht die Fähigkeit, selbständig zu handeln, er hat keine Willensfreiheit – ja er hat überhaupt keinen Willen. Vorlieben und Abneigungen, die Tendenz, den auf ihn einwirkenden Reizen nachzugeben oder ihnen auszuweichen, sind die unsichtbaren Fäden, die ihn, als die Marionette, die er ist, lenken. Mit Gurdjeffs Worten:

»Der Mensch ist eine Maschine. Alle seine Taten, Handlungen, Worte, Gedanken, Gefühle, Überzeugungen, Meinungen und Gewohnheiten sind das Ergebnis äußerer Einflüsse. Von sich aus kann er keinen einzigen Gedanken hervorbringen, keine einzige Handlung vollziehen. Alles, was er sagt, tut, denkt und fühlt – all das geschieht ... Der Mensch wird geboren, lebt, stirbt, baut Häuser, schreibt Bücher nicht, wie er will, sondern so, wie es geschieht. Alles geschieht. Der Mensch liebt nicht, haßt nicht, begehrt nicht – all das geschieht« (Uspenski, 1949, p. 21).

Der Mensch ist also eine Maschine, eine sehr komplizierte Maschine, die im Unterschied zu anderen Maschinen die Möglichkeit hat, zu wissen, daß sie eine Maschine ist. Der Mensch kann sich selbst erforschen, und dieses Forschen kann ihm den Schlüssel liefern, der ihm Zugang zu einer neuen, höheren Seinsstufe, auf der es Wahrheit gibt, verschafft. Dieses Forschen kann aber, wie jedes Studium eines komplexen Systems, lange dauern und viel Ausdauer und Aufmerksamkeit verlangen.

Die drei Gehirne des Menschen

In Gurdjeffs *All and Everything* klärt Beelzebub seinen Enkel über das »unerklärliche Verhalten der drei-hirnigen Wesen auf dem seltsamen Planeten Erde« auf. Diese drei Hirne, die den Stockwerken eines Gebäudes, genauer: einer Lebensmittelfabrik, gleichen, entsprechen drei verschiedenen Funktions-Schichten. Das oberste Stockwerk ist das intellektuelle Zentrum, das mittlere das Gefühlszentrum, das unterste die Kontrollstation für drei Funktionen, die manchmal unabhängig voneinander arbeiten, oft aber auch nicht. Es sind dies das Bewegungs-, das Instinkt- und das Sexualzentrum. Zusätzlich zu diesen fünf Zentren, die in jedem normalen Menschen tätig sind, gibt es noch zwei, die zwar vollkommen entwickelt und funktionsfähig sind, jedoch keine Verbindung zu den anderen haben, es sei denn, sie werden planmäßig und mit viel Geschick hergestellt. Es sind das höhere intellektuelle Zentrum im obersten Stockwerk und das höhere Gefühlszentrum im mittleren.

Beim gewöhnlichen Menschen arbeiten die fünf niederen Zentren unharmonisch und beziehungslos nebeneinanderher, und die höheren werden überhaupt nicht benutzt. Die Zentren verbrauchen verschiedene Arten von Energie, wobei das eine vom anderen Energie leiht oder stiehlt, ohne sie jedoch richtig verwenden zu können. Alle ihnen zur Verfügung stehende Energie geht praktisch durch chronische

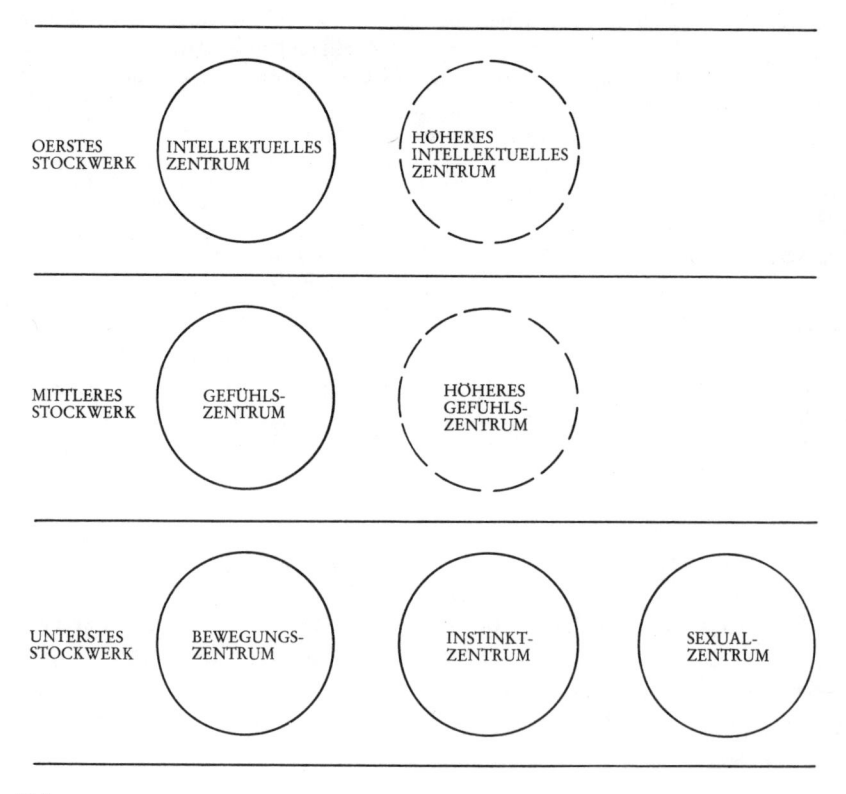

OERSTES STOCKWERK	INTELLEKTUELLES ZENTRUM	HÖHERES INTELLEKTUELLES ZENTRUM	
MITTLERES STOCKWERK	GEFÜHLS-ZENTRUM	HÖHERES GEFÜHLS-ZENTRUM	
UNTERSTES STOCKWERK	BEWEGUNGS-ZENTRUM	INSTINKT-ZENTRUM	SEXUAL-ZENTRUM

Lecks verloren; das bedeutet eine solche Schwächung, daß keine Möglichkeit besteht, das Funktionsniveau der Zentren anzuheben, solange keine Maßnahmen gegen diese Energieverschwendung ergriffen werden. Oft übernehmen die Zentren zudem noch Funktionen, die ihnen gar nicht angemessen sind, und behindern sich dadurch gegenseitig bei der Arbeit. Alle Zentren rauben gewöhnlich dem Sexualzentrum etwas von seiner Energie, die ein höheres Schwingungsniveau hat als die der anderen und deshalb für deren Funktionieren gar nicht brauchbar ist. Diese höhere Art von Energie geht in Gestalt von Fanatismus, Leidenschaft und fehlgeleitetem Enthusiasmus verloren, während das Sexualzentrum wie ein mit Leichtbenzin aufgetankter schwerer Wagen mit unzulänglicher Energie arbeiten muß und praktisch nie seine volle Kapazität ausnützen kann.
Auch andere Zentren schöpfen bei weitem nicht ihr Potential voll aus. Wenn das Gefühlszentrum mit voller Kraft arbeitete, würde es mit dem höheren Gefühlszentrum in Verbindung treten; und auch das intellektuelle Zentrum würde mit dem ihm entsprechenden höheren Zentrum in Verbindung treten, wenn es richtig funktionierte. Solche Verbindungen setzen einen Ausgleich zwischen den Schwingungsebenen der niederen und der höheren Zentren voraus. Daher können dauerhafte Verbindungen mit den höheren Zentren nur hergestellt werden, wenn die Arbeit der niederen Zentren zuvor geregelt und beschleunigt wurde. Zeitweise Verbindungen treten in ekstatischen Momenten spontan auf; diese Momente müssen jedoch kurz sein, es sei denn, die niederen Zentren seien auf den dabei ausgelösten Zustrom an Energie vorbereitet worden. So wie der Mensch jetzt ist, kann er derartige Verbindungen ebensowenig aushalten wie ein, sagen wir, für 110 Volt bestimmter Apparat den Anschluß an eine 220-Volt-Leitung.
Die niederen Zentren nützen nicht nur ihre Kapazitäten nicht aus, sie verschwenden sogar Energie, rauben und stehlen sie sich gegenseitig und arbeiten in vieler Hinsicht nicht harmonisch zusammen; auch innerhalb der Zentren werden Kräfte falsch angewandt. In jedem Zentrum lassen sich drei Teile unterscheiden, ein intellektueller, ein emotionaler und ein motorischer; jeder dieser Teile hat gewöhnlich (allerdings nicht immer) einen positiven und einen negativen Aspekt und ist seinerseits wieder unterteilt in intellektuelle, emotionale und motorische Aspekte. Als Beispiel für schlechtes Funktionieren des intellektuellen Zentrums führt Nicoll folgendes an:

»Der mechanische Teil ist zuständig für die Registrierung aller Erinnerungen, Assoziationen und Eindrücke; das ist alles, was er normalerweise leisten sollte; das kann er nur, wenn die anderen Zentren und Zentren-Teile *ihre* Arbeit richtig tun. Er sollte nur diese Arbeit des Registrierens und Protokollierens ausführen, wie ein Sekretär, der aufschreibt, was gesagt wird, es ordnet usw. Er sollte, wie gesagt, keine Fragen beantworten, die an das Zentrum *als Ganzes* gerichtet sind, und keine wichtigen Entscheide treffen: unglücklicherweise tut er aber immer gerade das, antwortet auf seine beschränkte Weise mit vorfabrizierten Phrasen, sagt immer wieder dasselbe und arbeitet in allen Situationen auf dieselbe mechanische Weise (Nicoll, 1952, p. 72).

Dieser Teil des intellektuellen Zentrums hat einen besonderen Namen: formatives Zentrum oder formativer Apparat. Wenn er die Arbeit des gesamten intellektuellen Zentrums an sich reißt, kommt es zum »formalen Denken«, dessen Charakteristika stereotype Phrasen und Schlagworte, Schwarz-Weiß-Malerei, Richtig-Falsch-Urteile, Entweder-Oder-Vergleiche sind, denen die Tiefe und Schärfe echten Denkens fehlt.

Das Studium falsch funktionierender Zentren ist einer der Wege zum Verständnis der Mechanismen der menschlichen Psyche. Eine bessere, wenn auch immer noch unvollständige Vorstellung von diesen Prozessen soll eine Tabelle (nach Nicoll, 1952, leicht verändert) geben, in der richtiges Funktionieren summarisch dargestellt ist.

Die drei Stockwerke des Menschen haben jeweils ein eigenes Gedächtnis-Depot, deren jedes die ihm zugehörigen Eindrücke speichert. Gurdjeff beschreibt den Erinnerungsmechanismus folgendermaßen:

»Beim Neugeborenen lassen sich diese drei Abteilungen der menschlichen Psyche mit einem System unbespielter Grammophon-Walzen vergleichen, auf denen vom Tag seines Eintritts in die Welt an die äußere Bedeutung der Gegenstände und das subjektive Verständnis ihrer inneren Bedeutung, bzw. der Sinn aller in der äußeren Welt vollzogenen Handlungen und ihrer Folgen wie auch die im Kind sich bereits bildende innere Welt aufgezeichnet werden: all das wird gemäß dem Gesetz, wonach die Art dieser Handlungen und die Art des sich im Menschen bildenden spezifischen Systems einander entsprechen, aufgezeichnet.

Alle derart registrierten Auswirkungen von Umweltprozessen verbleiben so, wie sie aufgenommen wurden, das ganze Leben hindurch auf den »Depot-Rollen« unverändert, in der gleichen Reihenfolge und im gleichen Beziehungsverhältnis zu früher aufgezeichneten Eindrücken« (Gurdjeff, 1933, p. 30).

Theoretisch können, nach Gurdjeff, Eindrücke von den verschiedensten Seiten her auf den Menschen einwirken: sie können von mechanisch ablaufenden Assoziationen oder von völlig unbewußten Empfindungen, sie können von willentlich aufgenommenen Eindrücken,

	Motorischer Teil	Emotionaler Teil	Intellektueller Teil
	Die Funktionen der Zentren		
Bewegungszentrum	Automatische Reflexe, Nachahmung im kleinen. Begrenzte Anpassungsfähigkeit beim Lernen neuer Bewegungen	Freude an der Bewegung, normale Liebe zum Spiel, größere Nachahmungsfähigkeit, Formen von Schauspielerei	Erfindungen, Konstruktion von Maschinen, Bearbeitungen.
Instinktzentrum	Angenehme Empfindungen, unangenehme Empfindungen	Blinde Tierliebe, „instinktive" Liebe, animalische Eifersucht und Wut: Tötungswünsche	Viele sog. Intuitionen
Sexualzentrum	Sexuelle Empfindungen (nur angenehme oder neutrale)	Sexuelle Anziehung und Befriedigung oder Frustrationsgefühle	Den Sex betreffende Postulate, sexuelle Vorstellungen
Gefühlszentrum	Mechanischer Gefühlsausdruck. Alle Gefühle beziehen sich auf die eigenen Vorlieben und Abneigungen. Persönliche Gefühle. Kleine Begierden, kleine „Velleitäten"	Religiöse Gefühle, ästhetische Gefühle, moralische Gefühle: können zum Gewissen werden	Künstlerisches Schaffen, Hauptsitz des Magnetischen Zentrums
Intellektuelles Zentrum	Wiederholung von Worten und Sätzen: mechanisches Reden, Wißbegier, Neugier, Scharfsinn, Schlauheit	Der Wunsch, zu wissen und zu verstehen; Erkenntnisstreben; höhere Form der Einbildungskraft	Intellektuelle Konstruktionen, schöpferisches Denken, Entdeckungen

vom aktiven Denken und bewußten Fühlen herrühren; sie können auch aus einem höheren Zustand unmittelbarer bewußter Wahrnehmung kommen, der von der Zahl der empfangenen Energiestöße abhängt und für gewöhnliche Menschen nur eine ferne Möglichkeit ist.

Wenn das Bewußtsein sich ändert, ändert sich auch die Art der Eindrücke. Den größten Teil des Lebens verbringt der Mensch in einem Zustand getrübten Bewußtseins, der unser gewöhnlicher Wachzustand ist; wir werden später noch ausführlich darüber sprechen. Hier genügt es festzustellen, daß in diesem Zustand Eindrücke nur durch die mechanischen Gesetze der Assoziation vermittelt werden; und so werden sie auch von den Zentren aufgezeichnet. Das Bewußtseinsniveau ändert sich jedoch.

In dem Maß, wie der Mensch sich mehr oder weniger mit den Tätigkeiten und Ereignissen seines Erfahrungsbereichs identifiziert, wechselt der Mensch von einer der drei Stufen zur anderen. Gelegentlich hat er Momente eines höheren Bewußtseinszustandes. Dann arbeitet das Gedächtnis ganz anders, es ist sehr viel lebhafter und unmittelbarer.

Drei Menschentypen

Die relative Bedeutung, die jedes der drei Stockwerke seiner »Lebensmittelfabrik« innerhalb des Funktions-Musters eines Individuums hat, bestimmt seine Stellung in einem Klassifikations-Schema, das Gurdjeff zur Charakterisierung des Menschen benutzt. Der eine kann z. B. mehr vom Kopf als vom Herzen bestimmt sein, der andere läßt sich von seinen Gefühlen beherrschen, während es ihm an logischem Denken gebricht. Jeder Mensch ist von Geburt an so prädisponiert, daß eines seiner Hirne die Vorherrschaft vor den beiden anderen besitzt. In Gurdjeffs Schema hat der Mensch Nummer Eins seinen Schwerpunkt in den motorischen und instinktiven Funktionen, Mensch Nr. Zwei neigt mehr zu Gefühlen, und Mensch Nr. Drei gründet sein Tun auf sein Wissen oder seine theoretischen Ansichten. Alle diese Menschen befinden sich mehr oder weniger auf derselben Stufe; denn ihnen allen fehlt es an innerer Einheit und an Willen. Sie unterscheiden sich jedoch darin, daß sich jeder auf eine andere Funktion verläßt.

Sie unterscheiden sich auch in ihren Gewohnheiten und Geschmacksrichtungen, in ihrem ganzen Lebensstil. Sie entsprechen in großen Zügen den verschiedenen Temperamenten Sheldons. Mensch Nr. Eins ist visceratonisch, Mensch Nr. Zwei somatotonisch, Mensch Nr. Drei cerebretonisch. In der Literatur erscheinen sie als drei bekannte

Shakespearesche Charaktere: Falstaff ist Mensch Nr. Eins, Prinz Heinrich Mensch Nr. Zwei und Hamlet Mensch Nr. Drei. Über diese drei Typen ist in der Literatur über Gurdjeffs Lehre viel gesagt worden. Die folgende Tabelle führt einige Charakteristika der drei Typen auf:

Die drei Menschentypen

Mensch Nr. Eins	Mensch Nr. Zwei	Mensch Nr. Drei
Motorisch-triebhaft	Emotional	denkender Mensch
Mechanisches Auswendiglernen und imitatives Lernen	Wissen von Neigungen und Abneigungen	Logisches Denken und wörtliche Interpretationen
Primitive, sinnliche Kunst	Sentimentale Kunst	Intellektuelle, ausgedachte Kunst
Religion der Riten und Zeremonien	Religion des Glaubens und der Liebe und der Verfolgung von Häresien	Religion der Beweise und Argumente
Fakire	Mönche	Yogis
Karma-Yoga	Bhakri-Yoga	Jnana-Yoga

Der Mensch liegt im Schlaf

Im gewöhnlichen Bewußtseinszustand ist sich der Mensch, ganz gleich, ob er Nr. Eins, Zwei oder Drei ist, seiner selbst nicht so, wie er es zu sein meint, bewußt. Bewußtsein heißt von seinen motorischen, emotionalen und intellektuellen Funktionen deutliches Wissen haben; das menschliche Bewußtsein ist aber gewöhnlich unklar, inkonsistent, weit unter seiner Kapazität. Verfolgt man den normalen Tagesablauf einer beliebig aus einem Büro, einem Klub, einem Universitätshörsaal herausgegriffenen Person, so kann ein geübter Beobachter leicht feststellen, daß sie sich nur höchst selten bewußt ist, wer und wo sie ist und noch seltener sich darüber Rechenschaft gibt, was sie weiß und was nicht.
Gurdjeff unterscheidet vier dem Menschen mögliche Bewußtseinszustände: Schlaf, gewöhnlicher Wachzustand, Selbst-Bewußtsein

und objektives Bewußtsein. Obwohl alle diese Zustände dem Menschen möglich sind, unterscheiden sie sich sehr hinsichtlich ihrer Dauer und der Wahrscheinlichkeit ihres Auftretens. Der typische Mensch teilt sein Leben zwischen Schlaf und gewöhnlichem Wachzustand, der auch nur eine Art von Schlaf ist. Er verbringt ein Drittel oder noch mehr seiner Zeit auf Erden im Schlaf. Fragt man ihn in seinem gewöhnlichen Wachzustand, ob er sich seiner selbst bewußt ist, wird er das sicher bejahen – und in dem Augenblick ist er es vielleicht auch wirklich –, aber schon im nächsten Augenblick sinkt seine Aufmerksamkeit wieder in den für sie charakteristischen, fragmentarischen, inkonsistenten, trüben Zustand zurück.

Es ist im Anfang schwieriger, den gewöhnlichen Wachzustand bei sich selbst festzustellen als bei anderen. Jeder, dem es schwerfällt, die Vorstellung zu akzeptieren, daß der Mensch, so wie er ist, nur wenige Momente echten Selbst-Bewußtseins kennt, sollte sich die hängenden Unterkiefer und leeren Blicke der Menschen in Situationen, wo sie sich unbeobachtet glauben – in jeder x-beliebigen Stadt, auf der Straße, im Bus oder im Warenhaus –, ansehen. Aus der Wahrnehmung, daß andere Menschen gehen, reden, essen, arbeiten, heiraten, sich scheiden lassen und im allgemeinen ihr Leben im Zustand fast völliger Unaufmerksamkeit verbringen, Schlüsse zu ziehen für die Erkenntnis des eigenen Lebens und die Wahrheit über sich selbst zu akzeptieren verlangt Mut und kann schmerzlich sein; es bedarf aber nur eines winzigen deduktiven Schritts, um das zu tun.

Oberhalb der Bewußtseinszustände des Schlafs und des gewöhnlichen Wachens besteht die Möglichkeit des Selbst-Bewußtseins und darüber hinaus dessen, was objektives oder kosmisches Bewußtsein genannt wird. Selbst-Bewußtsein stellt sich gelegentlich spontan für kurze Augenblicke ein, die oft eine besonders lebhafte Erinnerung hinterlassen. Es sind dies hohe Augenblicke in Situationen großer Gefahr, intensiver Gefühlsbewegung oder ungewöhnlicher Anstrengung. Dann ist die Aufmerksamkeit klar, unparteiisch, fast vollkommen und derart zwischen dem Selbst und der Umwelt gespannt, daß das Handeln spontan und zweckmäßig verläuft, manchmal sogar heroisch ist. Das ist der Zustand, der für das Wachbewußtsein des Menschen der normale sein könnte, es aber nicht ist.

Auch das objektive Bewußtsein stellt sich als spontanes Aufblitzen ein. Solche Momente sind »Gipfelerlebnisse« des Lebens – oder sie werden wieder total vergessen: die niederen Zentren ziehen sich in

Bewußtlosigkeit zurück, um die empfindliche Maschinerie des Körpers vor unerträglich hoher Energie zu schützen. Im Zustand objektiven Bewußtseins verbinden sich die höheren Zentren mit den gewöhnlichen. Der Mensch ist dann völlig in Einklang mit den kosmischen Gesetzen und sich ihrer klar bewußt. Er begreift. Er weiß. Das Wissen bringt zugleich eine ekstatische oder selige Art freudiger Zustimmung mit sich.

So wie wir jetzt sind, können wir nicht viel mehr über das objektive Bewußtsein wissen als das, was wir uns aus Berichten aneignen können, die in Werken wie William James' *Varieties of Religious Experience* (1961) und Richard Buckes *Cosmic Consciousness* (1901) zusammengetragen wurden. Solche Erfahrungen sind dem modernen Menschen ebenso unzugänglich, wie es vergleichsweise Tibet für seine mittelalterlichen Vorfahren war. Er ist wie ein Hausherr, der ein wunderschönes vierstöckiges Haus besitzt, jede höhere Etage prächtiger als die darunter, er aber hat vergessen, wie man hinaufkommt, und haust in Unwissenheit und Armut in der Küche im Erdgeschoß.

Die Psychopathologie des gewöhnlichen Wachzustandes

Was hält den Menschen von den oberen Stockwerken seines Hauses fern? Der Hindernisse, die den Zugang zu höheren Bewußtseinsstufen versperren, sind im täglichen Leben viele. Das vielleicht wichtigste ist die *Identifikation*, die nach De Ropp das Wesen des gewöhnlichen Wachzustandes ausmacht. »In diesem Zustand hat der Mensch keine gesonderte Bewußtheit. Er verliert sich in allem, was er zufällig tut, fühlt, denkt. Da er völlig verloren, verstrickt, abwesend ist, ist diese Verfassung... als ein Zustand des »Wach-Schlafs« bekannt« (De Ropp, 1968, p. 62). Identifikation ist das Gegenteil von Selbst-Bewußtsein. Im Zustand der Identifikation hat der Mensch keine Erinnerung an sich selbst. Er hat sich selbst verloren. Seine Aufmerksamkeit ist nach außen gerichtet, und für die eigenen inneren Zustände ist kein Bewußtsein übrig. Das gewöhnliche Leben wird fast völlig im Zustand der Identifikation verbracht.

Die Identifikation mit den Erwartungen anderer Menschen wird *Rücksicht* genannt. Man kann zwei Arten von Rücksicht, innere und äußere, unterscheiden. Innere Rücksicht beruht auf einem Gefühl der Unzulänglichkeit, das der Mensch in seinen weniger entwickelten

Zuständen die meiste Zeit hat – er fühlt sich unzulänglich, wenn die anderen ihm nicht genügend Aufmerksamkeit oder Achtung entgegenbringen. Er führt soz. innerlich Buch über das, was er gegeben hat und was man ihm deshalb schuldig ist, er hat das Gefühl, schlecht behandelt und vernachlässigt zu werden, wenn die anderen ihre Schuld nicht begleichen. Ohne Identifikation sind solche Vorgänge nicht möglich.

Äußere Rücksicht dagegen ist praktizierte Einfühlung und Takt. Sie ist echte Rücksichtnahme. Sie setzt daher auf seiten dessen, der sie übt, ein gewisses Maß an zuverlässiger, konsequenter Aufmerksamkeit und Anstrengung voraus. Interessanterweise schlägt der Versuch, äußere Rücksicht zu üben, oft in innere Rücksicht um, wenn die Person, die sich bemüht, auf eine andere im äußeren Sinn Rücksicht zu nehmen, keine Dankbarkeit oder Aufmerksamkeit als Gegengabe empfängt. Äußere Rücksicht muß ihren Lohn in sich selbst finden, sie darf keinen Dank erwarten.

Die Unfähigkeit zu lieben steht in direktem Zusammenhang mit der Unfähigkeit, echte Rücksicht zu üben, der Unfähigkeit, aufmerksam zu sein, und der Vielzahl der Iche, die das größte Übel des Menchen ist. Obwohl wir alle Liebe brauchen, sind wir, so wie wir sind, unfähig, sie zu geben. »Fangt damit an, Pflanzen und Tiere zu lieben, dann werdet ihr vielleicht lernen, Menschen zu lieben«, sagt Gurdjeff (Nott, 1961, p. 23). In Gurdjeffs Werken ist nur wenig über Liebe zu finden, da sie die Fähigkeiten des gewöhnlichen Menschen übersteigt. Die Maschine Mensch kann auf Reize nur nach den Gesetzen der mechanischen Assoziation reagieren und je nachdem, welches Ich gerade dominiert. Auf die Frage, welche Stelle die Liebe in seiner Lehre einnehme, sagte Gurdjeff einmal:

»Gewöhnliche Liebe geht immer mit Haß zusammen. Ich liebe dies und hasse jenes. Heute liebe ich dich, nächste Woche oder in der nächsten Stunde oder Minute hasse ich dich. Wer wirklich lieben kann, kann *sein;* wer sein kann, kann *tun,* wer tun kann, *ist.* Wenn man etwas über wirkliche Liebe erfahren will, muß man alles, was man von der Liebe weiß, vergessen und sich nach Anleitung umsehen. Wir lieben, weil sich etwas in uns mit den Ausstrahlungen eines anderen verbindet; das erzeugt angenehme Assoziationen, vielleicht wegen bestimmter chemisch-physikalischer Ausstrahlungen des Instinkt-Zentrums, des Gefühls-Zentrums oder des intellektuellen Zentrums; vielleicht auch auf grund von äußeren oder von Gefühlseinflüssen: ich liebe dich, weil du mich liebst oder weil du mich nicht liebst; oder auf Einflüsterungen anderer hin, aus einem Gefühl der Überlegenheit heraus, aus Mitleid und aus vielen anderen subjektiven und egoistischen Gründen. Wir sind alle beeinflußbar.

Alles zieht an oder stößt ab. Da ist die geschlechtliche Liebe, die gewöhnlich als ›Liebe‹ zwischen Mann und Frau bekannt ist – wenn sie vergeht, ›lieben‹ sich Mann und Frau nicht mehr. Da ist die Gefühlsliebe, die ihr Gegenteil erzeugt und Leiden schafft. Wir werden später einmal von der bewußten Liebe sprechen« (Nott, 1961, p. 23).

Die Suche nach Liebesobjekten und -spendern muß notwendig fruchtlos und enttäuschend sein, da sie auf der mechanistischen Ausrichtung des Menschen basiert, und je mehr Energie ihr zugewendet wird, je mehr Aufmerksamkeit sie beansprucht, desto mehr behindert sie die Entwicklung des Selbst-Bewußtseins.

Ein anderer unvermeidlicher Aspekt des gewöhnlichen Wachzustandes ist das Lügen; es durchdringt alle Bereiche des Lebens, so daß Uspenski (1954) sagt, man könne die Psychologie des Menschen in Psychologie des Lügens umbenennen. Lügen heißt, nach Gurdjeff, über etwas sprechen, was man nicht weiß. Das Geplauder auf Cocktail-Parties ist voll von Lügen, und die Vorlesungen von Leuten, die ihre Sache nur halb oder nur theoretisch wissen, aber trotzdem behaupten, sie verstünden wirklich etwas, sind ebenfalls voll davon. Da alle Erkenntnisse miteinander in Zusammenhang stehen, lügt man im allgemeinen schon, wenn man einseitig nur einen Aspekt der Wahrheit darstellt.

Gurdjeff macht einen Unterschied zwischen Wissen und Verstehen. Diese Unterscheidung ist wichtig für das Verständnis des Lügens. Wissen, d. h. die Aneignung von Fakten, Daten, Information, ist nur dann für die menschliche Entwicklung von Nutzen, wenn es vom Wesen des Menschen absorbiert oder assimiliert, d. h. verstanden wird. Wenn etwas gewußt, aber nicht verstanden wird, lügt man, wenn man darüber spricht; denn niemand kann eine Wahrheit vermitteln, die er nicht verstanden hat.

Beim gewöhnlichen Menschen setzt das Denken in dem Moment ein, wo ihm »etwas zustößt«. Es ist ein von Lügen durchsetztes *mechanisches Geschwätz*, das er nicht unter Kontrolle hat. Der formative Apparat, der motorische Teil des intellektuellen Zentrums, ist unfähig, höhere Wahrheiten als die dualistische zu erfassen; der gewöhnliche Mensch ist also auf dem dritten Auge blind. Er sieht die Dinge nur als Gegensatzpaare – Ursache und Wirkung, gut und böse, wahr und falsch; er sieht nur Dualität, keine Trinität. Da, wie wir gesehen haben, die Naturgesetze eher trialektisch als dialektisch sind, muß das Lügen und jede sonstige Art mechanischen Denkens als schweres Hindernis für die Selbst-Entwicklung angesehen werden.

Damit kommen wir zur *Einbildung* (Imagination), der Gesamtheit unrealistischer Vorstellungen von sich selbst, die der gewöhnliche Mensch für unbezweifelbare Wahrheiten hält. Im Sinne Gurdjeffs bezeichnet dieses Wort nicht die schöpferische Einbildungskraft eines Leonardo, Rembrandt, Bach, Beethoven oder Brahms. Gemeint ist etwas viel Alltäglicheres: das trügerische System, das jeder von uns als die angeblichen Tatsachen des Lebens zu akzeptieren gelernt hat. Das ist ebenfalls eine Form des Lügens. Beispielsweise ist sich der Mensch im allgemeinen seiner selbst nicht bewußt, er glaubt es jedoch zu sein. Er kann sein Handeln nicht kontrollieren, und doch glaubt er, er könne es. Ständig ist Einbildung offen oder versteckt am Werk. Sie schwächt die Motivation für die Entwicklung von Selbst-Bewußtsein; denn wenn ich mir nicht eingestehe, daß ich im Zustand der Unaufmerksamkeit lebe, was soll mich dann veranlassen, mich ändern zu wollen? Der Drang oder Impetus, auf Selbst-Bewußtheit hinzuarbeiten, kann nur entstehen, wenn die Illusion, Fähigkeiten zu haben, die wir in Wirklichkeit gar nicht besitzen, fallengelassen wird.

Ein anderes damit verwandtes Charakteristikum des gewöhnlichen Wachzustandes, ebenfalls eine nutzlose Vergeudung von Energie und ein Hindernis für die Entwicklung höherer Bewußtseinszustände, ist das unnötige Reden. Wir verbringen unser ganzes Leben damit, mit anderen oder mit uns selbst zu reden. *Leeres Gerede* ist ein rein mechanischer, mit Lügen und Einbildungen vermischter, Identifikationen fördernder Vorgang. Es ist mit anderen *unnötigen physischen Bewegungen* und körperlichen Spannungszuständen, z. B. krampfhaften Zuckungen, Herumzappeln, mit den Fingern trommeln, mit dem Fuß klopfen, Grimassen schneiden usw., verwandt, die dazu dienen, das tägliche Energiequantum abzuleiten, das der Mensch besser gebrauchen könnte, seine Aufmerksamkeit zu verstärken, wenn er nur wüßte wie.

Wenden wir uns nun den Gefühlsäußerungen des gewöhnlichen Wachzustandes zu. Das emotionale Leben des gewöhnlichen Menschen besteht fast ausschließlich aus *negativen Gefühlen,* wenn sie oft auch erfolgreich hinter der Maske der Höflichkeit versteckt werden. Diese negativen Gefühle werden durch Identifikationen und innere Rücksichten ausgelöst. Die menschlichen Aktivitäten werden sehr häufig von negativen Gefühlen motiviert, wie jeder, der eine Zeitung in die Hand nimmt, sehen kann. Der Mensch hat ein ungeheures Repertoire an negativen Einstellungen; da sind z. B. die Urleidenschaften: Wut, Neid, Stolz, Eitelkeit, Haß, Trägheit, Angst; dann die negativen Stimmungen: Selbstmitleid, Depression, Ressentiment, Verzweiflung, Langeweile, Reizbarkeit; ferner die verschiedenen Arten von Sentimentalität, einschließlich einer Menge dessen, was sich Humanität und Liebe nennt; dazu Formen negativer intellektueller Einstellungen, wie z. B. Zynismus, Streitsucht, Pessimismus, Mißtrauen. Die Aufzählung könnte noch endlos weitergehen. Und was an den Gefühlen des Menschen im gewöhnlichen Wachzustand positiv zu sein scheint, kann beim geringsten Druck auf das, was Gurdjeff unsere »Hühneraugen« nannte, d. h. empfindliche, meist mit Stolz oder Eitelkeit in Zusammenhang stehende psychologische Konflikte und Phantasien, ins Negative umschlagen.

Die systematische Entstellung der Erfahrung im gewöhnlichen Wachzustand

Der gewöhnliche Mensch erlebt, nach Gurdjeff, die Welt in einer Weise, die es ihm erlaubt, im allgemeinen mit seiner Lage zufrieden zu sein, sich ein gewisses Maß an Freude und Vergnügen zu verschaffen und das Leben auch ohne fortschreitende Selbstverwirklichung erträglich zu finden. Dieses Gefühl der Zufriedenheit verhindert, daß er nach höheren Bewußtseinsstufen strebt, und sorgt dafür, daß er weiterhin dem unmittelbaren Zweck der Natur dient, Energie aus den oberen Bereichen des Schöpfungsstrahls in dessen äußerstes Ende, den Mond, hinein zu leiten. Es wird durch »ein besonderes Organ« erzeugt, das »die Eigenschaft hat, den Menschen zu zwingen, erstens die Wirklichkeit völlig verkehrt zu sehen, und zweitens aus jedem mehrfach wiederholten äußeren Eindruck in seinem Inneren die Daten herauskristallisiert, die geeignet sind, Lust und Freude in ihm hervorzurufen« (Gurdjeff, 1950, p. 88). Dieses »Organ« nennt Gurdjeff *Kundapuffer*. Der Kundapuffer selbst ist zwar entfernt worden, aber seine Wirkungen dauern noch fort, seine Reste bilden eine Art von »Opium des Volkes«, das den Menschen die Schrecken seiner Sterblichkeit und seinen Mangel an Willen und Kontrolle vergessen läßt und ihm hilft, seinen Zustand zu rationalisieren, sich über ihn etwas vorzulügen und die Welt so zu mißinterpretieren, daß ihm schaudert, wenn eine Maus durchs Zimmer läuft, daß er aber keine Angst hat vorm Tod, da er ihn sich nicht vorstellen kann.

Die Nachwirkungen des Kundapuffers sind ein so schweres Hindernis für die Selbstverwirklichung, daß Beelzebub am Ende seines Berichts in *All and Everything* feststellt:

»Das einzige Mittel, die Wesen auf dem Planeten Erde zu retten, wäre, daß man ihnen wieder ein Organ in der Art des Kundapuffers einpflanzte, das diesmal aber so beschaffen sein müßte, daß jeder dieser Unglücklichen sein Leben lang ständig die Unausweichlichkeit seines Todes spürte und sich ihrer, wie auch des Todes jedes anderen, auf dem sein Blick, bzw. seine Aufmerksamkeit verweilt, bewußt wäre« (Gurdjeff, 1950, p. 1183).

Die Entwicklung der Persönlichkeit

Jeder Mensch besitzt, nach Gurdjeff, von Geburt an sein eigenes Wesen. Dieses »Wesen« ist keine tabula rasa, keine bloße amorphe Masse, obwohl sie Leerstellen hat, auf denen die Einflüsse des Lebens ihre Spuren hinterlassen können. Es ist echte individuelle Identität mit eigenen Prädispositionen und Neigungen, die sich, wenn sie nicht erstickt wird, zum Selbstbewußtsein des Erwachsenen entwickelt. Im Prinzip jedoch versinkt jeder wie der Königssohn Prinz Dhat in der alten Sufi-Allegorie in die Betäubung, die der gewöhnliche Wachzustand des Menschen ist, und vergißt seine Herkunft und sein Schicksal (Shah, 1967).
Das kleine Kind verhält sich in einer Weise, die sein wahrhaftes Wesen widerspiegelt. Es manipuliert nicht, es handelt soz. guten Glaubens. Mit der Sozialisation beginnt sich aber die Persönlichkeit zu formen. Das Kind lernt, sein Verhalten den kulturell gebilligten Verhaltensmustern anzupassen. Dieser Lernprozeß geht teils als gezieltes Üben, teils dank einer natürlichen Tendenz zur Nachahmung vor sich. Als natürliche Folge der langdauernden sozialen Abhängigkeit des Menschen (und z. T. fehlender Triebzwänge, wie sie bei niederen Lebewesen vorhanden sind) erwerben wir auf diese Weise eine Reihe von Gewohnheiten, Rollen, Vorlieben und Abneigungen, Vorstellungen, Vorurteilen, Begierden und Bedürfnissen, die alle die familiäre und kulturelle Umwelt widerspiegeln und nicht notwendigerweise angeborene Neigungen und Prädispositionen sind. Sie machen die Persönlichkeit aus.
In der besten aller möglichen Welten würden diese erworbenen persönlichen Gewohnheiten der Wesensnatur des Menschen zu Gebote

stehen und ihm helfen, in dem sozialen Kontext, in dem er steht, sinnvoll zu leben, und so ist es zweifellos auch bei Menschen, die ihre Selbstverwirklichung erreicht haben. Der gewöhnliche Mensch hat leider aber nicht die Fähigkeit, seine Persönlichkeit so einzusetzen, daß er seine wahren Ziele erreichen kann. Sein Wesentliches kann sich nur in seinem unmittelbarsten instinktiven Verhalten und in seinen primitivsten Gefühlen äußern. Sein übriges Verhalten wird, wie wir gesehen haben, durch eine zufällige Konstellation von Ichen, in denen seine Persönlichkeit enthalten ist, bestimmt. Diese seine Persönlichkeit kann seinem Wesen gleichen oder auch nicht. Menschen, die ein einfaches, naturnahes Leben führen, können sich so entwickeln, daß ihre Persönlichkeit nur einen unbedeutenden Teil, ein passives Element innerhalb ihrer psychologischen Struktur bildet; sie sind aber seltene Ausnahmen in einer Welt, in der sich jeder Erwachsene in allem, was er für seine Existenz, in der Öffentlichkeit, in seinem Freudenkreis, praktisch in allen Bereichen seines täglichen Daseins tut, auf seine Persönlichkeit stützt. Bei den meisten Leuten ist die Persönlichkeit aktiv und das Wesen passiv: die Persönlichkeit bestimmt ihre Wert- und Glaubensvorstellungen, ihre Berufswahl, ihre religiösen Überzeugungen, ihre Lebensphilosophie. Die Persönlichkeit, nicht das Wesen, ist verantwortlich für die riesige Menge Bücher und Artikel, die die Bibliotheken der Welt füllen, denn nur sehr wenige sprechen das Wesen an; die meiste visuelle Kunst wird von der Persönlichkeit geschaffen; sie spricht aus den edelsten Gefühlen der Staatsmänner. Die Persönlichkeit projiziert sogar einen Gott aus sich heraus und betet diese Projektion an.

Das Wesen ist das Eigentliche des Menschen. Die Persönlichkeit ist nicht sein Eigen; sie kann durch Veränderung der Verhältnisse verändert oder mittels Hypnose, Drogen oder Spezialübungen aufgelöst werden. Gurdjeff führte das seinen ersten Schülern dramatisch vor, indem er zu Vergleichszwecken zwei Leute vorübergehend ihrer Persönlichkeit beraubte (Uspenski, 1949, pp. 251 ff). Wer einige Erfahrung mit psychedelischen Drogen gemacht hat, ist vielleicht seinem eigenen Wesen begegnet oder hat das Wesen anderer wahrgenommen; denn gewisse psychotropische Substanzen haben die Eigenschaft, die Persönlichkeit kurze Zeit zu betäuben, so daß das Wesen unverstellt hervortreten kann.

Das alles heißt jedoch nicht, daß das Wesen des Menschen immer edel und schön und seine Persönlichkeit nur eine Kruste aus nutzlosen kulturellen Anschwemmungen sei. Nach Gurdjeff ist das Wesen des Menschen »in der Regel entweder primitiv, roh und kindisch, oder aber einfach stupide« (Uspenski, 1949, p. 163). Das Wesen des Menschen ist praktisch tot, obwohl er scheinbar normal weiterlebt. Die Entfaltung des Wesens zu seinem Reifezustand, in dem sein wahres Menschsein Wirklichkeit wird, hängt davon ab, wieviel der Mensch an sich selbst arbeitet, und das wiederum hängt davon ab, wieweit ein Gleichgewicht besteht zwischen seinem relativ gesunden Wesen und einer nicht zu massiven Persönlichkeit. Beide sind für die Entwicklung des Selbst nötig; denn wo keine Persönlichkeit ist, wird keine Unzufriedenheit mit dem Alltagsleben entstehen und daher auch nicht der Wunsch, höhere Bewußtseinsstufen zu erreichen; und ohne Wesen ist keine Grundlage da für eine Entwicklung.

Vergleich von Wesen und Persönlichkeit

Wesen	Persönlichkeit
angeboren	erworben
das Eigenste der Person	was „nicht sein Eigen" ist
das Wahre im Menschen	das Falsche im Menschen
entwickelt sich zur menschlichen Individualität	verschafft die nötigen Informationen, um an sich arbeiten zu können
vom Schicksal gelenkt	vom Zufall gelenkt

Die Möglichkeiten des Menschen

Obwohl das Bild, das Gurdjeff vom gewöhnlichen Zustand des Menschen entwirft, recht finster erscheinen mag, ist dieser Zustand nicht völlig hoffnungslos; denn der Mensch hat die Möglichkeit, sich zu ändern. Die Eigenschaften, die er sich in der Einbildung und in seinen Lügen zuschreibt, kann er tatsächlich erwerben: er kann ein wirkliches, unwandelbares Ich besitzen, es gibt ein Handeln, das nicht nur Reagieren ist, die Tugenden sind nicht ganz außer seiner Reichweite. Jeder wird mit demselben Recht auf Entfaltung geboren, doch gibt es bemerkenswerte Gradunterschiede hinsichtlich des inneren Wachstumspotentials. Der Mensch Nr. Eins ist etwas weniger durchlässig für die Einflüsse, die die Menschen zur Arbeit an sich selbst aufrufen, als der Mensch Nr. Zwei, und bei diesem wiederum ist die Wahrscheinlichkeit, daß er diese Botschaften zur Kenntnis nimmt, geringer als bei Mensch Nr. Drei.

Vom Standpunkt der Lebenseinstellung aus gesehen ist es in bezug auf die inneren Wachstumsmöglichkeiten des Menschen wichtig, daß der gewöhnliche Mensch eher ein »guter Hausvater« ist als ein »Vagabund« oder ein »Verrückter«. Ein guter Hausvater ist jemand, der tüchtig ist, sich im Leben zurechtfindet, imstande ist, seine Pflicht zu tun – und der dabei nicht mehr so ganz an die Ziele und Zwecke des Lebens glaubt. Ein Vagabund ist einer, der überhaupt nur an sehr wenig glaubt, der keinerlei Verantwortung übernehmen kann oder will. Vagabunden sind aufgeschlossener als Verrückte, die sich einbilden, sie könnten oder wüßten etwas und Unwirkliches für wahr halten. Jeder von uns hat sozusagen einen Vagabunden und einen Verrückten in sich, deren antagonistische Haltungen sich der persönlichen Entwicklung des Individuums in den Weg stellen.

Um vom Gedanken der Selbst-Entwicklung angezogen werden zu können, muß der Mensch ein *magnetisches Zentrum* entwickelt haben. Jeder einzelne wächst von Einflüssen umgeben auf, die teils aus dem gewöhnlichen Leben auf ihn zukommen, teils aus Quellen jenseits dieses Lebens. Die zuletzt genannten Einflüsse sammeln sich allmählich im Menschen an und verdichten sich schließlich, bei genügender Anzahl, zu einer Masse, deren Druck die Richtung des Individuums beeinflußt und ein Gefühl für die Notwendigkeit der Selbst-Entwicklung oder zumindest ein Gefühl des Unbefriedigtseins verursacht. Zu den Werten und Zielen des alltäglichen Lebens tritt dann die Suche nach etwas Neuem, z. B. nach einer bestimmten Art von Lektüre, und die zunehmende Neigung, mit Leuten zusammenzusein, die sich mit ähnlichen Gedanken beschäftigen. Uspenski zitiert Gurdjeffs Beschreibung der Wirkung des magnetischen Zentrums auf die persönliche Orientierung.

»Wenn das magnetische Zentrum genügend Nahrung empfängt und kein starker Widerstand von seiten der anderen, durch die Einflüsse des gewöhnlichen Lebens erzeugten Aspekte der menschlichen Persönlichkeit auftritt, beginnt es, die Orientierung des Menschen zu beeinflussen, und zwingt ihn, eine Wendung zu machen und sich in einer bestimmten Richtung voranzubewegen. Wenn das magnetische Zentrum genügend entwickelt und stark genug ist, fängt der Mensch an zu begreifen, daß es einen Weg gibt, und er macht sich auf die Suche nach dem Weg. Diese Suche kann viele Jahre dauern und zu nichts führen. Das hängt von bestimmten Bedingungen ab, von der Umwelt, von der Stärke des magnetischen Zentrums, von der Stärke und

Richtung innerer Tendenzen, die bei der Suche nicht beteiligt sind und den Menschen vielleicht eben in dem Moment, wo die Möglichkeit, den Weg zu finden, ganz nah ist, von seinem Ziel ablenken« (Uspenski, 1949, p. 200).

Wenn er Glück hat, kann der Mensch einen anderen finden, der über authentisches Wissen darüber verfügt, wie man sich entwickeln kann. Damit gerät er in den Bann einer dritten Art von Einflüssen: es sind die, die nur persönlich, vom Meister zum Schüler, vermittelt werden können. Es beginnt jetzt für ihn eine Lehre, die ihn zu innerer Harmonie und Einheit und zu immer höheren Stufen des Seins führen kann.

Die höheren Stufen des Menschseins

Außer den drei Menschentypen, die wir bereits nach der jeweils dominierenden Funktion als den denkenden, fühlenden und motorisch-instinktiven Typ klassifiziert haben, gibt es noch andere, höhere Möglichkeiten des Menschseins. Der Mensch Nr. Eins, Zwei oder Drei wird geboren, die höheren Kategorien Mensch jedoch, d.h. Mensch Nr. Vier, Fünf, Sechs und Sieben, sind das fruchtbare Ergebnis von Bemühungen um Selbst-Entwicklung.

Der Mensch Nr. Vier besitzt ein konstantes Gravitationszentrum; es ist sein Wille zur Selbsterkenntnis und der festen Absicht, sich höherzuentwickeln; darauf richtet sich sein ganzes Leben aus. Er ist der Mensch am Beginn seiner wahren Entfaltung. Seine Zentren fangen an, ausgeglichen und harmonisch zu arbeiten. Er gewinnt echte Einsichten in sich selbst. Sein Fuß hat den Pfad betreten. Er ist im Begriff, sich selbst zu erkennen und zu wissen, wohin er geht.

Der Mensch Nr. Fünf hat die innere Einheit erlangt. Er hat einen Kristallisationsprozeß durchlaufen und besitzt ein Ich, das Dauer hat. Er kann nicht wieder ein Mensch Nr. Eins, Zwei oder Drei werden, es sei denn durch einen sehr schmerzhaften Auflösungsprozeß, der nur in dem seltenen Fall notwendig wird, wo die Kristallisation sich auf falscher Grundlage vollzogen hat. Verläuft die Kristallisation nicht in der richtigen Weise, kann das betreffende Individuum zwar u.U. Mensch Nr. Fünf werden, ohne zuvor Mensch Nr. Vier gewesen zu sein, aber in diesem Fall ist eine Weiterentwicklung zu Mensch Nr. Sechs und Sieben nicht mehr möglich. Zu dieser Kategorie Menschen gehören die »Hasnamuss«-Individuen: es sind Leute, die aus falschen Substanzen oder auf die falsche Weise kristallisiert sind. Wenn sich ein konstantes Ich entwickelt, ehe die Persönlichkeit hinreichend geschwächt ist, kann das Individuum zwar die Fähigkeit erlangen, das zu tun, was den Menschen Nr. Fünf auszeichnet, aber seine Kraft wird unvermeidlich fehlgeleitet werden und anderen Leiden verursachen. Die nächsten beiden Stufen menschlicher Vervollkommnung sind das Höchste, was ein Mensch überhaupt erreichen kann. Der Mensch Nr. Sechs hat alle Attribute des Menschen Nr. Sieben, außer daß einige davon nicht von Dauer sind. Der Mensch Nr. Sieben besitzt alles, was ein Mensch überhaupt haben kann: Willen, Bewußtsein, ein konstantes, unwandelbares Ich, Individualität und Unsterblichkeit.

Entwicklung, Tod und Unsterblichkeit

Unsterblichkeit ist dem Menschen nur in dem Maß möglich, in welchem er Verkörperungen seiner selbst jenseits seines gewöhnlichen physischen Leibes entwickeln konnte. Viele esoterische Traditionen beschreiben die Entwicklung des Menschen als das Sich-Entfalten von vier Körpern, deren jeder zarter und differenzierter ist als der vorhergehende und die in enger Beziehung zueinander stehen.
Der erste Körper des Menschen ist der normale physische Leib, den jeder besitzt. Er heißt in christlicher Terminologie der *fleischliche Leib*. Er ist alles, was der Mensch, wenn er nicht an sich arbeitet, besitzt, und wenn der Tod eintritt, wird dieser Leib zu Staub.
Unter bestimmten Bedingungen bildet sich innerhalb des physischen Körpers ein zweiter, der *Astralleib* oder Kesdjan-Leib. Diesen Körper braucht der Mensch nicht unbedingt zu haben; man kann auch ohne ihn intellektuell, emotional und sogar spirituell als sehr hoch entwickelt erscheinen. Der Kesdjan-Leib ist eine Art Luxus. Der physische Körper übt alle Funktionen des Astralleibes oder zumindest analoge aus, ja sogar die aller höheren Körper. Er kann mit denselben Energien arbeiten und annähernd dieselben Substanzen verarbeiten wie sie. Der Unterschied besteht darin, daß der physische Körper diese Energien und Substanzen zwar benutzt, sie sich aber nicht zu eigen macht; sie gehen quasi nur durch ihn hindurch. Die Funktionen des physischen Körpers regeln also die Verarbeitung aller Substanzen, sie selbst aber werden von Umweltreizen gesteuert. Einen Willen gibt es nicht. Reagieren ist alles, was dem Menschen auf dieser Entwicklungsstufe möglich ist, obwohl seine Reaktionen auf den ersten Blick

so differenziert und gut aufeinander abgestimmt erscheinen mögen wie die Handlungen eines höher entwickelten Menschen.

Der dritte, spirituelle oder *Geistleib* genannte Körper steht in Zusammenhang mit der intellektuellen Funktion oder dem Geist des Menschen. Der vierte ist der kausative oder *göttliche Leib* und steht in Beziehung zur Funktion des Willens. Nur der Mensch Nr. Sieben, der Mensch, der alle diese vier Körper entwickelt hat, kann, nach Gurdjeffs Worten, als Mensch, ohne Anführungszeichen, bezeichnet werden.

Gurdjeff vergleicht den Menschen der Gegenwart samt seinen Gedanken, Gefühlen und seiner Physiologie mit einer Droschke nebst Pferd und Kutscher. Die Droschke ist dem physischen Körper vergleichbar, das Pferd den Gefühlen; der Kutscher ist das Bewußtsein, und in der Kutsche sitzt ein Fahrgast, das, was wir unser Ich nennen. Selbst wenn die Droschke modernster Bauart ist, bewegt sie sich doch nur von des Kutschers Gnaden, der nichts von ihr versteht und der sie deshalb auch nicht an den richtigen Stellen reinigt und ölt; zwar wurde die Kutsche ursprünglich so gebaut, daß sie sich von selbst ölt, indem das Stoßen und Holpern auf den Landstraßen dafür sorgte, daß das Schmieröl an die Achsen und Naben gelangte, doch auf den glatten Straßen von heute ist auf diese Art von Selbstölen kein Verlaß mehr. Das Pferd, sagt Gurdjeff,

»ist nie richtig erzogen, sondern ständig nur mit Schlägen und Beschimpfungen traktiert worden. Es war immer angebunden, und als Nahrung erhielt es statt Hafer und Heu nur Stroh, das zur Befriedigung seiner wirklichen Bedürfnisse absolut wertlos ist. Da es nie auch nur im mindesten liebevoll oder freundlich behandelt wurde, ist das Pferd jetzt so weit, daß es jedem, der ihm nur die geringste Liebkosung erweist, rückhaltlos gehorcht« (1950, p. 1195).

Der Kutscher sitzt schläfrig auf seinem Kutschbock, bereit, für jeden, der ihm die Fahrt zahlt und ein Trinkgeld gibt, sonstwohin zu fahren (solange es nicht allzu mühsam ist).

Im Hinblick auf das, was der Mensch werden kann, entspricht in diesem Vergleich die Kutsche dem ersten oder physischen Leib, das Pferd dem Astralleib, der Kutscher dem Geistleib und der Fahrgast dem Eigentümer, der, im Gegensatz zu den Passanten, die die Kutsche mieten können, diese besitzt, instand hält und über sie verfügt. Der gewöhnliche Mensch ist ein Automat, seine Handlungen, Wünsche und Gedanken sind das Produkt von Umweltreizen; er wird von widersprüchlichen Willensregungen hin- und hergerissen, die ihrerseits außengesteuerten Wünschen entspringen. Die äußere Welt beherrscht den Menschen. Durch die Entwicklung aller vier Körper kehrt sich das Herrschaftsgefälle um: der Geist und die Gefühle gehorchen dem konstanten Ich, dem Herrn und Meister, und der Körper gehorcht den Gedanken und Gefühlen.

Die vier Körper stehen zum Schöpfungsstrahl in folgender Beziehung: der erste besteht aus den Stoffen dieser Erde und ist daher bestimmt, wieder zu Erde zu werden. Der zweite entstammt einer höheren Stofflichkeit, dem Stoff der Stufe 24, und kann den Tod des physischen Körpers überdauern, ist aber, genaugenommen, nicht unsterblich. Wenn sich in einem Individuum der dritte Leib entwickelt hat, wird dieser den zweiten überleben. Der vierte ist innerhalb der Grenzen unseres Sonnensystems unsterblich, da er aus Stoffen besteht, die nicht dem Sonnensystem angehören, sondern der nächsthöheren Stufe. Daher kann der eine Mensch unsterblich sein, der andere aber nicht. Das hängt ganz von seiner Entwicklungsstufe ab.

Mit dieser Möglichkeit einer relativen, stufenweisen Unsterblichkeit, die vom Stand der geleisteten psychischen Arbeit bestimmt wird, kommt die Idee der Reinkarnation oder der wiederholten Erdenleben ins Spiel; sie ist in verschiedenen, vom jeweiligen theologischen oder kosmologischen Kontext abhängigen Versionen bekannt und besagt, daß in jedem Menschen ein Etwas ist, das nach dem Tod immer wieder ins Leben zurückkehren muß, bis er seine psychologischen Strebungen und Neigungen völlig verarbeitet hat. Gurdjeff pflegte dieses Thema meist kurz abzutun und war wenig geneigt, sich darüber auszusprechen, da es eher den Reiz eines intellektuellen Puzzle-Spiels

DIE VIER KÖRPER UND DER SCHÖPFUNGSSTRAHL

ABSOLUTES	○		
ALLE WELTEN	○	3 GESETZE	
ALLE SONNEN	○	6 GESETZE	VIERTER LEIB: GÖTTLICHER LEIB ODER KAUSATIVER LEIB, BEWUSSTSEIN, WILLE
UNSERE SONNE	○	12 GESETZE	DRITTER LEIB: GEISTLEIB ODER SPIRITUELLER LEIB, GEIST
ALLE PLANETEN	○	24 GESETZE	ZWEITER LEIB: ASTRALLEIB ODER KESDJAN-LEIB, GEFÜHLE, WÜNSCHE
ERDE	○	48 GESETZE	ERSTER LEIB: PHYSISCHER ODER FLEISCHLICHER LEIB
MOND	○	96 GESETZE	

als praktische Bedeutung hat. Uspenski drängte ihn einmal, seine Ansicht über dieses Thema zu äußern.

»Die Idee der wiederholten Erdenleben«, sagte Gurdjeff, »ist nicht die volle, absolute Wahrheit, sie kommt aber der Wahrheit so weit wie überhaupt möglich nahe. In diesem Fall kann die Wahrheit nicht mit Worten ausgedrückt werden. Aber was ich sagt, kommt ihr sehr nahe. Und wenn ihr begreift, warum ich nicht davon spreche, seid ihr ihr noch näher. Was nützt es dem Menschen, etwas über die Wiederverkörperung zu wissen, wenn er sich ihrer nicht bewußt ist und wenn er selbst sich nicht ändert? Man kann sogar sagen, daß, wenn der Mensch sich nicht ändert, die Wiederkehr für ihn so gut wie nicht geschehen ist. Wenn man zu ihm von der Wiederkehr spricht, wird sein Wachschlaf nur um so tiefer. Warum sollte er sich jetzt anstrengen, wenn er noch so viel Zeit und so viele Möglichkeiten – die ganze Ewigkeit – vor sich hat? Darum eben sagt das Lehrsystem nichts über wiederholte Erdenleben und hält sich nur an das Leben, das wir kennen. Das Lehrsystem hat keinerlei Sinn oder Bedeutung ohne das Streben nach Selbstveränderung. Und die Arbeit an der Selbstveränderung muß heute, auf der Stelle, beginnen. Alle Gesetze können in diesem einen Leben erkannt werden. Das Wissen von der Wiederverkörperung kann dem nichts hinzufügen, wenn der Mensch nicht sieht, wie sich alles in einem, d. h. in diesem Leben wiederholt, und wenn er nicht danach strebt, sich zu ändern, um dieser Wiederholung zu entkommen. Wenn er jedoch etwas Wesentliches in sich verändert, wenn er etwas erreicht, kann das Erreichte nicht verlorengehen« (Uspenski, 1949, p. 250).

Dieser innere Wandel ist das Ziel jeder religiösen Lehre und Praxis; denn er kann es dem Menschen ermöglichen, moralisch, harmonisch und ewig zu leben. Der Mensch in seiner höchstentwickelten Form assimiliert die Nahrung, die Luft und die Eindrücke, die er als sein täglich Brot empfängt, auf vollkommene Weise; denn er ist erfahren in der Kunst, sich selbst die beiden Bewußtseins-Stöße zu geben, die für das vollendete Funktionieren seines Stoffwechsels nötig sind. Das ist das Ziel des Studien- und Übungssystems, das Gurdjeff seinen Schülern vermittelte und das als das »Gurdjeffsche Werk« bekannt ist.

Das Gurdjeffsche Werk

»Wenn der Mensch begreifen könnte, wie grauenvoll das Leben des Normalmenschen ist, der sich um belanglose Interessen und Ziele im Kreis dreht, wenn er begreifen könnte, was ihm dabei entgeht, würde er einsehen, daß für ihn nur eines wichtig sein kann: dem allgemein gültigen Gesetz zu entfliehen, frei zu werden. Was kann für einen zum Tode Verurteilten im Gefängnis von Bedeutung sein? Nur eines: Wie er sich retten, wie er entkommen kann, sonst nichts« (Uspenski, 1949, p. 364).

Die Methode der Selbst-Entwicklung, die Gurdjeff lehrt, stellt den Versuch dar, den einzelnen von der schweren Bürde der Gesetze zu befreien, unter der die Menschheit aufgrund ihrer Stellung innerhalb des Universums zu leben gezwungen ist. Die Gurdjeffsche Technologie ermöglicht es, die Auswirkungen des Kundapuffer genannten Organs aufzuheben, Energie-Lecks zu stopfen und die Mechanismen des Körpers so umzustellen, daß sie imstande sind, sich verschiedene Nährstoffe anzuverwandeln, die Persönlichkeit gegenüber dem Wesen in die Passivität zu drängen, Wissen und Sein zu stärken, die vier Körper des Menschen zu entwickeln und den ersten und zweiten Bewußtseins-Stoß zu erzeugen.

Damit der einzelne sich von einem der drei Typen des Normalmenschen aus zu einer höheren Seinsform entwickeln kann, muß das Wesen sich zu einem konstanten, einheitlichen Ich kristallisieren. Das geschieht zum großen Teil dadurch, daß ein Kampf zwischen Wesen und Persönlichkeit in Gang gesetzt wird. Beide, Wesen und Persönlichkeit, sind für das Werk der Höherentwicklung nötig: das Wesen muß Persönlichkeit haben, sonst hat es nicht den Wunsch, sich höher zu entwickeln. Die Persönlichkeit liefert das Material, an dem gelernt wird, Widerstände zu überwinden, Versuchungen zu widerstehen, Selbsttäuschungen abzubauen; indem es mit der Persönlichkeit kämpft und sich an ihr erprobt, gewinnt das Wesen an Kraft und Reife. Dieser Kampf ist das, was der Islam ursprünglich mit dem Wort »heiliger Krieg« meinte; je ausgewogener das Kräfteverhältnis der beiden sich bekämpfenden Seiten ist und je intensiver sie aneinandergeraten, desto schneller tritt die von der so erzeugten Wärme abhängige Kristallisation ein.

Die günstigsten Bedingungen für diese Arbeit oder diesen Krieg bietet das Alltagsleben des Menschen; denn die Umwelt, die Beziehungen, die Gewohnheiten und Verpflichtungen eines Menschen, spiegeln die spezielle Art seines gewohnheitsmäßigen Funktionierens und seiner Persönlichkeitsentwicklung wider. Sie kann beobachtet und als Energieverschwendung und fehlerhaftes Arbeiten der Zentren diagnostiziert und bis zu einem gewissen Grad verändert werden. Die Selbst-Erforschung kann also unter Alltagsbedingungen effektiver durchgeführt werden.

Da keine Notwendigkeit besteht, sein Zuhause, seine Familie, seinen Beruf aufzugeben, bietet das Gurdjeffsche Werk einen leichteren Zugang zum Pfad der Selbstentwicklung als andere Systeme, die an den Menschen die Forderung stellen, sich von der Welt zurückzuziehen. Hat man sich aber einmal darauf eingelassen, ist der Prozeß nicht weniger mühsam.

Der vierte Weg

Das Gurdjeffsche Werk nimmt alle drei Stockwerke bzw. Gehirne des Menschen, d.h. die intellektuellen, emotionalen und motorisch-instinktiven Funktionen, in Anspruch und versucht, ihre Prozesse auszubalancieren und zu harmonisieren. Die Arbeit konzentriert sich nicht vorrangig auf eine dieser Funktionen, wenn auch der einzelne oft für einige Zeit einem bestimmten Zentrum mehr Aufmerksamkeit widmen muß, um eine durch Nichtgebrauch entstandene Atrophie zu beheben; das ist z. B. der Fall, wenn ein kalter, rationaler Mensch mühsam lernen muß, seinen Gefühlen Ausdruck zu geben, oder ein sehr impulsiver, sich zurückzuhalten und erst nachzudenken.

Darin, daß es an allen drei Funktionen gleichzeitig arbeitet und ein normales Leben in der Alltagswelt erlaubt, ja sogar fordert, unterscheidet sich das Gurdjeffsche Werk von den drei traditionellen religiösen Pfaden. Diese Pfade oder Wege entsprechen den 3 Typen des Normalmenschen, dem Menschen Nr. Eins, Nr. Zwei und Nr. Drei. Je nachdem welche der drei Funktionen jeweils relativ als bedeutungslos oder besonders aber wichtig gilt, unterscheidet man drei traditionelle Wege:

1. den Weg des Fakirs,
2. den Weg des Mönchs,
3. den Weg des Yogi.

Der Fakir entwickelt die Herrschaft über das unterste Stockwerk, den physischen Leib, indem er schwierige Körperstellungen einnimmt oder sich entsprechenden Übungen unterzieht. Manche Fakire nehmen eine besondere mühsame Haltung ein – etwa auf einem Bein stehen oder sich auf Fingern und Zehen im Gleichgewicht halten – und verharren so jahrelang. Damit stählen sie den Willen. Der Weg des Fakirs erfordert kaum Kenntnisse. Die Schüler halten sich einfach in der Nähe des Fakirs auf und lernen durch Nachahmung. Wenn ein Fakir tatsächlich einen unbeugsamen Willen erworben hat, muß er immer noch die beiden anderen Grundfunktionen zur Entfaltung bringen, und sollte er wirklich einmal von einem erfahrenen Lehrer entdeckt und als Schüler angenommen werden, mag das auch möglich sein.

Der Weg des Mönchs ist der Weg der Andachtsübung, der religiösen Opferhandlungen und des Glaubens. Auf diesem Weg tritt hauptsächlich das Gefühlszentrum in Aktion; er spricht den Menschen Nr. Zwei an. Die Gefühle werden transzendiert, und die Selbst-Beherrschung ist erreicht, wenn alle niedrigeren Wünsche sich der Liebe zu Gott untergeordnet haben. Doch selbst wenn dieser Zustand erreicht ist, ist der Mönch nur ein »einfältiger Heiliger«, wenn er nicht auch seine physischen und intellektuellen Funktionen entsprechend entwickelt.

Der Weg des Yogi ist der Pfad der Erkenntnis; er entspricht dem intellektuellen Zentrum und dem Menschen Nr. Drei. Aber auch hier ist zu sagen: selbst wenn der Yogi sein Ziel erreicht, ist er noch nicht Herr der emotionalen und physischen Aspekte seines Daseins, und neue Anstrengungen und neues Lernen sind nötig, wenn die vollendete Einheit erlangt werden soll.

Fakire, Mönche und Yogis müssen der Welt entsagen, ihre Familie verlassen und ihre ganze Energie der eigenen Entwicklung widmen; erste Voraussetzung für den einzelnen ist, daß seine Vergangenheit für ihn tot ist, wenn er etwas von bleibendem Wert erreichen will. Der vierte Weg fordert von dem, der ihn betreten will, »in der Welt, aber nicht von dieser Welt zu sein«, wie die Sufi sagen, d. h., der Sucher entsagt der Entsagung.

Die Lebenssituation des einzelnen wird hier mit einbezogen, daher ist dieser Weg für jeden Menschentyp begehbar. Die Arbeit wird auf allen drei Stockwerken der »Nahrungsmittelfabrik« gleichzeitig betrieben, so daß, wenn das Endergebnis erreicht ist, alle drei Grundfunktionen daran teilhaben. Das Gurdjeffsche Werk steht in der Tradition der Schulen des vierten Wegs.

Die Namen der vier Wege werden Forschern auf dem Gebiet der Weltreligion nicht als irreführend erscheinen, wenn sie bedenken, daß die Zugehörigkeit einer bestimmten Sekte oder Tradition zu einem der Wege nicht davon abhängt, ob sich ihre Anhänger Mönche oder Yogis nennen, sondern von der jeweiligen Dominanz eines bestimmten Zentrums. Ein Zen-Mönch, der über ein *koan* meditiert, folgt, obwohl er sich Mönch nennt, dem Pfad des Yogi, so wie er hier definiert wird; wer das Bhakti-Yoga, das Yoga der Hingabe, praktiziert, ist auf dem Weg des Mönchs.

Schulen des vierten Wegs existieren zuweilen innerhalb religiöser Gruppen des Fernen Ostens oder des Mittleren Ostens. Sie sind jedoch im Osten sehr selten und im Westen noch seltener.

Der Anfang

Wer nach den Methoden Gurdjeffs an sich selbst arbeiten will, muß darauf gefaßt sein, zu Beginn auf Hindernisse zu stoßen. Da ist zuerst das Problem, wie man eine Gruppe findet, was nicht so einfach ist wie ein Kloster oder das Ashram eines Yogi ausfindig zu machen. Die Menschen, die Gurdjeffs Techniken praktizieren, sind meist unauffällig, da sie wie jeder andere ihren alltäglichen Beschäftigungen nachgehen. Und sie haben kaum missionarische Neigungen; Gruppen, die Proselyten machen, sind höchst wahrscheinlich nur Epigonen.
Gurdjeff betonte immer wieder, daß Erkenntnis nicht für alle ist, nicht einmal für die Mehrheit der Menschen, nicht, weil es Geheimnisse gäbe, die nur wenigen Auserwählten zugänglich wären, sondern weil der Erwerb wirklichen Wissens große Anstrengungen von seiten des Lehrers wie auch des Schülers, des Meisters und des Jüngers erfordert; und diese Anstrengungen werden von Leuten, die sich für Sucher halten, oft nicht sehr geschätzt. Wie alles andere auch ist Wissen ein Stoff innerhalb der Natur, und wie jede andere Art von Materie ist es zu einer bestimmten Zeit an einem bestimmten Ort nur in begrenzter Menge vorhanden. Gurdjeff verglich Wissen einmal mit Gold:

»Wenn wir eine bestimmte Menge Gold nehmen und eine bestimmte Anzahl von Gegenständen damit zu vergolden beschließen, müssen wir wissen, bzw. berechnen, wie viele Gegenstände man mit dieser Menge Gold vergolden kann. Wenn man sehr viele Gegenstände zu vergolden versucht, werden sie nur stellenweise mit Gold bedeckt sein und häßlicher aussehen, als wenn sie überhaupt kein Gold an sich hätten; das Gold wird also praktisch vergeudet.
Die Verteilung von Wissen basiert auf genau demselben Prinzip. Wenn Wissen an alle ausgeteilt wird, bekommt keiner etwas. Wenn wenige es für sich behalten, empfängt nicht nur jeder genug, er kann auch das Empfangene noch vermehren. Auf den ersten Blick sieht diese Theorie sehr ungerecht aus, da die Lage derer, denen Wissen sozusagen vorenthalten wird, damit andere einen größeren Anteil haben, sehr traurig und unverdient hart erscheint. In Wirklichkeit jedoch ist dem ganz und gar nicht so; es besteht bei der Verteilung des Wissens nicht die mindeste Ungerechtigkeit« (Uspenski, 1949, p. 37).

Nichts wird verheimlicht, keinerlei Wissen vorenthalten, doch Gur-

djeff betont: »Wer Wissen will, muß sich zuerst einmal selbst anstrengen, um die Quelle des Wissens zu finden und sich ihr zu nähern, wobei er die Hilfe und die Hinweise, die allen gegeben, in der Regel aber nicht gesehen oder akzeptiert werden, nutzen sollte; Wissen kann dem Menschen nicht ohne eigenes Bemühen zufallen (Uspenski, 1949, p. 39).
Damit ist die Frage nach der Bezahlung eng verknüpft. Manche Leute meinen, alles, was mit spiritueller oder Selbst-Entwicklung zusammenhängt, müsse gratis sein; nach Gurdjeff ist das jedoch ein radikales Mißverständnis. Für esoterische Erkenntnis muß, wie für alles auf der Welt, bezahlt werden – nicht nur mit der Anstrengung, die es kostet, sie zu finden und zu assimilieren, sondern auch mit regulären Geldzahlungen. Wie Freud erkannte auch Gurdjeff, daß die Menschen das, wofür sie nichts zu zahlen brauchen, nicht zu schätzen wissen. Uspenski drückt das so aus:

»*Bezahlung ist eine Prinzipienfrage*. Die Bezahlung ist nicht für die Schule notwendig, sondern für die Leute selbst; denn ohne Bezahlung haben sie nichts von der Sache. Der Grundsatz der Bezahlung ist sehr wichtig, und man muß einsehen, daß Bezahlung absolut notwendig ist. Sie kann auf diese oder jene Weise geschehen, jeder muß selbst herausfinden, wie. Doch kann niemand etwas bekommen, ohne dafür zu zahlen. Es wird einem nichts geschenkt, man muß alles kaufen. Das ist eine magische Realität. Wenn ein Mensch Wissen besitzt, kann er es einem anderen nicht schenken; nur wenn der andere dafür bezahlt, kann er es haben. Das ist ein kosmisches Gesetz« (Uspenski, 1954, p. 280).

Der Begriff des guten Hausvaters ist an dieser Stelle wichtig. Tüchtigkeit und Kompetenz im weltlichen Leben sind die Voraussetzung für kraftvolle innere Arbeit. Die für diese Art innerer Arbeit geeignetsten Kandidaten haben einen Beruf, in dem sie etwas leisten und der in der Öffentlichkeit Ansehen genießt. Wenn ein Mensch etwas gut kann, erwirbt er die Fähigkeit, eine Aufgabe gründlich von Anfang bis Ende durchzuführen. Außerdem verschafft er sich damit eine solide finanzielle Grundlage, die ihm erlaubt, seine Aufmerksamkeit auf seine innere Arbeit zu richten.

Stationen auf dem Weg

Die Arbeit nach der Gurdjeffschen Methode besteht weitgehend aus Gruppen-Aktivitäten. Mehrere um einen Lehrer versammelte Menschen können zu gegenseitigem Nutzen ein Kraftzentrum bilden, das einer zwar hingebungsvoll, aber isoliert arbeitenden Person nicht zu Gebote steht. Die Gruppe ist dazu da, für die Arbeit des einzelnen an sich selbst günstige Bedingungen zu schaffen, Energie und, durch zwischenmenschliche Reibung, psychologische Wärme zu erzeugen, welchselseitige Hilfe zu ermöglichen und noch einiges andere mehr. Teil einer solchen Gruppe zu werden und Beziehungen zu einem Lehrer aufzunehmen macht den ersten Teil der Gurdjeffschen Arbeit aus. Bücher und Artikel lesen, Übungen auf eigene Faust durchführen kann eine sinnvolle Vorbereitung sein; doch ohne Gruppencooperation und ohne Führung durch einen anderen, der einem in der Arbeit schon weiter voraus ist, werden selbst die besten Absichten allmählich unausweichlich durch die allen Prozessen inhärente Diskontinuität von ihrem ursprünglichen Ziel abgelenkt, wie wir es bei der Betrachtung des Gesetzes der Sieben gesehen haben.

Ist der erste Schritt getan und eine Arbeitsgruppe gefunden, hängt die genaue Reihenfolge der Stadien und Phasen der Arbeit von der individuellen Art der Entfaltung des einzelnen ab. Was für den einen fundamentale Voraussetzung ist, kann für den anderen nutzlos sein. Aus diesem Grund, unter anderen, werden die praktischen Anweisungen der esoterischen Lehre immer mündlich übermittelt. So individuell aber in Praxis auch der Arbeitsvorgang beim einzelnen ist und sein muß, so lassen sich doch einige allgemeine Richtlinien für die Arbeit aufstellen. In Gurdjeffs Lehre gibt es drei Arbeitsphasen: Arbeit für und an sich selbst, Arbeit mit anderen und für sie, Verarbeitung der Gedanken des Gurdjeffschen Werkes und Arbeit für das Werk selbst. Diese drei Richtlinien entsprechen ungefähr den drei Grundfunktionen, dem motorisch-instinktiven, dem emotionalen und dem intellektuellen Zentrum. Die Arbeit kann nach allen drei Richtungen hin zugleich anfangen oder auch nicht, in jedem Fall aber liegt zuerst das Hauptgewicht auf der ersten Phase, später richtet sich die Aufmerksamkeit mehr auf die zweite, und nur die fortgeschritteneren Schüler konzentrieren ihre Energie hauptsächlich auf die dritte Arbeitsphase.

Die erste Arbeitsphase

Die Arbeit in der ersten Richtung besteht in dem Versuch, die alte Weisung »erkenne dich selbst« ernsthaft zu realisieren. Dabei wird auf verschiedenen Wegen Selbsterkenntnis und die Erkenntnis der natürlichen Ordnung der Dinge gesucht und gleichzeitig das Bewußtsein erweitert und gestärkt, damit eine höhere Daseinsstufe erreicht werden kann. In dieser Phase beginnt die Arbeit im allgemeinen mit dem Sammeln von Kenntnissen über die eigenen Funktionen, ohne daß schon der Versuch gemacht würde, sie zu verändern. Selbst im Zustand der für den Normalmenschen üblichen dumpfen Unaufmerksamkeit ist es noch möglich, charakteristischer eigener Manifestationen (Gang, Haltung, Stimmklang, Gesichtsausdruck) flüchtig gewahr zu werden. Diese in wiederholten, wenn auch kurzen Momenten der Selbstbeobachtung gesammelten Daten können zum Verständnis des Begriffs der vielen Iche und seine Anwendung auf das eigene Leben dienen, sie können dazu benutzt werden, die wechselseitig bezogenen Aktivitäten der Zentren zu erforschen, die Wege zu beobachten, auf denen jeden Tag Energie versickert, das Vorhandensein von Pufferzonen zu entdecken und spezifische Reaktionen den jeweils entsprechenden Zentren zuzuordnen.

In dem Maß, in dem die Arbeit der Selbsterkenntnis von der Beobachtung körperlicher Gewohnheiten zur Beobachtung von emotionalen Reaktionen und von Denkmustern fortschreitet, können Augenblicke der »Selbst-Erinnerung« – blitzartige Erleuchtungen aus der dritten Bewußtseinsstufe – auftreten und immer klarer und häufiger werden. Nicoll beschreibt den Vorgang so: »Selbst-Erinnerung ist das Allerwichtigste; sie hat viele Grade und Stadien. Jeder kann, in begrenztem Maß, anfangen, Selbst-Erinnerung zu üben und zu verstehen. Es gibt nur eine einzige vollkommene Selbst-Erinnerung, aber es gibt auf dem Weg zu ihr viele Stufen« (Nicoll, 1962, p. 457).

Selbst-Erinnerung bedeutet nicht einfach Selbstbeobachtung, obwohl auch diese schon schwierig genug ist; sie ist verbunden mit einer bestimmten unverwechselbaren Art von Aufmerksamkeit, die jedoch schwer zu beschreiben ist, so wie der Geschmack von Salz jemandem, der es nie gekostet hat, nicht vermittelt werden kann, doch leicht wiedererkannt wird, wenn er einmal bekannt ist. Diese eigentümliche Empfindung tritt ein, wenn der Mensch sich den Ersten Bewußtseins-Stoß gibt. Tracol (1968) versichert, daß, »ob sie nun aktiv ist oder nicht, die Möglichkeit in mir angelegt ist, mir in bestimmten Augenblicken meiner eigenen Gegenwart – ich, hier, jetzt – bewußt zu werden. Dieses Erlebnis wird von einer seltsam vertrauten eigentümlichen Empfindung begleitet, die »genuin« subjektiv genannt werden könnte. Es ist ganz schlicht das Ich. Ich erkenne mich selbst. Ich besinne mich auf mich selbst. Ich.« In den Augenblicken der Selbst-Erinnerung ist die Aufmerksamkeit zwischen der unmittelbaren Umwelt und dem eigenen inneren Selbst geteilt. Die Wahrnehmungen sind klar und unverzerrt, die äußeren wie auch die inneren. Nach Uspenski (1949, p. 121) treten die Augenblicke der Selbst-Erinnerung spontan auf, und das meiste von dem, was wir lebhaft erinnern, wird in solchen blitzartigen Erhellungen vergegenwärtigt. Der gezielte Versuch, solche Augenblicke willentlich zu erzeugen, sie zu verlängern und zu vertiefen, ist das zentrale Anliegen der ersten Arbeitsphase.

Parallel zu dem Bemühen um Selbstbeobachtung und Selbst-Erinnerung kann der Versuch unternommen werden, die Selbsterkenntnis durch bewußte kleine äußere Eingriffe zu erweitern und zu vertiefen. Man kann bestimmte Aspekte des äußeren Verhaltens verändern und mit diesen Veränderungen die nachlassende Aufmerksamkeit wieder wecken; so kann man z. B. schon dadurch, daß man die Zigarette in der linken Hand statt wie gewohnt in der rechten hält oder seine normale Gangart beschleunigt bzw. verlangsamt, eine bedeutende Verbesserung der allgemeinen Bewußtseinslage erreichen. Ändert man seine Gewohnheiten, muß man das allerdings sehr vorsichtig tun, da, wie Gurdjeff wiederholt betonte, der Organismus ein höchst empfindlicher Mechanismus und jede Modifizierung irgendeiner Gewohnheit immer anderswo eine entsprechende Umstellung nach sich zieht. Eine solche Umstellung ist oft unvorhersehbar und manchmal sehr unerwünscht.

Das Bemühen, sich den ganzen Tag über seiner selbst bewußt zu sein, wird durch stille Meditation am Morgen vor Beginn der alltäglichen Verrichtungen gefördert. Anfangs wird diese Zeit des ruhigen Dasitzens nur physische Entspannung bewirken und ein erhöhtes allgemeines Körperbewußtsein, das durch die Konzentration der Aufmerksamkeit auf körperliche Empfindungen hervorgerufen wird. In dem Maß, wie der Schüler Fortschritte macht, kommen viele andere Techniken hinzu, immer unter der Voraussetzung, daß die Fähigkeit der Körperwahrnehmung als feste Grundlage entwickelt worden ist. In dieser Phase des ruhigen Sitzens wird zeitweise die Methode der reinen Aufmerksamkeit angewandt, manchmal auch eine ständig wiederholte Frage, z. B. »Wer bin ich?«, zum Kontemplationsgegenstand gemacht.

Die in der Meditation durchlaufenen verschiedenen Stadien der inneren Entwicklung sind die bei derartigen Übungen allgemein üblichen. Zuerst zeigt sich, daß der Geist außerordentlich aktiviert wird und sein dauerndes Geplapper allen Versuchen trotzt, zur inneren Stille und zur reinen Konzentration auf den physischen Körper zu gelangen. Allmählich läßt dann die wachsende Vertrautheit mit den inneren Prozessen einige Identifikationen samt ihren unberechenbaren Schwankungen sichtbar werden, und es kommt zu Augenblicken erhellten Bewußtseins. In dem Maß, wie die Meditation größere Tiefe erreicht, können die Momente der Selbst-Erinnerung während des aktiven täglichen Lebens in den meditativen Zustand mit einbezogen werden; damit gewinnen auch sie an Intensivität und Glaubwürdigkeit. Wenn die Wirkungen der Selbst-Erinnerung sich akkumulieren und zu einer Erhöhung des Daseins-Niveaus führen, wächst auch die Einsicht in die verschiedenen Äußerungsformen der eigenen Person. Zeichenhafte Figuren tauchen auf, die echte Selbsterkenntnis ermöglichen und jene Art von Wärme und Licht erzeugen, die für den Kampf zwischen Wesen und Persönlichkeit bezeichnend sind. Nicoll beschreibt eines der vielen Stadien dieses Prozesses wie folgt:

»Das, was wir in Wirklichkeit sind, und das, was wir zu sein glauben und vorgeben, sind zwei unvereinbare Gegensätze. Diese zwei gegensätzlichen Seiten gibt es ausnahmslos in jedem Menschen. Die Arbeit an uns selbst macht, sobald der Wunsch nach ihr in uns auftaucht, allmählich, im Verlauf vieler Jahre, diesen Gegensatz bewußt. Dann fängt man an, von allen möglichen Versuchen der Selbst-Rechtfertigung, von Ausflüchten und Widerständen begleitete Anzeichen echten Leidens zu spüren, bis man der Selbst-Rechtfertigungen, der Ausflüchte usw. von selbst überdrüssig wird. Damit ist ein neues Stadium, ein deutlicher Schritt voran auf dem Weg der Selbstentwicklung erreicht« (Nicoll, 1952, p. 456).

Selbsterkenntnis entwickelt sich zugleich mit einer immer klareren Vorstellung vom eigenen Lebensziel. Das Engagement für freiwillige Anstrengung und gewolltes Leiden müssen sich in dem Maß verstärken, wie die Reibungen zwischen dem Wesen und der Persönlichkeit zunehmen, andernfalls ist der Mensch nicht länger gewillt, den dabei entstehenden Schmerz noch länger auszuhalten. Das persönliche Lebensziel kann auf verschiedene Weise formuliert werden. Für den einen heißt es: »Ich will Herr meiner selbst sein«, während es für den anderen heißt: »Ich möchte imstande sein, Gutes zu tun«. Wie es auch formuliert wird, es zeigt an, auf welcher Ebene in einem gegebenen Zeitpunkt die Vorstellungen des Betreffenden von der Richtung seiner

Arbeit an sich selbst angesiedelt sind. An diesem Ziel müssen von nun an alle seine Motive, Taten, Bestrebungen gemessen werden, auf ihm gründet sich seine neue Ethik; denn was der inneren Arbeit nützt, ist gut, was nicht, muß abgetan werden.

Die erste Arbeitsphase geht mit dem Erlernen der äußeren Rücksicht nahtlos in die zweite über. Zuerst aber ein Wort über das, was der Grundzug genannt wird. Wie wir gesehen haben, ist der erwachsene Mensch durch Inkonsistenz und die Pluralität vieler Iche gekennzeichnet. Nichtsdestoweniger hat jeder ein Hauptmerkmal, einen Pfeiler, auf dem seine ganze Persönlichkeit ruht oder um den sie, könnte man sagen, sich dreht. Dieser »Grundzug« ist für den Betreffenden selbst fast immer unerkennbar, die Menschen seiner Umgebung können jedoch gewöhnlich präzise Aussagen über ihn machen. Spitznamen geben oft aufschlußreiche Hinweise auf den Grundzug. Obwohl dem Schüler Hinweise und Hilfestellungen bei seiner Arbeit an sich selbst gegeben werden, ist es im allgemeinen seine eigene Aufgabe, durch Zusammenschau der in der Selbstbeobachtung gesammelten Daten festzustellen, was sein Grundzug ist. Sobald er einmal erkannt ist, kann er als Instrument beim Abbau der Persönlichkeit dienen, so daß das Wesen in seinem Kampf gegen sie gestärkt wird. Uspenski schildert Gurdjeffs Art, Leuten aus seiner Gruppe ihren Grundzug vor Augen zu stellen, anhand folgender Episode:

»Es kann keine echte äußere Rücksicht geben, solange der Mensch auf seinem Grundzug festsitzt«, sagte Gurdjeff. »Zum Beispiel So-und-So« (er nannte einen der Anwesenden bei Namen);

»Sein Grundzug ist, daß er *nie zu Hause* ist. Wie kann er je auf etwas oder jemanden Rücksicht nehmen...?«

Einem anderen in der Gruppe antwortete er auf dessen Frage nach seinem Grundzug, daß sein Grundzug sei, *überhaupt nicht* zu existieren.

»Ich sehe dich nicht, verstehst du«, sagte Gurdjeff. »Das heißt nicht, daß du immer so bist. Aber wenn du so wie jetzt bist, existierst du gar nicht«.

Zu einem anderen sagte er, sein Grundzug wäre die Neigung, immer mit allen über alles zu streiten.

»Aber ich streite doch nie«, erwiderte der Mann sofort sehr heftig. Alle brachen in Lachen aus (Uspenski, 1949, p. 268).

Wenn die Selbsterforschung die Tatsachen über die wirklichen Vorgänge im Menschen zutage fördert und die Persönlichkeit bis zu einem gewissen Grad durchschaut wird, verliert diese an Kraft, und der Würgegriff, in dem sie das Wesen hält, lockert sich. Sie ist nicht mehr ganz so glaubwürdig: Identifikation ist nicht länger unvermeidlich.

Nun wird eine Form der Arbeit möglich, die ein gewisses Maß an Selbstbeherrschung erfordert; die Arbeit im Zusammenwirken mit anderen Menschen, die zweite Arbeitsphase.

Die Bewegungen

In der ersten Arbeitsphase werden rhythmisch-gymnastische Bewegungen, die Gurdjeff aus vielen mittel- und fernöstlichen Quellen übernommen und an seine Methode adaptiert hat, als Hilfen benutzt. Man muß sie sich als eine Art tätiger Meditation vorstellen, obwohl sie auch etwas von einer Kunstform und einer Sprache haben. Beim Ausführen dieser Bewegungen geht es darum, seine Aufmerksamkeit zu teilen und sich jedes seiner Glieder bewußt zu sein; denn oft müssen dabei der Kopf, die Arme, die Hände und Füße verschiedenen Rhythmen gehorchen, und es ist unmöglich, die Bewegungen ohne einen Akt äußerster Konzentration auszuführen. Richtiges Funktionieren der Zentren und kontinuierliche Bewußtheit sind die Voraussetzung dafür, daß sie vorschriftsmäßig gelingen. Ein einziger Irrtum, ein Moment der Unaufmerksamkeit kann das ganze komplizierte Zählsystem aus dem Takt bringen und den Bewußtseins-Lapsus des Schülers offenbaren.
Diese rhythmischen Bewegungen stellen eine einzigartige Herausforderung an die Fähigkeit der Leute dar, die zwar bis zu einem gewissen Grad im Stillsitzen meditieren können, aber versuchen möchten, ihren Zustand gesammelter Aufmerksamkeit auf eine aktivere Daseinsform auszudehnen. Sie werden nach Musik ausgeführt, die das Gefühlszentrum aktiviert; das intellektuelle Zentrum, das aufpassen muß, was als nächstes zu geschehen hat, und die motorisch-instinktive Funktionsebene, die alle persönlichen Neigungen und Idiosynkrasien überwinden und für die vorschriftsmäßige Ausführung der Bewegungen sorgen muß, sind ebenfalls beteiligt.
Man sagt, die Bewegungen seien eine Art objektiver Kunst, eine Kunstform, die bewußt konzipiert wird und auf die Teilnehmer und Zuschauer ohne Unterschied die von ihr beabsichtigte Wirkung ausübt. Wie balinesische oder indonesische Tänze stellen die Bewegungen eine Art von Signalapparat, eine symbolische Kommunikationsmethode dar. Jede Stellung hat ihre eigene Bedeutung und kann von denen, die in den Code eingeweiht sind, entschlüsselt werden. Die

Bewegungsformen sind zwar verschiedenen Ursprungs, der wichtigste Herkunftsort ist aber vielleicht ein im Hindukusch verborgenes Kloster, in das man Gurdjeff führte und in dem er sah, wie priesterliche Tänzerinnen Tempeltänze lehrten, wobei sie ein höchst merkwürdiges Gerät benutzten:

»Vom äußeren Ansehen her machten diese eigenartigen Geräte auf den ersten Blick den Eindruck, als wären sie in uralter Zeit hergestellt worden. Sie bestanden aus Ebenholz, das mit Elfenbein und Perlmutter eingelegt war. Wenn sie nicht in Gebrauch, sondern zusammengestellt waren, erinnerten sie an »Vasanelia« – Bäume mit gleichlangen Ästen. Bei näherem Zusehen bemerkten wir, daß jedes Gerät aus einer mehr als mannshohen glatten Säule bestand, die auf einem Dreifuß ruhte. Von dieser Säule gingen an sieben Stellen jeweils anders geformte Äste aus; diese teilten sich ihrerseits wieder in sieben verschieden große Zweige, die je nach Abstand von der Hauptsäule an Länge und Breite abnahmen...« (Gurdjeff, 1963, p. 160).

Ein Bericht aus neuerer Zeit über vermutlich dasselbe Kloster stammt von Desmond Martin:

»Das bei weitem Eindruckvollste war ein aus Gold oder anderen Metallen bestehender verzweigter Baum, den ich unglaublich schön fand und der einem babylonischen Kunstwerk glich, das ich im Bagdader Museum gesehen hatte. Er diente dazu, die von den Derwischen bei ihren yogaähnlichen Übungen eingenommenen Haltungen zu bezeichnen, die sie nach einer speziellen Musik zum Zweck ihrer Selbst-Entwicklung ausführen« (Martin, 1966, p. 22).

Das Kloster war das der Sarmuni-Bruderschaft, eines Sufi-Ordens, dessen Ideen von der Materialität des Wissens und von den universalen Gesetzen wahrscheinlich die Quelle der kosmologischen Grundprinzipien Gurdjeffs sind.

Die zweite Arbeitsphase

»Das Schwerste für den Menschen«, sagte Gurdjeff, »ist, die Lebensäußerungen anderer zu ertragen« (Nott, 1961). Die zweite Arbeitsphase bietet spezielle Voraussetzungen und Hilfen, die das Bemühen, sich der Art seiner Beziehungen zu anderen bewußt zu werden, unterstützen, und schafft Gelegenheiten, neue Formen des Zusammenseins mit anderen zu erproben. So wie die gewöhnlichen Reaktionen des physischen Körpers Gegenstand detaillierter Studien sein können, so können auch emotionale Reaktionsmechaniken der Beobachtung und Analyse unterzogen werden. Sie sind seit den Anfängen der Psychoanalyse deren primäres Forschungsobjekt. Die Gurdjeffsche Arbeit unterscheidet sich jedoch von anderen Methoden der Selbsterforschung grundsätzlich durch die Überzeugung, daß negative Gefühle absolut nicht notwendig sind und daß man (obwohl sie im Inneren zu beobachten sind) ihre Manifestationen unterdrücken kann, ohne Gefahr zu laufen, in einem anderen Gewohnheitsmechanismus dadurch unerwünschte kompensatorische Vorgänge auszulösen. Von Menschen, die sich um Selbsterinnerung bemühen, wird daher verlangt, daß sie negative Gefühle (die, wie schon ein flüchtiger Blick zeigt, im normalen Alltagsleben den größten Teil aller emotionalen Erlebnisse ausmachen) nicht äußern. Nicoll beschreibt die ersten Stadien dieses Prozesses so:

»Ich möchte Sie an den ersten Schritt erinnern: es wird nicht von uns verlangt, daß wir Zuneigung empfinden, sondern daß wir keine Abneigung und alles, was damit zusammenhängt, mehr haben. Das ist ein praktischer Ausgangspunkt. Später, wenn Sie dann ein negatives Gefühl genau so heftig wie Magenschmerzen als einen Fremdkörper in Ihrem Innern empfinden, werden Sie aus eigenem Antrieb an sich selbst zu arbeiten versuchen und Ihren inneren Zustand um Ihrer eigenen Gesundheit willen ändern« (Nicoll, 1952, p. 695).

Die Unterdrückung negativer Gefühle ist ein ungeheuer schwieriges Unterfangen, das den Kampf zwischen dem Wesen und der Persönlichkeit oft schmerzhaft intensiviert. In dem Maß, wie das Wesen reifer wird, beginnen die standardisierten Gefühlsmuster, die die Persönlichkeit durch Aneignung der von Eltern und Lehrern vermittelten Konventionen erworben hat, abzufallen. Echte Empfindungen tauchen auf und verändern die Qualität der Gefühle, die auf andere Menschen nach außen und auf das eigene Wesen nach innen gerichtet werden. Nach Nicoll weisen die Anzeichen einer Entfaltung des Gefühlslebens auf höherer Ebene auch auf eine »Veränderung des Ich-Gefühls und die Fähigkeit hin, niedere Gefühle zu beherrschen« (Nicoll, 1952, p. 696).
Gurdjeff war erfahren in der Kunst, zwischenmenschliche Reibungen zu provozieren und so die Gefühlsgewohnheiten seiner Schüler schlaglichtartig zu beleuchten. Fritz Peters berichtet, daß Gurdjeff eigens einen Mann dafür bezahlte, in der Prieuré zu wohnen, »der ohne bewußte Absicht zwischen allen Menschen seiner Umgebung Reibungen erzeugte« (Peters 1964, p. 72). Das Gurdjeffsche Arbeitssystem erweitert diese Form der Hilfe bei der Selbstentwicklung dahingehend, daß es von den Schülern verlangt, an den verschiedensten physischen Arbeiten, an künstlerischen und handwerklichen Projekten, die

die Gruppe gemeinsam betreibt, mitzuwirken. In diesen Perioden gemeinsamer Arbeit werden noch zusätzliche Aufgaben gestellt. Sie dienen manchmal dazu, die Aufmerksamkeit zu schärfen oder zu teilen, so z. B. das Vorwärts- oder Rückwärtszählen in einer ungewohnten Sprache während der Arbeit. Andere, besonders die äußere Rücksicht, die als Grundübung für das Erlernen von Liebe gelten kann, sind dazu da, der Erforschung des Gefühlszentrums weiteres Material zu liefern und den Grund zu legen für die Praxis eines wahrhaft moralischen Lebens. Diskussionen über Konflikte, die unvermeidlich sind zwischen Personen, deren Persönlichkeiten in bezug auf ihre innere Anschauung, ihre Identifikationen und Lügen, ihre sinnlose Negativität nicht harmonieren, fördern das Verständnis dafür, was das Gefühl leistet und was nicht.

Um negative Gefühle zu unterdrücken, bedarf es einer dauernden, oft schmerzhaften Anstrengung. Damit wird die Arbeitsphase vorbereitet, in der sich die Umwandlung negativer Gefühle in positive Energie vollzieht. Diese Anstrengung befähigt den einzelnen, sich den Zweiten Bewußtseins-Stoß zu geben und damit die totale Assimilation der Nahrung, der Luft und der Eindrücke zu erreichen, die den voll entwickelten Menschen kennzeichnet.

Die dritte Arbeitsphase

Die erste Arbeitsphase läßt sich als selbst-zentrierte bezeichnen, da der einzelne sich hier auf seine eigene Entwicklung konzentriert, sein Bewußtsein zu stärken und seine Daseinsebene zu heben versucht. In der zweiten Arbeitsphase kommen Beziehungen zu und Interaktion mit andern hinzu, doch das Hauptaugenmerk richtet sich auch weiterhin auf die individuellen Reaktionsschemata im sozialen Kontext. In der ersten und zweiten Arbeitsphase werden die Anweisungen eines Lehrers befolgt. In der dritten, in der man für die Ideen des Systems als solchem arbeitet, ist Eigeninitiative erlaubt, sie wird sogar ermutigt, und die Hauptstoßrichtung zielt nicht mehr auf persönliches Wachstum oder persönlichen Nutzen.

In der dritten Phase rücken die Bedürfnisse und Erfordernisse der Organisation, der Gruppe derer, die sich zur Arbeit an sich selbst zusammengefunden haben, in den Mittelpunkt der Aufmerksamkeit. Selbstloses Dienen ist das zentrale Anliegen der dritten Arbeitsphase, und da selbstloses Tun die Fähigkeiten des Menschen, der sich auf der gewöhnlichen Bewußtseinsstufe befindet, übersteigt, kann es in dieser Phase keine kontinuierliche Anstrengung geben, wenn nicht zuvor die Persönlichkeit, wenigstens bis zu einem bestimmten Grad, entmachtet wurde.

Die Rolle der physischen Arbeit im Gurdjeffschen System

Der gebildete Städter der Gegenwart hat keine Gelegenheit mehr, die manuellen Arbeiten auszuführen, für die sein physischer Körper geschaffen ist; körperliche Anstrengung hilft jedoch den Zentren, so zu arbeiten, wie sie es sollten, nicht länger einander Energie zu entziehen und sich nicht gegenseitig zu behindern. Die Leute, die nach dem Gurdjeffschen System an sich selbst arbeiten, suchen daher nach Möglichkeiten, in der Landwirtschaft, am Bau oder anderswo schwere körperliche Arbeit zu leisten, um die Zentren in ausgeglichene, harmonische Wechselbeziehung zu bringen. Es gibt bestimmte Dinge, die dem Körper nur möglich sind, wenn er zu zusätzlichem hohem Energieverbrauch bei verkürztem Schlaf und zu komplizierten, große Aufmerksamkeit erfordernden Leistungen gezwungen wird. Unter einem derartigen Streß haben die Zentren keine Gelegenheit zu Fehlleistungen. Außerdem können Anstrengungen, die bis zu völliger Erschöpfung führen, den Zugang zu einem speziellen Energiereservoir erschließen, das Gurdjeff den »großen Akkumulator« nennt im Gegensatz zu den normalerweise verfügbaren kleinen peripheren Energiespeichern:

»Die kleinen Akkumulatoren genügen für den normalen Alltagsbedarf des Lebens. Für die Arbeit an sich selbst aber, für das innere Wachstum und die Anstrengungen, die ein Mensch machen muß, der den Pfad gehen will, reicht die Energie aus diesen kleinen Akkumulatoren nicht aus.
Wir müssen lernen, Energie direkt aus dem großen Akkumulator zu beziehen« (Uspenski, 1949, p. 235).

Der große Akkumulator liefert den »zweiten Auftrieb«, der sich einstellt, wenn man, von der gewaltigen Anstrengung einer Bergbesteigung oder vom Ankämpfen gegen den Schlaf bei nächtlicher Krankenpflege völlig erschöpft, plötzlich wie nach erfrischendem Schlaf neue Energie in sich spürt und die Kraft weiterzumachen. Der Mensch schaltet zwar von Natur aus im Lauf des Tages oder der

Nacht von einem kleinen Akkumulator auf einen anderen um; das Einschalten des großen Akkumulators aber, das nur im Zustand äußerster Erschöpfung stattfinden kann, gibt ihm die Möglichkeit, außergewöhnliche Anstrengungen zu machen, die er im Normalzustand nicht vollbringen kann und die ihm, wie die hochexplosive erste Stufe einer Weltraumrakete, erlauben, sich von den Gesetzen zu befreien, die ihn an die Erde fesseln.

Erfahrungs-Übungen

Die Arbeit an sich selbst ist, nach Gurdjeffs Lehre, individuell und empirisch, ihre Erfolge stehen in direktem Verhältnis zum wachsenden Verständnis des Betreffenden. Nichts darf hingenommen werden, was sich nicht im persönlichen Versuch als zwingend erwiesen hat; blindes Vertrauen steht nicht im Einklang mit den der Arbeit zugrunde liegenden Prinzipien. »Auf dem vierten Weg wird kein Glaube verlangt; im Gegenteil, jede Art von Glauben ist hier hinderlich«, betont Gurdjeff. »Auf dem vierten Weg muß sich der Mensch von der Wahrheit, die ihm erzählt wird, selbst überzeugen. Und bevor er nicht überzeugt ist, darf er nichts tun« (Uspenski, 1949, p. 49).'
Man halte sich immer die Grundtatsache vor Augen, daß der gewöhnliche Wachzustand des Menschen sehr beschränkt und inkonsistent ist. Uspenski demonstrierte das in einem 1934 gehaltenen Vortrag folgendermaßen:

»Nehmen Sie eine Uhr, fixieren Sie den kleinen Zeiger, versuchen Sie dabei, *sich Ihrer selbst bewußt zu sein* und sich auf den Gedanken zu konzentrieren: ›Ich bin der und der, ich bin jetzt hier‹. Versuchen Sie, an nichts anderes zu denken, verfolgen Sie einfach die Bewegung des kleinen Zeigers, und seien Sie sich Ihrer selbst, Ihres Namens, Ihres Daseins und des Ortes, an dem Sie sind, bewußt. Halten Sie alle anderen Gedanken fern.
Wenn Sie viel Ausdauer haben, werden Sie das *zwei Minuten lang* fertigbringen. *Damit sind Sie an den Grenzen Ihres Bewußtseins angelangt.* Und wenn Sie das Experiment bald darauf zu wiederholen versuchen, wird es schwieriger für Sie sein als das erste Mal« (Uspenski, 1954, p. 19).

A. R. Orage, der viele Jahre der Gurdjeffschen Arbeit in New York vorstand, gab folgende zusätzliche Anweisung:

»Gehen Sie jetzt einen Schritt weiter. Konzentrieren Sie sich auf den kleinen Zeiger wie zuvor, und zählen Sie während seines Umlaufes auf dem Zifferblatt in Gedanken die Zahlen 1 bis 10 langsam rückwärts. Das erfordert soz. eine Verdoppelung der Aufmerksamkeit. Sie beobachten die Bewegung des Zeigers und zählen gleichzeitig ganz bewußt. Zuerst mag das leicht sein; tun Sie es aber immer wieder, so lange, bis es schwierig wird; und dann *tun Sie es!* Das ist ein sehr wichtiger Rat« (Orage, 1954, p. 12).

Man kann die Übung immer weiter ausbauen, bis die Grenzen der eigenen Aufmerksamkeit klar erkennbar sind. Dann können diese Grenzen mit beharrlicher Anstrengung erweitert werden.
Da unser Bewußtsein so inkonsistent und das, was wir wirklich sind, so oft durch Identifikation entstellt ist, mag es schwer zu begreifen sein, bis zu welchem Grad wir rein mechanisch reagieren und unfähig sind, zu »handeln«. Man muß sich von den eigenen Lebenserfahrungen distanzieren und sie als unvoreingenommener Beobachter betrachten. Orage beschreibt ein Verfahren, bei dem man die Tagesereignisse Revue passieren läßt und das, regelmäßig angewandt, zu vielen Einsichten führen und das Verständnis des Gedankens »der Mensch ist eine Maschine« vertiefen kann. Hier eine verkürzte Version seiner Technik:

»Fangen Sie vorm Einschlafen an, langsam eine Reihe einfacher Zahlen, z. B. 2, 4, 6, 8, 10 vorwärts und rückwärts zu zählen. Fahren Sie damit in rhythmischer Wiederholung fort. Wenn Sie diesen Rhythmus, fast, aber nie ganz automatisch, in Gang gebracht haben, versuchen Sie bewußt, sich Ihre eigene Person morgens beim Aufstehen bildhaft vorzustellen.
Sie sind aufgewacht, aus dem Bett aufgestanden, Sie haben sich angekleidet, haben gefrühstückt, Zeitung gelesen, sind zum Bus gegangen usw. Versuchen Sie diese Abfolge bildhafter Vorstellungen Ihrer selbst streng von einem Augenblick zum anderen weiterzuführen, als ob Sie einen Film ablaufen ließen. Anfangs wird Ihnen die Übung schwerfallen... der Zwang, dabei ununterbrochen weiterzählen zu müssen, wird Sie zuerst stören. Machen Sie trotzdem weiter; denn das Zählen beschäftigt das denkende Gehirn und erlaubt damit dem bildhaften Gedächtnis, ungehinderter zu arbeiten... Das Denken behindert nicht nur das bildhafte Vorstellen, es verfälscht auch unauffällig, aber unweigerlich die Bilder« (Orage, 1954, p. 94).

Folgende Schwierigkeiten können, nach Orage, noch auftreten: Unterbrechungen aufgrund von Gedächtnisausfällen, wie sie jeder kennt, oder die Wahrscheinlichkeit, daß, sobald das Denken und Grübeln aufhört oder drastisch gedämpft wird, das wir als unser normales Wachbewußtsein erleben, der Schlaf der Übung ein Ende macht, ehe die Tagesrevue vollständig passiert ist.
Wenn diese abendliche Rückschau auf die Aktivitäten des Tages konsequent durchgeführt wird, kann es geschehen, daß auch am Tag

spontan Augenblicke der Selbstbeobachtung eintreten. Der Sitz des Bewußtseins kann sich allmählich höher verlagern, so daß es sich dann und wann mehr im Hier und Jetzt als in der Erinnerung oder in der Vorwegnahme zukünftiger Ereignisse manifestiert. An diesem Punkt kann mit dem Sammeln von Daten über die Funktionen des Denkens, Fühlens und Empfindens begonnen werden. Augenblicke der Selbstbeobachtung, »Momentaufnahmen« einer Gebärde, eines Tonfalls, eines Gesichtsausdrucks, des gewohnheitsmäßigen Umgangs mit anderen können eine Bildersammlung ergeben, die, wenn sie umfangreich und typisch genug ist, die Funktionsmuster deutlich erkennen läßt, die jeden von uns zum unverwechselbaren Individuum machen. Je deutlicher die Mechanik des Funktionierens dieser »Momentaufnahmen« im Detail sichtbar wird, desto klarer können kostspielige und unzweckmäßige Reaktionen erkannt und Gegenmaßnahmen (zumindest) ins Auge gefaßt werden. Es ist von fundamentaler Bedeutung, daß jeder Schritt auf diesem Weg von vollkommener Einsicht in den Prozeß begleitet wird; diese Einsicht muß auf Erfahrungen so persönlicher Art beruhen, daß sie nicht vergessen und nicht geleugnet werden können. Einen Teil dieser Selbsterforschung kann man auf eigene Faust durchführen, aber »wer keinen Führer hat, hat den Teufel zum Führer«, wie die Sufis sagen. Beobachtungen, die nicht im Kontext einer Lehrinstitution gemacht werden, sind unvermeidlich jenen Verfälschungen unterworfen, vor denen Orage warnt; das Denken ist voll von Vorurteilen und Verdrehungstricks, die diese Vorurteile als reinste Wahrheit erscheinen lassen. Selbständige Übungen sind gut für den Anfang, aber nicht für die eigentliche Arbeit.

Wie man mit der lebendigen Tradition in Fühlung kommt

Ende Oktober 1949 verbrachte der sterbenskranke Gurdjeff im amerikanischen Krankenhaus in Paris lange Stunden in privatem Gespräch mit Jeanne de Salzmann, die, zusammen mit ihrem Gatten, von den ersten Tagen in Tiflis und Konstantinopel an seine Schülerin gewesen war. Seitdem hat Jeanne de Salzmann als Leiterin eines über die ganze Welt reichenden Netzes von Gurdjeff-Gruppen gewirkt. Ganz sicher existiert eine dieser Gruppen in der Nähe jedes interessierten Lesers.

Der einfachste Weg, mit der nächsten Gruppe in Kontakt zu kommen, ist, an den Herausgeber der Gurdjeffschen Werke zu schreiben. Gruppen, die mit der Gurdjeff-Foundation in Paris in Zusammenhang und unter ihrer Leitung stehen, werden im allgemeinen von Leuten geführt, die Gurdjeff noch persönlich kannten und von denen folglich anzunehmen ist, daß sie seine Ideen einigermaßen authentisch vermitteln. An diesen Gruppen, die als der orthodoxe Kern des Gurdjeffschen Arbeitssystems gelten können, ist verschiedentlich kritisiert worden, daß sie zu starr seien und daß ihnen das nicht zu beschreibende Flair fehle, das von einem lebenden Meister ausgeht. Daneben gibt es noch mehrere Gruppen, die von ehemaligen Schülern Gurdjeffs und Uspenskis auf eigene Verantwortung geleitet werden. Die bekanntesten sind die von Willem Nyland im Norden des Staates New York und in Kalifornien, von Schülern des verstorbenen John Bennett in England und von Robert DeRopp in Kalifornien.

Neben den Gruppen, die unmittelbar auf Gurdjeffs Lehre zurückgehen, gibt es neuerdings noch andere Kanäle, auf denen man Zugang finden kann zu den mit seinem Namen verknüpften Arbeitsmethoden; es sind dies zwar keine eigentlichen Gurdjeff-Gruppen, doch basieren sie auf den Fundamenten der Gurdjeffschen Lehre: Pir Al-Washis Gruppe in Crestline, Kalifornien; Oscar Ichazos Arica-Institut in New York und anderen Großstädten; eine in Berkeley, Kalifornien, von Claudio Naranjo gegründete Schule, die das Ziel verfolgt, eine lebendige Synthese zwischen verschiedenen Traditionen des Ostens und den Erkenntnissen der modernen Psychologie herzustellen und deren Arbeitsweise weitgehend vom gleichen Geist wie die Gurdjeffs ist.

Die Gurdjeffschen Bewegungsübungen sind bei allen Gurdjeff-Stiftungen erhältlich, die mit der Pariser Gruppe Jeanne de Salzmanns in Verbindung stehen, sowie bei Nylands, Bennetts und DeRopps Gruppen und bei der Sat-Schule. Die von Gurdjeff hinterlassene und von Thomas de Hartmann arrangierte Musik wurde z. T. auf Platten und Band aufgenommen. Mitglieder einer Gurdjeff-Gruppe können Tonbänder von »Seekers of the Truth« (Wahrheitssucher), »Journey to Inaccessible Places« (Reise ins Unzugängliche) und »Rituals of a Sufi Order« (Rituale eines Sufi-Ordens) sowie Langspielplatten dieser Werke und den »Chants for an Essene Order« (Gesänge für einen Essäer-Orden) erwerben.

ROBERT E. ORNSTEIN

8. SUFISMUS HEUTE

Sufi sein heißt: werden, was man werden kann, und nicht zu erreichen versuchen, was, im falschen Stadium, eine Illusion ist.
Es heißt: erkennen, was einem möglich ist, und nicht meinen, man kenne etwas, auf das man nicht achtet.
Sufismus ist die Kunst, zu dämpfen, was gedämpft werden muß, und zu wecken, was geweckt werden kann, und nicht zu meinen, man könne dämpfen oder wecken, wo man's nicht kann, oder man müsse es da tun, wo es nicht nötig ist.
– Sprach Imam Ali Shah
(Shah, 1968)

Das hohe Wissen

Anis wurde gefragt:
»Was ist Sufismus?«
Er sagte:
»Sufismus ist das, was dem Menschen das Hohe Wissen zu bringen vermag.«
»Wenn ich aber die von den Meistern hinterlassenen traditionellen Methoden anwende, ist das nicht Sufismus?«
»Es ist kein Sufismus, wenn es für dich seinen Zweck nicht erfüllt. Ein Mantel ist kein Mantel mehr, wenn er den Menschen nicht wärmt.«
»Also ändert sich der Sufismus?«
»Die Menschen ändern sich, und die Bedürfnisse ändern sich. Daher ist das, was früher Sufismus war, heute nicht mehr Sufismus.«
»Der Sufismus«, fuhr Anis fort, »ist das äußere Antlitz des inneren Wissens, das Hohes Wissen genannt wird. Der innere Faktor ändert sich nicht. Das Ganze besteht daher aus dem Hohen Wissen plus den Fähigkeiten des Menschen; aus beiden zusammen ergibt sich die Methode. Was du Sufismus zu nennen beliebst, ist nur der Bericht über eine frühere Methode.«
(Shah, 1971, S. 153)

»Ziel« des Sufismus, wenn man es einmal so unscharf und allgemein sagen darf, ist es, dem Alltagsmenschen eine neue Art des Wissens zu eröffnen, eines Wissens, das »Hohes Wissen«, »Tiefes Verstehen«, manchmal auch »Weisheit« genannt wird. Diese Bezeichnungen sind

termini technici des Sufismus und beziehen sich auf ein nicht rein intellektuelles, sondern auf Erfahrung basierendes Verständnis vieler elementarer Fragen der Philosophie und der Psychologie.
Die Methoden des Sufismus dienen dazu, dieses Verständnis herbeizuführen. »Wissen« war zu bestimmten Zeiten eine Domäne philosophischer, religiöser, esoterischer und okkulter Systeme. Viele uns heute ganz selbstverständliche Rituale und Praktiken sind nichts anderes als im Laufe der Zeit veränderte und verblaßte Reste jener Systeme. Die erste Aufgabe besteht daher darin, frühere Verfahren aus der heutigen Methodologie auszusondern. Die »Wissens-Substanz«, die der Sufismus darstellt, hat je nach der Kultur und den Menschen, die mit ihm in Berührung kamen, viele Formen angenommen. Sie wurde in den Hinduismus, in die Lehre Zarathustras, das Judentum, das Christentum und in nichtreligiöse Systeme aufgenommen. Im Westen ist sie zwar am besten als eine weiterentwickelte Form des klassischen Islam bekannt, setzt jedoch bei einem überwiegend westlichen Publikum die Beschäftigung mit dem Islam keineswegs voraus.
Innerhalb des Islam gilt der Sufismus als dessen »Blüte«, als seine höchste Entfaltung. Das heute vor allem durch die Schriften von Idries Shah neu geweckte Interesse am Sufismus erstreckt sich bis auf die klassischen theologischen Varianten, die der Mittlere Osten hervorgebracht hat. Zum Teil ist dieses Interesse jedoch nicht nur ein spirituelles, sondern auch ein archäologisches und anthropologisches. Beide Faktoren müssen von vornherein klar unterschieden werden. Der Strom des Wissens, sagen die Sufis, ist seit den Anfängen der Geschichte von Zarathustra, Moses, Jesus, Mohammed und vielen anderen bis auf den heutigen Tag, wo es in neuer, der Gegenwart angemessener Form existiert, nie abgerissen.

Die Geschichte vom Sand

Ein Strom, der von seiner Quelle in den fernen Bergen alle nur denkbaren Landschaften durchflossen hatte, erreichte schließlich die Sandflächen der Wüste. So, wie er bis dahin jedes Hindernis überwunden hatte, versuchte der Strom auch dieses zu überwinden; er merkte jedoch, daß, so rasch er sich auch in den Sand ergoß, sein Wasser versickerte.
Nun war er aber fest davon überzeugt, daß es seine Bestimmung sei, die Wüste zu durchqueren, doch wie, das wußte er nicht. Da flüsterte eine verborgene Stimme,

die aus der Wüste selbst kam: »Der Wind überquert die Wüste, und das kann auch der Strom.«
Der Strom erwiderte, er werfe sich ja gegen die Sanddünen, doch er werde von ihnen aufgesogen; der Wind aber könne die Wüste überqueren, weil er zu fliegen vermöge. »Wenn du dich so, wie du es gewöhnt bist, hineinstürzst, kannst du nicht hindurchkommen. Dann versickerst du oder wirst zum Morast. Du mußt dich vom Wind mitnehmen lassen an dein Ziel.«
Wie sollte das aber geschehen? »Dadurch, daß du dich vom Wind aufsaugen läßt.« Diesen Gedanken konnte der Strom nicht akzeptieren. Schließlich war er noch nie zuvor von etwas aufgesogen worden. Er wollte seine Individualität nicht verlieren. Woher sollte man denn wissen, ob man sie je wiedererlangen würde, wenn sie einmal verloren war?
»Der Wind«, sagte der Sand, »hat diese Aufgabe: er nimmt Wasser auf, trägt es über die Wüste hinweg und läßt es dann wieder fallen. Wenn das Wasser als Regen gefallen ist, wird es wieder zum Strom.«
»Woher soll ich wissen, ob das wahr ist?«
»Es ist wahr, und wenn du es nicht glaubst, kannst du höchstens ein Sumpf werden, und selbst das kann viele Jahre dauern; und ganz gewiß ist das nicht dasselbe wie ein Strom.«
»Aber kann ich denn nicht der gleiche Strom bleiben, der ich jetzt bin?«
»Das kannst du in keinem Fall«, sagte das Flüstern. »Dein Wesentliches wird fortgetragen und bildet wieder einen Strom. Du wirst so heißen, wie du auch heute heißt, denn du weißt ja nicht, welcher Teil von dir der wesentliche ist.«
Als der Strom das hörte, begann in seinem Denken ein leises Echo widerzuhallen. Er erinnerte sich dunkel eines Zustands, in dem er – oder vielleicht nur ein Teil seiner selbst? – in den Armen des Windes lag. Er erinnerte sich auch – war es wirklich eine Erinnerung? –, daß dies das eigentlich Wahre, wenn auch nicht gerade das Nächstliegende gewesen war.
Und der Strom ließ seine Wasserdünste in die ausgebreiteten Arme des Windes aufsteigen, der sie leicht und mühelos dahintrug und sanft niedersinken ließ, sobald sie nach vielen, vielen Meilen einen Gebirgsrücken erreicht hatten. Und da er vorher seine Zweifel gehabt hatte, konnte der Strom die Einzelheiten seiner Erfahrung klarer erinnern und festhalten. Er dachte: »Ja, jetzt habe ich meine wahre Identität erkannt.«
Der Strom hatte gelernt; der Sand aber flüsterte: »Ich weiß; weil ich sehe, wie es Tag für Tag geschieht, und weil ich, der Sand, mich von den Auen des Flusses bis zum Gebirge erstrecke.«
Und darum heißt es, daß in den Sand geschrieben steht, wie der Strom des Lebens seinen Weg vollenden wird.
(Shah, 1967, S. 23–24)

Die Vorgabe

Ein persischer Teppichweber forderte einen türkischen Webermeister zum Wettstreit heraus.
Jeder sollte einen Teppich knüpfen, so schön er nur konnte, und eine Jury sollte zum Schluß entscheiden, wer von den beiden der größte Weber der Welt sei.

Der Türke jedoch war ein Philosoph, dessen langjährige Lehren sich in den Satz zusammenfassen ließen:
»Weigere dich nie, aber streite auch nie.«
So nahm er also die Herausforderung an und sagte nur:
»Ich muß, wegen der allseits bekannten Ungleichheit zwischen deiner Arbeit und meiner, eine Bedingung stellen.«
»Ja, gewiß«, sagte der Perser, »ich bin bereit, einer Einschränkung zuzustimmen.«
»Nun gut«, sagte der türkische Meister, »die Bedingung soll sein, daß ich dir zwölftausend Jahre vorgebe.«
(Shah, 1970, S. 123)

In China

Es wird berichtet, daß eine Gruppe traditioneller Priester an einen Sufi herantrat, der China bereiste, und sagte: »Hierzulande hat es immer Weise gegeben, die Tausende von Jahren lang die Aussprüche großer Menschen ausgelegt haben. Wie kann also jemand von draußen zu uns kommen und in einer in unserer Philosophie nicht üblichen Weise reden und handeln?«
Er antwortete:
»Wenn ein Stück Land urbar gemacht werden soll, müssen bisweilen Bäume gefällt werden. Ein solches Unternehmen wird von weisen Männern geplant und ausgeführt. Später, wenn diese Männer vielleicht schon tot sind, muß der Boden umgebrochen werden, und man muß ihm Stoffe zuführen, die neues Wachstum fördern. Die Leute, die das ausführen, verdienen Achtung und Bewunderung. Wenn dann eine Zeit kommt, wo eine bis dahin vielleicht unbekannte Gemüseart eingeführt werden soll, sind die Leute, die diese Pflanze bringen, ebenso wichtig wie die vorigen, wenn sie auch für den Außenstehenden scheinbar nichts mit dem Pflügen und dem nachfolgenden Eggen zu tun haben. In der Zeit, ehe das Gemüse so weit ist, daß man es essen kann, wird es sicher viele geben, die sagen: ›Das ist in unserer Landwirtschaft nicht üblich!‹«
(Shah, 1970, S. 71)

Ein anderer ebenfalls wichtiger Grund für das Fehlen eines festen Systems im Sufismus ist die Tatsache, daß es auf die Fragen, die einen dazu veranlassen können, sich mit ihm zu beschäftigen – z. B. die Frage nach dem Sinn des Lebens und dem Wesen des Menschen –, keine systematische Antwort *gibt*. Solche Fragen gehören dem Bereich der persönlichen Lebenserfahrung des Menschen an. Sie rein akademisch zu stellen ist daher sinnlos und führt oft zur Formulierung unverständlicher Theorien. Daß vieles, was auf diesem Gebiet gedruckt wird, grotesk und absurd ist, heißt jedoch nicht, daß solche Fragen, wie die Positivisten meinen, überhaupt nicht gestellt werden sollten. Es kommt auf die Art der Fragestellung an und auf die Angemessenheit der Antwort.

Die Suche

Der Ursprung des Menschen liegt, wie wir zu wissen behaupten, in weiter Ferne, in so weiter Ferne, daß oft, wenn davon die Rede ist, Ausdrücke wie »jenseits der Sternenwelt« gebraucht werden. Der Mensch ist seinen Ursprüngen entfremdet. Das deutet sich noch in manchen seiner Gefühle (nicht in allen) leise an. So sprechen wir zum Beispiel von der »Trennung von geliebten Menschen«; das sind jedoch bloße Redensarten, und wer sie anwendet, weil sie erhebende Gefühle erzeugen – nun, der hat eben erhebende Gefühle.
Der Mensch hat die Möglichkeit, zu seinem Ursprung zurückzukehren. Das hat er vergessen. Er »schläft« eigentlich in bezug auf die Wirklichkeit.
Der Sufismus versteht sich als Methode, den Menschen zu wecken und ihn nicht eigentlich von der Wahrheit dieser Behauptungen zu überzeugen, sondern ihn vielmehr zur lebendigen Einsicht in sie zu bringen. Die erwachten Menschen können zurückkehren, können »die Reise« antreten, während sie zugleich ihr gegenwärtiges Leben in all seiner Fülle leben. In heute noch tradierten Formen von Mönchstum und Isolation leben lediglich historische Schulungs- oder Entwicklungspraktiken weiter, die total mißverstanden und bis zur Groteske kompliziert worden sind, um denen, die lieber weiterschlafen wollen, Fluchtmöglichkeiten zu bieten.
Das alles klingt sehr unwahrscheinlich, ist aber wahr. Es ist nicht unwahrscheinlicher als vieles andere, was der Mensch glaubt. Manches, was geglaubt wird, ist mit Sicherheit ein Irrtum; jeder von uns kennt jemanden, der Dinge glaubt, die unserer Überzeugung nach bestimmt falsch sind. Da der Sufismus aber nicht auf Glauben, sondern auf praktischem Tun beruht, geht es den Sufis auch nicht darum, Glaubenssätze einzuhämmern. »Ich glaube, daß das wahr ist« ist kein Ersatz für »so wird es getan«. Beides sind, wenn auch nicht dem Anschein nach, so doch in Wirklichkeit, zwei völlig verschiedene Dinge. Wenn der Mensch sich selbst wiederfindet, kann er sein Dasein unendlich steigern; wenn nicht, kann er zu einem Nichts verkümmern. Wer in dieser Feststellung eine Drohung oder eine Verheißung sieht, ist für den Sufismus nicht geeignet. Die Drohung oder Verheißung liegt nicht in den Tatsachen als solchen, sondern in der Deutung, die der Mensch ihnen gibt.
Von Zeit zu Zeit werden Menschen ausgesandt, die versuchen sollen, den anderen zu helfen und sie zu befreien von ihrer »Blindheit«, ihrem »Schlaf« (heute würde man von »Amnesie« sprechen, einem Zustand, den die Fachliteratur als lokale Krankheit beschreibt). Diese Menschen bleiben immer in Fühlung mit dem Ursprung, sie bringen die Medizin, die bereits die halbe Heilung ist. Die andere Hälfte der Heilung leistet, wie in der orthodoxen weltlichen Medizin, der Organismus, der behandelt wird und der seine Regeneration aus eigenem Antrieb mit einem Minimum an Hilfe betreibt. Diese kosmischen Ärzte – dies die wörtliche Übersetzung eines uralten Terminus – leben oft ganz unauffällig in der Welt, so wie das Kamel in der Wüste. Sie gehören und gehörten allen möglichen Rassen und Glaubensbekenntnissen an.
Die Religion hat im wesentlichen zwei Aufgaben zu erfüllen, die jedoch von Publizisten und auch von prominenten und sehr aktiven Theoretikern bei der Beschreibung der noch bestehenden Systeme aus mangelnder Sachkenntnis nie klar unterschieden werden: erstens ein gesichertes, gerechtes und friedliches Zusammenleben der Menschen zu ermöglichen, Gemeinschaften zu begründen und zu ihrer Erhaltung beizu-

tragen; zweitens – dies ist der innere Aspekt – die Menschen nach der Stabilisierung ihrer äußeren Verhältnisse zu einer Form des Lebensvollzugs anzuleiten, die ihnen zu ihrer Erweckung verhilft und ihrem Leben Dauer verleiht.

Auch heute noch gibt es auf der ganzen Welt religiöse Systeme, die sich die Höherentwicklung des Menschen angelegen sein lassen; aber praktisch alle sind, wenn vielleicht auch historisch nicht uninteressant, in bezug auf den inneren Aspekt völlig wertlos. Sie lassen schon auf den ersten Blick erkennen, daß sie nur der emotionalen Befriedigung des einzelnen oder der Gemeinschaft dienen, was für Vorstellungen sie im übrigen auch von dieser Entwicklung haben mögen. Man kann sie, sehr milde ausgedrückt, mit Fahrzeugen vergleichen, die von ihren Konstrukteuren stehengelassen und dann von inkompetenten Amateuren in Besitz genommen wurden, die nur dem Nachdenken über ihre mißliche Lage ausweichen möchten.

Doch die »Unterweisung« durch jene Menschen, die wir »Weise« nennen, geht weiter und kann jede beliebige Form annehmen. Die Lehre wird von bestimmten Sufis rein bewahrt und ständig weiterentwickelt. Neben den echten gibt es auf dem Sufismus basierende Epigonengruppen, die zwar die besten Absichten, hinsichtlich des inneren Aspektes der »Arbeit« aber keinerlei Wert haben.

Den »Wahren Meister« erkennen kann der Aspirant, ob Mann oder Frau, nur dann, wenn er, wie wir es nennen, »lauter« ist. Dieser Terminus bezieht sich auf seine Haltung als Ganzes, nicht nur auf seine Ansichten. »Lauter« heißt, daß er objektiv genug ist, den Sachkenner und die besondere Natur der Arbeit zu akzeptieren. Um diese Einstellung zu erlangen, muß der Suchende lernen, wenigstens einige Zeit lang oberflächliche Urteile über die Lehrer, die Lehre und sich selbst zurückzustellen. Mit »oberflächlich« meinen wir etwas ganz Bestimmtes: automatische Postulate, denen für ganz andersgeartete Phänomene geltende Prüfungskriterien zugrunde liegen.

Es kann sein, daß sich jemand dem Sufismus aus falschen Motiven zuwendet – aus Neugier zum Beispiel, aus Machtwillen, Angst oder Unsicherheit –, dennoch besteht die Chance, daß er Verständnis für die Sache entwickelt. Solange sich aber nur seine Abhängigkeit verstärkt und seine Wißbegier steigert, ist er kein Sufi und wird wahrscheinlich auch keiner werden. Er reagiert auf schwächere Stimuli, als er sie eigentlich braucht, und verarbeitet sie, obwohl es ihn vielleicht unwiderstehlich nach jenen anderen Stimuli verlangt.

Der Sufismus hat in der Praxis zwei Hauptziele: erstens, den Menschen sich selbst so zu zeigen, wie er wirklich ist; zweitens, ihm zu helfen, sein wahres, höheres Selbst, das Ewige in ihm, zu entfalten.

Obwohl der Mensch »von weither stammt und in Schlaf befangen ist«, kann er zu seinem Ursprung zurückkehren, wenn er den Weg gefunden hat; das vermag er aber nur, wenn er von soliden Lebensverhältnissen in seiner Umwelt ausgeht. Unser Leitsatz heißt: »Lebe in der Welt, doch gehöre ihr nicht an.«

Die Sufis haben, wie außenstehende Wissenschaftler allenthalben bestätigen, literarische Werke von Weltrang hervorgebracht, vor allem auf dem Gebiet der Erzählung, der Parabel und der Dichtung. Im Unterschied zu professionellen Literaten sehen sie jedoch in der literarischen Produktion nur ein Instrument, nicht den Endzweck ihrer Arbeit.

»Wenn der Höhere Mensch etwas Bewundernswertes vollbringt, so ist das ein Zeugnis seiner Meisterschaft, nicht ihr Ziel.«
(Shah, 1971, S. 196).

> Zeig jemandem zu viele Kamelknochen, oder zeig sie ihm zu oft – er wird in jedem Fall ein lebendes Kamel nicht erkennen, wenn ihm eins begegnet. (Shah, 1970, S. 18)

Der Sufismus kennt kein festes System, kein Dogma, nach dem man sich zu richten hat. Wenn der Sufismus wirklich »zu hoch steht, um eine Geschichte zu haben«, so ist das der Grund dafür. Da er zu verschiedenen Zeiten in verschiedener Gestalt existiert hat, ist er gefeit gegen Buchstabenglauben. Wenn das Ziel des Sufismus – dem Menschen »die Augen zu öffnen« – mit Hilfe eines Systems erreicht werden könnte, wäre das, wie in vielen anderen Forschungsbereichen, z. B. in der Mathematik, längst geschehen. Hier ist es aber deshalb nicht möglich, weil die Menschen verschiedener Zeiten verschieden sind – was für den einen in einer bestimmten Kultur gut ist, kann für den anderen sinnlos sein. Die Lebensbedingungen wandeln sich, die Möglichkeiten des Verstehens erweitern oder verengen sich, und der »Boden«, auf dem der Sufismus aufbaut, ändert sich. Da der Sufismus ein organischer Wachstumsprozeß ist, nimmt er in verschiedenen Epochen verschiedene Formen an. Ideen und Praktiken, die vor zweihundert Jahren innerhalb eines bäuerlichen Wirtschaftssystems noch sinnvoll waren, haben heute nicht mehr die gleiche Bedeutung. Das System ist immer zeitgebunden.
Die meisten Sufi-Autoren bestehen daher auf der Unterscheidung zwischen dem Sufismus als »System« (oder Methodologie) und dem Sufismus als »Wissen«. Nur allzuoft neigen die Anhänger eines bestimmten Systems (das ursprünglich einmal sehr nützlich gewesen sein mag) dazu, es für den »einzig möglichen Weg«, das einzig gültige Wissen zu halten. Das ist schon das erste Anzeichen für den Verfall einer Schule. Das System verfestigt sich und erstarrt, ein Vorgang, wie er ähnlich in der Bürokratie eines Regierungssystems stattfindet, die sich mit einem bestimmten Programm, einer Idee identifiziert. Die ursprünglichen Ziele und Kenntnisse pervertieren und haben nur noch die Aufgabe, das System zu verewigen. Daher muß bei der Einführung von Neulingen in den Sufismus großer Wert darauf gelegt werden, das System von dem zu trennen, was durch den Sufismus realiter erreicht werden soll. Der Schüler kann dann, wenn er daran interessiert ist, viele verschiedene methodische Ansätze innerhalb des Sufismus, ihre Konsequenzen und ihre Bedeutung für ihn selbst kennen und verstehen lernen, dabei aber gefeit sein gegen Ausschließlichkeitsansprüche.

Gegen alle Erwartung

Ein Weiser, ein wahres Wunder seiner Zeit, lehrte seine Schüler aus einem sichtlich unerschöpflichen Schatz an Weisheit.
Er schrieb all sein Wissen einem dicken Buch zu, das in seinem Wohnraum einen Ehrenplatz einnahm.
Der Weise erlaubte niemandem, das Buch zu öffnen.
Als er starb, eilten die Leute, die um ihn gewesen waren und sich als seine Erben betrachteten, das Buch aufzuschlagen, voll Eifer, sich anzueignen, was darin geschrieben stand.
Sie waren überrascht, verwirrt und enttäuscht, als sie fanden, daß nur auf einer einzigen Seite etwas geschrieben stand.
Sie wunderten und ärgerten sich noch mehr, als sie den Sinn des Satzes, auf den ihr Blick fiel, zu enträtseln versuchten.
Der Satz lautete: »Wenn ihr den Unterschied zwischen Behälter und Inhalt begreift, werdet ihr Wissende sein.«
(Shah, 1969a)

Öl, Wasser und Baumwolle

Ein Mann, der sich gern in alle möglichen Denksysteme vertiefte, schrieb an einen Derwisch-Lehrer und fragte ihn, ob er mit ihm sprechen könne, um Systemvergleiche anzustellen.
Der Derwisch sandte ihm eine Flasche, die Öl und Wasser enthielt, und ein Stück Baumwolldocht. Dem Päckchen lag folgender Brief bei:
Lieber Freund, wenn du den Docht in das Öl tauchst und ihn anzündest, gibt er Licht. Wenn du das Öl ausschüttest und den Docht ins Wasser tauchst, gibt er kein Licht. Wenn du das Öl und das Wasser durcheinanderschüttelst und dann den Docht hineintauchst, gibt es ein Gesprudel, und dann ist's aus. Man braucht diesen Versuch nicht erst mit Worten und Besuchen durchzuführen, wo es doch mit so einfachen Materialien wie diesen hier geschehen kann.
(Shah, 1971, S. 59)

Die Prinzipien des Sufismus lassen sich nicht in ein System pressen und »Fortschritte« auf diesem Gebiet leider auch nicht. Es gibt viele Leute, die unbedingt wissen möchten, ob sie »Fortschritte machen« oder »weiterkommen«, wenn sie sich anstrengen und irgend etwas erreichen wollen. Darum werden, selbst in metaphysischen Fachwerken, »Entwicklungsstufen« aufgestellt. Für diese interessieren sich im allgemeinen besonders die Leute sehr, die schnelle Antworten erwarten oder »erleuchtet« werden und auch von anderen als »erleuchtet« angesehen werden wollen. Der Sufismus hat jedoch wenig Raum und wenig Sympathie für neurotische Übereifrige, so stark auch gerade sie sich zu ihm hingezogen fühlen mögen. Die Schwierigkeit besteht darin, daß neurotisches Denken dazu neigt, aus jedem x-beliebigen System alles irgendwie Wertvolle für sich herauszuklauben. Erfolg im spirituellen Bereich kann so als Ersatz für Erfolg im Berufs- oder Familienleben dienen.

Diese (übrigens weitverbreitete) hier auf Vorgänge im Bereich der Mystik angewandte Art des Denkens ist das Produkt einer falschen Erziehung und zugleich einer persönlichen Fehlentwicklung. Denn es muß sehr deutlich gesagt werden, daß Menschen, die nur ihre persönliche Leistungsschwäche kompensieren wollen oder ihre Unfähigkeit, zu anderen (kulturell gebilligte) Kontakte aufzunehmen, wenig Aussicht haben, in der Beschäftigung mit dem Sufismus Geborgenheit zu finden. Der Sufismus ist keine vermanschte Psychotherapie, kein Ersatz für Fitness-Training. Er ist auch keine erweiterte Ausgabe der Psychotherapie oder sonst eine Methode der Konfliktlösung. Der Irrtum liegt darin, daß viele Leute, die Hilfe für ihr persönliches Leben nötig zu haben meinen, annehmen, sie könnten diese in der Beschäftigung mit »höheren Dingen« finden. Fast noch schlimmer ist es aber, wenn die Therapeuten selbst beide Bereiche nicht sauber trennen und ihren Patienten einen Mischmasch von aufgewärmter Religion, etwas »Seelenmassage« und degenerierter Mystik anbieten.

Das heißt jedoch nicht, daß persönliche Probleme irrelevant seien, daß man sie ignorieren und »von selbst verschwinden« lassen, daß man sich ihnen nicht stellen, sie nicht lösen sollte. Sie sollen gelöst werden, aber *bevor* man sich auf die Beschäftigung mit dem Sufismus einläßt, denn sonst greifen die persönlichen Schwierigkeiten auch auf den Bereich der Studien über und können ihn völlig beherrschen. Sobald die Probleme einmal erkannt und vernünftig gelöst worden sind, tritt das irrationale Verlangen nach Höherentwicklung und nach einer tröstlichen Ideologie wahrscheinlich von selbst zurück.

Bleibt noch der Faktor »falsche Erziehung«: Es fehlt an der Einsicht, daß die Menschen verschiedener Zeiten verschieden sind und das »Beschreiten des Pfades« oder der »Eintritt in eine andere Welt« sich nicht bei jedem auf die gleiche Weise vollzieht. Schon der Ausdruck »eine andere Welt«, ein Notbehelf, mit dem metaphorisch auf eine andere Art des Denkens, des Bewußtseins, des Seins hingewiesen werden soll, ist romantisiert und veräußerlicht worden. Kein Mensch ist wie der andere, was in einer bestimmten Situation für den einen eine Chance ist, braucht es für den anderen noch lange nicht zu sein. Ein anderer weitverbreiteter Fehler ist, daß der Mensch »vom Himmel« Zeichen oder Trost erwartet, während sein Leben ihm eine Fülle von Möglichkeiten bietet, die er nur nicht bemerkt, weil sie nicht »systemgerecht« sind.

Der Mann mit dem unerklärlichen Lebenslauf

Es war einmal ein Mann namens Mojud. Der lebte in einer Stadt, in der er den Posten eines kleinen Beamten bekleidete, und es sah so aus, als würde er seine Tage als Inspektor der Maße und Gewichte beschließen.
Als er eines Tages durch den Garten eines alten Gebäudes bei seinem Hause ging, erschien ihm in schimmerndem grünen Gewande Khidr, der geheimnisvolle Führer der Sufis. Khidr sprach zu ihm: »Mann der glorreichen Zukunft! Laß deine Arbeit und triff mich in drei Tagen am Fluß!« Darauf verschwand er.
Mojud ging zitternd vor Aufregung zu seinem Vorgesetzten und sagte, er müsse fort. Die ganze Stadt hörte davon, und jeder sagte: »Der arme Mojud ist verrückt geworden.« Da es aber sehr viele Anwärter auf seinen Posten gab, vergaß man ihn bald.
Am festgesetzten Tag traf sich Mojud mit Khidr, der zu ihm sprach: »Wirf deine Kleider ab und stürz dich in den Fluß. Vielleicht rettet dich jemand.«
Mojud tat das, wobei er sich fragte, ob er nicht etwa verrückt sei. Da er schwimmen konnte, ertrank er nicht, sondern trieb den Fluß hinunter, bis ein Fischer ihn in sein Boot zog. »Du Tor«, sagte der Fischer, »die Strömung ist sehr stark. Was hattest du denn vor?«
Mojud sagte: »Ich weiß nicht recht.«
»Du bist verrückt«, sagte der Fischer, »aber ich will dich in meine Schilfhütte drüben am Fluß mitnehmen, und wir wollen sehen, was sich für dich tun läßt.«
Als er merkte, daß Mojud wohlgesetzt reden konnte, lernte er lesen und schreiben bei ihm. Im Austausch dafür erhielt Mojud sein Essen, und er half dem Fischer bei der Arbeit. Nach ein paar Monaten erschien ihm Khidr aufs neue, diesmal am Fußende seines Bettes, und sprach: »Steh nun auf und verlaß den Fischer. Für dich wird gesorgt werden.«
Mojud verließ sogleich die Hütte und zog, als Fischer gekleidet, davon, bis er zu einer Landstraße kam. Als der Morgen dämmerte, sah er einen Bauern auf einem Esel zum Markt reiten. »Suchst du Arbeit?« fragte der Bauer. »Ich brauche nämlich gerade jemanden, der mir hilft, ein paar Einkäufe nach Hause zu tragen.«
Mojud folgte ihm. Er arbeitete für den Bauern fast zwei Jahre, und während dieser Zeit lernte er eine Menge über Landwirtschaft, aber sonst nicht viel.
Eines Nachmittags, als er gerade Wolle verpackte, erschien ihm Khidr und sprach: »Laß diese Arbeit, geh in die Stadt Mosul und verwende deine Ersparnisse dazu, Fellhändler zu werden.«
Mojud gehorchte.
In Mosul brachte er es zum angesehenen Fellhändler, sah jedoch in den drei Jahren, in denen er dieses Gewerbe betrieb, Khidr nie. Er hatte eine beträchtliche Summe Geldes gespart und dachte daran, sich ein Haus zu kaufen, als Khidr erschien und

sprach: »Gib mir dein Geld, geh aus der Stadt und wandre zum fernen Samarkand; dort arbeite für einen Krämer.«
Mojud tat es.
Bald wurden an ihm zweifelsfrei Zeichen von Erleuchtung erkennbar. Er heilte Kranke, diente seinen Mitmenschen im Laden und in seiner Freizeit, und sein Wissen von den Geheimnissen vertiefte sich.
Gelehrte, Philosophen und andere mehr suchten ihn auf und fragten: »Bei wem hast du gelernt?«
»Das ist schwer zu sagen«, antwortete Mojud.
Seine Schüler fragten ihn: »Als was hast du deine Laufbahn angefangen?«
Er sagte: »Als kleiner Beamter.«
»Und dann hast du die Stellung aufgegeben, um dich der Selbstkasteiung zu widmen?«
»Nein, ich habe sie einfach nur aufgegeben.«
Sie begriffen ihn nicht.
Es kamen Leute zu ihm, die seine Lebensgeschichte schreiben wollten.
»Was bist du in deinem Leben alles gewesen?« fragten sie.
»Ich sprang in einen Fluß, wurde Fischer und ging dann eines Tages aus der Hütte fort. Dann wurde ich Landarbeiter. Als ich gerade dabei war, Wolle zu verpacken, wurde ich anderen Sinnes und ging nach Mosul, wo ich Fellhändler wurde. Dort sparte ich etwas Geld, verschenkte es aber. Dann ging ich nach Smarkand, wo ich für einen Krämer arbeitete. Und da bin ich nun.«
»Dies merkwürdige Verhalten erklärt aber nicht deine ungewöhnlichen Gaben und deine Wundertaten«, sagten die Biographen.
»So ist es«, sagte Mojud.
So erfanden die Biographen für Mojud eine wunderbare, aufregende Lebensgeschichte, weil eben alle Heiligen ihre Legende haben müssen, die mehr dem Geschmack des Publikums als der Wirklichkeit zu entsprechen hat.
Und niemand darf von Khidr direkt sprechen. Daher ist auch diese Geschichte nicht wahr. Sie ist nur die bildliche Darstellung eines Lebens, des wahren Lebens eines der größten Sufis.
(Shah, 1967, S. 155–157).

Die Einweihung des Malik Dinar

Nach langjährigem Studium philosophischer Themen fühlte Malik Dinar, daß die Zeit gekommen war, sich auf die Suche nach Wissen zu begeben. »Ich will gehen«, sagte er zu sich selbst, »und den Verborgenen Lehrer suchen, von dem es heißt, er wohne auch in meinem innersten Selbst.«
Mit nichts als ein paar Datteln als Reiseproviant ging er von zu Hause fort und traf bald darauf einen Derwisch, der die staubige Straße entlangtrottete. Er ging eine Weile schweigend neben ihm her.
Schließlich fragte der Derwisch: »Wer bist du, und wohin gehst du?«
»Ich bin Dinar, und ich habe mich aufgemacht, den Verborgenen Lehrer zu suchen.«
»Ich bin El-Malik El-Fatih, und ich will mit dir gehen«, sagte der Derwisch.
»Kannst du mir helfen, den Lehrer zu finden?« fragte Dinar.

»Kann ich dir helfen, kannst du mir helfen?« fragte Fatih in der üblichen provozierenden Art der Derwische. »Der Verborgene Lehrer, heißt es, ist im Selbst des Menschen. Wie der ihn findet, hängt davon ab, welchen Gebrauch er von der Erfahrung macht. Das ist etwas, was ein Weggefährte nur zum Teil vermitteln kann.«
Bald darauf kamen sie zu einem Baum, der sich ächzend hin- und herwiegte. Der Derwisch blieb stehen. »Der Baum sagt«, sprach er nach einer Weile, »›es tut mir etwas weh, bleib einen Augenblick und nimm es heraus, damit ich Ruhe finde‹.«
»Ich habe es viel zu eilig«, antwortete Dinar. »Und wieso kann ein Baum überhaupt sprechen?« Sie machten sich wieder auf den Weg.
Nach einigen Meilen sagte der Derwisch: »Als wir bei dem Baum waren, kam es mir vor, als ob es nach Honig rieche. Vielleicht hatten wilde Bienen einen Bienenstock in seinem Stamm gebaut.«
»Wenn dem so ist«, sagte Dinar, »laß uns schnell zurückgehen und den Honig herausholen; wir könnten welchen essen und einen Teil zu Geld machen für unsere Weiterreise.«
»Wie du willst«, sagte der Derwisch.
Als sie zu dem Baum zurückkamen, sahen sie jedoch schon andere Reisende eine ungeheure Menge Honig ernten. »Welch ein Glück hatten wir!« riefen die Leute. »Das ist genug Honig, um eine ganze Stadt satt zu machen. Wir armen Pilger können nun Kaufleute werden: unsere Zukunft ist gesichert.«
Dinar und Fatih machten sich wieder auf den Weg.
Bald darauf kamen sie zu einem Hügel, aus dessen Seiten ein Summen drang. Der Derwisch preßte das Ohr auf den Boden. Dann sagte er: »Da unten sind Millionen von Ameisen, die einen Staat aufbauen. Das Summen ist ein gemeinsamer Hilferuf. In der Ameisensprache bedeutet es: ›Helft uns, helft uns! Wir sind dabei zu graben, sind aber auf merkwürdige Steine gestoßen, die unsere Arbeit aufhalten. Helft uns, sie wegzuschaffen!‹ Sollen wir bleiben und ihnen helfen, oder willst du lieber schnell weiterwandern?«
»Ameisen und Steine gehen uns nichts an, Bruder«, sagte Dinar, »denn ich zumindest suche meinen Lehrer.«
»Richtig, Bruder«, sagte der Derwisch. »Sie behaupten aber, daß alles miteinander zusammenhängt, und vielleicht steht dies hier irgendwie mit uns in Zusammenhang.«
Dinar achtete nicht auf das, was der Ältere vor sich hinmurmelte, und so gingen sie weiter ihres Wegs.
Die beiden machten zur Nacht halt, und Dinar merkte, daß er sein Messer verloren hatte. »Ich muß es bei dem Ameisenhügel haben fallen lassen«, sagte er. Am nächsten Morgen gingen sie den Weg dorthin zurück.
Als sie wieder bei dem Ameisenhügel ankamen, fanden sie keine Spur von Dinars Messer. Statt dessen sahen sie eine Gruppe schmutzbedeckter Leute, die neben einem Haufen Gold lagerten. »Das«, sagten sie, »ist ein verborgener Schatz, den wir gerade ausgegraben haben. Wir kamen die Straße entlang, als ein schmächtiger alter Derwisch uns zurief: ›Grabt an dieser Stelle, und ihr werdet etwas finden, was für die einen Stein, für die anderen aber Gold ist.‹«
Dinar verfluchte sein Schicksal. »Wenn wir nur hiergeblieben wären, so wären wir beide, du und ich, letzte Nacht reich geworden, o Derwisch.« Die anderen Leute sagten: »Der Derwisch, den du bei dir hast, sieht dem, den wir letzte Nacht sahen, merkwürdig ähnlich.«

»Alle Derwische sehen sich sehr ähnlich«, sagte Fatih. Und sie gingen ein jeder seines Wegs.

Dinar und Fatih setzten ihre Reise fort und kamen nach einigen Tagen an einen schönen Fluß. Der Derwisch blieb stehen, und während sie auf die Fähre warteten, kam ein Fisch mehrmals an die Oberfläche des Wassers und schnappte mit dem Maul. »Der Fisch«, sagte der Derwisch, »will uns etwas mitteilen. Er sagt: ›Ich habe einen Stein verschluckt. Fangt mich und gebt mir ein bestimmtes Kraut zu fressen; dann werde ich ihn ausspeien können und Erleichterung finden. Ihr Reisenden, erbarmt euch!‹«

In diesem Augenblick legte die Fähre an, und voller Ungeduld, weiterzukommen, drängte Dinar den Derwisch hinein. Der Fährmann war dankbar für die Kupfermünze, die sie ihm geben konnten, und Fatih und Dinar schliefen diese Nacht sehr gut am anderen Ufer in einem Teehaus, das eine mitleidige Seele dort für Reisende eingerichtet hatte.

Am Morgen, als sie ihren Tee schlürften, erschien der Fährmann. Die letzte Nacht, sagte er, sei die ertragreichste seines Lebens gewesen. Die beiden Pilger hätten ihm Glück gebracht. Er küßte dem ehrwürdigen Derwisch die Hände und empfing seinen Segen. »Du verdienst es aber auch, mein Sohn«, sagte Fatih.

Der Fährmann war nun reich, und das kam so: Zur gewohnten Zeit wollte er gerade heimgehen, sah aber die beiden am anderen Ufer und beschloß, obwohl sie sehr ärmlich aussahen, um der *baraka*, das heißt um des Segens willen, der auf Hilfsbereitschaft ruht, noch diese eine Überfahrt zu machen. Als er danach gerade dabei war, sein Boot zu verstauen, sah er einen Fisch, der aufs Ufer geschnellt war und offensichtlich versuchte, eine Pflanze zu schnappen. Der Fischer steckte ihm die Pflanze ins Maul, der Fisch erbrach einen Stein und plumpste ins Wasser zurück. Der Stein aber war ein riesiger, makelloser Diamant von unschätzbarem Wert und unbeschreiblichem Glanz.

»Du bist ein Teufel!« schrie Dinar den Derwisch Fatih wütend an. »Du wußtest dank eines geheimen Wahrnehmungsvermögens von allen drei Schätzen, verrietest mir aber jedesmal nichts davon. Ist *das* wahre Kameradschaft? Früher hatte ich schon Pech genug, aber ohne dich hätte ich wenigstens nichts erfahren von den Möglichkeiten, die in Bäumen, Ameisenhaufen und – ausgerechnet! – Fischen verborgen sind!«

Kaum hatte er das gesagt, war es ihm, als fege ein starker Wind mitten durch seine Seele. Da wußte er, daß genau das Gegenteil von dem, was er gesagt hatte, die Wahrheit war.

Der Derwisch, dessen Name »Siegreicher König« bedeutet, berührte Dinar leicht an der Schulter und lächelte. »Nun, Bruder, wirst du zugeben, daß man aus der Erfahrung lernen kann. Ich stehe im Dienst des Verborgenen Lehrers.«

Als Dinar aufzublicken wagte, sah er seinen Lehrer mit einer kleinen Schar Reisender, die miteinander über die Gefahren der bevorstehenden Wanderung redeten, die Straße entlangziehen.

Heute gilt Malik Dinar als einer der ersten unter den Derwischen, als Weggefährte und Beispiel, als einer, der das Ziel erreicht hat.
(Shah, 1967, S. 148–151)

Wissen zu verkaufen

Ein Mann namens Saifulmuluk verbrachte sein halbes Leben damit, nach der Wahrheit zu suchen. Er las alle alten Weisheitsbücher, die er finden konnte. Er reiste durch alle bekannten und unbekannten Länder, um zu hören, was die Lehrer spirituellen Wissens zu sagen hatten. Er verbrachte seine Tage mit Arbeiten und die Nächte im Nachsinnen über die letzten Geheimnisse.

Eines Tages hörte er von noch einem Lehrer, dem großen Dichter Ansari, der in der Stadt Herat wohnte. Er lenkte seine Schritte dorthin und kam zu des weisen Mannes Tür. Auf ihr stand zu seinem großen Erstaunen die seltsame Ankündigung geschrieben: »Wissen zu verkaufen.«

»Das muß ein Irrtum sein oder der bewußte Versuch, neugierige Nichtstuer abzuschrecken«, sagte er zu sich selbst, »denn ich habe noch nie gehört, daß Wissen gekauft oder verkauft werden kann.« So trat er ins Haus.

Ansari saß, vom Alter gebeugt, im Innenhof und schrieb ein Gedicht. »Kommst du, um Wissen zu kaufen?« fragte er. Saifulmuluk nickte. Ansari sagte, er solle alles Geld, das er habe, vorzeigen. Saifulmuluk holte all sein Geld hervor, im ganzen einhundert Silberstücke.

»Für so viel kannst du drei Ratschläge haben.«

»Ist das dein Ernst?« fragte Saifulmuluk. »Wozu brauchst du Geld, wenn du doch ein bescheidener, gottergebener Mensch bist?«

»Wir leben in der Welt, inmitten ihrer materiellen Gegebenheiten«, sagte der Weise, »und mit dem Wissen, das ich besitze, sind mir große neue Verpflichtungen auferlegt. Weil ich manches weiß, was andere nicht wissen, muß ich Geld ausgeben, zum Beispiel da, wo ein freundliches Wort oder auch die *baraka* nicht angebracht ist.«

Er nahm das Silbergeld und sagte: »Hör gut zu. Der erste Rat lautet: ›Eine kleine Wolke kündigt Gefahr an.‹«

»Soll das eine Weisheit sein?« fragte Saifulmuluk. »Es scheint mir nicht gerade viel über das Wesen der letzten Wahrheit oder über die Stellung des Menschen in der Welt auszusagen.«

»Wenn du mich dauernd unterbrechen willst«, sagte der Weise, »kannst du dein Geld wiederhaben und gehen. Was nützt Wissen über die Stellung des Menschen in der Welt, wenn dieser Mensch tot ist?«

Saifulmuluk schwieg und wartete auf den nächsten Rat.

»Dies ist der zweite Rat: ›Wenn du irgendwo einen Vogel, eine Katze und einen Hund an ein und demselben Ort finden kannst, so nimm sie mit und sorge für sie bis ans Ende.‹«

»Das ist ein merkwürdiger Rat«, dachte Saifulmuluk, »aber vielleicht hat er eine tiefere metaphysische Bedeutung, die sich mir offenbaren wird, wenn ich lange genug darüber meditiere.«

So schwieg er, bis der Weise den letzten Rat aussprach: »Wenn du, die vorigen Ratschläge befolgend, bestimmte, scheinbar bedeutungslose Erfahrungen gemacht hast, dann und nur dann wird sich dir eine Tür öffnen. Tritt durch sie ein.«

Saifulmuluk wollte als Schüler bei diesem wunderlichen Lehrer bleiben, Ansari aber wies ihn ziemlich barsch ab. So machte er sich wieder auf die Wanderschaft und ging nach Kaschmir, um dort bei einem Lehrer zu lernen. Als er von da wieder durch Zentralasien zog, kam er in dem Marktflecken Buchara eben zu einer Versteigerung zurecht. Ein Mann nahm gerade eine Katze, einen Vogel und einen Hund mit, die er erworben hatte. »Wenn ich mich nicht so lange in Kaschmir aufgehalten hätte«, dachte Saifulmuluk, »hätte ich die Tiere kaufen können; denn sie haben ganz sicher etwas mit meinem Schicksal zu tun.«

Dann beunruhigte ihn der Gedanke, daß er zwar den Vogel, die Katze und den Hund, bisher jedoch noch nicht die kleine Wolke gesehen hatte. Alles schien ihm verkehrt zu laufen. Das einzige, was ihm weiterhalf, war, daß er eines seiner Notizbücher durchblätterte, in dem er auf den Rat eines Weisen aus früheren Zeiten stieß, einen Rat, den er zwar aufgeschrieben, sich aber nicht eingeprägt hatte: »Alles geschieht der Reihe nach. Der Mensch stellt sich diese Reihenfolge in einer bestimmten Weise vor. Manchmal ist sie aber ganz anders.«

Da fiel ihm ein, daß die drei Tiere zwar auf einer Auktion ersteigert worden waren, daß Ansari ihm aber nicht gesagt hatte, *er* müsse sie auf einer Auktion kaufen. Er hatte sich nicht an den Wortlaut des Ratschlags erinnert, der gewesen war: »Wenn du einen Vogel, eine Katze und einen Hund an ein und demselben Ort finden kannst, so nimm sie mit und sorge für sie bis ans Ende.«

So machte er sich auf den Weg, um den Käufer der Tiere ausfindig zu machen und zu sehen, ob sie noch »an ein und demselben Ort« wären.

Nach vielem Herumfragen stellte sich heraus, daß der Mann Ashikikhuda hieß und die Tiere nur gekauft hatte, um sie aus ihrer qualvollen Gefangenschaft in den Räumen des Auktionators zu befreien, wo sie schon wochenlang in Erwartung eines Käufers eingesperrt gewesen waren. Sie waren immer noch »an ein und demselben Ort«, und Ashikikhuda war froh, sie an Saifulmuluk weiterverkaufen zu können.

Saifulmuluk ließ sich in Buchara nieder, weil die Weiterreise mit den Tieren nicht durchführbar war. Jeden Tag ging er in eine Wollspinnerei zur Arbeit und kehrte am Abend mit Futter für die Tiere, das er von seinem Tagelohn gekauft hatte, zurück. Drei Jahre vergingen.

Eines Tages, als er schon Spinnmeister und ein angesehenes Mitglied der Gemeinde war, ging er am Stadtrand dahin und sah so etwas wie eine kleine Wolke über dem Horizont schweben. Die Wolke sah so ungewöhnlich aus, daß sein Gedächtnis wachgerüttelt wurde und der Erste Rat ihm überdeutlich ins Bewußtsein trat: »Eine kleine Wolke kündigt Gefahr an.«

Saifulmuluk eilte sofort nach Hause, nahm seine Tiere an sich und flüchtete nach Westen. Er kam fast ohne einen Pfennig in Isfahan an. Ein paar Tage darauf erfuhr er, daß die Wolke, die er gesehen hatte, die Staubwolke einer Eroberhorde gewesen war, die Buchara eingenommen und alle Einwohner erschlagen hatte.

Da erinnerte er sich an die Worte Ansaris: »Was nützt Wissen über die Stellung des Menschen in der Welt, wenn dieser Mensch tot ist?«

Die Leute von Isfahan konnten Tiere, Wollspinner und Fremde nicht leiden, und Saifulmuluk lebte bald in äußerster Armut. Er warf sich zu Boden und rief: »O ihr Heiligen alle, die ihr verklärt seid! Kommt mir zu Hilfe; denn ich bin in einem Zustand, in dem ich aus eigener Kraft meinen Lebensunterhalt nicht mehr beschaffen kann, und meine Tiere leiden Hunger und Durst.«

Als er so zwischen Schlafen und Wachen, mit nagendem Hunger und ganz seinem Schicksal ergeben, am Boden lag, hatte er eine Vision von greifbarer Deutlichkeit. Er sah einen goldenen Ring vor sich, dessen Stein in wechselnden Farben spielte, wie Meeresleuchten glühte, Funken sprühte und tief innen in grünem Licht erstrahlte.

Eine Stimme - so wenigstens schien es ihm - sprach: »Das ist die goldene Krone der Weltalter, der Samir der Wahrheit, der Ring des Königs Salomo, des Sohnes Davids - Friede sei seinem Namen! -, dessen Geheimnisse verborgen bleiben sollen.« Als er sich umblickte, sah er, daß der Ring in einen Spalt am Boden rollte. Es war ihm auf einmal, als säße er an einem Fluß unter einem Baum bei einem seltsam geformten Felsblock.

Am Morgen machte Saifulmuluk sich auf, ausgeruht und besser imstande, seinen Hunger zu ertragen, und umwanderte die Außenbezirke der Stadt Isfahan. Da sah er, wie er es irgendwie auch schon halb erwartet hatte, den Fluß, den Baum und den Felsblock. Am Fuß des Felsblocks war ein Spalt. In dem Spalt, in den er seinen Stock stieß, war der Ring, den er auf die geschilderte seltsame Art schon gesehen hatte.

Während Saifulmuluk den Ring im Wasser wusch, rief er: »Wenn dies wirklich der Ring des Großen Salomo - er sei gegrüßt! - ist, gewähre mir, o Geist des Ringes, ein würdiges Ende meiner Nöte!«

Plötzlich war es, als bebe die Erde und als brause eine Stimme wie der Sturmwind in seinen Ohren: »Über die Jahrhunderte hinweg bieten wir dir den Friedensgruß, edler Saifulmuluk. Du bist der Erbe der Macht Salomos, des Sohnes Davids - Friede sei mit ihm! -, des Herrschers über die Dämonen und die Menschen. Ich bin der Sklave des Ringes. Gebiete über mich, o Saifulmuluk, mein Meister!«

»Schaff die Tiere herbei und Futter für sie«, sagte Saifulmuluk sogleich und vergaß nicht, hinzuzufügen: »Im Namen des Erhabenen und im Namen Salomos, unseres Herrn, des Herrschers über die Dämonen und die Menschen - er sei gegrüßt!«

Kaum hatte er das gesagt, waren auch schon die Tiere zur Stelle, und jedes hatte genug zu fressen von dem, was es am liebsten mochte.

Dann rieb er den Ring, und der Geist des Ringes antwortete ihm wieder wie Windesbrausen in den Ohren.

»Befiehl mir, und was immer du wünschst, wird geschehen, außer dem, was nicht getan werden kann, Herr des Ringes.«

»Sag mir im Namen Salomos - Friede sei mit ihm! -: Ist das das Ende? Denn ich muß nach dem Auftrag meines Lehrers, des Khoja Ansar von Herat, bis zum Ende für das Wohlergehen dieser meiner Gefährten sorgen.«

»Nein«, erwiderte der Geist, »es ist nicht das Ende.«

Saifulmuluk blieb an diesem Ort, wo er sich von dem Dämon ein kleines Haus und eine Unterkunft für die Tiere bauen ließ, und er verbrachte seine Tage mit ihnen zusammen. Jeden Tag brachte der Dämon ihm und seinen Tieren genug von allem, was sie brauchten, und die Vorübergehenden staunten über die Heiligkeit des Saif-Baba oder Vater Saif, wie man ihn nannte, der unter zahmen und wilden Tieren und von nichts lebte, wie sie sagten.

Wenn er nicht in seinen Reisenotizen las oder über seine Erlebnisse nachdachte, beobachtete Saif-Baba die drei Tiere und studierte ihr Verhalten. Jedes reagierte auf ihn auf seine besondere Weise. Er förderte ihre guten Eigenschaften und wirkte ihren schlechten entgegen und sprach oft zu ihnen von dem großen Khoja Ansar und den Drei Ratschlägen.

Von Zeit zu Zeit kamen heilige Männer an seinem Wohnsitz vorüber, und oft luden sie ihn ein, mit ihnen zu disputieren oder sich mit ihnen über ihre besonderen Metho-

den auszutauschen. Er jedoch weigerte sich und sprach: »Ich muß meine eigene Aufgabe erfüllen, die mir mein Lehrer aufgetragen hat.« Eines Tages merkte er voller Erstaunen, daß die Katze mit ihm in einer Sprache redete, die er verstehen konnte. »Meister«, sagte die Katze, »du hast deine Aufgabe und mußt sie erfüllen. Wundert es dich aber nicht, daß die Zeit, die du das Ende nennst, noch nicht gekommen ist?«
»Ich wundere mich eigentlich nicht sehr«, sagte Saif-Baba, »denn soviel ich weiß, kann es hundert Jahre dauern.«
»Da irrst du dich«, sagte der Vogel, der jetzt auch zu sprechen anfing, »denn du hast nicht gelernt, was du von den verschiedenen Reisenden, die des Wegs kamen, hättest lernen können. Du weißt nicht, daß sie alle, so verschieden sie voneinander zu sein schienen (wie auch wir Tiere dir alle verschieden voneinander zu sein scheinen), vom Quell deiner Unterweisung, vom Khoja Ansar selbst, ausgesandt waren, um festzustellen, ob du Einsicht genug gewonnen hast, ihnen zu folgen.«
»Wenn das die Wahrheit ist«, sagte Saif-Baba, »was ich keineswegs glaube, könnt ihr mir dann erklären, wieso eine Katze und ein winziger Sperling mir Dinge sagen können, die ich trotz all der wunderbaren Gaben, die ich empfangen habe, nicht sehen kann?«
»Das ist sehr einfach«, sagten beide gleichzeitig, »das kommt daher, daß du dich so daran gewöhnt hast, alles nur von einer Seite zu betrachten; so kann selbst der schlichteste Verstand deine Fehler erkennen.«
Das ärgerte Saif-Baba. »So hätte ich also die Tür des Dritten Ratschlags schon längst finden können, wenn ich nur die richtige Einstellung gehabt hätte?« fragte er.
»Ja«, mischte sich der Hund ins Gespräch, »die Tür hat sich in den letzten Jahren ein dutzendmal geöffnet, du aber hast sie nicht gesehen. Wir sahen sie, aber da wir Tiere sind, konnten wir's dir nicht sagen.«
»Wie kommt es denn, daß ihr's mir jetzt sagen könnt?«
»Du kannst jetzt unsere Sprache verstehen, weil du selbst in letzter Zeit menschlicher geworden bist. Jetzt hast du aber nur noch eine einzige Chance; denn das Alter kommt über dich.«
Erst dachte Saif-Baba: »Das Ganze ist eine Halluzination.«
Dann dachte er: »Sie haben kein Recht, so mit mir zu reden, ich bin ihr Herr und Ernährer.« Dann dachte ein anderer Teil seines Ich: »Wenn sie unrecht haben, macht es nichts; wenn sie aber recht haben, ist es furchtbar für mich. Ich darf kein Risiko eingehen.«
So wartete er auf seine Gelegenheit. Monate vergingen. Eines Tages kam ein Wanderderwisch des Wegs und schlug vor Saif-Babas Türschwelle sein Zelt auf. Er freundete sich mit den Tieren an, und Saif-Baba beschloß, ihn ins Vertrauen zu ziehen. »Hinweg mit dir!« fuhr ihn der Derwisch an, »deine Geschichten vom Meister Ansari, deine Wolken, dein Suchen und deine Verantwortung für die Tiere interessieren mich nicht, nicht einmal dein Zauberring. Laß mich in Ruhe. Ich weiß, wovon du *eigentlich* sprechen solltest, ich weiß aber nicht, wovon du *tatsächlich* sprichst.«
Voller Verzweiflung rief Saif-Baba den Geist des Ringes herbei. Der Dämon aber sagte nur: »Ich habe nicht die Aufgabe, dir zu sagen, was nicht gesagt werden darf. Ich weiß aber, daß du an einer Krankheit leidest, die ›beharrliches heimliches Vorurteil‹ heißt; sie beherrscht dein Denken und macht es dir schwer, auf dem *Weg* voranzukommen.«
Da ging Saif-Baba zu dem Derwisch, der auf seiner Türschwelle saß, und sagte: »Was

soll ich tun? Ich fühle mich für meine Tiere verantwortlich, bin aber ratlos in bezug auf mich selbst, und die Drei Ratschläge helfen mir nicht mehr weiter.«
»Du hast aufrichtig gesprochen«, sagte der Derwisch, »das ist ein Anfang. Übergib mir deine Tiere, und ich werde dir die Antwort sagen.«
»Aber ich kenne dich ja gar nicht; du verlangst zu viel«, sagte Saif-Baba. »Wie kannst du so etwas verlangen? Ich habe großen Respekt vor dir, aber ich habe noch so meine Zweifel.«
»Recht so«, sagte der Derwisch. »Du hast nicht Sorge um deine Tiere gezeigt, sondern dein mangelhaftes Wahrnehmungsvermögen in bezug auf meine Person. Wenn du mich rein gefühls- oder verstandesmäßig beurteilst, kann ich dir nichts nützen. Du bist in gewissem Sinne immer noch besitzgierig, du fühlst dich als Eigentümer ›deiner‹ Tiere. Geh weg, so wahr mein Name Darwaza ist.«
Darwaza aber bedeutet ›Tür‹, und Saif-Baba dachte angestrengt darüber nach. Konnte das die Tür sein, die ihm sein Sheikh, Ansari, in Aussicht gestellt hatte? »Es kann sein, daß du die Tür bist, die ich suche; ich bin mir aber nicht ganz sicher«, sagte er zu dem Derwisch Darwaza. »Mach daß du fortkommst, du mit deinen Grübeleien!« rief der Derwisch. »Hast du noch nicht gemerkt, daß die ersten beiden Ratschläge für deinen Verstand bestimmt waren, daß du aber den letzten Rat nur begreifen kannst, wenn du ihn selbst wahrnimmst?«
Nach zwei weiteren Jahren der Ratlosigkeit und Angst erkannte Saif-Baba plötzlich die Wahrheit. Er rief seine Tiere zusammen und sprach zu ihnen: »Ihr seid nun frei. Das ist das Ende.«
Während er so sprach, sah er, daß die Tiere sich verwandelten und menschliche Gestalt annahmen. Neben ihm stand Darwaza, nun aber in Gestalt des großen Khoja Ansar selbst. Ansari öffnete wortlos eine Tür in dem Baum am Fluß, und als Saif-Baba über die Schwelle trat, sah er in einer wunderbaren Höhle die Antworten auf die Fragen nach Leben und Tod, nach der Sterblichkeit und der Menschheit, nach Wissen und Unwissen, die ihn sein Leben lang gequält hatten, in goldenen Lettern geschrieben.
»Haften am Äußeren«, sagte die Stimme Ansaris, »das war es, was dich in all diesen Jahren gehemmt hat. Deshalb kommst du, in einem bestimmten Sinn, zu spät. Empfange hier den einzigen Teil Weisheit, der dir noch zugänglich ist.«
(Shah, 1967, S. 169–176)

Bahaudin Naqshband: Jüngerschaft und Entwicklung

Auszüge aus den bezeugten Aussprüchen Bahaudins, des Zeichners (Naqshband):
Wir werden ständig ermahnt, die Taten und Aussprüche der Weisen zu studieren und uns mit ihnen vertraut zu machen, da zwischen ihnen und unseren eigenen Möglichkeiten ein Band der Übereinstimmung besteht.
Wenn wir, wie die Buchstabengläubigen es tun, uns aus Gründen der Wißbegier oder der Sucht nach Wundern in diese Elemente vertiefen, wandeln wir uns zwar, aber diese Wandlung macht aus einem Tier ein weniger tierisches Tier, statt aus einem Tier einen Menschen zu machen.
Die Prüfungen, denen der Mensch auf seinem Weg unterzogen wird, dienen dazu, anhand eben dieses Kriteriums den wahren Suchenden von dem nur scheinbaren zu

unterscheiden. Wenn der Mensch sich diesem Studium nicht mit seinem ursprünglichsten, lautersten Selbst zuwendet, bringt er sich in Gefahr. Darum wäre es besser für ihn, er meidet alle Verstrickungen mit dem Metaphysischen und setzt sich nicht den Einwirkungen der höchsten Kraft aus, die seine Fehler nur noch verstärkt, falls er sie nicht zu korrigieren und keinen Lehrer zu finden vermag, so daß seine Fehler sich nicht auf seine Entwicklung auswirken.

Aus diesem Grunde sprechen wir davon, daß es viele verschiedene Sphären bzw. Stufen der Wahrheitserfahrung gibt.

Die Weisen vergewissern sich stets vor allem, daß ihre Schüler sich über eines klar sind: Der erste Schritt zum Wissen besteht darin, sich mit der äußeren konkreten Erscheinungsform dieses Wissens vertraut zu machen. Damit wird erreicht, daß es sich nicht sofort im falschen Bewußtseinsbereich festsetzt, sondern warten kann, bis die Möglichkeit zu seiner Entfaltung gegeben ist.

Es ist wie bei einem Mann, der einen Granatapfel pflückt und ihn aufbewahrt, bis sein Magen imstande ist, ihn ordentlich zu verdauen. Wenn jemand, dessen Magen nicht in Ordnung ist, einen Granatapfel verspeist, werden seine Magenbeschwerden noch schlimmer.

Es ist ein Zeichen für den krankhaften Zustand des Menschen, daß er den Granatapfel auf der Stelle essen möchte. Täte er das, würde er in ernste Schwierigkeiten geraten. Das erklärt, warum die Weisen ständig Material liefern, das im Herzen gespeichert werden soll wie Korn, aus dem später Brot gebacken wird. Da es sich hier aber nicht um Korn, sondern um Erfahrung handelt, ist der Mensch in seiner Unreife gewöhnlich nicht fähig, diese tiefe, geheimnisvolle Wahrheit zu verstehen. Wir wenden uns daher an eine besondere Art von Menschen, an den »freigebigen Geizigen«, d.h. einen Menschen, der bewahren kann, wenn Bewahren am Platz ist, und der das Vorhandene zur Verfügung stellt, wenn es und weil es gerade seine beste Wirkung tun kann.

Ich war viele Monate lang völlig verunsichert, weil mein verehrter Mentor mir Dinge zu denken, zu sagen und zu tun aufgab, die mein Verlangen nach dem geistigen Leben scheinbar nicht befriedigen konnten. Er versicherte mir oft, das Verlangen, das ich fühlte, gelte gar nicht dem Spirituellen; was er mir gebe, sei genau die Nahrung, die ich wirklich brauche. Erst als ich meine wahnsinnige Begierde zügeln lernte, war ich fähig, ihm überhaupt zuzuhören. Dann wieder sagte ich mir: »Das habe ich ja alles früher auch schon gehört, das ist alles höchst zweifelhaft« oder: »Dieser Mann ist gar kein spiritueller Mensch« oder auch: »Ich möchte Erfahrung sammeln, nicht zuhören oder lesen.«

Das Erstaunliche war, daß mein Lehrer mir zwar immer wieder diese meine Geistesverfassung vor Augen hielt, daß ich ihm aber, obwohl ich ihm äußerlich vertraute und mich ihm in allem unterordnete, nicht soweit zu vertrauen vermochte, wie es nötig gewesen wäre, und nicht in der für mich lebenswichtigen Hinsicht. Später, als ich zurückblickte, erkannte ich, daß ich damals weitaus größere Teile meiner Selbstbestimmung aufzugeben bereit war, als nötig gewesen wäre, daß ich jedoch nicht bereit war, die kleineren aufzugeben, wodurch allein sich mir der Weg zum Verstehen hätte erschließen können.

Ich spreche hier von diesen Dingen, weil die Menschen, die sich in einer ähnlichen Etappe des *Wegs* befinden, in den Erfahrungsberichten eines anderen ihre eigene Verfassung wiedererkennen und von dieser Erkenntnis profitieren können.

Ich erinnere mich, daß ich immer vom Dramatischen elektrisiert, ja aufgewühlt wurde und immer voller Spannung war, wenn etwas Aufregendes gesagt oder getan wurde, daß aber das wirklich Bedeutsame in den Beziehungen zwischen meinem Lehrer und mir das war, was mir manchmal völlig entging. So verschwendete ich ganze acht Jahre meines Lebens, obwohl ich dauernd mit Erkenntnisarbeit beschäftigt war.

Man muß immer bedenken, daß alles zwei Seiten hat. Normalerweise denken wir nicht daran, daß das so ist, doch handelt es sich hier um eine grundlegende Tatsache. Da ist auf der einen Seite die richtige Art des Zusammenseins mit einem Weisen, von dem man etwas lernt, das die menschliche Entwicklung fördert. Und dann gibt es das falsche Zusammensein, das zerstörerisch wirkt. Das Verwirrende bei der Sache ist, daß die Gefühle, die dieses falsche Jüngerverhältnis oder das gewöhnliche Zusammenleben begleiten, und seine äußeren Erscheinungsformen – Höflichkeit und offensichtliche Demut – uns glauben machen können, wir seien fromme, dem Dienst des Höchsten geweihte Menschen. Man könnte sagen, dies sei dem Eingreifen einer verfälschenden, sozusagen dämonischen Macht zuzuschreiben, die einem großen Teil der prominentesten, als hochspirituell geltenden Leute und ihren Anhängern einredet, es handle sich bei ihnen um Spiritualität. Sie vermögen sogar Menschen, die nicht zu ihrem Kreis gehören, zu dieser Überzeugung zu bringen, so daß der Ruf ihrer Glaubwürdigkeit auch noch von jenen Irregeleiteten bestätigt wird, die sagen: »Ich gehe zwar diesen Weg nicht, leugne aber nicht, daß dieser Mann ein vertrauenswürdiger spiritueller Mensch ist...«

Das einzige Mittel dagegen ist, den vom Meister erstellten speziellen Zeitplan der günstigen Konstellationen zu befolgen; denn nur der Lehrer allein kann sagen, wann, wo und wie die Übungen und andere Betätigungen, auch solche, die mit Spiritualität scheinbar nicht das geringste zu tun haben, auszuführen sind. Das wird oft dahingehend mißverstanden, daß man, außer unter unmittelbarer Aufsicht des Meisters, weder Bücher lesen noch Tätigkeiten ausführen dürfe. Diese weitverbreitete oberflächliche Meinung erweist sich als absurd, sobald man sich folgendes klarmacht: Der Meister mag zwar für eine bestimmte Anzahl von Leuten oder für einen einzelnen Schüler Kurse, Lektüre oder Übungen festsetzen und es von Zeit zu Zeit für notwendig halten, sie einem scheinbar ganz konventionellen, schulmäßigen Kurs zuzuweisen, das Wichtigste dabei ist aber nicht, wie sich die Dinge dem Schüler darstellen, sondern daß der Meister sie vorgeschrieben hat und daß er, wenn immer eine Veränderung notwendig ist, eingreifen wird. Jedes Anzeichen von Widerstand gegen den Lehrplan oder jede andere Form der Disharmonie mit dem Meister ist nur Ausdruck der Unerfahrenheit des Schülers und braucht vom Meister oder seinen Stellvertretern nicht beachtet zu werden; denn entweder nimmt der Schüler ordnungsgemäß an dem Kurs teil oder nicht. Wenn nicht, hört er im gleichen Augenblick auf, Schüler zu sein und hat daher auch kein Recht zur Kritik. Nur die echten Schüler haben das Recht, Kritik zu üben; wer aber den Kurs als solchen in Frage stellt, um die Aufmerksamkeit auf sich zu lenken, ist von vornherein nicht geeignet.

Die Unfähigkeit, das zu erkennen, ist unter gebildeten Gefühlsmenschen, die den Sufi-Weg eingeschlagen haben, sehr verbreitet; sie merken nicht, daß der Lehrplan von vornherein auf alle nur denkbaren Gefühlsrichtungen der Schüler abgestimmt ist. Worauf es hier ankommt, ist das Wirksamwerden der Lehre auf dem Weg über die Fähigkeiten des Schülers. Wenn er den Ablauf der Sitzung oder die Arbeit des

Stellvertreters stört, ist er das Gegenteil von einem Schüler; und das sollte als eine von der Gruppe erteilte Lektion zur Kenntnis genommen werden.
Ich bin mir wohl bewußt, daß diese Prinzipien weit entfernt sind von den in der seichten Welt gültigen, die sich nur daran orientiert, was die Leute voneinander denken. Zu ihr gehören auch die falschen Lehrer, denen dauernd das Problem zu schaffen macht, was wohl die anderen von ihnen denken. Die Hauptsache ist jedoch, daß die Lehre wirkt, nicht, daß die Leute mit ihren gewöhnlichen Sinneswahrnehmungen das Gefühl haben, Erfüllung zu finden.
In diesem Fall nämlich kann man sicher sein, daß nichts wirklich Wertvolles dabei herauskommt.
Dies ist das Ende des ersten Teils der Aussprüche Bahaudin Naqshbands, des Zeichners.
(Shah, 1971, S. 183–186; der zweite Teil findet sich in demselben Buch, S. 187–190)

Das Vorangegangene scheint weitgehend nur davon zu handeln, was der Sufismus *nicht* ist; ich hoffe jedoch, daß dem Leser die Notwendigkeit einleuchtet, zuerst einmal weitverbreitete irrige Vorstellungen beiseite zu räumen. Es gibt natürlich heute Formen des Sufismus, in denen er auch der Allgemeinheit zugänglich ist. Sein Hauptrepräsentant, Idries Shah, hat bisher mehr als eintausend lehrhafte Erzählungen in Englisch und in anderen westlichen Sprachen veröffentlicht. Diese Geschichten und Erzählungen sollen nicht Moral predigen oder Tatsachenwissen vermitteln; sie sind das Medium, durch das sich die Lehre als in sich geschlossenes Ganzes mitteilt. Die früheste Sufi-Erzählung, die den Stempel eines echten, bewußt gestalteten Kunstwerks trägt, mit dem auf eine für den Menschen normalerweise nicht wahrnehmbare Form der Wirklichkeit hingewiesen werden soll, findet sich im Koran; es ist die Geschichte von Khidr und Moses, die Shah in seinen *Tales of the Derwishes* wiedergibt.
Der Erfolg dieser brillant erzählten und übersetzten Geschichten, deren sich auch Fernsehen, Film und Funk angenommen haben, war zwar in der Öffentlichkeit sehr groß; eigentlich haben sie jedoch eine tiefere Absicht. Obwohl sie ursprünglich von den Derwisch-Erzählern des Mittleren Ostens als »Lehrgeschichten« gedacht waren, haben sie wenig gemein mit den Parabeln und den didaktischen Geschichten der meisten westlichen Kulturen. Der Hauptunterschied besteht darin, daß diese Lehrgeschichten den Leser nicht davon überzeugen wollen, daß eine bestimmte Art zu denken oder zu handeln »gut« oder »moralisch« ist, sondern daß sie Verhaltens- und Ereignismuster vorführen, die eine auf keine andere Weise zu vermittelnde Lektion erteilen.

Die Geschichten führen den Leser auf unbekannte Wege. Manche enthalten Handlungsmodelle, die ihn mit dem Ungewöhnlichen vertraut machen sollen, andere sind als »Schock« gedacht, als neuer geistiger Impuls, der die normalen Gedanken- und Bewußtseinsabläufe unterbricht.
Oft sieht man in den Geschichten, die häufig als Berichte über die Aussprüche und Taten von Weisen und Toren abgefaßt sind, den Weisen die Rolle des gewöhnlichen Menschen spielen und einen Handlungsablauf oder Gedankengang vorführen, den er auf diese Weise zu kritisieren versucht. Bei anderen Geschichten bleibt der Ausgang offen; sie bieten keine fertige Lösung an, sondern verlassen sich darauf, daß die Zuhörer sie selbst, oft ganz individuell, interpretieren.
Bis 1964 war diese Funktion der »Geschichte mit tieferer Bedeutung« den meisten Denkern des Westens fast völlig unbekannt. In *Fihi ma Fihi* und *Masnavi-i-Maanavi* verwendete Jalaluddin Rumi ausgiebig einige Erzähltypen dieser Art, aber bevor Idries Shah in seinem Buch *The Sufis* die besondere Verwendung von Erzählungen bei den Sufis erklärte, sahen viele Gelehrte sonderbarerweise in Rumi so etwas wie einen Geschichtenerzähler der volkstümlichen Parabel-Tradition und waren oft befremdet von seiner scheinbaren Vorliebe für bloße Späße, Anekdoten und Volkssagen.
Die literarische und Unterhaltungsqualität der Geschichten beruht auf ihrem »Moses-Körbchen«-Aspekt, d. h. ihrer Verwendbarkeit zu allen Zeiten, ihrer Unabhängigkeit von spezifischen kulturellen Moralsystemen. Ihre Absicht ist es jedoch, »einen Teil des Individuums anzusprechen, der mit den konventionellen Mitteln nicht erreicht werden kann [und] ihm die Kommunikation mit einer nicht verbalisierten Wahrheit jenseits der uns vertrauten Dimensionen [zu] ermöglichen.« (Shah, 1968a, S. 96)

Literatur

Yakoub von Somnan erklärte die Funktion der Literatur, die er verwendete, folgendermaßen: »Die Literatur ist das Mittel, durch das Dinge, die aus der Gemeinschaft stammen, dieser wieder zurückgegeben werden können.
Sie ähnelt darin einem Samenkorn, das der Erde anvertraut wird, vielleicht lange nachdem die Pflanze, von der es stammt, spurlos vergangen ist.

Die Gelehrten sind so etwas wie die Müller, die das Korn mahlen, die Menschen aber, die wir die Weisen nennen, sind die Landwirte, die das Getreide anbauen. Bedenkt dieses Gleichnis, denn es enthält die Erklärung für den unvereinbaren Gegensatz zwischen zwei Arten von Gelehrsamkeit.«
(Shah, 1971, S. 166)

Die Frage

Ein reicher Prahler führte einmal einen Sufi durch sein Haus. Er zeigte ihm einen Raum nach dem anderen, alle voll von kostbaren Kunstwerken, wertvollen Teppichen und alten Erbstücken jeder Art.
Schließlich fragte er ihn:
»Was hat dir den größten Eindruck gemacht?«
Der Sufi antwortete:
»Die Tatsache, daß die Erde stark genug ist, das Gewicht eines so mächtigen Bauwerks auszuhalten.«
(Shah, 1971, S. 162)

Ohne Kommentar

Als Jalaluddin Rumi anfing, seine Weisheitsgedichte vorzutragen, hatten die Leute, so wird berichtet, noch nicht Zeit genug gehabt, sich eine Meinung über ihn zu bilden. Die einen interessierten sich für ihn, die anderen nicht. Wieder andere, wie es nun einmal in der menschlichen Art liegt, ärgerten sich über ihn und sagten: »Hoffentlich bildest du dir nicht ein, du seist ein zweiter Äsop oder so etwas.«
(Shah, 1971, S. 151)

Wie und was man verstehen muß

Folgendes Gespräch zwischen dem Sufi-Mystiker Simab und einem Edelmann namens Mulakab, das in mündlicher Überlieferung als Dialog erhalten ist, wird oft von Wanderderwischen vorgeführt.
Mulakab: »Erzähl mir etwas von deiner Philosophie, damit ich lerne zu verstehen.«
Simab: »Du kannst nicht verstehen, solange du keine Erfahrung hast.«
Mulakab: »Ich brauche nicht zu verstehen, was ein Kuchen ist, um zu merken, ob er gut oder schlecht ist.«
Simab: »Wenn du einen guten Fisch siehst und ihn für einen schlechten Kuchen hältst, hat das mit Verstehen weniger zu tun als mit allem anderen; willst du aber erkennen, was er wirklich ist, so ist das vor allem anderen eine Sache des Verstehens.«
Mulakab: »Warum läßt du dann nicht die Bücher und Vorlesungen, wenn doch Erfahrung das einzig Notwendige ist?«
Simab: »Weil das Äußere der Führer ins Innere ist. Bücher belehren über den äußeren Aspekt des Inneren, Vorlesungen desgleichen. Ohne sie würdest du keine Fortschritte machen.«

Mulakab: »Aber warum sollten wir nicht ohne Bücher auskommen können?«
Simab: »Weil du nicht ohne Wörter denken kannst, aus dem gleichen Grund. Du bist mit Büchern aufgewachsen, dein Geist und deine Seele sind von Büchern und Vorlesungen, vom Hören und vom Sprechen so verändert worden, daß das Innere nur durch das Äußere zu dir sprechen kann, was immer du auch wahrzunehmen behauptest.«
Mulakab: »Gilt das für alle?«
Simab: »Es gilt, für wen es gilt. Vor allem gilt es für die, welche meinen, für sie gelte es nicht.«
(Shah, 1971, S. 109)

Leben und Taten der Meister

Ein Derwisch höchsten Ranges wurde gefragt:
»Wie kommt es, daß die Menschen so viel Zeit und Mühe darauf verwenden, das Leben und die Taten der Meister der Vergangenheit zu studieren, wo doch vielleicht deren Leben falsch überliefert, ihre Taten für Wirkungen in der damaligen Zeit bestimmt und ihre Worte voll verborgener Bedeutung sind?«
Er antwortete:
»Der Zweck solcher Studien besteht für den Lernenden darin, zu erfahren, was von den Meistern und über sie gesagt worden ist. Manches davon ist auf der Ebene des Alltagslebens von Nutzen. Manches wird dem Schüler in dem Maße, wie er Fortschritte macht, klarwerden. Manches ist so geheim, daß der Suchende erst dann, wenn er dafür bereit ist, im richtigen Augenblick auch Verständnis dafür bekommt. Manches ist dazu da, von einem Lehrer interpretiert zu werden. Manches ist dazu da, den Widerspruch derer herauszufordern, die auf dem Weg nicht vorankommen, so daß sie davon abgehalten werden, die Menschen, die den *Pfad* gehen, zu stören. Denkt immer daran, daß Abneigung gegen unsere Arbeit gewöhnlich ein Zeichen dafür ist, daß der Betreffende uns scheut, weil er einer ist, den wir scheuen sollten.«
(Shah, 1971, S. 55)

Die drei Ringe

Es war einmal ein weiser und sehr reicher Mann; der hatte einen Sohn, und er sprach zu ihm: »Mein Sohn, hier ist ein juwelengeschmückter Ring. Bewahre ihn als Zeichen dafür, daß du mein Nachfolger bist, und vererbe ihn deinen Nachkommen. Er ist von großem Wert, von schönem Aussehen und hat zudem die geheime Kraft, eine bestimmte Tür zum Reichtum zu öffnen.«
Ein paar Jahre später bekam er noch einen Sohn. Als dieser alt genug war, gab der weise Mann auch ihm einen Ring und denselben Rat.
Dasselbe geschah bei seinem dritten und letzten Sohn.
Als der Alte gestorben und die Söhne erwachsen waren, erhob einer nach dem anderen aufgrund seines Ringes Anspruch auf die Vorrangstellung. Niemand konnte mit Bestimmtheit sagen, welcher der drei Ringe der wertvollste sei.

Jeder der drei Söhne gewann Anhänger, die *seinen* Ring zum wertvollsten oder schönsten erklärten.

Das Seltsame aber war, daß die »Tür zum Reichtum« allen drei Besitzern der Ringe und auch den treusten Verfechtern ihrer Sache verschlossen blieb. Sie waren alle zu sehr mit dem Problem der Vorrangstellung, mit dem Besitz des Ringes, mit seinem Wert und Aussehen beschäftigt.

Nur wenige suchten nach der Tür zur Schatzkammer des Alten. Die Ringe hatten jedoch auch noch eine andere magische Kraft: Obwohl sie zugleich Schlüssel waren, brauchte man sie doch nicht selbst, wollte man die Tür zur Schatzkammer öffnen. Es genügte, wenn man sie, ohne sich über sie zu streiten oder auf dieser oder jener ihrer Eigenschaften zu bestehen, einfach ansah. Tat man das, konnte man sagen, wo die Schatzkammer sich befand, und sie öffnen, indem man die Konturen des Ringes nachzog. Und die Schätze des Alten hatten noch eine besondere Eigenschaft: sie waren unerschöpflich.

Die späteren Anhänger der drei Ringe erzählten inzwischen die Geschichte von deren Vorzügen, wie ihre Vorgänger sie berichtet hatten, in jeweils leicht veränderter Form weiter.

Die erste Anhängerschar glaubte, sie habe den Schatz schon gefunden.
Die zweite hielt ihn für eine Allegorie.
Die dritte verschob das Öffnen der Tür auf eine vage vorgestellte ferne Zukunft.
(Shah, 1967, S. 153-154)

> Der Weise sprach:
> »Das Schicksal nimmt seinen Lauf. Gib aber auf keinen Fall deine eigenen Absichten auf.
> Denn wenn deine Pläne mit dem höchsten Willen übereinstimmen, wirst du vollkommene Erfüllung für dein Herz finden.«
> -Anwar-i-Suhaili
> (Shah, 1970, S. 61)

Viele Leute sagen, es mache ihnen Schwierigkeiten, für den Gedanken der Unterordnung und der Einordnung Verständnis aufzubringen. Der Begriff ›Unterordnung‹ beschwört oft die groteske Vorstellung von einem Menschen herauf, der alles, was er erreicht hat, aufgibt, um einem anderen »demütig« zu dienen, oder der sein Hab und Gut verkauft und auf alle Annehmlichkeiten des heutigen Lebens radikal verzichtet. Auch dies sind Reste älterer Systeme, die so weit degeneriert sind, daß ihr eigentlicher gedanklicher Inhalt verlorengegangen ist. Derartige Auffassungen werden von Leuten vorgebracht, denen es hauptsächlich darum geht, sich auf ein wirkliches Studium des Sufismus gar nicht erst einzulassen, oder von solchen, die den Sufismus für eine Art Therapie halten. Nach der heutigen Auffassung steht der Gedanke der Unterordnung mit der Einsicht in Zusammenhang, daß sich aus unseren herkömmlichen Bildungsprinzipien keine Ant-

worten auf die Grundfragen des Lebens ableiten lassen und wir uns deshalb an Leute wenden müssen, die auf solche Themen spezialisiert sind. Für den, der sich in diesem Sinn unterordnet, bedeutet das keine Selbstkasteiung. Es muß jedoch klar unterschieden werden zwischen dem, worauf unbedingt verzichtet werden sollte, und dem, worauf zu verzichten unnötig ist. Man erinnere sich, daß Naqshband, nach eigener Aussage, »viel größere« Teile seiner selbst aufzugeben bereit war, als notwendig gewesen wäre, daß er jedoch nicht bereit war, die *kleineren* aufzugeben, die ihm die Einsicht verwehrten.
Man braucht also nicht auf Fleischgenuß, Lektüre oder normale gesellschaftliche Betätigung zu verzichten. Im Sufismus gibt es keinen Zölibat, keine Selbstkasteiung. Um auf ein paralleles Beispiel zu verweisen: Welcher Chirurg würde derartiges von seinen Patienten fordern? Er würde nicht verlangen, daß sie sich in Lumpen hüllen, damit sie sein Fachwissen in Anspruch nehmen dürfen, selbst dann nicht, wenn er der einzige wäre, der dafür ausgebildet ist, in lebensgefährlichen Situationen Hilfe zu leisten. Man muß ihm nicht nach der Operation das eigene Leben weihen, wenn er dieses Leben vielleicht auch gerettet hat. Ein derartiges Verhalten wäre offensichtlich eine falsche Art der Unterordnung. Ebenso unangebracht wäre es, auf anderen Gebieten, z. B. im Geschäftsleben oder in der Wissenschaft, auf die Anwendung der eigenen Fähigkeiten und Fertigkeiten zu verzichten, denn das alles hat nichts mit der Sache zu tun, von der hier die Rede ist. Es ist eine unglückselige Erscheinung unserer Zeit, daß es heute auf dem Gebiet der Metaphysik geradezu wimmelt von unterwürfigen und »demütigen« Okkultisten, Neurotikern und anderen Leuten, die meinen, sie müßten ihre intellektuelle und emotionale Entfaltung und ihr Familienleben aufgeben. Sie verwechseln »frommes« und »demütiges« Gebaren mit echter Demut. Kein Arzt würde solchen Unsinn dulden. Die Sufis wollen das ebensowenig.
Die »Unterordnung« jedoch, die der Arzt wirklich braucht, ist die Zustimmung zu seinem Behandlungsplan und die Bereitschaft, die verordneten Medikamente nach Vorschrift anzuwenden. In vielen Situationen des Alltagslebens ordnet man sich zeitweise anderen Leuten unter, z. B., wenn man schwimmen oder Fremdsprachen lernt, sich einen Anzug machen oder sich ärztlich behandeln läßt. Beim Studium des Sufismus ist es nicht anders.
Es besteht kein Anlaß, sich dabei seiner Autonomie und Identität zu begeben. Die richtige Art, an die Sache heranzugehen, ist, daß man

lernt, »in der Schwebe« zu halten, was in der Schwebe gehalten werden muß, und »aufzuwachen«, damit man seine eigentliche Rolle übernehmen kann. Diese »Einordnung« bedeutet also nicht Unterdrückung der eigenen Identität, Abschleifen »rauher Kanten« oder Persönlichkeitsveränderung zugunsten eines von allen akzeptierten Ideals. Es folgt nun eine Geschichte, in der der Sufi nicht versucht, den Schüler, so negativ auch dessen Hauptcharakterzug erscheint, seiner Identität zu berauben.

Der Jähzornige

Ein Mann, der sehr jähzornig war, merkte nach vielen Jahren, daß ihn dieser sein Charakterzug sein Leben lang in Schwierigkeiten gebracht hatte.
Eines Tages hörte er von einem Derwisch, der reich an Wissen war; den suchte er auf, ihn um Rat zu fragen.
Der Derwisch sagte: »Geh zu der-und-der Straßenkreuzung. Dort wirst du einen verdorrten Baum sehen. Stell dich darunter und biete jedem Reisenden, der vorüberkommt, Wasser an.«
Der Mann tat, wie ihm geheißen. Viele Tage vergingen, und er wurde weithin bekannt als ein Mensch, der unter Anleitung eines wahren Wissenden bestimmte Verhaltens- und Selbstbeherrschungsübungen durchführte.
Eines Tages hastete ein Mann vorüber, wandte den Kopf ab, als ihm das Wasser angeboten wurde, und rannte weiter. Der Jähzornige rief mehrmals hinter ihm her: »Komm, erwidre meinen Gruß! Nimm von dem Wasser, das ich für alle Reisenden bereithalte!«
Er erhielt jedoch keine Antwort. Erbost über dieses Benehmen, verlor er alle Selbstbeherrschung, ergriff sein Gewehr, das an dem dürren Baum hing, zielte auf den Mann, der ihn nicht beachtet hatte, und drückte ab. Der Mann fiel um und war tot.
Im selben Augenblick, als die Kugel den Leib des Mannes durchbohrte, brach der dürre Baum in strahlende Blüte aus.
Der Getötete war ein Mörder gewesen, der gerade auf dem Weg war, das schlimmste Verbrechen in einer langen kriminellen Laufbahn zu begehen.
Es gibt, wohlgemerkt, zwei Arten von Ratgebern. Die einen sagen, was nach bestimmten feststehenden, mechanisch zu befolgenden Prinzipien zu geschehen hat. Die anderen sind die Wissenden. Wer einem Wissenden begegnet, behandelt ihn gewöhnlich als Moralisten und bittet um moralische Anweisungen. Er aber bietet Wahrheit, nicht fromme Hoffnungen.
(Shah, 1967, S. 79–80)

Für unsere konventionelle Denkweise gibt es nichts Schlimmeres als Mord und Jähzorn. Die Geschichte will »schockieren« und am negativen Charakterzug des Jähzorns den Unterschied zwischen der kon-

ventionellen Vorstellung von Unterordnung und »moralischer Besserung« einerseits und dem Sufi-Begriff der Einordnung andererseits veranschaulichen.
Der Sufi versucht nicht, den Mann von seinem Charakterfehler zu »heilen«. Er versucht vielmehr, aus seiner umfassenderen Sicht heraus, diesen Charakterzug einem größeren Geschehenszusammenhang einzugliedern, indem er den Mann an einen Platz stellt, wo dessen »Fehler« sich als nützlich erweisen kann.*
Der Sufismus preist weder die Letzte Mystische Erfahrung als Höchstes an, noch das asketische Dasein auf einsamem Bergesgipfel. Diese Formen der Erfahrung werden merkwürdigerweise immer noch als das Endziel, als der Höhepunkt vieler religiöser und philosophischer Systeme angesehen. Das ist ein Irrtum. Für degenerierte Systeme mag das zwar zutreffen, beim modernen Sufismus ist es jedoch nicht der Fall. Wenn ein Mensch »aufwacht«, trotzdem aber im Bett liegenbleibt, was nützt ihm dann sein Erwachen? Wie unterscheidet sich dann der Erwachte von dem gleichfalls noch im Bett liegenden Schläfer? Für den Sufi bedeutet »Rückkehr in die Welt« Rückkehr und Einordnung ins tätige Leben, wie alle es leben; daran ist die volle Entfaltung des Menschen zu erkennen.

Begierde

Firoz wurde gefragt:
»Bücher und die persönliche Anwesenheit eines weisen Mannes regen die Lernbegier der Leute an, auch derer, die den tieferen Sinn des menschlichen Daseins begreifen möchten. Schadet es nicht, wenn man bei Menschen, die vielleicht gar nicht imstande sind, von der Lehre zu profitieren, und die deren Schönheit, Sinn und Bedeutung gar nicht erkennen können, Erwartungen weckt?«
Er antwortete: »Wasser erregt die Begierde des Durstigen, das ist jedoch kein Argument gegen das Wasser. Es gibt gefräßige Leute, die der Anblick von Aprikosen reizt. Wenn sie welche zu stehlen versuchen, werden sie möglicherweise bestraft. Wenn ihre Freßgier sie verleitet, so viele hinunterzuschlingen, daß ihr Magen sie nicht verarbeiten kann, wird ihnen übel. Dem Besitzer der Obstbäume wird nicht übel.«
Der Frager fuhr fort:
»Könnte man denn dem Durstigen nicht in seinem eigenen Interesse das Wasser in kleinen Mengen reichen, so daß er sich nicht selbst schadet?«

* Vielleicht ist es auch ganz nützlich, einmal den Sufi-Lehrer, den Mann, den dürren Baum und andere Elemente dieser Geschichte als verschiedene Seiten ein und derselben Persönlichkeit anzusehen.

Firoz sagte:
»Manchmal ist gerade ein freundlicher Mensch in der Nähe, und wenn er sieht, daß einer wahnsinnig ist vor Durst, hindert er ihn daran, sich durch maßloses Trinken umzubringen. Manchmal aber kommt der Durstige, wie ihr ja selbst wißt, zu einem Brunnen, und niemand ist da, der ihn hinderte, sich zu ruinieren. Und selbst wenn ein wohlmeinender Mensch da wäre und sagte: ›Sei vorsichtig!‹, würde ihn der vor Durst Wahnsinnige beiseitestoßen und ihn für seinen ärgsten Feind halten.«
Der Frager:
»Gibt es denn gar keine Möglichkeit, den Menschen vor solchen Gefahren zu schützen?«
Firoz antwortete ihm:
»Wenn du irgend etwas in diesem Leben kennst, bei dem kein Risiko und keine Gefahr des Mißbrauchs durch Dumme besteht, so sag es mir, und ich werde all meine Zeit darauf verwenden, mich damit zu beschäftigen. Inzwischen aber lerne, ehe es zu spät ist, daß es Führer gibt, weil der Pfad rauh ist. Wenn du sozusagen einatmen möchtest, ohne auszuatmen, oder aufwachen möchtest, ohne dich dem Tag zu stellen, bist du kein Suchender, sondern nur ein erbärmlicher Dilettant und ein Heuchler dazu; denn sich als etwas bezeichnen, was man gar nicht ist, ist das Gegenteil dessen, was die Würde der aufrichtig Engagierten ausmacht.«
(Shah, 1971, S. 57–58)

Die beste Art, sich mit der lebendigen Sufi-Tradition bekannt zu machen, ist das Studium der in der Bibliographie aufgeführten Werke von Idries Shah. Sie machen Material zugänglich, das Tausende von Jahren im Westen nicht bekannt war; es ist der sich ständig erneuernden Sufi-Tradition entnommen und in eine der Gegenwart und ihren Bedürfnissen gemäße Form übertragen.

Kein Beruf kann für sich in Anspruch nehmen, dem Sufismus näher zu stehen als alle anderen. Die Beschäftigung mit ihm geht auf vielen Gebieten mitten im konventionellen Denken vor sich, und viele Gruppen von Menschen in den verschiedensten Ländern und der verschiedensten Klassen und Fachrichtungen empfangen aus ihm neue Nahrung. Es folgen nun vier Geschichten über die Beschäftigung mit dem Sufismus und ihre Beziehung zu gewöhnlichen Beschäftigungen.

Der Fleischkoch

Awad Afifi wurde gefragt:
»Welche Art weltlichen Geschehens kann zum Verständnis des Sufi-Weges führen?«
Er sagte:
»Ich werde euch bei gegebener Gelegenheit ein Beispiel geben.«

Einige Zeit darauf suchten Awad und ein paar Leute aus seiner Gruppe einen Garten außerhalb der Stadt auf.
Eine Anzahl schlichter Bergnomaden lagerte am Straßenrand. Awad blieb stehen und kaufte einem der Nomaden, der dort eine Kebab-Bude errichtet hatte, ein Stückchen gebratenes Fleisch ab.
Als er das Fleisch zum Munde führte, stieß der Budenbesitzer einen Schrei aus und warf sich in seltsamer Erregung zu Boden. Dann stand er auf, ergriff Awads Hand und küßte sie.
Awad sprach:
»Laßt uns weiterziehen.« Sie wanderten, von dem Fleischkoch begleitet, die Landstraße entlang.
Der Nomade hieß Koftapaz (Fleischkoch), und bald erwies er sich als ein Mensch, dessen *baraka*, d. h. spirituelle Kraft, den geistigen Übungen der ganzen Schule Sinn und Wirkung verlieh.
Awad rief seine Gefolgschaft zusammen und sagte:
»Ich bin gefragt worden, welche Art weltlichen Geschehens zum Verständnis des Sufi-Weges führen kann. Diejenigen, die bei unserer Begegnung mit Koftapaz dabei waren, sollen denen, die nicht dabei waren, davon erzählen, und dann soll Koftapaz selbst die Erklärung dazu geben; denn er ist von nun an mein rechtmäßiger Stellvertreter.«
Als alle über die Begegnung auf dem Weg zum Garten unterrichtet worden waren, stand Sheikh Koftapaz auf und sagte: »Oh ihr alle, auf denen der Schatten des wohltätigen Vogels Simurgh geruht hat! Wisset, daß ich mein Leben lang Fleischkoch gewesen bin. Darum war es leicht für mich, den Meister an der Art, wie er einen Bissen zum Munde führte, zu erkennen; denn ich hatte die innere Natur aller nur möglichen anderen Sterblichen an ihrem äußeren Gebaren abzulesen gelernt. Wenn man seine eigene Arbeit vollkommen beherrscht, kann man seinen Imam (Führer) an der Art erkennen, wie er sich zu dieser Arbeit verhält.«
(Shah, 1972, S. 191–192)

Der Dienst

»Wie kann man«, fragte ein Suchender einen berühmten Sufi, »einen wenn auch noch so geringen Dienst leisten, um die Lehre zu fördern?«
»Du hast ihn bereits geleistet«, antwortete der Sufi, »denn wenn einer so fragt, ist das schon ein Beitrag zum Dienst an der Lehre.«
(Shah, 1972, S. 161)

Die Pflicht

Ein Sufi wurde gefragt:
»Die Leute kommen, weil sie Gesellschaft wollen, Gespräche, Belehrung. Du aber treibst sie zur Tätigkeit an. Warum?«

Er antwortete:

»Sie glauben zwar – und auch du glaubst es –, daß sie kommen, um erleuchtet zu werden, in Wirklichkeit aber möchten sie sich mit irgend etwas beschäftigen. Ich gebe ihnen eine Beschäftigung als Mittel zum Lernen. Diejenigen, die vollkommen in ihr aufgehen, sind Leute, die einzig und allein Beschäftigung suchten und die nicht imstande sind, sich bei ihrer sinnlosen Tätigkeit selbst zu beobachten und daraus Nutzen zu ziehen. Erleuchtet werden also nicht die Menschen, die einen heiligen Respekt vorm Tätigsein haben.«

Der Frager:

»Wer wird denn nun aber erleuchtet?«

Der Sufi antwortete:

»Erleuchtet werden diejenigen, die ihre Pflichten auf angemessene Weise erfüllen und wissen, daß es noch etwas darüber hinaus gibt.«

»Wie aber erreicht man das ›etwas darüber hinaus‹?«

»Die ihre Pflicht auf angemessene Weise erfüllen, erreichen es immer. Sie brauchen keine weitere Belehrung. Wenn du deine Pflicht auf angemessene Weise erfülltest und weder nachlässig noch fanatisch auf sie versessen wärest, brauchtest du diese Frage nicht zu stellen.«

(Shah, 1972, S. 151)

Der Dienst

Baba Musa-Imran führte das Leben eines reichen Kaufmanns, obwohl seine Aussprüche als die eines Heiligen galten. Leute, die bei ihm gelernt hatten, konnte man, wie es hieß, in so weit entfernten Ländern wie China oder Marokko als Lehrer finden. Ein Mann aus dem Iran, der die Tracht eines Wanderderwischs angelegt hatte, fand nach langem Suchen endlich des Baba Haus. Er wurde freundlich aufgenommen und erhielt den Auftrag, die Bewässerungskanäle im Garten sauberzuhalten. Er blieb drei Jahre da, ohne daß er die mindeste Unterweisung in den Geheimnissen der Lehre erhielt. Am Ende dieser Zeit fragte er einen der anderen Gartenarbeiter:

»Kannst du mir sagen, ob ich damit rechnen kann, zum Pfad zugelassen zu werden, und wie lange etwa ich noch warten muß? Gibt es irgend etwas, das ich tun muß, um *Iltifat,* die freundliche Aufmerksamkeit des Meisters, zu verdienen?«

Der andere, dessen Name Hamid war, sagte:

»Ich kann nur sagen, daß Baba Musa uns Aufgaben zugeteilt hat. Die Aufgabe erfüllen ist ein Teil des Dienstes, der als die Stufe des *Khidmat* bekannt ist. Der Schüler darf die ihm zugewiesene Stufe nicht verlassen. Tut er das, so gibt er damit die Lehre auf. Wenn man nach anderem oder nach mehr trachtet, kann das ein Zeichen sein dafür, daß man in Wirklichkeit auf der Stufe des Dienstes seine Aufgabe nicht richtig erfüllt hat.«

Nach weniger als einem Jahr erbat sich der Iraner die Erlaubnis, gehen zu dürfen, um seine Bestimmung zu suchen.

Dreißig Jahre vergingen. Da begegnete der Mann eines Tages seinem ehemaligen Gefährten Hamid, der jetzt Murschid von Turkestan war. Als Hamid wissen wollte, ob es noch Fragen gebe, stand der Iraner auf und sagte:

»Ich bin dein früherer Mitschüler aus der Schule des Baba Musa-Imran. Ich habe

das Studium in der *Khidmat*-Phase aufgegeben, weil mir ihre Bedeutung für die Lehre nicht einleuchtete. Auch du führtest damals niedere Arbeiten aus und nahmst an den Vorlesungen nicht teil. Kannst du mir die Stelle genau nennen, an der du anfingst, auf dem Pfad voranzukómmen?«
Hamid lächelte und sagte:
»Ich hielt so lange aus, bis ich wirklich imstande war zu dienen. Das war ich erst, als ich mir nicht mehr einbildete, niedere Arbeit an sich sei schon genug, um als Dienst zu gelten. In diesem Augenblick leuchtete mir ihre Bedeutung für den Pfad ein. Die Leute, die unseren Baba verließen, taten das, weil sie verstehen wollten, ohne des Verstehens würdig zu sein. Wenn jemand eine Situation verstehen möchte, während er sich nur einbildet, in ihr zu sein, so wird er sie bestimmt nicht begreifen; denn wollen allein ist eben nicht genug. Er ist wie einer, der die Finger in die Ohren steckt und ruft: ›Erzähl mir etwas!‹«
Der Iraner fragte:
»Nachdem du nun gelernt hattest, deinen Dienst vollendet zu verrichten, vertraute dir da der Baba die Weisheitslehren an?«
Hamid sagte:
»Sobald ich fähig war zu dienen, war ich fähig zu verstehen. Was ich verstand, lag in der Umgebung, in die uns der Baba hineingestellt hatte, verborgen. Der Ort, die anderen Menschen dort, ihre Handlungen ließen sich lesen, als habe er die geheimnisvollen Wirklichkeiten in ihrer eigenen Sprache beschrieben.«
(Shah, 1972, S. 94–95)

Lassen sich aber wirklich so viele der größten metaphysischen Probleme in so anmutiger Schlichtheit ausdrücken? Solche Fragen können nicht direkt beantwortet werden. Zur Erläuterung sei darauf hingewiesen, daß, wie man feststellen kann, die einfachsten Elemente, richtig angeordnet, ein Ganzes von höchster Komplexität und höchstem Interesse ergeben können, dessen Entstehung sich viele Leute als sehr kompliziert vorstellen würden.

Durst

Es war einmal ein König, der hatte Durst. Er wußte nicht genau, was ihm fehlte, er sagte nur:
»Meine Kehle ist trocken.«
Seine Lakaien liefen sogleich und suchten etwas, womit sie ihm Erleichterung verschaffen könnten. Sie kamen und brachten ihm Schmieröl. Als der König es getrunken hatte, fühlte sich zwar seine Kehle nicht mehr trocken an, aber er merkte, daß da etwas nicht in Ordnung war. Das Öl hinterließ ein merkwürdiges Gefühl im Mund.
»Meine Zunge fühlt sich scheußlich an, ganz schlüpfrig, und ich habe einen seltsamen Geschmack im Mund«, krächzte er.

Sein Arzt verschrieb ihm sogleich in Essig Eingemachtes; der König nahm es zu sich.
Bald hatte er Magenschmerzen, und die Augen tränten ihm obendrein.
»Ich glaube, ich bin durstig«, murmelte er; denn seine Leiden hatten ihn zum Nachdenken gebracht.
»Durst macht niemals die Augen tränen«, sagten die Höflinge zueinander. Aber Könige haben nun einmal ihre Launen, also liefen sie und holten Rosenwasser und aromatischen Süßwein, wie es einem König zusteht.
Der König trank alles, doch fühlte er sich nicht besser, und seine Verdauung war völlig ruiniert.
Ein Weiser, der in dieser kritischen Situation zufällig des Wegs kam, sagte:
»Eure Majestät brauchen gewöhnliches Wasser.«
»Ein König kann nie im Leben gewöhnliches Wasser trinken!« rief der ganze Hofstaat einstimmig.
»Natürlich nicht«, sagte der König. »Ich fühle mich sowohl als König wie auch als Patient tief beleidigt, daß man mir einfaches Wasser anbietet. Es kann doch schließlich nicht sein, daß es für ein so schreckliches und sich von Tag zu Tag verschlechterndes Leiden wie das meine eine so simple Medizin geben sollte. Ein derartiger Gedanke widerspricht aller Logik, ist eine Schande für den, der ihn gedacht hat, und eine Beleidigung für alle Kranken.«
So kam der Weise zu seinem Namen »Der Idiot«.
(Shah, 1972, S. 43–44.)

Aussprüche Israils von Buchara

Die Lehre ist wie die Luft.
Der Mensch lebt in ihr, kann aber nicht wirklich fühlend nacherleben, daß er ohne sie tot wäre.
Er kann sie nur an ihren Wirkungen erkennen oder wenn sie, etwa durch aufsteigenden Rauch, verschmutzt ist.
Er sieht verschmutzte Luft, atmet sie ein und bildet sich ein, sie sei rein.
Entzieht man sie ihm, so stirbt er. Doch wenn er am Ersticken ist, hat er Halluzinationen und setzt seine Hoffnung auf alle möglichen Heilmittel, während das, was ihm wirklich nottut, Zufuhr von Luft ist.
Er kann sich ihrer bewußt werden und sie besser nützen, wenn er erkennt, daß sie eine überall verbreitete Substanz ist, die so wenig beachtet wird, daß niemand ihr Vorhandensein bemerkt.
(Shah, 1971, S. 26)

WILLIAM McNAMARA

9. DIE MYSTISCHE TRADITION DES CHRISTENTUMS UND DIE PSYCHOLOGIE

Das Leben des Menschen ist als personale Antwort auf einen personalen Gott hin angelegt. Man sollte besser und wahrheitsgemäßer in bezug auf Gott nicht das Wort Person, sondern die Termini ›personal‹ oder ›suprapersonal‹ verwenden. Er ist, genau gesagt, nicht das Absolute, sondern vielmehr *absolut liebendes suprapersonales Sein,* in dem alles Seiende enthalten ist. Im Christentum kommt die überpersönliche Natur Gottes in der selbstlos liebenden Einheit der Trinität zum Ausdruck, in der jede der Personen durch ihre unlösliche Verbindung mit den beiden anderen in alle Ewigkeit bestimmt ist.
Auf Gott antworten heißt wach sein für den Anruf Gottes. Der heilige Irenäus, einer der Kirchenväter, behauptet sogar kühn, daß »die Herrlichkeit Gottes der zu vollem Leben erwachte Mensch« ist. In der mystischen Tradition des Christentums ruft Gott den ganzen Menschen auf, und der ganze Mensch antwortet. Der christliche Mystiker oder Mönch bleibt auch im Augenblick höchster transzendenter Erfahrung noch Mensch. Er bleibt verbunden mit der Welt der physikalischen, biologischen und psychologischen Erscheinungen als fühlende, denkende, vorstellende, erinnernde, wahrnehmende, in sozialen Zusammenhängen lebende körperliche Person mit einer bestimmten Biographie, einer spezifischen, einmaligen Persönlichkeit mit eigener Geisteshaltung, eigenem Lebensentwurf, mit eigenen Interessen, Neigungen, Wünschen und Bedürfnissen. Leugnet man diese grundlegende Tatsache, geht man von absolut unrealistischen Voraussetzungen aus.
Die von Gott inspirierten Augenblicke transzendenter Erfahrung in der mystischen Tradition des Christentums werden von Menschen von Fleisch und Blut erlebt, sind also Teil des menschlichen Verhaltens, eines Bereichs, der rechtens der Psychologie angehört. Das letzte Ziel des Menschen ist zwar transzendent, aber es ist das Ziel des *Men-*

schen, die Erfüllung seiner Natur. Die »Gnade« zerstört nicht die Natur, sie vollendet sie nach Thomas von Aquin, dessen *Summa Theologiae*, wohl das bedeutendste theologische Werk in der gesamten Geschichte des Christentums, auch als Summa Psychologiae verstanden werden könnte. Die Psychologie kann einen außerordentlich wichtigen Beitrag zur mystischen Tradition des Christentums leisten, indem sie die psychologische Integration des Menschen verstehen und fördern hilft, so daß er für das Wirken des Göttlichen in ihm wesentlich aufnahmebereiter wird, als es der nicht integrierte, desintegrierte, unangepaßte Mensch ist. Damit wird weder das reale Eingreifen Gottes geleugnet, noch die Bedeutung einer Psychologie der christlichen Mystik überbewertet. Damit werden nur die Perspektiven zurechtgerückt.

Seit Jahrhunderten schon hat der Mensch verlernt, sich in seinem Körper zu Hause zu fühlen. Da die Inkarnation die Grundlage aller christlichen Mystik ist, muß vom christlichen Mystiker unbedingt *verlangt* werden, daß er sich in seinem Körper heimisch fühlt, daß er dessen Vollkommenheit und Schönheit bejaht und ihn als die einzige vermittelnde Instanz akzeptiert, durch die er in der Welt *wirken* kann. Insofern sind die ursprünglichen Intentionen solcher Entwicklungszentren wie z. B. Esalen, wo der Mensch befähigt wird, im Einklang mit seinem Körper zu leben und seine Kontakte zu anderen zu sensibilisieren, durchaus begrüßenswert. Als problematisch bei derartigen Programmen hat sich bisher die Faszination erwiesen, die das neue beglückende Körpererlebnis mit all den sinnlichen Erfahrungsmöglichkeiten eines vollkommenen leiblichen Daseins ausübt; die Programme bleiben dann meist auf dieser Stufe stehen und verbauen sich so die Möglichkeit, in die tieferen spirituellen Dimensionen des menschlichen Wachstums vorzustoßen.

Die Psychotherapie und andere der Entfaltung des Menschen dienende Techniken, die dem Menschen erkennen helfen, was er wirklich fühlt, sind nicht nur vereinbar mit der mystischen Tradition des Christentums, sie können ihr sogar sehr nützen. Der Prozeß der Anverwandlung an Gott, der zur unio mystica, der letzten Stufe des mystischen Weges führt, setzt eine gesunde, harmonische Individuation voraus. Darum fordert die christliche Mystik auf bestimmten Stufen der spirituellen Entwicklung gerade nicht Verleugnung der Sinne, sondern ihre gründliche Übung und Entwicklung. Lange vor Einbruch der *Dunklen Nacht* oder dem Heraufziehen der *Wolke des*

Nichtwissens muß der Christ seine Sinne entwickeln und durch sie mit einer intensiv wahrgenommenen Welt Kontakt aufnehmen.
Eine Psychologie der christlichen Mystik zu erarbeiten ist eine außerordentlich wichtige Aufgabe. Das Projekt steckt jedoch noch in den Kinderschuhen und ist in seiner gegenwärtigen Entwicklungsphase noch reichlich unklar. Viele der Forschungsergebnisse widersprechen einander, und von den fruchtbareren Einsichten sind die meisten bestenfalls noch im Stadium tastender Vorläufigkeit. Das ist allerdings nur zu verständlich; denn die Psychologie ist eben nur eine begrenzte, isolierte Wissenschaft; man kann nicht erwarten, daß sie die Tiefen des ganzen vielschichtigen Geheimnisses Mensch auslotet.
So widerstrebt z. B. den meisten Psychologen die Vorstellung von einem nichtbegrifflichen Denken, weshalb sie geneigt sind, den Zustand der mystischen Einheit als bloße Gedanken- und Bewußtseinsleere zu interpretieren. Wenn auch zugegeben werden muß, daß diese Interpretation für bestimmte Formen quasimystischer Versenkung, die oft mit hypnoseartigen Methoden bewußt herbeigeführt werden, zutreffen mag, so ist sie als Beschreibung der ekstatischen Vereinigung mit Gott, wie die großen Mystiker sie erleben, völlig unzutreffend und unangemessen; deren Ekstasen sind Zustände hochgespannter religiöser Bewußtheit und spiritueller Aktivität. Wenn man die oben angeführten oberflächlichen, *rein* psychologischen Erklärungen akzeptieren wollte, müßte man sämtliche Zeugnisse der Mystiker als wertlos abtun.
»Fragt, wenn ihr wollt, den Mystiker«, sagte Dr. Joseph Maréchal, ehemals Professor der Experimentalpsychologie in Louvain und Autor einer der Pionierarbeiten auf dem Gebiet der Psychologie der Mystik.

»Fragt den Mystiker, welche der folgenden Hypothesen dem *Ganzen* seiner inneren Erfahrungen vollständiger entspricht: die Hypothese von einem übernatürlichen Wirken, das, mit seiner eigenen Aktivität im Verein, sein gesamtes Innenleben steuert, oder die Hypothese, die sein Innenleben auf ein rein mechanisches Zusammenspiel mentaler Phänomene zurückführen möchte, das dank eines vorgestellten religiösen Ideals gewisse psychologische Veränderungen erfährt. Die Antwort ist klar; man findet sie in den Schriften der Heiligen und der wahrhaft religiösen Menschen; und die Überzeugungen, die sie aussprechen, gehen weit über das hinaus, was das Dogma von der Gnade zu glauben fordert.
Wir würden einen schweren Fehler begehen, wenn wir uns unsere eigene Weltanschauung zu bilden versuchten, ohne die Hinweise der Theologie und die Ahnungen der traditionellen Frömmigkeit zur Kenntnis zu nehmen: sie verhelfen uns zwar noch

nicht zu voller Einsicht, haben aber den nicht zu unterschätzenden Vorzug, uns mit den Originalzeugnissen, auf die wir uns werden stützen müssen, in engem Kontakt, sozusagen bei Sympathie für sie zu erhalten; denn zumindest bewahrt uns die harmlose und jederzeit leicht zu überwindende ›Voreingenommenheit‹, die sie erzeugen, vor der Gefahr, wichtige Denk- oder Gefühlsnuancen der spirituellen Geheimnisse zu mißdeuten, während eine vorschnell akzeptierte psychologische Theorie unweigerlich zu einer Verengung des Blickfeldes führen würde« (Maréchal, 1964, p. 50).

Zur korrekten wissenschaftlichen Haltung gehört, daß Zeugenaussagen als gültig anerkannt werden, auch wenn sie über das Begriffsfeld der Psychologie hinausgehen. Die Erscheinungsformen aller mystischen Erfahrung liegen innerhalb des Horizontes der Psychologie als Wissenschaft, ausgenommen die tiefste Erfahrung, die der vollkommenen Vereinigung, wie sie in *Die fünfte Wohnung* in der *Inneren Burg* der heiligen Theresa und in ähnlichen Berichten anderer Mystiker beschrieben wird. Man kann die mystische Erfahrung daher unmöglich verstehen, wenn man nicht zu den Interpretationen der experimentellen Psychologie die der Ontologie und Theologie ergänzend heranzieht.

Ein Beispiel: C. G. Jungs Genialität und das Verdienst seiner Arbeiten auf dem Gebiet der Psychologie sind unbestritten; aber seine Versuche, das Interesse und die Sympathie religiöser Menschen mit Hinweisen auf die Existenz Gottes zu gewinnen, sind eher geeignet, Verwirrung als Einsicht zu stiften. Nach Augustine Leonard (1956), einem profunden philosophischen Denker und Kenner der modernen Psychologie, ist die von Jung postulierte göttliche Quaternität das Ergebnis unpräziser logischer Deduktionen:

»Wer Jungs Psychologie als *mystische Psychologie* bezeichnet, hat sicher nicht ganz unrecht. Freud ist, da er methodisch exakter arbeitet, vergleichsweise weniger gefährlich (vom religiösen Standpunkt aus). Was Jung Religion nennt und ehrlich überzeugt für Religion hält, ist überhaupt keine Religion, *nicht einmal vom empirischen Standpunkt aus.* Bei ihm sieht es so aus, als spiele sie eine ganz nebensächliche Rolle.«

Der Psychologe Dr. Gregory Zilboorg, zugleich einer der prominentesten amerikanischen Historiker und philosophisch orientierten Mediziner, spricht eine allgemeine Überzeugung aus, wenn er sagt, daß die Psychologie zwar die religiöse Erfahrung von der psychologischen Seite her weitgehend zu erhellen vermag und daß andererseits der religiöse Glaube das seelische Leben des einzelnen bereichern kann, daß die Psychologie als wissenschaftliche Disziplin jedoch nicht die geringste Aufklärung über die Beziehungen zwischen Mensch und Gott verschafft. Hierzu Leonard:

»Der religiöse Akt ist ein intentionaler Akt und bezieht sich auf ein jenseits der Reichweite unserer (praktischen) Erfahrung liegendes Objekt. Daher kann die empirische Untersuchung der Beziehung zwischen Mensch und Gott nie den zweiten Faktor in dieser Beziehung in den Griff bekommen. Das einzige, was wir zu beobachten imstande sind, ist die Reaktion einer Person; die Natur des Stimulus, der diese Reaktion hervorruft, kennen wir jedoch nicht.«

Nach dieser gedanklichen Abgrenzung können wir nun darangehen, eine Psychologie der christlichen Mystik zu entwerfen. Als erstes müssen wir uns über das Wesen der christlichen Mystik klar werden. Sie ist die tiefste und allerpersönlichste Form der religiösen Erfahrung innerhalb des Christentums. Sie ist im Grunde die von der Kirche ständig erneuerte und von der Gemeinde der Gläubigen, dem mystischen Leib Christi, mitvollzogene Erfahrung des Gott-Mensch-Seins Christi. Da Mystik Erfahrung ist, wenden wir uns am besten diesem Begriff als erstem zu.

Allgemeine Darstellung in der Terminologie der Erfahrung

Erfahrung

Das Schlüsselwort, das dieses ganze Kapitel durchzieht, heißt *Erfahrung*. Nur der Mensch, der Erfahrung besitzt, weiß, was dieses Wort bedeutet; denn er weiß, wie sich das alles »anfühlt«: Sand, Schlamm, Stein, Wasser, Gras, Feuer, Wind, ein Pfirsich, der Körper eines Hundes, einer Katze, eines Mannes oder einer Frau, arbeitende Hände und tanzende Füße, der Todeskampf und die Ekstase des Todes und der Wiedergeburt, die verschiedenen Arten menschlicher Liebe und menschlichen Hasses, die Berührung Gottes.
Wir ersticken uns selbst unter gewaltigen Massen von Ideen, Problemen, Projekten und Programmen, unter Millionen von Meinungen und Absichten und wahren Vulkanausbrüchen von Worten – ohne die geringste Erfahrung; und so leiden und sterben wir, ohne je gelebt zu haben. Man kann an der Oberfläche des Lebens dahinjagen und so viele Informationen sammeln, daß man darin untergeht, und genug Sinn daraus ableiten, um eine derartige Existenz aus zweiter Hand

durchaus annehmbar zu finden. Ohne unmittelbare Erfahrung weiß man jedoch in Wirklichkeit nichts und lebt man in Wirklichkeit nicht. Beobachtung, begriffliches Denken, Gedankenaustausch mit anderen oder pedantische Erklärungsversuche sind kein Ersatz für unmittelbare Erfahrungsgewißheit. Nachträgliche Reflexion und Interpretation können die Erfahrung erweitern und bereichern und tun das auch oft; und Erfahrung kann, präzise genug formuliert, z. T. anderen vermittelt werden. Wesentliche Voraussetzung für Erfahrung ist jedoch weitgehend bewußte liebende Hinwendung zum anderen.
Der erste Brief des Johannes beginnt mit den Worten:

»Was von Anfang an da war, was wir gehört, was wir mit unseren Augen gesehen, was wir geschaut und unsere Hände betastet haben, vom Wort des Lebens – und das Leben ist offenbar geworden, und wir haben gesehen und bezeugen und verkündigen euch das ewige Leben, das beim Vater war und uns offenbar geworden ist –, was wir gesehen und gehört haben, das verkündigen wir auch euch, damit auch ihr Gemeinschaft mit uns habt; die Gemeinschaft mit uns ist aber auch mit dem Vater und mit seinem Sohne Jesus Christus« (I. Joh. 1, 1–4)[1].

Das ist Erfahrung. Sie ist der Urstoff des Lebens und der Grundstein des Christentums. Erfahrung ist eine so elementare Lebensäußerung, daß sie nur unvollkommen beschrieben oder definiert werden kann. Doch muß noch einiges dazu gesagt werden.
Erfahrung ist etwas im höchsten Maß Persönliches, Einzigartiges, Unwiederholbares. Sie läßt sich nicht einmal durch nachträgliche Reflexion ganz erfassen. Man kann sie nur unter einzelnen Aspekten ins Auge fassen, doch hinterläßt sie in der Psyche bleibende Spuren. Ein ganzes Leben begrifflichen Denkens kann der Psyche nicht die Fülle von Daten liefern, die ihr durch eine einzige fruchtbare Erfahrung vermittelt wird. Der bewußte Teil der Psyche kann gar nicht alle die vielfältigen Reize und Resonanzen verarbeiten, die von einer tiefgreifenden Erfahrung ausgehen.
Erfahrung ist nicht einfach das Ergebnis von Bewußtseinsaktivität. Erfahrung ist vielmehr ein umfassenderer Begriff als der Begriff ›Bewußtsein‹. An der Entstehung von Erfahrung ist sowohl der bewußte als auch der unbewußte Bereich der Psyche beteiligt. Sie impliziert ein Sich-Bewußtwerden der Weite wie auch der Begrenztheit des Bewußtseins. Erfahrung setzt zwar Bewußtsein voraus. Wo kein Bewußtsein ist, gibt es auch keine Erfahrung. Aber der Bewußtseinsaspekt macht nur einen Teil der Erfahrung aus. Erfahrung impliziert das Gewahrwerden eines Reizes und gleichzeitig die Erkenntnis, daß

das Bewußtsein Grenzen oder Schranken hat. Manchmal kann das, was jenseits der Grenzen des Bewußtseins liegt, als signifikanter Teil einer Erfahrung erfaßt werden, auch wenn es vielleicht nicht möglich ist, diese Dimension der Erfahrung zu erinnern, begrifflich zu fassen oder zu verbalisieren. Experimente haben gezeigt, daß die Erfahrung durch das jenseits der Grenzen des Bewußtseins im Dunkel Liegende unmittelbar beeinflußt wird. Und man weiß aus Erfahrung, daß ein konstantes, oft unterdrücktes oder sublimiertes Streben besteht, die Grenzen des gewöhnlichen Bewußtseins auszuweiten und zu überschreiten.

Wenn überhaupt irgendwo im Rahmen menschlicher Erfahrung eine Berührung mit Gott möglich ist, so am wahrscheinlichsten im Bereich der *Gipfelerfahrung*. Eine solche Erfahrung rührt den Menschen in seinem Wesenskern an und verändert von nun an sein Leben von Grund auf und für immer. Diese bestimmte Erfahrung muß nicht notwendig unvermittelt und überwältigend, sie kann auch langsam und allmählich sein: ein Beispiel dafür wäre das Erlebnis der Taufe, der ein ganzes Leben hindurch gelebten und immer mehr vertieften Identifikation mit Christus. In diesem Fall bedürfte es keiner weiteren Gipfelerfahrung.

Abraham Maslow (1962) hat die Merkmale der Gipfelerfahrung ausführlich beschrieben. Sie schließt die Versöhnung der Gegensätze (sündig-gerecht, Dunkel-Licht, endlich-unendlich usw.) und die Identität von Subjekt und Objekt ein; diese Erfahrung hinterläßt einen unauslöschlichen Eindruck, der bleibende Folgen zeitigt und transzendente Möglichkeiten eröffnet; sie ist geheimnisvoll und mehrdeutig, alogisch, vorwiegend passiv, einzigartig, ambivalent, und sie bedeutet erhöhte Aktivität aller Sinne unter Führung des erleuchteten Geistes. Dieselben Merkmale werden von den Mystikern als die Charakteristika der »mystischen Erfahrung« beschrieben.

Religiöse Erfahrung

Gott ist nicht *ein* Objekt der menschlichen Erkenntnis unter anderen. Die persönliche Begegnung mit Gott ist von Anfang an ein konstituierendes Element der menschlichen Existenz. »Ruhelos ist unser Herz, bis daß es ruht in dir«, sagt der heilige Augustinus. Im Tiefsten seines Seins ist der Mensch nur Mensch dank seiner Bezogenheit auf Gott.

Die ungeschmälerte Ganzheit und die Leuchtkraft seines Wesens sind nicht sein Eigen: er besitzt sie in Gott. Der religiöse Akt bedeutet daher die Zustimmung des Menschen zur Transzendenz seines eigenen Wesens. Der Mensch untersteht dem uneingeschränkten Anspruch Gottes. Aber seine Unterordnung oder ontologische Demut versklavt ihn nicht, sie ist in Wirklichkeit ein verheißungsvolles, heilbringendes Einswerden, das ihn frei macht. Die unwiderstehliche magnetische Anziehungskraft Gottes bewirkt, daß der Mensch nicht einfach wehrlos und nackt vor Gott steht, sondern daß er in der tiefsten, vollkommensten Manifestation seines eigenen Wesens, d. h. in der bewußten Hinwendung des endlichen Geistes zum unendlichen Geheimnis, erst zu seinem reinsten, edelsten Selbst wird.

Der Existentialpsychologe Adrian van Kaam hebt die positive Natur dieses »Subjektivismus« hervor; er spricht von einer »das Selbst aktualisierenden Unterwerfung«, die in der »echten Hingabe seiner selbst« besteht und »zunehmende Reife durch ständige Teilhabe an der Transzendenz« bewirkt (van Kaam, Duquesne University's Interdisciplinary Institute of Man, 1965).

Die radikale Hinwendung des Menschen zu Gott im religiösen Akt ist eine Funktion der Person als Ganzem, sie ist nicht Funktion einer einzelnen Fähigkeit oder Anlage, nicht des Intellekts wie bei Spinoza, nicht des Willens wie bei Kant, nicht des religiösen Gefühls wie bei Schleiermacher, nicht des Strebens nach Glück und der Angst vor dem Tod wie bei Feuerbach, nicht verdrängter Sexualität wie bei (dem jüngeren) Freud.

Der Mensch ist von Natur aus religiös. Er hat einen transzendentalen Hunger nach dem, was jenseits seiner Reichweite liegt. Der Mensch ist vor allem ein denkendes Wesen und von Natur aus, zumindest auf anfängliche Weise, Gottes »eingedenk«. Sein Glaube an Gott ist daher nicht subrational, sondern suprarational (d. h. rationaler) und vernunftvoll. Der religiöse Akt steht nicht nur nicht im Gegensatz zur Metaphysik, sondern ist vielmehr die höchste Manifestation der metaphysischen Natur des Menschen. Daher setzt Allan Watts Metaphysik häufig mit spirituellem Leben gleich. Diese rationale Struktur läßt erkennen, daß der religiöse Akt nicht, wie der Pragmatismus eines William James uns glauben machen möchte, die Frage nach der Wahrheit ignoriert.

Wahrnehmungen sind mit Bedeutung verknüpfte Empfindungen. Intuition ist unmittelbare geistige Wahrnehmung. Manche Intuitio-

nen, etwa die Intuition mathematischer Wahrheiten, sind klar, aber abstrakt. Andere, wie etwa die geistige Anschauung der Seele und Gottes, sind unbestimmt, aber konkret. Sie lassen sich nicht eindeutig erklären. Auch beweisen sie nichts. Die Intuitions-Wahrheiten sind, um mit E. I. Watkin zu sprechen, »nachweisbar«, nicht beweisbar. Nicht, wenn er angestrengt zu erkennen versucht, sondern wenn er in kontemplativer Ruhe das Geheimnis des Seins, das innere Sosein der Dinge aktiv aufnimmt, hat der Geist unmittelbare, d. h. intuitive Einsichten. In der Intuition wird der Mensch, wie Heidegger es treffend ausdrückt, der Stimme des Seins gehorsam (Watkin, 1920).
Worauf der Terminus »religiöse Erfahrung« verweisen will, ist eine Erfahrung eindeutig religiöser Qualität, die unmittelbare Wahrnehmung eines religiösen Objektes oder Wertes, einer religiösen Wahrheit. Sie ist eine äußerste Form der spirituellen Intuition. Sie ist, wenn auch nicht ausschließlich und nicht primär, weitgehend subjektiv. Obwohl Gott keine isolierte Wesenheit ist, ist er vollkommen anders, vom Erfahrenden und vom Universum völlig verschieden, in bezug auf sie transzendent und außerhalb. Darum muß die Erfahrung der absoluten Transzendenz und Andersheit Gottes notwendig unbestimmt und ihre begriffliche Formulierung unzulänglich sein. Das bedeutet nicht, daß Gott als Gegenstand religiöser Erfahrung einzig als transzendent wahrgenommen wird. Auch seine Anwesenheit im Innersten der Seele und seine unendliche Anziehungskraft als Wertfülle und Erfüllung aller Sehnsucht wird, und manchmal noch mächtiger, erlebt. Erfahrung ist wacher, nicht etwa weniger wach als andere geistige Operationen und daher auch konkreter.
Die religiöse Erfahrung sprengt die engen Grenzen des Individualismus. Dem Menschen, der in Fühlung mit Gott lebt, genügt seine eigene Erfahrung nicht. Er schöpft mit vollen Händen aus dem wachsenden Schatz der Menschheitstraditionen, besonders aus der lebendigen Tradition, der er angehört und der er seinen eigenen kleinen Beitrag zollt. Er entdeckt für sich die Einsichten der Kirche neu, vertieft sich in die Formulierungen ihrer Dogmatik, gibt ihnen neuen Sinn und bezieht sie in einem Akt vitaler Assimilation in sein eigenes religiöses Leben ein.
Religiöse Erfahrung bedarf der begrifflichen Interpretation und wird auch gewöhnlich von ihr begleitet. Um sich voll entfalten und fruchtbar werden zu können, verlangt sie außerdem nach sinnlich wahrnehmbarem, äußerem Ausdruck in Gestalt von öffentlichen Zeremo-

nien, Kulthandlungen, Sakramenten. Das ergibt sich notwendig aus der Tatsache, daß es sich hier um die Erfahrung incorporierten Geistes handelt. Religion ohne religiöse Erfahrung ist ein toter Körper. Die Erfahrung ist seine Seele. Die Seele ist jedoch ohne ihren Körper, d. h. ohne Theologie und äußeren Kult, handlungsunfähig.

Die religiöse Erfahrung richtet sich nicht nur auf Gott an sich, sondern erstreckt sich auch auf seine schöpferische Gegenwart in allem Erschaffenen – Mineralien, Pflanzen, Tieren und Menschen –, besonders auf die Gemeinschaft der Heiligen (die Einheit und Gemeinschaft aller Kinder Gottes, die durch die Erlösungstat Christi zum Einssein mit Gott gelangten); sie kann von der Seele zwar zum großen Teil nur dunkel, aber mit größerer Überzeugungskraft erfahren werden, als die bloße Reflexion über eine von außen empfangene Doktrin sie bewirken könnte. So macht einzig und allein das Element der Erfahrung das Wesen der Religion aus. Anders denken oder handeln, d. h. das Element der religiösen Erfahrung seiner begrifflichen und institutionellen Verkörperung unterordnen, ist doktrinärer geistlicher Materialismus.

Ein gutes Beispiel für eine religiöse Erfahrung im Urzustand und ihrer begrifflichen Verkörperung ist Pascals berühmtes Bekehrungserlebnis, wie es im »Memorial« niedergelegt ist, das er in sein Rockfutter einnähte und bis ans Lebensende an sich trug:

> Feuer
>
> Gott Abrahams, Gott Isaaks, Gott Jakobs,
> nicht der Philosophen und der Gelehrten.
> Gewißheit, Empfinden, Freude, Friede.
> Gott Jesu Christi.
> Deum meum et deum vestrum.
> »Dein Gott wird mein Gott sein.« Wahrheit.
> Vergessen der Welt und aller Dinge außer Gott.
>
> Freude, Freude, Freude, Tränen der Freude[2]

Blaise Pascal, Mathematiker, Physiker, Psychologe und Ingenieur im Frankreich des XVII. Jhs., war einer der großen Geister der Welt. Sein »Memorial« ist ein historisches Dokument im strengen Wortsinn – ein entscheidender Wendepunkt, der Geschichte machte: die innere christliche Geschichte dieses Menschen: in diesem Dokument kulminiert alles bis dahin Erfahrene, und es setzt einen neuen Anfang. »Feuer« – in diesem einen, nicht näher bestimmten Wort drängt sich die ganze Erfahrung zusammen. Pascal stand in Flammen, und sein Leben leuchtete auf in einem neuen Licht, das nicht der physischen Natur oder dem psychischen Bewußtsein entstammte. Es war eine spirituelle Erfahrung, Erfahrung eines Heiligen Geistes, Pfingst-Feuer, dasselbe Feuer, das am biblischen Pfingsttag träge, ängstliche Fischer, die Apostel, in leidenschaftliche, mitreißende, mutige Liebende Gottes verwandelte.

Dann folgt ein Staccato von Worten, das schlaglichtartig die typischen Merkmale unvermittelter religiöser Erfahrung aufleuchten läßt: »Gewißheit, Freude«: eine neue Daseinsstufe. Warum aber dieses Stammeln? Weil ihm die furchtbare, unbegreiflich neue Wirklichkeit Gottes den Atem verschlägt. Das ist nicht der Gott, den er in sein Denken einzubauen versuchte, der Gott der Philosophen. Seine unmittelbare Anschauung des absolut überpersönlichen Wesens Gottes steht in krassem Gegensatz zu den abstrakten Gedanken, die das einzige sind, was Philosophen ohne eigentliche religiöse Erfahrung zugänglich bleibt.

Pascals Reaktion auf diese unmittelbare Erfahrung war abgründiges Staunen. Man muß sich vergegenwärtigen, welche Ungeheuerlichkeit für einen Philosophen und Mathematiker die christliche Einsicht bedeutete, daß Gott nicht der Gott »der Philosophen und der Gelehrten«, sondern der »Gott Abrahams, der Gott Isaaks, der Gott Jakobs« ist. Was dieser überragende Mensch hier erlebt, ist die Faktizität, Geschichtlichkeit, Konkretheit und unendliche Freiheit eines Gottes, den der Mensch nicht besitzen kann, der aber aus eigener Freiheit in den menschlichen Bereich eintritt, wann und wie immer er will. »Gott Jesu Christi«. Kein anderer Gott, keine Projektion. Er, den Jesus verkörperte, den er meinte, wenn er »mein Vater« sagte. Es gibt keinen christlichen Gottesbegriff, keine christliche Wahrheit ohne den konkreten historischen Christus. »Wer mich gesehen hat, der hat den Vater gesehen« (Joh. 14,9). Ohne ihn gibt es kein »Wesen des Christentums«. Das Wesen des Christentums ist Christus. Eines muß man ein für allemal akzeptieren: die entscheidende Kategorie des Christentums ist die individuelle, einzigartige Realität der konkreten Persönlichkeit Jesu von Nazareth – der zugleich Gott ist.

Mystische Erfahrung

Kein Wort unserer Sprache – nicht einmal »Humanismus« oder »Sozialismus« – wird leichtfertiger gebraucht als das Wort »Mystik«. Cuthbert Butler äußert sich dazu sehr deutlich in seinem meisterhaften Werk *Western Mysticism* (1960):

> »Es (das Wort ›Mystik‹) wird heute auf alles nur Mögliche angewandt: auf Theosophie und Christian Science, auf Spiritismus und Hellsehen, Dämonenlehre und Zauberei, Okkultismus und Magie, ungewöhnliche seelische Erlebnisse, soweit sie nur irgendwie religiös gefärbt sind, auf Offenbarungen und Visionen, auf Jenseitsglauben oder auch nur einen höheren Grad von Verträumtheit und Ungeschicklichkeit im praktischen Leben, auf die Art von Dichtung, Malerei und Musik, deren Motiv vieldeutig ist oder nicht offen zutage liegt. Es wird zur Bezeichnung jener religiösen Haltung gebraucht, die sich nicht um Dogmen und Doktrinen, Kirche oder Sakramente kümmert, und es wird mit einer bestimmten Weltanschauung gleichgesetzt, die Gott in der Natur erblickt und erkennt, daß die materielle Schöpfung auf verschiedene Weise geistige Wirklichkeiten symbolisiert: eine schöne und wahre Auffassung, ... die jedoch keine Mystik im historischen Wortsinn ist. Andererseits ist die Bedeutung des Begriffs verwässert worden: man hat gesagt, Mystik sei Liebe zu Gott, oder Mystik sei nur die höchste Form christlichen Lebens oder römisch-katholische Frömmigkeit in ihrer extremsten Gestalt« (pp. 65–66).

Mystik ist die Wissenschaft von der mystischen Erfahrung. Mystische Erfahrung, die lebendige Anschauung des Einsseins mit Gott, ist nichts anderes als die höchste oder tiefste Form religiöser Erfahrung. Das, was alle Mystiker erlebt zu haben einmütig und unzweideutig behaupten, hat seinen einfachsten und faszinierendsten Ausdruck wohl in den Worten des heiligen Augustin in seinen *Bekenntnissen* (Buch 7, 17) gefunden: »... und so gelangte meine vernünftige Kraft zuletzt bis an das, was ist, gelangte dorthin in dem blitzenden Moment eines zitternden Erblickens.«[3]

Während der gewöhnliche Mensch von den Bedürfnissen seines an der Oberfläche lebenden Ego gelenkt und beherrscht wird, besteht im tiefsten Wesensgrunde, im Wesenszentrum des Mystikers eine bewußte direkte Verbindung zur transzendentalen Wirklichkeit. Dieser Wesensgrund, dieses Wesenszentrum ist der Urquell aller anderen seelischen Funktionen, er ist nicht ein anderes Selbst, sondern das eigentliche Ich, das allem zu Grunde liegende transzendente Selbst, in dem der Mensch ganz er selbst und ganz zu Gott hin geöffnet ist. Hier kommt die leidenschaftliche Sehnsucht nach Gott, welche die Antwort des Menschen auf Gottes heilige Liebesglut (Gottes »Gefühl« der Güte gegenüber dem Menschen) ist, in der Anschauung

des wirklich Wirklichen und im lebendigen Einssein mit Gott, der reinen Liebe, zur Ruhe. Der Mystiker kennt Gott nicht mehr nur vom Hörensagen oder von Belehrungen her, sondern aus Erfahrung. Er sieht und ist überwältigt und wird eins mit dem, der ihn überwältigt. Er wird Gott – nicht autonom wie Gott –, sondern als an der Gottheit Partizipierender. »So scheint denn die Seele mehr Gott zu sein als Seele«, schreibt der heilige Johannes vom Kreuz. »Wohl ist sie Gott, aber nur durch Teilnahme (an seinem Wesen); gleichwohl aber behält sie trotz ihrer Umwandlung in Wirklichkeit ihr natürliches, vom göttlichen so ganz verschiedenes Sein wie vorher bei, wie auch das Glas, das vom Sonnenstrahl beschienen ist, seine von diesem verschiedene Natur beibehält.«[4]
In der mystischen Erfahrung wird Gott so weit erkannt, wie er in diesem Leben überhaupt erkannt werden kann; er wird *an sich* erkannt; aber er wird durch Einssein in Liebe erkannt. Allein die übernatürliche Agape kann die Seele der Gottheit anverwandeln; diese Liebe wird zum objektiven Erkenntnisorgan. Henry Bars drückt das so aus:

»Ein besonders wichtiger Punkt der praktischen Lehre ist folgender: übernatürliche mystische Erfahrung ist an keine natürliche Bedingung geknüpft, an kein bestimmtes Temperament, keine bestimmte Erziehung oder irgendwelche Techniken. Sie ist einzig an eine bis in ihre äußersten Konsequenzen biblische Lebensweise gebunden, besonders an den »Verzicht auf Vollkommenheit in der Vollkommenheit an sich« und letztlich an die unvorhersehbare Wahl der erschaffenen Freiheit in ihrer Begegnung mit der unerschaffenen Liebe« (van Kaam, 1965, p. 55).

Die psychologischen Phänomene – Verzückung, Trance, Ekstase, Ausfall der normalen geistigen und Sinnesaktivitäten –, die manchmal bestimmte Phasen des mystischen Lebens und bestimmte Gebetszustände begleiten, sind keineswegs wesentliche Züge der mystischen Erfahrung. Im Gegenteil, wenn sie nicht mit der nötigen heiteren Gelassenheit hingenommen werden, können sie sich der unio mystica hindernd in den Weg stellen. Davon wird noch ausführlich die Rede sein, wenn von den Gefahren auf dem Pfad der mystischen Tradition des Christentums zu sprechen ist.
An dieser Stelle müssen zwei Fragen beantwortet werden. Erstens: Können Drogen mystische Erfahrung herbeiführen? Ganz sicher nicht. Mystische Erfahrung ist ein freies Geschenk Gottes. Drogen können u. U. die Möglichkeit solcher Erfahrung bei einem dafür bereits moralisch disponierten Individuum erhöhen, indem sie eine im

ganzen undurchlässige seelische Grundverfassung durchlässig machen. Diese durch Drogen oder auch durch Alkoholrausch erzeugte Durchlässigkeit kann den göttlichen Kern der Seele, der für das Subjekt sonst nicht wahrnehmbar ist, freilegen. Der Gebrauch von Narkotika führt jedoch im allgemeinen zu Pseudomystizismen. Das hier Gesagte ist eine völlig unzureichende Antwort auf die Frage, doch läßt dieses Kapitel für weitere Erläuterungen keinen Raum.

Die zweite Frage lautet: Wenn allein der Mystiker mit Gott in unmittelbare Berührung kommt, wovon lebt dann die übrige Menschheit auf ihrer bewußten Suche nach der Fülle der Wahrheit und Liebe? Sie lebt von dem Gott-Surrogat, das die Offenbarung und die Theologie für uns geschaffen haben, von einem abstrakten metaphysischen Gott, der die Frucht theologischer Spekulation ist. Dieses Gott-Surrogat ist nicht die Ausgeburt einer individuellen idolatrischen Eingebung oder der einer Gruppe, sondern ein Archetypus, d. h. ein Produkt des kollektiven Unbewußten der Menschheit. Es ist zwar nur ein Ersatz für den zu erfahrenden Gott, doch der Mensch braucht etwas Gottähnliches, eine verbale und begriffliche Repräsentanz Gottes, die ihn zur möglichen Erfahrung Gottes, so wie er im Menschen lebt, hinführt.

Zusammenfassung

Es ist nun an der Zeit, die ganze Skala der Erfahrung von Anfang bis Ende zusammenzufassen. Die *menschliche Erfahrung* der Kontemplation (Schau des Wirklichen) und der lebendigen Einswerdung (Gott genießen) wird zur *religiösen Erfahrung,* wenn Gott als letzter Gegenstand der kontemplativen Einswerdung erfahren wird. Religiöse Erfahrung wird zur *mystischen Erfahrung,* wenn das unmittelbare Wahrnehmungsobjekt nicht mehr das Selbst, der Andere oder der Vorgang als solcher ist, sondern das »Mysterium«, das sie alle durchdringt und dem ganzen Phänomen zugrunde liegt. Die mystische Erfahrung wird zur *christlichen,* wenn Christus als der Weg, der ins Mysterium hineinführt, gesehen wird oder vielmehr als das Mysterium selbst, da er ja nicht nur der Weg, sondern auch die Wahrheit und das Leben ist. Es gibt einen den Mystiker kennzeichnenden *psychologischen Faktor,* durch den er sich von einem zwar spirituell begnadeten Menschen, der aber kein Mystiker ist, unterscheidet: der

Mystiker ist sich Gottes bewußt und steht ihm, der aktiv im Wesenskern des Menschen wirkt, passiv gegenüber. Alle Heiligen sind, wenn auch nicht im gleichen Maß, Mystiker. Daß manche leicht als Mystiker zu erkennen sind, liegt an der besonderen Art ihres Temperaments. Das Wesen des spirituellen Lebens ist Agape. Der Mensch ist vollkommen, wenn seine Gottesliebe vollkommen ist. Die Heiligung des Menschen besteht im Einswerden seines Willens mit dem Willen Gottes. Die Erfahrung dieser Vereinigung ergibt sich, wo immer sie einen besonderen Grad an Intensität erreicht, als natürliches psychologisches Ergebnis. Die Glückseligkeit und die Häufigkeit, mit der die Vereinigung mit Gott erlebt wird, hängen vom psychophysischen Temperament des einzelnen ab. E. I. Watkins nützlicher Einteilung zufolge gibt es Menschen, die relativ durchlässig, andere, die undurchlässig sind. Letztere sehen z. B. dieselbe Komödie wie die anderen, lachen aber nie, hören dieselbe Musik, verziehen aber keine Miene, sind genau so verlegen, werden aber nicht rot. Die inneren Erfahrungen der durchlässigen Persönlichkeit jedoch drücken sich immer in der Mimik oder dem äußeren Verhalten dieses Menschen aus. Alles, was in seinen geistigen Tiefen, im Innern seiner Seele vor sich geht, steigt ungehindert an die Oberfläche seines bewußten Ich. Was in den verborgenen Tiefen der undurchlässigen Persönlichkeit geschieht, steigt selten oder nie an die Oberfläche. Durchlässige Personen neigen mehr zu Erfahrungen wie Telepathie und Hellsehen und sind offener für psychische Phänomene wie geisterhafte Geräusche, Vorgänge und Erscheinungen; bei ihnen ist auch die Fähigkeit, eine innere Erfahrung in ein Bild, ein Lied oder ein Gedicht umzusetzen, sehr viel größer.
Es kann demnach sowohl ein durchlässiger wie auch ein undurchlässiger Mensch eins sein mit Gott, doch nur der durchlässige wird sich dessen bewußt. Beide werden von Gott in den tiefsten Bezirk des menschlichen Abenteuers hinabgezogen, in die mystischen Tiefen des spirituellen Lebens, aber nur dem durchlässigen wird eine mystische *Erfahrung* zuteil. Der undurchlässige wird zwar von Gott in das mystische Dasein des Gott-Mensch-Seins erhoben, erfährt es aber nicht bewußt. Trotzdem kann er genauso heilig sein wie der durchlässige. Ist er heilig, dann erlebt er, ohne bewußte Erfahrung, die übernatürliche Vereinigung mit Gott; während ein Mensch von durchlässiger Veranlagung u. U. nicht mehr erlebt als die Erfahrung der natürlichen Gegenwart Gottes im Innern der Seele. Wie ich an

anderer Stelle (McNamara, 1974a) ausführlich dargelegt habe, sind beide Personen, die durchlässige wie die undurchlässige, im strengen *theologischen* Wortsinn Mystiker; *phänomenologisch* gesehen, ist es aber nur die durchlässige Persönlichkeit, da sie Gottes aktive Gegenwart im eigenen Inneren bewußt erfährt und äußerlich als Mystiker zu erkennen ist.

Philosophische Grundlagen der mystischen Tradition des Christentums

Die mystische Tradition des Christentums basiert wie jede andere auf bestimmten gedanklichen Voraussetzungen in bezug auf den Menschen und das Universum. Was ist für die christliche Mystik der Mensch? Welche Struktur und Funktion hat das menschliche Bewußtsein? Wie ist das Universum beschaffen, in dem der Mensch leben und bestehen muß? Wie tritt der Mensch zur Welt der Materie und dem, was jenseits dieser Welt ist, in Beziehung? Wie kommuniziert er mit dem, was jenseits ist, wie wird er eins mit ihm in liebender Gemeinschaft, wenn er je diesen Wunsch hat?
Ein großer Teil der philosophischen Grundlagen der christlichen Mystik kann aus dem, was oben über die Erfahrung gesagt wurde, abgeleitet werden. Gehen wir aber der Frage noch genauer nach.

Kurze und unvollständige Darstellung des menschlichen Bewußtseins

1. Der mystischen Tradition des Christentums zufolge ist der Mensch nach dem Bilde Gottes geschaffen. In der Genesis, dem ersten Buch der Bibel, heißt es: »Da schuf Gott den Menschen nach seinem Bilde, nach dem Bilde Gottes schuf er ihn.« Das Neue Testament nennt Christus das »Ebenbild Gottes«, genauer gesagt: »des unsichtbaren Gottes«, und versichert, daß wir aufgerufen sind, am Ende der Zeiten das Bild Christi als des himmlischen Menschen zu verkörpern und uns jetzt schon seinem Bild anzuverwandeln, indem wir es wie in einem Spiegel reflektieren.
Nach christlicher Tradition trägt jeder Mensch das Bild Gottes in seiner Seele, da er »durch das Wort« als denkendes Wesen erschaffen

wurde und das Wort, der Sohn Gottes, Mensch geworden ist, Mensch in der höchsten Form des Menschseins überhaupt, so daß jeder Mensch ein Bild Christi ist.

Wenn der Mensch das Bild Gottes in sich selbst sucht (denn nur im Menschen spiegelt sich die Dreifaltigkeit in reiner Ebenbildlichkeit), gelangt er in den Tiefen seiner eigenen Seele in die nächste Nähe Gottes. In diesem Sinn bildet die Aufforderung »erkenne dich selbst« die Grundlage der christlichen Kontemplation, die also keine egoistische Selbstbespiegelung, sondern die Anschauung des Bildes Gottes im Zentrum der Seele meint. Diese Art der Kontemplation ist vollkommen, wenn alle Formen des Egoismus im Feuer der Läuterung verbrannt sind. In dem Augenblick, wo jede Willensneigung zum Bösen und jedes übermäßige Verhaftetsein an Geschöpfe überwunden sind, ist die Seele bereit, ganz in das lebendige Bild Gottes verwandelt zu werden. Die Ebenbildlichkeit des Menschen mit Gott macht sich manchmal in einer so weit gehenden Angleichung an das fleischgewordene Wort bemerkbar, daß sich außergewöhnliche Phänomene zeigen können, z. B. Stigmatisierungen, in denen das Bild Christi leibhaft in Erscheinung tritt und der Körper an der Ebenbildlichkeit der Seele mit Christus teilhat. Der heilige Franziskus von Assisi ist ein hervorragendes Beispiel für eine solche bis zur Stigmatisierung gehende Angleichung.

2. Der Mensch ist *Leib-Person*. Die ursprüngliche christliche Auffassung und zentrale christliche Überlieferung vom Menschen als Leib-Person hat sich jedoch nicht behaupten können. Es gab in der Geschichte der Christenheit Häresien und ganze Epochen, die den Leib verachteten und versuchten, spirituelles Leben dadurch zu fördern, daß sie den Leib vernachlässigten, ja sogar verdammten. Auch heute noch leiden wir in gewisser Weise unter dem Einfluß des Jansenismus und Puritanismus. Damit, daß Gott selbst sich herabließ, Leibesgestalt anzunehmen und Mensch zu werden in Jesus Christus, ist jedoch der Wert des Leibes unwiderleglich bestätigt. Seit der Inkarnation ist es niemandem mehr erlaubt, irgend etwas Menschliches oder Natürliches gering zu schätzen oder zu verachten. Der Mensch hat nicht einen Leib, sondern er ist verleiblichter Geist (bzw. begeisteter Leib). Er äußert mittels dieses Leibes bestimmte Bedürfnisse (das Bedürfnis nach Nahrung, Getränken, sexueller Befriedigung, Ruhe usw.), doch sein Wesen beschränkt sich nicht auf diese Triebe oder auf den Körper als solchen.

3. Der Mensch ist ein *emotionales* Wesen, er besitzt die Fähigkeit zu fühlen. Seine Emotionen sind Informationsquellen, auf die er hören muß; sie geben seiner Persönlichkeit Wärme, Lebendigkeit, Spontaneität, Leidenschaftlichkeit und liefern ihm außerdem starke Motivationskräfte; denn wenn er sich nicht, z. B. von Gott, emotional angezogen fühlt, kann sein Wille nicht dazu bewegt werden, zu lieben, noch kann sein Intellekt veranlaßt werden, zu erkennen. Das Wesen des Menschen wird zwar von seinen Emotionen gefärbt, ist aber nicht auf sie beschränkt und wird nicht von ihnen allein beherrscht. Dafür ist Christus ein überzeugendes Beispiel:

»Er weinte über Jerusalem und über den Tod des Lazarus. Er konnte von heiligem Zorn erfaßt werden, so z. B. als er die Händler aus dem Tempel jagte. Im Umgang mit seinen Freunden und Jüngern war er von liebevollem Zartgefühl (besonders bemerkenswert seine Begegnung mit der samaritischen Frau – Joh. 4, 1–30 – und mit Maria und ihrem Salbölgefäß – Markus 14, 3–9). In Gethsemane schauderte ihm beim Gedanken an die Leiden, die ihm bevorstanden. Und doch bewahrte dieser sensible, stark empfindende Mensch in seinem tiefsten Wesenskern eine unendliche Gelassenheit, eine unerschütterliche Heiterkeit, eine Zielstrebigkeit der Wahrnehmung und der Absichten, die niemals unter dem Ansturm seiner Gefühle versagten« (Underhill, 1955, p. 55).

4. Der Mensch ist zugleich ein *soziales und ein Einzelwesen*. Er ist grundsätzlich auf andere bezogen, was aber nicht heißt, daß er immer in Gruppen leben muß. Er muß vielmehr auch sein letzten Endes unaufhebbares Alleinsein vor Gott durchleben. Von diesen Aspekten der Seinsfülle wird bei der Darstellung des Pfades noch ausführlicher die Rede sein.

5. Der Mensch ist ein *Liebender*. Von seinen Emotionen mit zusätzlicher Motivationskraft befeuert – »Das Herz hat Gründe, von denen der Verstand nichts weiß«, sagt Pascal –, vollzieht er mit seinem ganzen Sein – Willen, Intellekt, Körper, Gefühl usw. – einen Akt der Liebe.

6. Der Mensch ist ein *Erkennender*. Dank seines Intellekts kann er diskursiv denken. Dank seiner physischen *Sinne* erkennt er mittels Berührung, Geschmack und Geruch. Die Erkenntnis des Menschen ist jedoch nicht nur auf Sinneseindrücke oder Verstandesprozesse angewiesen. Der Mensch erkennt intuitiv. Die *Intuition* unterscheidet sich radikal von Denkvorgängen oder sensorischen Wahrnehmungen: a) sie kann nicht beliebig produziert werden, sie kommt, wenn man sie am wenigsten erwartet; b) es wird weniger die äußere Erscheinung, als vielmehr das innere Sosein einer Person, eines Gegenstandes, eines Vorgangs unmittelbar erfaßt ohne Vermittlung des Intellekts oder der

Sinne; es findet also c) ein inniges wechselseitiges Sich-Durchdringen von Subjekt und Objekt statt, d. h. die Subjekt-Objekt-Dualität wird aufgehoben. Wie sehr ähnelt dieser Vorgang der Maslowschen Beschreibung der »Gipfelerfahrung«!
Über Struktur und Funktion des menschlichen Bewußtseins wird bei der Besprechung des Pfades noch mehr zu sagen sein.
Wenn das tiefste und wahrste Selbst des Menschen nicht an seinen Leib, seine Gefühle, seinen Intellekt, ja nicht einmal an eine so hohe Kraft wie die Intuition gebunden ist, »wo« ist sein Tiefenzentrum dann zu »lokalisieren«? Wenn die Wesenseinheit des Menschen nicht nur ein Kompositum aller dieser Bewußtseinselemente ist, was ist dann das wahre Selbst? Es muß mit jener Tiefenzone Christi in Zusammenhang stehen, »die niemals versagte« trotz aller äußeren Wechselfälle. Es muß intuitiv sein, über die Sinne und das diskursive Denken hinaus zum Wesenskern der Dinge, zur Mannigfaltigkeit im Einen vorstoßen. Christus, ein Psychologe von höchstem Rang, hat das tiefste Selbst des Menschen, das allein mystischer Erfahrung fähig ist, poetisch und exakt zugleich beschrieben.

Christus als Psychologe und das Tiefenzentrum

Christus ist gekommen, um den Menschen zu vollem Leben zu befähigen und zu führen. Das Reich Gottes, das er verkündigte, war das Reich der Lebensfülle. Er selbst war der Mensch in der Fülle des Lebens. Er rief jeden zur gleichen Freiheit, zur gleichen Vollkommenheit in der Liebe auf: »Darum sollt ihr vollkommen sein, wie euer himmlischer Vater vollkommen ist« (Matth. 5, 48). Er weist in unmißverständlichen Worten auf die Hauptcharakteristika des Individuationsprozesses hin und beschreibt detailliert den Weg, auf dem der einzelne und auch die Gesellschaft ein heiles Ganzes werden können, und er weist auf die hierbei drohenden Gefahren hin. Die so früh schon von Christus gestellte Diagnose des Menschen läßt Freuds Versuche auf diesem Gebiet als schwachen zweiten Aufguß erscheinen. Die Entdeckungen der Psychoanalyse bestätigen lediglich in moderner Terminologie und auf detaillierte empirische Belege gestützt die wesentlichen Postulate christlicher Lebensform.
Vor allem aber kündete Jesus vom Tiefenzentrum, dem wahren Selbst des Menschen, von jenem unzerstörbaren Etwas im Innersten, das

niemals versagt, vom Reich Gottes im Menschen. Es ist der winzigste Same, der zum größten Gewächs, zum Baum werden wird. Es ist der Sauerteig, der den Teig durchwirkt und verwandelt. Es ist der im Acker vergrabene Schatz, die kostbare Perle, für die einer alles hingibt. Es ist der Bräutigam, der gerade dann kommt, wenn er am wenigsten erwartet wird, den zu empfangen man unermüdlich bereit sein muß. Es ist der schmale Weg, den nur wenige entdecken, die enge Pforte, durch die der Mensch zu Gott gelangt.
Der heilige Johannes vom Kreuz sagt im Kommentar zu seinem *Geistlichen Gesang* (Teil I, 1. Strophe): »Dabei ist zu beachten, daß das Wort, der Sohn Gottes, in Vereinigung mit dem Vater und dem heiligen Geist wesenhaft und persönlich im innersten Grunde der Seele verborgen ist, so daß diese, wenn sie ihn finden will, ihren Neigungen und ihrem Willen nach von allen Geschöpfen ausgehen und in tiefster Sammlung in ihr eigenes Inneres eingehen muß, indem sie alle Dinge betrachtet, als wären sie nicht. Deshalb sagt auch der heilige Augustin: ›O Herr, ich finde dich nicht außer mir, denn irriger Weise suchte ich draußen, während du doch in meinem Innern warest‹.«
Das Zentrum der Seele ist nicht Gott, aber so innig in Gott verwurzelt, daß es für Gott gehalten werden kann und manchmal auch wird, wie z. B. von dem Mystiker Meister Eckhart. Das Zentrum ist der *erschaffene* Urgrund des menschlichen Seins, der in Gottes *unerschaffenem* Sein gründet und so zur Ewigkeit hin offen ist. Diese unergründlichste, heiligste Tiefe der Seele ist der Wohnort Gottes. In diesem göttlichen Zentrum sind wir nach seinem Bilde erschaffen. Nichts außer Gott allein kann dieses Zentrum ausfüllen oder befriedigen. In diesem Zentrum tritt die Wirklichkeit des Menschen hinter der Gottes zurück.
Alle Mystiker haben das Tiefenzentrum in sich entdeckt. Diese Zentriertheit ist das, was allen gemeinsam ist: Augustin, Eckhart, Teresa, Julian of Norwich, George Fox, John Wesley, John Woolman. Die Mystiker haben dem Tiefenzentrum viele Namen gegeben: Seele, Seelenauge, Seelengrund, Seinsgrund, Herz und, in moderner psychologischer Terminologie, Organ des spirituellen Bewußtseins des Menschen oder transzendentales Selbst. Ein englicher Mystiker des frühen 18. Jhs., William Law, beschreibt es folgendermaßen: »Es ist eine Wurzel oder eine Tiefe in dir, von der alle deine Fähigkeiten wie Linien von einem Zentrum oder wie Zweige vom Stamm eines Baumes ausgehen. Diese Tiefe wird das Zentrum, der Grund oder Boden der

Seele genannt.« Wir gebrauchen alle diese Ausdrücke im Wechsel. Die Existenz des Tiefenzentrums ist der »Angelpunkt der christlichen Position«, wie Evelyn Underhill sagt:

»Es ist die Rechtfertigung der Mystik, der Askese, des gesamten Mechanismus eines Lebens der Selbstverleugnung. Daß es einen äußersten Punkt gibt, an dem die menschliche Natur ans Absolute rührt, daß der Urgrund, die Substanz, das wahre Sein des Menschen durchdrungen ist vom göttlichen Leben, das die den Dingen zugrunde liegende Wirklichkeit konstituiert, das ist die Basis, auf welcher der mystische Anspruch auf die Möglichkeit der Vereinigung mit Gott unabdingbar beruht« (Underhill, 1955).

Wohlgemerkt, das Tiefenzentrum ist, wie Underhill betont, nicht Gott, sondern vielmehr der *Punkt, an dem Gott uns anrührt*. Das Tiefenzentrum manifestiert sich, wie wir am Beispiel Christi sahen, im Gefühl, im Intellekt und Willen, unterscheidet sich aber von ihnen und transzendiert sie. »Herz, Verstand und Wille sind dabei in voller Aktion«, sagt Underhill, sie haben ihr Zentrum »in den Tiefen des wahren Seins... nicht im Schattenspiel der Sinne« (Underhill, 1955). Das Tiefenzentrum darf nicht mit dem vordergründigen Selbst oder *empirischen Ego* des Menschen verwechselt werden, das nur auf die Welt der Sinneseindrücke und der intellektuellen Prozesse reagieren kann. Das Oberflächenleben und Oberflächenbewußtsein des Menschen ist, verglichen mit den Tiefen, die ihm zu Gebote stehen, nur ein winziger Ausschnitt. Beim normalen Menschen schläft das Tiefenzentrum, eben weil er sein Leben auf das Oberflächenselbst mit seinen durch das Begriffswissen und die Sinne begrenzten Wahrnehmungsmöglichkeiten beschränkt. Die eintönige Routine seines Alltagslebens nimmt keine Notiz von seinem Tiefenzentrum und läßt dessen Möglichkeiten ungenutzt. Und dies trotz Christi ausdrücklicher Mahnung, »zuerst nach dem Reich Gottes zu trachten«, wonach alles andere dann von selbst kommt! Der eigentliche Sinn der christlischen Askese, die keine Selbst- oder Weltverneinung ist, sondern eine positive dynamische Disziplin zur Erlangung von Seinsfülle, besteht darin, den Sog der Erscheinungswelt zu mindern, das Auftauchen des Tiefenzentrums zu ermöglichen, das Oberflächenselbst zu dämpfen, damit eine andere, tieferliegende Kraft frei werden kann, und das wahre Selbst aus der Verborgenheit ans Licht zu bringen, so daß das Reich Gottes in uns zur beherrschenden Mitte wird, um die herum sich die christliche Persönlichkeit gestaltet. Das Oberflächen-Ego des Menschen muß vor dem Anspruch des authentischen Selbst kapitulieren. Unterordnung, nicht Vernichtung, ist der Schlüssel zur christlichen Askese, die der mystischen Erfahrung notwendig vorausgeht. Hier erheben sich zwei Fragen. Ist der Mystiker demnach im Besitz eines neuen Wahrnehmungs- oder Erkenntnis»organs«, das gewöhnliche Menschen normalerweise nicht haben? Die in jedes Menschen Tiefenzentrum verborgenen Kräfte sind mangels Übung verkümmert und müssen wieder gestärkt werden. Die mystische Erfahrung, die »extremste« aller menschlichen Erfahrungen, eröffnet den Zugang zu völlig neuen Horizonten, Seinsschichten und Lebensformen. Mystische Erfahrung bringt keine *neuen* Fähigkeiten hervor, sie belebt, erhellt und reaktiviert schon vorhandene, wenn auch noch so verkümmerte und versteckte.

Erlebt der Mystiker veränderte Bewußtseinszustände? Ja. Die totale Umwandlung seines Gefühls, seines Denkens und Willens, seines ganzen Charakters bzw. eine Neuorientierung auf Gott hin, der nun das Zentrum seines neuen Lebens geworden ist, eine völlige Neueinschätzung seines In-der-Welt-Seins, eine Wiedergeburt oder Erneuerung im biblischen Sinn sind Zeichen solcher veränderten Zustände. Dank seiner außergewöhnlich geschärften Sensibilität treten auch außergewöhnliche Bewußtseinszustände auf, wie z. B. Hellsehen und außersinnliche Wahrnehmungen. Man spräche vielleicht besser von »höheren Formen liebender Bewußtheit« statt von »veränderten Bewußtseinszuständen«. Zunehmende gemeinsame Bemühungen, die geistig-seelischen Fähigkeiten des Menschen zu entwickeln, werden dazu führen, daß der Zugang zu solchen bisher ungeahnten höheren Formen liebender Bewußtheit einer wachsenden Schar von Christen, die mit den tieferen Dimensionen der Wirklichkeit in engere Berührung zu kommen suchen, weitgehend möglich sein wird.

Das Tiefenzentrum des Menschen kann nicht einfach mit dem *gleichgesetzt* werden, was populär und in der Psychologie als das Unbewußte bezeichnet wird. Das Tiefenzentrum hat allerdings auch eine *unbewußte Seite*.

Man hat gute Gründe, anzunehmen, daß die unbewußte (oder überbewußte) Sphäre der Psyche der Sitz mystischer Erfahrung ist. Diese Seelentiefen sind der bevorzugte Bereich der göttlichen Anwesenheit und ihres Wirkens, da sie am weitesten entfernt von den Sinnen und am freiesten von ihnen, am wenigsten den durch die Sinne und ihre materiellen Gegebenheiten bedingten Einschränkungen unterworfen sind. Daher ist das Unbewußte das spezifische Organ, in dem das ab-

solute Sein Gottes, das vollkommen anders als der Mensch und außerhalb desselben ist, ihn dennoch im Kern seines Wesens anrührt, und wo er die Erfahrung einer transsubjektiven Wirklichkeit macht. So sagt William James, der die Bedeutung des Unbewußten besonders hervorhebt, ausdrücklich, daß »die Rückführung eines Phänomens auf ein unbewußtes Selbst den Gedanken an eine unmittelbare Anwesenheit der Gottheit nicht notwendig ausschließt. Die Vorstellung von einem unbewußten Selbst sollte nicht... dazu verleiten, die Vorstellung von einer höheren Durchdringung auszuschließen. Wenn es höhere Kräfte gibt, die imstande sind, auf uns einzuwirken, können sie vielleicht nur durch die Pforten des Unbewußten Einlaß in uns finden« (James, 1961).
Es leuchtet ein, daß die zentralen Tiefen der Seele, in denen die spirituellen Funktionen des Menschen wurzeln, normalerweise unbewußt sind. Unbewußt ist auch, wie E. I. Watkin (1920) darlegt, »die übernatürliche Vereinigung des zentralen Ich und seiner wesentlichen Funktionen mit Gott durch die heiligmachende Gnade. Normalerweise hat die Seele im Stand der Gnade kein unmittelbares Bewußtsein von der so bewirkten Einheit mit Gott.« Die unbewußte gnadenhafte Vereinigung mit Gott wird erst bewußt im Einswerden mit Gott in der inneren Schau, der mystischen Erfahrung. Das wesentliche, unerläßliche Element der mystischen Vereinigung ist nicht das Bewußtsein von Gott als des Objekts der Vereinigung, sondern das Einssein als solches. Darum sind alle Heiligen mystische Heilige; sie alle besitzen dieselbe Gabe, das Einssein mit Gott. Die Anschauung der Einheit wird jedoch auf verschiedenen Stufen erlebt, die den Stufen der Mystik entsprechen. Das gilt aus dem gleichen Grund wie die Tatsache, daß verschiedene Flüssigkeiten bei verschiedenen Temperaturen kochen. Die innere Schau der Wahrheit und der Genuß des höchsten Gutes ist eine Gabe, die der Mystiker mittels der höchsten, sublimsten Kräfte seiner Seele empfängt. Das Göttliche Objekt kann nicht mit einem logisch stimmigen Begriff oder Begriffssystem ausgedrückt werden, sondern nur, und auch dann nur unbestimmt, in Paradoxa, etwa in poetischen Bildern wie »unhörbare Musik« oder »tönende Einsamkeit« – 15. Strophe des Geistlichen Gesangs des hl. Johannes vom Kreuz.

Zusammenfassung

Das Ziel des Christen ist ein transzendentes: Einssein in Liebe mit dem Gott Abrahams, Isaaks und Jakobs. Darin allein liegt die letzte Erfüllung seines individuellen Menschseins. In einer in Gegensätze aufgespaltenen Welt kann der Mensch diese Einheit nicht durch sinnliche Wahrnehmung und intellektuelle Bravourstücke erreichen. Er wird eins mit Gott und der gesamten Schöpfung zugleich in einer spontanen Gipfelerfahrung, einem aus seinem tiefsten Inneren, wo Gott ihn anrührt, hervorbrechenden intuitiven Akt. Dieser Seinsgrund, der viele Namen trägt, ist das wirkliche Selbst des Menschen, der »ruhende Pol«, wo er am weitesten für Gott offen ist. Das wahre Selbst trägt und durchwirkt das Ganze des denkenden und fühlenden Menschen, ist aber weder mit Gott, noch mit dem empirischen Ego oder dem Unbewußten gleichzusetzen. Der Christ versucht, dieses Tiefenzentrum freizulegen, es mittels asketischer Praktiken ins Oberflächenbewußtsein zu heben und sich so für die innere Kommunion mit Gott bereit zu machen. Und so betete Christus: »Ich bitte aber ..., daß sie alle eins seien; wie du, Vater, in mir bist und ich in dir bin, so laß auch sie in uns eins sein ...« (Johannes 17, 20–23).

Ursprung und Geschichte: Jesus Christus

Christus: die Evangelien und Paulus

In ihrem Buch *The Mystic Way* (1913) untersucht Evelyn Underhill die Mystik des Neuen Testaments. Sie versucht nachzuweisen, daß der christliche Mystiker bestimmte Eigentümlichkeiten hat, die ihn von den Mystikern anderer – orientalischer, neuplatonischer, islamischer – religiöser Richtungen unterscheiden, und beruft sich dabei darauf, daß diese Unterschiede unabhängig von ihr von Forschern wie J. H. Leuba – in seiner klassischen Abhandlung *Psychologie der religiösen Mystik* (1927) – und H. Delacroix – in seinem *Essai sur le mysticisme* (1900) – festgestellt werden; zusammenfassend erklärt sie: »Alle für die authentische christliche Mystik bezeichnenden Erfahrungen findet man schon im Neuen Testament, und ich bin der Überzeugung, daß das Auftreten dieser Mystik als eines ganz bestimmten Typs von Spiritualität mit dem Auftreten des Christentums selbst in Person seines Gründers zusammenfällt.«

Die christliche Mystik entsprang dem Herzen Christi. Durch diese Tür trat sie in die Geschichte ein. Im Evangelium liegt uns ein Bericht über die Worte und Lehren Jesu vor. Seine bezeichnendsten Aussprüche finden sich bei den Synoptikern: die Bergpredigt, die Gleichnisse, die Anweisungen an die Jünger – all das weist übereinstimmend auf die Innerlichkeit und die mystische Tendenz dieser Religion hin. Die Evangelien stellen in Form von Tatsaschenberichten, z. B. von Jesu Taufe, der Versuchung in der Wüste, der Verklärung und Gethsemanes, anders nicht zu beschreibende Erfahrungen dar.

Die ganze monumentale Leistung des apostolischen christlichen Wirkens in der Welt nahm ihren Anfang mit einer mystischen Erfahrung (Johannes 1, 35–39). Ein paar einfache, ungebildete Fischer waren eines Tages am Seeufer beisammen, als Jesus vorüberging. Neugierig, fasziniert folgten sie ihm von fern. Er spürte es, wandte sich zu ihnen um und sprach: »Wen sucht ihr?« Um ein verlegenes Schweigen zu brechen, antwortete einer der Männer mit der Gegenfrage: »Rabbi, wo hast du deine Herberge?« Christus sagte: »Kommt mit, so werdet ihr sehen.« Sie folgten ihm und sahen; sie lernten ihn aus eigener Anschauung kennen und wurden, ganz selbstverständlich, seine treuen Apostel – auf immer von der göttlichen Kraft, die von ihm ausging, in Bann geschlagen.

Das vierte Evangelium war schon immer als das »spirituelle« Evangelium bekannt: alle bedeutenden Worte der Mystik sind bereits darin enthalten. Auch Paulus ist selbstverständlich ein spiritueller Geist von höchsten Graden. Obwohl er sich bemüht, über den tiefgreifenden seelischen Wandel, der sich an ihm vollzog, und über die übersinnlichen Erscheinungen, die sich ihm zeigten, nüchtern zu berichten, kann er sich nicht enthalten, etwas von seiner Verzückung erkennen zu lassen, als er das Unaussprechliche auszusprechen versucht: auch seine Schriften sind – besonders da, wo von der Seele, den Sakramenten und der Kirche die Rede ist – ein Schatzhaus mystischer Lehren.

Dionysius und das 16. Jahrhundert

Die christliche Mystik, wie sie heute als Lehre bzw. Theologie formuliert ist, begann mit einem Autor (wahrscheinlich um 500 n. Chr.), der unter dem Namen Dionysios Areiopagites bekannt ist. Vorher (z. B. bei Augustinus) und später (beim heiligen Gregor und beim heiligen Bernhard) wird zur Bezeichnung mystischer Erfahrung der Ausdruck Kontemplation gebraucht, den auch ich in diesem Kapitel verwenden werde.

Die christliche Mystik erreichte ihren Höhepunkt im Spanien des 16. Jhs. zur Zeit der heiligen Teresa von Avila und des heiligen Johannes vom Kreuz; damals machte die mystische Erfahrung sich zum Gegenstand ihrer eigenen Reflexion. Dieser dramatische Zuwachs an mystischer Bewußtheit wirkte als mächtiges Stimulans und hatte eine wahre Flut von Mystik in ganz Europa zur Folge. Sie hielt etwa ein Jahrhundert lang an.

Teresa und Johannes waren beide Doktoren der Kirche und auf dem Gebiet der Spiritualität Psychologen *par excellence*. Die heilige Teresa war die erste, die die verschiedenen Phasen der mystischen Vereinigung mit Gott erforschte; sie beschrieb sie nicht nur, sondern klassifizierte sie auch, zwar nicht nach strengen Kategorien, sondern als nicht klar abgegrenzte, einander überschneidende Etappen spirituellen Wachstums. Zur gleichen Zeit trat der heilige Johannes, jedoch im engeren Bereich, als Neuerer hervor. Er analysierte das spirituelle Leben mehr unter psychologischem Aspekt, indem er nicht nur beschrieb, auf welche Weise das empirische Oberflächen-Ego den Prozeß der spirituellen Entwicklung verfälschen kann, sondern indem er konkrete Methoden empfahl, mit denen einer solchen Verfälschung vorgebeugt werden kann. »Diese von den beiden großen Lehrmeistern erreichten Fortschritte sind der Grund, warum Teresa und Johannes von späteren Autoren immer wieder zitiert werden... Seit der Zeit der heiligen Teresa scheint die deskriptive Mystik nur wenig Fortschritte gemacht zu haben. Neue Fakten sind kaum zutage gefördert worden«; so R. P. Poulain, dessen Werk *Les grâces de l'oraison* (1914) wohl noch immer das maßgebende Werk über die christliche Mystik vom Standpunkt der Erfahrung aus ist. Poulain arbeitete vierzig Jahre an seinen Untersuchungen, er befragte ausführlich zahlreiche Christen über ihre z. T. zweifelhaften, z. T. echten religiösen Erfahrungen. Er stützte sich nicht nur auf die Aussagen der »Mystiker« seiner Zeit, sondern fast mehr noch auf das Zeugnis der traditionellen kirchlichen Mystiker, das er »zur Kontrolle« heranzog: des hl. Bernhard, des Dionysios, der hl. Teresa, des hl. Johannes vom Kreuz u. a. Ich persönlich kenne niemanden, der in der Nachfolge Christi den Weg ins

Innere besser geebnet und genauer gekennzeichnet hat als Johannes vom Kreuz. Wir werden später noch ausführlich auf ihn zurückkommen.
Dieses Kapitel läßt keinen Raum für eine ausführlichere Darstellung der Geschichte der christlichen Mystik. Ein historischer Abriß dieser Geschichte vom Beginn der christlichen Ära bis ins 19. Jh. findet sich im Anhang zu Evelyn Underhills klassischer Schrift *Mysticism: A Study in the Nature and Development of Man's Spiritual Consciousness* (1955).

CHARAKTERISTISCHE ZÜGE DER CHRISTLICHEN MYSTIK: PARTIZIPATION STATT TECHNISCHER METHODEN; WELTLICHKEIT; PRIMAT DER LIEBE; ASKESE; DIE NORMALEN LEBENSINHALTE; ZENTRALE BEDEUTUNG DES KREUZES.

Mystik ist für den Christen nicht das Ergebnis von Techniken und methodischen Übungen, sondern wird durch den Kontakt mit einem organischen Ganzen, der Kirche als dem mystischen Leib Christi, eingeleitet und zur Vollendung gebracht. Jede echte mystische Erfahrung vollzieht sich im Schoß der Kirche; unter Kirche ist dabei eine Gemeinschaft zu verstehen, in welcher der Aufstieg der Menschheit zur Gott-Menschheit, wie Christus sie repräsentiert, fortschreitet. Daher wird die Kirche als »Leib Christi« bezeichnet. Die Kirche ist das Weiterleben Christi in der Welt der Gegenwart. Alle christliche Mystik hat ihren Mittelpunkt in Christus; der Mensch partizipiert an Jesu Tod und Auferstehung, vollzieht beides in den Sakramenten nach, die in der Kirche und durch sie zelebriert werden, in der Taufe und in der Eucharistie. Die christliche Mystik ist ohne ihren ontologischen, jedoch nur teilweise sichtbaren Bezug auf Christus, die Offenbarung, das Dogma, die Kirche und die Sakramente nicht zu erklären und nicht zu begreifen.
Die mystische Erfahrung – das Geheimnis des Glaubens, der dem schöpferischen Zentrum der Kirche entspringt – ist nicht die Frucht direkter systematischer Bemühungen, sondern eine freie Gabe Gottes. Das ersehnte Ziel ist vollendete Nächstenliebe, nicht wie bei anderen Mystikern der Erwerb transzendentalen Geheimwissens. Die aus der Liebe geborene Intuition des kontemplativen Christen ist das Ergebnis lebendigen Glaubens, eines psychologisch in besonderer Weise erlebten Glaubens. Gerade dieser hoch entwickelte, in Liebe mündende

Glaube ist es, der die Gotteserkenntnis zu einer mystischen Erfahrung macht.

Noch andere charakteristische Züge dieser Mystik leiten sich von den Evangelien her. Erstens hat der Mystiker nichts Außergewöhnliches an sich: er sieht z. B. nicht wie ein lebender Leichnam aus, redet nicht in salbungsvollen Platitüden, sitzt nicht in feierlicher Trance da, zeichnet sich nicht durch absonderliche Formen der Religiosität aus. Die christliche Mystik ist bemerkenswert und erfrischend erdverbunden, menschlich, leidenschaftlich und weltlich in dem Sinn, daß sie die Welt ernst nimmt. Sie hat sogar etwas Ursprünglich-Wildes. Der Mystiker ist sozusagen der disziplinierte Wilde, der Gott und Gottes Welt liebt. Die Disziplin macht ihn frei für die Liebe. Die Liebe überwindet die Angst und macht den Menschen hemmungslos, was nicht heißt verrückt, sondern frei von Fesseln. Er läßt sich jetzt nicht mehr von rein menschlichen Motivationen leiten, sondern von göttlichen Handlungsantrieben, von göttlicher Tollheit. »Jeder Mensch braucht«, wie Zorba der Grieche sagte, »ein wenig Tollheit, sonst durchschneidet er nie die Stricke und wird nie frei«: frei, zu lieben. Ohne Liebe ist Selbstbeherrschung eine öde Sache, Yoga eine Schinderei, Zen bloße Spielerei und christliche Askese Zeitverschwendung. Wenn der christliche Mystiker auch u. U. Yoga und Zen als Mittel benutzt, um die richtige innere Verfassung für das liebende Gewahrwerden Gottes zu erlangen, läßt er sich lieber von den gewöhnlichen Pflichten und Anforderungen des täglichen Lebens in die Schule nehmen und macht sich dadurch auf eine viel natürlichere, weniger starre und weniger selbstbezogene Weise für Gott bereit. Das Gebet ist für ihn nicht Mittel der Disziplinierung, sondern eine Freude; er betet nicht, um höhere Bewußtseinszustände zu erreichen, sondern um die reale Gegenwart Gottes zu genießen und um ihm in Liebe zu dienen. Der christliche Mystiker, sagt Johannes vom Kreuz, »genießt eine gewisse Berührung der Seele mit der Gottheit, und es ist Gott selbst, der da gefühlt und geschmeckt wird«, nicht das Selbst in einem höheren oder veränderten Bewußtseinszustand.

Der christliche Mystiker wird immer erdverbundener, menschlicher, leidenschaftlicher und weltlicher, immer mehr ein Liebender. Man kann nicht lieben, was man nicht kennt; und der Mystiker kennt sich aus. Er kennt vor allem den Sinn des Todes und weiß, wie er seinem Tod begegnen muß: mit Würde, ohne ihn gewaltsam herbeizuführen, so daß er in Christus auferstehen und wahrhaft leben kann.

Der Christ sieht seinem physischen Tod wie auch dem seines Ich gelassen und heiter entgegen. Mit jeder dem Abbau seines Ich dienenden Tat bereitet er sich auf die endgültige letzte Tat, den Tod, vor, der ihn ins ewige Leben führen wird. Im Tod wird der Mensch zu seiner ersten vollkommen persönlichen Tat fähig; daher ist der Mensch vor allem im Tode bereit, auf den Anruf Gottes zu antworten, seine Berufung, sein Schicksal mit voller Zustimmung seines ganzen Seins zu erfüllen. In diesem ungeteilten, gesammelten Augenblick steht der Mensch mit seinem ganzen Sein Christus gegenüber und sagt ja zum höchsten Anspruch Gottes, d. h. zu allen Forderungen der Liebe. Diese Möglichkeit der totalen Zustimmung besteht nicht nach dem Tod, wo unser Schicksal schon für alle Ewigkeit bestimmt ist, und auch nicht vor dem Tod im geschwächten Zustand des Sterbens, sondern *im Tod*.

In dem Augenblick, wo die Seele den Körper verläßt, erwacht sie plötzlich zu ihrer reinen Spiritualität und erlangt die vollkommene Einheit ihres Wesens. Dann ist der Mensch frei, sich zu entscheiden – für Christus oder gegen ihn. Der Tod wird damit zur Geburt. Alles Dingliche, alle Rollen werden abgeworfen, und der im Tod befreite Mensch steht mit seinem unverhüllten Wesen, seinem authentischen Selbst, vor Gott. Kein Entkommen mehr, keine Ausflüchte, kein Aufschub. Reine Wirklichkeit. Ladislaus Boros beschreibt das so:

»Hier – im Tod – holt Gott den Menschen endgültig ein. Indem er selbst den Tod auf sich nahm, hat er alle Fluchtwege abgeschnitten. Der Mensch muß durch den Tod hindurch. Und im Tod begegnet er unausweichlich Christus. Hier findet das furchtbare Abenteuer, in das der Mensch sich gestürzt hat – der abenteuerliche Versuch, Gott aus dem Weg zu gehen – sein Ende. In der Todesstunde des Menschen steht Christus vor ihm: unübersehbar, leuchtend ruft er den Menschen mit der Gebärde der erlösenden Liebe zu sich. In alle Ewigkeit steht Christus bereit, sich selbst zu verschenken, ertönt der Ruf seiner Liebe. Wenn sich der Mensch im Tod gegen Christus entscheidet, ändert das nichts an der Liebe Christi. Aber diese Liebe wird ihn ewig verbrennen, weil er sie ewig aus nächster Nähe spürt und dennoch zurückweist (und das ist die Hölle). Wenn er sich aber für Christus entscheidet, dann wird die Liebe Christi für ihn zu ewigem Licht und letzter Vollkommenheit in unendlicher Glückseligkeit, zur ewigen Bejahung der Nähe unseres Herrn (Himmel). So ist die Entscheidung im Augenblick des Todes eins mit dem Jüngsten Gericht« (Boros, 1966).

Wir dürfen jedoch das ewige Leben nicht bis dahin aufschieben. Der echte Christ nimmt schon jetzt den Tod in sein Leben herein, indem er dem gierigen, raffenden falschen Selbst tödliche Schläge versetzt.

Das gerade macht den Menschen krank und neurotisch, daß er zwar verzweifelt am Leben hängt, seinen Blick aber nicht aufs Leben richten kann, ohne zugleich den Tod zu sehen, den zu sehen er nicht gewillt ist. Statt das Leben bis an die Grenze des Todes zu durchleiden, sublimiert er. Er arbeitet, um seine Schuldgefühle zu beschwichtigen, und er glaubt, das sei Leben. Es ist aber eine falsche Sublimierung, die den Tod nur verdrängt, damit aber auch neues Leben nicht aufkommen läßt. Er redet über das Leben und analysiert es, lebt es aber nicht, weil er die Tode, die man sterben muß, um zur Herrlichkeit des Lebens zu erwachen, nicht sehen und erleiden will. Das Ergebnis ist Frustration. Er arbeitet, weil er Angst hat zu spielen, d. h. sich auf Aktivitäten einzulassen, die ihren Wert so ganz in sich haben, daß sie keiner äußeren utilitaristischen Rechtfertigung bedürfen. Ein paar Amerikaner spielen – z. B. Fußball –, und der Rest der Nation analysiert das Spiel mit peinlich ernsthaftem, schwerfälligem Forschereifer. Wir sind stumme, totenähnliche Zuschauer.
Und doch sagt der deutsche Mystiker Jakob Böhme, daß das Spiel die Fülle des Lebens sei und Gott ein Gott des Spiels, nicht der Arbeit, ein Gott der Erfahrung vor aller Reflexion. Der nach dem Bilde Gottes erschaffene Mensch, der mit der Möglichkeit, ihn nachzuahmen, begnadet ist, sollte über die Erfahrung nachdenken, doch nie die Erfahrung durch Nachdenken ersetzen. Der Mensch »klebt« an Personen, Institutionen, Lastern, nur damit er nicht spielen muß. Er flüchtet vor dem Tod in allerhand kleine gesellige Zusammenkünfte: Cliquen, Seminare, pseudolebendige Sitzungen, freundliche Kirchen, einschläfernde Betgruppen, ungemütliche Schulen, massive religiöse Kampagnen, Demonstrationen, Versammlungen. Wie weit hat er mit all dem die Wirklichkeit des Todes verdrängt?
Der Mensch bemüht sogar die biblische Friedens- und Liebesbotschaft, um sich nicht auf das gefährliche Abenteuer des Lebens, die Schmach des Kreuzes und die Herausforderung des Todes, die unausweichliche Tatsache des Todes in jeder echten Ich-Du-Beziehung, in jedem beseelten Liebesakt, einlassen zu müssen. Der Friede und die Liebe der Evangelien warten auf den mutigen, ursprünglich-»wilden« Menschen jenseits des Todes. Mit anderen Worten, sobald der Mensch sich frei gemacht hat von den kraftverzehrenden widersprüchlichen Forderungen seines Ego, kann er wahrhaft leben.
Der einzige Weg zum Leben führt durch die Dunkelheit und den Tod, die in den Tiefen des Bewußtseins lauern. Weich ihm aus, und wieder

stirbt ein Mensch. Besser, man sieht dem Tod jetzt schon ins Auge; wann immer er kommen mag, sieh ihm jetzt ins Auge und *lebe* an der Stelle, wo du stehst. »Wahrlich, wahrlich, ich sage euch: Wenn das Weizenkorn nicht in die Erde hineinfällt und erstirbt, so bleibt es für sich allein; wenn es aber erstirbt, bringt es reiche Frucht« (Joh. 12, 24).

Der Pfad

Allgemeine Übersicht

Fast zwanzig Jahrhunderte christlicher mystischer Erfahrung erlauben eine detaillierte Beschreibung des Mystischen Weges. Die Wanderung des Christen auf dem Pfad zur Vereinigung mit Gott ist gut bezeichnet und in klar definierte Stationen unterteilt. Diese Phasen sind, wie wir schon früher bemerkt haben, rein abstrakte, begriffliche Einteilungen zum Zweck größerer analytischer Klarheit. Im wirklichen Leben des Mystikers sind es weit weniger klar definierte, einander überlappende rhythmische spirituelle Entwicklungsschübe, und die Trennungslinien zwischen den einzelnen Stationen lassen sich kaum erkennen.
Die ersten Schritte auf dem Mystischen Weg sind mehr äußerer Art: Erwecken des Selbst, asketische Praktiken, das Üben bestimmter Tugenden und zunehmende Hinwendung zu Gott. Die letzten Stadien sind sehr viel innerlicher.
Der Mystische Weg wird herkömmlicherweise in drei Phasen eingeteilt: Läuterung, Erleuchtung, Vereinigung. In der ersten Phase wird der Christ von aller Selbstbezogenheit gereinigt; seine Gotteserfahrung beschränkt sich auf »sporadisches Aufblitzen«. In der Erleuchtungsphase gewinnt der Christ festeren Stand und eine gewisse Verbundenheit mit Gott. Er ist gottzentriert, erlebt aber Gott immer noch als von ihm getrennte Wesenheit. In der dritten Phase verwandelt sich das Selbst vollkommen in Gott. Der Christ erreicht jenen Zustand völligen Einsseins mit Gott, der oft als mystische Hochzeit beschrieben wird.
Weitere Informationen über die Läuterungs-, Erleuchtungs- und Vereinigungsphase kann man jeder beliebigen Abhandlung über die tradi-

tionelle christliche Mystik entnehmen. Für unsere Zwecke haben wir uns entschlossen, bei der Beschreibung des Mystischen Weges das hervorragende Werk E. I. Watkins heranzuziehen, dessen klassische Untersuchungen über die christliche Mystik nicht so bekannt sind und gewürdigt werden, wie sie es verdienen.

In seiner *Philosophy of Mysticism* (1920) beschreibt Watkin zwölf Hauptcharakteristika des Mystischen Weges – Charakteristika, die allen, die den Mystischen Weg beschreiten (Neophyten wie auch Meistern) gleichermaßen eigentümlich sind; Watkin benutzt, um jeden einzelnen Aspekt zu beleuchten, Worte Christi. In Klammern füge ich jeweils die Ausdrücke an, die die Verbindung zwischen Watkins Text und unseren vorangegangenen Ausführungen herstellen. Auch hier stütze ich mich wieder weitgehend auf die mystischen Dichtungen Johannes' vom Kreuz; denn die poetischen Beschreibungen seiner individuellen mystischen Erfahrung, die in der spanischen und in der Weltliteratur eine hervorragende Stellung einnehmen, vermitteln vielleicht einen tieferen Einblick in die mystische Tradition des Christentums als alles, was man sonst, außer den Worten und Werken Christi selbst, anführen könnte.

Zwölf Charakteristika des Mystischen Weges

1. Befreiung von Schranken (der Sinneswahrnehmung – und intellektueller Prozesse)

> Denn ich gehe hin, euch eine Stätte zu bereiten; und wenn ich hingegangen bin und euch eine Stätte bereitet habe, komme ich wieder und werde euch zu mir nehmen, damit da, wo ich bin, auch ihr seid (Joh. 14, 3).

Die Psyche hat dank der Vernunft und des vernunftgeleiteten Willens eine natürliche Aufnahmebereitschaft für das Unendliche und Unbegrenzte, ja sogar ein Bedürfnis danach und folglich auch ein dauerndes Streben nach Gott. Der entmenschlichte Mensch ist in bezug auf die Gegenstände seines Begehrens und die Bedingungen seiner Erkenntnis in die Schranken des Kreatürlichen eingeschlossen. Der Mensch hat seine Ursprünglichkeit, seine Lust am All, seine große Leidenschaft für das Heilige verloren; tausend läppische Leidenschaften haben ihn gezähmt und dem Heiligen entfremdet. Diese Schranken müssen von der vergöttlichenden Kraft eines gottgleichen Menschen durchbrochen werden. Das gewöhnliche Leben in der Gnade (das unbewußte Einssein mit Gott) ist ein stufenweises Durchbrechen der Schranken. Das Leben des Mystikers ist eine Befreiung unendlich höheren Grades.

2. Verwandlung von Geschöpfen in Gott

Niemand hat Haus oder Weib, Geschwister, Eltern oder Kinder um des Reiches Gottes willen verlassen, der nicht vielmal Wertvolleres wiederempfinge in dieser Zeitlichkeit und in der zukünftigen Weltzeit ewigen Lebens (Lukas 18,29).

Nach und nach werden die einschränkenden Barrieren, die begrifflichen Vorstellungen, die begrenzten Ziele des Willens und die unzulänglichen Bilder, die unser Leben von der allen Geschöpfen innewohnenden unendlichen Gottheit trennen, beseitigt und zerstört. Gott nimmt die ganze Aufmerksamkeit des Menschen ein; die nun durchschaubare, gotterfüllte Welt wird nicht gering geschätzt und vom nun gottzentrierten Menschen auch nicht länger mißbraucht. Der Mystiker schaut und drängt voran. Von Liebe zur Schönheit des Geliebten verwundet und begierig, jene Schönheit, die der Ursprung aller irdischen, in der Schöpfung schon angedeuteten Schönheit ist, zu erblicken, ruft er in der sechsten Strophe seines *Geistlichen Gesangs*:

Ach, wer kann je mich heilen!
Ganz gib dich hin mit ernstlichem Vollenden!
Laß ab, mir nur zuweilen
Botschaften zuzusenden:
Was ich erlechze, können sie nicht spenden[4].

3. Wendung nach innen (in Fühlung mit dem Tiefenzentrum, wo Gott den Menschen anrührt)

Du aber, wenn du beten willst, so geh in deine Kammer, schließe deine Tür zu und bete zu deinem Vater, der im Verborgenen ist (Matth. 6,6).

Da Gott sich immer klarer und inniger in den zentralen Tiefen der Seele manifestiert, wird der Mensch in steigendem Maß von seinem Innern ergriffen und gebannt. Man nennt das innere Sammlung oder Gebet der liebenden Aufmerksamkeit; sie hat nichts mit egozentrischer Beschäftigung mit dem eigenen Selbst oder mit narzißtischer Faszination durch die Psyche zu tun; sie ist Verweilen bei Gott in seiner wirkenden Anwesenheit. Johannes vom Kreuz drückt das in seiner *Summe der Vollendung* so aus:

Vom Erschaffenen sich befreien,
des Erschaffers nur gedenken!
Wach ins Innre sich versenken,
Liebe dem Geliebten weihen!

Das Ergebnis dieser Wendung nach innen ist, daß die Seele, besonders, wenn sie dem göttlichen Wirken am stärksten ausgesetzt ist, nämlich im Gebet, sich in ihren peripheren Aktivitäten, z. B. der Erzeugung von Bildern und eindeutigen Begriffen, behindert sieht, wenn sie ihr nicht überhaupt unmöglich sind.

4. Loslösung vom Selbst (vom Oberflächenselbst oder empirischen Ego)

Will jemand mein Nachfolger sein, so verleugne er sich selbst. Denn wer sein Leben retten will, der wird es verlieren; wer aber sein Leben um meinetwillen verliert, der wird es finden (Matth. 16, 24).

Der Mensch, der von Gott angerührt wurde, macht nicht mehr viel Aufhebens von seinem kleinen Selbst. Er sucht Gott mit aller Kraft und findet selbstvergessene Befriedigung darin, Gottes Willen zu tun, den er leicht erkennen kann, weil er nicht mehr von einem aufgeblähten Ego daran gehindert wird, die Dinge so zu sehen, wie sie wirklich sind. Die Loslösung vom Leben an der Oberfläche mag schmerzhaft sein, wie Johannes vom Kreuz es in der zweiten Strophe seiner Dichtung *Lebendige Liebesflamme* beschreibt, doch das Endergebnis ist der ekstatische Genuß der Berührung Gottes im Tiefenzentrum, dem wahren Selbst des Menschen:

O Flamme, mild umleckend!
O Wunde, lind zu dulden!
O holde Hand! O liebliches Durchdringen,
nach ewigem Leben schmeckend,
vergütend alle Schulden!
Todbringend willst du höchstes Leben bringen.

5. Verwandlung von Materie in Geist (von der Welt der Sinne zur intuitiven Welt)

Was aus dem Fleisch geboren ist, das ist Fleisch, und was aus dem Geist geboren ist, das ist Geist (Joh. 3,6). Es kommt aber die Stunde, ja sie ist jetzt schon da, in der die wahren Anbeter den Vater im Geist und in der Wahrheit anbeten werden. Gott ist Geist, und die ihn anbeten, müssen ihn im Geist und in der Wahrheit anbeten (Joh. 4,24).

Das befreiende christliche Wagnis, die Wendung hin zum grenzenlosen Zentrum, löst den Menschen allmählich aus den Begrenzungen durch die Materie. Die Materie wird jedoch nicht preisgegeben. Das geschlossene System von Inkarnation und Sakramenten und ihrer natürlichen Entsprechung, der Auferstehung des Leibes, strafen eine solche Meinung Lügen. Der befreite Geist verachtet und verwirft die Materie nicht, er verwandelt sie.

6. Zuwachs an Feinfühligkeit und Scharfsinn (größere Sensibilität)

Seid klug wie die Schlangen und ohne Falsch wie die Tauben (Matth. 10,16). Selig sind die Augen, die sehen, was ihr seht. Denkt nicht, daß ich gekommen sei, das Gesetz oder die Propheten aufzulösen! Ich bin nicht gekommen aufzulösen, sondern zu erfüllen. Denn ich sage euch: Wenn es mit eurer Gerechtigkeit nicht weit besser bestellt ist als bei den Schriftgelehrten..., so werdet ihr nimmermehr ins Himmelreich eingehen! (Matth. 10,16; 17,51; 5,20.)

Die Humanisierung des Menschen durch die zunehmende Vorherrschaft des Geistes entwickelt in ihm eine außergewöhnliche Sensibili-

tät. Eine solche Persönlichkeit ist, im Unterschied zu dem gedanken- und taktlosen gewöhnlichen Menschen mit seinen schalen kleinen Freuden und begrenzten Wahrnehmungen, dank der Transparenz, die die Dinge für seine durchdringende Wahrnehmung haben, höchster Wonnen fähig. Der gewöhnliche Mensch giert nach unmittelbarer Befriedigung und verschafft sie sich, so viel er kann. Der kontemplative Mensch bewundert, wählt mit Umsicht und genießt. Er hat mehr Genuß an einem einzigen Glas Bier als der gewöhnliche Mensch an einem ganzen Faß voll. Alle kleinen Freuden des kontemplativen Menschen entspringen seiner einzigen wahrhaften Freude und fließen ihr wieder zu – der Freude am Umgang mit Gott. So sieht der Mensch des Gebets (d. h. der kontemplative Mensch) dank seiner Einsicht in die spirituelle Einheit, die der Mannigfaltigkeit der Oberfläche zugrunde liegt, alle Verbindungen, die die Welt zusammenhalten. Ohne diese visionäre Einsicht geht der Mensch zugrunde.
So betet Johannes vom Kreuz in der *Lebendigen Liebesflamme:*

»O zarte Berührung, Wort, Sohn Gottes, der du in der Zärtlichkeit deines göttlichen Wesens in erhabener Weise das Wesen meiner Seele durchdringst! Und während du sie ganz zart berührst, läßt du sie vollkommen in göttlicher Süßigkeit und Wonne aufgehen, wie man sie nie im Lande Kanaan gehört, noch in Teman gesehen... O mein Gott und mein Leben! Nur diejenigen werden dich in deiner sanften Berührung erkennen und wahrnehmen und deshalb auch fühlen und kosten, die selbst durch die Losschälung von der Welt diese Eigenschaft angenommen haben, da das Zarte nur von zart Veranlagten empfunden wird. Und du berührst sie um so sanfter, je mehr das Wesen ihrer Seele durch dein in ihr verborgenes Weilen geläutert, verfeinert und gereinigt ist, und je mehr sie sich von allen Geschöpfen, sowie von jeder Spur und jeder Berührung derselben losgemacht hat.«

7. Befreiung

Ihr... werdet die Wahrheit erkennen, und die Wahrheit wird euch frei machen. Der Wind weht, wo er will... Ebenso verhält es sich auch mit jedem, der aus dem Geist geboren ist (Joh. 8, 31/32; 3, 8).

Freiheit heißt nicht tun, was man will. Freiheit heißt vielmehr tun wollen, was man tun muß, um heil und gottzentriert zu werden. Watkin (1920) drückt das so aus:

»In einem oberflächlichen Sinn bedeutet Freiheit, seiner Vernunft ungehindert durch äußere Gewalt zu folgen. In einem tieferen Sinn ist es die gleiche Freiheit, seiner

Vernunft zu folgen, doch ungehindert von der Gewalt unserer eigenen niederen Leidenschaften und Wünsche. Deren Knechtschaft ist eine viel schlimmere Sklaverei als die Versklavung durch äußere Gewalt, da sie dem Innenleben der Seele, nicht nur ihren äußeren Manifestationen Fesseln anlegt. Daher macht uns alles, was uns instandsetzt, der Vernunft zu folgen (einschließlich suprarationaler Intuitionen) frei, alles, was uns hindert, unserer Vernunft zu folgen, versklavt uns.«
Watkin spricht hier nicht vom isolierten Verstand. Dieser ist auch eine Art von Tyrann.
Was im Grunde der Freiheit der Seele im Wege steht, ist ihre Versklavung durch das Ego. Daher ist, wenn der Eigenwille gebrochen und Gottes Wille rückhaltlos akzeptiert wurde, der Wille völlig frei, sein wahres Heil und sein wahres Ziel, das er anfangs auf falschen Wegen suchte, zu erreichen. Im Besitz dieses uneingeschränkten Heils genießt er vollkommene Freiheit. »So wie die liebende mystische Vereinigung des Willens mit Gott den Willen über seine begrenzten Ziele hinaushebt, so hebt die mystische Schau das spirituelle Bewußtsein über die begrenzten Wahrnehmungen beim Erkenntnisprozeß hinaus« (Watkin, 1920).
Und wieder Johannes vom Kreuz:

Ich habe seinem Schimmer
mit allen Seelenmächten mich verschrieben;
die Herde hüt' ich nimmer;
kein Amt ist mir verblieben.
Nichts andres üb' ich aus, als Ihn zu lieben.

8. Vereinigung (menschliche Ganzheit)

Martha, Martha! du machst dir Sorge und Unruhe um vielerlei; aber nur eins ist nötig (Luk. 10, 41/42).

Eine auffallende Schwäche des Menschen von heute, wahrscheinlich aber aller Zeiten, ist seine Ungesammeltheit und Zersplitterung. Sein Leben, sein Brennpunkt, sein Lebensplan bestehen aus lauter Bruchstücken. Sie müßten verschmolzen werden. Er bedarf einer einigenden zwingenden Kraft, eines persönlichen Gravitationszentrums, einer unwiderstehlichen Anziehung, die einen zielbewußten Sinn und ein reines Herz in ihm schaffen. »Doch nur im Bereich der Gnade und ihrer höchsten Manifestation, der mystischen Erfahrung, kann dieses Bedürfnis nach Ganzheit volle Befriedigung finden. Denn in der mystischen Erfahrung gelangt die Seele zur übernatürlichen Vereinigung mit der absoluten Einheit einer unendlichen Mannigfaltigkeit, aus der alle Vielheit entspricht und in der alles wieder eins wird« (Watkin, 1920).

9. Reinigung

> Selig sind, die reinen Herzens sind, denn sie werden Gott schauen! Ihr seid nun rein durch das Wort, das ich zu euch gesagt habe (Matth. 5,8).

Auf der Pilgerschaft zum Absoluten ist spirituelle Reinheit die Energie, die Lebenskraft der vom Verhaftetsein an sinnliche Objekte nicht behinderten Psyche. Ein solches Verhaftetsein würde die auf Gott hin orientierte Lebenskraft und Energie des Geistes hemmen, indem es die psychischen Aktivitäten auf den Bereich innerhalb der Grenzen des sinnlich Wahrnehmbaren und des Erschaffenen beschränkte. Wenn die Lebensenergie an eine Unzahl von Objekten vergeudet wird, geht die Fülle des Lebens verloren.

10. Der Weg zum Seelenfrieden

> Frieden hinterlasse ich euch, meinen Frieden gebe ich euch (Joh. 14,27). Nehmt mein Joch auf euch und lernt von mir, ... so werdet ihr Ruhe finden für eure Seelen (Matth. 11,39).

Der Friede des Mystikers kommt nicht aus Gleichgültigkeit, sondern aus schwer erworbener Harmonie mit sich selbst und mit dem Weltall. Er hat nichts mit lauem Quietismus oder innerer Trägheit zu tun. Es ist ein magnetischer, belebender Frieden, wie er sich in der weisen Passivität des hl. Johannes vom Kreuz zeigt: »Ich ließ mich, weltentbunden, ließ Sorgen, die mich sehrten, zwischen den Lilien, sorglos...« Das ist die höchste Form der aktiven Kontemplation: ein langer liebevoller Blick auf das Wirkliche, ohne Aufregung und Unruhe und ohne zweckbestimmtes Planen. Der friedvolle Mensch tut nicht irgend etwas; er ist einfach da. Er nimmt noch nicht einmal eine Angelrute mit, wenn er fischen geht, weil er sein Nichtstun nicht zu rechtfertigen braucht. Da-sein zwingt ihn, nichts zu tun. Wenn Gott spricht, darf die Seele nichts tun, nur lauschen; wenn er erscheint, muß die Seele nur schauen; wenn er gibt, darf die Seele nichts tun, nur empfangen. Diese Art der Reaktion auf Gottes Initiative unterscheidet die positive, gnadenvolle Ruhe vom Quietismus, der falschen, schlaffen Passivität des Trägen, die oft mit der wachen Stille des spirituell Aktiven verwechselt wird. Der englische Mystiker Walter Hilton sagt über die paradoxe Aktivität solchen Friedens: »Diese gelassene Aktivität ist weit entfernt von körperlichem Müßiggang und blinder Sicherheit. Sie ist voll geistiger Arbeit, heißt aber Ruhe ... ein heiliger Müßiggang und eine höchst geschäftige Ruhe« (Sitwell, 1953).

11. Identifikation des Willens mit dem Willen Gottes (Unterwerfung des empirischen Ego)

Denn ich bin aus dem Himmel herabgekommen, nicht um meinen Willen auszuführen, sondern den Willen dessen, der mich gesandt hat (Joh. 6,38). Dein Wille geschehe wie im Himmel, so auch auf der Erde! Nicht wie ich will, sondern wie du willst (Matth. 6,10; 26,39).

Der Mystiker lebt in Harmonie mit allem, außer der Sünde; denn alles ist durch Gottes Willen geschaffen. Er liebt alles und alle und bereichert alle mit seiner Liebe, denn er hat an der universellen schöpferischen Güte Gottes teil. Er liebt nicht nur, was ihm liebenswert erscheint, sondern macht in Gott liebenswert, was immer oder wen immer er zu lieben sich entscheidet.
Wie schon oben gesagt wurde, ist die Unterwerfung des Ego schmerzhaft, aber Johannes vom Kreuz, der unnachgiebig auf diese Unterwerfung des Ego dringt, singt immer aufs neue von der Ekstase der Liebe. »Ich blieb, mir selbst entschwunden«, sagt er in der achten Strophe der *Dunklen Nacht*, doch er wurde mit dem Recht begnadet, sein »Angesicht ... nieder zum Begehrten« sinken zu lassen.

12. Zunehmende Wirklichkeitserfahrung

Der Mensch lebt nicht vom Brot allein (Matth. 4,4). Verschafft euch nicht Speise, die vergänglich ist, sondern die Speise, die bis ins ewige Leben vorhält. Ich bin das Brot des Lebens (Joh. 6,35). Unser täglich Brot gib uns heute (Matth. 6,11).

Der christliche Mystiker überschätzt die Geschöpfe nicht, noch unterschätzt er sie. Sie sind in sich vollkommen und echt; es ist kein

Grund, sich über sie zu erheben. Man soll ihren Eigenwert und ihre Qualitäten anerkennen und lieben. Wir sollen sie lieben, und sie verdienen es. Verglichen aber mit Gottes absolutem, in sich selbst ruhendem Sein sind sie nichts. Nach einer in tiefer Versenkung erlebten Ekstase schrieb Johannes vom Kreuz, daß jeder, der so weit gelange, sich von sich selbst löse, und daß alles, was er vorher kannte, ihm nun wertlos scheine. Die Geschöpfe haben ihr Sein in Gott und von ihm und sind ganz und gar von seinem fortwirkenden schöpferischen Liebesakt abhängig. Und obwohl sie wirklich sind, sind sie es nicht alle in gleichem Maße. Es gibt eine Hierarchie der Seinserfülltheit. Je größer die Nähe eines Geschöpfes zu Gott ist, desto mehr Sein besitzt es, da es weniger eng begrenzt ist. Darin unterscheidet sich die Materie vom Geist. Die Materie hat mehr Grenzen, daher weniger Sein, weniger Wirklichkeit.

Der Mystische Weg bedeutet, zumindest in seiner christlichen Form, das vollkommene Durchdringen der Wirklichkeit bis in ihre letzten Tiefen, und den Erwerb immer größerer Lebensfülle in dem Maß, wie hindernde Wirklichkeitsreste oder isolierte Seinsfragmente beim Aufstieg zum Unendlichen allmählich transzendiert werden.

Techniken und Erfahrungsübungen

Wir haben versucht, die christliche mystische Erfahrung zu definieren und zu beschreiben. Wir haben ferner einen allgemeinen Überblick über den Mystischen Weg gegeben und etwas von dem, was dem Mystiker auf diesem Weg »passiert«, dargestellt: Befreiung von Schranken, Loslösung vom Selbst usw. Nun ist es an der Zeit, so praktisch zu verfahren wie die Mystiker selbst; denn sie sind die größten »Experimentatoren« oder »Empiriker«.

Die mystische Tradition des Christentums ist keine bloße Theorie oder Theologie, sondern aktive Psychologie, eine Ganzheit von praktischem, auf das alltägliche Leben anwendbarem Wissen. Die Mystiker berichten nicht über ihre Spekulationen, sondern über ihr Leben; sie treten nicht als Denker, sondern als Täter auf; sie verkünden einen Gott, den das Herz kennt, nicht einen Gott, über den der Verstand nachdenkt. Der Mystische Weg zeigt präzis die psychologischen Prozesse, denen sich jeder unterziehen muß, der die Vereinigung mit dem lebendigen Gott Abrahams, Isaaks und Jakobs, dem Gott unseres Herrn Jesus Christus, ersehnt.

Der Mystische Weg ist kein leichter Weg. Die von den Mystikern erlangte heitere Gelassenheit täuscht über die schwierigen Aufgaben und außergewöhnlichen Anstrengungen hinweg, die bewältigt werden müssen, wenn man das Ziel erreichen will. Die Symbole der Mystiker entstammen vorzugsweise den Bereichen des Kampfes, der Suche, des Leidens. »Ziehet die volle Waffenrüstung Gottes an...«, sagt Paulus. »Ist es denn so seltsam, daß die Eroberung eines solchen Schatzes uns viel kostet?«, fragt Teresa im *Weg der Vollkommenheit*. »Wenn du dies Herz verletztest, warum läßt du es ungeheilt verschmachten?«, klagt Johannes vom Kreuz. Sein Rat, daß man seine Neigung »nicht auf das Leichtere, sondern auf das Schwierigere, nicht auf das Angenehmere, sondern auf das Unangenehmere, ... nicht auf die Ruhe, sondern auf die Mühe« richten solle (*Aufstieg zum Berge Karmel*, I, 13), scheidet mit Sicherheit den lauen Sucher vom leidenschaftlich ernsten, der bereit ist, »nichts zu sein, um letztlich alles zu werden«.

Die christlichen Mystiker setzen voraus, daß jemand, der sich auf den Weg der Mystik zu begeben gedenkt, schon bis zu einem gewissen Grad eine evangelische Lebensweise führt; daß erstens sein spirituelles Bewußtsein wach und lebendig ist, daß er sich mit seinem ganzen Herzen Gott zu- und von den Geschöpfen abgewandt hat; daß er seine Persönlichkeit umstrukturiert und seinen Lebensstil, seine Interessen, sozialen Beziehungen usw. auf sein Hauptlebensziel, die Vereinigung mit Gott, hin orientiert hat; daß er drittens ein ernsthaftes spirituelles Programm von »Erfahrungsübungen« entwickelt und über einen langen Zeitraum mit äußerster Regelmäßigkeit und Hingabe durchgeführt hat.

Wenn die mystische Erfahrung an die »bis zu ihren äußersten Konsequenzen getriebene« evangelische Lebensweise gebunden ist, wie oben gesagt wurde, welche Erfahrungsübungen aus dem spirituellen Programm des Mystikers sind dann hier in verfeinerter und höher entwickelter Form angezeigt?

1. *Entfaltung vollkommenen Menschseins*

Obwohl die mystische Erfahrung ein freies Geschenk Gottes und nicht die unmittelbare Frucht systematischer Bemühungen ist, können wir uns indirekt auf sie vorbereiten, indem wir einen rechtschaffenen Menschen, ein transparentes menschliches Instrument aus uns machen. Darauf weist auch die Bemerkung Spinozas hin, man solle den Körper befähigen, viele Dinge zu verrichten, da dies dazu diene, den Geist zu vervollkommnen und zur intellektuellen Gottesliebe zu gelangen.

Durch kontinuierliche Erhellung des Geistes und Stärkung des Herzens, d. h. durch mehr Wissen und mehr Liebesfähigkeit entwickelt der Christ sein Menschsein und wird damit größerer mystischer Tiefe fähig. Die Ausbildung des Körpers ist also für den Mystischen Weg ebenso wichtig wie die des Geistes.

Als eines Tages ein paar Schwestern die hl. Teresa von Ávila dabei überraschten, wie sie in der Küche mit Genuß ein Rebhuhn verspeiste, begegnete die Mystikerin dem Entsetzen der Schwestern mit den Worten: »Wenn Gebet, dann Gebet; wenn Rebhuhn, dann Rebhuhn!« *Das* ist die Art gesunden Menschseins, die in der Tradition der christlichen Mystik zu wenig geübt worden ist.

2. Das Gebet
Von Gebeten begleitete Übungen helfen dem Christen, in sein Tiefenzentrum vorzudringen, wo ihn das Mysterium anrühren kann. Der Christ lernt nur selten neben dem Beten auch das Meditieren. Die Meditation dient jedoch dazu, uns für das Gebet bereit zu machen. Die hl. Teresa sagt: »Das Gebet ist ein Gespräch von Herz zu Herz mit Gott, unserem Vater, der uns, wie wir wissen, liebt.« In der Meditation stellen wir uns auf diese Begegnung mit dem liebenden Vater ein. Wir denken beispielsweise über eine Bibelstelle nach, über ein Bild Christi oder ein Ereignis aus seinem Leben, und werden durch diese Meditation zum Beten geführt, d. h., wir werden uns *Gottes in Liebe bewußt.* Wenn das Gebet so einfach wird, daß wir keine hilfreichen Bilder, Worte und Begriffe mehr finden, nur noch liebende, wenn auch dunkle Bewußtheit bleibt, dann haben wir eine Form der Kontemplation erreicht. Im kontemplativen Gebet wird Gott aktiver, der Mensch passiver. Der Mensch denkt weniger und liebt mehr; er tut weniger, ist aber mehr. Sein Gebet wird immer mehr zum Gebet Christi.

Im Voranschreiten auf dem Mystischen Weg bewegen wir uns von der Meditation zum Gebet, von da weiter zur Kontemplation: von Worten, Bildern und Begriffen zur schweigenden, liebenden, verzückten Aufmerksamkeit für Gott. Das endgültige Kriterium für zunehmende Gebetsfülle ist Einfachheit des Gebets. Kennzeichnend für das Gebet des Mystikers sind nicht Bitten oder Dank für empfangene Wohltaten, sondern Anbetung, selbstvergessene Freude an Gott. »Am besten betet, wer nicht einmal weiß, daß er betet«, sagt St. Antonius der Eremit.

Für den Mystiker ist das Gebet keine Pflichtübung, sondern Freude, keine Technik, sondern Genuß der realen Gegenwart Gottes, ein Dienen in Liebe. Wir beten nicht, um transzendentales Wissen zu erwerben, sondern weil Gott gegenwärtig ist und eine unendliche Anziehungskraft ausübt, die uns zwingt, bei ihm zu bleiben und uns seiner Gegenwart zu erfreuen.

Da wir aber denaturiert und dehumanisiert sind, müssen wir erst geeignete Schritte unternehmen, um den Boden zu bereiten für diesen anbetenden Genuß der Gegenwart Gottes. Die nötige Sammlung ist nicht leicht herzustellen, sie erfordert regelmäßige, beharrliche Übung zu einer festgesetzten Tageszeit. Es gibt eine Menge Bücher über die Praxis des Gebets. Regelmäßige spirituelle Lektüre ist gleichfalls erforderlich. Spirituelle Lektüre kann mit Gebet nicht gleichgesetzt werden, sie kann es jedoch inspirieren, den Gedanken Nahrung geben und zum Gebet hinführen. Von entscheidender Bedeutung ist eine sorgfältige, kritische Auswahl der spirituellen Bücher. Wir haben keine Zeit für »Schund«, ja nicht einmal für gute Bücher, sondern nur für die besten. Das allerbeste ist das Neue Testament.

3. Askese

Die Askese des Mystischen Weges verlangt weit mehr als nur die Kontrolle der Sinne, wie sie auf der prämystischen Stufe des spirituellen Lebens geübt wird. Der hl. Johannes vom Kreuz nennt diesen mystischen Entäußerungsprozeß die »Dunkle Nacht der Seele«. »Die Seele (muß) durch diese dunkle Nacht der Abtötung der Begierden und des Verzichts auf die Freude an allen geschaffenen Dingen gehen, wenn sie zur Vereinigung mit Gott gelangen will ...« In folgenden Paradoxa faßt der hl. Johannes die negative Dimension seiner Doktrin zusammen. Sie sind von höchster Wichtigkeit:

»1. Willst du dahin gelangen, alles zu kosten, suche in nichts Genuß.
2. Willst du dahin gelangen, alles zu besitzen, verlange in nichts etwas zu besitzen.
3. Willst du dahin gelangen, alles zu wissen, verlange in nichts etwas zu wissen.
4. Willst du dahin gelangen, alles zu sein, verlange in nichts etwas zu sein.
5. Willst du erlangen, was du nicht genießest, mußt du hingehen, wo du nichts genießest.

6. Willst du gelangen zu dem, was du nicht weißt, mußt du hingehen, wo du nichts weißt.
7. Willst du gelangen zu dem, was du nicht besitzest, mußt du hingehen, wo du nichts besitzest.
8. Willst du erlangen, was du nicht bist, mußt du hingehen, wo du nichts bist.
Sobald du dein Genügen suchest im Kleinsten, hörst du auf, dich hinzugeben ans Ganze.
Sofern du willst gelangen vom Ganzen zum Ganzen, mußt du dich entäußern von allem in allem.
Sobald du es dahin bringst, alles zu haben, mußt du es haben, ohne etwas zu verlangen. Denn so du haben willst etwas im ganzen, hast du nicht rein in Gott deinen Schatz. In solcher Entäußerung findet der Geist seine Ruhe und Erquickung. Denn wo er nach nichts verlangt, da fällt ihm nichts beschwerlich und drückt ihn nichts nach unten, da er ja so im Mittelpunkt seiner Niedrigkeit sich befindet. Sobald er dagegen nur nach irgend etwas ein Verlangen trägt, wird ihm gerade dies zur Ermüdung und Pein.«
(*Aufstieg zum Berge Karmel*, I, 13.)[5]

Johannes verdammt nicht den Genuß geschaffener Dinge, sondern das Verhaftetsein des *Willens* an diese Dinge, nicht die Verwendung geschaffener Bilder und Begriffe, sondern das Beharren der Seele in ihnen. Entäußerung leitet den Kontemplativen ins innere Sosein der Dinge. Er genießt die Dinge letzten Endes mehr, nicht weniger (die Rebhuhn-Episode ist dafür ein gutes Beispiel!); er lebt in größerer, nicht in geringerer Harmonie mit der *realen* Welt. Der heilige Franz von Assisi ist ein überzeugendes Beispiel für solche innige Verwandtschaft mit der »Schwester Sonne« und dem »Bruder Mond«.
Im Eingangskapitel des I. Buches des *Aufstiegs zum Berge Karmel* analysiert der hl. Johannes mit erstaunlicher psychologischer Kenntnis die entkräftende Wirkung des Verlangens nach dem Kreatürlichen als *Ziel an sich*. Er zeigt, wie dieses Verlangen die Seele ermüdet, quält, verdunkelt, befleckt und schwächt. »Es geht ja auf das gleiche hinaus, ob ein Vogel an einem dünnen oder einem dicken Faden angebunden ist. Wenn der Faden auch dünn ist, der Vogel bleibt doch daran angebunden, geradesogut, als wäre es ein dicker, solange er ihn nicht reißt und davonfliegt... Nicht anders ist es mit der Seele, die eine Anhänglichkeit an ein Geschöpf in sich nährt. Mag sie im übrigen auch noch so tugendhaft sein, sie wird trotzdem nicht zur Freiheit der göttlichen Vereinigung gelangen« (I, 11).
Die christliche Mystik fordert nicht in dem Maß, wie es die östliche Mystik tut, die völlige Ausschaltung der Begierden, sondern vielmehr die Ausschaltung einander *widerstreitender* Begierden. Alle unsere

kleinen Begierden müssen sich unserem wichtigsten Lebensziel unterordnen: dem Verlangen nach Gott. Eine mehr psychologische Beschreibung dieses Prozesses gibt van Kaam (1965):

»Ganz langsam verlieren alle Daseinsformen, die nicht in unseren Lebensplan passen, ihren Reiz... Diese unangemessenen Daseinsformen haben nicht mehr so stark und kontinuierlich teil an unserer täglichen Selbstverwirklichung wie die neuen, angemessenen... Sie werden nicht gewaltsam aus dem Leben verdrängt, noch wird ihr Dasein geleugnet. Sie werden ganz einfach als das genommen, was sie sind: schöne, wertvolle, reizvolle Daseinsmöglichkeiten, die aber nicht mehr mit unserem neuen, frei gewählten Lebensplan harmonieren.«

Wenn sich das spirituelle Leben intensiviert und dem Zentrum und dem Genuß Gottes näherkommt, wird dem Menschen abverlangt, sich auch noch spiritueller *Güter* zu entäußern. Der Mystiker muß z. B. auch den psychophysikalischen Erscheinungen, die seine innere mystische Erfahrung begleiten können, distanziert gegenüberstehen. Der hl. Johannes bezeichnet die passive Nacht der Sinne als den negativen Zugang zum Mystischen Weg. Die darauf folgende passive Nacht des Geistes führt den treuen Liebenden Gottes, den standhaften Mann des Gebets, zu den letzten Stationen des Gebets und des spirituellen Lebens: zum spirituellen Verlöbnis und zur Mystischen Hochzeit.

Johannes nennt drei Zeichen, an denen diese Nacht und der Eintritt ins mystische Leben zu erkennen sind: 1) wir haben weder Freude an göttlichen noch an geschaffenen Dingen; 2) wir harren auch ohne Begeisterung treu im Dienste Gottes aus; 3) wir sind unfähig zu meditieren. Wenn diese alles durchdringende Dürre nicht von Lauheit oder Krankheit herrührt, dann kann sie ein Anzeichen der ersten Stadien der Mystik sein.

Praktisch bedeutet das, daß man an dieser Stelle des Mystischen Weges darauf gefaßt sein muß, ohne jegliche spirituelle oder sinnlich faßbare Tröstung durch göttliche Einwirkung dazustehen.

4. Vervollkommnung in der Liebe

Tätiges Bemühen um moralische Vervollkommnung war schon immer die Trennungslinie, an der sich die echte christliche Mystik und ihre verfälschten, irrigen Formen voneinander schieden. Auf dem Mystischen Weg nimmt der Zuwachs an Tugend, besonders der Zuwachs an Liebe, heroische Proportionen an. Der Mystiker ist nicht ein Mensch, der ausschließlich mit ungewöhnlichen Gebetspraktiken und asketischen Übungen beschäftigt ist, sondern einer, dessen Leben sich unter dem Primat der Liebe vollzieht. Gebete oder asketische Übungen haben nur insofern einen Wert, als sie Liebe erzeugen, fördern oder erhalten: als erstes Liebe zu Gott, dann Liebe zu unserem Nächsten; denn überströmende Liebe zum Nächsten ist das eigentliche Kriterium unserer Liebe zu Gott. Wilde Aktivität im Namen der Nächstenliebe ist jedoch häufig nur ein heimlicher Versuch, auf honorige Weise dem überwältigenden Anspruch Gottes: »sei still und sieh, daß ich Gott bin«, zu entfliehen. Unser Leben sollte daher den Zusammenhang von kontemplativer Aktivität »für andere« und aktiver Kontemplation »fern von den anderen« sichtbar machen.

5. Schweigen und Einsamkeit
Ein Beispiel für dieses schwebende Gleichgewicht ist das Leben der heiligen Teresa. Sie ließ nicht nur in einem aktiven Leben als Reformerin des Karmeliter-Ordens die Früchte ihrer mystischen Erfahrung anderen zukommen, sie verbrachte auch einen großen Teil ihrer Zeit, wenn auch nicht so viel, wie sie gewünscht hätte, in Schweigen und Einsamkeit.
Schweigen bedeutet nichts Negatives, sondern Versunkenheit im positiven Sinn. Je wirklicher und aktiver Gott in uns wird, desto mehr Aufmersamkeit nimmt er für sich in Anspruch. Da er das Wort *ist*, müssen wir immer schweigsamer werden, je mehr wir ihn hören. »Mein Haus in Stille lassend«, schreibt Johannes vom Kreuz, wurde er geführt

»zum Ziel, wo meiner harrte / er, der zutiefst Vertraute –/ zum Ziel, wo ich nichts Scheinbares erschaute« (*Die dunkle Nacht*, Strophe 4).

Zwischen Einsamkeit und Isolation besteht ein großer Unterschied. Einsamkeit ist nicht der Rückzug des Weltflüchtigen, sondern ein Weg, auf dem man zur größtmöglichen Solidarität mit der Menschheit, zur Vereinigung mit dem Mystischen Leib Christi und der Gemeinschaft der Heiligen gelangt.
Wenn man nicht ein bestimmtes Maß an Schweigen und Einsamkeit in sein tägliches Leben einbauen kann, ist der Rückzug in die Einsamkeit, regelmäßig zu einer bestimmten Zeit des Jahres, eine dringende Notwendigkeit.

6. Spirituelle Führung

Die Hilfe, die ein Guru, ein spiritueller Lehrer oder ein Geistlicher dem Mystiker leisten kann, ist unschätzbar.

Spirituelle Führung ist unerläßlich für jeden, selbst, nein sogar besonders für diejenigen, die schon die höchsten Stufen der mystischen Vereinigung erreicht haben. Die hl. Teresa hat das nicht nur dringend empfohlen, sondern sich selbst ihr ganzes Leben hindurch von geistlichen Lehrern beraten lassen. Sogar ihre großen mystischen Schriften entstanden auf Geheiß ihrer Beichtväter. Wichtig ist, daß man unter ein und derselben spirituellen Leitung bleibt und nicht zu einer anderen überwechselt, wenn es »hart auf hart geht«, und der Lehrer nicht unseren Launen und Einfällen nachgibt. Ich muß jedoch zugeben, daß heutzutage, in der im Schlußkapitel beschriebenen Dunklen Nacht der Kirche, qualifizierte spirituelle Lehrer, von bereitwilligen gar nicht zu reden, selten sind. Es gibt sie jedoch, man muß sie nur in ihren Einsiedeleien aufspüren oder auch auf offenem Markt herausfinden.

7. Christus-Bewußtsein

Wenn man Christus einmal kennengelernt habe, sagt François Mauriac, könne man nicht mehr von ihm geheilt werden. Der Mystiker ist von Christus infiziert. Christus ist der Mittelpunkt seines Lebens; um ihn dreht sich sein ganzes Leben. Die Frage »Ihr aber – für wen haltet ihr mich?«, die Jesus in Cäsarea Philippi an Petrus richtete (Matth. 16, 16), ist die zentrale christliche Frage. Die einzige Art, sie zu beantworten, ist mystische Erfahrung: unmittelbare Erfahrung des lebendigen Christus, wie Petrus sie hatte. Und so antwortete ihm Christus: »... Nicht Fleisch und Blut haben dir das geoffenbart (d. h. nicht deine Sinneseindrücke und deine intellektuellen Kräfte), sondern mein Vater droben im Himmel.« Wir müssen uns dieselbe Frage stellen und beantworten.

Der Mystiker ist sich nicht nur Christi bewußt, er hat innigen Anteil an Christi eigenem Bewußtsein. »So lebe aber nicht mehr ich selbst«, sagt Paulus (Galater 2, 20), »sondern Christus lebt in mir.«

»Alle unsere Übel kommen daher, daß wir unsere Augen nicht auf Christus gerichtet halten«, sagt die hl. Teresa. Das ist die Quintessenz des Mystischen Weges: die Augen im Gebet, beim Lesen des Neuen Testaments auf Christus im Nächsten gerichtet, und Nachvollzug des Lebens Christi in den verschiedenen Lebensformen der

Gegenwart, Christus nachahmen, sich mit Christus identifizieren, Christus werden.

8. Zusammenfassung: *Göttliches Wirken*

Wir haben betont, daß mystische Erfahrung ein freies Geschenk Gottes und nicht das Ergebnis unserer eigenen Bemühungen ist. Das heißt aber nicht, daß wir den Irrweg des Quietismus gehen und uns überhaupt nicht mehr anstrengen sollten! »Wir müssen beten, als ob alles vom göttlichen Wirken abhinge«, sagt der hl. Ignatius, »aber arbeiten, als hinge alles von unserer eigenen Anstrengung ab.« Wir müssen unser volles Menschsein entwickeln und zugleich ein geregeltes Programm von Gebeten und asketischen Übungen (was auf den höheren Stufen der mystischen Erfahrung mit Ergebung in Gottes Wirken in unserem Leben identisch ist), wir müssen den Rat eines spirituellen Führers suchen und ihm folgen, müssen uns reichlich Stille und Einsamkeit gönnen und an Liebe und Christus-Bewußtsein zunehmen. Wir müssen Christus so ernst nehmen, daß wir alles andere, einschließlich uns selbst, leicht nehmen. Fröhlichkeit und Sinn für Humor gehören ebenso zum Mystischen Weg. »Gott erlöse uns von griesgrämigen Heiligen«, betete die Rebhuhn speisende und zu Kastagnettenklang tanzende Teresa von Ávila.

Das Wirken Gottes wird uns bei all dem durchdringen; es wird aus unserem Tiefenzentrum hervorbrechen, wann und wie es will. Dies vollzieht sich jenseits des Bereichs der Psychologie, wie wir schon in der Einleitung feststellten; jedoch wäre jede Darstellung des Mystischen Wegs, die nicht wenigstens erwähnt, daß die Psychologie dabei eine Rolle spielt, unvollständig. »Wenn sie auch empirisch wenig nützt, so ist sie doch logisch von Nutzen«, räumt der Soziologe Pitrim Sorokin ein: »sie füllt das Loch des Unerklärlichen aus.«

GEFAHREN AUF DEM PFAD

Die Gefahren des Mystischen Wegs sind Legion; sie können hier nur summarisch besprochen werden. Zu ihnen gehören u. a.:

1. *Selbsttäuschung*

Der sich selbst täuschende Mensch, der oft keinen spirituellen Führer hat, hält seine Erlebnisse für mystisch, obwohl sie es nicht sind. In der *Inneren Burg* (Wohnung VI, 3) sagt die hl. Teresa, wie diese »Mystiker« zu behandeln sind: »Manchmal, ja oft kann es eine Täuschung sein, besonders bei Leuten mit kranker Phantasie oder bei Melancholikern (ich meine, bei solchen, die an besonders starker Schwermut leiden). Bei Menschen, die zu diesen beiden Gruppen gehören, darf man es meiner Meinung nach nicht ernst nehmen, auch wenn sie sagen, daß sie es sehen und hören und verstehen.«

2. *Übertriebene Innenschau und Selbstkritik*
Der Überkritische schleicht in seiner Seele herum und sucht nach Fußangeln und anderen Hindernissen, statt sich selbstvergessen Gottes zu erfreuen. Das läuft auf »Psychidolatrie« hinaus, auf Seelenkitzel, statt spiritueller Freude.

3. *Quietismus*
Der Quietist verhält sich ganz und gar passiv im Gegensatz zum *vernünftig* passiven Mystiker, der mit intelligenter Aktivität auf die in ihm wirkende superaktive Vitalität reagiert.

4. *Selbstisolierung und Stolz*
Der Individualist ist derart mit seiner eigenen mystischen Erfahrung beschäftigt, daß er die Welt mit ihren Menschen und Ereignissen außerhalb seiner selbst völlig vergißt. Er überschätzt seine eigenen Leistungen, wird stolz und vergißt, daß seine Mystik in Wahrheit ein Geschenk Gottes ist.

5. *»Fakirtum«*
Dieser Typ eines falschen Mystikers vergißt, daß konstruktive Askese Liebe erzeugt; er arbeitet weniger auf die Kontrolle seiner Leiblichkeit als vielmehr auf ihre Zerstörung hin. Er glaubt fälschlicherweise, er müsse eine von Haus aus böse Natur vernichten, nicht eine nur rebellische beherrschen. Beispiele hierfür liefern die Selbstkastrierungen und Selbstverstümmelungen mancher Wüstenheiliger der Frühzeit. Nicht weniger unentschuldbar ist »psychologisches Fakirtum«, das den Geist schwächt und abstumpft. Der Fakir vollbringt wahre Athletenstücke an Askese und hat keine Ahnung von einem klugen, organischen, allmählich sich steigernden Abtötungsprogramm. Nachdem er die Härten der Wüstenaskese gerade noch lebend überstanden hatte,

gründete der hl. Benedikt seinen Mönchsorden innerhalb der christlichen Mystik auf das Prinzip, daß alles mit Maß zu geschehen habe.

6. *Weltverachtung*

Der Fakir macht sich außerdem der Weltverachtung schuldig; er sieht die Welt als bloßes wertloses Hindernis. Der wahre Mystiker jedoch, für den alles im großen All beschlossen und ihm zu eigen ist, liebt die Schöpfung als Ganzes. Er nimmt die innere Schönheit der Dinge, die sich ihm verklärt zeigen, wahr und wird gewissermaßen zu dem, was der Mensch einst war, zum Priester der sinnlich wahrnehmbaren Schöpfung. Er jubelt mit Johannes vom Kreuz:

»Mein sind die Hügel, und die Berge sind mein,
mein sind die Gerechten, und die Sünder sind mein,
die Länder sind mein, die Völker sind mein,
die Engel sind mein, Gottes Mutter ist mein,
und Gott selbst ist mein und ganz für mich,
denn Christus ist mein und ganz für mich.«

7. *Faszination durch psychophysikalische Phänomene*

Die somatischen Wunder, von denen die mystische Erfahrung begleitet wird, sagen nichts über das Wesen der Mystik aus; sie sind zufällig und sekundär, man sollte sie nicht anstreben und, wenn sie sich einstellen, kein Aufhebens davon machen.

Baron von Hugel stellt in seinem ausgezeichneten Werk *Das mystische Element der Religion* (1908) exakte und sehr wichtige Untersuchungen über diesen psychophysikalischen Aspekt der Mystik an, ebenso E. I. Watkin in seiner hier schon mehrfach zitierten *Philosophy of Mysticism*. Das ganze Problem kann hier nur kurz behandelt werden. Im allgemeinen sind derartige Phänomene weder rein subjektiv noch rein objektiv. Unter dem Gesichtspunkt ihrer objektiven Gültigkeit und ihrer göttlichen Herkunft gibt es drei Stufen:

a) *reine Subjektivität*. In diesem Fall liegt keine göttliche Verursachung vor; die Phänomene sind dem abnormen psychophysischen Temperament der Mystiker zuzuschreiben. Als Beispiele können angeführt werden: die hysterischen Phänomene der hl. Katharina von Genua während ihrer tödlichen Krankheit, das Gelbwerden der Haut, ihre wechselnden Launen und Stimmungen, ihre Hyperästhesie.

b) Phänomene, die die natürliche Wirkung einer übernatürlichen Ursache sind. Wahrscheinlich gehören die meisten Visionen und akustischen Botschaften zu dieser Kategorie. Johannes vom Kreuz selbst gibt in der *Lebendigen Liebesflamme*[6] (2. Strophe) diese Erklärung:

»Manchmal gestattet Gott, daß die Wirkung davon (von einer spirituellen Liebeswunde) sich dem körperlichen Sinn auch äußerlich mitteilt, so daß die Wunde oder das Mal, ähnlich der inneren Verwundung, auch nach außen hin sichtbar wird, wie es beim heiligen Franziskus der Fall war, als der Seraph ihn verwundete. Nachdem er die fünf Liebeswunden an der Seele empfangen, trat die Wirkung derselben auch am Körper zum Vorschein und zwar in der Weise, daß der Seraph dieselben auch dem Leib eindrückte und ihn verwundete, wie er sie seiner Seele durch die Liebesverwundung beigebracht hatte. Denn Gott gewährt gewöhnlich dem Leib keine Gnade, die er nicht zuvor und in erster Linie der Seele erwiesen hätte.«

Zu dieser Kategorie gehören auch viele Heilungen; ebenso die Begleit-Phänomene, d. h. die psychophysikalischen Wirkungen der Ekstase (wohl zu unterscheiden von der Ekstase genannten mystischen Stufe der Vereinigung); diese Phänomene, sagt der hl. Johannes, sind nichts als die natürliche Wirkung physischer Schwäche und der natürlichen Unfähigkeit der niederen Seelenfunktionen, Gottes Eingreifen in das innerste Zentrum zu ertragen. »Die Vollkommenen (werden) nicht länger von solchen Verzückungen und körperlichen Qualen heimgesucht und (genießen) die Freiheit des Geistes ohne Umwölkung und Hinübergehen der Sinne ...« (*Die Dunkle Nacht der Seele*, 2, 1/2).
c) Auf dieser Stufe ist auch die psychophysikalische Erscheinung nicht ausschließlich subjektiv, sondern von außen *durch Gott* oder ein anderes Geistwesen *verursacht*, so z. B. die äußere Vision Bernadettes in Lourdes, wenn sie ihr auch in Bildern, die ihrem eigenen Unbewußten entstammten, zuteil wurde.
Als äußere Sinneserscheinungen sind alle diese Phänomene an sich wertlos. Der einzige Wert, den sie haben können, besteht in der ihnen zugrunde liegenden geistigen Mitteilung, die Gott oder ein anderes Geistwesen mittels solcher Phänomene macht. Da die Möglichkeit besteht, daß der Mensch einer Selbsttäuschung oder dem Einfluß des Teufels unterliegt oder auch allzu sehr haften bleibt an einem solchen Geschenk Gottes, zögert Johannes nicht, darauf zu dringen, daß alle, die nach Vereinigung mit der unendlichen Gottheit streben, alle äußeren und inneren Visionen, selbst die übernatürlich bewirkten, von sich weisen. Nach diesem Prinzip kann man die unendliche Gottheit auch nicht in liebendem Glauben erfassen, wenn man und insofern man

einem wesensmäßig endlichen Bild verhaftet bleibt, oder auch der Gabe des Zungenredens etwa, einer heute weitverbreiteten Erscheinung.

8. *Fixierung und Fanatismus*
Der Fanatiker vergißt das Ziel und überbewertet die Mittel. Er bleibt auf einer bestimmten Wachstumsstufe stehen und steigt nicht zu größeren Höhen hinauf oder in tiefere Dimensionen hinunter. Der wahre Mystiker jedoch bleibt nicht in Dogmen, Formalitäten und Ritualen stecken; er bleibt nicht bei der Befreiung des Tiefenzentrums oder der Erweckung seines spirituellen Bewußtseins stehen; für ihn sind Schweigen und Einsamkeit, vollendete Menschlichkeit, Gebet oder Askese nicht Endzweck. »Denn Schweigen ist nicht Gott, Reden ist nicht Gott, Fasten ist nicht Gott, Essen ist nicht Gott, Einsamkeit ist nicht Gott, Gesellschaft ist nicht Gott...«, wie der Autor der *Wolke des Nichtwissens* sagt.

9. *Anmaßung*
Der anmaßende »Mystiker« bleibt nicht auf einer bestimmten Stufe stehen wie der Fanatiker, sondern er überspringt sie. Er steuert blindlings auf das Ziel zu, ohne sich durch den Läuterungsprozeß genügend und in der richtigen Weise darauf vorbereitet zu haben.

10. *Psychopathologie*
Da sich auch das Leben des Mystikers weiterhin unter physikalisch-biologisch-psychologischen Bedingungen vollzieht, ist er genau wie alle anderen Menschen anfällig für Neurosen und echte Psychosen, auf die hier nicht näher eingegangen werden kann. Als Beispiel mag die hl. Katharina von Genua genügen. Die meisten Leute meinen, wenn ein Mensch »spirituelle« Neigungen habe, sei er automatisch gegen jegliche neurotische Abweichung gefeit; das ist ein gefährlicher Irrtum.

Hier erhebt sich die Frage nach der »Normalität« des Mystikers. Ist der Mystiker »normal«? Ja, und zwar in dem Sinn, daß er in derselben Welt wie wir lebt, sich bewegt und atmet, ohne durch groteskes, bizarres Verhalten aufzufallen. Nein, insofern seine Vitalität und Sensibilität, seine Erkenntnis- und Liebeskraft, seine Menschlichkeit und »Göttlichkeit« über das Normalmaß hinaus stärker, reicher, tiefer sind als bei der Masse der übrigen Menschen.

Christliche Mystik in der Gegenwart:
Das Versagen des Christentums

Wo immer Christen sind, sollte es möglich sein, mit der lebendigen Tradition der christlichen Mystik in Berührung zu kommen. Das ist jedoch nicht der Fall; denn das Christentum hat versagt.
Wenn Menschen, die sich zum christlichen Glauben bekennen, nicht von der unendlichen Faszination Christi angezogen und gefesselt werden, dann hat das Christentum versagt.
Wenn Menschen, die der christlichen Kirche angehören, nicht von transzendentalem Hunger und Durst nach Gott getrieben werden, dann hat das Christentum versagt.
Wenn nicht einmal moralisch aufrechte Menschen Gott mit *Freuden* dienen, dann hat das Christentum versagt.
Wenn kaltherzige Pflichtmenschen nichts mehr mit Gott anzufangen wissen, dann hat das Christentum versagt.
Wenn Gott nicht so real ist, daß zumindest die geistlichen Führer der Kirche sich in Kontemplation versenken, dann hat das Christentum versagt.
Wenn die Schulen, Gemeindesäle, Seminare, Nonnen- und Mönchsklöster des Landes nicht wenigstens zur Hälfte voller Mystiker sind, d.h. voll von Menschen, die Gott aus Erfahrung kennen, dann hat das Christentum versagt.
Wenn Christen nicht normalerweise dank ihres Christseins menschlichere, vollkommenere Persönlichkeiten sind als andere, dann hat das Christentum versagt.
Jedes dieser Beispiele enthält natürlich implizit die Aussage, daß das Christentum tatsächlich versagt *hat*. Es hat nicht endgültig versagt, d.h. noch ist nicht alles aus und die Schlacht verloren, aber zu einem Teil erfüllt es seine Sendung nicht.
Die Sendung des Christentums besteht darin, daß es den Menschen befähigt, Gott zu schauen und in Gott zu leben. Christus ist die höchste und vollkommenste Offenbarung der religiösen Wahrheit, der Liebe, der Gottheit. Wer Christus schaut, schaut Gott; wer ihn genießt, genießt Gott; wer seinen Willen tut, tut den Willen seines Vaters.
Die Sendung des Christentums besteht darin, das Bild Christi so lebendig, so leuchtend zu erhalten, daß die Menschen es sehen, sich hineinversenken können, und Christus so konkret, stark und zwin-

gend zu vergegenwärtigen, daß die Menschen nach der lebendigen Vereinigung mit ihm streben und sie erreichen.
Genau darin hat das Christentum versagt. Es war jahrhundertelang so ausschließlich mit anderen Aufgaben – zugegeben, sehr wichtigen Aufgaben – beschäftigt, daß es seine Sendung darüber vernachlässigt hat.
Es ist sehr leicht, die alten Mythen, Symbole und Strukturen, die ganze »Institution«, zu tadeln. Wo aber liegt wirklich der Fehler? In unserem routinemäßigen, unproduktiven Umgang mit der christlichen Wahrheit. Wenn wir wirklich ganz im christlichen Leben aufgingen und die letzte Wahrheit – Gott – mit unserem ganzen Denken, Fühlen und Wollen entdeckten, dann würde diese Wahrheit zu unserer inneren Wahrheit werden und sich in Begriffe und Symbole verwandeln, mit denen wir unsere Mitmenschen erreichen könnten. Von den Christen wird heute gefordert, daß sie ein modernes, der Gegenwart entsprechendes Bewußtsein entwickeln, in dem ihre Erfahrung als Menschen unserer Zeit in ihre Erfahrung von der Fülle und dem Reichtum der zeitlos gültigen mystischen Tradition des Christentums integriert ist.
Die Kirche muß zur Gestalt Christi heranwachsen. Eine wachsende Kirche, die auf dem Weg ist, Christus zu werden, wird durch dunkle Nächte, durch Schmerzen und Leere gehen müssen. Sie muß sich freimachen von allem außer Christus. Sie muß sich entblößen und entäußern für Christus-Freuden, Christus-Ängste, für das volle Christus-Leben, das alle notwendigen Rituale und begrifflichen Einkleidungen durchbricht. Eine solche Kirche wird nicht besonders gut organisiert, furcht- und ehrfurchtgebietend sein, es wird ihr aber leichter gelingen, Menschen anzuziehen und zur mystischen Vereinigung mit Christus zu führen. Sie wird keine große Kirche sein, die Millionen Sicherheit gewährt; sie wird jedoch eine lebendige Kirche sein und lebendige Menschen schaffen, die ihres Schöpfers Ebenbild sind: Christenmenschen.

[1] Alle Bibelzitate nach der Übersetzung von Hermann Menge.
[2] Übers. E. Wasmuth, Berlin 1937.
[3] Übersetzung Joseph Bernhart, Frankfurt a. M. 1964.
[4] Übersetzung der Dichtungen des hl. Johannes vom Kreuz: Irene Behn, Einsiedeln 1961.
[5] *Aufstieg zum Berge Karmel*, Übersetzung P. Ambrosius a S. Theresia, München 1931.
[6] Kommentar zu *Lebendige Liebesflamme:* P. Aloysius ab Immac. Conceptione, München 1924.

WILLIAM G. GRAY

10. MODELLE WESTLICHER MAGIE
EINE DARSTELLUNG
AUS PSYCHOLOGISCHER SICHT

Es ist von größter Bedeutung, daß man sich erst einmal den grundlegenden Unterschied zwischen den östlichen und den westlichen als magisch zu bezeichnenden Systemen spiritueller Entwicklung klarmacht. Er besteht im wesentlichen in den Individuationszielen und -techniken. Das Hauptziel der östlichen Systeme ist, kurz gesagt, Auflösung der Individualität in einem äußersten Nichts jenseits allen Lebens und Seins. Das Ziel der westlichen ist die reale Vollendung der ewigen Identität des Menschen als einer im Einenden Grundprinzip des gesamten Seins lebenden verantwortlichen Ganzheit. Menschen des Westens identifizieren sich also zuinnerst mit der als Ewiges Wesen bezeichneten »Seinsenergie«, während orientalische sich eher mit dem Trägheitsprinzip identifizieren, aus dessen Passivität heraus eine Urkraft sich selbst in Gang setzt. Es ließe sich ganz allgemein sagen, daß der Osten einer »weiblich-passiven« Lebensauffassung zuneigt, während der Westen die Probleme der Psyche unter einem »männlich-aktiven« Aspekt angeht.
Ferner ist klarzustellen, daß die östlichen und westlichen Systeme keine echten Gegensätze darstellen; beide sind einander ergänzende Ausprägungen eines zentralen spirituellen Bewußtseins, das die individualisierten Glieder der Menschheit letzten Endes zum »Licht der Wahrheit« führen und das Ewige Rätsel, das wir alle zu lösen versuchen, auflösen wird. Der Osten und der Westen gehen nur von gegensätzlichen Standpunkten aus und auf verschiedenen »Pfaden« an dieselben Lösungen der spirituellen Lebensfragen heran. Es ist jedoch wichtig für das Innere Leben, daß die Menschen, die wesensmäßig einem bestimmten spirituellen Pfad zugeordnet sind, sich in dieser Richtung weiterentwickeln und nicht eine Lebensform anstreben, die ihnen zutiefst fremd ist. Da es einen eigenen »Westlichen Weg« gibt, sind die Menschen des Westens, die sich um ihre Vervollkommnung

bemühen, gewissermaßen verpflichtet, ihre eigene Innere Tradition zu suchen und sich ihr anzuschließen. Damit entfalten sie sich auf dem Boden ihres natürlichen Ethos.

Die Bedeutung des Ethos

Innere Traditionen bestehen aus ererbten Modellen einer auf ein unbewußtes letztes Ziel ausgerichteten Entwicklung. Diese Modelle sind so etwas wie »geistige Gene« oder eine einer ganzen Familie eigentümliche Grundeinstellung zum Leben. So wie wir mit spezifischen ererbten Anlagen und Charakterzügen geboren werden, die unser Bewußtsein konstituieren, so haben wir auch bestimmte spirituelle Anlagen, die sich aus den Lebenseinstellungen unseres Volkes in der Vergangenheit herleiten. An der »Volksseele« oder dem Ethos eines Volkes hat jedes Glied dieser ethnischen Gruppe in jeweils entsprechender Weise Anteil. Unsere aktiven Beziehungen zu diesen lebenswichtigen »Spurenelementen« unserer metaphysischen Struktur können positiv oder negativ sein. Das bedeutet, daß es für alle am besten ist, ihre eingebauten ethnischen Psychosome zu bejahen und sie als Leitlinien zur eigenen zukünftigen inneren Identitätsentfaltung zu benutzen. Bewußtseinskonflikte zwischen Oberflächeninteressen und den tiefsten, auf Identitätsebene verwurzelten Grundeinstellungen führen zu schweren psychischen Schädigungen. Daher tut man gut daran, seine ethnischen Bedingungen ebenso zu erkennen, wie man seine Blutgruppe kennt.
Leugnet man seine tiefste geistige Herkunft, so entsteht eine Art von spiritueller Schizophrenie. C. G. Jung hat dazu in seiner Einführung zu R. Wilhelms *Geheimnis der goldenen Blüte* sehr viel zu sagen. Seine Bemerkungen enden mit der Feststellung, daß jede ethnische Gruppe ihre eigene innere Tradition pflegen und fortführen und durch sie hindurch zu einer Art von zentralem kollektiven Unbewußten vorstoßen sollte. Er sagt unumwunden, daß wir Menschen des Westens unseren eigenen Inneren Weg beschreiten müssen und uns nicht auf die verschlungenen Pfade orientalischer Wesensart, die unseren gegenwärtigen Entwicklungslinien nicht mehr entsprechen, verlocken lassen dürfen. Jung sagt am Schluß, es sei bedauerlich, wenn der Europäer seine eigene Natur aufgebe und den Osten imitiere oder mit ihm lieb-

äugele. Es stünden ihm viel mehr Möglichkeiten offen, wenn er sich selbst treu bliebe.

Das breite spirituelle Spektrum der inneren Tradition des Westens läßt sich auf eine Anzahl von Pfaden reduzieren, die unterirdisch miteinander in Verbindung stehen, jedoch Möglichkeiten für jede einzelne Kategorie der Bewußtseinsentwicklung bieten. Da der hier zu betrachtende spezielle Pfad so oft als »magisch« bezeichnet wird, werden wir gut daran tun, diesen Allerweltsterminus für unsern vorliegenden Zweck erst einmal zu definieren.

Definition des Begriffs »Magie«

Über die Definition des Terminus »Magie« herrscht weitgehend Uneinigkeit. Für fast jeden, der sie praktiziert, bedeutet er jeweils etwas anderes, und viele Leute haben noch die kindliche Vorstellung, es handle sich dabei um eine Art von Zirkuszauberei. Die sprachliche Wurzel dieses oft mißbrauchten Wortes, *maj*, bedeutet »groß«, »königlich« und ähnliche höchste Weisen des Daseins. Magie im eigentlichen Sinn ist »Meisterschaft« oder *Herrschaft* in dem Sinn, daß man die Zustände des eigenen Ich unter Kontrolle hat, bevor man daran denkt, irgend etwas anderes zu beherrschen. Das Wort »Magie« sollte daher die Mittel bezeichnen, durch die man den höchsten für Eingeweihte erreichbaren spirituellen Ich-Zustand erwirbt. Sie ist also, als Kunst, heilig und okkult zugleich, sosehr sie auch im Lauf der Jahrhunderte entstellt worden ist. Die Wiederherstellung ihrer ursprünglichen Bedeutung sollte in unsrer Zeit ein Hauptanliegen der Eingeweihten sein.

Der psychologische Hintergrund der Magie

Die historischen Ursprünge und die Entwicklung der westlichen Magie haben einen hochinteressanten sozialen und psychologischen Hintergrund. Aufgrund ihrer im wesentlichen individualistischen Natur wurde sie zur geheimen oder halbgeheimen Subkultur, deren Anhänger spirituelle Unabhängigkeit von den von Kirche, Staat oder anderen gesellschaftlichen Institutionen vorgezeichneten Denkmustern suchten.

Es besteht die interessante Möglichkeit, daß die der Magie zugrunde liegenden Motivationen sich bis in die primitive Frühzeit zurückverfolgen lassen, in der die Menschheit in die beiden streng getrennten Kategorien der Jäger und Hirten geteilt war. Ursprünglich beschaffte sich der Mensch seine Nahrung und andere lebensnotwendige Dinge als Jäger. Dabei entwickelten die einzelnen Jäger außerordentliche persönliche Geschicklichkeit und machten große Fortschritte in der Kunst, die Sinne zu schärfen und Bewußtseinsprozesse zu koordinieren. Die Jäger waren die Hauptnahrungslieferanten und Erhalter ihrer Familie und ihrer Stammesangehörigen. Ein Jäger war de facto das »Königszentrum« seines eigenen magischen Kreises.

Später, als Viehhaltung üblich wurde, verlor der Jäger-König zunehmend an Einfluß. Nun beschafften die mehr kollektiv als individuell arbeitenden Herdenbesitzer die Nahrung und die Rohstoffe, die in der damaligen Kultur gebraucht wurden; sie waren wahrscheinlich so etwas wie die ersten Organisatoren von Supermärkten in der Geschichte. Damit reduzierte sich die Rolle des Jägers allmählich auf die des Soldaten. Ihm fiel die Stellung eines Beschützers zu, der das Eigentum der Viehhalter gegen Räuber zu verteidigen hatte. Natürlich schmerzte den Jäger dieser Eingriff in seine Vormachtstellung innerhalb der Gesellschaft. Sein Individualismus war vom Kollektivismus überrollt worden, er fühlte sich frustriert und verschmäht. Im Grunde trägt er auch heute noch dieses Gefühl, beleidigt worden zu sein, mit sich herum.

Die intelligenteren unter den Jägern und die Eingeweihten lernten, ihre selbsterworbene Geschicklichkeit auf das innere Betätigungsfeld zu übertragen, wo an die Stelle der Jagd die Suche nach der eigenen spirituellen Vervollkommnung und an die Stelle der Jagdbeute die Individuation zur Ewigen Wesenheit trat. Im großen und ganzen tendierten die Jäger dazu, Westliche Magier zu werden, während die Hirtenvölker östliche blieben. Wenn man sich die Welt von heute in großen Umrissen ansieht, kann man diese Verteilung noch ziemlich deutlich erkennen.

Angesichts der Popularität, die das Bild des St. Christophoros gegenwärtig genießt, erscheint diese Tatsache in höchst interessantem Licht. In frühen Darstellungen der Gestalt ist Christophoros ein Jäger und wie Herkules, dessen Name ursprünglich »Erd-Schlüssel« bedeutet haben könnte, mit einem Tierfell bekleidet und mit einem keulenartigen Stab ausgerüstet. Christophoros (der Christus-Träger) erhielt seinen Namen, weil er die »neue« Religion trug, er selbst aber ist die alte Jäger-Gott-Königs-Gestalt des ältesten den Menschen auf dieser Erde bekannten Glaubens. Er symbolisiert den tiefverwurzelten Lebensglauben des Menschen aller Zeiten und wird als dieses Symbol auch heute noch instinktiv verehrt. Wenn immer die Menschen die realen Wurzeln ihrer Spiritualität bedroht fühlen, umgeben sie sich mit allen nur erdenklichen Schutzvorrichtungen. Die Wurzeln unserer tiefsten Glaubensüberzeugungen liegen im Bereich der Magie im echten Wortsinn, und alle Intellektualität unserer Welt wird nichts daran ändern, daß wir an diesem uralten Inneren Anker festgemacht sind. Das Wiederauftauchen des Christophoros in unserer Zeit als des symbolischen Schutzherrn derer, die ihren Weg auf spirituellen Pfaden suchen, ist gleichsam die Antwort auf den Hilferuf einer Menschheit, die die Grundfesten ihres Lebensglaubens wanken fühlt. Dieser Ruf richtet sich nicht an das heutige Christusbild jenes kirchlichen Establishments, das schon so viele Glaubensüberzeugungen verraten hat, einer gewissen spirituellen Sicherheit durch die Gefahren unserer irrsinnigen Zivilisation hindurchtragen kann. Der Mensch braucht heute Magie mehr denn je.

Der Wert westlicher Magie in der heutigen Zeit

Die Aufgabe der Magie besteht in unserer Zeit vor allem darin, in der steigenden Flut des Kollektivismus, der unser aller Seelen zu verschlingen droht, das geradezu verzweifelte Bedürfnis höherstrebender Menschen nach der Sicherung ihres spirituellen Identitätsbewußtseins zu befriedigen. Wenn sich spirituelle Wesenheiten sinnvoll entwickeln sollen, müssen sie genau das werden, was das Ich, das sie im tiefsten Grunde sind, sein sollte: das heißt nicht etwas, was sie nach der Meinung anderer zu sein haben, nicht, was die Verhältnisse sie darzustellen zwingen oder wozu sie sich machen, um sonst irgend jemandes Vorstellung von Ichheit zu genügen; sie müssen ihr eigenes Ich werden, *so wie es von dem sie durchwirkenden kosmischen Bewußtsein entworfen wurde.*

Ein solches spirituelles Bedürfnis kann als so dringend erlebt werden wie das Bedürfnis Ertrinkender nach Luft oder Verhungernder nach Nahrung. Es ist im Grunde unser tiefster Lebensantrieb, der alle anderen mit rein physischen Funktionen verknüpften Triebe transzendiert. Im Massenmenschen schläft er gewöhnlich wie die Sinne des Embryos; wenn dieser Trieb jedoch erst einmal geweckt wurde (man hat das die »zweite Geburt« genannt), tritt er immer stärker hervor und weist jedem individualisierenden Antrieb, jeder individualisierenden Aktivität, die Richtung.

Einige magische Systeme behaupten, diesen spirituellen Ich-Sinn mit Prozessen wie zum Beispiel psychodramatischen Ritualen und Streß-Techniken wecken zu können. Sei dem wie ihm wolle, das Gebiet der wahren Westlichen Magie bietet einen einzigartigen Spielraum für das Ringen der Seele um Individuation in der modernen Welt.

Die wahre innere Tradition ist von irdischen Organisationen unabhängig

Es wird vielen Menschen wahrscheinlich schwerfallen, einzusehen, daß der wahre Innere Weg der Westlichen Magie etwas völlig anderes ist als alle der Erde verhafteten Organisationen, die mit ihm in Verbindung zu stehen behaupten. Man kennt viele verschiedene »Schulen« und Systeme, zum Beispiel Rosenkreuzer, Druiden, Hermetiker, Templerorden, Martinisten und andere, die sich die Initiation auf westliche Weise zur Aufgabe machen. Bestenfalls sind sie nur Traditionsagenturen und sind so gut oder so schlecht wie die Menschen, die in ihnen arbeiten. Die Tradition selbst besteht unabhängig von ihnen, und jeder, der die nötigen Bindeglieder oder »Schlüssel« besitzt, kann mit ihr Verbindung aufnehmen.

Der wirkliche Boden des westlichen Inneren Weges ist nicht in dieser Welt der materiellen Phänomene. Er liegt auf einer anderen spirituellen Bewußtseinsstufe, die von den gewöhnlichen »Erdzuständen« aus über bestimmte Symbolismen oder »Bewußtseins-Umformer« erreicht werden muß. Die einzelnen Systeme benutzen verschiedene Arten der Symbolik und vereinbarte Handlungsmuster, um den unterschiedlichen menschlichen Bewußtseinsarten Rechnung zu tragen, die nach einer Lösung des ewigen Rätsels »Was sind das Ich und das

Es füreinander?« suchen. Diese Varianten gehören aber alle zur selben Tradition und stehen daher zueinander in sinnvollem Verhältnis. Wenn man unsere Tradition erst einmal als etwas von ihren menschlichen Trägern völlig Verschiedenes zu sehen vermag, muß man notwendig zugeben, daß andere Lebensordnungen als die unseren mit an ihrem Aufbau beteiligt sind. Wie wir diese anderen Ordnungen nennen wollen, ist weitgehend eine Sache der Übereinkunft. Sie befassen sich jedoch mit der spirituellen Struktur der Tradition sozusagen auf ihrem eigenen inneren Terrain, während wir hier in unserer Welt inmitten von raumzeitlichen Vorgängen mit ihr zu tun haben, die konzentrierte Aufmerksamkeit auf viel niedrigeren Lebensstufen verlangen. Es liegt daher nahe anzunehmen, daß wir von inneren Tatsachen, die uns, unter einem höheren spirituellen Blickwinkel gesehen, völlig klar erscheinen würden, ein leicht verzerrtes Bild erhalten.
Jede Organisation, der wir in dieser Welt begegnen und die behauptet, mit dem Westlichen Weg in Verbindung zu stehen, kann sinnvollen Zwecken dienen, vorausgesetzt man denkt stets daran, daß sie ihn nur ihrer eigenen Tendenz entsprechend zu interpretieren vermag. Doch nur die Erkenntnis, daß die Tradition jenseits inkarnierter Individuen oder Gruppen aus eigenem Recht existiert, gibt allem seinen wahren spirituellen Sinn.

Ungreifbarkeit der Westlichen inneren Tradition

Zum Teil aus den eben genannten Gründen ist eines der auffallendsten Charakteristika unserer Westlichen magischen Tradition ihre Ungreifbarkeit. Im Osten findet man auf Schritt und Tritt Gurus und Ausleger spiritueller Systeme und überall Zeugnisse innerer Traditionen. Im Westen ist es genau umgekehrt: Je eifriger man nach einer inneren magischen Tradition sucht, desto schneller weicht sie ins fast Unerreichbare aus. Es ist, als laufe man hinter jemandem her, der immer wieder um die nächste Ecke verschwindet. Was dabei vielleicht nicht so ohne weiteres klar ist, ist die Tatsache, daß dieses Sich-Entziehen ernsthaftere Sucher veranlaßt, viel weiter ins Innere vorzustoßen, als sie es vielleicht sonst getan hätten.
Der Westliche Weg ist in der Tat viel geheimnisvoller, mystischer und wahrhaft magischer als sein östliches Gegenstück. Man muß ihn mit

großer Hingabe suchen und kommt erst nach allerhand Schwierigkeiten mit ihm in Berührung. Nur die Menschen, die die Verbindungen ausfindig machen, die durch alle vor den »Toren der Westlichen Mysterien« errichteten Hindernisse hindurchführen, haben die Chance, die Pforten zum Inneren zu durchschreiten. Es gilt mit anderen Worten, eine Art von spirituellem Eignungstest zu bestehen, mit dem die des Eintritts Würdigen ausgewählt werden.

Das ist der Grund dafür, daß die Tradition einen so verwirrenden Anblick bietet, wenn man ihre Struktur noch nicht kennt. Nach außen hin stellt sie ein wirres und offensichtlich törichtes Durcheinander von Mythen und unklaren Gedanken dar. Fragmentarische Reste alten Glaubens, halb vergessene Volksbräuche und ein Wirrwarr scheinbar isolierter Nebensächlichkeiten gibt dem Ganzen das Aussehen eines recht albernen Mischmaschs aus Aberglauben. Gerade so soll es vom Blickpunkt der Welt aus erscheinen. Es stellt ein kompliziertes, spirituell jedoch lösbares Problem dar, dessen Lösung nur die, die von Natur aus in die Tradition hineingehören, zu erahnen oder gar zu finden vermögen.

Methoden Westlicher Initiation

In früheren Zeiten war die Initiation tendenziell erblich und mehr oder weniger auf bestimmte Familienverbände beschränkt, die sich später zu Clans und sozialen Klassen begrenzten Umfangs ausweiteten. Die »Weitergabe des Blutes« von der Stufe der Könige zu der der Bauern war damals dem König oder dem Adelsherrn als heilige Pflicht im Hinblick auf die spirituelle Zukunft seines Volkes auferlegt. Indem man den »heiligen Samen« auserwählten Jungfrauen »einpflanzte«, glaubte man Geschlechterfolgen zu erzeugen, die sich schließlich als letzte Heilsbringer des Volkes erweisen würden, das heißt, das psychogenetische Muster menschlicher Vollkommenheit und Individuation sollte in biologischen Züchtungsprozessen erstellt und konsolidiert werden.

Später wurde dieser Brauch mehr psychologisch als physisch geübt, obwohl das *Jus primae noctis* noch viele Jahrhunderte bis hin zu seinen reduzierten modernen Versionen fortbestand. Die spirituelle Seite der Tradition wurde durch geheime oder vertrauliche Mitteilungen von

Generation zu Generation in den Familien weitergereicht, und zwar immer vom Vater zur Tochter und von der Mutter zum Sohn oder von der älteren Generation eines Geschlechts zur jüngeren des anderen – eine geschlechtspolarisierte Übermittlung der Tradition. Wo sich das als durchführbar erwies, war das Ergebnis positiv; aber so wie die menschliche Natur nun einmal ist, häuften sich im Lauf der Jahrhunderte Irrtümer und Ungenauigkeiten in der Übermittlung.
Mit zunehmender staatlicher und kirchlicher Kontrolle über die Gesellschaft waren die älteren Westlichen Traditionsbünde gezwungen, entweder in den Untergrund zu gehen oder sich als Christen zu tarnen. Das führte zu einer weitgehenden Spaltung innerhalb des Traditionssystems. Auf der einen Seite stand eine immer reicher werdende Aristokratie, die über die besten Möglichkeiten und Mittel verfügte, auf der anderen Seite eine arme Landbevölkerung, die nur das Allernötigste zum Leben besaß, jedoch an einem ererbten instinktiven Glauben an die Natur und den Geist, der in ihr lebt, festhielt. Zwischen diesen äußersten Säulen der Westlichen Tradition entwickelte sich der geheime »Mittlere Weg«, eine Art von Glaubensbasis, auf die sich zahllose Suchende auch heute noch stützen, obwohl wir immer noch nicht eine völlig klassenlose Gesellschaft sind. Man vergegenwärtige sich, wie kraß in früheren Zeiten die Unterschiede innerhalb der Gesellschaft und wie streng die Trennungslinien gezogen waren. Es war also fast unvermeidlich, daß auch die magische Methodologie entsprechende Unterschiede zeigte.
In den privilegierten Kreisen des Westlichen Wegs konnte man sich kunstvollere und kostspieligere Formen der Ausübung leisten. Es gab Schriftsteller, Dichter, bildende Künstler und Fachleute jeder Art, die in diesen »spirituellen Geheimdienst« einbezogen wurden. Musiker schufen Klangformeln, Apotheker mischten Drogen und Aromatika, während Kunsthandwerker schöne Symbolfiguren und Zeremonien-Zubehör herstellten. Alles war teuer, exklusiv, eklektizistisch. Das war einerseits ein großer Fortschritt, andererseits aber ging die Nähe zur Natur, der allen gemeinsamen Mutter der Menschheit, zum großen Teil verloren.
Unten am anderen Ende der Tradition hielt ein ungebildetes, verarmtes Landvolk an dem, was es noch aus der »alten Zeit« wußte, in der instinktiven Überzeugung fest, daß schließlich noch alles gut werden würde, wenn sie nur lange genug aushielten. Sie machten die alltäglichsten Materialien, die ihnen auf dem Lande reichlich zur Verfügung

standen, zu Symbolen und Zeichen. Jede Blume, jedes Blatt hatte für sie eine innere Bedeutung, und sie lasen das Buch der Natur in seiner ältesten Sprache, die keine Worte braucht, um sich mitzuteilen.
Allen kirchlichen und staatlichen Verordnungen zum Trotz hielten diese einfachen Leute die Verbindung mit ihren nun namentlich nicht mehr bekannten, im Innern aber allzeit auffindbaren »Altvorderen« aufrecht. Sie kamen hier und dort auf Bergkuppen oder an alten heiligen Stätten zusammen, wenn nicht die Wärme der Scheunen sie in die Nähe der zivilisierten Welt lockte. Es war kaum zu vermeiden, daß ihre Bräuche sich allmählich so weit vergröberten, daß sie von Kirche und Staat des Dämonenkults und noch schlimmerer Dinge bezichtigt wurden. Solche bäuerlichen Roheiten fanden sich jedoch nur in einigen Kreisen, in denen noch heidnische Praktiken überlebten. Die anderen verfolgten ihre eigene innere Richtung, vermieden geschickt jeden offenen Konflikt mit der Obrigkeit, blieben jedoch der Tradition treu, von der sie aus ehrlicher Überzeugung glaubten, sie wäre allzeit die beste für sie.
Diese demütigen, gläubigen Anhänger des »Geheimglaubens« wären entsetzt gewesen, hätten sie sich als »Zauberer« bezeichnen hören. Damals waren Zauberer und Hexen genau das, was das englische Wort »witch« bedeutet, nämlich »Bewirker von Bösem«; seinen heutigen ambivalenten Sinn hat das Wort Zauberer erst durch moderne Fehlübersetzungen und die ständige Wiederholung dieser Irrtümer erhalten. Ein altenglisches Wörterbuch gibt darüber eindeutig Auskunft. Die Anhänger der Alten Religion hatten für diese keinen besonderen Namen; aber sie glaubten keinesfalls an irgend so etwas wie den christlichen Teufel. Am ehesten noch ähnelten ihre Glaubensüberzeugungen denen der amerikanischen Indianer. Sie kümmerten sich ganz gewiß nicht viel darum, was die Kirchenleute von Gott erzählten, da sie seinen Geist auch ohne das überall in der sie umgebenden Natur finden konnten. So sah der schlichte Kodex ihrer Bewußtseins-Individuation aus.

Die beiden Strömungen der Westlichen Magie

Die Westliche Magie entwickelte sich also nach diesen Hauptrichtungen hin auf zwei verschiedenen Wegen. Man ist versucht von der

Magie des Dichters und der des Bauern zu sprechen. Die eine war hochzivilisiert, intellektuell, künstlerisch, verfeinert, die andere schlicht und instinktiv; man könnte die eine vielleicht als urbane, die andere als bäuerliche Magie bezeichnen.
Es ist sehr wichtig, diese Zweiteilung der Westlichen Magie in unterschiedliche Strömungen zu sehen, da sie so vieles an der ganzen Tradition erklärt. Keine der beiden Strömungen war der »einzig wahre« Erbe der Tradition, beide lenkten sie sie nach einer jeweils anderen Richtung hin ab.
Eines muß sich der Forscher immer vor Augen halten: Die Anhänger der urbanen Richtung waren gewöhnlich gebildete Leute, die der bäuerlichen meist ungebildete. Was über die bäuerliche oder »Volksmagie« geschrieben worden ist, wurde nicht von den Leuten, die sie ausübten, aufgezeichnet, sondern von den oft »nicht-magischen« Städtern, die aufschrieben, was ihnen die bäuerlichen Magier erzählten. Oft wurde das absichtlich verdreht und übertrieben, manchmal auch einfach nur mißverstanden oder falsch erinnert. Was die Landleute den »Fremden« berichteten, die mit freundlichem Lächeln, klingender Münze und emsiger Schreibfeder zu ihnen kamen, war häufig sehr verschieden von dem, was sie auf die ihnen vertraute Weise in den eigenen Familien den Kindern und Enkeln erzählten.
Wer also heute nach Spuren der Westlichen Tradition in literarischen Dokumenten sucht, muß in hohem Maß die Fähigkeit der Interpretation, der kritischen Beurteilung von Schlußfolgerungen besitzen und selbstverständlich ganz reale Verbindungen zu den inneren Quellen spirituellen Bewußtseins haben, wenn er aus dem, was schriftlich erhalten ist, Zuverlässiges herauslesen will. Das meiste von dem, was aufgeschrieben wurde, ist in sehr verwickelten Allegorien und komplizierten Verschlüsselungen von Bewußtseinsvorgängen ausgedrückt. In jenen Tagen der staatskirchlichen Herrschaft wagten die echten Traditionalisten ihre tiefsten spirituellen Erkenntnisse ebensowenig schriftlich auszudrücken, wie ein Moskauer heute wagen würde, »Marx ist ein Trottel« an die Kremlmauer zu schmieren. Dinge wie diese müssen sich Menschen von heute, die in der alten Literatur des Westens nach Magie suchen, ständig vor Augen halten.
Die beste Art und Weise, mit schriftlich überlieferten Resten von Magie umzugehen, ist wohl, sich über den Buchstabentext völlig hinwegzusetzen und ihn auf der Suche nach der Tradition, zu der er auf so verzwickte Weise in Beziehung steht, nur als »Starthilfe« für

Exkursionen in den Inneren Raum zu benützen. So hat man mehr Chancen, die Wahrheit zu finden, als wenn man versucht, sie aus nur spärlich über ein so weites Feld verstreuten Mosaiksteinchen verstümmelter Bedeutungen zu rekonstruieren.

Beispiele für die beiden Strömungen der Tradition

Ich gebe vier Beispiele, zwei positive und zwei negative, aus der urbanen und aus der bäuerlichen Strömung der Westlichen Tradition. Beginnen wir mit der urbanen, poetischen Strömung. Ein gutes Beispiel ist hier der Grals-Mythos. Unter der durchsichtigen Hülle christlicher Symbolik bewahrte er die wichtigsten Aspekte des alten Glaubens an das heilige Königsopfer. Jeder, der weiß, worum es geht, kann hier dessen Elemente alle wiederfinden: den Kreis der Eingeweihten, die strengen Ideale, die Reinheit der Absichten, die esoterische Phraseologie und die ritterlichen Abenteuer auf der Suche nach dem magischen Sinn des Meß-Ritus. Der »Abendmahlskelch« zum Beispiel war ein den Eingeweihten wohlbekannter Euphemismus. Beim Gral ging es weniger um das »Was« als um das »Wer«. Wer immer »den Gral gewann«, war derjenige, der nach Art des heiligen Königs um des Heils der anderen willen zu sterben ausersehen war: der edle Tod eines Edlen für sein geliebtes Volk – ein lebensspendender Tod, wie alle glaubten. Später wurde daraus das »bis zum Tode währende« Opfer eines Lebens, das dem spirituellen Dienst an der gemeinsamen Sache Gottes und des Menschen gewidmet war. In dieser Form besteht dieses Ideal noch heute.
Das negative Beispiel der gleichen Strömung ist der Satanismus, bei dem widergöttliche und widermenschliche Ideen und Aktivitäten der rein böswilligen Zerstörung geordneten Lebens galten, und der die übelsten Neigungen des Menschen befriedigte. Er wurde auch Schwarze Magie genannt. Auch hier stand im Mittelpunkt der Meß-Ritus, jedoch in seiner grauenvollsten Perversion. Es liegt heute nahe anzunehmen, daß die mit dem Satanismus verknüpfte Vorstellung von einer bösen Wesenheit auf ein mißdeutetes oder von christlichen Kommentatoren absichtlich herabgewürdigtes Fruchtbarkeitswesen zurückgeht. Das könnte jedoch sehr irreführend sein. Die dem Satanismus, wie immer er sich auch nennt, zugrunde liegende Inten-

tion war und ist das schiere Böse; die Gestalten der alten Fruchtbarkeitsmythen waren aber nie und in keiner Weise als böse gemeint. Die von Satanisten erdachte Personifizierung des Bösen war also das Produkt ihrer eigenen Beziehung zum Prinzip des Bösen, und die Ähnlichkeit dieser Gestalt mit Göttern früherer Zeiten ist wahrscheinlich auf die Absicht zurückzuführen, das Christusbild der befeindeten Staatskirche zu beleidigen und darüber hinaus auf den unbewußten Wunsch, die alten Gottheiten zu verunglimpfen.

Ein positives Beispiel für die entgegengesetzte Strömung der Tradition, für den bäuerlichen Zweig, ist der »Feen-Glaube«. Dieser knüpft an altes animistisches Gedankengut an. Man glaubte, Naturgeister seien bei allem Geschehen beteiligt und nähmen auf die Angelegenheiten der Menschen Einfluß. Darum mußte man lernen, zu den alltäglichen Dingen und Ereignissen gute spirituelle Beziehungen anzuknüpfen, denn diese führten tiefer ins Innere, auf höhere Individuationsebenen, und damit ganz aus der Alltagswelt heraus. Die Feen waren die »Kleinen Leute« des »Spirituellen Reiches«, tieferstehende Wesen, die den Weg wiesen zu den hinter ihnen stehenden »Großen«, von denen man nur in Andeutungen und versteckten Hinweisen sprechen durfte. Längst nicht alles über den Feen-Glauben wurde schriftlich festgehalten, und immer noch kann einer, der die Zeichen richtig zu deuten weiß, bestehende Lücken mit faszinierendem Wissen füllen.

Als negatives Beispiel kann auf seiten der bäuerlichen Strömung Zauberei im engeren Sinne des Wortes, das heißt »die Fertigkeit, Böses zu bewirken«, angeführt werden. Sie stellte eine absichtliche Förderung des Bösen mit Hilfe von spirituellen und Naturkräften dar. Hierher gehörte die Verwendung von Pflanzengiften und Abtreibungsmitteln, das Verfluchen von Personen und das, was wir heute »psychologische Kriegführung« nennen würden, das heißt die Ängste und Schwächen der anderen auszunutzen. Das Wort »witch« geht letztlich auf »weak« (schwach) zurück und weist also darauf hin, daß Zauberei darin besteht, sich die Schwächen der Leute zunutze zu machen. Bäuerliche Zauberei bedeutete die instinktive, ererbte oder erlernte Geschicklichkeit, verborgene Naturkräfte aus Bosheit oder um eines persönlichen Nutzens willen gegen seine Mitmenschen anzuwenden. Diese von bösen Absichten gesteuerte geheime Energie kommt am besten innerhalb so relativ geschlossener Formen des Zusammenlebens zur Wirkung, wie sie gewöhnlich in ländlichen Gemeinden zu finden sind. Je ausgedehnter das Wohngebiet, desto weniger wirksam ist sie in der Regel, wenn nicht eine entsprechend größere Gruppe solcher Übelwollender beteiligt ist.

Die sogenannten Hexensabbate des Mittelalters waren selten mehr als orgiastische Zusammenkünfte einer unterdrückten Landbevölkerung, in der noch heidnische Erinnerungen lebendig waren. Derartiges kommt auch ohne Zauberei vor und heißt einfach nur, daß sich die übelsten Elemente einer Gemeinschaft schlecht benehmen, wie sie es all die Jahrhunderte hindurch, in denen wir uns zu zivilisieren versuchen, getan haben.

Der magische Mittelweg des Westens

Still und stetig entwickelte sich allmählich unter weitschauenden Menschen des Westens eine Hauptströmung »mittlerer Magie«, die gangbare Wege für das Bewußtsein anlegte, auf denen das spirituelle Lebensniveau auf die den höchsten menschlichen Zielen entsprechende Stufe gehoben werden konnte. In den verschiedenen Zweigen der Tradition entwickelte sich in Begriffen, die den Eingeweihten jedes einzelnen Systems verständlich waren, ein zentrales Thema.

Das Bedeutsamste an diesem zentralisierenden Trend war wohl die Entstehung dessen, was allgemein als die kabbalistische Philosophie und Praxis bekannt ist. Es wird oft angenommen, sie sei rein hebräischen Ursprungs, weil ihre literarischen Formulierungen weitgehend hebräisch waren. In Wirklichkeit leitet sie sich aus vielen spirituellen Quellen her, die ihrer Natur nach alle der Westlichen Strömung angehören. Ihre einzigartige Leistung bestand darin, daß sie die Metaphysik der Westlichen Magie zu einer in mathematische Begriffe gefaßten spirituellen Symbolik verdichtete, die als allen gemeinsamer Kodex Generationen hindurch als Ansatzpunkt für die Vervollkommnung des Inneren Bewußtseins diente. Im spirituellen Bereich war sie das, was die berühmte Einsteinformel später im physikalischen bedeutete, obwohl sie weit weniger Aufsehen erregte.

Das Wort »Kabbala« heißt »Mund zum Ohr«; es bezeichnet also die Geheimtradition, die den ihrer würdigen Empfängern von den Eingeweihten direkt ins Ohr geflüstert werden mußte. Es meint aber auch die Übermittlung der Tradition durch das »Innere Ohr«, das auf rein spirituelle Quellen der Unterweisung eingestellt ist – das heißt auf eine Art von »Meister-Methode«, eine Verdichtung der Westlichen Magie in einer Schlüssel-Symbolik, die Zugang verschafft zu der Wahrheit hinter der Tradition, indem sie eine direkte Verbindung herstellt zu dem, was nicht anders als Göttliches Bewußtsein genannt werden kann. Während die gewöhnlichen, nach Gold gierenden Alchimisten nach chemischen Formeln suchten, um die Prinzipien der ewigen Gesundheit (Lebenselixier) und des Reichtums (Stein der Weisen) zu entdecken, suchten die eingeweihten Erben der Heiligen Wissenschaft nach Mitteln, um die irdischsten Teile der gewöhnlichen menschlichen Natur in die höchsten erreichbaren Seinszustände zu verwandeln. Symbolisch wurde das manchmal als »unter Mitwirkung von Engeln Dämonen Gott untertan machen« beschrieben. Leider hat die falsche Interpretation solcher Metaphern zu großen Mißverständnissen geführt.

Mißverstandene Magie

Der Buchdruck brachte aus Profitgier und ohne Rücksicht auf Fragen der Echtheit die geheime Magie an die Öffentlichkeit. Man kann sich keinen größeren metaphysischen Mist vorstellen als die meisten mittelalterlichen Bücher über Magie. Das liegt hauptsächlich an den dahinterstehenden Motivationen, die den niedrigsten, widerlichsten Seiten der menschlichen Natur entstammen. Im kommerziellen Jargon der Gegenwart ausgedrückt, könnten ihre Reklame-Slogans etwa so gelautet haben: »Trotze den Dämonen, und finde ein Vermögen! Bring deine Feinde um, und hau deine Freunde übers Ohr!« oder auch: »Millionen durch Magie! Durch Verruchtheit zu Reichtum!« oder: »Spaß mit Teufeln! Satanischer Supersex! Masturbiere mit Magie!« oder einfach: »Gloriose Gemeinheiten und dämonische Wonnen!« Man könnte derartige idiotische Überschriften stundenlang erfinden; mehr oder weniger ist das aber das literarische Niveau dieser Bücher. Leider werden sie auch heute noch gekauft, und viele Menschen beziehen ihre Vorstellungen über Magie aus solchen Machwerken.
All der lächerliche Quatsch und bare Unsinn, den Schreiberlinge und Buchhändler aus allen nur erreichbaren Quellen, besonders ihrer eigenen erfinderischen Phantasie, zusammentragen konnten, ging aus Profitgründen in Druck. In dem Ganzen waren natürlich durchaus echte Einzelheiten aus dem Volksglauben und gelegentliche Bruchstücke interessanter Informationen eingestreut. Was den Verkauf die-

ses Zeugs wahrscheinlich am meisten förderte, war seine Illegalität in den Augen der Staatskirche, die von immer mehr Menschen als Feind gehaßt wurde. Ihnen erschien das als eine günstige Gelegenheit, der ungeliebten Obrigkeit eins auszuwischen, und so wurden Bücher über Magie als Statussymbole mutiger Provokation zu hohen Preisen gekauft. Ihre angebliche Sündhaftigkeit verschaffte den Besitzern ein erhebendes Gefühl. Es gibt wenig Gefühle, von denen zwangsangepaßte Menschen so stimuliert werden wie von einem üppigen Sündenbewußtsein.

Es ist traurig aber wahr, daß vieles von dem noch heute zutrifft. Der geistige Kehricht, den das plötzlich aufbrechende Interesse an okkulten Dingen auf den Markt brachte, wirkt sich wahrscheinlich unheilvoller aus als die meisten harten Drogen, die dem physischen Gehirn auf chemische Weise schaden. Wenn man außerdem bedenkt, daß Drogen die Süchtigen in ein paar kurzen Jahren zugrunde richten, während Bücher Jahrhunderte dauernde geistige Wirkungen hinterlassen, ist man versucht zu fragen, welches der beiden Übel auf die Dauer das größere ist. Heutzutage, wo fast kein Verleger sich auf etwas einlassen will, was nicht einen computerkalkulierten Verkauf auf sehr hoher Gewinnebene verspricht, gibt es im Vergleich zu dieser bei so großer Nachfrage leicht verkäuflichen Schundliteratur nur wenige authentische wissenschaftliche Werke.

Das ist ein Problem, mit dem sich alle konfrontiert sehen, die sich ernsthaft um Zeugnisse aus der westlichen magischen Tradition bemühen. Mit ihr auf literarischem Weg, über Bücher, Kontakt aufzunehmen, wird immer mehr zur Glückssache. Außerdem können alle Bücher über Magie, selbst wenn sie von Anfang bis Ende gelesen werden, nur *Informationen* verschaffen, was absolut nicht dasselbe ist wie *Initiation* in die lebendige Tradition. Alles hängt davon ab, was die richtigen Reflexe im Menschen auslöst, die in ihm die Suche nach der eigenen wahren Identität in Gang setzen. Die Bewußtseinskombinationen, die für diese magischste aller Operationen nötig sind, können durch vielerlei Anregungen aus einem ausgedehnten Lektürebereich hervorgerufen werden. Andererseits kann auch ein einziges Symbol eine Kettenreaktion im Bewußtsein auslösen, die genau in der richtigen Richtung verläuft. Manchmal kann es Jahre des Herumkramens in literarischem Material über Magie brauchen, bis auch nur eine trübe Dämmerung im Innern anbricht. Magische Dämmerungen sind sehr viel häufiger bleiern als golden.

Glaubensgrundlagen

Wegen ihres wesensmäßig individualisierenden Charakters gibt es in der Westlichen Magie keine von irgendeiner äußeren Autorität aufgestellten Glaubenssätze. Aufgrund der Ähnlichkeit der spirituellen Entdeckungen, die Eingeweihte unabhängig voneinander machten, bildete sich jedoch innerhalb der Tradition als Ganzem ein gemeinsamer Kern von Glaubensüberzeugungen und Praktiken heraus. Er ließe sich sehr allgemein etwa folgendermaßen beschreiben.

Erstens, der Glaube an etwas hinter allem Sein, was letztlich einem äußersten Nichtsein, einem Nullpunkt des Lebens, der Unendlichkeit der Nichtexistenz, die »keinen Namen außer ›Nichts‹ hat«, gleichkommt. Das Hervortreten der Ewigen Wesenhaften Energie aus einem Urzustand Vollkommenen Tiefen Friedens[1] wird als der höchste magische Akt angesehen. Etwas aus dem Nichts hervorgehen lassen ist in gewisser Weise bezeichnend für alle Magie bis hin zu dem Zaubertrick mit dem Kaninchen (einem liebenswerten Geschöpf und einem Fruchtbarkeitssymbol) und dem Hut (Leere – äußerste Unbewußtheit). Man beachte: ein *weißes* Geschöpf aus einem *schwarzen* kreisförmigen »Schöpfungskrater« – Geburt des Seins usw.

Wenn der Höchste Lebensgeist als das eine große Ich, in dem alle unsere Ichs leben, begriffen wird, ist jedes individuelle Ich als eine vom Kosmischen Bewußtsein konzipierte Idee anzusehen. Etwas naiv vereinfachend könnte man das so sagen: Wir sollten so sein, wie Gott uns ursprünglich gemeint hat. Warum aber sind wir es offensichtlich nicht? Hier tritt das Postulat des »Sündenfalls« auf den Plan. Die Grundgedanken dieses Glaubens sind kurz die, daß der Mensch gar nicht dafür bestimmt war, ein biologisch erzeugtes Wesen auf dieser Erde zu sein. Die Erde war ökologisch nur für Tiere eingerichtet, und der Mensch sollte, in spiritueller Gestalt, diese niederen Geschöpfe im Zug ihrer Entwicklung zu höheren Wesensformen die Lebensleiter hinaufführen. Nachdem aber die ersten »adamitischen« Exemplare der Gattung Mensch den verhängnisvollen Fehler begangen hatten, sich in die Materialisation »fallen« zu lassen und sich als Prototypen der irdischen Menschheit fortzupflanzen begannen, war das Unheil geschehen. Immer mehr Mitglieder der Menschheit wurden durch den Geschlechtsverkehr in die Inkarnation hinuntergezogen, und die Menschen entwickelten sich mit ihrem an einen tierischen Körper gefesselten spirituellen Wesen zu einer ganz fremdartigen Spezies. Nur eine lange Reihe sich entwickelnder Inkarnationen kann vielleicht die animalischen Züge eliminieren und die Züge heranzüchten, die wesensmäßig spirituellen Existenzen angemessener sind.

So ist also die »große Aufgabe«, das Lebensziel der Magie darin zu sehen, daß sie das richtige Verhältnis zwischen göttlicher und menschlicher Natur herstellt; dadurch wird unsere Spiritualität »erlöst« und schließlich die ursprünglich gemeinte Identität wiedergewonnen, so daß der Kosmos den Plan seiner Selbstvervollkommnung ausführen kann. Das schließt den Glauben an die Prinzipien der Wiederverkörperung, des Energie-Ausgleichs[2], des Zusammenwirkens mit anderen Arten intelligenten Lebens in den inneren Daseinsbereichen ebenso ein wie die individuelle Verantwortung für die Ich-Erlösung innerhalb des gesamten kosmischen Systems. Das bedeutet nicht nur »erkenne dich selbst«, sondern auch »sei du selbst«.

Es sind viele Versuche unternommen worden, eine »Goldene Regel« gelebter Magie zu formulieren. Eine von ihnen lautet:

> Dies ist einem jeden als Regel gesetzt:
> er tu', WAS ER WILL, so er keinen verletzt.

Der wahre Sinn dieser Regel ergibt sich aus der Bedeutung des zweiten »Er«, das als der jenseits der Ebene persönlicher Bedürfnisse und Wünsche im Individuum wirkende göttliche Wille zu verstehen ist. Wie auch immer die Formel ausgedrückt ist, sie meint immer das gleiche: Individuation. Die Methodologie, durch die sie möglich wird, ist die einzige von Eingeweihten der Westlichen Mysterien anerkannte Magie. Sehen wir uns also an, wie sich unter dem Aspekt der im folgenden aufgeführten Themen die Psychologie der Magie darstellt.

Die Funktion des Menschen im Universum

Vom Standpunkt der Magie aus ist der Mensch ein in einem Makrokosmos lebender Mikrokosmos, und in bezug auf die niederen Lebensformen, die sein Körper einschließt, selbst ein Makrokosmos: eine Art von »Atom im Körper Gottes und Gott eines aus Atomen bestehenden Körpers«. In einer schönen alten magischen Legende heißt es, daß der Archetypus Mensch bei seinem Sturz auf die Erde

in Millionen von Stücke zerbrach; daraus wurden lauter Männer und Frauen, die ständig hintereinander herlaufen. Eines Tages werden sie das Geheimnis entdecken, wie sie wieder ein einziges Ganzes werden können, und dann werden alle auf ewig glücklich im Himmelreich leben.
Vom magischen Gesichtspunkt aus ist der Mensch sozusagen eine spirituelle Anomalie. Eigentlich sollten wir im Universum eine Art lebendigen Bindeglieds zwischen den physischen Lebewesen und den nicht-inkarnierenden, auf einer viel höheren Ebene des spirituellen Spektrums stehenden Formen des Lebens sein. Da wir aber »aus der Rolle fielen«, besteht unsere unmittelbare Aufgabe in der Vervollkommnung unserer Spezies, bis wir uns so weit entwickelt haben, daß wir uns vollständig über die Erde hinausindividualisiert haben. Wir müssen früher oder später lernen zu leben, ohne uns in einem Körper zu inkarnieren, und die Erkenntnis dieser Notwendigkeit ist bereits Teil der magischen Praxis.
Inzwischen müssen wir auf der gegenwärtigen Lebensstufe als Vermittler jener Kraft wirken, die überall auf Vollkommenheit gerichtet ist, das heißt, wir müssen gewissermaßen »Stellvertreter Gottes« werden. Unsere edelste Aufgabe ist, Brennpunkte dieser einen universalen spirituellen Intention zu werden.

Die Natur des menschlichen Bewußtseins

Genau gesagt, gibt es nur ein einziges Bewußtsein, das des schöpferischen Kosmos, des Lebensgeistes als der Energie Unendlicher Bewußtheit. Die Ausstrahlung dieser Energie in alle Schöpfungskategorien hinein kann als das Bewußtsein der verschiedenen Klassen erschaffener Daseinsformen angesprochen werden. Von hier aus unterteilt sich diese Ausstrahlung weiter und erfüllt jede einzelne Wesenheit mit individuellem Bewußtsein.
Das menschliche Bewußtsein erstreckt sich also von Natur aus über eine ziemlich große Schwingungsbreite. Setzt man voraus, daß das kosmische Bewußtsein das gesamte spirituelle Spektrum dessen, was man als göttliche Allwissenheit bezeichnen kann, umfaßt, muß man zugeben, daß auch die Menschen, wenn auch nur auf einem relativ kleinen Ausschnitt dieses Spektrums, am Bewußtsein teilhaben.

Unser Bewußtsein ist also ein begrenzter Wellenbereich des Inneren Spektrums, der mit vielen Lebenskategorien in Verbindung steht. Wir sind quasi auf bestimmte Frequenzen beschränkte Sende- und Empfangsstationen. Nur wenige Menschen machen sich die Mühe, den ihnen zur Verfügung stehenden Aktionsradius auszuprobieren, geschweige denn zu erweitern oder zu verbessern.

Wegen unserer unvollkommenen, unbefriedigenden Beschaffenheit sind wir als »Bewußtseinsvermittler« inerhalb des Kosmos höchst unzuverlässige und potentiell gefährliche Geschöpfe. Andererseits aber könnten wir uns aufgrund unserer einzigartigen Stellung im Lebensplan im Hinblick auf dessen fortschreitende Erfüllung als ein nicht hoch genug einzuschätzendes neues Element erweisen.

Zentrale Kontrolle und eine klare Ordnung der Bewußtseinsvorgänge gelten als die Hauptaufgabe der praktischen Magie. Das ist die allererste Übung bei allen authentischen Schulungsprogrammen; das Bewußtsein wird dabei als der natürliche »Rohstoff« behandelt, aus dem der magische Handwerker alles, was er braucht, vor allem seine eigene Identität, schaffen muß.

Das Bewußtsein ist zweifellos die wichtigste Energie, mit der die Menschen umgehen müssen. Da so vieles dabei falsch gemacht oder bewußt für heimtückische Zwecke mißbraucht werden kann, hängt, so könnte man sagen, unsere ganze Zukunft als Individuen von dem »kosmischen Material ›Bewußtsein‹« ab. Die wahren Magier ehren ihre Kunst als das Mittel, die elementarste Seinsenergie im Interesse unserer spirituellen Sicherheit und unserer Vervollkommnungsmöglichkeiten zu kontrollieren und zu steuern.

Die Persönlichkeit (oder das Pseudo-Ich)

Die Persönlichkeit gilt als eine fragmentarische und häufig fehlerhafte Verdichtung von Energien aus verschiedenen Lebensstufen in einer verkörperten menschlichen Organisation. Sie ist eigentlich ein aus Einzelteilen verschiedenster Herkunft bestehendes Gebilde, das in den das Individuum konstituierenden Rahmen eingefügt ist. Im Idealfall sollte sich die Persönlichkeit, nachdem sie ihren Dienst getan hat, wie der tote physische Körper auflösen und eine edlere neue für künftige Inkarnationen, falls diese unvermeidlich sind, aufgebaut werden.

Darum werden Westliche Eingeweihte so nachdrücklich davor gewarnt, ihre früheren Leben erinnern oder die Toten, wie man sie als Person kannte, »zurückrufen« zu wollen.

Das Weiterbestehen früherer Persönlichkeiten ist normalerweise ein schweres spirituelles Hemmnis, darum ist ihnen gegenüber größte Vorsicht geboten. Persönlichkeit ist ganz und gar nicht dasselbe wie Individualität, sondern nur ein *Ergebnis* von Identität. Aus diesem Grund sind echte Magie und sogenannter Spiritualismus unvereinbar. Nach magischer Ansicht kann sich das Zurückrufen Verstorbener auf die Individuen, die sich zunehmend von solchen alten Belastungen befreien sollten, störend auswirken. Außerdem ist eine sich auflösende Persönlichkeit ein armseliger Gesprächspartner. Vieles von dem Unsinn, den so manche zweifelhafte »Geisterseher« von sich geben, stammt aus diesen niederen Bereichen. Die Kommunikation mit körperlosen Wesenheiten wird als Möglichkeit nicht geleugnet, doch wird sie als ein rein auf die Persönlichkeitsebene beschränktes Verfahren strikt abgelehnt. Die Erfahrung von Jahrhunderten hat gezeigt, daß Kommunikation mit desintegrierenden Persönlichkeiten Zeit- und Energieverschwendung ist.

Das Weiterbestehen der Persönlichkeit einer Inkarnation noch in der nächsten erzeugt eine Art künstlichen Egos, ein Pseudo-Ich, das sehr ernsthafte spirituelle Störungen verursachen kann, wenn es versucht, ohne Rücksicht auf die Belange der Individuation »das Heft in die Hand zu nehmen«. Das ist etwa so, als ob die individuelle Gestalt, die ein Schauspieler einer Rolle gegeben hat, nach dem Ende des Dramas weiterlebte und ihrem Schöpfer Schwierigkeiten machte. Solche bewußt erzeugten zeitweiligen Gebilde müssen um der psychischen Gesundheit willen wieder ausgelöscht werden, und ebenso muß man mit seinen Inkarnations-Persönlichkeiten verfahren, wenn man sich seine spirituelle Gesundheit erhalten will. Die magische Praxis bietet viele Formeln an, mit denen dieses Problem bewältigt werden kann.

Nach allgemeiner Auffassung ist unsere Persönlichkeit eine Kombination aus Hirnbewußtsein (unserer animalischen Komponente), Geistbewußtsein (dem metaphysischen Gegenstück des Gehirns), Seelenbewußtsein (Gefühle und Emotionen) und Spirituellem Bewußtsein (unserer tiefsten inneren Wirklichkeit und wahren Identität). Man darf nicht vergessen, daß wir auch mit der Pflanzen- und Tierwelt in innerem Zusammenhang stehen und durch unsere Art zu leben die besten oder aber schlimmsten Möglichkeiten dieser Lebensstufen repräsentieren. Wir sind im Grunde ein »Bewußtseins-Kompendium« aller spirituellen und Natursphären. Wertvolle Persönlichkeiten aufzubauen, die sich dem Walten des Kosmos anpassen, ist einer der Programmpunkte der Westlichen Magie zur Vervollkommnung des Menschen.

Das Gefühl

Das Gefühl oder die Emotion (wörtlich: Hinausbewegung) wird auch als »Seele« bezeichnet oder als die Fähigkeit der Empathie ins Dasein allgemein und in spezifische spirituelle Qualitäten im besonderen. Die Seele treibt die Menschen zwischen den Lebenspfeilern des Schmerzes und der Lust hinauf zum »seligen Schwebezustand« des Vollkommenen Tiefen Friedens, der beides, Schmerz und Lust, in ein vollkommenes Gleichgewicht bringt.
Das Gefühl ist die genaue Ergänzung des Intellekts, und beide Fähigkeiten müssen immer Hand in Hand gehen, wenn der Lebensweg geradlinig verlaufen soll. Das ist außerordentlich wichtig. Einseitiges Ausleben des Intellekts oder aber des Gefühls führt immer zu spirituellen Störungen, und der gesunde Ausgleich zwischen beiden gilt als unumgänglich notwendige magische Aktion. Als Zweigespann sind beide von unschätzbarem Wert und unentbehrlich, läßt man aber einem von beiden allein freien Lauf, kann sich das verheerend auswirken.
Ungezügelte Emotionen sind in der magischen Praxis eine echte Gefahr; daher zielt die Schulung am Anfang vor allem darauf ab, die Gefühle richtig einzusetzen und sie im Gleichgewicht zu halten und so in den Griff zu bekommen. Theoretisch werden die Emotionen dazu benutzt, unmittelbar Zugang zu zahlreichen inneren Energiequellen zu gewinnen, während der Intellekt dazu da ist, die so gewonnene Kraft zu steuern und zu nutzen. Mit verantwortungslos gebrauchter Magie können starke Emotionen erzeugt werden, besonders bei jungen Leuten. Wenn sie nicht gleichzeitig kanalisiert werden können, entsteht voraussichtlich mehr Schaden als Nutzen. Das Gefühl ist jedoch nach wie vor der Hauptlieferant jenes Energierohstoffes, den man besonders in den Frühstadien magischer Praxis braucht. Daher ist der Aufbau eines funktionsfähigen »Gefühlsapparates« ein wesentlicher Teil der vorbereitenden magischen Schulung.

Die Motivation

Jede Motivation geht zurück auf ein ursprüngliches »Bedürfnis zu sein«, das sich in verschiedener Weise in alle Lebensstufen hinein verzweigt, bis es so viele unterschiedliche Bedürfnisse und Triebe gibt, daß sie miteinander in Konflikt geraten, wenn sie in gemeinsamen Bereichen nicht richtig koordiniert werden. Unser Körper hat Motivationen, die der mineralischen, pflanzlichen und tierischen Stufe entstammen, und bereits diese müssen aufeinander abgestimmt werden, bevor wir überhaupt einigermaßen erfolgreich mit ihnen leben können. Oberhalb der animalischen Stufe hat jeder auf seine eigene Fortdauer bedachte Ich-Zustand unseres spirituellen Wesens seine metaphysischen Motivationen.
Unter magischem Gesichtspunkt ist es das einzig Vernünftige, alle diese Motivationen dem »Einen Bedürfnis« nach Individuation zur spirituellen Ichheit hin unterzuordnen. Andernfalls reiben wir uns in den ständigen Konflikten auf, die in unseren »unsichtbaren inneren Reichen« ausgetragen werden. Wenn unsere vielfältigen Motivationen nicht durch eine eindeutige Ausrichtung des Bewußtseins koordiniert und sozusagen auf einen zentralen Zweck hin »zentriert« werden, werden wir voraussichtlich große Schwierigkeiten im Leben haben. Daher besteht ein großer Teil der Westlichen Magie darin, eine solche zentrale Zielrichtung zu entwickeln und durchzuhalten.

Erinnerung und Gedächtnis

Erinnerung im strengen Wortsinn ist die gewollte und bewußte Kontaktaufnahme mit den in unseren Hirnzellen gespeicherten Lebenserfahrungen oder Informationen. Theoretisch erben wir mit unseren Genen sämtliche »Erinnerungen« aller unserer Vorfahren. Also müßte man sie auch, theoretisch, stufenweise in unserm Inneren nach oben projizieren können. Das Problem, um das es hierbei geht, ist, wie wir von unserem »Hier-und-jetzt« aus diesen tiefen Bewußtseinsstrom zu unserem elementaren spirituellen Vorteil beeinflussen können. Dank unserer Gene müßten wir uns aller unserer Vorfahren erinnern, Zugang zu dem Inneren Konzentrat ihrer Lebenserfahrung finden können. Mit Hilfe äquivalenter spiritueller Prozesse könnten wir uns in prä- und postinkarnatorische Prozesse, und zwar insofern sie nicht bildhafte Vorstellungen, sondern reines, in Symbolen oder anderen Formen vermitteltes Bewußtsein sind, »einschalten«.

Einer der Hauptgründe, warum die alten Eingeweihten soviel Wert auf genealogische Tafeln legten, war, daß das rituelle Rezitieren dieser Stammbäume die Wirkung hatte, den Identitätssinn über den Persönlichkeitsbereich hinaus in spirituellere Sphären zu erweitern. Dasselbe Ziel wurde durch Identifikation mit poetischen Bildern folgender Art erreicht: »Ich war ein Hirsch im Walde und der Baum, in dem sich sein Geweih verfing. Ich war eine Wolke am einsamen Himmel und der Schatten, den sie auf das Kornfeld unten warf.« Die magische Erinnerung erstreckt sich über ein viel weiteres Feld als die rein hirngebundene Erinnerung.

Ebenso wichtig für die Erinnerung ist die Fähigkeit, das Bewußtsein von allem, was das Ich gespeichert hat und was sich negativ auf die zukünftige Entwicklung auswirken könnte, zu reinigen.

Bewußte Beeinflussung der Erinnerung zum Zwecke besserer Individuation sind Teil der magischen Praxis. Eines der großen Ziele der Magie ist außerdem, die rein persönlichen Erinnerungen ganz zu transzendieren und Zugang zu den Gestaden des Kosmischen Gedächtnisses zu finden. Ansätze dazu finden sich in dem, was früher »Psychometrie« genannt wurde, oder in der Fähigkeit, mit unbelebten Gegenständen, vor allem Steinen, verbundene metaphysische »Erinnerungseindrücke« zu entziffern. Wer außersinnlicher Wahrnehmungen fähig ist, kann die Erinnerungen anderer lesen. Wenn erst einmal die auf ein einzelnes Gehirn begrenzten Erinnerungen mit Hilfe magischer Mittel überschritten worden sind, erwartet die in ihren Inneren Lebensdimensionen Erwachten ein sehr weites Feld für Entdeckungen.

Lernen

Lernen heißt, die Fähigkeit entwickeln, das Leben auf allen seinen Stufen zu verstehen. Um überhaupt sinnvoll zu sein, muß es vom Gedächtnis gestützt und von Interesse vorangetrieben werden. Lernen bedeutet nicht nur, die Datenbank des Computers ›Bewußtsein‹ mit Informationen zu füttern und diese nach Bedarf abzurufen. Echtes Lernen impliziert die Fähigkeit, sich in gewisser Weise mit dem

Gelernten zu identifizieren. Das bedeutet Absorption des Gegenstandes durch das Ich, analog zur Ich-Absorption durch ein höchstes Bewußtsein. Das ist ein wesentlicher Teil des Vervollkommnungsprozesses.

Die Magie setzt voraus, daß der Mensch durch innere Kontakte mit Intelligenzquellen auf höheren Lebensstufen lernt, und zwar nicht notwendigerweise auf dem Weg über spezielle bewußte Unterweisung, sondern hauptsächlich, indem er Bewußtseinsbereiche in sich erschließt, die auf das menschliche Streben nach Vervollkommnung eingestellt sind. Anders gesagt, das zu Wissende existiert bereits in den verschiedenen Lebensdimensionen, und wir holen es nur – wenn wir können – mit unserem Bewußtsein ein.

Lernen ist das innere Äquivalent für Essen und Trinken. Unser Körper muß essen, oder er stirbt; unser Ich muß lernen, oder es hört auf zu leben. Die Magie sieht im Lernen einen »inneren Ernährungsvorgang«, der eine vernünftig ausgewählte Kost verlangt. Man hält es für sehr wichtig, daß dem Lernen die gleiche, ja noch mehr Sorgfalt gewidmet wird wie der physischen Ernährung. So wie der Körper die Nahrung verarbeitet und damit das aus sich macht, was er jeweils ist, so wird das, was wir lernen, von unserm Verstand und Gefühl verarbeitet und erzeugt den Ich-Zustand in uns, in dem wir uns befinden. Die beiden genannten Funktionen verlaufen ganz ähnlich, eine Tatsache, die in Symbolik und Praxis der Magie eine große Rolle spielt. Die Magie betont vor allem die außerordentliche Bedeutung *lebenslangen* Lernens. Die Weigerung, zu lernen, führt zum spirituellen Hungertod, und geistige Unterernährung kommt einer schweren Krankheit gleich. Die Magie richtet das Augenmerk vor allem darauf, daß nicht so sehr von außen her gelernt wird, sondern aus der Anschauung des eigenen Ich. Viele magische Formeln sind eigens für diesen Zweck entworfen. Sie alle laufen weitgehend auf die gleiche Botschaft hinaus, die man etwa so wiedergeben könnte: »Du darfst dich nicht auf das verlassen, was man dir berichtet oder was du in Büchern liest. Geh in dein eigenes Inneres, und grabe dort aus, was du brauchst. Das wird dich auch zu dem führen, was von außen berichtet wird und was du vielleicht brauchst.«

Geist-Körper-Beziehung

Die Magie ist der Ansicht, daß der Körper mitsamt seinem Gehirn ein Lebewesen mit eigenen Rechten ist und Fürsorge und Aufmerksamkeit verdient als ein Geschöpf, für das die mit ihm verbundene Individualität einem universalen schöpferischen Bewußtsein verantwortlich ist. Im Idealfall sollte zwischen beiden Partnern ein freundschaftliches Vertrauensverhältnis herrschen. Gegenseitige Anerkennung der Fähigkeiten, Funktionen und Möglichkeiten des jeweils anderen ist die wesentliche Voraussetzung für eine fruchtbare Zusammenarbeit von Geist und Körper. Die Magie zielt darauf ab, ein solches Bewußtsein zu wecken und es zum Nutzen für beide Seiten weiterzuentwickeln.
In der Magie ist es sehr wichtig, zu erkennen, daß der Körper ein Brenn- und Stützpunkt des Geistes innerhalb der materiellen Dimensionen des Lebens ist. Als Geschöpf hat der Körper ein eigenes instinktives Bewußtsein. Beim physischen Tod löst es sich entweder total auf und kehrt zu seinem Ursprung zurück, oder es kann von den überlebenden spirituellen Prinzipien, denen es während der Inkarnation treu diente, absorbiert und in sie integriert werden. Das ist der Weg zur Unsterblichkeit: das Bewußtsein eines Wesens zieht seine auf einen Brennpunkt konzentrierten Projektionen von einer Lebensstufe auf das dahinterliegende größere Feld zurück. Dieses ist seinerseits wieder Brennpunkt in bezug auf die jenseits davon liegenden Stufen, und so weiter bis zum äußersten Punkt.
Der Mensch muß lernen, außerhalb der Inkarnation, jedoch auf freundschaftlichem Fuß mit physischen Organisationen zu leben. Hier liegt unter anderem der hohe Wert brüderlicher Verbundenheit mit anderen animalischen Kreaturen. Sie lehrt uns, unsern Körper und seine Bedeutung für uns richtig einzuschätzen. Sie sollte uns aber auch daran erinnern, daß der Körper, wenn man ihn mißhandelt oder nicht richtig mit ihm umgeht, ein gefährliches Tier sein kann. Sobald zwischen Körper und Geist gute Beziehungen hergestellt werden können, wird das Leben für beide angenehmer; viele magische Methoden zielen darauf ab, diesen befriedigenden Zustand herbeizuführen.

Der Tod

Was die Lehre vom Pfad der Magie zu diesem Ereignis von universaler Bedeutung grundsätzlich zu sagen hat, ist denkbar einfach. Wir sind von Haus aus reine Energiewesen, die zeitweise auf biologischer Daseinsebene einen tierähnlichen Körper von sehr begrenzter Lebensdauer bewohnen. Dieser Körper stirbt, zerfällt, und seine Elemente kehren in den Kreislauf der Natur zurück. Falls sich unser Wesen nicht so weit entwickelt hat, daß es völlig außerhalb seiner physischen Projektion leben kann, reinkarnieren wir uns aufs neue, um unsere spirituelle Entwicklung fortzusetzen. In früheren Zeiten war man davon so überzeugt, daß von den Kelten Fälle bekannt sind, wo jemand einem Freund Geld lieh, das dieser in einer späteren Inkarnation bar oder in Form von Gefälligkeiten zurückerstatten sollte – möglicherweise nur eine diskrete Art, Geschenke zu machen, nichtsdestoweniger aber ein Hinweis auf den Glauben an eine Existenz jenseits der körperlichen Grenzen.
In die Unsterblichkeit geht der Mensch nicht automatisch ein, sondern es hängt von seinen über ein breites spirituelles Spektrum reichenden individuellen Intentionen und Aktivitäten ab, ob er sie erlangt. In jedem Wesen wirkt die »Ur-Intention« des höchsten Lebensgeistes, die auf den kosmischen Zustand dieses Wesens in seiner möglichen Vollendung verweist; das heißt hinter dem Seienden als Ganzem steht die Göttliche Absicht einer höchsten Vollkommenheit, und jeder einzelne trägt sie als integrale Möglichkeit in sich. Das ist es, was man gewöhnlich mit dem »Willen Gottes in uns« bezeichnet. Das und nur das allein führt uns durchs Leben zur wahren Unsterblichkeit durch Individuation.
Als sterbliche Menschen haben wir in unserem gegenwärtigen unvollkommenen Lebenszustand die Wahl zwischen zwei Hauptrichtungen. Wir können dem in unserer spirituellen Erbanlage vorgeprägten »Vollkommenheits-Modell« zustreben und uns auf den Endzustand unserer eigenen Wesenheit im »Vollkommenen Tiefen Frieden« hin individualisieren; wir können aber auch diesem Modell den Rücken kehren und uns auf eigene Faust im Zustand eines Pseudo-Ich einrichten, das sich stetig vom »universalen Leben« entfernt, bis es schließlich als Wesenheit ausgelöscht und als Energierohstoff in die Lebenszyklen zurückgenommen wird. Mit einer altmodischen, ungeschminkten Metapher ausgedrückt heißt das: »Entweder mit Gott leben oder mit

dem Teufel sterben.« Beide Prozesse dauern, nach menschlichen Maßen gemessen, sehr lange, aber sie laufen kontinuierlich im Kosmos ab. Normalerweise nehmen wir das mehr instinktiv als bewußt wahr, doch je weiter wir uns entwickeln, desto mehr werden wir uns dieser Tatsache bewußt und desto mehr werden wir fähig, den Prozeß willentlich zu beeinflussen. Eines der Hauptziele der Einweihung auf dem magischen Pfad besteht darin, diese Fähigkeit sinnvoll zu schulen und zu entwickeln.

Während unseres Erdenlebens bauen wir eine Art künstlichen persönlichen Pseudo-Ichs auf, das mit dem Körper zusammen eines natürlichen Todes sterben sollte. Theoretisch sollten unsere unvollkommenen Ich-Zustände schrittweise von höheren Lebensstufen »absorbiert« werden, bis wir unsere höchste Wesensform erreicht haben. Gelingt das nicht wirklich, kommt es zur Wiederverkörperung oder zu einer neuen Projektion in Bewußtseinszustände oberhalb der menschlich-biologischen. Wir werden, kurz gesagt, zu dem, was wir aus unserem Wesen machen. Im Sinne von Bewußtseinszuständen sind »Himmel« und »Hölle« für alle, die solche Zustände bis zu einem gewissen Grad erleben, tatsächlich Wirklichkeit. Beides sind reine Ich-Zustände, und niemand außer uns selbst führt uns in sie hinein oder aus ihnen heraus, solange es auch dauern mag, bis wir das erkennen und entsprechend leben.

Daher hat das Wort »Tod« auf dem magischen Pfad nur relative Bedeutung; es bezeichnet das Aufhören von Funktionen auf einer bestimmten Lebensebene und die Neuentfaltung von Energie auf einer anderen. Alles hängt für uns von unseren Identifikationen ab. Je mehr wir uns nur mit unserem physischen Leib »identifizieren«, desto traumatischer wird, wenn uns nicht Bewußtlosigkeit gnädig umfängt, sein Tod spirituell für uns sein, und das »innere Erwachen« wird zu einem sehr langwierigen Prozeß. Je mehr wir lernen, uns mit unserer spirituellen Struktur zu identifizieren, um so weniger wird uns der Verlust unseres Körpers zu schaffen machen. Es sei noch angemerkt, daß »Himmel« und »Hölle« keineswegs als letzte Zustände für den sich entwickelnden Individuanten angesehen werden, sondern nur als »zeitweiser Aufenthaltsort« für Seelen, deren Beziehungen zum Lebensgeist sich in dem entsprechenden Zustand befinden.

Der Tod als ein endgültig Letztes kann nur im Sinn eines möglichen totalen Verlustes der individuellen Identität gedacht werden, der normalerweise von dem betreffenden Wesen selbst herbeigeführt wird.

Das Für und Wider dieser Auffassung kann im Rahmen unserer Ausführungen nicht erörtert werden. Der entscheidende Punkt ist, daß der Tod des physischen Leibes als ein Ereignis unter anderen in einer sehr langen Kette bewußten Lebens anzusehen ist, während der Tod einer individuellen Seele als ein Verlust für das Leben als Ganzes zu beklagen ist, der auf keine Weise schnell wieder zu ersetzen ist. Ein in diesem Sinn totes Individuum ist ein Widerspruch in sich, denn die wirklich Toten sind absolut nichtexistent. Ein Individuum ohne physischen Körper ist *lebendig,* in was für einem Seinszustand dieses Wesen auch immer sich befinden mag. Es ist sehr wichtig, sich diesen Unterschied zwischen Leben und Tod in bezug auf uns selbst als Prinzipien des Seins und Nichtseins klarzumachen.
Man kann nicht oft genug betonen, daß die Kontinuität des Lebens durch alle Stufen der kosmischen Schöpfung hindurch der wesentliche Zentralgedanke der magischen Tradition ist. Solange nicht erkannt wird, daß unser Leben weit über die Grenzen und den Tod eines bestimmten biologischen Körpers hinausreicht, haben alle übrigen Begriffe der Tradition nicht den geringsten Sinn. Und weiter: Keine Belehrung von außen, keine Ansichten anderer, nicht einmal spektakuläre Demonstrationen können irgendwen zu dieser Erkenntnis bringen. Das ist etwas, was wir ganz allein mittels der Beziehungen, die wir zum Leben aufbauen, erreichen müssen. Der einzige Dienst, den diese Tradition oder eine andere dabei leisten kann, besteht darin, den Menschen bei der Integration ihrer eigenen Überzeugungen und Erfahrungen zu helfen. Diese Funktion eben erfüllt die Tradition für diejenigen ihrer sterblichen Anhänger, die sich einen lebendigen Sinn für die spirituelle Struktur dieser Tradition erworben haben.

Psychopathologie

Vom magischen Standpunkt aus kann Psychopathologie nur als fehlerhafte Beziehung innerhalb der Körper-Geist-Seele-Spiritualität-Kombination, aus der das menschliche Wesen besteht, gesehen werden. Die Ursachen solcher Fehlentwicklungen und die Gegenmaßnahmen gegen sie können im Rahmen dieser summarischen Einführung nicht behandelt werden. Zustände innerer Gleichgewichtsstörungen dürfen nicht einfach als »anormal« angesprochen werden, insofern dabei unterstellt wird, daß der durchschnittliche Massenmensch als Norm zu gelten habe. Die einzige »Norm« (soweit es überhaupt eine gibt), die von magischen Eingeweihten anerkannt wird, ist die Geradlinigkeit der Beziehungen zwischen den Grundtendenzen von Körper, Geist, Seele und Spiritualität beim Individuum sowohl, als auch bei der Menschheit als Ganzem.

Da diese Beziehungen aber sehr variieren, könnte möglicherweise eine Masse »Anormaler« ein paar »Normale«, die unter ihnen leben, für total verrückt halten. Die Magie hat kein Interesse daran, jemandem willkürlich den Stempel »normal« oder »anormal« aufzudrücken. Ihr liegt hauptsächlich daran, Bedingungen für ausgewogene Beziehungen zwischen individuellen Wesenheiten und dem allen gemeinsamen kosmischen Umkreis herzustellen.

Die Wahrnehmung

So wie animalische Körper und Gehirne mit ihren Sinnesorganen wahrnehmen, so stellt auch unser spirituelles Sensorium durch entsprechende innere Sinneswerkzeuge Beziehungen her zwischen den Energien der Innen- und der Außenwelt. Und so wie die physischen Sinnesorgane geschult werden müssen, damit sie in der Außenwelt gut funktionieren, bedürfen auch die inneren »Taxatoren« der Schulung und Praxis, wenn sie exakt funktionieren sollen. Viele Übungen dienen diesem Zweck.

Das ist einer der Gründe, warum die Magie sich so ausgiebig der Symbolik bedient. Die Symbolik ist wohl der zuverlässigste »Transformator« von Bewußtseinsvorgängen in eine auf allen Lebensstufen gültige Ausdrucksform. Außerdem ermöglicht sie die Steuerung und Kontrolle von Wahrnehmungen. Wahrnehmung, englisch »perception«, bedeutet wörtlich »durch Hereinnehmen«, womit gesagt wird, daß alles und jedes zumindest in die »Außenbezirke« des Bewußtseins zur Prüfung zugelassen wird. Die magische Definition der Wahrnehmung wäre: eine Art von Sichtung aller Eindrücke noch bevor ihre Bedeutung akzeptiert oder abgelehnt wird.

In alten magischen Schriften wurde das durch einen um den inneren Bezirk gezogenen äußeren Kreis symbolisiert, in den »Geister« zitiert werden konnten, die man auf ihre Eignung für einen bestimmten, das ganze Verfahren motivierenden Zweck hin prüfen wollte – sozusagen eine Art von Aufnahmeprüfung. Erwiesen sie sich als brauchbar, konnte man sie entsprechend einsetzen, wenn nicht, umgehend entlassen. Ein Teil der magischen psychologischen Praxis besteht darin, um den Individuanten her ein inneres »Wahrnehmungsfeld« aufzubauen.

Soziale Beziehungen

Die Eingeweihten des magischen Pfades sind selten bekannt dafür, daß sie Gesellschaft um der Gesellschaft willen suchen; sie sind aber auch nicht von Natur aus antisozial. Ihr allgemeines Ziel ist, sich über die Masse hinaus zu individualisieren und Pfade anzulegen, auf denen andere später auf ihre Weise, wenn sie wollen, nachfolgen können.
In der Regel beginnt die magische Praxis mit Freimaurerlogen, Orden, Gruppen usw., aber letzten Endes müssen die Eingeweihten ihren eigenen Weg, wie er sich in ihrem Inneren auftut, gehen. Daher kommen normalerweise nur sehr wenige wirklich enge Kontakte auf der Ebene des gewöhnlichen Lebens zustande. Den Eingeweihten wird davon abgeraten, sich auf ihnen nicht gemäße Gesellschaft einzulassen oder sich mit ihren inneren Aktivitäten in irgendeiner Weise an die Öffentlichkeit zu drängen. Auftritte im Fernsehen und Radio und Presseveröffentlichungen von Leuten, die einen besonderen spirituellen Status, besondere spirituelle Autorität für sich in Anspruch nehmen, sollten denen, die wissen, was in diesen Dingen als authentisch gelten kann, von vornherein höchst verdächtig sein. Wahre Eingeweihte geben sich nicht auf irgendeine Weise als solche zu erkennen, sie weisen nicht einmal andeutungsweise darauf hin, daß sie sich von anderen Menschen unterscheiden. Nach allgemein anerkannten ethischen Verhaltensregeln ist es streng verboten, irgend etwas der Art zu tun.
Es gibt kein wirkliches Verbot, das den Eingeweihten untersagte, nach Belieben soziale Beziehungen zu anderen Leuten anzuknüpfen, *vorausgesetzt*, daß dies die Individuationsprozesse nicht stört. Die meisten Eingeweihten halten ihre persönlichen Verbindungen zu anderen bis zu einem bestimmten Punkt aufrecht; doch in regelmäßigen

Abständen ziehen sie sich still von ihren sozialen Kontakten zurück und schalten für einige Zeit in der Zurückgezogenheit auf spirituelle Kontakte um. Manche führen das in streng organisierter Form nach einem Tages-, Wochen-, Monats-, Vierteljahresplan durch, während andere nur einfach nach Bedarf ab und zu einmal »Atem holen«. Alle aber würden versichern, daß nur diese Perioden innerer spiritueller Kontakte ihnen die Gesundheit und Stabilität verschaffen, die sie brauchen, um in dieser Welt leben und arbeiten zu können.
Früher oder später sehen sich die Eingeweihten jedes spirituellen Systems mit der Tatsache konfrontiert, daß sie die Befriedigung aller ihrer Bedürfnisse unmöglich durch und mit Menschen allein finden können. Menschliche Beziehungen sind bis zu einem bestimmten Punkt hilfreich, weiter aber nicht. Um über diesen Punkt hinauszukommen, muß der Eingeweihte sich auf anderen Lebensstufen Geleit suchen, nichts sonst kann ihm bei seinen spirituellen Zielen und Problemen weiterhelfen.

Kognitive Prozesse

Hierbei besteht eine der wichtigsten magischen Methoden in der gezielten Produktion einer inneren Bilderwelt aus dem kreativen Bewußtsein, das heißt, das Bewußtsein wird als künstlerisches Ausgangsmaterial behandelt, das willentlich gestaltet wird. Die Symbole sind als Werkzeuge oder Geräte dieses »Handwerks« bezeichnet worden.
Aus diesem Grund benutzt die Freimaurerei Werkzeuge des Baugewerbes als Symbole. Der Sinn der Sache ist, daß mit dem Bewußtsein auf ähnliche Weise gearbeitet wird, wie es ein gelernter Handwerker mit den Materialien und Methoden tut, die sich für seinen bestimmten Zweck eignen. Damit ist implizit gesagt, daß die Magie eine praxisnähere Angelegenheit werden würde, wenn genausoviel Übung, Fleiß, Disziplin und sonst Notwendiges in sie investiert würde, wie das bei normalen Berufen der Fall ist.

Neue Fähigkeiten

Genau gesagt, erwerben die Menschen nicht eigentlich neue Fähigkeiten, sie entwickeln vielmehr latente innere Möglichkeiten. Wir besitzen nur *eine* wirkliche Fähigkeit: die zu sein. Alles übrige Was, Wie und Warum ist daraus hervorgegangen. In dem Maß, wie das Individuum auf seinem Pfad vorankommt, rückt das kognitive Zentrum sozusagen von der physischen zur spirituellen Stufe auf. Entsprechend ändert sich auch das Wertbewußtsein. In dem Maß, wie die Einsichten zunehmen, wird Wissen mehr durch »ganzheitliches Verstehen« als durch systematisches Lernen erworben.

Veränderte Bewußtseinszustände

Es gibt nur zwei Möglichkeiten, Bewußtseinszustände zu ändern: willentlich und aus eigener Kraft von innen her oder durch äußere Eingriffe und Zwang. Es ist ein wichtiges Ziel der Magie, die erste Methode so zu kultivieren, daß sie die Wirkungen der zweiten ausschaltet oder augleicht. Damit wird es dem »zentralen Bewußtsein«, das der Wahren-Ich-Stufe des spirituellen Geistes entstammt, möglich, in einem veränderten Bewußtseinsbereich stärker wirksam zu werden. Das wiederum führt zur teilweisen Veränderung des menschlichen Bewußtseins in Richtung auf vollkommenere Lebensstufen hin. Daher ist auf den höheren Rängen der magischen Tradition des Westens der Gebrauch von chemischen Halluzinogenen, von Hypnose und dergleichen zur Erzeugung veränderter Bewußtseinszustände streng verboten. Man hält es für wesentlich, daß das Individuum das an einer spirituellen Situation beteiligte Bewußtsein stets in seiner Gewalt hat. Darum sind alle Übungen, Bräuche, Praktiken usw. bewußt darauf angelegt, die Individuanten darauf hin zu trainieren, daß sie selbst ihr Bewußtsein verändern. Künstliche Hilfen werden gegenüber der Willensarbeit, die bei solchen Veränderungen geleistet wird, als untergeordnet und zweitrangig angesehen.

Der eigentliche Pfad

Der authentische Westliche Weg der Magie verläuft gewöhnlich nach einem allgemein anerkannten Plan. Mit Bewerbern oder Kandidaten, deren Interesse stark genug ist, um bis zu den wahren inneren Quellen der Belehrung vorzudringen, verfährt man normalerweise etwa so: Die einzelnen werden von einem in der Tradition tätigen ständigen Kreis mit den spirituell bedeutsamen Grundsymbolen vertraut gemacht, über Methoden und Verfahren informiert, mit denen diese zu wirksamen Strukturen kombiniert werden können, und mit inneren Erkenntnisvermittlern in Berührung gebracht; dann läßt man sie sich innerhalb dieses Kräftegefüges auf ihre eigene Weise entwickeln.
Das alles geschieht nicht notwendigerweise in einer Loge, einem Orden oder dergleichen; das ist jedenfalls ziemlich selten. Ein bemerkenswerter Unterschied zwischen der Östlichen und der Westlichen Tradition ist das auffällige Fehlen von »Lehrern«, Gurus oder ähnlichem in der letztgenannten. Das ist vor allem heute so, wo alle Informationen für Anfänger überall zu haben sind und auf die *kritische* Aufmerksamkeit interessierter Individuanten warten. Früher durften die verschiedenen »wesentlichen Punkte« nur mündlich in sorgfältig abgeschirmten Kreisen inkarnierter Eingeweihter mitgeteilt werden, oder sie wurden instinktiv aus inneren Quellen aufgenommen. Oft brauchte man eine ganze Inkarnation dazu, sie kennenzulernen. Heute können die Symbole und Anweisungen gedruckt oder auf sonst eine ganz gewöhnliche Art vermittelt werden – außer natürlich ganz vertrauliche und geheime Inhalte, die nur in bestimmten Kreisen verbreitet und von diesen als reine »Familienangelegenheiten« angesehen werden. Man muß sich darüber klar sein, daß die ganze Last der Verantwortung den spirituellen Schultern desjenigen aufgebürdet wird, der sich der Westlichen magischen Tradition anzuschließen wünscht; er selbst muß, mit den Schlüsseln, die man ihm vorlegt, in Händen, ihre Fäden aufnehmen und sie in seinem Innern so lange weiterverfolgen, bis er auf die Erfahrungen stößt, die er auf inneren Lebensstufen sucht.

Der Ausgangspunkt

Es gibt keinen anderen Ausgangspunkt als den Augenblick, in dem man als eine Wesenheit ins Dasein trat. Auf der Ebene des gewöhnlichen irdischen Lebens jedoch kommt einmal ein Punkt, wo dem inkarnierten Bewußtsein jäh die Erkenntnis aufgeht, daß man in Wahrheit der Westlichen magischen Tradition angehört. Dieser Moment kann in jeder Inkarnation als der Ausgangspunkt angesehen werden, das heißt als der Moment, wo ein Mensch auf Beziehungen stößt, die in ihm ein Gefühl der *Zugehörigkeit* wecken, wie man es zum Beispiel seiner Altersklasse, seinem Geschlecht, seiner Nationalität oder anderen sozialen Kategorien gegenüber hat. Gewöhnlich geschieht das durch die Begegnung mit einem Symbol, das die Verbindung herstellt zwischen dem gewöhnlichen Bewußtsein und dem tief-verborgenen Wissen um spirituelle Wirklichkeiten. Ein Wort, ein Ort, ein Gegenstand vielleicht – beinahe jedes Symbol kann zum Schlüssel werden. Sobald das geschieht, stellt sich bei dem Betreffenden die unumstößliche innere Gewißheit ein, daß zwischen ihm und der Westlichen magischen Tradition eine Affinität besteht. Das Übrige kommt dann ganz von selbst.
Dieser Prozeß kann, vorausgesetzt es stehen dafür kompetente Fachleute zur Verfügung, durch rituelles Psychodrama gefördert oder verstärkt werden. Doch ist das nicht unbedingt notwendig, wenn jemand sich dem Westlichen Weg zuwenden, eingeweiht werden will. Es ist merkwürdig, daß so viele unerfahrene Leute, die sich »zum Okkulten hingezogen« fühlen, den fast rührenden Glauben, beziehungsweise die Erwartung hegen, daß, sobald nur irgendein wunderbarer Meister oder »Lehrer« sich herbeiließe, mit ihnen eine eindrucksvolle Zeremonie durchzuführen, sie sich umgehend von Grund aus verändern und mit einem Mal erstaunliche, mit Weisheit und anderen bewundernswerten Qualitäten ausgestattete Menschen sein würden. Leute, die nichts davon verstehen, bilden sich soviel Unsinn in bezug auf die Einweihungszeremonien ein, daß sie selbst schuld sind, wenn sie dann Fehlschläge erleiden. Man sollte vielleicht zu diesem Punkt noch etwas sagen.
Jede echte Einweihungszeremonie ist genau das, was der Ausdruck besagt: der zeremonielle Beginn von etwas, in diesem Fall der Anfang einer spezifischen spirituellen Lebensführung. So etwas kann im Subjekt starke psychologische Wirkungen zeitigen, vorausgesetzt, daß

eine entsprechende Vorbereitung einen Zustand der Bereitschaft erzeugt hat, der solche Wirkung zuläßt. Sonst nicht. Alles, was eine Zeremonie bewirkt, ist, daß sie kraft ihres Symbolcharakters sehr tiefe spirituelle Ich-Zustände mit den gewöhnlichen Bewußtseinsebenen in Verbindung bringt, so daß der Kandidat seine eigenen inneren Möglichkeiten erkennen und entsprechend leben kann. Wenn ein solcher Zustand der Bereitschaft nicht besteht, bewirkt keine rituelle Einweihung auch nur das mindeste. Auf jeden Fall kann ein inneres Erwachen auch auf ganz natürliche Weise von selbst stattfinden. Eine halb scherzhafte Definition des Unterschieds zwischen dieser und einer zeremoniellen Initiation besagt, daß die zeremonielle wie ein Freund ist, der einen mit einer Tasse Tee aufweckt, während es bei der anderen so ist, als wache man von selbst auf und stelle den Wasserkessel aufs Feuer. In jedem Fall wacht man aber auf.
Wer sich also beklagt, daß er nie einen großen Meister oder einen Geheimorden gefunden habe, die willens gewesen wären, ihn in die Mysterien der Magie einzuweihen, enthüllt nur seine totale Unkenntnis der wirklichen Tatbestände. In Wahrheit ist dadurch, daß man ungeeignete und unvorbereitete Menschen unvorschriftsmäßigen, schlecht ausgeführten Zeremonien unterzogen hat, wahrscheinlich mehr Unheil in okkulten Kreisen angerichtet worden als mit vielen weniger ernstzunehmenden Torheiten. Darüber könnte man eine ganze Dissertation schreiben.

Der intellektuelle Zugang zum Pfad

Hierbei kommt es hauptsächlich darauf an, daß man das zur Verfügung stehende Material liest, möglichst Kontakte zur mündlichen Tradition aufnimmt und sich anhand von zusammengetragenen Details über das Bewußtsein seine eigenen Ansichten bildet. Auf diese Beschäftigung kann viel Zeit, Geld und Mühe verwandt werden, ohne daß dabei, abgesehen vom intellektuellen Vergnügen, irgend etwas herauskommt. Viele Menschen verbringen einzig und allein damit ihr ganzes Leben. Sie ziehen von einem System zum anderen, holen sich aus jedem etwas heraus und bringen es in keinem zu irgendeiner persönlichen Leistung. Das Beste ist immer, sich an ein bestimmtes System zu halten und mit ihm zu arbeiten, bis man es hinter sich lassen und im eigenen Inneren selbst tätig werden kann.

Als das für die gegenwärtige Westliche spirituelle Entwicklung günstigste System innerhalb der magischen Tradition ist offensichtlich das auf der Lebensbaum- und Kreis-Kreuz-Symbolik basierende anzusehen. Von diesen Grundlagen aus kann jede Abzweigung des Westlichen Inneren Wegs beschritten und seine Magie praktiziert werden. Das Lebensbaum-Symbol spricht hauptsächlich den Intellekt an, das Kreis-Kreuz-Symbol wirkt mehr auf das Gefühl. Eine Kombination beider bietet daher den idealen Rahmen für die Arbeit in der Westlichen Magie.

Der emotionelle Zugang zum Pfad

Der Westliche magische Weg verfügt über unübertreffliche rituelle und psychodramatische Verfahren, welche die tiefsten emotionellen Lebensstufen einbeziehen. Das Ritual ist wohl das vollkommenste Werkzeug, das die Tradition geschmiedet hat, um allen spirituellen Bedürfnissen gerecht zu werden. Ob es sich um die schlichteste oder die prächtigste Form des Ritus handelt, der Westen hat das Ritual zu höchster Vollkommenheit entwickelt.
Das Ritual ist eine Form gemeinschaftlicher Tätigkeit, bei der alle Teilnehmer sich zu einem gemeinsamen Zweck verbinden. Man könnte es als ein Bewußtseins-Konzert mit symbolischer Instrumentierung bezeichnen. Als ein Organ okkulter Energie, die zwischen menschlichen und mit ihnen verbundenen Wesen wirkt, ist das Ritual der älteste und verläßlichste Bundesgenosse des Menschen. Im Idealfall sollte jeder Ritualist imstande sein, aus den Grundprinzipien neue Riten abzuleiten. Jedoch kann die Ausführung schon bestehender vertrauenswürdiger Riten, sofern sie zugänglich sind[3], große spirituelle Befriedigung verschaffen.
Die erfolgreiche Durchführung von Ritualen ist eine hochspezialisierte Kunst, die sehr viel geduldige praktische Übung erfordert. Es wäre, gelinde gesagt, höchst absurd zu glauben, man brauche nur ein paar Worte zu sprechen, einige vage Gesten auszuführen, und schon geschehe Magie. Wenn die äußere Symbolik nicht die entsprechenden realen inneren Energien aktiviert und freisetzt, ist das Ritual so wirkungslos wie die Aufführungen eines Amateurtheaters.

Die Gefahren des Pfades

Auf allen Lebenspfaden drohen viele Gefahren, und der Westliche magische Weg macht darin keine Ausnahme. Die größte Gefahr ist zweifellos *Unausgeglichenheit* in jeder nur denkbaren Form. Aus diesem Grund haben es die für den Anfänger empfohlenen Übungen vorwiegend mit Gelassenheit, Stabilität und der schnellen Wiederherstellung des inneren Gleichgewichts zu tun. Dabei muß damit gerechnet werden, daß Charakterfehler besonders heftig aktiviert werden. Es kommt erfahrungsgemäß nach den Einweihungszeremonien beim Kandidaten zu einem plötzlichen, einer Impfreaktion ähnlichen »Aufflammen« aggressiven Verhaltens. Auch paranoide Symptome können sich entwickeln. Alle diese Eventualitäten sind auf schon vorhandene spirituelle Strukturschwächen bei den Betreffenden zurückzuführen. Die Magie erzeugt starke innere Spannungen, die ganz natürlich latente Schwächen des Individuums sichtbar machen. Um der Gerechtigkeit willen muß jedoch gesagt werden, daß die Magie auch geeignet ist, solche Fehler zu beheben.
Übertriebener Enthusiasmus und übertriebene Zuversicht sind verbreitete Gefahren. Immer wieder ist darauf hinzuweisen, daß ein »Mittelweg« eingehalten werden sollte, und das muß so lange eingeübt werden, bis es zur zweiten Natur wird. Eine große Gefahr des magischen Pfades besteht, wenn entsprechende Sicherheitsmaßnahmen nicht beachtet werden, in der Möglichkeit eines geistig-seelischen und physischen Zusammenbruchs des Individuums. Krankheiten sind, auch wenn sie psychischen Ursprungs sind, etwas sehr Reales. Die meisten dieser Störungen entstehen durch mißbräuchliche Anwendung von Magie auf den Geist oder Körper und sind auf irrige Intentionen, Fehleinschätzung der voraussehbaren Risiken, auf Unachtsamkeit oder einfach auf Mangel an gesundem Menschenverstand zurückzuführen. Wirkliche Unglücksfälle können wie überall sonst auch passieren, aber die meisten der durch Magie heraufbeschworenen Übel sind selbstverschuldet. Wer sich zum Beispiel mit chemischen Drogen vergiftet und seine physischen Kräfte ruiniert, während er sein Bewußtsein zu schmerzhaften Verrenkungen zwingt, braucht sich nicht zu beschweren, wenn er dafür dann die Rechnung zu zahlen hat. Wer derart Mißbrauch treibt mit der Magie, verdient wenig Mitgefühl. Die Magie selbst straft die, die sie mißbrauchen.

Gefahr droht in der Magie allerdings auch dann, wenn aus Inneren Quellen stammende Nachrichten falsch interpretiert werden oder wenn sich der Mensch jenen Einflüssen antihumaner Wesen öffnet, die man früher »Versuchungen des Teufels« nannte. Als was immer sie bezeichnet werden, sie bestehen in Zwängen und Überredungskünsten, die unseren höchsten spirituellen Interessen zuwiderlaufen. Solchen Einflüssen sind natürlich die Menschen ganz allgemein ausgesetzt, besonders aber diejenigen, die durch Magie oder auf andere Weise ihre innere Empfänglichkeit geweckt, jedoch keine vernünftigen Vorsichtsmaßnahmen gegen deren mißbräuchliche Benutzung getroffen haben. So sind ihre inneren Empfindungsbereiche ohne ausreichenden Schutz und überaus leicht verwundbar.

Das Ergebnis sind oft Schwierigkeiten, an denen schiere Naivität, innere Sinnestäuschungen und durch falsche Selbsteinschätzung bedingte Leichtgläubigkeit schuld sind. Die Menschen lieben Schmeicheleien, und ihr Pseudo-Ich neigt zu Größenphantasien. Sie geben sich gern der Vermutung hin, sie seien für besondere spirituelle Sendungen ausersehen, und sind begeistert, wenn sie in sich die Fähigkeit, mit anderen als menschlichen Formen des Bewußtseins in Kontakt zu kommen, erwachen fühlen. Das macht sie anfällig für alle möglichen Arten von Bauernfängerei oder subtilen Manipulationen durch Kräfte im Inneren magischen Bereich, die dem menschlichen Fortschritt nicht unbedingt günstig sind. Mit anderen Worten, sie werden zu ganz gewöhnlichen Feld-, Wald- und Wiesenschmarotzern – falls und solange sie nicht durch trübe Erfahrungen klug werden. Es ist erstaunlich, wie Leute, die zu gescheit sind, sich von ihren Mitmenschen betrügen zu lassen, auf dieselben uralten Tricks hereinfallen, wenn sie ihnen im Inneren Bezirk begegnen.

Die meisten »dringenden Warnungen« vor den Gefahren der Magie stammen aus dem Munde nicht-magischer Beobachter, die von Tuten und Blasen keine Ahnung haben. Es ist nicht so, daß die Magie eine große spirituelle Gefahr bedeutet, sondern daß spirituell gefährliche Menschen geneigt sind, die Magie als eine großartige Waffe bei der Durchführung ihrer übelsten Absichten anzusehen. Sehr viele dumme, bösartige, verantwortungslose und sonstwie ungeeignete Leute fühlen sich aus den falschen Gründen zur Magie hingezogen; es ist daher kein Wunder, daß der unverantwortliche Umgang solcher Menschen mit der Magie auf ihr Fernstehende einen sehr schlechten Eindruck machen muß. Es ist jedoch grundsätzlich verfehlt, das sollte man sich klarmachen, sich bei solchen Schädlingen aufzuhalten; die Magie ist für sie nur der Weg, der sie immer mehr auf die schiefe Bahn bringt. Es wäre anderswo, auf religiösem oder politischem Gebiet, für sie das gleiche gewesen. Noch etwas ist zu bedenken: Über die schlimmsten Beispiele falscher Magie wird in der Öffentlichkeit am meisten geredet, während die spirituellen Erfolge im allgemeinen im verborgenen bleiben. Die Magie birgt keine Gefahren, die nicht zuvor schon in denen, die sie praktizieren, da sind.

Der sicherste Schutz gegen den Mißbrauch von Magie besteht darin, bestimmte klare spirituelle Wertmaßstäbe zu akzeptieren und sich an sie zu halten; an ihnen können alle über die Anwendung von Energie zu treffenden Entscheidungen gemessen werden. Einen solchen Wertmaßstab aufzustellen und ihn sich zu eigen zu machen ist in den Kreisen authentischer Westlicher Magie das erste, was zu tun ist. Das wohl anerkannteste und praktikabelste unter diesen Wertsystemen ist das des Lebensbaumes.

Die Techniken des Pfades

Die meisten findet man in jedem Buch über geistig-seelische und spirituelle Übungen dargestellt. Ihre wesentlichen Elemente sind: Verständnis für die notwendigen Bedingungen, strenge Disziplin und Regelmäßigkeit des Übens. Normalerweise werden Rituale angewandt, die physische, geistig-seelische und spirituelle Aktivitäten in sich vereinen. In den Westlichen rituellen Systemen sollte es eigentlich kein totes Buchstabenwissen geben, sondern nur lebendige Erfahrungen im Rahmen kontrollierter Bewußtseinsvorgänge. Jedes System innerhalb der Tradition besitzt ganze Sammlungen solcher Verfahren und Übungen, die den jeweiligen Anhängern gewöhnlich in dem Maß, in dem sie von ihnen zu profitieren imstande sind, gezeigt werden. Die große Mehrheit dieser »Geheimnisse« ist heute in jeder öffentlichen Bibliothek jedermann zugänglich. Das Besondere an ihnen ist, daß man wissen muß, was jeweils für ein bestimmtes Individuum an einem bestimmten Punkt seiner Entwicklung richtig ist. Die planmäßige Anordnung an sich einfacher Faktoren unterscheidet den eingeweihten Experten vom Dilettanten. Der eine weiß, wie das gemacht wird, der andere weiß es nicht.

In den verantwortungsbewußten Gruppen des Westlichen Weges nehmen sich die Einführungstechniken auf den ersten Blick enttäuschend primitiv oder unzulänglich aus. Sie sind speziell auf zwei Ziele hin konzipiert: sie sollen als »Charakter-Enthüller« fungieren und die innere Aufmerksamkeit des Aspiranten wecken; diese wird dann in geeignete spirituelle Bereiche geleitet, wo nicht-inkarnierte Wesen schon bereitstehen, die speziell mit solchen Kontakten umzugehen wissen; das geschieht dann nicht auf spektakuläre, objektiv erkennbare Weise, sondern indem sie einen Gegen-Kraftstrom erzeugen, der einen für die richtige Ich-Reaktion geeigneten Punkt im Innern des Aspiranten stimuliert. Ob das gelingt oder nicht, hängt von der Fähigkeit des Novizen ab, auf den inneren Anstoß sinnvoll zu reagieren.
Nehmen wir ein praktisches Beispiel. Die Aspiranten oder Kandidaten werden aufgefordert, jeden Tag einige ganz einfache Verrichtungen auszuführen, die nur geringfügig, aber bedeutsam von ihren üblichen Lebensgewohnheiten abweichen. Der Sinn der Sache ist, die spirituelle Entwicklung mit menschlichen Aktivitäten zu verknüpfen und dabei eine allmähliche Ausrichtung der Aufmerksamkeit von rein weltlichen Angelegenheiten weg auf innere Bereiche von magischer Bedeutung hin in Gang zu setzen. Darüber hinaus werden dem Aspiranten die Grundzüge einer Philosophie und ein Wertsystem (häufig der Lebensbaum) vermittelt, an die er sich zu halten hat.
Solche einfachen Verrichtungen sind zum Beispiel folgende: erstens, fünf Minuten Meditation am Morgen, sobald wie möglich nach dem Aufwachen. Am Anfang können diese Meditationen frei gewählt werden, später geht man zu systematisch aufgebauten Themen und Symbolen über. Danach werden ganz kurze tabellarische Notizen über wichtige Punkte, etwa den Grad der Konzentration, das Abschweifen der Aufmerksamkeit, ungewöhnliche Eindrücke usw., gemacht. Mittags wird ein sehr kurzer aber intensiver »Innerer Ruf« ausgesandt. Das ist nichts anderes als eine kurzfristige Konzentration aller verfügbaren inneren Energie, die an die Gottheit gerichtet wird als Bitte um Hilfe und Beistand durch die Mächte des Pfades. Dabei können verbale Formulierungen wie etwa »Erleuchte Du meinen Weg« gebraucht werden. Das ist nur als momentaner »Blinkkontakt« gemeint. Am Abend sollen nicht mehr als zehn Zeilen über das »Thema des Tages« in ein sogenanntes »Magisches Tagebuch« geschrieben werden. Die Aufzeichnung soll sich streng ans Thema halten, zu möglichst einfachen Bewußtseinssymbolen verdichtet, jedoch nicht in Kurzschrift

notiert sein. Eine gute Methode, um eine solche Verdichtung zu erreichen, besteht darin, daß man eine ganze Seite Geschriebenes in einen Abschnitt zusammenfaßt, den Abschnitt in einen Satz, diesen in ein Wort und schließlich bei der wortlosen Bewußtheit der Bedeutung endet. Kehrt man diesen Prozeß um, kann man Ideen aus dem Nichts herausholen, die sich allmählich ausdehnen und entfalten, bis ein Maximum an geistiger Wahrnehmung erreicht ist.
Als letztes kommt am Abend kurz vor dem Einschlafen die »schnelle Rückschau«. Sie besteht darin, daß man in Gedanken die erinnerten Tagesereignisse sehr rasch in umgekehrter Reihenfolge durchläuft, wenn möglich während des Schlafengehens. Der Zweck der Sache ist, mechanisiertes Bewußtsein aus seinen irdischen Geleisen zu stoßen; daneben geht es auch noch um »Ereignis-Ausgleich«, der die Wirkung hat, in Zukunft wahrscheinlich zu Erwartendes im voraus auszubalancieren, was auch als »Karma-Umwandlung« bekannt ist. Verfährt man mit den Ereignissen des Tages auf diese Weise, besteht die Möglichkeit, zu innerer Ausgeglichenheit zu kommen; denn so wird verhindert, daß sich unerledigte Angelegenheiten im Laufe der Zeit im Innern aufstauen.
Das klingt alles sehr einfach und anspruchslos. Die routinemäßige Durchführung dieser Prozeduren Tag für Tag ein ganzes Jahr lang scheint keinen großen Nutzen zu versprechen. Für Menschen des Westens jedoch, die ihren Lebensunterhalt in der Welt zu verdienen haben, während sie versuchen, das Recht zu einem Leben außerhalb der Welt zu verdienen, sind sie sehr nützlich. Es gibt natürlich auch andere Methoden, alle aber beruhen auf denselben Prinzipien der Treue, der Hingabe und echter spiritueller Demut, die mit Masochismus absolut nichts zu tun hat. Sie ist nichts anderes als das stille Vertrauen, daß die Leere des eigenen Wesens sich füllen wird mit dem, was im Interesse wahrer Ichheit im Vollkommenen Tiefen Frieden das Richtige ist. Mit den Worten eines alten Einweihungs-Rituals:

> Frage: Worauf setzest du dein Vertrauen?
> Antwort: Ich vertraue allein auf die Wahrheit.
> Frage: Was ist Wahrheit?
> Antwort: (schweigt)

Versuchungen im praktischen Bereich

In den meisten Traditionen, vor allem aber im Westen, sind die Menschen in Versuchung, ohne Rücksicht darauf, ob sie sie auch ordnungsgemäß durchführen können, mit Übungen herumzuprobieren. Meistens bringen sie nur alles durcheinander oder machen sich, wie kleine Kinder, die wie die Erwachsenen malen wollen, selbst schmutzig. Die im physischen Sinn Erwachsenen sehen nur selten, daß ihr Inneres spirituell im Zustand der Kindheit ist, und verhalten sich so infantil wie in ihren ersten Lebenstagen auf der Erde. Man braucht mehr als nur ein menschliches Leben, um zu spiritueller Reife zu gelangen, und wir sind hier in dieser Welt in bezug auf unser Inneres eine Ansammlung sehr verschiedener Altersgruppen.
Da der Wunsch, sich zu verkleiden und sich wie die Erwachsenen zu benehmen, in der Kindheit ganz normal ist, fühlen sich alle zur rituellen Magie automatisch hingezogen, die auf höheren Ebenen nicht mit ihr fertigwerden. Mit der Magie spielen ist aber etwas ganz anderes, als mit ihr arbeiten. Glücklicherweise kommen die meisten, die mit Magie nur herumwursteln, selten zu ernstem Schaden, wenn sie nicht gerade dem konkret Bösen in ihrem eigenen Innern freien Lauf lassen oder sich willentlich zu Werkzeugen übelwollender Wesenheiten machen, von denen ihre magischen Bemühungen für heimtückische Zwecke benutzt werden können. Echte Gefahr, daß die Dinge schlecht ausgehen, besteht, wenn energische, kräftige junge Leute sich zu einer Gruppe zusammenfinden und, wie sie meinen, »Magie betreiben«. Ihre sexuelle Potenz ist ein natürlicher Vorrat an »wilder« Kraft, die sehr leicht von Innen angezapft werden kann, während sie so ungeniert mit Magie herumhantieren.
Hier wird in der Tat durch den Mißbrauch von Magie sehr viel Unheil angerichtet. An sich brauchte dabei nicht viel mehr bewirkt zu werden als ein Energie-Ausbruch wie bei einem Geiser etwa oder sonst einer Naturerscheinung dieser Art. Das Schlimme an der Sache ist die absichtliche Ausbeutung der Energie durch böse Wesenheiten, die sie für ihre eigenen verderbten Zwecke verwenden können. Das ist nicht ganz neu, aber in der heutigen Zeit könnte es wegen unserer hochgefährlichen Umgangsmöglichkeiten mit Energie besonders unangenehm werden.
Viel Verwirrung entsteht in der Westlichen Magie durch Leute, die »Großes« ausführen wollen, ehe sie die nötige Fertigkeit im Kleinen

erlangt haben. Überschätzung der eigenen Bedeutung ist eine sehr verbreitete Versuchung in dieser Hinsicht. Wenn diese Möchtegern-Magier lernten, reale Kräfte in den unauffälligsten Faktoren des Lebens zu entdecken, könnten sie dort finden, was sie in größeren, über ihre Verhältnisse gehenden zu fassen versuchten und was ihnen dort immer wieder entglitt. Es kann auch sein, daß zu viele Menschen eine sehr wertvolle Kraft von hoher magischer Bedeutung ganz verlieren oder nicht erwerben: echten Sinn für Humor und Spaß!

Wie man Kontakt zur lebendigen Tradition aufnimmt

Es gibt in Wirklichkeit nur einen einzigen Weg, um mit der lebendigen Tradition der Westlichen Magie in Kontakt zu kommen: mit ihr zu leben und ein Teil von ihr zu werden. Diese Antwort mag nicht sehr ermutigend klingen, sie ist aber die Wahrheit. Sehen wir uns die Sache unvoreingenommen an.
Wenn jemand im Ernst erwarten sollte, außer in der okkulten Romanliteratur auf merkwürdige »geheime magische Bruderschaften« zu stoßen, gebe er diese Vorstellung so schnell wie möglich auf, es sei denn, sie macht ihm Spaß. Es entstehen in der Tat dutzendweise kleine geheime oder halbgeheime Logen und Gesellschaften, und sie vergehen auch wieder. Sie mögen zum Teil Berührungspunkte mit der Tradition haben oder auch nicht, keine von ihnen hat jedoch das exklusive Recht, Mitglieder aufzunehmen, oder die Macht, einem einzigen ernsthaften Aspiranten die Zugehörigkeit, die sozusagen sein spirituelles Geburtsrecht ist, zu verweigern. Ob er Zeit, Geld und Mühe auf die Mitgliedschaft in einem esoterischen »Kulturklub« verwenden will, muß der Entscheidung des einzelnen Suchenden überlassen bleiben. Es ist immer zu bedenken, daß diese Gruppen zwar zur Westlichen Tradition gehören mögen, diese aber viel größer ist als alle Gruppen zusammen.
Man kann fast überall auf der Welt in Büchern, Gesprächen, Bildern, Ornamenten, an Bauwerken und in der Musik auf Einzelheiten der lebendigen Tradition stoßen. Man kann sich auf eine faszinierende Schatz- oder Gralssuche machen, die Tradition von Punkt zu Punkt verfolgen und versuchen, sie zu einem vollständigen Bild zusammenzufügen. Das kann ein ganzes Leben in Anspruch nehmen, außer der

Befriedigung des eigenen Interesses aber nichts bewirken. Es kann die Forschenden nicht eigentlich in die Tradition integrieren.
Will man die Tradition in ihrem lebendigen Wirken entdecken, ist eines wesentlich: selektive Beschäftigung nur mit ihren Grund-Schwingungen. Das bedeutet eine strenge spirituelle Schulung, die ausschließlich mit Westlicher Symbolik und Terminologie arbeitet und Westliche Methoden und traditionelle Regeln anwendet. Daraus ergibt sich die Forderung, alle unmittelbar zu orientalischen oder anderen Traditionen führenden Kanäle zu schließen. Es gibt zwar immer noch gemeinsame innere Berührungspunkte mit ihnen, da diese Traditionen aber für den Westlichen Inneren Weg nicht brauchbar sind, müssen für alle, die den Westlichen Inneren Pfad treu befolgen wollen, die Zugänge zu ihnen gesperrt werden. Eine Tradition ist eine Tradition, und sie muß reinerhalten werden, oder sie erlischt schließlich. So wäre es zum Beispiel unmöglich, echte Westliche Magie zu betreiben und dabei noch tibetanische Gebetsmühlen, afrikanische Masken, chinesische Trommeln, ägyptische Skarabäen, asiatische Kultgewänder und einen Mischmasch von Symbolen ohne Rücksicht auf ihren Ursprung und ihren inneren Zusammenhang zu verwenden. Auch aus tantrischen Zaubersprüchen, Anrufungen ägyptischer Gottheiten, Teilen verballhornter mittelalterlicher Schriften und aus verschiedenem Trödel ähnlicher Herkunft zusammengepfuschte Rituale gehören nicht zum wahren Westlichen Weg und werden nie zu ihm gehören. Es ist einfach sinnlos und töricht, Einzelheiten, die eigentlich in einen anderen Zusammenhang gehören, miteinander in eine unsichere Verbindung zwingen zu wollen. Aber gerade dieser Fehler wird so oft gemacht.
Jede angesehene beziehungsweise vertrauenswürdige Gruppe von Eingeweihten, die Wert darauf legt, daß die Westliche Tradition in bestem Licht erscheint, muß darauf bestehen, daß die Aspiranten, ehe sie aufgenommen werden, alle derartigen »un-Westlichen« Verbindungen lösen – nicht aus einem Vorurteil oder einer Aversion heraus, sondern einfach, um die Kontakte entlang einer speziellen spirituellen Entwicklungslinie reinzuerhalten. Eine wirklich strenge Eingeweihten-Gruppe, die sich ihrer Verantwortung bewußt ist, müßte jedem, der sich im Zustand »gemischter Magie« befindet, die Zulassung verweigern. Es wäre genauso töricht, solche nicht zu ihnen passenden Menschen in ihre Gemeinschaft aufzunehmen, wie es töricht wäre, nicht miteinander vereinbare Chemikalien zu mischen.

Wenn also jemand ernstlich Kontakte zur lebendigen Westlichen Tradition aufnehmen will, möge er das, um dieser Tradition willen, auf dem Weg über sie selbst tun; sonst wird sie sich allem Suchen auf höchst verwirrende Weise entziehen, und er wird den Eindruck gewinnen, sie existiere gar nicht. Es gibt eigentlich nur einen einzigen vernünftigen Rat, den man jemandem, der aufrichtig nach dem Inneren Weg des Westens sucht, geben kann, nämlich diesen: Steig so tief du kannst in dich hinab, und versuche, *deine eigenen* Westlichen spirituellen Wurzeln zu entdecken. Niemandes sonst. *Nur deine.* Kümmere dich nicht darum, was andere Leute in anderen Teilen der Welt oder auch neben dir tun. Du bist nicht sie, sondern du selbst. Grabe also bis in deine tiefsten Tiefen hinunter, und ergreife, was immer du an fundamentalem Lebensglauben finden kannst. Sollte er schwankend und unsicher sein, dann denk daran, daß du kurz nach deiner Empfängnis auch noch nicht viel warst; darum mach dir keine Gedanken, wenn dein Glaube unreif und dürftig erscheint. Wenn du meinst, du habest nichts gefunden, dann halte dich an dieses Nichts, so fest du kannst. Am Ende muß unweigerlich etwas daraus hervorgehen, weil alles aus dem Nichts kommt.

Mach dir klar, daß du als Glied einer langen Kette Westlich orientierter Menschen auf die Welt kamst. Ihre Körper mögen tot und längst dahin sein, ihr spirituelles Erbe jedoch ist in dir genetisch noch höchst lebendig. Du kannst es akzeptieren und glücklich damit leben, du kannst aber auch versuchen, es zu verleugnen, und in ewigem Streit mit deiner eigentlichen Natur leben. Dies letztere bringt jeden Menschen in Schwierigkeiten.

Glaub an dich selbst und an deine latente Fähigkeit, zu einer spirituellen Tradition vorzustoßen, die schon in dir lebt, sosehr sie auch durch inneres und äußeres Beiwerk verdunkelt sein mag. Sie ist dein rechtmäßiges Erbe; wenn du es also wirklich besitzen willst, beuge dich nieder zu deinen Wurzeln, und nimm es auf.

Scheue dich nicht, in deinem eigenen Innern andere, deren Bewußtsein mit dem deinen zutiefst verbunden ist, um spirituelle Hilfe zu bitten. Rufe deutlich und zuversichtlich, und man wird dich hören. Verlang aber nicht eine sofortige Antwort in deiner Muttersprache oder in barer Münze. Das würde die Verbindung auf der Stelle abschneiden. Wenn du Wortsymbole benutzt, dann mögen sie lauter und einfach sein, zum Beispiel so: »Laßt mich leben, wie es zu mir gehört.« Schick diesen Ruf immer wieder wie ein Radio-Sendezeichen aus.

Dann sei still, und verhalte dich ganz ruhig. Versuche, der inneren Stille nachzugehen, bis sie auf ihre eigene Weise zu sprechen anfängt. Halte alles, was du erfährst, geheim. Denk an die vier Maximen der Westlichen Magie: Wissen, Wagen, Wollen, Schweigen. Sie sollten alle vier als eine Einheit behandelt werden.

Die »Sei-es-selbst«-Tradition

In der Vergangenheit stammte wenig oder nichts von dem, was einer bestimmten Tradition angehörte, aus Büchern oder handschriftlichen Berichten. Nur Teile wurden mündlich tradiert. Woher stammte nun aber das Übrige? Unmittelbar aus dem Innern Eingeweihter, die mit höheren Stufen des Inneren Bewußtseins in Verbindung standen. Alle wahrhaft spirituelle Lehre sollte eigentlich daher kommen. Wir verlassen uns heutzutage viel zu sehr auf Bücher, Tonbänder, Massenmedien und Informationen speichernde und verarbeitende Computer. Das Resultat ist, daß wir uns zu wenig auf unsere eigenen inneren Wahrnehmungskräfte verlassen, und das bedeutet einen Verlust an spiritueller Verbindung mit dem Leben.
Aus diesem Grund haben die Eingeweihten früherer Zeiten auf der Suche nach innerer Identität und nach einem gesunden Lebensglauben Wert auf einsame Selbsterforschung gelegt. Beispiele hierfür sind der Aufenthalt Jesu in der Wüste und die Meditation Siddhartha Buddhas unter dem Bo-Baum. Alle Eingeweihten waren darauf aus, sich auf irgendeine Weise einer solchen Übung nicht nur als einer psychologischen Erfahrung, sondern als der Grundvoraussetzung eines konsequenten Lebens zu unterziehen. Speziell im Westen verbot die Lehre der Druiden, von einem bestimmten Punkt an aus Büchern zu lernen, und bestand auf mündlicher und meditativer Kommunikation mit anderen Menschen und mit der Natur. Die meisten spirituellen Systeme kannten formale Verbote in bezug auf die Niederschrift einzelner Teile ihrer Tradition. Kein einziger großer Lehrer schrieb Botschaften für die Nachwelt auf. Jesus hinterließ bekanntlich keine seiner Erleuchtungen in geschriebener Form, und nach dem zu urteilen, was seine Nachfolger im Lauf der Jahrhunderte taten, möchte man sagen, daß es ein Fehler war, aufzuschreiben, was von seinen mutmaßlichen Äußerungen erhalten ist.

Solche Verbote entsprangen nicht einem Vorurteil gegen Literatur oder unnötiger Geheimniskrämerei. Es sollte damit einzig und allein unterstrichen werden, daß es wichtiger ist, die spirituelle Tradition durch individuelle Verbindung mit dem Unendlichen aufrechtzuerhalten als auf dem Weg über das Nachbeten der Erkenntnisse vergangener Zeiten. Im Lauf der Zeit erkannte man, daß es nützlich war, routinemäßige äußerliche Informationen schriftlich zu fixieren, die wahre »lebendige« spirituelle Seite aller Systeme wird aber weiterhin allein über Innere Bewußtseinskanäle vermittelt. Es kann sehr nützlich sein zu erfahren, was andere getan oder gesagt haben, *vorausgesetzt*, daß es die Seele anregt und ermutigt, davon ausgehend auf ihre eigene Weise den Pfad des Inneren Lebens zu gehen. *Das* ist die einzig richtige Art, in die Westliche Tradition hineinzukommen. Das beste Mittel, sich Zugang zu ihr zu verschaffen, ist immer, sich mit den Schlüsselsymbolen vertraut zu machen. In den Westlichen magischen Mysterien sind das der Herrscherstab, das Schwert, der Kelch, der Schild und der Strick. »Fünf sind der Symbole an unserer Tür«, wie das alte magische Lied sagt. Diese Symbole stehen in Zusammenhang mit dem Kreis-Kreuz sowohl als auch mit dem Lebensbaum und sollten also in diesem Licht gesehen werden.

Die Arbeit mit den Symbolen

Der Westliche magische Ritualismus beruht im Grunde auf der praktischen Anwendung der Symbolik speziell in den spirituellen Aktionsbereichen und auf sie. Das heißt, daß der Magier lernen muß, sich selbst und sein Bewußtsein entsprechend dem Symbol, das er benutzt, gezielt zu verändern. Das ist ausschließlich eine Sache der Übung.
So liegt demnach der eigentliche Wert magischer Symbole darin, daß sie *im Magier selbst* und damit in seinem gesamten Einflußbereich die speziellen Eigenschaften oder Fähigkeiten, die diese Symbole repräsentieren, »aufrufen« oder »wecken«. Das ist ein mit gewöhnlichen Berechnungen nicht zu erfassender Wert, der unter keinen Umständen unterschätzt oder als Nebensache behandelt werden sollte. Symbole sind buchstäblich die Schlüssel zu einem Inneren Reich, das der Mensch sich selbst mittels der Magie schafft.

Beispielsweise: einen geweihten Kelch emporheben und selbst realiter innerlich und als Ganzes ein lebendiges Gefäß der alles Dasein auf allen Lebensstufen umfassenden, vom Göttlichen über den Menschen hinab zu den niederen Wesen reichenden Liebe werden; ein Schwert ergreifen und alle verfügbare Schärfe, Geschmeidigkeit, Zielgerichtetheit in einem Punkt sammeln; einen Herrscherstab ergreifen und die spirituellen Richtmaße, die man bei allen seinen Betätigungen im Leben als gültig anerkennt, aufrechterhalten; sich mit dem Schild des eigenen lebendigen Glaubens und der eigenen wahren Identität gegen alles Mißgeschick und alle Widerstände, denen wir auf der Erde begegnen, abschirmen – das sind magische Praktiken allerhöchsten Ranges.
Daneben gibt es noch die mit dem Wirken im Magischen Kreis zusammenhängende Symbolik. Irgendwie müssen wir alle in irgendwelchen Kreisen leben und wirken, der Magische Kreis ist jedoch aus sorgfältig und systematisch angeordneten Bewußtseinsfiguren gebildet, die den Magier und seine inneren Energiebereiche zueinander nach einer intendierten Richtung hin in eine maximal sinnhaltige Beziehung setzen. In früheren Zeiten geschah das oft dadurch, daß verschiedene Namen für die Wirkensweisen Gottes oder auch Schutzzeichen gegen böse Einflüsse im Kreis um den Magier herum geschrieben wurden. Sie waren natürlich genau so viel oder so wenig wert wie der Glaube des Magiers an ihre Wirksamkeit. Die Kreidezeichen an sich bewirkten gar nichts, solange sie den Betreffenden nicht inspirierten, ihre Inhalte in eine reale eigene Bewußtseinsform und die gewollte Neuordnung seiner eigenen Natur zu verwandeln. Das erst war der wirkliche Magische Kreis.
Ein in die Magie eingeweihter Mensch von heute würde sich einen »Kraft-Perimeter« schaffen, der aus spezifischen, bewußt auf ihn und alle anderen lebenden Wesen hin geordneten spirituellen Qualitäten besteht und der als etwas, was man heute vielleicht einen »geschlossenen Stromkreis« nennen würde, graphisch dargestellt oder symbolisch nachvollzogen werden kann. Es sind viele Ausführungen eines solchen »Kosmischen Kompasses« möglich; einen guten und zuverlässigen kann man nach der Kreis-Kreuz-Formel herstellen: »Im Namen der Weisheit, der Liebe, der Gerechtigkeit und der unendlichen Barmherzigkeit des Einen Ewigen Geistes, Amen.« Das sind die vier Prinzipien oder Qualitäten, durch die die Menschheit unmittelbar mit der Gottheit verbunden ist. Der Kreis wird also ausgeführt, indem

MODERNER MAGISCHER KREIS

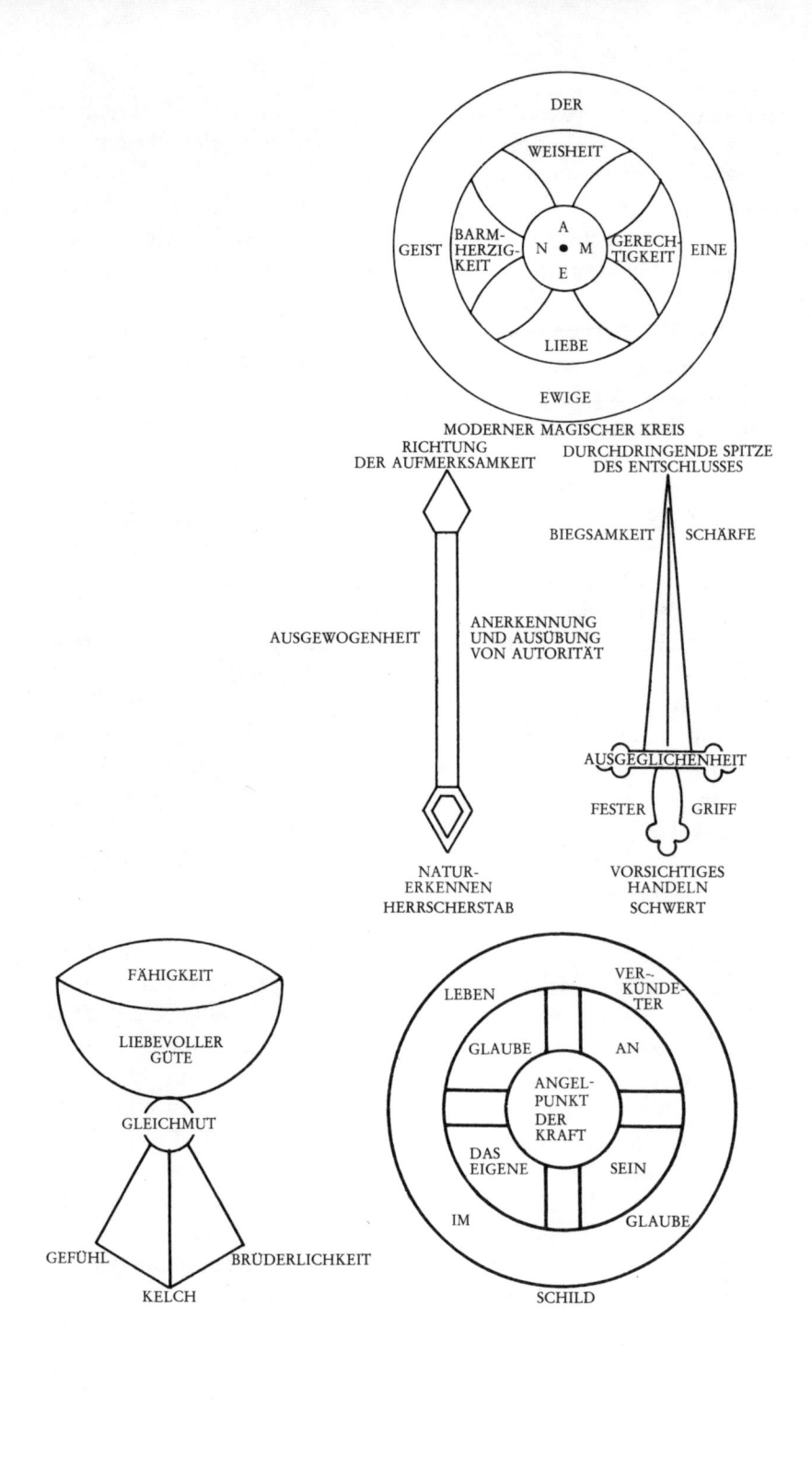

DER
WEISHEIT
GEIST — BARMHERZIGKEIT — NAME — GERECHTIGKEIT — EINE
LIEBE
EWIGE

HERRSCHERSTAB

RICHTUNG DER AUFMERKSAMKEIT

AUSGEWOGENHEIT

ANERKENNUNG UND AUSÜBUNG VON AUTORITÄT

NATURERKENNEN

SCHWERT

DURCHDRINGENDE SPITZE DES ENTSCHLUSSES

BIEGSAMKEIT — SCHÄRFE

AUSGEGLICHENHEIT

FESTER — GRIFF

VORSICHTIGES HANDELN

KELCH

FÄHIGKEIT

LIEBEVOLLER GÜTE

GLEICHMUT

GEFÜHL — BRÜDERLICHKEIT

SCHILD

LEBEN — VERKÜNDER
GLAUBE — AN
ANGELPUNKT DER KRAFT
DAS EIGENE — SEIN
IM — GLAUBE

man in jeden Quadranten ein Prinzip (oder ein symbolisches Zeichen dafür) einträgt, entlang der Peripherie die Worte ›DER EINE EWIGE GEIST‹ (oder eine andere angemessene Bezeichnung dafür) und in der Mitte ›AMEN‹.

Damit dieser Kreis wirksam wird, muß der Magier, in der Mitte stehend, die vier Grundqualitäten der Quadranten in seinem Innern wecken und sich mit ihnen identifizieren, bis sie zu einer einzigen ihn umgebenden Bewußtseinskonstante zusammenklingen. So entsteht nicht nur ein polarisierter Kraft-Perimeter, der das Individuum auf die richtige Weise nach jeder Richtung hin mit dem Leben verbindet, sondern auch der »Geist«, der den eigentlichen Lebensbereich dieses Individuums ausmacht. Man kann es auch so ausdrücken: Dadurch, daß der Magier einen solchen Magischen Kreis herstellt, erzeugt er die richtige Art von Spiritualität, mit der er leben kann. Nur wenige magische Verfahren können mehr erreichen.

Des Interesses halber sei noch erwähnt, daß das zentrale AMEN, von dem aus der Magier operiert, viele Interpretationen zuläßt. Erstens ist es der Name der Gottheit: AUM-EN, »Ich bin die Mutter (der Schöpfer) von allem«. Die Buchstaben können auch auf folgende Weise angeordnet werden:

NAME: Der Name dessen, der das Ritual ausführt
MEAN (engl.): Median oder Gleichgewicht des Lebens
MANE[4]: »Seele«

Und dazu natürlich die Bedeutung: »So sei es.«

Es ist nicht unwichtig, zu erwähnen, daß viele magische Praktiken, die im Lauf der Zeit auf das Niveau des Aberglaubens abgesunken sind, eigentlich auf allersolidesten spirituellen und psychologischen Prinzipien beruhen. Ihre Wiederherstellung in den für ihre gegenwärtige und zukünftige Anwendung geeigneten Formen ist sicher eine der Hauptaufgaben für ernsthafte Forscher auf dem Gebiet des Westlichen Inneren Weges.

Suche nach dem Licht im Westen

Um ständig im Tageslicht zu bleiben, müßten wir der Sonne folgen und immer nach Westen fliegen. Das ist für Menschen, die gern aus der Natur symbolische Analogien ableiten, ein interessanter Gedanke. Es liegt zudem an der Natur des Westens, daß man hier seiner Inneren Tradition auf Schritt und Tritt unmittelbar begegnen kann. Magie wächst auf dem Lande wild, und wer die wortlose Sprache des Lebens, wie sie – und das ist ganz wörtlich gemeint – aus »Stämmen und Steinen« spricht, verstehen lernt, kann ihr dort auf ihrem eigentlichen Grund und Boden begegnen.

Wer den spirituellen Weg des Westens ehrlich sucht, ist wohlberaten, wenn er sich über die natürlichen Gegebenheiten seiner irdischen Umgebung direkt mit ihm in Verbindung setzt. Es gibt auch viele »heilige Orte«, an denen eine solche Verbindung offenbar leichter zustande kommt als anderswo. So sind von jemandem, der auch nur ein wenig Einbildungskraft besitzt, nicht schwer zu finden. Wesentlich ist nur eine einzige Voraussetzung: die richtige Einstellung dazu. Es hat zum Beispiel nicht den geringsten Zweck, solche Orte in Gesellschaft unruhiger, lärmender Leute aufzusuchen. Am besten ist man dabei allein oder nur mit einer einzigen, sehr vertrauten Person zusammen. Ruhe und Schweigen sind Schlüssel, die viele verborgene Türen des Westlichen Inneren Weges öffnen. Das alles mag in dichtbesiedelten Gebieten schwierig sein, aber mit etwas Findigkeit ist es doch auch hier möglich, günstige Gelegenheiten zu entdecken. Man ist jedoch versucht, sich zu fragen, ob Jesus in der Wüste viel erfahren hätte, wenn eine Flugschneise über ihn hinweggegangen wäre, oder ob Buddha mit seinem Bewußtsein zurechtgekommen wäre, wenn der Bo-Baum neben einer Autobahn gestanden hätte.

In unserer motorensüchtigen heutigen westlichen Welt ist es sehr schwierig, wenn nicht beinahe unmöglich, sich für einen Monat auf der Suche nach spiritueller Erleuchtung aufs Land zurückzuziehen. Bei einiger Übung ist es jedoch auch heute noch möglich, jeden Augenblick fruchtbar zu machen, den man in enger Berührung mit der »Seele der Erde« verbringt oder mit der Westlichen Inneren Tradition, welche die Verbindung zu den natürlichen physikalischen Zentren ihrer Verkörperung herstellt. Die Kunst zu erlernen, diesen Inneren Bewußtseinsinhalt aus nicht-menschlichen Quellen zutage zu fördern, ist an sich schon eine faszinierende Seite der Westlichen Magie.

Das ist nur auf dem Weg über konkrete Empathie oder, wie man ebensogut sagen könnte, echte *Liebe* zu dem hinter den gewöhnlichen, bescheidenen äußeren Dingen verborgenen Geist möglich.
Der Vorgang ist ganz einfach. Man mache sich vertraut mit dem äußeren Erscheinungsbild eines beliebigen Westlichen »Ansatzpunktes«. Das kann ein heiliger Ort, ein Naturgegenstand, ein Symbol oder sonst etwas sein. Man vergegenwärtige sich, daß damit eine bestimmte Art von »Geist« verknüpft ist. Man suche mit diesem Geist auf freundschaftliche, liebevolle Weise in innere Beziehung zu treten. Man lasse diese Gefühle in sich entstehen und richte sie auf sein inneres Objekt ganz so, als sei eine lebendige Person zugegen. Man versuche, eine Gegenströmung aus dem Inneren zu empfinden. Sehr wichtig dabei ist, daß *in diesem Augenblick nicht willentlich der Versuch unternommen wird, irgend etwas auf diese Art Empfangenes in visuelle oder verbale Ausdrucksformen zu übersetzen.* Man erlebe einfach den inneren Kontakt und sonst nichts. Interpretationen bilden sich später mittels unbewußter Symbolik von selbst. Im »Augenblick der Vermittlung« müssen Worte und Bilder transzendiert werden. Sobald bei dem Vorgang ein Gefühl der Erfüllung eintritt, bricht man die Verbindung am besten still und vorsichtig ab, bevor man wieder auf die gebräuchlicheren Kanäle umschaltet.
Wenn das mit einem gewissen Erfolg getan worden ist, wird man das sichere Gefühl haben, daß etwas »Zusätzliches« in die Sphäre des Persönlichkeitsbereichs eingetreten ist. Es ist schwer zu beschreiben, aber unverkennbar für den, der es erlebt. Es ist so etwas wie eine spirituell befriedigende Empfindung, so als ob man etwas Gutes in sich aufgenommen habe, was man auf den inneren Assimilationswegen auch wirklich getan hat. Auch hier wieder ist es wichtig, nicht zu versuchen zu analysieren, zu zergliedern, zu beurteilen oder sonstwie in den natürlichen »Verdauungsprozeß« einzugreifen, der nun eintreten sollte. Er sollte seinem normalen Verlauf durchs Unbewußte überlassen werden, bis die Wirkungen sich von selbst zeigen. Sie sind bei den einzelnen Menschen sehr verschieden. Manche haben deutliche Träume signifikanten Charakters. Anderen fallen Erkenntnisse »vom blauen Himmel herunter« zu, wieder andere fühlen sich zu einer bestimmten Handlung gedrängt, die dazu führt, daß ihr Bewußtsein über ein bestimmtes Problem Klarheit gewinnt. So oder so wird der ursprüngliche Akt der Empathie in die Seelentiefen des Beteiligten

eindringen und schließlich durch das Unbewußte hindurch als positives Zeichen eines inneren Fortschritts an die Oberfläche treten. So wirkt die Westliche Magie.

Und so

Alles bisher Gesagte ist vielleicht sehr enttäuschend und entmutigend für jemanden, der eine detaillierte Beschreibung magischer Riten und Methoden in der Hoffnung erwartet hat, sie würden unter Garantie in einfachen Menschen gottähnliches Wissen erzeugen. In einem gewissen Sinn bestehen solche Methoden, allerdings in Gestalt von Prozessen, die sich über lange Perioden reicher Lebenserfahrung erstrecken. Was die meisten Leute für magische Riten halten, deren Durchführung nur Augenblicke beansprucht, sind in Wirklichkeit symbolische Darstellungen spiritueller Dramen, die sich auf sehr viel bedeutenderen Bühnen des Lebens, als auf dem Boden von Logen oder Orden abspielen. Diese sind zwar für Menschen, die sie richtig durchzuführen verstehen, von Nutzen, doch der Große Initiator aller Systeme, Östlicher, Westlicher oder anderer, wird immer das Leben selbst bleiben.
Das Ziel dieser Studie war, zu zeigen, daß die Magie des Westens nicht weniger als jede andere spezielle spirituelle Disziplin und Symbolik jedem Eingeweihten des Westlichen Weges dazu verhelfen kann, sein Ich-Sein zu vollenden, das heißt ein echter »Gefährte des Kosmos« zu werden, welcher der Gottheit für die Menschheit verantwortlich ist. Das ist keine Sache von Dogmen, Vorschriften, strengen Regeln oder sogenannten wissenschaftlichen Techniken. Es ist im wesentlichen eine Sache ständiger Wandlung, der richtigen Einstellung und einfühlender Daseinserfahrung. Das wurde einmal so ausgedrückt: »Liebe Gott und deine Mitgeschöpfe wie dein eigenes Wahres Ich.« Das ist die wirksamste Magie, warum also sich mit geringeren Imitationen abgeben?
Echte Westliche Magie ist keineswegs ein Lehrplan, der die Lektüre vieler geheimnisvoller Bücher, das Zusammenbrauen seltsamer Mixturen, das Absingen von Zauberformeln, das Tragen imposanter Gewänder, die Ausübung geheimer Riten und andere außergewöhnliche Dinge vorschreibt, durch die erreicht werden soll, daß einem

die Götter und Dämonen sozusagen aus der Hand fressen. Das alles sind wertlose Symbole, solange sie nicht in eine Bewußtseinsvaluta verwandelt werden, die auf viel höheren Stufen Tauschwert hat. Es sind Mittel, nicht Zwecke, und noch nicht einmal die einzigen Mittel. Die Westliche Magie ist viel reicher und tiefer. Sie ist die Grundverhaltensweise unserer eigenen Wirklichkeit gegenüber dem Leben. Glaubensformen der Vergangenheit zu erforschen und über primitive magische Praktiken und einstige magische Methoden Spekulationen anzustellen ist sicher eine geistreiche und sehr reizvolle Beschäftigung. Wir sollten darüber jedoch nicht vergessen, uns noch viel mehr mit der Magie unserer Zeit zu beschäftigen und sie so gut zu machen, daß sie uns sicher zu künftiger Erleuchtung führt. Die Magie ist jederzeit modern für Menschen, die fähig sind, ihre seltsame zeit- und raumlose »Geheimsprache« zu verstehen und sie in die Sprache der Gegenwart zu übersetzen. Die Magie von heute sollte uns mehr als alles andere interessieren. Wie der Lebensbaum, das Symbol ihrer spirituellen Gestalt, sollte die Westliche Magie in jedem Jahr neue Zweige treiben, die zur nächsten Erntezeit Frucht tragen.

Hin zu einer weltweiten reineren Magie

So wie vor einigen Jahrhunderten eine von der Magie ausgehende zentrale progressive Strömung eine Philosophie und Praxis hervorbrachte, die der menschlichen Seele des Westens ihre gegenwärtige Richtung gab, so müßten auch wir jetzt die magischen Methoden und die Metaphysik, die uns auf der Entwicklungslinie des Lebens voranbringen, »zentrieren«. Dies geschieht bereits in vielerlei Formen, die moderne Menschen gar nicht »magisch« nennen würden, die aber bereits in die aus den alten Einweihungssystemen hervorgegangene Westliche Tradition eingegangen sind. Die Magie ist heute keineswegs tot, sondern sie erfüllt alles um uns so sehr, daß wir gar nicht merken, worin wir uns eigentlich befinden – im Mittelpunkt des allergrößten Magischen Kreises, des weltweiten Stromkreises eines gemeinsamen Bewußtseins. Die Kräfte, die der Mensch als Magier in diesem Kreis anruft, werden das Schicksal jedes einzelnen auf der Erde bestimmen. In dieser Weise muß man heute die Magie sehen. Wenn wir einmal erkannt haben, was sie wirklich ist, und was durch sie erreicht werden kann, wird unsere älteste Kunst mit unseren modernsten Arkana eins werden.

Kaum jemand wird wohl bestreiten wollen, daß die Zivilisation sich vom Westen her ausbreitet. Ist das der Fall, dann ist es unsere Magie, die die Welt ihrer letzten Bestimmung entgegenführt. Wenn auch nur eine Ahnung von der Bedeutung dieser Konsequenz in den Menschen, die einen Inneren Weg suchen – *der seinerseits diese Menschen sucht* – das Bewußtsein einer spirituellen »Westlichkeit« weckt, dann wird die Mission dieses kleinen »Werkes im großen Werk« seiner Erfüllung nähergekommen sein. Im übrigen möge jeder seinen eigenen Glaubensweg zu dem Ich hin finden, an dem wir alle gleichermaßen teilhaben im VOLLKOMMENEN TIEFEN FRIEDEN.

---

[1] Es ist natürlich unmöglich, im Rahmen so allgemeiner Aussagen wie dieser streng logische Definitionen zu entwickeln. Das einzige, was man tun kann, ist, Leitgedanken vorzustellen, die, wie zu hoffen ist, die Menschen anregen, aus den in ihnen verborgenen Quellen eigene sinnvolle Definitionen zu schöpfen.

[2] Statt von Energie-Ausgleich könnte man auch von »metaphysischem Metabolismus« sprechen oder von einer Harmonisierung aller inneren Kräfte zu einem gesunden, funktionsfähigen Ganzen.

[3] Der Aspirant muß gegenüber dem ihm zur Verfügung stehenden reichen Material über die Magie ein hohes Maß an Unterscheidungsvermögen entwickeln. Im Idealfall bilden sich rituelle Formeln in den einzelnen selbst im Zuge ihrer spirituellen Aktivität; das Wichtige sind dabei die Grundprinzipien dieser Aktivität. Riten, die bei dem einen Menschen wirken, versagen bei einem anderen. Einige Grundformen sind in meinen gedruckten Schriften zu finden (1968, 1969, 1970, 1971, 1972, 1973, 1974), auf diesem Gebiet muß jedoch noch viel Forschungsarbeit und Zusammenschau geleistet werden. In der Regel gehen respektable okkulte Gruppen von allgemein akzeptierten Grundriten aus und regen die Initiaten dazu an, ihre eigenen Arbeitsmethoden aus ihnen zu entwickeln, was, wie zu erwarten ist, zu einander ähnelnden Modellen führt. Unerläßliche Voraussetzung ist dabei, daß man erkennt, was man auswählen darf, was zu verwerfen ist.

[4] In Anlehnung an lat. *Di Manes,* die Seelen der Verstorbenen.

DIE AUTOREN

CLAIRE MYERS OWENS
Zen – Buddhismus

Claire Myers Owens wurde in Temple, Texas, geboren und erhielt ihren Bachelor of Science (B. S.) von der Texas Woman's University. Sie setzte ihre Forschungsarbeiten in Psychologie an der Yale University fort. In Chicago, in New York City und in einem Bergwerkslager in Alabama betätigte sie sich in der Sozial-, insbesondere in der ›settlement house‹-Arbeit (social settlement ist eine Wohlfahrtseinrichtung in einem übervölkerten Stadtteil, mit einem ortsansässigen Mitarbeiterstab, der pädagogische und freizeitgestaltende Tätigkeiten in der Gemeinde leitet, Anm. d. Übers.). Weitere umfangreiche Erfahrungen verdankt sie dem Leben in einer Kommune in den Blue Ridge Mountains von Virginia und der Arbeit im New Yorker Buchgewerbe, aber auch einer langen glücklichen Ehe.
Vor ungefähr zwölf Jahren hatte sie ein spontanes Selbstverwirklichungserlebnis, das ihrem Interesse am Spirituellen starke Impulse gab. Während der letzten drei Jahre unterzog sie sich einer intensiven Schulung in Zen-Meditation (zazen) unter Philip Kapleau im Zen-Zentrum von Rochester (New York). Sie hat zahlreiche Bücher und wissenschaftliche Abhandlungen veröffentlicht, über Zen geschrieben und Vorlesungen gehalten.

Publikationen:
Awakening to the Good – Psychological or Religious (1958)
Discovery of the Self (1963)
The Mystical Experience – Facts and Values (1967)

DANIEL GOLEMAN
Buddhas Lehre von der Meditation und den Bewußtseinszuständen

Daniel Goleman wurde 1946 in Stockton in Kalifornien geboren. Die ersten Semester studierte er am Amherst College und an der University of California in Berkeley. 1968 schloß er sein Studium mit einer Arbeit auf dem Gebiet der Verhaltensforschung ab. Nachdem er in Harvard die Magisterprüfung in klinischer Psychologie abgelegt hatte, machte er dort den Dr. phil. in Individualpsychologie. Mit einem in Harvard erhaltenen zweijährigen Reisestipendium konnte er – größtenteils in Indien – seinem

Interesse für Meditation nachgehen, das während seines Studiums in Berkely, als er selbst an Meditationsübungen teilgenommen hatte, geweckt worden war. In Indien suchte er vor allem Yogis, Lamas und Mönche auf, um sich mit den verschiedenen spirituellen Praktiken Asiens vertraut zu machen; er nahm Unterricht bei Maharaj-ji (dem Guru aus *Be Here Now* von Ram Dass) und studierte bei Anagarika Munindra und S. N. Goenka buddhistische Meditation und Psychologie. Er ging ein zweites Mal nach Indien und Ceylon, um sein Studium der psychologischen Theorie des Buddhismus über Meditation und Bewußtseinszustände – des sogenannten Abhidhamma – fortzusetzen.

Neben Veröffentlichungen über Alkoholismus, Selbstmord und Motivationspsychologie hat Goleman mehrere Artikel über Meditation geschrieben, die alle in der Zeitschrift *Journal of Transpersonal Psychology* zum erstenmal veröffentlicht wurden. Nachdem er kürzlich ein Forschungsvorhaben über Meditation als Anti-Stress-Strategie abgeschlossen hat, schreibt Goleman nun zusammen mit Gary E. Schwarz und Richard Davidson an einem Buch über Meditation und veränderte Bewußtseinszustände.

HARIDAS CHAUDHURI
Yoga-Psychologie

Haridas Chaudhuri ist Philosophie-Professor und Präsident des California Institute of Asian Studies in San Francisco, außerdem Präsident der Cultural Integration Fellowship, einer nicht-kommerziellen Organisation, die sich die Förderung des gegenseitigen Verständnisses östlicher und westlicher Kulturen zur Aufgabe gemacht hat. Er wurde im Mai 1913 in Kalkutta geboren und hatte seine ersten empirischen Einsichten in höhere Bewußtseinszustände im Alter von vierzehn Jahren; dies war der Beginn seiner eigenen spirituellen Forschungen. Sie bildeten die empirische Basis seiner Gelehrtenlaufbahn.

Er promovierte zum Master und Doktor der Philosophie an der Universität von Kalkutta (1937 bzw. 1947) und war, ehe er 1951 in die Vereinigten Staaten übersiedelte, im Erziehungswesen des Regierungsbezirks West-Bengalen und als Leiter der philosophischen Fakultät am Krishnagar College beschäftigt.

Lehr- und Vorlesungstätigkeit über integrale Philosophie, Yoga-Psychologie und verschiedene spirituelle Disziplinen.

Publikationen:
Sri Aurobindo: The Prophet of Life Divine (1951)
Philosophy of Integralism (1954)
Prayers of Affirmation (1956)
The Rhythm of Integral Truth (1958)
Yoga: The Concept of Harmonious and Creative Living (1965)
Philosophy of Meditation (1965)
Modern Man's Religion (1966)
Mastering the Problems of Living (1968)
Herausgeber von:
Indian Culture: A Symposium (1951)

The Integral Philosophy of Sri Aurobindo: A Symposium (1960)
Mahatma Gandhi: His Message for Mankind (1969)

KATHLEEN RIORDAN
Gurdjeff

Kathleen Riordan ist ihr Leben lang mit dem Werk Gurdjieffs verbunden gewesen. Ihre Familie gehörte zum Kreis um Gurdjieff, sie wuchs in einer Welt von Menschen auf, die heute zu den Führern der Bewegung gehören. Gurdjieff selbst, voller Lebendigkeit und voller Liebe für die jungen Leute, machte einen unauslöschlichen Eindruck auf sie. Vielleicht führten diese frühen Einflüsse zu einem wachsenden Interesse an der Steuerung menschlichen Verhaltens. Ein Jahrzehnt beschäftigte sie sich mit behavioristischen Untersuchungen, die gewöhnlich mit dem Namen B. F. Skinner verbunden sind und promovierte 1967 an der Columbia-Universität in Psychologie. Die frühen Einflüsse erzeugten auch das Interesse an etwas, was Aldous Huxley die „ewige Philosophie" genannt hat, führten zu einer fortwährenden Beschäftigung mit Gurdjieffs Ideen, mit dem System der Bewegung, zur Meditationspraxis in verschiedenen Gurdjeff-Gruppen.
Ihr Interesse am Menschen führte Dr. Riordan in das sich neu entwickelnde Gebiet der Erziehungswissenschaften. Sie versuchte, die Arbeitsprinzipien Skinners auf die Komplexität menschlichen Lernens anzuwenden. In den sechziger Jahren entwickelte sie Materialien und Systeme für Schulkinder und Ärzte, Geschäftsleute und Komputerfachleute und publizierte zahlreiche Arbeiten auf diesem Gebiet.
Seit 1970 beschäftigt sich Dr. Riordan mit der Psychotherapie menschlichen Verhaltens, zunächst im Zusammenhang mit der Verhaltenstherapie Skinners, später mit der Gestalttherapie. Dies führte zu einer erweiterten Einbeziehung sowohl des humanistischen wie des transpersonalen Aspektes der Psychologie. Auch auf diesem Gebiet publizierte sie und beschäftigte sich weiter mit der Lehre Gurdjieffs.
Gegenwärtig lebt Dr. Riordan in Albany, Kalifornien, wo sie zusammen mit Dr. Claudio Naranjo, einem chilenischen Psychiater, eine Gruppe leitet, die sich um eine Synthese westlicher psychotherapeutischer Methode und östlicher Meditationstechniken bemüht, eine Methode, die von Oscar Ichazo entwickelt wurde, der sehr von den Gedanken Gurdjieffs beeinflußt ist.

Publikationen u. a.
Recent Developments in Psychology (1972)
Herausgeberin der Introductory Psychology (1971)

ROBERT E. ORNSTEIN
Sufismus heute

Robert E. Ornstein promovierte an der Standfort University, wo er den American Institutes for Research Creative Talent-Preis erhielt. Er veröffentlichte zahlreiche Forschungsberichte und Bücher und arbeitet gegenwärtig an speziellen Forschungsaufträgen des Langley-Porter-Instituts für Neuropsychiatrie. Er gehört dem Lehrkörper der University of California, San Francisco Medical Center, an, wo er Fachmann für Sufismus ist.

Publikationen:
On the Psychology of Meditation (zusammen mit Claudio Naranjo, 1971)
The Psychology of Consciousness (1972)
The Nature of Human Consciousness (1973)

WILLIAM MCNAMARA
Die mystische Tradition des Christentums und die Psychologie

William McNamara wurde 1926 in Providence (Rhode Island) geboren, trat 1944 in den Karmeliterorden ein und erhielt 1951 die Priesterweihe. Seither ist er als Vortragender und Leiter von Kontemplationsübungen in allen amerikanischen Staaten tätig.
Seine ausgedehnten Erfahrungen als geistlicher Lehrer und Beichtvater unzähliger Menschen brachten ihn zu der Erkenntnis, daß die Amerikaner ein kontemplatives Leben völlig neuer Art brauchen, ein weniger streng aufgebautes und reglementiertes als das der traditionellen Trappisten oder Karmeliter: ein kontemplatives Leben, das Männern und Frauen, alt und jung, Geistlichen und Laien, Christen und Nichtchristen gleichermaßen zugänglich ist, und in dem sich der einzelne nicht an seit Jahrhunderten vorgeprägten Formen anpassen muß, sondern seine kontemplative Berufung auf persönlichere, existentiellere, der Gegenwart angemessenere Weise ausleben kann.
McNamara gründete das Spiritual Life Institute of America. Dieses schuf 1967 in Sedona (Arizona) das Nada Contemplative Center und 1972 in Kemptville (Nova Scotia) Nova Nada, eine primitivere Einöd-Eremitage.
»Es ist die reine Ironie, aber auch ein bezeichnender Zug der Geschichte, daß die modernste Form heutiger Religiosität zugleich die primitivste ist«, sagt Pater William. »Unser Einsiedlerdasein ähnelt weitgehend dem der ersten Karmeliter-Eremiten in den frühen Jahrhunderten der Kirche, die als Laien auf dem Karmel lebten; ihre Ordensregel zeichnete sich durch Einfachheit und geringe Reglementierung aus, und ihr einziger Zweck war, die Eremiten zu befähigen, Gott reinen Herzens zu dienen.«
Obwohl es in Christus wurzelt und ganz aus der mystischen Tradition des Christentums lebt, basiert das Institut für spirituelles Leben hinsichtlich der Zusammensetzung des leitenden Kollegiums, der Mitgliedschaft in der kontemplativen Gemeinde und seiner Liturgie auf ökumenischen Prinzipien. In beiden Kontemplationszentren werden in den Morgen- und Abendandachten die von altersher überlieferten Kirchengebete gesprochen, wird das Meßopfer gefeiert, die Lesungen werden jedoch aus den großen religiösen Traditionen der Welt, dem Sufismus, Hinduismus, Taoismus, Zen-Buddhismus usw. ausgewählt. Einmal in der Woche halten die Einsiedler der Nova Nada stumme Nachtwache vor dem Heiligen Sakrament.
Pater William ist gegenwärtig nicht mehr so viel auf Reisen und verbringt immer mehr Zeit im Jahr in seiner Einsiedelei Nova Nada. Er lebt in schweigsamer Zurück-

gezogenheit, nimmt aber am täglichen gemeinsamen Gottesdienst und gewöhnlich einmal in der Woche an den Mahlzeiten der Einsiedlergemeinde teil. In Nova Nada gibt es keine Elektrizität, kein Telefon, im Winter kein fließendes Wasser, und nur einmal in der Woche kommt die Post.
Pater McNamara, der an der Catholic University den Bachelor of Arts in Theologie und Philosophie und den Master of Arts in Pädagogik und Psychologie am Boston College machte, gründete das *Spiritual Life Magazine*, eine Vierteljahreszeitschrift für zeitgemäße Spiritualität, als deren Herausgeber er bis 1962 tätig war.

Publikationen:
The Art of Being Human (1962)
The Human Adventure (1974)
Mount of Passion (1974)

WILLIAM G. GRAY
Modelle westlicher Magie
Eine Darstellung aus psychologischer Sicht

WM. G. Gray, wie er zu unterzeichnen pflegt, schätzt Reklame für seine Person nicht, da er der Meinung ist, das literarische Werk solle sich Kraft seines eigenen inneren Wertes Geltung verschaffen. Der schwergebaute, glatzköpfige ältere Herr macht allerdings in bezug auf das, was er die „nicht-privaten" Bereiche seines Lebenswerkes nennt, einige Zugeständnisse.
In Harrow (Middlesex, England) am 25. März, 2.00 Uhr nachmittags geboren (Sonne im Widder, Löwe im Aszendenten, Mond im Skorpion), scheint sein Leben seitdem auf zwei Ebenen zu verlaufen: Auf der einen verdient er sich seinen bescheidenen Lebensunterhalt, erst als aktiver Soldat, bis er im Zweiten Weltkrieg nach Dünkirchen als Invalide aus der Armee ausscheidet, dann hauptsächlich als Fußpfleger; auf der anderen, die für ihn selbst aber die wichtigere ist, sammelt er die Kenntnisse und Erfahrungen, die sich dann in seinen höchst originellen Büchern niederschlagen.
In dieser Hinsicht war ihm vor allem von Vorteil, daß er aus einer literarisch sehr interessierten Familie stammt.
Grays Leben ist zum großen Teil ein Kampf gegen ökonomische und andere Schwierigkeiten gewesen; immer aber hat er an den Glaubensüberzeugungen und Traditionen festgehalten, die seinen gesamten modus vivendi bestimmen. Seine Einstellung zur Welt ist dezidiert westlich, und er selbst würde sich als einen der Protagonisten der Westlichen Inneren Tradition bezeichnen.
Im Jahr 1970 nahm Gray als Delegierter Großbritanniens an einem von der Sangreal Foundation in Dallas, Texas, veranstalteten halböffentlichen »Spirituellen Symposium« teil. Später leitete er kurze Zeit an der Southern Methodist University ein Seminar über Theürgie und erhielt den Doktor honoris causa.
Gray ist mit einer praktizierenden Astrologin verheiratet. Er schätzt ein geruhsames Leben, Wandern, Katzen, Kunsthandwerk, klassische und Volksmusik. Er hat eine Abneigung gegen Politik und Politiker, Fernsehen, moderne Musik und ist bekümmert über die »Sex-Gewalt-Drogen-Kultur« der Gegenwart.

Publikationen:
The Ladder of Lights (1968), Magical Ritual Methods (1969), Seasonal Occult Rituals (1970), Office of the Holy Tree of Life (1970), Inner Traditions of Magic (1971), Magical Images of the Tree (1972), Simple Guide to the Tree of Life (1973), The Tree of Evil (1974), Rollright Ritual (1975), The Talking Tree (1975), The Rite of Light (1975), Self Made by Magic (1975).

BIBLIOGRAPHIE

Thomas von Aquin, Summa theologica, Lat.-deutsche Ausgabe, Heidelberg.
Aurobindo, Sri. *Essays on the Gita*, New York 1950.
— *Der Mensch im Werden*, Zollikon 1964.
— *Alles Leben ist Yoga*, Weilheim 1975.
— *Thoughts and Glimpses*, Pondicherry, India 1964.
Baba Ram Dass. *Be Here Now*, New York 1971.
Backster, C. »Evidence of Primary Perception in Plant Life«, *Inter. J. Parapsychol.*, 10 (1968), 329–348.
Ballantyne, J., trans. *Samkhya Aphorisms of Kapila*, Varanasi 1963.
Barber, T. »Suggested (›Hypnotic‹) Behavior: The Trance Paradigm versus an Alternative Paradigm«, in E. Fromm und R. Shor, eds., *Hypnosis: Research Developments and Perspectives*, Chicago 1972. Pp. 115–184.
Bars, H. »Maritain's Contributions to an Understanding of Mystical Experience«, in J. Evans, ed., *Jacques Maritain: The Man and His Achievement*, New York 1963.
Basset, B. *Let's Start Praying Again*. New York 1972.
Bennett, J. *Witness*. New York 1962.
— *Gurdjieff: A Very Great Enigma*, New York 1973.
— *Gurdjieff, Der Aufbau einer neuen Welt*, Freiburg 1976.
Bernstein, M. *Protokoll einer Wiedergeburt*, Frankfurt 1977.
Bhagavadgita, Düsseldorf 1975.
Bhattacharvva, H., ed. *The Cultural Heritage of India*, Vol. III. Calcutta.
Bhikku Soma. *The Way of Mindfulness*, Colombo, Ceylon 1949.
Blackburn, T. »Sensuous-Intellectual Complementarity in Science, *Science*, 172 (1971), 1003–1007.
Blofeld, J. *Das Geheimnis und Erhabene Mysterien und Magie des Taoismus*, Weilheim 1974.
Bloom, A. *Weg zur Meditation*, Bergen-Enkheim 1972.
Boros, L. *Erlöstes Dasein*, Düsseldorf 1965.
Brier, R. »PK on a Bio-electrical System«, *J. Parapsychol.*, 33 (1969), 187–205.
Broad, C. *Lectures on Psychical Research*, New York 1962.
Bucke, R. *Die Erfahrung des kosmischen Bewußtseins*, Freiburg 1975.
Buddhadasa, B. *Two Kinds of Language*, Trans., A. Bhikku. Bangkok, Thailand 1968.
Burtt, E., *The Teachings of the Compassionate Buddha*, New York 1955.
Butler, C. *Western Mysticism*, London 1960.

Castaneda, C. *Reise nach Ixtlan*, Frankfurt 1976.
Chadwick, A. *A Sadhu's Reminiscences of Ramana Maharshi*, Tiruvannamali, India 1966.
Chaudhuri, H. *Sri Aurobindo: Prophet of Life Divine*, San Francisco 1973.
— ed. *Indian Culture*, Calcutta 1951 (b).
— *Philosophy of Integralism*, Pondicherry, India 1967.
— *Prayers of Affirmation*, San Francisco 1956.
— *The Rhythm of Truth*, San Francisco 1958.
— *Integral Yoga: The Concept of Harmonious and Creative Living*, London 1965.
— *Philosophy of Meditation*, New York 1965.
— *Modern Man's Religion*, Santa Barbara 1966.
— *Mastering the Problems of Living*, New York 1968.
— ed. *Mahatma Gandhi: His Message for Mankind*, San Francisco 1969.
— und Spiegelberg, F., eds. *The Integral Philosophy of Sri Aurobindo*, London 1960.
Conze, E. *Buddhist Meditation*, London 1956.
Dasgupta, S. *Yoga as Philosophy and Religion*, London 1924.
Datey, K., Deshmukh, S., Dalvi C., und Vinekar, S., »Shavasan«: a yogic exercise in the management of hypertension. *Angiology*, 20 (1969), 325–333.
Dean, D. »Long Distance Plethysmograph Telepathy with Agent under Water«, *J. Parapsychol.*, 33 (1969), 349–350.
de Hartmann, T. *Our Life with Mr. Gurdjieff*, New York 1964.
Delacroix, H. *Essai sur le mysticisme: Speculatif en Allemagne*, Paris 1900.
DeRopp, R. *The Master Game*, New York 1968.
Dhammaratana. *Guide through Visuddhimagga*, Varanasi, India 1964.
Dogen. *Eye of the True Law* [Shobogenzo], Honolulu 1971.
Douglas, J. *Resistance and Contemplation*, New York 1972.
Dunbar, F. *Mind and Body: Psychosomatic Medicine*, New York 1947.
Duval, P., und Montredon, E. »ESP Experiments with Mice«, *J. Parapsychol.*, 32 (1968), 153–166.
Ebon, M. *Maharishi, the Guru*, New York 1968.
Fischer, R. Letter in *Newsletter-Review* of (Montreal) Bucke Society, 1–2 (1972), 40–43.
Frager, R. »On Vital Energy: Some Eastern and Western Conceptions«. New Delhi, Dec. 1970.
Freud, S. *Kurzer Abriß der Psychoanalyse*, Ges. Werke XVII, Frankfurt [4]1966.
Garrison, O. *Tantra: The Yoga of Sex*, New York 1964.
Goddard, D., ed *A Buddhist Bible*, Boston 1970.
Goleman, D. »Meditations as Meta-therapy: Hypotheses toward a Proposed Fifth State of Consciousness, *J. Transpersonal Psychol.*, 3:1 (1971), 1–25.
Govinda, L. A. *Grundlagen tibetischer Mystik*, Zürich 1957.
— *Die psychologische Haltung der frühbuddhistischen Philosophie*, Zürich 1962.
Grad, B. »A Telekinetic Effect on Plant Growth«, *Inter. J. Parapsychol.*, 5 (1963), 117–134.
— »Some Biological Effects of the ›Laying on of Hands‹: A Review of Experiments with Animals and Plants«, *J. Amer. Soc. Psych. Res.*, 59 (1965), 95–129.

— »The ›Laying on of Hands‹: Implications for Psychotherapy, Gentling, and the Placebo Effect«, *J. Amer. Soc. Psych. Res.*, 61 (1967), 286–305.
— Cadoret, R., und Paul, G. »The Influence of an Unorthodox Method of Treatment on Wound Healing in Mice«, *Inter. J. Parapsychol.*, 3 (1961), 5–25.
Gray, W. *The Ladder of Lights*, Toddington 1968.
— *Magical Ritual Methods*, Toddington 1969.
— *Seasonal Occult Rituals*, London 1970 (a).
— *Office of the Holy Tree of Life*, Dallas, Texas 1970 (b).
— *Inner Traditions of Magic*, London 1971.
— *Magical Images of the Tree*, Dallas, Texas 1972.
— *Simple Guide to the Tree of Life*, ohne Ang.
— *Simple Guide to the Paths on the Tree*, ohne Ang.
— *The Tree of Evil*, Toddington 1974.
— *Rollright Ritual*, Toddington 1975.
— *The Talking Tree*, New York 1975.
— *The Rite of Light*, New York 1975.
— *Self Made by Magic*, New York 1975.
Greely, A. *The Jesus Myth*, New York 1971.
Gudas, F., ed. *Extrasensory Perception*, New York 1961.
Gurdjieff, G. *The Herald of the Coming Good*, Paris 1933; New York 1970.
— All + Alles, Freiburg, o. J.
— *Begegnungen mit bemerkenswerten Menschen*, Freiburg 1978.
Hakuin. *Selected Writings (Oratagama, Hebiichigo, and Yabukoji)*. Trans., P. Yampolsky. New York 1971.
Heywood, R. *Beyond the Reach of Sense: An Inquiry into Extrasensory Perception*, New York 1959.
Honorton, C., und Krippner, S. »Hypnosis and ESP: A Review of the Experimental Literature«, *J. Amer. Soc. Psych. Res.*, 63 (1969), 214–252.
Houston, J., und Masters, R.: siehe Masters, R., und Houston, J.
Hui-neng. *Platform Scripture*, Trans., Wing-tsit Chan. New York 1963.
Huxley, A. *Die Pforten der Wahrnehmung – Himmel und Hölle*, München 1977.
James, W. *Die religiöse Erfahrung in ihrer Mannigfaltigkeit*, Berlin 1907, Neuauflage Olten 1979.
— *Johannes vom Kreuz, Ges. Werke*, Einsiedeln o. J.
Jung, C. G. *Gesammelte Werke*, Olten 1972 ff.
— »Interpretation of Visions«, *Magazine of Jungian Thought*, New York 1960–68.
— *Erinnerungen, Träume, Gedanken*, Olten [8]1976.
Kapleau, P., ed. *The Three Pillars of Zen*, Boston 1967.
— *Wheel of Death*, New York 1971.
Kasamatsu, A., und Hirai, T. An electroencephalographic study on the Zen meditation (Zazen). *Folio Psychiat. & Neurolog. Japonica*, 20 (1966), 315–336.
Kashyap, J. *The Abhidhamma Philosophy*, Vol. 1. Nalanda, India 1954.
Kaviraj, G. *Aspects of Indian Thought*, Burdwan, India 1966.
Kita, R., und Nagaya, K. »How Altruism Is Cultivated in Zen«, in P. Sorokin, ed., *Forms and Techniques of Altruism and Spiritual Growth*, Boston 1954.
Knowles, D. *The English Mystical Tradition*, London 1961.

Krishna, G. *The Kundalini: The Evolutionary Energy in Man*, Berkeley 1971.
— *The Secret of Yoga*, New York 1972.
Kuhn, T. *Die Struktur wissenschaftlicher Revolution*, Frankfurt 1973.
Kuvalayananda. *Pranayama*, Bombay 1966.
Ledi Sayadaw. *The Manuals of Buddhism*, Rangoon, Burma 1965.
Lefort, R. *Teachers of Gurdjieff*, London 1966.
Leonard, A. »Studies on the Phenomena of Mystical Experience«, in *Mystery and Mysticism: A Symposium*, London 1956.
LeShan, L. »Physicists and Mystics: Similarities in World View«, *J. Transpersonal Psychol.*, 1:2 (1969), 1–20.
Leuba, J. *Die Psychologie der religiösen Mystik*, München 1927.
Lewis, C. S. *Die große Scheidung oder Zwischen Himmel und Hölle*, Köln 1955.
— *Dienstanweisungen an einen Unterteufel*, St. Gallen 1952.
— *The Chronicles of Narnia*, New York 1971.
Lilly, J. *Man and Dolphin*, New York 1961.
— *The Mind of the Dolphin*, Garden City, N. Y. 1967.
— *Programming and Metaprogramming in the Human Biocomputer*, New York 1968.
— *Das Zentrum des Zyklons*, Freiburg 1976.
McConnell, R. *ESP Curriculum Guide for Secondary Schools and Colleges*, New York 1971.
McDermott, R. *Cross Currents*, Winter 1972. West Nyack, New York 1972.
McNamara, W. *The Art of Being Human*, New York 1962.
— *The Human Adventure*, New York 1974.
— *Mount of Passion*, New York 1974.
Macquarrie, J. *Principles of Christian Theology*, New York 1966.
Maharishi, M. *The Science of Being and Art of Living*, Fort Lauderdale, Fla. 1963.
Maharshi, R. *Self-realization*, Madras 1962.
— *Maha Yoga*. Madras 1967.
Mahasi Sayadaw. *The Process of Insight*, Trans., Nyanaponika Thera. Kandy, Ceylon 1965.
— *Buddhist Meditation and Its Forty Subjects*, Buddha-gaya, India 1970.
Mahathera, P. *Buddhist Meditation in Theory and Practice*, Colombo, Ceylon 1962.
Maréchal, J. *Studies in the Psychology of the Mystics*, Trans., A. Thorold. Albany, New York 1964.
Martin, D. »Account of the Sarmouni Brotherhood«, in R. Davidson, ed., *Documents on Contemporary Dervish Communities*, London 1966.
Maslow, A. *Die Psychologie des Seins*, München 1973.
— *Die Psychologie der Wissenschaft*, München 1977.
— »Theory Z«, *J. Transpersonal Psychol.*, 2:1 (1970), 31–47.
Masters, R. und Houston, J. *Psychodelische Kunst*, München und Zürich 1969.
Meher Baba. *Discourses*, I, II, III. San Francisco 1967.
Merton, T. *Vom Sinn der Kontemplation*, Zürich 1955.
Mesmer, A. *Memoire sur la découverte du magnetisme animal*, Genf 1774. Available in *Mesmerism by Doctor Mesmer: Dissertation on the Discovery of Animal Magnétism, 1779*. Trans., V. Myers, London 1948.

Mishra, R. *The Textbook of Yoga Psychology*, New York 1963.
Mitchell, E. »An ESP Test from Apollo 14«, *J. Parapsychol.*, 35 (1971), 89–107.
— ed. *Psychic Exploration*. New York 1974.
Monroe, R. *Der Mann mit den zwei Leben*, Düsseldorf 1972.
Morgan, C., und King, R. *Introduction to Psychology*, New York 1956.
Morris, R. »Psi and Animal Behavior: A Survey«, *J. American Soc. Psychical Res.*, 64 (1970), 242–260.
Murphy, G., und Dale, L. *Challenge of Psychical Research*, New York 1961.
Narada Thera. *A Manual of Abhidhamma*, Vols. I, II. Colombo, Ceylon 1956.
Naranjo, C., und Ornstein, R. *On the Psychology of Meditation*, New York 1971.
Narayananda, S. *The Primal Power in Man*, Rishikesh 1950.
— *The Mysteries of Man, Mind, and Mind Functions*, Rishikesh 1951.
Needleman, J. *The New Religions*, New York 1970.
Nicoll, M. *Psychological Commentaries on the Teachings of Gurdjieff and Ouspensky*, 5 vols. London 1952–56.
Northrop, F. *The Meeting of East and West*, New York 1946.
Nott, S. *Teachings of Gurdjieff: The Journal of a Pupil*, London 1961.
Nyanaponika Thera. *Abhidhamma Studies*, Colombo, Ceylon 1949.
— *The Heart of Buddhist Meditation*, London 1962.
— *The Power of Mindfulness*, Kandy, Ceylon 1968.
Nyanatiloka. *The Word of the Buddha*, Colombo, Ceylon 1952 (a).
— *Path to Deliverance*, Colombo, Ceylon 1952 (b).
Orage, A. *The Active Mind*, New York 1954.
Orne, M. »On the Social Psychology of the Psychological Experiment with Particular Reference to Demand Characteristics and Their Implications«, *Amer. Psychologist*, 17 (1962), 776–783.
Ornstein, R. *On the Experience of Time*, New York 1969.
— *Die Psychologie des Bewußtseins*, Köln 1974.
— ed. *The Nature of Human Consciousness*, San Francisco 1973.
Osis, K. »A test of Occurrence of a Psi Effect between Man and the Cat«, *J. Parapsychol.*, 16 (1952), 233–256.
Ouspensky, P. *Auf der Suche nach dem Wunderbaren*, Stuttgart 1951.
— *The Psychology of Man's Possible Evolution*, New York 1954.
— *The Fourth Way*, New York 1957.
Owens, C. *Awakening to the Good – Psychological or Religious*, North Quincy, Mass. 1958.
— *Discovery of the Self*, North Quincy, Mass. 1963.
— »Religious Implications of Consciousness – Changing Drugs«, *J. for Scientific Study of Religion*, 4:2 (1965), 246.
— »Mystical Experience – Facts and Values«, in J. White, ed., *Highest State of Consciousness*, New York 1972.
— »Self-Realization – Induced and Spontaneous«, in R. Prince, ed., *Transformations of Consciousness*, New York in Druck.
Pascal, B. Pensées, Heidelberg [7]1972.
Pauwels, L. *Gurdjieff*, New York 1972.

Peterman, D. »Toward Interpersonal Fulfillment in an Eupsychian Culture«, *J. Humanistic Psychol.*, 1 (1972), 72–85.
Peters, F. *Boyhood with Gurdjieff*, New York 1964.
Plewes, E. *Guide and Index to G. I. Gurdjieff's All and Everything*, Toronto 1971.
Poulain, R. *Graces of Interior Prayer*, St. Louis 1911.
Pratt, J. *PSI-Forschung heute*, Freiburg 1976.
— und Birge, W. »Appraising Verbal Test Material in Parapsychology«, *J. Parapsychol.*, 12 (1948), 236–256.
— Rhine, J., Smith, B., Stuart, C., und Greenwood, J. *Extrasensory Perception after Sixty Years*, Somerville, Mass. 1934, ²1966.
Pratyagatmananda, S. »Philosophy of the Tantras«, in H. Bhattacharyya, *The Cultural Heritage of India*, Vol. III. Calcutta 1953.
— *The Fundamentals of Vedanta Philosophy*, Madras 1961.
— *Japasutram: The Science of Creative Sound*, Madras 1971.
Puharich, A. *Beyond Telepathy*, New York 1962.
Rao, R. *Experimental Parapsychology*, Springfield, Ill. 1966.
Rhine, J. *Extrasensory Perception*, Somerville, Mass. 1934, ²1964.
Rhine, J., A new case of experimenter unreliability, *J. Parapsychol.*, 38 (1974), 215–225.
Riordan, K. ed. (Speeth) *Introductory Psychology*, San Rafael, Cal. 1971.
— *Recent Developments in Psychology*, New York 1972.
Rohrbach, P. *Conversation with Christ*, Notre Dame 1956.
Rosenthal, R. *Experimenter Effects in Behavioral Research*, New York 1966.
Russell, B. *Philosophie des Abendlandes*, Darmstadt 1950.
Sangharakshita. *The Three Jewels: An Introduction to Modern Buddhism*, New York 1970.
Satprem. Trans., Tehmi. *Sri Aurobindo: The Adventure of Consciousness*, Pondicherry, India 1970.
Schachter, S., und Singer, J. »Cognitive, Social, and Physiological Determinants of Emotional State«, *Psychol. Rev.*, 69 (1962), 379.
Schmeidler, G., ed. *Extrasensory Perception*, New York 1969.
— und McConnell, R. *ESP and Personality Patterns*, New Haven 1958.
Sen, I. »The Indian Approach to Psychology«, in H. Chaudhuri und F. Spiegelberg, eds., *The Integral Philosophy of Sri Aurobindo*, London 1960.
Shan, I. *Die Sufis*, Düsseldorf 1976.
— *The Exploits of the Incomparable Mulla Nasrudin*, London 1966; New York 1972.
— *Tales of the Dervishes*, London 1967, New York 1970.
— *Caravan of Dreams*, London 1968 (a); Baltimore 1972.
— *Reflections*, London 1968 (b); Baltimore 1972.
— *The Pleasantries of the Incredible Mulla Nasrudin*, London 1968 (c); New York 1972.
— *The Way of the Sufi*, London 1968 (d); New York 1970.
— *The Book of the Book*, London 1969 (a).
— *Wisdom of the Idiots*, London 1969 (b); New York 1971.
— *The Dermis Probe*, London 1970; New York 1971.
— *Thinkers of the East*, London 1971; Baltimore 1972.

— *The Magic Monastery*, London 1972; New York 1972.
— *The Subtleties of the Inimitable Mulla Nasrudin*, London 1973; New York 1973.
Shapiro, D. *Neurotic Styles*, New York 1961.
Sitwell, G. (Ed.) *The Scale of Perfection*, London 1953.
Sivananda, S. *Raja Yoga*, Rishikesh 1950.
Smith, H. *The Religions of Man*, New York 1958.
Smythies, J., ed. *Science and ESP*, New York 1967.
Soal, S., und Bateman, F. *Modern Experiments in Telepathy*, London 1954.
Stevenson, I. *Reinkarnation*, Freiburg ²1978.
Suzuki, D. *Der westliche und der östliche Weg*, Berlin o.J.
— *Mysticism: Christian and Buddhist*, New York 1957.
— *Erfülltes Leben aus Zen*, Weilheim o.J.
Taimni, L. *The Science of Yoga*, Wheaton 1967.
Tart, C. »Physiological Correlates of Psi Cognition«, *Inter. J. Parapsychol.*, 5 (1963), 375–386.
— »Models for the Explanation of Extrasensory Perception«, *Inter. J. Neuropsychiat.*, 2 (1966) 488–504.
— »Card Guessing Tests: Learning Paradigm or Extinction Paradigm?« *J. Amer. Soc. Psych. Res.*, 60 (1966), 46–55.
— »A Second Psychophysiological Study of Out-of-the-Body Experiences in a Gifted Subject«, *Inter. J. Parapsychol.*, 9 (1967), 251–258.
— »A Psychophysiological Study of Out-of-the-Body Experiences in a Selected Subject«, *J. Amer. Soc. Psych. Res.*, 62 (1968), 3–27.
— ed. *Altered States of Consciousness*, New York 1969, 1972.
— »A Theoretical Model for States of Consciousness«. Council Grove, Kansas 1970.
— »Scientific Foundations for the Study of Altered States of Consciousness«, *J. Transpersonal Psychol.*, 3:2 (1971), 93–124.
— *On Being Stoned: A Psychological Study of Marijuana Intoxication*, Palo Alto, Cal. 1971.
— »States of Consciousness and State-Specific Sciences«, *Science*, 176 (1972), 1203–1210.
— »Parapsychology«, *Science*, 182 (1973), 222.
— »On the Nature of Altered States of Consciousness, with Special Reference to Parapsychological Phenomena«. Parapsychological Assn., Charlottesville, Va., Sept. 1973 (b). In Roll, W., Morris R., und Morris, D., eds., *Research in Parapsychology, 1973*. Metuchen, N.J. 1974.
— »Preliminary Notes on the Nature of Psi Processes«, in R. Ornstein, ed., *The Nature of Human Consciousness*, San Francisco 1973.
— »Discrete States of Consciousness«. San Francisco 1974.
— »Out-of-the-Body Experiences«, in E. Mitchell, ed., *Psychic Exploration*, pp. 349–374. New York 1974.
— *States of Consciousness*, New York 1975.
— und Kvetensky, E. »Marijuana Intoxication: Feasibility of Experiential Scaling of Depth«, *J. Altered States of Consciousness*, 1 (1973), 15–21.
Teilhard de Chardin, P. *Der Mensch im Kosmos*, München ⁷1964.
Theresia von Jesu, *Sämtliche Schriften*, München 1974.

Thomas, G. *Epics, Myths, and Legends of India*, ¹²1961.
Tiller, W. *Radionics, Radiosthesia and Physics, Varieties of Healing Experience*, Los Altos, Cal. 1971.
Tracol, H. *George Ivanovitch Gurdjieff: Man's Awakening and the Practice of Remembering Oneself*, Bray 1968.
Ullman, M., Krippner, S., und Vaughan, A. *Traumtelepathie*, Freiburg 1977.
Underhill, E. *Mystik*, München 1928.
— *Mysticism: A Study in the Nature and Development of Man's Spiritual Consciousness*, New York 1955.
Upanishaden, Düsseldorf 1975.
van de Castle, R. »The Facilitation of ESP through Hypnosis«, *Amer. J. Clin. Hypnosis*, 12 (1969), 37–56.
van Kaam, A. *Religion and Personality*, Englewood Cliffs, N.J. 1965.
Vasiliev, L. *Experiments in Mental Suggestion*, Church Crookham, Hampshire, England 1963.
Vivekanada, S. *Raja Yoga*, Freiburg o.J.
von Hugel, Baron. *The Mystical Element of Religion*, 2 vols. London 1908.
von Reichenbach, K. *The Odic Force: Letters on Od and Magnetism*, New Hyde Park, N.Y. 1968.
Walker, K. *Venture with Ideas*, London 1951.
— *A Study of Gurdjieff's Teaching*, London 1957.
Wallace, R. Physiological effects of Transcendental Meditation. *Science*, 167 (1970), 1751–1754.
Watkin, E. *Philosophy of Mysticism*, London 1920.
Weide, T. »Varieties of Transpersonal Therapy«, *J. Transpersonal Psychol.*, 5:1 (1973), 7–14.
Wei Wu Wei. *Posthumous Pieces*, Hong Kong 1963.
»Who«, *Maha Yoga*. South India 1967.
Wilhelm, R. *Das Geheimnis der Goldenen Blüte*, Olten.
Wilson, C. *Der Außenseiter*, Stuttgart 1976.
Woodroffe, J. *The Serpent Power*, Madras 1964.
— *Sakti and Sakta*, Madras 1965.
Yasutani: siehe Kapleau, *Three Pillars of Zen*.